〔清〕黄宗羲原著
全祖望補修
陳金生
梁運華
點校

宋元學案

（第二册）

中華書局

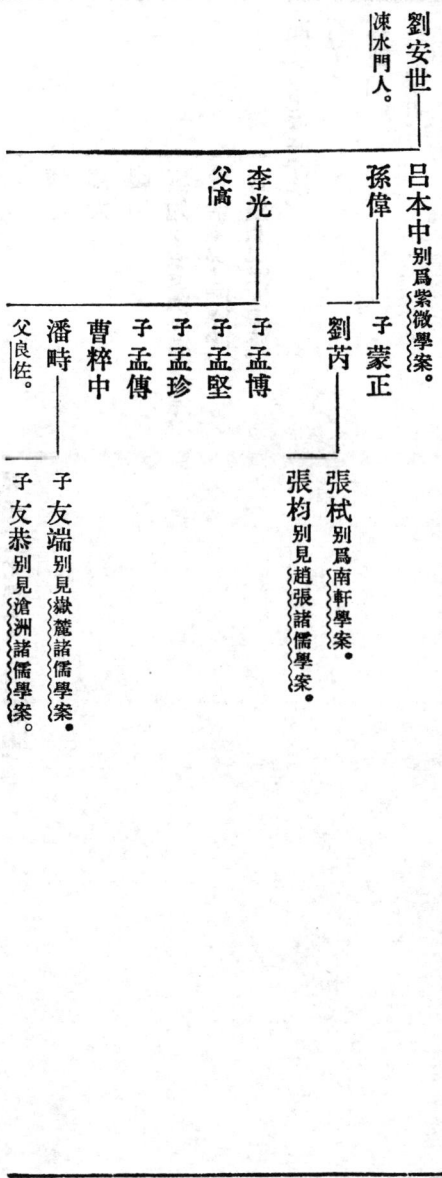

宋元學案卷二十

元城學案　全祖望補本

元城學案表

- 劉安世（涑水門人。）
  - 呂本中（別爲紫微學案。）
  - 孫偉
    - 子蒙正
    - 劉芮
      - 張栻（別爲南軒學案。）
      - 張杓（別見趙張諸儒學案。）
  - 李光（父高）
    - 子孟博
    - 子孟堅
    - 子孟珍
    - 子孟傳
    - 曹粹中
    - 潘畤（父良佐。）
      - 子友端（別見嶽麓諸儒學案。）
      - 子友恭（別見滄洲諸儒學案。）

—從子友文別見槐堂諸儒學案。

胡理
馬大年
韓瓘
劉勉之別爲劉胡諸儒學案。
曾恬別見上蔡學案。
曾幾別見武夷學案。

顏岐別見滎陽學案。
石子植
韓撝則
並元城學侶。
陳瓘別爲陳鄒諸儒學案㊀。
元城同調。

元城學案序録

祖望謹案：涑水弟子，不傳者多。其著者，劉忠定公得其剛健，范正獻公得其純粹，景迂得其數學，而劉、范尤爲眉目。忠定之語録、譚録、道護録，今皆無完本，然大畧可攷見

㊀「別爲陳鄒諸儒學案」八字原脱，據本卷正文補。

矣。述元城學案。梓材案：是卷謝山所特立，故棃洲、主一父子皆無案語。

涑水門人

忠定劉元城先生安世

劉安世，字器之，大名人。父太僕卿仲通與温公爲同年契，故遣師事之。熙寧初舉進士，不就選，徑歸洛。温公曰：「何爲不仕？」先生以漆雕開「吾斯之未能信」對。復從學者數年，一旦避席問盡心行己之要，可以終身行之者。温公曰：「其誠乎！吾生平力行之，未嘗須臾離也。」先生問其目，温公曰：「自不妄語始。」自此力行七年，而後言行一致，表裏相應。擢右正言，時差除頗多政府親戚，先生言：「祖宗以來，執政大臣親戚子弟未嘗敢受内外華要之職。自王安石秉政，盡廢累聖之制，專用親黨，務快私意。數年間，廉恥掃地。今廟堂之上，猶習故態，太師彥博、司空公著、僕射大防、純仁、侍郎固、左丞存、右丞宗愈，堂除子弟親戚凡數十人。而中書侍郎摯，未見所引私親，而依違其間，不能糾正，雷同循默，豈得無罪。願出臣此章，徧示三省，俾自此以往，勵精更始。」又論奏蔡確，與梁燾同上疏力争，貶確新州。又言：「蔡確、黄履、邢恕、章惇四人者，在元豐之末，號爲死黨。今聖上嗣位，伏望明正四凶之罪，布告天下。」由是三人亦皆得罪。先生正色立朝，知無不言，言無不盡。其爲諫官，面折廷諍，至雷霆之怒赫然，則執簡恪立，俟天威稍霽，復前極論。一時奏對，且前且卻者或至四五。殿廷觀者皆汗縮竦聽，目之曰「殿上虎」。先生徧歷言路，以辨是非邪正爲先，進君子退小人爲急。宣仁后晏駕，呂、范二相用調停之說，有李、鄧之除，二人皆熙、豐舊黨。先生謂微仲、堯夫「不知君子小人勢不兩立如冰炭」，卒如所料，而二相亦深有愧于先生。所守凜然，死生禍福不變。蓋其生平喜讀孟子，故剛大不枉之氣似之。紹聖初，黨禍起，惇、卞用事，必欲致先生于死。以先生嘗論禁中雇乳母事，移梅州安置。凡二廣遠惡州軍，無所不至。建中間，始自嶺外歸。宣和季年元日以後，謝絶賓客，四方書問皆不啟封，家事無鉅細悉不問。夏六月，忽大風飛瓦，驟雨如注，雷電晝晦于其正寢，人皆駭懼而走。及雨止辨色，先生已終矣！楊龜山以文弔之曰：「劫火洞然，不爇惟玉。」搢紳傳誦，以爲切當。學者稱元城先生。

雲濠案：謝山學案劄記云：「劉元城謚忠定，見讀書附志」。

元城語録

明皇即位，焚錦繡珠玉于前殿。己不好之，則不用，何至焚之！焚之必于前殿，此好名也。故有末年之弊。若仁廟則不然。非大臣問疾，則無由見其黄絁被、漆唾壺。

人主之去宰相，必積怒非一日。奸臣則交結倿倖，纔覺怒，卽急急收救，故不至積怒而去。李林甫作相二十年，正緣得高力士、安禄山、陳希烈等内外贊助。

太祖卽位，造薰籠，數日不至而怒。左右對以事下尚書省，尚書省下本部，本部下本局，覆奏得旨，方依式製造。太祖怒曰：「誰做此條貫！」曰：「可問宰相。」乃召普至。對曰：「此自來條貫，不爲陛下設，爲陛下子孫設。後代若有非禮製造奢侈之物，經諸處行遣，必有臺諫理會。此條貫深意也。」上大喜曰：「此條貫極妙！無藁篦是小事。」其後法壞，自御前直下後苑作，更不經由朝廷。

太祖未嘗文談，蓋欲激勵將士之氣。太宗未平晉，已爲平晉詩賦，未平燕山，已爲平燕山詩賦，羣臣屬和，將士歆豔，而于武事反不競。澶淵之役，渡河橋至半，高瓊曰：「此處好喚丞相吟兩首詩！」蓋平日有感于此，故作此語。

左傳襄十二㊀年「同宗于祖廟」，註：「始封之廟。」「同族于禰廟」，註：「父廟。」然則宗遠而族近也。政和中，大臣不學，以郡主爲宗姬，以縣主爲族姬。又姬，周姓也，自漢初取爲嬪嬙之號，已可笑；今乃以嬪嬙之號名其女，尤可笑。

漢藩王入繼，必親信本國之臣。霍光立宣帝，正以其無黨。

國初錢王入朝，晉王以下皆欲留之，上曰：「我平生不曾欺善怕惡。」

啖助春秋作怪。

左氏非丘明。論語孔子所引，乃前世人，如老彭類。

仁宗時，番商没官，真珠入禁中，張貴妃乞和買得之。一日賞牡丹，貴妃以爲首飾，夸同輩。上以袖掩面曰：「滿地白紛紛地，更没些忌諱！」貴妃慚赧，起易之。乃大說，命人各簪牡丹。自是宮中不戴珠，珠價大賤。

公孫弘雖詐，其以卜式輸財助邊爲非人情，以睚眦殺人而郭解㊁不知爲甚于知，此是弘長處。

㊀「十二」原作「二十」，據左傳改。　㊁「解」原作「丹」，據史記游俠列傳及龍本改。

曹操遺令，至分香賣屨，無不處置，無一語及禪代事，是直以天下遺子孫，而身享漢臣之名。温公偶窺破，有喜色。安世謂操生平事無不如此，夜枕圓枕，啖野葛，飲酖酒。

本朝名相，惟李公沆，諸臣上利害一切不行，而日奏四方盜賊水旱。在漢，惟魏相爲然。後之爲相者，喜變祖宗法度，惡聞天下災異。

高辛遷閼伯于商丘，主辰，今爲應天府，實我宋受命之地。遷實沈于大夏，主參，今爲太原府。參、辰不相能，物莫能兩大，故國初但謂河東爲并州，不加府號。本朝初收河東，在戊寅年重午日，乃火土旺日。參水神，所忌，故克之。時宋興已十九年。盛則後服，衰則先陷。靖康元年丙午歲重九日，太原陷，其屬本朝纔一百四十九年。丙午爲天水，故火最大忌；九爲陽數之極，故太原以重九日陷。又淵聖爲第九世，而卽位之年正一百六十六年，此漢書所謂陽九之厄、百六之會。

祖望謹案：此近乎京房、李尋、翼奉之説，元城未必作此言，恐是記者之附會。其謂太原以避應天不稱府，尤不覈，別有考證。○又案：宋史謂元城卒于宣和七年，據此則誤也。

卜世卜年，蓋王孫滿當楚問鼎，假天命神告之事以拒之，故史記王使王孫滿設應以辭。

漢四家詩，各有長短。

酷吏傳，班氏不入杜、張。蓋張湯之後，至後漢猶盛；班氏以張純之故，並貸杜周。

漢武用兵，勝負皆以實聞，不爲左右欺罔。

漢元封五年，初置刺史部十三州，分行郡國，秩六百石。而縣令萬户以上，秩反千石至六百石。然刺史權極重，按察六條，其五條皆謂二千石不法。秩卑則其人激昂，權重則能行志。至成帝綏和元年更名，秩二千石，其法隳矣！

唐制，諸道帥司兼觀察之權，故藩鎮擅權，無人糾舉。本朝官制多循唐舊，獨前宰執侍從爲帥，監司得糾之，故不敢爲非。

宗周鎬京地方八百里，八八六十四，爲方百里者六十四。雒京地方六百里，六六三十六，爲方百里者三十六。合之是謂千里。平王東遷，方八百里者失之，僅六百里耳。襄王又以河内賜晉，其地益小。原爲天子之邑，自不肯屬晉，晉伐之，乃不美事，而左傳反稱之。

熙寧殿試改用策，謂比詩賦有用。不知士人計校得失，豈敢極言時政，自取黜落？是初入仕已教之諂也。況登科之初，未見人材，及後仕宦，則材智聲名君子小人貴賤分矣，不須試策以別人材。人主燕閒時，于其等輩廣訪備問，然後博記而審察之，天下自無遺才。

祖望謹案：謂不必于試策時別人材，則亦稍偏。謂試策教人以諂，則詩賦不教人以浮華乎？温公十科取士，亦何嘗專用詞賦？其謂人主當廣訪而審察，則至論也。

新唐書好簡略，事多鬱而不明。其進表云「事增于前，文省于舊」，病正在此！

漢所傳六經，與今不同。如今尚書云「無教逸欲有邦」，王嘉奏封事曰「無傲逸欲有國」，恐傲字轉寫作教字。

蕭望之傳元帝八九年，當深知元帝爲人。及帝即位，欲逐恭、顯，爲其譖，帝至不省其爲下獄。不知八九年間傳之者何事！

太宗嘗飛白題翰林學士院曰「玉堂之廬」，此四字出李尋傳。玉堂者，殿名也，而待詔者有直廬在其側。李尋時待詔黄門，故曰「久汙玉堂之廬」。英廟嗣位，乃撤去。及元豐中，有學士上言，乞摘「玉堂」二字榜院門，以爲光寵，詔可。是以殿名名其院也，不遜甚矣！師古曰，玉堂在未央宮。又翼奉言文帝時無玉堂，則武帝所造也。

蕭何治未央宮，高祖都長安之心方定。何之意深矣！

後生未可遽立議論，以褒貶古今。蓋見聞未廣，涉世淺也。孔子年六十三歲，始删定羣經。

文言未必皆孔子之作。孔子生于襄二十一年，而襄三年穆姜言「元，體之長也」云云，時孔子未生。又左氏以解隨卦，周易以解乾卦。

魏徵傳言：「停婚仆碑，其家衰矣。」鄭公之德，何賴于碑，而停婚乃天以佑魏氏也。房氏尚主，始敗其家法，終滅其族。鄭公之後有謩，其家再振。

楊綰爲相，纔一百八日，而名望如此！

絳縣老人云：「四百有四十五甲子矣，其季于今三之一也。」史趙曰：「亥有二首六身，下二如身，是其日數。」士文伯曰：「然則二萬六千六百有六旬也。」亥字二畫在上，其下六畫，如算子㈠三箇六數也。如者，往也。移下亥上二畫往亥字身仄，則當如此㈡寫。其左豎二畫，則二萬也。其右六畫，乃三箇算子

㈠「子」，畿輔叢書本元城語録作「字」。　㈡「此」原作「移」，又下文「四百四十四」，末「四」字原脱，據同上書改、補。

六數，則六千六百六旬也。季，末也。已得四百四十四全甲子，其末一甲子六十日，今纔得二十日，故曰三之一也。

易「取諸益」、「取諸睽」之類，非謂當時已有此卦也。伏羲造書契，取其義耳。

梓材謹案：謝山所節元城語録四十五條，今移入高平學案者三條，移入涑水學案者三條，移入濂溪學案者一條，移入新學畧者五條。

元城談録

爲學惟在力行。古人云：「説得一丈，不如行得一尺。説得一尺，不如行得一寸。」故以行爲貴。

元豐末，京東劇寇欲取掊克吏吴居厚投鑄冶中。居厚覺，早遁去。

梓材謹案：謝山所節元城談録九條，今移爲附録者三條，移入高平學案者一條，移入古靈學案者一條，移入陳鄒諸儒者一條，移入蜀學畧者一條。

元城道護録

元祐黨人只七十八人，後來附益者不是。

若象數可廢，則無易矣。若不説義理，又非通論。兩者兼之，始得。

學者所守要道，只一勤字，則邪僻無自而生。纔有間斷，便不可謂勤。

獄貴初情。每一行若干人，分牢異處，親往偏問，私置簿記之。其後結正，無出初情者。

至誠之道無處不在，著一事便是曲。致曲，以通之也。

安世從温公學，與公休同業。凡三四日一往，以所習所疑質焉。公欣然告之，無倦意。凡五年，得一語曰「誠」。安世問其目，公喜曰：「此問甚善！當自不妄語入。」予初甚易之，及退而檃括日之所行，與凡所言，自相掣肘矛盾者多矣。力行七年而成。自此言行一致，表裏相應，遇事坦然，常有餘裕。温公謂安世：「平生只是一箇誠字，更撲不破。誠是天道，思誠是人道，天人無兩箇道理。」因舉左右手，顧之笑曰：「只爲有這軀殼，故假思以通之。及其成功，一也。」

安世自從十五歲以後，便知有這箇道理。也曾事事著力，畢竟不是。只有箇誠字，縱横妙用，無處不通。以此杜門獨立，其樂無窮，凭怎生也動安世不得！

梓材謹案：謝山所節元城道護録十條，今移爲附録者一條，移入本卷李莊簡傳後者一條，移入龜山學案者一條。

元城語

某之學，初無多言。舊所學于老先生者，只云「由誠入」。某平生所受用處，但是不欺耳。今便有千百人來問，某只此一句。

梓材謹案：此李莊簡所稱元城先生語，其子孟珍述之。

附錄

先生登第，與二同年謁李若谷參政，三人同起身請教。曰：「若谷自守官以來，嘗持四字：勤、謹、和、緩。」其間一後生應聲曰：「勤、謹、和，既聞命矣；緩之一事，某所未聞。」李正色曰：「何嘗教賢緩不及事！且道世間甚事不因忙錯了？」呂氏雜録。

元城終身未嘗草字，書尺未嘗使人代。

介甫求去，潞公謂後人如何可爲，元城對曰：「相公當之，去所害，興所利，反掌間耳！」

祖望謹案：時元城年尚少，已能爲此！

呂相微仲不樂元城。范忠宣公由元城章疏而出，已而復拜微仲，遂擬元城真定。宣仁曰：「如此正人，且留朝廷。」以上談録。

先生父太僕卿仲通慕司馬温公、呂獻可之賢，方温公志獻可墓，仲通自請書石。温公文出，直書王介甫之罪不隱，仲通有懼色，先生代其父書，自此益知名。

温公入相元祐，薦先生爲館職，謂先生曰：「足下知所以相薦否？」先生曰：「某獲從公遊舊矣！」公曰：「非也。某閒居，足下時節問訊不絶。某位政府，足下獨無書。此某所以相薦也！」

先生遠謫嶺外，盛夏奉老母以行，途人皆憐之，先生不屈也。抵郡，聞使者自京師來，人爲先生危之。郡將遣其客來，勸先生治後㊀事。客涕泣以言，先生色不動，談笑自若，對客取筆書數紙，徐呼其僕，從容告曰：「聞朝廷賜我死。即死，依此數紙行之。」笑謂客曰：「死不難矣！」客取其所書紙閲之，則皆經紀其家與經紀其同貶當死者之家事，甚悉。客驚嘆，以爲不可及也。更數日，乃知使者本入海島杖殺內臣陳衍，章惇故令迂往諸郡，逼令流人自盡耳。

㊀「後」原作「從」，據龍本改。

謝山書宋史元城傳後曰：「朱子曰：「忠臣殺身，不足以存國，讒人搆禍，無罪就死。劉莘老死不明。今其行狀似云死後以木匣取其首，或云服藥，皆不可攷。國史此事是先君修正，云劉摯、梁燾相繼死嶺表，天下至今哀之。」又云：「范淳夫死亦可疑。雖子孫載其死事詳細，要之深可疑。」又云：「當時多是遣人恐嚇之，監司州郡承風旨皆然，諸公多因此自盡。」予初猶疑其語，今觀元城傳中所載蔡京累遣人脅害之事，乃知朱子之言不盡出傳聞之過也。嗚呼，元祐黨人竟何罪至此！

先生一日扶其母籃輿行山中，憩樹下。有大蛇冉冉而至，草木皆披靡，樵夫皆驚走，先生不動也。蛇若相向者久之，乃去。村民羅拜曰：「官異人也！蛇吾山之神，見官喜相迎耳。官遠行無恙乎？」聞見録。

先生與東坡同朝。東坡勇于爲義，或失之過，則先生必約之以典故。東坡怒曰：「何處得一劉正言來，知得許多典故。」先生聞之曰：「子瞻固所畏。然恃其才，欲變亂典章，則不可。」元符末，各歸自嶺海，相遇于道，先生喜曰：「浮華豪習盡去，非昔日子瞻也。」東坡則曰：「器之鐵石人也！」同上。

元城初除諫官，以母老辭。母勉使爲之，乃供職。論胡宗愈二十四章，又論章子厚十九章。子厚欲殺之嶺南，人言「春、循、梅、新，與死爲鄰；高、竇、雷、化，説著也怕」，而元城歷其七。道護録。

先生謂當官處事，須權輕重，務合道理，無使偏重，夫是之謂中。元祐間，嘗謁見馮當世，當世言：「熙寧初，與陳暘叔、呂寶臣同任樞密。暘叔聰明少比，遇事迎刃而解；而呂寶臣尤善稱停事，每事必稱停輕重，令得所而後已。事經寶臣處者，人情物理，無不允當。」「稱停」二字，吾輩當今最宜致力。

童蒙訓。

梓材謹案：謝山所録紫微童蒙訓，有一條云：「劉公器之嘗爲予言：『爲當世宣徽稱呂寶臣樞密善稱停事。每事之來，必稱停輕重，莫使有偏。事經其處畫者，無不允當。稱停二字，最吾輩當今所宜致力。』寶臣，惠穆公也。」惠穆蓋紫微從祖父公弼㊀。其語複出，故删彼存此。

建中間，公自嶺外歸。至宣和年間，内侍梁師成得幸，令吴可雲濠案：吴可，宋史作吴默。自京師至家，欲引公以爲重，致書許大用。可至三日，然後敢出之，且道公諸孫求仕以動之。公謝曰：「吾若爲子孫計，則不至是矣。且吾廢斥幾三十年，未嘗有點墨與當朝權貴。吾欲爲元祐完人，不可破戒。」還其書而不答。言行録。

公在家，杜門屏迹，不妄交遊，人罕見其面。然田夫野叟，市井細民，以謂若過南京不見劉待制，如過泗州不見大聖。及公歿，耆老士庶、婦人女子持薰劑誦佛經而哭公者，日數千人。後二年，敵人驅墳石發棺，見公顔貌如生，咸驚曰：「必異人也！」一無所動，蓋棺而去。同上。

呂紫微曰：劉丈器之與顔夷仲、石子植、韓擕則及予相得，暮年同城而居，以便講習之益。

又曰：劉器之論當時人物，多云弱，實中世人之病。承平之久，人皆偷安畏死辟事，因循苟且而致然耳！

㊀ 按呂公弼，宋史有傳，爲呂夷簡之子，呂公著之兄。呂公著爲呂紫微（呂本中）之曾祖父（參看本書范呂諸儒學案呂公著傳後王梓材案語），則呂公弼應爲呂紫微之從曾祖父，此作「從祖父」，誤。

處。曾茶山曰：劉器之學問門户，自與伊川不同。伊川説話極精微，劉丈祇理會篤信力行，亦自有省要處。嘗言勿忘勿助長，不思善不思惡，但願空諸所有，慎勿實諸所無。

祖望謹案：此元城雜禪學處。

王深寧困學紀聞曰：元城歲晚閒居，或問先生何以遺日，公正色曰：「君子進德修業，惟日不足，而可遣乎！」

黄東發曰：先生事温公五年，而後教之以誠。思之三日，不知所從入，而後教之不妄語。七年而後能言行相應，故能不動如山，當宣和、大觀間，巋然獨爲善類宗主。至今誦其遺言，無不篤實重厚，使人鄙吝之心爲消。嗚呼，豈不誠大丈夫哉！獨因篤信之深，而佛氏之説先入爲主，至謂儒、釋、道、神，其心皆一，又謂法華經臨刑刀壞之説爲説性，而證以楞嚴經云使衆生六根消後，臨刑刀如割水，且並以其師温公詆佛爲非。若自程門講明聖人之學觀之，雖温公之詆佛猶未免于鹵莽，而元城並以爲未然，何哉？或者「知終終之」之勇冠卓一世，而「知至至之」之知尚差毫釐邪？此中庸之必貴于「自明而誠」也。雖然，先生他日亦言釋、老之言皆未免入邪，則其本心固未嘗不明也，學者宜審焉。

元城學侶

侍郎顏夷仲岐　别見滎陽學案。

石先生子植

石子植，佚其名，嘗説呂申公。哲宗賜御筆白樂天詩與二蘇，及進詩表謝，申公遂集古經句作一册進，云比以寫唐人無益詩，不如寫聖人語。曰：「君子作事，婉而成章。詩也須進，但中間有説爾。此恐非申公所爲。」參晁氏客語。

梓材謹案：晁氏書作石子殖，而元城語録作子植，蓋一人也。

韓先生撝則

韓撝則。

元城同調

忠肅陳了齋先生瓘

別爲陳鄒諸儒學案。

元城門人

涑水再傳。

文清呂東萊先生本中

別爲紫微學案。

判監孫先生偉

孫偉，字奇甫，江陵人也。少負奇氣。初爲静州幕官。劉元城再謫夷陵，先生自静求沿檄至峽求見，元城待之無甚異也。先生請曰：「偉以求見先生而來，非沿檄也。」元城問所以願見之意，對曰：「生長南方，竊聞司馬温公北方賢士大夫之冠，先生受業温公，是以求見。非敢言從學，但願就先生求五日飯，尋一宿處，聽先生五日話。」元城嘉之，因與共飯五日，與之言温公所以傳習者。先生請曰：「受教不在多言。願掇其所當致力者，爲直截言之。」元城曰：「諾。」既五日，先生已録成一卷。請曰：「願更住半日，求先生諦視之，無差謬否。」元城爲之閲畢。先生辭歸，自是踐履一宗元城。每對學者言：「平生只從得劉先生五日，終身受用只此五日所聞。」張魏公之初仕也，在山南幕府，先生嘗從其帥飲㊀，至夜分，帥尚命繼酒，魏公謂其使曰：「此何時也，而酣宴無已乎？」先生整冠起曰：「此賢屬也。予其罪人矣！」遽謝之。先生善誘迪學者。嘗有投所業請益者，先生置諸架上不視，徐曰：「每日所讀何書？」其人倜然莫知所對。再三問之，乃漫應曰：「近喜讀新唐書。」先生問曰：「三百年唐室，最愛何人？」其人又不能對，逡巡引退。次日復來，因言向來汩没科舉，實未知所以讀書之方。先生乃諄諄誨之，且曰：「讀本紀而不知一代之興衰治亂，讀列傳而不知諸人之賢否邪正，又奚以史爲？又奚以學爲？」其人自此從學，卒爲善士。先生本用世才，以争和議不勝，不復求用，官終判監。晚遊衡山，與胡文定公父子遊，論學甚契。手批留侯、諸葛武侯二傳，字極大，朝夕披視一過，太息。篋中惟論語一部。所著有奏議數卷，胡五峯跋之曰：是乃上蔡所云「不爲一身之謀而爲天下之慮」者。

祖望謹案：元城之得統于温公，大抵不出「剛健篤實」一語。元城門下，其最顯者爲李莊簡公泰發，其厄于下寮者爲先生，其骨力皆得之元城。宋史不爲先生立傳，沈埋六百餘年。予稍求其

㊀「飲」原作「領」，據文義改。

大畧，登之學案，而當年奏議諸文字，不可得見矣，爲之三嘆。先生之高弟曰劉芮。

莊簡李讀易先生光父高。

李光，字泰發，上虞人。童穉不戲弄，父高稱曰：「吾兒雲間鶴，其興吾門乎！」親喪，哀毀如成人。有致賻者，悉辭之。及葬，禮皆中節。以進士歷知開化、常熟、吴江，改京東西學事司管句文字。元城居南京，先生以師禮見之。元城告以所聞于温公者曰：「學當自無妄中入。」先生欣然領會。除太常博士，遷司封。王黼惡之，令部注桂州陽朔縣。元城聞其以論事貶，貽書偉之。李忠定綱亦以論事去國，居義興，伺先生于水驛(一)，自出呼曰：「非越州李司封船乎？」留數日，定交而别。及遷侍御史，時言者猶主王介甫之學，詔榜廟堂。先生言：「祖宗規模宏遠，安石欲盡變法度，則謂人主當制法而不當制于法。欲盡逐元老，則謂人主當化俗而不當化于俗。蔡京兄弟祖述其説，五十年間，毒流四海。今又風示中外，鼓惑民聽，豈朝廷之福！」彗出寅艮間，耿南仲輩皆謂應在外夷，不足憂。先生奏：「孔子作春秋，不書祥瑞者，蓋欲使人君恐懼修省，未聞以災異歸之外夷也。」疏奏，監汀州酒税。紹興中，累擢吏部侍郎、尚書、參知政事。時秦檜初定和議，將揭榜，欲藉先生名鎮壓，高宗亦意不欲用之。先生又面折檜，檜大怒。明日，丐去，知紹興府。万俟卨論其陰懷怨望，責瓊州安置。吕愿中又告先生與胡澹庵詩賦倡

(一)「伺先生于水驛」原作「先生伺於水驛」，據上下文義改。宋史本傳此句作「光伺于水驛」，亦誤，點校本已據李慈銘説校改爲「伺光于水驛」。

和，譏訕朝政，移昌化軍。論文考史，怡然自適。年踰八十，筆力精健。後以郊恩復左朝奉大夫，任便居住，至江州而卒。孝宗即位，復資政殿學士，賜謚莊簡。參史傳。

李泰發語其子孟珍所述。

汝輩居家，惟是盡一孝字。居官，惟是盡一廉字。他日立朝事君，惟是盡一忠字。但守得此一字，生受用不盡。

凡後生所至處，且須從賢士大夫遊。

梓材謹案：謝山節録本四條，今移元城語一條于元城道護録後，移一條于和靖學案。

附錄

元城道護録曰：李光好官員，可惜爲蔡攸所引。此人撥著便醒。紹興中以忤秦檜謫海外，著易說，自號讀易老人。

董真卿曰：先生之學本元城，元城學于司馬公。以上黄氏補本。

知州胡先生珵

胡珵，字德輝，毗陵人也。詩文、篆隸皆精好。學于楊文靖公龜山，尋以文靖之命學于劉忠定公元城。入太學，成進士。南渡初，李公伯紀爲相，先生在其幕中。汪、黄惎之，以陳少陽之上書也，先生實視其草，竄蒼梧。已而東歸。趙豐公入相，直翰林，兼史館校勘，與張嵲同入書局。未幾，豐公去國，張魏公以爲元祐未必全是，熙寧未必全非，遂擢何掄仲、李似表爲史官，欲有改定。先生與嵲不可，遂皆求去。豐公再相，復召二人，書成。講和之役，先生與同館朱松、淩景、夏常明、范如圭合疏爭之，其稿出于先生手，略曰：「敵人方據中原，吞噬未厭，何憂何懼而一旦幡然與我和？蓋其狃于荐食之威，動輒得志，而我甚易恐，故常喜爲和之說以侮我。又慮我訓兵積粟，畜鋭俟時，而事有不可知者，故不得不爲和之說以撓我。蓋今之和使，卽秦之衡人，兵家用之，百勝之術也。六國不悟衡人割地之無厭，以亡其國。今國家不悟敵使請和之得策，其禍可勝言哉！而執事者顧方以吾爲母后，爲梓宮，爲淵聖天屬之故，遂不復顧祖宗社稷二百年付託之重，而輕從之，使彼得濟其不遜無稽之謀，而藉躪以逞，將焉避之哉？昔楚、漢相持之際，項羽嘗置太公俎上，而約高祖以降矣。使爲高祖者，信其詐謀而遽爲之屈，則自其一身且無處所，尚何太公之可還哉！惟其不信不屈，而日夜思所以圖楚者，以故卒能蹙羽鴻溝之上，使其兵疲食盡，勢窮力屈，而太公自歸。此其計之得失，亦足以觀矣！」疏上，秦檜大怒。然是時和議尚未定，公議尚張，但出之知嚴州而已。已而李莊簡公去國，遂以先生爲其黨，罷之，飢寒困窮而死。所著有蒼梧集。

梓材謹案：黄氏補本，先生傳兩載龜山、元城學案。謝山已爲此傳，故並刪之。

附錄

汪玉山與吕逢吉曰：胡德輝言温公日記極有可疑，如記富鄭公惑一尼之言，至願爲蛆蟲，食其不潔。富公雖所見不同，何至于此！温公平日最推富公，不應如此記事，德輝以爲必後來所增加。蓋當時介甫嘗奏富弼無見，惑一妖尼之言，則所謂後來增加者，當有之。

主簿馬先生大年

馬大年，字永卿，雲濠案：廣信志作「馬永卿，字大年」。揚州人，元城弟子也。大觀三年進士，聞元城謫亳州，寓永城縣之回車院，先生時赴永城主簿，其舅高郵張桐薦使求教。既至，見元城，雄偉闓爽，談論踰時，體無欹側，肩背聳直，身不稍動，手足亦不移，自是從學二十六年。當紹興五㊀年，追録其語爲元城語三卷。

知州韓先生瓘

韓瓘，字德全，開封人也，參政億曾孫。累官知秀州，所至興利除害，甚敏，吏莫能欺，時以爲有家法。先生官浙中久，其往來必維舟河梁，侍元城談，録其繫邪正得失者二十一條爲元城談録。

簡肅劉白水先生勉之別爲劉胡諸儒學案。

舍人曾先生恬別見上蔡學案。

㊀「五」原作「六」，據元城語録馬大年序改。按自大觀三年至紹興五年共二十六年。

文清曾茶山先生幾別見武夷學案。

孫氏家學涑水三傳。

孫先生蒙正

孫蒙正，字正孺，江陵人，奇甫先生偉之子。先生少稟家學，得元祐諸公之傳，而于五峯兄弟爲故人子，從之問道。嘗告五峯曰：「歲入不贍，既可憂，然稍親生業，便近俗，柰何？」五峯答曰：「古人有名高天下，躬自鉏菜，如管幼安者，隱居高尚，灌畦粥蔬，如陶靖節者。使顏子不治郭內郭外之田，則饘粥絲麻將何以給？又如孔子猶且會計升斗，看視牛羊，亦可以爲俗乎？豈可專守方册，口談仁義，然後謂之清高哉！正孺當以古人實事自律，不可作世俗虛華之見也。」五峯又嘗謂曰：「子資稟過人，大要學問擴充之，須日知其所亡，月無忘其所能，然後可。」又曰：「行貴精進，言貴簡約，欽夫之言，真有益于左右。」初，欽夫累求見五峯，不得，莫解其故，因託先生微叩之。五峯笑曰：「渠家學佛。」先生以告，欽夫涕泣求見，遂得湖湘之傳。欽夫嘗嘆曰：「栻若非正孺，幾乎迷路！」

孫氏門人

提刑劉順寧先生芮

劉芮，字子駒，東平人也，忠肅公摯之曾孫，學易先生跂之孫，南渡後居湘中。劉氏自學易以來，三世守其家學，不求聞達。雖閥閱亞于韓、呂，而節行與之埒。先生學于孫奇甫，其後徧遊尹和靖、胡文定之門，所造粹然。其爲永州獄掾㊀，與太守爭議獄，謂今世法家疏駮之設意，殊與古人不同，古人于死中求生，不聞生中求死，遂以疾求去。會太守遣屬來，乃紹聖權臣之後，先生嘆曰：「吾義不與肆人接！」投檄竟歸。初，先生十喪未葬，意欲得中原之復，返葬嶺北。既不遂，貧日甚。太尉劉錡重之，爲之佽助，乃得葬于湘中，盡屏陰陽之説，曰：「吾大事已畢，死亦瞑矣！」罷官無屋可居，乃即其先人之墓而廬之。是時秦氏之勢漲天，先生客于桂林。桂林帥者，秦氏私人也，因一日賓客寮屬集府中，謂曰：「前日之夜，去城一舍，其驛曰秦城者有光屬天，願與諸君賦之。」皆曰：「唯唯！」所謂秦城王氣詩者也。是日不賦者二人，曰先生，曰李成叔。已而張魏公卜居長沙之二水，授先生室，宣公兄弟嚴事之。又以薦入官，以言去國。汪文定公玉山貽書當路曰：「如劉賓之、劉子駒，縱未還朝，豈應置之閒散！」乃復以刑部員外郎召，出爲湖南提刑，卒。先生自述其先世之言，謂孝經孝弟之至，通于神明，光于四海，無所不通，學者當從此悟入。故先生雖在千里外，親有疾痛，皆知之。又述孫公澤之言曰：「學者有志于道，且須看古人長處。于其長處唯恐不及，于其短處唯恐自家做到此處。」嘗教學者曰：「言此行此，謂之君子。言此行彼，謂之小人。」所著有順寧集二十卷，楊誠齋爲之序。誠齋論先生之爲人曰：「子駒長于嗜古，短于諧今；工于料事，拙于售世。遇合之詘而幽獨之伸，流靡之憎而强毅之悦。故其人落落，其心優優。初若不可親，而久乃不可離。」可以想見先生矣！

㊀「掾」原作「椽」，據龍本改。

李氏家學

進士李先生孟博

李孟博，字文約，莊簡長子。紹興五年進士。從莊簡謫，卒于瓊。

提舉李先生孟堅

李孟堅，字文通，莊簡子。以學行舉官，至知秀州。從莊簡謫嶺南，竄陝州。更化後召用，累官淮東提舉。

參議李先生孟珍

李孟珍，字文潛，莊簡子。累官至沿海制置參議。

直閣李磐溪先生孟傳

李孟傳㊀，字文授，莊簡幼子，宋史有傳。雲濠案：史傳，先生累官知江州，以朝請大夫、直寶謨閣致仕。著磐㊁溪集、宏詞類稿、左氏説、讀史、雜志。

㊀ 按宋史卷三六三有李孟傳傳（李光傳附）。又卷四〇一亦有李孟傳傳，爲另一人。　㊁「磐」原作「盤」，據宋史本傳改。

李氏門人

通守曹放齋先生粹中

曹粹中，字純老，號放齋，定海人也。李莊簡公光之壻。宣和六年進士，釋褐黄州教授。秦氏欲因莊簡見之，先生辭焉，私語婦曰：「尊公其能終爲首揆所容乎？」已而莊簡果被出，嘆曰：「吾媿吾壻。」先生自是隱居，終秦氏之世，未嘗求仕。莊簡退居，著讀易老人解説，而先生箋詩，各以其所長治經，可謂百世之師矣。世有修改宋史者，當附之莊簡傳中也。張魏公晚年入相，薦于朝，通守建寧。不久，乞身而歸，贈侍講。

祖望謹案：深寧王氏四明七觀，其于經學首推先生之詩。自先生詩説出，而舒廣平、楊獻子出而繼之，爲吾鄉詩學之大宗。慈湖之詩傳相繼而起。咸、淳而後，慶源輔氏之傳始至甬上。則論吾鄉詩學者，得不推先生爲首座與！

顯謨潘先生時父良佐。

潘時，字德鄘，金華人。父良佐，始以儒學教授，諸弟皆從受學，而中書良貴遂以清直致大名。先生生穎悟，少長，莊重如成人。既孤，叔父中書愛而收教之，欲使後己，先生以親没無所受命辭，乃任以爲登仕郎，爲娶李莊簡女，莊簡亦器許焉。調分宜簿，未嘗求薦而當路争知之，改通直郎、知興化軍。時郎學宫，召諸生而教飭之，無敢以事至庭中者。已而召還賜對，先生言：「郡縣者，朝廷之根本，而百姓又郡縣之根本也。今不計郡縣之事力而一切取辦，又不擇人材之能否而輕以畀之，欲本固而邦寧，其可得乎！」上善其言。官至安撫，進直顯謨閣，除尚書左司郎中，不就。卒，年六十三。子友端、友恭，皆力學有志操。先生少從中書學，長壻李氏，又得莊簡爲依歸。中年遊張敬夫、吕伯恭間，切劘不倦。晚歲讀書，厲志彌篤。其治郡皆有成績，自言爲治主于寬而不使有寬名，輔以嚴而不使有嚴迹。所至必問人材，興學校。潭之嶽麓，衡之石鼓，皆一新之，學者用勸。雅不信浮屠詭異之説，嘗著石橋録以斥其妄。其卒也，朱晦翁志其墓，言「某從公遊雖不久，然相知爲最深，友端等又來受學」云。參朱子文集。

梓材謹案：謝山原稿僅標「潘畤，李莊簡光之壻」，而未爲之傳，特據文公大全集以補之。又案：先生，朱、張、吕之講友也。

萬氏儒林宗派以爲張、吕門人，誤。

順寧門人涑水四傳。

宣公張南軒先生栻別爲南軒學案。

端明張定叟先生杓別見趙張諸儒學案。

潘氏家學

學博潘先生友端別見嶽麓諸儒學案。

撫幹潘先生友恭別見滄洲諸儒學案。

提舉潘先生友文別見槐堂諸儒學案。

宋元學案卷二十一

華陽學案　全祖望補本

華陽學案表

范祖禹 蜀公從孫。涑水門人。
- 子沖
- 司馬康 別見涑水學案。
- 黃庭堅 別見范呂諸儒學案。

呂希哲 別爲滎陽學案。

劉恕 別見涑水學案。

並華陽講友。

范仲黼 別見二江諸儒學案。范氏續傳。
- 從子子長
- 從子子該 並見二江諸儒學案。

華陽學案序録

祖望謹案：范正獻公之師涑水，其本集可據也。其師程氏，則出自鮮于綽之譌，伊洛淵源録既疑之，而又仍之，誤矣。陳默堂答范益謙曰：「向所聞于龜山，乃知先給事之學與洛學同。」則其非弟子明矣。述華陽學案。梓材案：是卷亦謝山特立爲學案。又案澗泉日記云：「淳夫乃呂晦叔壻，從温公遊，又師二程。」其説與鮮于氏同。

涑水門人

正獻范華陽先生祖禹

范祖禹，字淳夫，一字夢得，華陽人，忠文公之姪之子也。其生也，母夢異人入寢室曰：「漢將軍鄧禹。」因名焉。登進士甲科，從温公編修資治通鑑，在洛十五年，不事進取。書成，温公薦爲祕書省正字。時王荊公當國，尤愛重之，先生竟不往謁。哲宗立，累遷著作郎兼侍講。先生言：「陛下今日之學與不學，係他日治亂。如好學，則天下君子欣慕，願立于朝，以直道事陛下而致太平。不學，則小人皆動其心，務爲邪諂，以竊富貴。且凡人之進學，莫不于少時。今聖質日長，數年之後，恐不得如今日之專，竊爲陛下惜也。」拜右諫議大夫，首上疏論正心修身之要。追紹述之論興，有相章惇意，先生力言其不可用。言者攻之，連貶徙賓、化。卒，年五十八。蘇子瞻稱爲講官第一。嘗進唐鑑十二卷，帝學八卷，仁宗政典八㊀卷。雲濠案：四庫書目稱先生遺文爲太史集五十五卷。建炎二年，追復龍圖閣學士。先生燕居，正色危坐，未嘗不冠。出入步履，皆有常處。几案無長物，墨硯刀筆終歲不易。平生所觀書，如手

㊀「八」，宋史本傳作「六」。

未觸。衣稍華者不服。十餘年不易衣，亦無垢汙。履雖穿如新。皆出于自然，未嘗有意。寡言語，不問卽不言。元祐末，洛、蜀黨人互相攻詆，先生師温公，獨不立黨，並遊洛、蜀之間，皆敬之。東坡唐突伊川，至先生則肅然。每與他人諧謔，屬曰：「勿使范十三知也！」尤服先生之文，曰：「公皆不刊之作，軾不過涉獵爲文耳！」山谷在史院，日聽先生講左傳，受其學。先生嘗令撰呂申公遺表、司馬康謝恩表，文成，或不用，或改竄衹餘數字，山谷毫無忤色。論者以爲先生能馴坡、谷二人，尤同時所難。從遊温公十五年，温公家事無大小，令先生商之，雖公子康不敢專也。令康從先生學。蜀公之被召也，亦以書問之，先生則對以當辭。蜀公是之，謂人曰：「吾幾欲造朝，而三郎勸我，遂不行。」然先生爲文，深不欲人知，諫草多自焚去弗存，並欲毁京師所刊唐鑑，子沖固請得免。宣仁太后知之最深。先生久在經筵，十上章引疾，得請，以待制知梓州矣。翌日，宰相奏事簾前，太后諭曰：「范侍講求去甚力，故勉徇其請。昨日孩兒再三留他。相公可傳老身意，且爲孩兒留，前降指麾莫行。」于是先生不敢復請。太后崩，先生益數上疏論時事，言尤激切，無所顧避，感太后之知也。張文潛、秦少游稍勸先生，以爲宜少異詞，子沖亦乘間言之，先生曰：「吾出劍門，一范秀才耳！今復爲布衣，有何不可！」其後遠謫，亦由此。其造邇英也，過押班御藥閣子，都知以下列行致恭卽退，不假以辭色。御藥陳衍之園與先生鄰，至不敢高聲，謂同列曰：「范諫議一言到上前，吾輩不知死所矣！」顧子敦嘗與都知梁惟簡一言，先生大以爲非體。其後孝宗嘗曰：「讀資治通鑑，知司馬太師自是宰相手段。讀唐鑑，知范内翰自是臺諫手段。」世以爲知言。其薦士也，多至並位，然人無知之者。至有請屬，則必拒之。知咸平縣游冠卿之滿任也，請于先生，欲乞一言，以是時先生叔百禄方在中書也。先生曰：「足下審當爲監司，朝廷必須除授。家叔徙居政府，某未嘗與人乞差遣。」冠卿慚阻而退。子沖進曰：「不爲之地可也，何必面斥之？」先生曰：「凡此是欺之也。吾以誠告之。」嘗舉蜀公之言曰：「仕宦不可廣求人知。受恩多，則難立朝。」其移賀州，謫詞云：「朕于庶言無不嘉納，至于以訐爲直，則在所不赦。」先生曰：「吾論事多矣，皆可以爲罪，不知所坐也。」後乃知坐言乳媼事。惇、卞以爲上疏宣仁，所以離間哲宗也，然不知先生先上哲宗，後上宣仁，勸上以愛身、宣仁以保護上躬而已。又是時雇乳母實爲劉氏，故劉后亦恨之，而先生與劉忠定公皆不免。其自賓移化也，朝旨嚴峻，有司不敢相聞。先生出城，父老居民皆出送，持金帛來獻，先生謝遣之，一無所受，皆感泣而去。化州城外寺一夕見大星隕，中夜聞傳呼開門，是夕先生卒。三日殯于寺中，次年許歸葬。化人祀之北山。雲濠案：謝山學案劄記有云：「范淳夫謚正獻，見讀書附志。」

中庸論

聖人之道，必始于小而後至于大，必始于微而後至于顯。其始也入乎毫末而不足以爲小，其至也塞乎天地而不足以爲大，此道之所以難言也。中庸者，聖人言性之書也，出于孔子而傳于子思。其爲言也精微，其爲道也閎深，嘗試言之。記曰：「君子戒慎乎其所不睹，恐懼乎其所不聞。」君子之道盡于此而已乎？是不然。君子于其不睹不聞之間，出處語默，無愧乎吾心，然後于其可睹可聞之間，動靜周旋，無愧乎天下。故君子之道，必始于慎其獨也。人之不睹也，如其欲睹之也，人之不聞也，如其欲聞之也，此非有所難，雖匹夫匹婦而可知也。始于修身而終于治人，至于治天下國家，可以育萬物而配天地，則雖聖人有所不知也。故曰：「君子之道，費而隱。夫婦之愚，可以與知焉。及其至也，雖聖人有所不知焉。夫婦之不肖，可以能行焉。及其至也，雖聖人有所不能焉。」又曰：「君子之道，造端乎夫婦。及其至也，察乎天地。」此所謂始于小而後至于大，始于微而後至于顯也　天下之所甚易，莫若衆人之所能者也。其所甚難，莫若聖人之所不能者也。以衆人之所能而教人，是使易之而可勉也。以聖人之所不能而教人，是使難之而不爲也。聖人既曰難行之，又曰易行之，既曰易知之，又曰難知之，易者所以喻于人，難者所以喻于己。蓋誘于人者不可以不易，責于己者不可以不難也。始于易，終于難，而不可以過乎中，是故謂之中庸。開之以易，使天下可得而入也。嚴之以難，使天下不得而輕也。制之以中，使天下不得而過也。夫中庸有衆人之所易行者焉，有聖人之所難行者焉，有聖人與衆人之所同行者焉。子曰：「人皆曰予知，驅而納諸罟擭陷阱之中，而莫之知辟也。人皆曰予知，擇乎中庸而不能期月守也。」言中庸之易而人不守也。「天下國家可均也，爵祿可辭也，白刃可蹈也，中庸不可能也。」言中庸之難而人鮮能也。「道之不行也我知之矣，知者過之，愚者不及也。道之不明也我知之矣，賢者過之，不肖者不及也。」言中庸之不可過中也。口之于味也，酸鹹甘苦，有偏好其一者，是不知味之人焉。唯其五味均齊而得其節，然後適于口而和于心。君子之于道也亦然，不可以過，亦不可以不及。故曰：「人莫不飲食也，鮮能知味。」此中庸之大畧也。

中庸者，言性之書也。既舉其畧矣，而未及乎性也。夫誠者，聖人之性也，誠之者，賢人之性也。

聖人，生而知之者，故其性自內而出。自內而出者，得之天而不恃乎人。賢人，學而知之者也，故其性自外而入。自外而入者，得之人而後至于天。故曰：「誠者天之道，誠之者人之道也。」又曰：「自誠明謂之性，自明誠謂之教。」誠者所以成性也，明者所以求誠也。誠者不勉而中，不思而得，從容中道者，聖人之性也。誠之者擇善而固執之者，賢人之明也。目之視乎色，耳之聽乎聲，鼻之別乎臭，口之識乎味，此四者有諸內而無待于外，聖人之性猶此也。譬之則勸，非之則沮，順之則喜，逆之則怒，此四者動乎外而應之于內，賢人之性猶此也。聖人先得于誠而後有明者也，賢人先得于明而後至誠者也。夫中庸，所以使賢者學爲聖人也。故欲誠者莫若明，欲明者莫若知。夫所謂知者何也？致其知也。故曰「致知在格物」，又曰「物格知至」，物至而後有知也。知然後好惡形焉，有知而後有好惡也。君子則好善而惡惡，小人則好惡而惡善，此君子小人之所以分也。夫明者，有善未嘗不知焉，有不善未嘗不知焉，擇其善者而執之，其不善者而拂之，昭昭乎知所以爲善，所以爲不善，此所謂明也，此所謂致知也，是知之至也。知至而后意誠，意誠而后心正，心正而后身修，身修而后家齊，家齊而后國治，國治而后天下平，此大學之道，賢人所以學而成聖者也。子曰：「回之爲人也，擇乎中庸，得一善則拳拳服膺。」又曰：「有不善未嘗不知，知之未嘗復行。」夫顏子豈無不善哉，惟能知而不行也。故曰：欲誠者莫若明，用明者莫若知。致知者，是所以學爲聖人之端也。

聖人之治天下，未嘗不以誠也。誠者存乎其心，不可得而見之，故其說曰：「惟天下之至誠，爲能盡其性。能盡其性，則能盡人之性。能盡人之性，則能盡物之性。能盡物之性，則可以贊天地之化育。

可以贊天地之化育，則可以與天地參矣」。夫性者何也？仁義是也。聖人以爲仁義者生于吾之性，而不生于外，是故用之以誠，仁焉而必出于誠，義焉而必出于誠。不誠于仁，則人不親；不誠于義，則事不成。誠仁者，不施而親，誠義者，不爲而成。誠在内者形于外，是所以貴誠也。是故不賞而人勸，不怒而人威，不動而人化，不言而人喻，此所謂盡其性也。是故爲人子者誠于孝，爲人臣者誠于忠，爲人弟者誠于恭，舉天下之性，莫不誠于爲善，此所謂盡人之性也。是故天地爲之誠化，日月爲之誠明，四時爲之誠行，風雨爲之誠節，草木爲之茂，鳥獸爲之蕃，凡在天地之間者莫不安其性命，此所謂與天地參也。聖人有其德，有其時，有其位，而行其道，堯、舜、禹、湯、文、武、周公是也。有其德，無其時，無其位，而言其道，孔子是也。是故欲觀賢人之道，聖人是也。欲觀聖人之道，天地是也。天不言而四時行焉，地不動而萬物生焉。天地所以不言而人喻，不動而物成者，何也？誠之至也。聖人所以無爲而天下治，亦誠之至也。故天者，高之積也；地者，厚之積也；聖人者，誠之積也。天積于高，及其遠，則人不能知也。地積于厚，及其廣，則人不能窮也。聖人積于誠，及其神，則人不能測也。高不積，不足以爲天；厚不積，不足以爲地；誠不積，不足以爲聖人。聖人者，明並乎日月，德配乎天地，惟積于誠也。

聖人之德既與天地參，然而孜孜焉常有不已之心。記曰「不勉而中，不思而得，從容中道」，此聖人之性也。其行之也，蓋未嘗不勉不思，而終身以爲不足。夫聖人之所不可及者，其在此乎！昔者堯、舜之爲君，思天下有一夫不獲其所，則其心恥之，有一物不得其養，則其心憂之。夫恥之憂之者，何也？恐其德之有所不至也。聖人之德，固無所不至矣，然而常以不至爲心，故仁矣而曰未足以爲仁，義矣而曰未足以爲義。是以有一物不被其澤者，聖人之恥也。其責己也如此，其待人也則不然。夫人或生而知之，或學而知之，或困而知之，此三者之異，衆人之所知也，聖人必曰「及其知之一也」。或安而行之，或利而行之，或勉强而行之，此三者之異，亦衆人之所知也，聖人必曰「及其成功一也」。此所以引天下不肖者而爲賢也。生而知者，不可以人人而求也，有學而能知者焉，有困而能知者焉，則與夫不學者異矣。是故進而一之于聖，使天下皆由困而知者亦可以爲聖，而聖亦與我同類，如此則孰不欲知聖人之道？此所以爲教也。安而行者，亦不可以人人而求也，有利而能行者焉，有勉强而能行者焉，則與夫不能勉强者有間矣。是故進而一之于聖，使天下皆由勉强而行者亦可以爲聖，而聖亦與我同類，如此則孰不欲行聖人之道？此所以爲教也。聖人所以待人者如此，而其責己者未嘗不重也。子曰：「何事于仁，必也聖乎！堯、舜其猶病諸。」又曰：「舜好問而好察邇言，隱惡而揚善，執其兩端，用其中于民。」夫其仁足以博施濟衆，而猶以爲病，此其所以責己也。好問而好察邇言，隱惡而揚善，此其所以待人也。夫其責己也則爲善而不足，其待人也則恐其不得爲君子，二者皆出于其性，推之以治天下。聖人之道，未嘗有過于此者也。夫子亦何爲哉！知所以責己，知所以待人，則雖欲爲堯、舜而無難也。

聖人不以己能而責天下之人，故擇其近于中庸者而行之，曰忠恕。忠恕者，所以爲中庸也。何謂忠？曰：推己之心之謂忠。何謂恕？曰：如己之心之謂恕。夫聖人者，天下一人而已矣，衆人之所不能爲也。以聖人之所能而責衆人，是率天下而爲一人之行也。記曰：「聖人之制行也不以己，使民有所勸勉愧恥以行其言。」故不爲人之所不能，不行人之所不及，動則思天下之可法，言則思天下之可道，要以使人皆可以爲善，此所謂忠也。「己所不欲，勿施於人。」人常欲爲君子而不欲爲小人，此天下之情也。以己欲爲君子之心而使人皆得爲君子，以己不欲爲小人之心而使人皆不爲小人，此所謂恕也。仁義禮智四端之用，未有不由于忠恕之道而可行也。仁者過乎仁，聖人不以爲能也。義者過乎義，聖人不以爲行也。禮者過乎禮，聖人不以爲教也。智者過乎智，聖人不以爲法也。仁義禮智非獨以善一人也，必使天下皆可以行之。不惟使天下皆可以行之，又將使後之人皆可以繼之；如是而後可以爲中庸之道。此所以貴乎忠恕也。故曰：「忠恕違道不遠。」而曾子曰：「夫子之道忠恕。」蓋堯、舜、三代之治天下，與夫孔子、六經之道，莫不由于忠恕也。若夫以己能而責天下之人，此老、莊所以肆其放蕩虛空之論而不能自反也。聖人者，爲天下而言者也，故己可用而人亦可行。老、莊者，爲一人而言者也，故己獨可言而人不可用，是欲以一人之私論而率天下以行之也。其意曰：「治身者曷不爲我之等貴賤，齊生死？治天下者曷不爲太古之爲無爲，事無事？」是以言之而不可行也。聖人之言，其自爲也過少而爲人也過多，老、莊之言，其自爲也過多而爲人也過少，此其所以異也。老、莊之說如此，而好之者或以爲治性之書，是不然。夫治性者莫如中庸，而亂性者莫如老、莊。故學中庸以治其性，則性可得而見也；學老、莊以亂其性，則性不可得而反也。惟不惑乎老、莊之言，則可與由中庸以入于堯、舜之道也。

梓材謹案：中庸論五篇，謝山學案底本自爲一帙，而未有所屬。查朱氏經義考，先生有中庸論五篇，篇數適合，入之。

華陽文集

古之士，與君言言使臣，與人臣言言事君，與幼者言言孝悌，與居官者言言忠信。自童子以至于成人，自洒掃應對以入于道德，學不陵節，教不躐等。有非其所問而問者，鄉先生君子不以告也。譬如拱把之桐梓，長之養之，至于成材，無不適于用。如其未至而曰至，未能而曰能，則是賊夫人之子，非先王長育之意也。蓋孔子之教曰：「文行忠信。」「興于詩，立于禮，成于樂。」孟子曰：「謹庠序之教，申之以孝悌之義。」其所教者皆以明人倫也。以孔子之聖，四十而始不惑，五十而知天命，雖曰知之，猶罕言之，性與天道，自子貢不得而聞，況其下者乎！近世學士大夫，自信至篤，自處甚高，未從師友而言天人之際，未多識前言往行而窮性命之理，其弊浮而無實，鍥薄而不敦。雖然，「十室之邑，必有忠信」，天下之大，豈無豪傑不待文王而興者？然聖人之教，必爲中人設也。比年以來，朝廷患之，詔禁申、韓、莊、列之學，流風寖息，而猶未絶。夫申、韓本于老，而李斯出于荀卿，學者失其淵源，極其末流，將無所不至。故秦之治，文具而無惻隱之實；晉之俗，浮華而無禮法之防。天下靡然，卒之大亂。此學者之罪，不可以不戒也。省試策問。

昔隋氏窮兵暴斂，害虐生民，其民不忍，共起而亡之。唐高祖以一旅之衆取關中，不半歲而有天下，其成功如此之速者，因隋大壞故也。以治易亂，以寬易暴，天下之人歸往而安息之。方其君明臣忠，外包四荒，下遂萬物，此其所由興也。及其子孫，忘前人之勤勞，天厭于上，人離于下，宇内圮裂，尺地不保，此其所由廢也。其治未嘗不由君子，其亂未嘗不由小人，皆布在方策，顯不可揜。然則今所宜監，莫近于唐。書曰：「我不可不監于有夏，亦不可不監於有商。」唐鑑序。

雲濠謹案：謝山通鑑分修諸子攷云：「貢父所修一百八十四卷，淳夫所修八十一卷，道原所修二十七卷。」又云：「至于三子所修，愚最以唐鑑爲冗。後人以伊川許之，遂有范唐鑑之目，而以其書孤行，其實裁量未爲簡淨也。」

附錄

淳夫每誦董子之言「正其誼不謀其利，明其道不計其功」曰：「君子行己立朝，正事如此。若夫成功，則天也。」補。

朱子伊洛淵源録曰：淳夫家傳遺事載其言行之懿甚詳，然不云其嘗受學于二先生之門也。獨鮮于綽傳信録記伊川事而以門人稱之，又其所著論語説、唐鑑，議論亦多資于程氏。

葉水心習學記言曰：范祖禹布衾銘記：「其清如水，而澄之不已。其直如矢，而端之不止。故其居處必有法，其動作必有禮。」此言有益于學者。

華陽講友

侍講呂原明先生希哲別爲滎陽學案。

祕書劉道原先生恕別見涑水學案。

華陽家學涑水再傳。

龍圖范元長先生沖

范沖，字元長，正獻長子也。登紹聖進士第。高宗卽位，以虞部員外郎出爲兩淮轉運副使。紹興中，隆祐皇后誕日，上置酒宫中，從容語及前朝事，后曰：「吾老矣，有所懷，爲官家言之。吾逮事宣仁聖烈皇后，聰明母儀，古今未見其比。而史録未經删定，無以傳信後世。」上悚然，亟詔重修神、哲兩朝實録，召先生爲宗正少卿兼直史館。元祐中，正獻嘗修神宗實録，盡書王安石之過，以明神宗之聖。其後安石壻蔡卞惡之，正獻坐謫死嶺表。至是，復以命先生，上謂之曰：「兩朝大典，皆爲姦臣所壞，故以屬卿。」先生因論熙寧創置，元祐復古，紹聖以降，弛張不一，本末先後，各有所因。又極言王安石變法度之非，蔡京誤國之罪。上嘉納之，遷起居郎。俄開講筵，升兼侍讀。上雅好左氏春秋，先生與朱漢上震專講。先生敷衍經旨，因以規諷，上未嘗不稱善。會皇子建國公瑗出就傅，首命先生以徽猷閣待制提舉建隆觀，爲資善堂翊善，而漢上兼贊讀。時張浚在長沙，亦薦先生與漢上可備訓導，謂沖、震皆一時名德老成，極天下之選。上命建國公見翊善、贊讀皆納拜。俄遷翰林學士兼侍讀，先生力辭，改翰林侍讀學士，用正獻故事也。尋以龍圖閣直學士奉祠。卒，年七十五。先生之修神宗實録也，爲考異一書，明示去取，舊文以墨書，删去者以黄書，新修者以朱書，世號「朱墨史」。及修哲宗實録，別爲一書名辨誣録。先生性好義樂善，司馬温公家屬皆依先生撫育之。爲温公編類記聞十卷奏御，請以温公族曾孫除召主温公祀，又嘗薦尹和靖以自代。參史傳。

梓材謹案：兩浙名賢録：「趙丞相鼎，聞喜人。高宗即位，除權户部員外郎，遂卜居衢州。范元長沖建炎四年守衢，因請祠，與趙丞相同居。」

華陽門人

諫議司馬先生康別見涑水學案。

文節黄涪翁先生庭堅別見范呂諸儒學案。

范氏續傳

知州范月舟先生仲黼

知州范雙流先生子長

范先生子該並見二江諸儒學案。

宋元學案卷二十二

景迂學案 全祖望補本

景迂學案表

晁説之——朱弁

涑水、姜氏、楊氏門人。——王安中別見荆公新學畧。

泰山、徂徠、百源再傳。

晁詠之——邵溥別見劉李諸儒學案。

劉羲仲別見涑水學案。

汪革別見滎陽學案。

並景迂學侶。

吴棫

景迂同調。

景迂學案序録

祖望謹案：涑水嘗令景迂續成潛虛，景迂謝不敢，然易玄星紀之譜，足以紹師門矣。景迂又私淑康節，惜其晚年之好佛也。然元城亦不免此。呂成公曰：「景迂雖駁，其學有不可廢者。」述景迂學案。梓材案：是卷學案亦謝山所特立。

涑水門人孫、邵再傳。

詹事晁景迂先生説之

晁説之，字以道，一字伯以父，澶州人也，參政宗慤曾孫。元豐五年進士。東坡稱其自得之學，發揮五經，理致超然，不踐陳迹，嘗以「文章典麗，可備著述」薦之。范公淳夫亦以「博極羣書」薦之，曾文昭公亦薦之。先生慕司馬文正公之爲人，故以景迂生自號。文正著潛虛，未成而病，屬先生補之，先生遜謝不敢。然文正之門，傳其太玄之學者惟先生。又從康節弟子楊賢寶傳其先天之學，和劑斟酌，以窮三易之旨；其于泰山孫氏之門，從姜至之講洪範；不名一家。元符三年，知無極縣，應詔上書言十事，其一曰祗德，其二曰法祖，其三曰辨國疑，其四曰歸利于民，其五曰復民之職，其六曰不用兵，其七曰士得自致于學，其八曰廣言路，其九曰貴多士，其十曰無欲速，無好名高。凡數十萬言，大抵指荆公政事之非，紹述諸臣之謬。入邪等，奉嵩嶽祠，監陝州集津倉。再請奉華嶽祠，監明州船場。通判鄜州，提舉南京鴻慶宫，知成州。先生氣質剛毅，不以貶錮屈。其在關中，留心横渠之學。其在甬上，與豊尚書相之相唱酬。及守成州，歲旱，先生盡蠲其税。轉運使大怒，欲減其分，先生持不可，遂丐致仕去。靖康初，召至京，除秘書少監兼諭德。已而以中書舍人兼詹事，淵聖以宿儒待之。先生學于温公，守其疑孟之説；又惡荆公，而荆公最尊孟。先生請去孟子于講筵，欽宗從之，太學之士譁然，言者紛起。又力言三鎮不可割，兼諫止欽宗不可棄汴京出狩，皆與當國者不合。又言荆公不應配享神宗，安得配享孔子。于是耿南仲既傾吴敏、李綱，遂言先生與許景衡二人視大臣升黜爲去就，懷姦徇私，落職，提舉西山崇福宫。胡文定公争之，不報。高宗即位，馳驛召許翰、楊時及先生三人即赴行在，未至，即授以徽猷閣待制兼侍讀。先生少長承平，至是流離喪亂，避兵于高郵，于海陵，于建康，病甚。其在海陵，嘆曰：「平生著述，悉爲灰燼，惟易不可以已。」力疾追述舊作。建炎三年，卒于舟中，竟未得入見。遺言無得志墓。先生粹然儒者，惜乎晚年頗信佛氏之説，日誦法華，自稱「國安堂老法華」，又稱「天台教僧」。論者謂其盛時欲詆孟子，而老不自振。然其遺命，令子孫訪類遺文，當以嵩山景迂生目之，則未敢背師門之傳也。所著有易商瞿大傳、易商瞿小傳、商瞿易傳、商瞿外傳、京氏易式、易規、易玄星紀譜、晁氏詩傳、詩論、晁氏書傳、書論、晁氏春秋傳、春秋辯文、春秋年表、中庸傳、古論大傳、論語講義、壬寅孝經及五經小傳曆譜，凡十九種，皆經學。餘書尚十餘種。晚年㊀海陵著周易太極傳六卷，因説一卷，外傳一卷，今惟易玄星紀譜、易規、中庸傳見景迂生集中。雲濠案：先生所著文集又名嵩山集，别有儒言一卷。謝山學案劄記

㊀「晚年」下疑脱「于」或「居」字。

載先生古易十二卷，易規一卷，京氏易式一卷，其太極傳、外傳、因説與傳同。

祖望謹案：昭德晁氏兄弟大率以文詞遊坡、谷間，如補之、詠之，沖之皆盛有名，獨景迂湛深經術，親得司馬公之傳，又爲康節私淑弟子。其攻新經之學，尤不遺餘力。世但知推龜山、了翁，而不知景迂更過之。宋史乃爲補之、詠之作傳，而景迂失焉，陋矣！

儒言

六藝之志在春秋。紛然雜于釋、老、申、韓而不知其弊者，不學春秋之過也。

祖望謹案：儒言中所述，大抵爲新經而發。

皇道帝德，出于尚書中候，緯書也，嘉祐學者未嘗道也。孔子定書，斷自二帝，何皇之貴、武陵先生、劉道原皆云然。

祖望謹案：武陵先生，龍昌期。

克己之言，則嘗聞之矣；勝物之言，未之聞也。苟志以勝物，則枯木朽株皆吾仇也，其爲有位之害則又大。

極高明而道中庸，一物也。或者既以一事極高明，又以一事道中庸，不亦戾乎！廣大、精微亦然。

凡變律亂常，則不當乎人心。昔公孫禄斥國師秀顛倒五經，毁師法，宜誅以慰天下。侯景陳梁武之失曰：「敷演六經，排擯前儒，王莽之法也。」當彼時猶有是言。彼乘勢怙力以肆說者，果誰欺！溫公曰：「經猶的也，一人射之，不若衆人射之，其中者多。」此公天下之言，顧肯伸己而屈人，必人之同己哉！

害辭未至于害義，害義未至于害教。害教，則三綱五常絕矣。謂天不足畏，凶德不足忌，百姓或可咈之類，其害教柰何！

指鹿爲馬，一時跋扈之言也。顛倒破壞先王之格言，以天下爲鹿而指之也，不亦甚乎！

經言體而不及用，其言用則不及體。體用所自，乃本乎釋氏。

博學而不闕疑，則誣先哲而欺後生。

崔浩威震宇內，其五經之注，學者尚之，至勒爲石經。浩誅之後，無一人稱道其說者，則前之所傳者非經也。

荀卿之弟子與叔孫通之弟子皆以其師爲聖人。范陽祀安、史，亦曰「二聖」。

祖望謹案：此誚蔡卞之以荆公爲聖也。

貞觀詔修五經正義，用以取士，而兩漢以來諸儒之說存而傳者不過十之二三。逮今新義之行，而所傳十之二三者又不知何在矣！

于詩、書自爲一說以授學者，觀其向背而寵辱之，使之靡然趨己，較之焚書坑儒，其術更有善焉。

梓材謹案：儒言與晁氏客語，謝山稿底雜入景迂集中，今各表而出之。

景迂生集

使周禮而尚完，王者猶損益之，況殘僞之物乎！辯誣。

祖望謹案：景迂謂周禮爲新室之書，曰詩、書但稱四嶽，新室稱五嶽，周禮亦稱五嶽。類此不一。

惟通人有蔽，夫三先生者，亦豈無蔽哉！明道取人太吝，橫渠輕視先儒，伊川時出奇說，亦不可不知也。

今之配享孔子者，以講說文字爲功，謂劉向于漢强聒，商鞅能必行其令。釋、老、申、韓之說，雜然並傳六藝中。以上皆答袁季皋。

鄭康成說「中庸」曰：「用中爲常道也。」質諸安定先生、温公皆然。新學始析中庸爲二端，伊川亦畔二先生之說，他人何望哉！答朱仲髦。

梓材謹案：儒言、晁氏客語之外，謝山所節文集七條，今移入廬陵學案者一條，移入新學畧者二條。

晁氏客語

志于道德，功名不足論也。志于功名，富貴不足論也。志于富貴，則其與功名背馳亦遠矣。

事固有其理昭然而橫辯之勝不可折者。人皆以辯勝者爲然，未可謂知言也。

古人顧是非，不顧利害。若顧利害者，古人所恥。今人并利害亦不顧。古人責名必責實。但責名者，古人所恥。今人名亦不責。

「君之視臣如土芥，則臣事君如國人」，此爲君而言也，非爲臣者所以責君。「父子之間不責善」，此爲父而言也，非爲子者所以責父。

無爲其所不爲，能正其行而已。無欲其所不欲，則能正其心者也。

聞見之知非德性之知。

禮記除中庸、大學，惟樂記爲最近道，表記亦近道。

名數之學，君子學之而不以爲本。

論理，論己之所當爲，須從根本上論。論事，論人之所當爲，須就事勢上論。

古之學者爲己，其終至于成物。今之學者爲物，其終至于喪己。

杞柳，荀子之說也。湍水，楊子之說也。

事上之道莫若忠，待下之道莫如恕。

中庸之書，學者之至也。其始曰「戒愼」、「恐懼」，蓋言誠也。

必井田，必封建，必肉刑，非聖人之道也。善得聖人之意者，不取其迹。

古者卜筮以決疑也，今校其窮通聞達，亦惑矣！

梓材謹案：謝山所節晁氏客語二十條，今移入高平學案者二條，移入滎陽學案者一條，移入陳鄒諸儒者一條。又一條引陳述古云「人不可爲人所容」，與古靈學案複出，刪之。

易玄星紀譜

初斗十二度星紀丑吳 大雪兌上六 鶡旦不鳴復初九 虎始交復六二 荔挺出復六三

溫公、康節同。

復初九 未濟九二 蹇六二 頤六二 中孚九二	難人陽上下火七蹇 初一日入斗十三度。范望。 初一三百五十二日，自冬至至此。郭元亨。	初火水，二火火，三火木，四火金，五火土，六火水，七火火，八火木，九火金。
復六二 未濟六三 蹇九三 頤六三	勤陰上中木八蹇 初一日入斗十七度。 初一三百五十六日。	初木水，二木火，三木木，四木金，五木土，六木水，七木火，八木木，九木金。
中孚六三 復六三 未濟九四 蹇六四 頤六四	養陽上上金九頤 初一日入斗二十二度。 初一三百六十一日，次九三百六十五日之晝。 九之末天度氣餘猶有六十分二十四秒，踦當四十分一十六秒，贏當二十分八秒。溫公。	初金水，二金火，三金木，四金金，五金土，六金水，七金火，八金木九金金。踦水閏、贏火閏。

牛八度	女十二度
冬至坎初六	
蚯蚓結　復六四	麋角解　復六五
水泉動　復上六	

中孚六四 復六四 未濟六五 蹇九五 頤六五	☰中（天下下陽）水一　中孚 兼準坎。温公。 初一日起牛一度，冬至。 一之初，日舍牽牛初度，冬至氣應，斗指子，黃鍾用事。	初水水，二水火，三水木，四水金，五水土，六水水，七水火，八水木，九水金。
中孚九五 復六五 未濟上九 蹇上六	☰周（下中陰）火二　復 初一日入牛五度。 初一五日之夜，次八日舍婺女。	初火水，二火火，三火木，四火金，五火土，六火水，七火火，八火木，九火金。
頤上九 中孚上九 復上六 屯初九 謙初六	☰礥（下上陽）木三　屯 初一日舍女二度。 初一十日。	初木水，二木火，三木木，四木金，五木土，六木水，七木火，八木木，九木金。

牛十度

玄梠 子 齊

小寒坎九二

鴈北鄉 臨初九	鵲始巢 臨九二	雉始雊 臨六三

睽初九 升初六 臨初九 屯六二	謙六二 睽九二 升九二 臨九二 屯六三	謙九三 睽六三 升九三 臨六三
閑 陰 中下 金四屯 初一日入女六度，次三冬至氣絶，次四小寒。 初一十四日之夜，次四十八分二十三秒。（梓材案：温公作「二十四秒」，許翰傳太玄曆亦然。日次玄梠，小寒氣應，北斗建丑，律中大呂。）	少 陽 中中 土五謙 初一日入女十一度。 初一十九日，次五日舍虛。	戾 陰 中上 水六睽 初一日入虛三度。 初一二十三日之夜。
初金水，二金火，三金木，四金金，五金土，六金水，七金火，八金木，九金金。	初土水，二土火，三土木，四土金，五土土，六土水，七土火，八土木，九土金。	初水水，二水火，三水木，四水金，五水土，六水水，七水火，八水木，九水金。

危十七度

大寒坎六三

（雞始乳）臨六四

（鷙鳥疾）臨六五

屯六四 謙六四 睽九四 升六四 臨六四	𝌌上（陽，上下）火七升 初一日入虛八度，次六小寒終，次七大寒。 初一二十八日，次八日舍危，三十六分十四秒。（梓材案：溫公「次八」作「次七」，「十四」作「十五」。許翰傳本亦作「十五」。大寒氣應。）	初火水，二火火，三火木，四火金，五火土，六火水，七火火，八火木，九火金。
屯九五 謙六五 睽六五 升六五	𝌍干（陰，上中）木八升 初一日入危二度。 初一三十二日。	初木水，二木火，三木木，四木金，五木土，六木水，七木火，八木木，九木金。
臨六五 屯上六 謙上六 睽上六 升上六	𝌎狩（陽，上上）金九臨 初一日入危七度。 初一三十七日。	初金水，二金火，三金木，四金金，五金土，六金水，七金火，八金木，九金金。

室十六度		
諏訾亥衛		
立春坎六四		
水澤腹堅臨上六	東風解凍泰初九	蟄蟲始振泰九二

臨上六
小過初六
蒙初六
益初九

羡 陰 下下 水一 小過

初一日入危十一度。范準臨，郭又準解，非。

初一四十一日。

初水水，二水火，三水木，四水金，五水土，六水水，七水火，八水木，九水金。

漸初九
泰初九
小過六二
蒙九二
益六二

差 陽 下中 火二 小過

初一日入危十六度。

初一四十六日，次三十三分二十一秒。（梓材案：温公與許翰傳本「二十一」並作「二十二」。日次諏訾，立春氣應，斗建寅，律中太蔟，次五日舍營室。）

初火水，二火火，三火木，四火金，五火土，六火水，七火火，八火木，九火金。

漸六二
泰九二
小過九三
蒙六三

童 陰 下上 木三 蒙

初一日入室三度。

初一五十日。

初木水，二木火，三木木，四木金，五木土，六木水，七木火，八木木，九木金。

壁九度

雨水坎九五

魚上冰　泰九三

獺祭魚　泰六四

鴻雁來　泰六五

益六三 漸九三 泰九三 小過九四 蒙六四	增 陽中下 金 四益 初一日入室八度。 初一五十五日。	初金水，二金火，三金木，四金金，五金土，六金水，七金火，八金木，九金金。
益六四 漸六四 泰六四 小過六五	銳 陰中中 土 五漸 初一日入室十二度，次二立春終，次三雨水，次四斗指寅，太蔟用事。 初一五十九日，次五三十一分十二秒。（梓材案：溫公與許翰傳本「十二」作「十三」。驚蟄氣應。）	初土水，二土火，三土木，四土金，五土土，六土水，七土火，八土木，九土金。
蒙六五 益九五 漸九五 泰六五 小過上六	達 陽中上 水 六泰 初一日入壁一度。 初一六十四日。初一日舍東壁。	初水水，二水火，三水木，四水金，五水土，六水水，七水火，八水木，九水金。

奎十六度	
降婁（戌魯）	
驚蟄坎上六	
（桃始華）大壯初九	（草木萌動）泰上六

蒙上九 益上九 漸上九 泰上六	☰交（上下）（陰）火七泰 初一日入壁五度。 初一六十八日。	初火水，二火火，三火木，四火金，五火土，六火水，七火火，八火木，九火金。
需初九 隨初九 晉初六 解初六 大壯初九	☰耎（上中）（陽）木八需 初一日入奎一度，次七雨水終，次八驚蟄。 初一七十三日。初一日舍奎，次七八分十九秒。（梓材案：温公與許翰「次七」作「次九」，「十九」作「二十」。日舍降婁，雨水氣應，斗建卯，律中夾鍾。）	初木水，二木火，三木木，四木金，五木土，六木水，七木火，八木木，九木金。
需九二 隨六二 晉六二 解九二	☰傒（上上）（陽）金九需 初一日舍奎五度。 初一七十七日。	初金水，二金火，三金木，四金金，五金土，六金水，七金火，八金木，九金金。

婁十二度

春分震初九

大壯九二 倉庚鳴

大壯九三 鷹化爲鳩

大壯九四 玄鳥至

大壯九二
需九三
隨六三
晉六三
解六三

䷐從 陽 下下 水 一 隨

初一日入奎十度。

初一八十二日。

初水水，二水火，三水木，四水金，五水土，六水水，七水火，八水木，九水金。

大壯九三
需六四
隨九四
晉九四

䷢進 陰 下中 火 二 晉

初一日入奎十四度。

初一八十六日，次六日舍婁。

初火水，二火火，三火木，四火金，五火土，六火水，七火火，八火木，九火金。

解九四
大壯九四
需九五
隨九五
晉六五

䷧釋 陽 下上 木 三 解

兼準震。温公。

初一日入婁三度，次二驚蟄終，次三春分，斗指卯，夾鍾用事。

初一九十一日，次三二十六分一十秒。（梓材案：温公與許翰「一十」作「十一」。春分氣應。）

初木水，二木火，三木木，四木金，五木土，六木水，七木火，八木木，九木金。

胃十四度

大梁 酉趙

清明震六二

雷乃發聲 大壯六五

始電 大壯上六

桐始華 夬初九

解六五
大壯六五
需上六
隨上六

𝌛格 陰 中下 金四 大壯

初一日入婁七度。

初一九十五日。

初金水，二金火，三金木，四金金，五金土，六金水，七金火，八金木，九金金。

晉上九
解上六
大壯上六
豫初六
訟初六

𝌜夷 陽 中中 土五 豫

準豫，溫公同。范準大壯，郭準解，非。

初一日入婁十二度。

初一一百日，次三日舍胃。

初土水，二土火，三土木，四土金，五土土，六土水，七土火，八土木，九土金。

蠱初六
萃初九
夬初九
豫六二

𝌝樂 陰 中上 水六 豫

初一日入胃四度，次四春分終，次五清明。

初一一百四日，次七三分一十七秒。（梓材案：「一十七」，溫公與許翰作「十八」。日次大梁，穀雨氣應，斗建辰，律中姑洗。）

初水水，二水火，三水木，四水金，五水土，六水水，七水火，八水木，九水金。

昴十一度

穀雨震六三

田鼠化爲鴽 夬九二

虹始見 夬九三

萍始生 夬九四

訟九二
蠱九二
革六二
夬九二
豫六三

☰ 争 陽 上下 火 七 訟

初一日入胃九度。
初一一百九日。

四火水，二火火，二火木，四火金，五火土，六火水，七火火，八火木，九火金。

訟六三
蠱九三
革九三
夬九三

☰ 務 陰 上中 木 八 蠱

初一日入胃十三度。
初一一百一十三日，次四日舍大昴。（梓材案：「大」字疑衍。）

初木水，二木火，三木木，四木金，五木十，六木水，七木火，八木木，九木金。

豫九四
訟九四
蠱六四
革九四
夬九四

☰ 事 陽 上上 金 九 蠱

初一日入昴四度。
初一一百一十八日。

初金水，二金火，三金木，四金金，五金土，六金水，七金火，八金木，九金金。

畢十六度

鳴鳩拂其羽　夬九五

戴勝降于桑　夬上六

豫六五
訟九五
蠱六五
革九五

☰更 地陰 下下 水一 革

初一日入昴八度，次八清明終，次九穀雨，斗指辰，姑洗用事。初一一百二十二日，初一二十分十九秒。（梓材案：許翰「十九」作「九」，一作「八」。清明氣應，次八日舍天畢。）

初水水，二水火，三水木，四水金，五水土，六水水，七水火，八水木，九水金。

夬九五
豫上六
訟上九
蠱上九
革上六

☰斷 陽 下中 火二 夬

初一日入畢二度。初一一百二十七日。

初火水，二火火，三火木，四火金，五火土，六火水，七火火，八火木，九火金。

夬上六
旅初六
師初六
比初六

☰毅 陰 下上 木三 夬

初一日入畢六度。初一一百三十一日。

初木水，二木火，三木木，四木金，五木土，六木水，七木火，八木木，九木金。

實沈（晉甲）

立夏震九四

蝼蝈鳴　乾初九

蚯蚓出　乾九二

王瓜生　乾九三

觜二度

參九度

小畜初九　䷷裝（陽　中下）金　四旅

乾初九

旅六二

師九二

比六二

初一日入畢十一度，穀雨終，次二立夏。

初一一百三十六日，次四三十八分三十一秒。（梓材案：温公與許翰「三十一」作「三十二」。日次實沈，立夏氣應，斗建巳，律中仲呂）。

初金水，二金火，三金木，四金金，五金土，六金水，七金火，八金木，九金金。

小畜九二

乾九二

旅九三

師六三

䷆衆（陰　中中）土　五師

初一日入畢十五度。

初一一百四十日，次四日舍觜觿，次八日舍參。

初土水，二土火，三土木，四土金，五土土，六土水，七土火，八土木，九土金。

比六三

小畜九三

乾九三

旅九四

師六四

䷇密（陽　中上）水　六比

初一日入參二度。

初一一百四十五日。

初水水，二水火，三水木，四水金，五水土，六水水，七水火，八水木，九水金。

月二十三度

小滿震六五

苦菜秀　乾九四

靡草死　乾九五

小暑至　乾上九

比六四　小畜六四　乾九四　旅六五

☲親 陰上下 火七比

初一日入參六度，次六立夏終，次七小滿。斗指巳，仲呂用事。初一一百四十九日，次八日舍東井，一十六分六秒。（梓材案：「六秒」，温公作「七秒」。許翰「一十六」作「八十六」，「六」作「七」。小滿氣應。）

初火水，二火火，三火木，四火金，五火土，六火水，七火火，八火木，九火金。

師六五　比六五　小畜九五　乾九五　旅上六

☵歛 陽上中 木八小畜

初一日入井二度。初一一百五十四日。

初木水，二木火，三木木，四木金，五木土，六木水，七木火，八木木，九木金。

師上六　比上六　小畜上九　乾上九

☵彊 陰上上 金九乾

初一日入井六度。初一一百五十八日。

初金水，二金火，三金木，四金金，五金土，六金水，七金火，八金木，九金金。

鶉首未秦

芒種震上六

姤初六蟷蜋生

姤九二鵙始鳴

大有初九
家人初九
井初六．
咸初六
姤初六

晬陽下下水一乾
初一日入井十一度。
初一一百六十三日。

初水水，二水火，三火木，四水金，五水土，六水水，七水火，八水木，九水金。

大有九二
家人六二
井九二
咸六二

盛陰下中火二大有
初一日入井十五度，小滿終，次二芒種。
初一一百六十七日，次二三十三分九秒。（梓材案：温公與許翰「九秒」作「三十」。日次鶉首，芒種氣應，斗建午，律中蕤賓。）

初火水，二火火，三火木，四火金，五火土，六火水，七火火，八火木，九火金。

姤九二
大有九三
家人九三
井九三
咸九三

居陽下上木三家人
初一日入井二十度。
初一一百七十二日。

初木水，二木火，三木木，四木金，五木土，六木水，七木火，八木木，九木金。

		鬼四度
	夏至離初九	
反舌無聲　姤九三	鹿角解　姤九四	蜩始鳴　姤九五

姤九三 大有九四 家人六四 井六四	咸九四 姤九四 大有六五 家人九五 井九五	咸九五 姤九五 大有上九 家人上九
三三法陰中下金四井 初一日入井二十四度。 初一一百七十六日。	三三應陽中中土五咸 兼準離。溫公、范準離，皆非。 初一日入井二十九度，次四芒種終，次五夏至，斗指午，蕤賓用事。 初一一百八十一日，次六一十一分四秒。（梓材案：溫公與許翰「一十一」作「十八」，「四」作「五」。夏至氣應。）	三三迎陰中上水六咸 初一日入井三十三度。 初一一百八十五日，次二日舍輿鬼。
初金水， 二金火，三金木， 四金金，五金土， 六金水，七金火， 八金木，九金金。	初土水，二土火， 三土木，四土金， 五土土，六土水， 七土火，八土木， 九土金。	初水水， 二水火，三水木， 四水金，五水土， 六水水，七水火， 八水木，九水金。

柳十五度

鶉火 午周

小暑離六二

姤上九（半夏生）

遯初六（溫風至）

遯六二（蟋蟀居壁）

井上六　咸上六　姤上九　鼎初六　豐初九

☴☰遇 陽 上下 火 七 姤

初一日入柳一度。

初一一百九十日，初一日舍柳。

初火水，二火火，三火木，四火金，五火土，六火水，七火火，八火木，九火金。

渙初六　履初九　遯初六　鼎九二

☶☴竈 陰 上中 木 八 鼎

初一日入柳五度，次七夏至終，次八小暑。

初一一百九十四日，次九二十八分二十七秒。（梓材案：許翰「二十七」亦作「廿十八」，溫公作「廿八」。日次鶉火，小暑氣應，斗建未，律中林鍾。）

初木水，二木火，三木木，四木金，五木土，六木水，七木火，八木木，九木金。

豐六二　渙九二　履九二　遯六二　鼎九三

☳☲大 陽 上上 金 九 豐

初一日入柳十度。

初一一百九十九日。

初金水，二金火，三金木，四金金，五金土，六金水，七金火，八金木，九金金。

星七度			鷹乃學習 遯九三	豐九三 渙九三 履六三 遯九三	廓 陰下下 水一 豐 初一日入柳十四度。 初一二百三日，次四日舍七星。	初水水，二水火，三水木，四水金，五水土，六水水，七水火，八水木，九水金。
		大暑離九三	腐草爲螢 遯九四	鼎九四 豐九四 渙六四 履九四 遯九四	文 陽下中 火二 渙 初一日入星四度。 初一二百八日，次九日舍張。	初火水，二火火，三火木，四火金，五火土，六火水，七火火，八火木，九火金。
張十八度				鼎六五 豐六五 渙九五 履九五	禮 陰下上 木三 履 初一日入張一度。 初一二百十二日，次四六分二秒。（梓材案：許輪「二秒」作「三」。大暑氣應。）	初木水，二木火，三木木，四木金，五木土，六木水，七木火，八木木，九木金。

鶉尾 巳楚	立秋離九四	涼風至 否初六
		大雨時行 遯上九
		上潤溽暑 遯九五

遯九五 鼎上九 豐上六 渙上九 履上九	遯 陽 中下 金 四 遯 初一日入張六度。 初一二百一十七日。	初金水，二金火，三金木，四金金，五金土，六金水，七金火，八金木，九金金。
遯上九 恆初六 節初九 同人初九	唐 陰 中中 土 五 遯 初一日入張十度。 初一二百二十一日。	初土水，二土火，三土木，四土金，五土土，六土水，七土火，八土木，九土金。
損初九 否初六 恆九二 節九二 同人六二	常 陽 中上 水 六 恆 初一日入張十五度，次五大暑終，次六立秋。 初一二百二十六日，次七二十三分二十五秒。（梓材案：温公與許翰「二十五」作「二十六」。立秋氣應，日次鶉尾，斗建申，律中夷則，次九日舍翼。）	初水水，二水火，三水木，四水金，五水土，六水水，七水火，八水木，九水金。

翼十八度

白露　否六二

寒蟬鳴　否六三

損九二　否六二　恆九三　節六三

☰度　陰上下　火七　節

初一日入翼一度。

初一二百三十日。

初火水，二火火，三火木，四火金，五火土，六火水，七火火，八火木，九火金。

同人九三　損六三　否六三　恆九四　節六四

☰永　陽上中　木八　同人

準同人。温公同。二宋、陸、范、王皆準恆，非。（梓材案：許翰作「永、節」。）

初一日入翼六度。

初一二百三十五日。温公曰：「吴曰：『常首象恆卦，次六起立秋，初一當二百三十六日，行張十五度，于易莽日恆卦九四。次度首象節卦，初一已行翼二度，九度于易莽日同人卦。』今從之。」（梓材案：今本温公大玄解「三十六」作「二十六」，節卦「初一」作「次二」。）

初木水，二木火，三木木，四木金，五木土，六木水，七木火，八木木，九木金。

軫十七度

處暑離六五

鷹乃祭鳥否九四

天地始肅否九五

農乃登穀否上九

同人九四
損六四
否九四
恆六五

☱昆上[陰]金九同人
初一日入翼十度，次九立秋終。
初一二百三十九日。

二金火，四金金，六金水，八金木，初金水，三金木，五金土，七金火，九金金。

節九五
同人九五
損六五
否九五
恆上六

☰減下下人陽水一損
初一日入翼十五度，處暑，斗指中，夷則用事。
初一二百四十四日，初一一分。
（梓材案：「初一一分」，許翰作「一、四十一、十七」；温公作「初一四十一分一十七秒」。處暑氣應，次九日舍軫。）

初水水，三水木，五水土，七水火，九水金。二水火，四水金，六水水，八水木。

節上六
同人上九
損上九
否上九

☰唫下中陰火二否
初一日入軫一度。
初一二百四十八日。

初火水，二火火，三火木，四火金，五火土，六火水，七火火，八火木，九火金。

角十二度

壽星 辰 鄭

白露 離上九

鴻雁來 觀初六

玄鳥歸 觀六二

巽初六
萃初六
大畜初九
賁初九
觀初六

☰守 陽 下上 木 三 否

初一日入軫六度。

初一二百五十三日。

初木水，二木火，三木木，四木金，五木土，六木水，七木火，八木木，九木金。

巽九二
萃六二
大畜九二
賁六二

☰翕 陰 中下 金 四 巽

初一日入軫十度，次二處暑終，次三白露。

初一二百五十七日，次五一十八分二十三秒。（梓材案：許翰「二十三」作「二十四」，温公作「三十四」。白露氣應，日指壽星，斗建酉，律中南呂。）

初金水，二金火，三金木，四金金，五金土，六金水，七金火，八金木，九金金。

觀六二
巽九三
萃六三
大斎九三
賁九三

☰聚 陽 中中 土 五 萃

初一日入軫十五度。

初一二百六十二日，次七日舍角，（梓材案：許翰云：「考軫角之間一度與太玄錯，此厤葢本漢志。」）

初土水，二土火，三土木，四土金，五土土，六土水，七土火，八土木，九土金。

羣鳥養羞觀六三

秋分兌初九

雷乃收聲觀六四

蟄蟲坏户觀九五

亢九度

觀六三
巽六四
萃九四
大畜六四

積 陰 中上 水 六 大畜

初一日入角二度。

初一二百六十六日。

初水水，二水火，三水木，四水金，五水土，六水水，七水火，八水木，九水金。

賁六四
觀六四
巽九五
萃六五
大畜六五

飾 陽 上下 火 七 賁

兼準兌，溫公。

初一日入角七度，次五白露終，次六秋分，斗指酉，南呂用事。

初一二百七十一日，次八三十六分一十四秒。（梓材案：溫公與許翰「一十四」作「十五」。秋分氣應。）

初火水，二火火，三火木，四火金，五火土，六火水，七火火，八火木，九火金。

賁六五
觀九五
巽上九
萃上六

疑 陰 上中 木 八 賁

準賁，溫公同。宋、陸、王、郭象巽，范象震，非。（梓材案：許翰作「疑、觀」。）

初一日入角十一度。

初一二百七十五日，次四日舍亢。

初木水，二木火，三木木，四木金，五木土，六木水，七木火，八木木，九木金。

氐十五度

大火（卯宋）

寒露兌九二

水始涸　觀上九

鴻雁來賓　剝初六

爵入大水爲蛤　剝六

大畜上九
賁上九
觀上九
歸妹初九
无妄初九

視（陽上上）金九觀

初一日入亢四度。

初一一百八十日。

初金水，二金火，三金木，四金金，五金土，六金水，七金火，八金木，九金金。

明夷初九
困初六
剝初六
歸妹九二

沈（陰下下）水一觀

準觀，溫公同。諸家象兌，非。（梓材案：許翰作「沈、歸妹」。）

初一日入亢八度。（梓材案：許翰作「四、氐」。）

初一二百八十四日。

初水水，二水火，三水木，四水金，五水土，六水水，七水火，八水木，九水金。

无妄六二
明夷六二
困九二
剝六二
歸妹六三

內（陽下中）火二歸妹

初一日入氐四度，次二秋分終，次三寒露。

初一二百八十九日，次三一十三分二一十秒。（梓材案：溫公與許翰「二十一」作「二十二」。日次大火，寒露氣應，斗建戌，律中無射。）

初火水，二火火，三火木，四火金，五火土，六火水，七火火，八火木，九火金。

房五度

霜降兑六三

剥六三（鞠有黄華）

剥六四（豺乃祭獸）

无妄六三
明夷九三
困六三
剥六三

☰去 陰 下上 木 三 无妄

初一日入氐八度。

初一二百九十三日。

初木水，二木火，三木木，四木金，五木土，六木水，七木火，八木木，九木金。

歸妹九四
无妄九四
明夷六四
困九四
剥六四

☰晦 陽 中下 金 四 明夷

初一日入氐十三度。

初一二百九十八日，次七日舍房。

初金水，二金火，三金木，四金金，五金土，六金水，七金火，八金木，九金金。

歸妹六五
无妄九五
明夷六五
困九五

☰曹 陰 中中 土 五 明夷

初一日入房二度，次四寒露終，次五霜降，斗指戌，無射用事。

初一三百二日，次六三十一分二十二秒。（梓材案：許翰「二十二」作「十三」，温公作「一十三」。霜降氣應，次八日舍心。）

初土水，二土火，三土木，四土金，五土土，六土水，七土火，八土木，九土金。

心五度			草木黃落剝六五
尾十八度			蟄蟲咸俯剝上九
	析木寅燕	立冬兌九四	水始冰坤初六

剝六五 歸妹上六 无妄上九 明夷上六 困上六	☷窮陽中上水六困 初一日入心二度。 初一三百七日，次九日舍尾。	初水水，二水火，三水木，四水金，五水土，六水水，七水火，八水木，九水金。
剝上九 艮初六 既濟初九 噬嗑初九	☳割陰上下火七剝 初一日入尾一度。 初一三百一十一日。	初火水，二火火，三火木，四火金，五火土，六火水，七火火，八火木，九火金。
大過初六 坤初六 艮六二 既濟六二 噬嗑六二	☷止陽上中木八艮 初一日入尾六度，次八霜降終，次九立冬。 初一三百一十六日。	初木水，二木火，三木木，四木金，五木土，六木水，七木火，八木木，九木金。

		箕十一度
		小雪兌九五
地始凍　坤六二	雉入大水爲蜃　坤六三	虹藏不見　坤六四
大過九二 坤六二 艮九三 既濟九三	噬嗑六三 大過九三 坤六三 艮六四 既濟六四	噬嗑九四 大過九四 坤六四 艮六五
☰堅 陰上上 金九 艮 初一日入尾十度。 初一三百二十日，初一八分一九秒。（梓材案：温公與許翰「十九」作「二十」。日次析木，立冬氣應，斗建亥，律中應鍾。）	☰成 陽下下 水一 既濟 初一日入尾十五度。 初一三百二十五日，次九日舍箕。	☰闕 陰下中 火二 噬嗑 初一日入箕一度。 初一三百二十九日。
初金水，二金火，三金木，四金金，五金土，六金水，七金火，八金木，九金金	初水水，二水火，三水木，四水金，五水土，六水水，七水火，八水木，九水金。	初火水，二火火，三火木，四火金，五火土，六火水，七火火，八火木，九火金。

斗二十六度

天氣上騰地氣下降坤六五	閉塞而成冬坤上六	
既濟九五 噬嗑六五 大過九五 坤六五 艮上九	既濟上六 噬嗑上九 大過上六 坤上六	
☰失 陽 下上 木 三 大過 初一日入箕六度，立冬終，次二小雪，斗指亥，應鍾用事。 初一三百三十四日，次四二十六分一十秒。（梓材案：温公與許翰「二十」作「十二」。小雪氣應。）	☰劇 陰 中下 金 四 大過 初一日入箕十度。 初一三百三十八日，次四日舍斗。	☰馴 陽 中中 土 五 坤 初一日入斗四度。 初一三百四十三日。
初木水，二木火，三木木，四木金，五木土，六木水，七木火，八木木，九木金。	初金水，二金火，三金木，四金金，五金土，六金水，七金火，八金木，九金金。	初土水，二土火，三土木，四土金，五土土，六土水，七土火，八土木，九土金。

未濟初六 蹇初六 頤初六 中孚初九	☷將 陰 中上 水 六 未濟 初一日入斗八度，次二小雪終，次三大雪。 初一三百四十七日，次八。（梓材案：許翰「次八」作「八、三十八」。日次星紀，大雪氣應，斗建子，律中黃鍾。）	初木水，二水火，三水木，四水金，五水土，六水水，七水火，八水木，九水金。

其後序曰：説之在嵩山，得温公太玄集解讀之，益知揚子雲初爲文王易而作玄，姑託基于高辛及太初二曆。此二曆之斗分强弱，不可下通于今，亦無足議。温公又本諸太初曆而作玄曆，其用意加勤矣，然簡畧難明。繼而得康節先生玄圖，布星辰，辨氣候，分晝夜，而易、玄相參于中，爲極悉矣。復患其傳寫駢委易亂，歲月斯久，莫知其躅。手欲釋而意不置，乃朝維夜思，取曆于圖，合而譜之。于是知子雲以首準卦，非出于其私意，蓋有星候爲之機括，不得不然。古今諸儒之失則多矣。如羨準小過，而以臨則失之。是時水澤腹堅已終于臨上六，而小過初六用事矣。或者以羨準解，尤非是。夷準豫，而以準大壯則失之。是時始電終于大壯上六，而豫初六用事矣。應準咸而非離，沈準觀而非兑。惟震、離、兑、坎，是謂四正卦，易所不用，則玄亦無所準矣。且玄既不準坎、震，而乃獨準離、兑邪？永準同人而非遁，先此涼風至，常已準遁，繼之以白露降，度乃準節，今永當寒蟬鳴，則準同人，豈可汨亂後先，乃復準

恆于後邪？疑準賁而非巽，蓋鴻鴈來而翕準巽，玄鳥歸而聚準萃，羣鳥養羞而積準大畜，雷乃收聲而飾準賁矣，疑當蟄蟲坏户，則又可汩亂後先，乃復準巽邪？或者以疑準震，尤非是。此難與諸家口舌辯，而案譜以視之，則彼自屈矣，此譜之所以作也。睟準乾而在地中，則無當于乾。沈準觀而在人中，則無當于觀。守再準否而無當于否。馴準坤而星窮候盡，則無當于坤。將準未濟而析木之已終，星紀之未見，則火不能降以濟水，水不能升以濟火。此玄又以明易之陰陽進退盈虛之幾者也。惟坤既無當于卦，則無當于爻，以示爲用者八十而一則虛也。虛一者，卽虛五也。易天地五十五之數，與夫大衍四十九之數，復七日之數，其所以虛而無用者，坤以藏之也。陰虛無用而運行無疆，陽則始終變化而不息，故彊準乾而爲冬至之終，睟又再準乾而爲夏至之始，與馴之準坤者不同也，易乾坤之闢闔乃著。易以頤、中孚爲一氣，玄則始之于中，終之于養，通而候之，則養退乎一日，中進乎一日，易之歲功乃建。中先乎周以明中孚之生復，迎先乎遇以明咸之生姤，易之月紀乃正。易三百八十四爻以直日而夜藏其用，玄之用百二十九贊則各分晝夜而用事，易之日法乃全。曰中曰更曰減，是謂三玄，而三易之相盪乃不誣。凡此之類，若玄之異乎易者，而于易則深，研幾之功則大矣。如養爲陽而中不爲陰，狩爲金而羨不爲土之類，則又若玄之自相詭異者，然變化之微于是乎在。學者案譜以視之，則皆易了矣。圖、曆所用斗分自有强弱，不能同，并古今諸家異同之説悉以著之，學者可自考焉。顧僕之愚，何足以與此，然用意專而私竊好之，以俟將來之知易者。嗚呼，苟不明乎易，則亦無以玄爲；而不通乎玄者，則又乃徒爲易也。可不勉諸！今之學者，知尚其辭耳，而莫知其辭之所自來，寧顧此邪！或曰：「歐陽公不讀玄，而于易何如？」曰：「子非歐陽公，柰何！」

梓材謹案：易玄星紀譜，謝山學案稿本謂宜全録，而未録入。初校時未得其譜，秖從朱氏經義考録其後序，及余三人都門始得見之徐星伯儀部家。而初刻之版旋燬于逆夷，今因重校，具載之。

附録

以道古易謂古經始變于費氏，而卒大亂于王弼，故用漢田何本以正之。

太極傳、外傳、因說則康節之學。其紹聖中所作商瞿傳，本以兵火失去，晚年居海陵，復爲此書。

易規自序曰：山縣無事，輒以所聞讀易自娱，若著書則不敢。而又未能忘言于斯世也，作易規十有一篇。

京氏易式自序曰：元祐戊辰仲冬在兖州爲此書，江、淮間有好事者頗傳去。今三十年矣，不得不修定。惟是其已出者未容改易，奈何！昔人自期死而後傳其所著之書，用意深矣！

東坡盛時，李公麟至爲畫家廟像。及南遷，遇其子弟，障面過之。以道以此薄其爲人，盡棄其畫。

吕紫微童蒙訓曰：近世故家，惟晁氏因以道申戒，子弟皆有法度，羣居相處，呼外姓尊長未有敢舉其字者。其餘皆不能如是。

晁公武曰：易玄星紀譜以温公太玄曆及康節太玄準易圖合而譜之，以見楊雄以首準卦，非出私意，蓋有星候爲之機括。且辯正古今諸儒之説，如羨不當準臨，夷不當準大壯之類。凡此難與諸家口舌爭，觀譜則彼自屈矣。

李巽巖曰：晁氏專主北學，凡故訓多取許叔重説文解字、陸德明音義。僧一行、李鼎祚、陸希聲及本朝王昭素、胡翼之、黄聱隅輩所論，亦時采掇。呂汲公古易于文字句讀初無增損，景迂則輯諸家異同，或斷以己意，有增有損。蓋呂、晁各有師承，初不祖述，而其指歸則往往暗合。

汪玉山與呂逢吉書曰：晁以道力闢王安石，因安石尊孟子，并孟子而非之，不亦過乎！

祖望謹案：景迂不喜孟子，蓋亦迂叟之派，其説經不苟同于前儒。

呂東萊與朱侍講書曰：晁景迂其學固雜，然質厚而少穿鑿，可取者固多。大抵北方前輩議論雖各有疵，要可養忠厚，革浮囂，自當兼存。

謝山景迂先生船場祠堂碑銘曰：景迂先生以大觀之庚寅謫居甬上船場，其後七十餘年而監官王季和爲立祠，放翁記之詳矣。雲濠案：季和名鉛，襄陽人。又案：放翁于景迂爲彌甥。先生經學奥衍，不肯苟同箋疏，自成一家，誠如放翁所言。顧其謂諸經皆成于甬上，則未然。蓋先生經説皆早出，其晚年易玄星紀譜則在船場。先生最師法温公，故取其太玄曆及康節太玄準易圖合而譜之，謂楊氏以首準卦，皆有星候爲之機括，非出私意，因歷辯諸家談玄之失，亦奇作也。先生自跋其尾曰：「今年始見剛説明州，令人意氣自倍。」蓋先生當百折之餘，風節增舷若此，固非窮愁著書者所可比也。當是時，甬上經學尚未盛，先生首以正學之傳，博聞精詣，倡教于此。于是陳文介公有諸經説，而王茂剛以處士喜説易，彬彬興起，其有功于吾鄉爲甚侈。先生之對漕使，嘗有「無船無木」之誚，則想見當日之場務，蕭然無有，故得布卦吞爻，分辰列算。其暇，則終日一杯，哦詩于超然亭畔而已。

景迂學侶

太中晁先生詠之

晁詠之，字之道，以道之弟。少有異材。東坡爲揚州時，先生從兄補之爲倅，以先生詩獻。東坡曰：「有才如此，獨不令一識面乎？」舉宏詞第一。元符末，以黨籍廢斥。後官終左太中大夫。參姓譜。

宣教劉漫翁先生羲仲别見涑水學案。

教授汪青溪先生革别見滎陽學案。

景迂同調

大常吴先生棫

吴棫，字才老，建安人。舉重和元年進士，召試館職不就，除太常丞。忤時宰，出通判泉州。剛直有謀，明恕能斷。所著有書裨傳、詩補音、論語指掌考異續解、楚辭釋音、韻補。又作字學補韻。朱子謂近代訓釋之學，唯才老爲優，因據以叶三百篇之韻。參閩書。

梓材謹案：景迂生答吳才老先輩書云：「以足下鄉里論之，紫微陳舍人、御史孫中丞、祕書崔監，皆高郵老成人也。」蓋陳謂陳希顏，孫謂孫莘老，崔謂崔伯益，皆高郵人物，又見答陳廷藻書，則先生本高郵人。景迂元豐五年進士，先重和三十餘年，猶稱先生爲先輩，殆引爲同调矣。

附錄

呂東萊與朱侍講書曰：吳才老之說，就解論語上看，則有味。原其所發，則渠平生坐在記誦考究處，故凡「何必讀書」之類，辯之必力，其發亦自偏。

景迂門人孫、邵三傳。

直閣朱先生弁

朱弁，字少章，婺源人。少穎悟，讀書日數千言。既冠，入太學。晁景迂見其詩，奇之，與歸新鄭，妻以兄女。新鄭介汴、洛間，多故家遺俗，先生遊其中，聞見日廣。靖康之亂，家碎于賊，先生南歸。建炎初，議遣使問安兩宮，先生奮身自獻，詔補修武郎、借吉州團練使爲通問副使。至雲中，見黏罕，邀說甚切。黏罕不聽，使就館，守之以兵。先生復與書，言用兵、講和利害甚悉。紹興二年，正使王倫歸，先生曰：「古之使者有節以爲信。今無節有印，印亦信也。願留印，使弁得抱以死，死不腐矣。」倫解以授先生，先生臥起與俱。金人迫先生仕劉豫，且訹之曰：「此南歸之漸。」先生曰：「豫乃國賊，吾嘗恨不食其肉，又忍北面臣之？吾有死耳！」金人怒，絶其餼遺以困之。先生固拒驛門，忍饑待盡，誓不爲屈。金人亦感動，致禮如初。久之，復欲易其官。先生曰：「自古兵交，使在其間，言可從從之，不可從則囚之殺之，何必易其官？吾官受之本朝，有死而已，誓不易以辱吾君也。」且移書耶律紹文等曰：「上國之威命朝以至，則使人夕以死，夕以至，則朝以死。」又以書訣後使洪皓曰：「殺行人非細事，吾曹遭之，命也。要當舍生以全義爾！」乃具酒食，召被掠士夫飲，半酣，語之曰：「吾已得近郊某寺地。一旦畢命報國，諸公幸瘞我其處，題其上曰『有宋通問副使朱公之墓』，于我幸矣！」衆皆泣下，莫能仰視。先生談笑自若曰：「此臣子之常，諸君何悲也！」金人知其終不可屈，遂不復强。王倫還朝，言先生守節不屈，帝爲官其子林，賜其家銀帛。會黏罕等相繼死，先生密疏其事及金國虛實，曰：「此不可失之時也。」遣李發等間行歸報。其後倫復歸，又以先生奉送徽宗大行之文爲獻，其辭有曰：「歎馬角之未生，魂消雪窖，攀龍髯而莫逮，淚洒冰天。」帝讀之感泣，官其親屬五人，賜吴興田五頃。帝謂丞相張浚曰：「歸日當以禁林處之。」八年，金使烏陵思謀、石慶充至，稱先生忠節，詔附黄金三十兩以賜。十三年，和議成，先生得歸，入見便殿，先生謝，且曰：「人之所難得者時，而時之運無已。事之不可失者幾，而幾之藏無形。惟無已也，故來遲而難遇。惟無形也，故動微而難見。陛下與金人講和，此皆知時知幾之明驗。然時運而往，或難固執幾動有變，宜鑑未兆。金人以黷武爲至德，以苟安爲太平，虐民而不恤民，廣地而不廣德，此皆天助中興之勢。若時與幾，陛下既知于始，願圖厥終。」帝納其言，賜金帛甚厚。先生又以金國所得六朝御容及宣和御書畫爲獻。秦檜惡其言敵情，奏以初補官易宣教郎、直秘閣。有司校考其十七年應遷數官，檜沮之，僅轉奉議郎。十四年，卒。先生爲文慕陸宣公，援據精博，曲盡事理。詩學李義山，詞氣雍容，不蹈其險怪奇澀之弊。金國名王貴人多遣子弟就學，先生因文字往來，說以和好之利。及歸，述北方所見聞忠臣義士朱昭、史抗、張忠輔、高景平、孫益、孫谷、傅偉文、李丹㊀、五臺僧寶真、婦人丁氏、晏氏、小校閻進、朱勣等死節事狀，請加褒録，以勸來者。有聘遊集四十二卷、書解十卷、曲洧舊聞三卷、續骫骳說一卷、雜書一卷、風月堂詩話三卷、新鄭舊詩一卷、南歸詩文一卷。參史傳。

祖望謹案：景迂弟子可考者，惟王太保安中、朱奉使弁二人而已。然安中當景迂令無極時，修長牋，執及門禮，自言「以新學竊一第爲親榮，非其志也」，景迂曰：「爲學當謹初，何患不遠到！」安中所以築室榜曰初寮者，此也。議論聞見，多得之景迂。及既貴顯，遂諱景迂之學，但稱「成州使君四丈」，無復「先生」之號，君子醜之。且安中本由梁師成得大用，則亦辱其傳矣。故不爲立傳，而但以曲洧附見。梓材案：初寮之傳，當立于新學略，而是卷第爲標目于門人之末可也。

太保王初寮安中別見荆公新學畧。

太中門人

待制邵澤民溥別見劉李諸儒學案。

㊀「李丹」，宋史本傳作「李舟」。

宋元學案卷二十三

滎陽學案

黃宗羲原本　黃百家纂輯　全祖望補定

滎陽學案表

- 呂希哲　申公子。徂徠、盱江學侶。安定、泰山、百源、伊川、焦伯强、王荆公門人。廬陵、濂溪再傳。
  - 子好問
  - 子切問
  - 孫本中　別爲紫微學案。
  - 汪革
    - 從子大經
  - 汪莘
  - 黎確
  - 謝逸
    - 汪大經　見上青溪家學。
  - 謝薖
  - 趙演
    - 子相
  - 饒節
  - 顏岐

孫覺別見安定學案。
李常別見范呂諸儒學案。
並滎陽講友。

滎陽學案序録

祖望謹案：滎陽少年，不名一師。初學于焦千之，廬陵之再傳也。已而學于安定，學于泰山，學于康節，亦嘗學于王介甫，而歸宿于程氏。集益之功，至廣且大。然晚年又學佛，則申公家學未醇之害也。要之，滎陽之可以爲後世師者，終得力于儒。述滎陽學案。

梓材案：呂侍講傳及呂氏雜志、附録原在安定學案，謝山序録別定爲滎陽學案。

胡程門人歐、周再傳。

侍講呂原明先生希哲

呂希哲，字原明，河南人。梓材案：呂氏世爲東萊人，自文靖公始居京師，爲河南人。正獻公之長子也。正獻相哲宗，先生徧交當世之學者。與伊川俱事胡安定，在太學並舍，年相若也。其後心服伊川學問，首師事之。梓材案：伊洛淵源録先生家傳畧云：「公始從安定胡先生瑗于太學，後遍從孫先生復、石先生介、李先生覯、王公安石學。」又言：「師事程先生頤，而明道程先生顥及横渠張先生載兄弟、孫先生覺、李公常皆與公遊。」第攷先生之于徂徠、盱江，蓋在師友之間，與范忠宣同,故謝山序録特著「學于安定,學于泰山」,而不及石、李二先生也。王荆公謂:「士未官而事科舉者,爲貧也。有官矣,而復事于此,是僥倖富貴利達,學者不由也。」先生聞之,遂棄科舉,以蔭入官。荆公爲政,將置其子雱于講官,以先生有賢名,欲先用之。先生辭曰:「辱公相知久,萬一從仕,將不免異同,則疇昔相與之意盡矣。」荆公乃止。元祐中,伊川歸洛,貽書范内翰祖禹曰:「丞相久留左右所助,一意正道者,在原明爾。」父喪後,祖禹始薦爲崇政殿説書,言:「正心誠意,天下自化。身不能修,雖左右之人且不能喻,況天下乎!」擢右司諫,累辭未獲,蘇文忠戲之曰:「法筵龍象,衆當觀第一義。」先生曰:「苟不得辭,當以楊畏爲首。」以畏爲文忠所厚也。會紹聖黨論起,出知懷州,謫居和州。徽宗初,復官知單州,召爲光禄少卿,以㈠直祕閣知曹州。尋奪職,知相州、邢州。奉祠,流寓淮、泗間。日讀易一爻,默坐沈思。政和中,卒,年七十八。晚年嘗言:「十餘年前在楚州,橋壞墮水,時覺動心。數年前大病,已稍稍勝前。今次疾病,全不動矣。」其自力如此。禮部尚書豐稷嘗舉先生自代,詞云:「心與道潛,湛然淵靜。所居則躁人化,聞風則薄夫敦。」

雲濠謹案:豐清敏公遺事載:先生「建中靖國間爲祕書少監,時曾布不樂其在朝,諷侍御史陳次升言之,以爲資淺望輕,左遷光禄少卿。時公初除禮部尚書,大不平之,即薦以自代」云。則先生之見重于清敏者深矣!

呂氏雜志

孝子事親,須事事躬親,不可委之使令也。穀梁言:「天子親耕以供粢盛,王后親㈡蠶以供祭服。非

㈠「以」字原脱,據宋史本傳補。 ㈡「親」字原脱,據穀梁傳補。

無良農工女，以爲人之所盡事㊀其祖禰，不若以己所自親者也。」此說最盡事親之道。

爲人子者，視于無形，聽于無聲，未嘗頃刻離親也。事親如天。頃刻離親，則有時而違天。天不可得而違也。

後生初學，且須理會氣象。氣象好時，百事自當。氣象者，辭令容止，輕重疾徐，足以見之矣。不惟君子小人于此焉分，亦貴賤壽夭之所由定也。

「攻其惡，無攻人之惡。」蓋自攻其惡，日夜且自點檢，絲毫不盡，卽不慊于心矣，豈有工夫點檢他人邪？

梓材謹案：黎洲所録雜志六條，今移爲附録一條，移入泰山學案一條。

滎陽公說補。

世人喜言「無好人」三字者，可謂自賊者也。包孝肅尹京時，民有自言：「有以白金百兩寄我者，死矣；予其子，其子不肯受。願召其子予之。」尹召其子，其子辭曰：「亡父未嘗以白金委人也。」兩人相讓久之。觀此事而言「無好人」者，可以少媿矣。人皆可以爲堯、舜，于此知之。

所在有鄉先生處，則一方人自別，蓋漸染使之然也。人豈可不擇鄉就士！

少年爲學，惟檢書最有益。記得精，便理會得子細。

㊀「事」下原衍「親」字，據穀梁傳刪。

讀書編類語言相似作一處，便見優劣是非：「治人事天莫若嗇」，修養家以此爲要術。然事事保慎，常令有餘，持身保家安邦之道，不越于此，不止養生也。老子之論，亦當于理。

惟王者爲能備物，惟聖人爲備德。

子產有數事失君子氣象。如言「民不可逞，度不可改」，又曰「子寧以他規我」，如此之類，全無君子氣象。

張良說漢祖詐秦卒，大不類平日所爲。

中人以下，內無賢父兄，外無嚴師友，而能有成者，未之有也。

學者讀書，須要字字分明。

梓材謹案：謝山節錄本十六條，今移爲附錄一條，移入廬陵學案二條，涑水學案一條，范呂諸儒一條，新學畧一條。

附錄

正獻居家簡重寡默，而申國夫人性嚴有法度，雖甚愛先生，然教之事事循規蹈矩。甫十歲，祁寒盛暑，侍立終日，不命之坐不敢坐。日必冠帶以見長者。平居雖天甚熱，在父母長者之側不得去巾襪縛袴，衣服惟謹。行步出入，不得入茶肆酒肆。市井里巷之語，鄭、衛之音，未嘗經耳。不正之書，非禮之色，未嘗接目。

正獻倅潁州，歐陽文忠適知州事。焦伯強千之客文忠所，嚴毅方正，正獻招之爲諸子師。諸子少有過差，伯強端坐，召與相對終日，竟夕不與之語。時先生方十餘歲，內則正獻與中國夫人教訓之嚴，外則焦師化導之篤，故先生之成就德器如此。

正獻嘗語張文潛曰：「此子不欺闇室！」

守官京師，不謁臺諫。遇遷轉一謁執政，過此不見也。

監陳留稅務，章樞密質夫知縣事，雅敬愛之。一日語次，忽相陵折，先生不爲動。質夫笑曰：「誠厚德也！適來相試耳。」

監稅時，汪輔之居陳留，恃才傲物，獨重公。橫渠聞曰：「是所謂蠻貊可行者也。」

正獻作相時，弟希純已官省寺，先生尚滯管庫。正獻歎曰：「當世善士，吾收拾畧盡，而獨以吾故，置不用，命也。」中國夫人笑曰：「是亦未知其子也。是子豈以功名爲榮辱哉！」以上梨洲原本。

百家謹案：呂氏家教近石氏，故謹厚性成。又能網羅天下賢豪長者以爲師友，耳濡目染，一洗膏粱之穢濁。惜其晚年更從高僧遊，盡究其道，斟酌淺深而融通之曰：「佛氏之道，與吾聖人脗合。」夫聖人以盡倫理爲道，種種相背，不啻冰炭。是先生于師門之旨不無差謬也。

正獻廣用當世賢士，人之有一善，無不用也。嘗以數幅紙書當世名士姓名，既而失之。後復見此紙，則所書人悉用之矣。嘗親書遺公曰：「當世善士，無不用者。獨爾以吾故，不得用，亦命也。」

張采謹案：大臣事君，此爲第一義。然只須不當使知恩自己出。

除諫官，累辭未獲。蘇子瞻在邇英，戲謂之曰：「法筵龍象，當觀第一義。」公笑而不答，退謂范淳夫曰：「若辭不獲命，必以楊畏爲首。」時畏方在言路，以險詐自任，頗爲子瞻所厚，公故及之。

晚居宿州、真、揚間十餘年，衣食不給，有至絶糧數日者，處之晏然。靜坐一室，家事一切不問。不以毫髮事託州縣。其在和州，嘗作詩云：「除卻借書沽酒外，更無一事擾公私。」閒居日讀易一爻，徧攷古今諸儒之說，默坐沈思，隨事解釋。夜則與子孫評論古今，商榷得失，久之方罷。

晚年習靜，雖驚恐顛沛，未嘗少動。自歷陽赴單父，過山陽渡橋，橋壞，轎人俱墜，浮于水，而公安坐轎上，神色不動，從者有溺死者。時徐仲車先生積年幾七十矣，作我敬詩贈公曰：「我敬呂公，以其德齒敬之愛之，何時已已。美哉呂公，文在其中；見乎外者，古人之風。惟賢有德，神相其祉；何以祝公？勿藥有喜。」

爲郡，令公帑多畜鰒魚諸乾物，及筍乾蕈乾，以待賓客，以減雞鴨等生命也。

仙源嘗言，與公爲夫婦，相處六十年，未嘗一日有面赤。自少至老，雖衽席之上，未嘗戲笑。以上黃氏補本。

或問公：「爲小人所詈辱，當何以處之？」曰：「上焉者，知人與己本一，何者爲詈？何者爲辱？自然無忿怒心也。下焉者，且自思曰：『我是何等人，彼是何等人！若是答他，卻與此人等也。』如此自處，忿心亦自消也。」呂氏雜志。

本中問：「兄弟之生，相去或數日，或數月，其爲尊卑也微矣。而聖人直如是分別長幼，何也？」曰：

「聖人重先後之序，如天之四時，分毫頃刻，皆有次第。物理自然，不可易也。」補。

晁氏客語曰：原明初作侍講，劄子陳所學云：「人君之學，不在于徧讀雜書，多知小事，在于正心誠意。」補。

紫微童蒙訓曰：滎陽公嘗榜文中子數語于家中壁上，曰：「予之室，酒不絕。」注曰：「用有節，禮不缺也。」補。

又官箴曰：滎陽公爲單州，凡每月所用雜物，悉書之庫門，買民間未嘗過此數，民皆悅服。黃氏補。

朱子曰：呂公家傳深有警悟人處，前輩涵養深厚乃如此。但其論學殊有病，如云「不主一門，不私一說」，則博而雜矣。如云「直截勁捷，以造聖人」，則約而陋矣。舉此二端，可見其本末之皆病。此所以流于異學而不自知其非邪？而作此傳者，又自有不可曉者，如云：「雖萬物之理，本末一致，而必欲有爲。」此類甚多，不知是何等語！又義例不明，所載同時諸人，或名或字，非褒非貶，皆不可攷。至如蘇公，則前字後名，尤無所據。豈其學無綱領，故文字亦象之而然邪？最後論佛學，尤可駭歎。程門千言萬語，只要見儒者與釋氏不同處。而呂公學于程氏，意欲直造聖人，盡其平生之力，乃反見得佛與聖人合，豈不背戾之甚哉！夫以其資質之粹美，涵養之深厚如此，疑若不叛于道，而窮理不精，錯謬如此。流傳于世，使有志于道而未知所擇者坐爲所誤，蓋非特莠之亂苗、紫之亂朱而已也。黃氏補。

滎陽講友

龍學孫莘老先生覺別見安定學案。

龍學李公擇先生常別見范呂諸儒學案。

滎陽家學歐、周三傳。

右丞呂先生好問

呂好問，字舜徒，滎陽先生希哲子也。以蔭補官，坐黨人子弟廢。蔡卞得政，諷之曰：「子少親我，則列顯階。」先生笑而不答。靖康元年，以薦擢御史中丞。先是，徽宗將内禪，詔解黨禁，除新法，而蔡京黨戚害其事，莫肯行。先生上疏言利害，欽宗嚮納。又疏蔡京過惡，乞投海外，削王安石王爵，褒表江公望等，除青苗之令，章疏十上。每奏對，帝雖當食，每使畢其説。欽宗再幸金營，先生實從。已而金人立張邦昌，以先生爲事務官，因説邦昌以利害，使亟還政，且書白康王宜自立。金人既退，高宗即位，先生奉太后書詣行在，高宗勞之曰：「宗廟獲全，卿之力也。」除尚書右丞。以恩封東萊郡侯。避地，卒于桂州。參史傳。

雲濠謹案：紫微稱先生爲東萊公，以其封東萊郡侯也。又案呂氏世居東萊，紫微當日並稱東萊先生，其從孫伯恭亦稱東萊先生，祖孫往往牽混，學者不可不知。

縣令呂先生切問

呂切問，字舜從，東萊公之弟也。于紫微爲仲父。守官會稽。或譏其不求知者，先生對曰：「勤于職事，其他不敢不慎，乃所以求知也。」紫微童蒙訓述之，曰：「此語甚好！」補。

附錄

紫微曰：叔父舜從既與東萊公從當世賢士大夫遊，嘗訓子弟曰：「某幸從賢士大夫遊，過相與重。然某自省所爲，才免禽獸之行而已，未能便合人之理也，何得過相與邪！」前輩自警如此。

梓材謹案：先生兄弟嚴事李君行、田明之、田誠伯諸先生，詳見安定學案、范呂諸儒學案、呂范諸儒學案。所謂「從當世賢士大夫遊」者，可見矣。

文清呂東萊先生本中別爲紫微學案。

滎陽門人

教授汪青溪先生革

汪革，字信民，臨川人也。紹聖四年進士，官楚州教授。呂侍講原明方居符離，先生從之學，稱高弟。侍講嘗曰：「黃憲、茅容之儔也。」分教長沙，張侍郎舜民在焉，相與講學極契。蔡京當國，召爲宗正博士，力辭不就，曰：「吾不能附名不臣傳，」復爲楚州教授以卒，年止四十。侍講爲志其墓，晁景迂有詞哀之。先生篤實剛直，惜不免墮于禪學，則侍講之所夾雜也。故其詩云：「富貴空中花，文章木上癭。要知真實地，惟有華嚴境。」不得入聖人之室矣。然其言云：「咬得菜根，則百事可做。」固名言也。學者稱爲青溪先生。雲濠案：青溪一作清溪。有論語直解、青溪集。謝逸與弟邁皆學于侍講，當事以八行薦，無逸力辭，兄弟終身老死布衣，其高節蓋得侍講之力。信民貽之詩曰：「新年更勵於陵操，妻子同鉏五畝蔬。」蓋不當唯以詞人目之。以下補。

附錄

呂紫微曰：汪信民，政和間諸公熟聞其名，除國博，欲漸用之，竟辭不受。謝無逸，以八行薦，堅卻之。諸公皆卓然自立，不媿古人，邇來流俗不復以爲貴矣。

梓材謹案：童蒙訓是條，先言夏侯丈旄、唐丈恕、范丈正平、劉丈跂、蹈兄弟，而卒以「諸公」云云。今各散入學案，不贅。

推官汪歸愚先生莘

汪莘，字叔野，青溪先生革弟也。方遊于侍講之門，學行亞于其兄。以詩名爲洪州推官。其所著曰歸愚集。

雲濠謹案：休寧有汪布衣，與先生同名，字叔耕，爲朱子講學之友。

知州黎先生確

黎確，字介然，□□人也。官至吏部侍郎、龍圖閣待制、知漳州。崇寧間，汪信民革、饒德操節與先生遊宿州，呂侍講原明在焉，皆往受學。時頗賦詩詆及時事，侍講不以爲然。會侍講病，先生輩朝夕侍疾。既愈，侍講爲作麥熟、繰絲等曲，歌詠當世，以諷止先生輩。諸人得詩，皆慚懼，詣侍講引咎，因和其詩，不欲作前語。時謂其師弟之間雍容感發，有儒者氣象。侍講之孫居仁稱先生特立勁氣，如鐵石云。

徵君謝溪堂先生逸

謝竹友先生薖合傳。

謝逸，字無逸，臨川人也，學者稱爲溪堂先生。少孤，博學工文詞，而操履峻潔。與汪信民爲學侶，故得從呂侍講原明之門。再舉進士不第，遂不仕。山谷嘗曰：「斯人在館閣，又何減于晁、張！」而李商老謂其文步趨劉向、韓愈，則世之僅以詩稱先生者，尚方隅之見也。然先生亦并不僅以文。侍講之孫居仁嘗曰：「無逸兄弟終身勵行，在崇、觀間一無所污。」八行之薦，力辭不赴，劉後村亦嘗曰：「韓子蒼輩以詩得貴顯，而二謝終身布衣，不可及也。」斯其所以爲侍講之弟子與！先生所著有春秋廣微、樵談、溪堂集。雲濠案：四庫書目，溪堂集十卷。弟邁，字幼槃，同學于侍講，與兄齊名。居仁稱其詩曰：「無逸似康樂，幼槃似玄暉。」有竹友集。雲濠案：陳直齋書録解題，竹友集十卷。

趙先生演附子相。

趙演，字仲長，汝漢人也。呂侍講原明之壻，從侍講學。侍講之謫符離也，先生時時來省，事侍講如嚴父。疾病則執藥牀下，屏氣兀立終日。侍講命之去，始去。先生謹厚篤實，動法古人。侍講之子好問曰：「今世人之所言者，趙丈口中從未嘗有此也。」侍講之孫本中曰：「先正獻公嚴重清靜，出于天性。范内翰淳夫公之壻酷似公，而仲長亦似之。」先生子相，字才仲，時稱其詩與蘇過齊名，而文學柳州，世其學。

饒德操節

饒節，字德操，臨川人，從學呂侍講。以不合于曾布，毅然棄去，亦甚豎風節。及其末路，遂爲緇衣，則可駴矣。甚至貽呂居仁詩，勸以胡牀趺坐，專意學道，何其謬也！

侍郎顏夷仲岐

顏岐，字夷仲，魯人，祭酒復之子也。嘗從滎陽學，故與紫微善。累官門下侍郎。阻李忠定之入相，則有媿于師門矣。然棠微與之通問，終身不絶。

附錄

吕舍人官箴曰：予嘗爲泰州獄掾，顏夷仲以書勸予治獄次第，每一事寫一幅相戒。如夏月取罪人，早問在西廊，晚問在東廊，以避日色之類。又如獄中遣人句追之類，必使之畢此事，不可更別遣人，恐其受賂已足，不肯畢事也。又如監司郡守嚴刻過當者，須平心定氣，與之委曲詳盡，使之相從而後已；如未肯從，再當如此詳之，其不聽者少矣。

青溪家學歐、周四傳。

汪先生大經

汪大經，字淳夫，青溪先生從子也。能傳其家學，又以溪堂謝氏爲師。博學多聞，著臨川耆舊傳。

溪堂門人

汪先生大經見上青溪家學。

宋元學案卷二十四

上蔡學案

黄宗羲原本　黄百家纂輯　全祖望修定

上蔡學案表

謝良佐明道、伊川門人。安定、濂溪再傳。朱學、陸學之先。
- 朱震別爲漢上學案。
- 曾恬
- 詹勉
- 鄭轂
- 朱巽別見漢上學案。

謝襲
康淵並上蔡續傳。
- 毛友誠
- 李雄別見滄洲諸儒學案。
- 李杞別見滄洲諸儒學案。

游酢別爲廌山學案。
胡安國別爲武夷學案。
鄒浩別爲陳鄒諸儒學案。
呂大忠別爲呂范諸儒學案。
並上蔡講友。

上蔡學案序録

祖望謹案：洛學之魁，皆推上蔡，晦翁謂其英特過于楊、游，蓋上蔡之才高也。然其墮入葱嶺處，決裂亦過于楊、游。或曰：是江民表之書誤入上蔡語録中。述上蔡學案。梓材案：是卷梨洲本有作學案語畧，今移傳後。

二程門人胡、周再傳。

監場謝上蔡先生良佐

謝良佐，字顯道，壽春上蔡人。明道知扶溝事，先生往從之。明道謂人曰：「此秀才展拓得開，將來可望！」元豐八年登進士第，歷仕州縣。宰德安之應城，胡文定以典學使者行部，不敢問以職事，先修後進禮見。入門，見吏卒植立庭中，如土木偶人，肅然起敬，遂問學焉。建中靖國初，上殿召對，徽宗與之語，有意用之。先生退而曰：「上意不誠。」乃求監局，得西京竹木場。或謂建中年號與德宗同，不佳，先生云：「恐亦不免一播遷。」坐口語下獄，廢爲民。先生記問該贍，稱引前史，至不差一字。凡事理會未透，其顙有泚，憤悱如此。與伊川別，一年復見，問其所進，曰：「但去得一『矜』字耳！」伊川曰：「何故？」曰：「點檢病痛，盡在此處。」伊川歎曰：「此所謂『切問而近思』者也。」有論語說行世。

宗羲案：程門高弟，予竊以上蔡爲第一，語録嘗累手録之。語者謂「道南」一派，三傳而出朱子，集諸儒之大成，當等龜山于上蔡之上。不知一堂功力，豈因後人爲軒輊！且朱子之言曰：「某少時妄志于學，頗藉先生之言以發其趣。」則上蔡固朱子之先河也。

祖望謹案：謝、楊二公，謝得氣剛，楊得氣柔，故謝之言多踔厲風發，楊之言多優柔平緩，朱子已嘗言之。而東發謂象山之學原于上蔡，蓋陸亦得氣之剛者也。梨洲先生天資最近乎此，故尤心折于謝。

語録

問：「孟子言『盡其心者知其性』，如何是盡其心？」曰：「昔有人問明道先生：『何如斯可謂之恕心？』先生曰：『充擴得去，則爲恕心。』『如何是充擴得去底氣象？』曰：『天地變化，草木蕃。』『充擴不去時如何？』曰：『天地閉，賢人隱。』察此，可以見盡不盡矣！」

心者何也？仁是已。仁者何也？活者爲仁，死者爲不仁。今人身體麻痺不知痛癢謂之不仁，桃杏之核可種而生者謂之仁，言有生之意。推此，仁可見矣。學佛者知此，謂之見性，遂以爲了，故終歸妄誕。聖門學者見此消息，必加功焉，故曰「回雖不敏，請事斯語矣」，「雍雖不敏，請事斯語矣」。仁，操則存，舍則亡，故曾子曰「動容貌，正顏色，出辭氣」。「出辭氣」者，從此廣大心中流出也。以私意發言，豈「出辭氣」之謂哉！夫人一日間顏色容貌，試自點檢，何嘗正，何嘗動，怠慢而已！若夫大而化之，出于自然，則「正」「動」「出」不足言矣！

仁者，天之理，非杜撰也。故哭死而哀，非爲生也；經德不回，非干祿也；言語必信，非正行也；天理當然而已矣。當然而爲之，是爲天之所爲也。聖門學者，大要以克己爲本。克己復禮，無私心焉，則天矣。孟子曰：「仁，人心也。盡其心者，知其性也。知其性，則知天矣！」

所謂有知識，須是窮物理。只如黃金，天下至寶，先須辨認得他體性，始得。不然，被人將鍮石喚作黃金，辨認不過，便生疑惑，便執不定。故經曰：「物格而后知至，知至而后意誠。」所謂格物窮理，須是認得天理，始得。所謂天理者，自然底道理，無毫髮杜撰。今人乍見孺子將入于井，皆有怵惕惻隱之心。方乍見時，其心怵惕，卽所謂天理也。要譽于鄉黨朋友，內交于孺子父母兄弟，惡其聲而然，卽人欲耳。天理與人欲相對，有一分人欲卽滅卻一分天理，有一分天理卽勝得一分人欲。人欲纔肆，天理滅矣。任私用意，杜撰做事，所謂人欲肆矣。故莊子曰：「去智與故，循天之理。」若在聖人分上，卽說「循」字不著。勿忘又勿助長，正當恁地時自家看取，天理見矣。所謂天者，理而已。只如視聽動作，一切是天。天命有德，便五服五章，天討有罪，便五刑五用，渾不是杜撰做作來。學者直須明天理爲是自然底道理，移易不得。不然，諸子百家便人人自生出一般見解，欺誑衆生。識得天理，然後能爲天之所爲。聖門學者爲天之所爲，故敢以天自處，佛氏卻不敢恁地做大。明道嘗曰：「吾學雖有所受，『天理』二字卻是自家拈出來。」

梓材謹案：原本此下有一條，併入呂范諸儒學案晉伯附録。

今人學時，將章句横在肚裏，怎生得脱？莫道章句，便將堯、舜横在肚裏，也不得。

不遷怒，須是顏子始做得。假使高聲一句，便是罪過。又曰：任意喜怒，都是人欲。須察見天理，涵㊀養始得。

梓材謹案：此下原有四條，移入本卷曾天隱傳後。

顏子欲要請事斯語，今資質萬倍不如他，卻便要一切掃除，怎生得！且如乍見孺子底心生出來，便是有自然底天理，怎生掃除得去？佛大概自是㊁爲私心。學佛者欲脱離生死，豈不是私！只如要度一切衆生，亦是爲自己發此心願。且看那一箇不拈香禮佛？儒者直是放得下，無許多事。

百家謹案：彼佛氏求心性于父母未生前，故須掃卻惻隱等心，何必與他較資質。

梓材謹案：此下二條，其一移入附録，其一移入廌山學案。

問：「色欲想已去多時？」曰：「伊川則不絶，某則斷此二十來年矣。所以斷者，當初有爲之心多。欲有爲，則當強盛方勝任得，故斷之。又用導引吐納之術，非爲長生如道家也，亦以助養吾浩然之氣耳。

㊀「涵」原作「含」，據上蔡語録（復性書院刊本）卷上改。　㊁「自是」原作「是自」，據同上書改。

氣強，則勝事。然色、欲自別，當作兩般理會。登徒子不好色，而有淫行。色出于心，去不得，淫出于氣。」又問：「勢利何如？」曰：「打透得此關，十餘年矣。當初大段做工夫，揀難舍底棄卻，後來漸漸輕。至今日于器物之類置之，只爲合要用，卻並無健羨底心。」

知命雖淺近，也要信得及，將來做田地，就上面下工夫。余初及第時，歲前夢人內廷，不見神宗，而太子涕泣。及釋褐時，神宗晏駕，哲廟嗣位。如此等事，直不把來草草看卻，萬事眞實有命，人力計較不得。吾平生未嘗干人，在書局亦不謁執政，或勸之，吾對曰：「他安能陶鑄我，自有命在！」若信不及，風吹草動，便生恐懼憂喜，枉做卻閒工夫，枉用卻閒心力。信得命及，便養得氣不挫折。

謝子曰：「道，須是下學而上達，始得。不見古人就洒掃應對上做起？」曰：「洒掃應對上學，卻是太瑣屑，不展拓。」曰：「凡事不必須高遠，且從小處看。只如將一金與人，與將天下與人，雖大小不同，其實一也。我若有輕物底心，將天下與人如一金與人相似；我若有吝底心，將一金與人如天下與人相似。又若行千尺臺邊，心便恐懼；行平地上，心卻安穩。我若去得恐懼底心，雖履千仞之險，亦只與行平地上一般。只如洒掃，不著此心，怎洒掃得？應對不著此心，怎應對得？故曾子欲『動容貌，正顏色，出辭氣』，爲此。古人須要就洒掃應對上養取誠意出來。」

問：「求仁是如何下工夫？」曰：「如顏子視聽言動上做亦得，如曾子容貌顏色辭氣上做亦得。『出辭氣』者，猶佛所謂從此心中流出。今人唱一喏，不從心中流出，便是不識痛癢。古人曰：『心不在焉，視而不見，聽而不聞，食而不知其味。』不見，不聞，不知味，便是不仁，死漢不識痛癢了。又如仲弓『出門如見大賓，使民如承大祭』，但存得如見大賓、如承大祭底心在，便是識痛癢。」

近道莫如靜。齋戒以神明其德，天下之至靜也。心之窮物有盡，而天無盡，如之何包之？此理有言下悟者，有數年而悟者，有終身不悟者。

祖望謹案：此段語意雖佳，然亦近禪。

或問：「吕與叔向常患思慮紛擾，程夫子答以『心主于敬，則自然不紛擾』。何謂敬？」謝子曰：「事至應之，不與之往，非敬乎？萬變而此常存，奚紛擾之有！夫子曰『事思敬』，正謂此耳。」

梓材謹案：此下有一條，移入明道學案。

動而不已，其神乎！滯而有迹，其鬼乎！往來㊀不息，神也；摧仆歸根，鬼也。致生之，故其鬼神；

致死之，故其鬼不神。何也？人以爲神則神，以爲不神則不神矣。知死而致生之，不智，知死而致死之，不仁，聖人所以神明之也。

禮者，攝心之規矩。循理而天，則動作語默無非天也。內外如一，則視聽言動無非我矣。

人不可與不勝己者處，鈍滯了人。

問：「太虛無盡，心有止，安得合一？」曰：「心有止，只爲用他。若不用，則何止。」「吾丈莫已不用否？」曰：「未到此地。除是聖人便不用。當初曾發此口，被伊川一句壞了二十年。曾往見伊川，伊川曰：『近日事如何？』某對曰：『天下何思何慮！』伊川曰：『是則是有此理，賢卻發得太早在。』」問：「當初

㊀「來」原作「而」，據龍本及上蔡語錄卷上改。

發此語時如何？」曰：「見得這箇事，經時無他念，接物亦應副得去。」問：「如此，卻何故被一句轉卻？」曰：「當了終須有不透處。當初若不得他一句救拔，便入禪家去矣。伊川直是會鍛鍊得人，說了又卻道『恰好著工夫也』。」問：「聞此語後如何？」曰：「至此未敢道到何思何慮地位。始初進時速，後來遲，十數年過卻如夢。」問：「何故遲？」曰：「如挽弓，到滿時愈難開。然此二十年，聞見知識卻殺長。」

梓材謹案：此下有一條，併入明道學案附録。

予嘗學射，到一把處難去，半把尤難去。到一把放了的多，半把放了者尤多，少有鏃齊放者。人有學射，模(一)得鏃與把齊，然後放。因舉伯淳語曰：「射法具而不滿者，無志者也。」學者纔少有所得，便住。人多易住。伯淳嘗有語：「學者如登山，平處孰不闊步，到峻處便住。」佛家有小歇場、大歇場。到孟子處更一住，便是好歇。

祖望謹案：慈溪黃氏曰：「此亦以禪言儒。」

惟顏子善學，故孔子有「見其進，未見其止」之歎。須是(二)百尺竿頭，更須進步，始得。

學者且須是窮理。物物皆有理。窮理則能知人之所爲，知天之所爲，則與天爲一。與天爲一，無往而非理也。窮理則是尋箇是處，有我不能窮理。人誰識真我？何者爲我？理便是我。窮理之至，自然不勉而中，不思而得，從容中道。曰：「理必物物而窮之乎？」曰：「必窮其大者。理一而已，一處理窮，觸處皆通。恕，其窮理之本與！」

(一)「模」，各本同，疑卽「摸」字。　(二)「是」原作「有」，據上蔡語録卷中改。

釋與吾儒，有非同非不同處。蓋理之精微處，纔有私意，便支離了。

「學者未能便窮理，莫須先省事否？」曰：「非事上，做不得工夫也。須就事上做工夫。如或人說『動中有靜，靜中有動』，有此理。然靜而動者多，動而靜者少，故多著靜不妨。」

梓材謹案：此下有一條，移入明道學案。

或問：「或曰：『吾初學，問事必不當，人必笑。然我未有所得，須直情言之。若掩藏畏人笑，徒自欺耳！』此言何如？」曰：「是也。」謂同坐諸子曰：「亦須切記此語！」

默而識之，與書紳者異矣。

祖望謹案：慈溪黃氏曰：「書紳是學者力行之事，不可以默識爲賢而少此。又默識是常在心，亦與禪學廢棄言語者不同。」

天，理也，人亦㈠理也。循理則與天爲一。與天爲一，我非我也，理也，理非理也，天也。唯文王有純德，故曰「在帝左右」，「帝謂文王」，帝是天之作用處。或曰：「意、必、固、我，有一焉，則與天地不相似矣。」曰：「然。理上怎安得箇字！易曰『與天地相似，故不違』，相似猶是自語。」

門人有初見請教者，先生曰：「人須先立志，志立則有根本。譬如樹木，須先有箇根本，然後培養，能成合抱之木。若無根本，又培養箇甚？此學不可將以爲善，後學爲人，自是當爲人道。人道不教人做，卻教誰做？」

㈠「亦」原作「之」，據上蔡語録卷中改。

問：「一日靜坐，見一切事平等，皆在我和氣中，此是仁否？」曰：「此只是靜中之工夫，只是心虛氣平也。須于應事時有此氣象，方好。」

佛之論性，如儒之論心；佛之論心，如儒之論意。循天之理，便是性，不可容些私意。才有意，便不能與天爲一。

誠是實理，不是專一。尋常人謂「至誠」，至是爲專一。如惡惡臭，好好色，不是安排來。

「鳶飛戾天，魚躍于淵」，無些私意。「上下察」，以明道體無所不在，非指鳶魚而言也。若指鳶魚而言，則上面更有天，下面更有地在。知「勿忘，勿助長」，則知此。知此，則知夫子與點之意。

季路、冉求之言，不得人才做不得。然常懷此意在胸中，在曾點看著正可笑耳。學者不可著一事在胸中。纔著些事，便不得其正。且道曾點有甚事？列子御風事近之，然易做，只是無心，近于忘。

敬是常惺惺法，齋是事事放下，其理不同。

問：「更有一病，稱好則溢美，稱不好則溢惡，此猶是好惡使然。且如今日泥濘只是五寸，須說一尺。有利害猶且得，無利害須要如此，此病在甚處？」曰：「欲以意氣加人，亦是夸心。有人做作，說話張筋弩脈，皆爲有己。立己于胸，幾時到得與天爲一處？須是克己。纔覺時便克將去，從偏勝處克。克者，勝之之謂也。」

梓材謹案：此下有一條，移爲附録。

爲學，必以聖人爲之則。志在天下，必以宰相事業自期。降此，寧足道乎！

心本一。支離而去者，乃意耳。

梓材謹案：此下有一條，移入劉李諸儒學案。

「聽其言也厲」，須是有力。某尋常才覺心不在時，語便無力。

氣能動其心。和其氣，所以和其心也。喜怒哀樂失其節，皆是病。

或問：「天下多少事，如何見得是處？」曰：「窮理便見得。事不勝窮，理則一也。」

富貴利達，今人少見出脱得者，所以全看不得，難以好事期待也。非是小事，切須勉之！透得名利關，便是小歇處，然須藉窮理工夫。至此，方可望有入聖域之理。不然，休説。

宗羲案：上蔡在程門中英果明決。其論仁，以覺，以生意；論誠，以實理；論敬，以常惺惺；論窮理，以求是。皆其所獨得，以發明師説者也。朱子言其雜禪見解，大端有三：謂：「洒掃應對只是小子之始學，上蔡不合説得大了，將有不安于其小者。」夫必知其中有所謂大者，方安爲之。程子云：「道無精粗，言無高下。」此與上蔡之言何殊？必曰道理有小有大，是道有精粗，言有高下也。謂：「知覺得應事接物底，如何喚做仁？須是知覺那理，方是。」夫覺者，澄然無物，而爲萬理之所從出。若應事接物而不當于理，則不可謂之覺矣。覺外求仁，是覺者一物，理又一物，朱子所以終身認理氣爲二也。謂：「上蔡説先有知識，以敬涵養，似先立一物了。」夫上蔡此言，亦猶識仁篇所云「識得此理，以誠敬存之而已」，蓋爲始學者言，久之則敬卽本體，豈先有一物哉？其言語小有出入則或有之，至謂不得其師之説，不敢信也。以上梨洲原本。

只如喜怒，須逐日消磨。任意都是人欲。補。

梓材謹案：謝山補録本四條，其三條移入百源學案。

論語解序

天下同知尊孔氏，同知賢于堯、舜，同知論語書弟子記當年言行，不誣也。然自秦、漢以來，開門授徒者，不過分章析句爾。魏、晉而降，談者益稀。既不知讀其書，謂足以識聖人心，萬無是理。既不足以知聖人心，謂言能中倫，行能中慮，亦萬無是理。言行不類，謂爲天下國家有道，亦萬無是理。君子于此，盍闕乎？蓋溺心于淺近無用之地，聰明日就彫喪，雖欲讀之，顧不得其門而入也。聖人辭近而指遠，辭有盡，指無窮，有盡者可以索之于訓詁，無窮者要當會之以神。譬之觀人，他日識其面，今日見其心，在我則改容更貌矣，人則猶故也。爲是故難讀。今試以讀此書之法語諸君焉：勿以爲淺近而忽，勿以爲太高而驚，勿以爲簡我而忿且怒，勿以爲妄誕而直不信。聖人之言，不可以訓詁形容其微意。今不復撰次成文，直以意之所到，辭達而已矣。蓋此書存于世，論其切于用而收近效，則無之。與道家使人精神專一之學，西方見性之説，並駕争衡，孰全孰駁，未易以口舌争也。談天語命，偉詞雄辯，使人可駭可慕，曾不如莊周、列禦寇曼衍之言。籠絡萬象，葩華百出，讀之使人亹亹不厭，曾不如班、馬雄深雅健之文。正名百物，分辨六氣，區味別性，可以愈疾引年，曾不如黄帝、岐伯之對問，神農之藥書。可以資聽訟折獄，可以飾簿書期會，曾不如申、韓之刑名。陶冶塵思，模寫物態，曾不如顔、謝、徐、庾流連光景之詩。以至神怪卜相之書，書數博奕之技，其皆可玩，獲售于人，而此書乃一無有也。欲使敏秀豪俊之士留精神于其間，幾何其不笑，且受侮與！邈乎希聲，一唱而三嘆，誰其聽之！淡乎無味，酒玄而俎腥，誰其嗜之！雖家藏人有，不委塵埃者幾希矣！余昔者供洒掃于河南夫子之門，僅得毫釐于句讀文義之間，而益信此書之難讀也。蓋「不學操縵，不能安絃；不學博依，不能安詩；不學雜服，不能安禮」；唯近似者易入也。彼其道高深溥博，不可涯涘如此，儻以淺智窺之，豈不大有逕庭乎？方其物我太深，胸中矛戟者讀之，謂終身可行之恕誠何味。方其脅肩諂笑，以言餂人者讀之，謂巧言令色寧病仁。未能素貧賤而恥惡衣惡食者讀之，豈知飯疏食、飲水、曲肱而枕之未妨吾樂。注心于利，未得而已，有顛冥之患者讀之，孰信不義之富貴真如浮雲。過此而往，益高深矣，可勝數哉！是皆越人視秦人之肥瘠也。唯同聲然後相應，唯同氣然後相求。是心與是書，聲氣同乎？不同乎？宜其卒無見也。是書遠于人乎？人遠于書乎？蓋亦弗思爾矣！能反是心者，可以讀是書矣。孰能脫去凡近，以游高明，莫爲嬰兒之態而有大人之器，莫爲一身之謀而有天下之志，莫爲終身之計而有後世之慮，不求人知而求天知，不求同俗而求同理者乎？是人雖未必中道，然其心當廣矣，明矣，不雜矣，其于讀是書也，能無得乎？當不唯念之于心，必能體之于身矣。油然內得，難以語人，謂聖人之言真不我欺者，其亦自知而已矣。豈特慮思之效，乃力行之功。至此，蓋書與人互相發也。及其久也，習益深，行益著，知視聽言動蓋皆至理，聲氣容色無非妙用，父子君臣豈人能秩序，仁義禮樂豈人能強名，心與天地同流，體與神明爲一，若動若植，何物非我，有形無形，誰其間之。至此，蓋人與書相忘也。則向所謂「辭近而指遠」者，可不信乎？宜其賢者識其大者，不賢者識其小者。好惡取舍，人相遼也。學者儻以此言爲可信，則亦何遠之有！以爲無隱乎爾，則天何言哉，夫子之言性與天道，不可得而聞也。以爲有隱乎爾，則四時行焉，百物生焉，夫子之文章可得而聞也。是豈真不可得而聞哉！詩云「鳶飛戾天，魚躍于淵」，此天下之至顯，聖人惡得而隱哉？所謂「無行而不與二三子者」也。「上天之載，無聲無臭」，此天下之至賾，聖人亦惡得而顯哉？宜其二三子爲有隱乎我者也。知有隱、無隱之不二者，舍此書其何以見之哉！知有隱、無隱之不二者，豈非閎博明允君子哉！諸君可無意于斯乎？

附錄

上蔡初造程子，程子以客肅之，辭曰：「爲求師而來，願執弟子禮。」程子館之門側，上漏旁穿，天大風雪，宵無燭，晝無炭，市飯不得温，程子弗問，謝處安焉。踰月，豁然有省，然後程子與之語。先生習舉業，已知名，往扶溝見明道受學，甚篤。明道一日謂之曰：「爾輩在此相從，只是學某言語，故其學心口不相應。盍若行之！」請問焉，曰：「且静坐。」

梓材謹案：此條據伊川語録補足，末有「伊川每見人静坐，便嘆其善學」十二字，以入伊川附録，不贅。

朱公掞以諫官召，過洛見伊川。先生在坐，公掞不語。伊川指先生謂之曰：「此人爲切問近思之學。」謝子與張繹説：「某到山林中静處，便有喜意，覺著些不是。」伊川曰：「人每至佛廟神殿處便敬，何也？只是每常不敬，見彼乃敬。若還常敬，則到佛殿廟宇，亦只如此。不知在鬧處時，此物安在，直静處乃覺。」繹言：「伊云只有這些子已覺。」伊川曰：「這回比舊時殺長進。這些子已覺，固是。若謂只有這些子，卻未敢信。」

謝子見河南夫子，辭而歸，尹子送焉，問曰：「何以教我？」謝子曰：「吾徒朝夕從先生，見行則學，聞言則識。譬如有人服烏頭者，方其服也，顏色悅澤，筋力強盛。一旦烏頭力去，將如之何？」尹子反，以告夫子。夫子曰：「可謂益友矣！」

胡文定云：先生初以記問爲學，自負該博，對明道舉史書，不遺一字。明道曰：「賢卻記得許多，可謂玩物喪志！」謝聞之，汗流浹背，面發赤。明道卻云：「只此便是惻隱之心。」及看明道讀史，又卻逐行看過，不差一字，謝甚不服。後來省悟，卻將此事做話頭，接引博學進士。

先生爲學，作課簿，以記日用言動視聽之是禮與非禮者。又舊多恐懼，嘗于危階上習以消之。

手柬胡文定曰：儒異于禪，正在下學處。顏子工夫，真百世軌範，舍此應無入路，無住宅，三二十年不覺便虛過了。

又曰：春秋大約如法家斷例也，折以中道耳。恐因是及中庸，因「中」有「權」與「取兩者之中」之說。

又曰：進學加功處，若欲少立得住，做自家物，須要自用法術，乃可得之。

又曰：某緣早親有道，復爲克己之學，遂于世味若存若亡。昨經憂患，仕意寖薄矣。

胡子問：「矜字罪過，何故恁地大？」謝子曰：「今人做事，只管要誇耀別人耳目，渾不關自家受用事。有底人食前方丈，便向人前喫，只疏食菜羹，卻去房裏喫，爲甚恁地？」

馮忠恕聞陳叔易言伊川嘗許良佐有王佐才，以是質于和靖。和靖曰：「先生無此語。先生晚年，顯道授澠池令，來洛見先生，留十餘日。先生謂焞，如見顯道，試問比來所得如何，焞卽往問焉。顯道曰：良佐每常聞先生語，多疑惑。今次見先生，聞先生語，判然無疑。所得如此。』具以告先生，先生曰：某見得他也是如此。』雖甚喜之，但不聞此語耳。」記善錄。

論顏子「具體而微」者，合下來有恁地氣象，但未彰著耳。孟子強勇，以身任道，壁立萬仞，誰敢正覰看！非孟子恁地手脚，也撑拄此事不去。雖然，猶有大底氣象，未能消磨得盡。不然，藐大人等語言不說出來。孔子云：「事君盡禮，人以爲諂。」當時諸國君相，怎生當得他聖人恁地禮數。是他只管行禮，又不與你計較長短，與上大夫言便誾誾，與下大夫言便侃侃，冕者瞽者，見之便作，過之便趨。蓋其德全盛，自然到此，不是勉強做出來。與孟子全別。

監西京竹木場，朱子發自太學與弟子權往謁之。坐定，子發曰：「震願見先生久矣！今日之來，無以發問，乞先生教之。」先生曰：「好！待與賢說一部論語。」子發私念，日刻如此，何由親款其講說？已而具飮，酒五行，只說他話。及茶罷，乃掀髯曰：「聽說論語！」首舉「子見齊衰者」一章，又舉「師冕見」一章：「夫聖人之道，無微顯，無內外，由洒掃應對進退而上達。夫道，一以貫之。一部論語，只恁地看。」

朱子曰：上蔡說仁說覺，分明是禪。

又曰：論語上蔡解極多，看得見時，他只有一兩箇緊要底字。

又曰：上蔡所見，透徹無隔礙處。

又曰：上蔡語録上卷極親切，暇日試涵泳之，當自有味。不必廣求，愈令隨語生解，不得脱灑爾。

又曰：伊川之門，上蔡自禪門來，其説亦有差。

又曰：如今人説道，愛從高妙處説，便入禪去。自上蔡以來已然。

又曰：上蔡論語卻有啟發人處。雖其説或失之過，然識得理後，卻細密商量，令平正也。

又曰：上蔡説孝弟非仁也。孔門只説「爲仁」，上蔡卻説「知仁」，只要見得此心，便以爲仁。上蔡之説，一轉而爲張子韶，子韶一轉而爲陸子静。上蔡所不敢衝突者，子韶盡衝突；子韶所不敢衝突者，子静盡衝突。

又跋語録曰：先生學于程門，篤志力行，于諸公間所見最爲超越。

問：「上蔡議論莫太過？」朱子曰：「上蔡好于事上理會，理卻有過處。」

問：「人之病痛不一，各隨所偏處去。上蔡才高，所以病痛在矜字？」朱子曰：「此説是也。然謝氏謂去得矜字，後來矜依舊未去。説道理好揚揚地。」

朱子又曰：上蔡大率張皇，不妥帖。

又曰：上蔡觀復齋記中説道理，皆是禪底意思。觀他説復，與伊川異，似以静處。如云「見此消息，不下工夫」之類，乃是謂儒佛不同，而所以不同，但是下截爾。龜山亦如此。

張南軒與朱元晦書曰：上蔡論語解偏處甚多，益知求道之難。

又答劉宰書曰：舊見謝上蔡謂「透得名利關，便是小歇處」，疑斯言太快，透名利關亦易事耳，如何便謂小歇處？年大更事，始知真透得誠未易。世有自謂能擺脱者，是猶未免爲他礙著耳。前人之言不苟，類如此。用力乃知之。

又答喬德瞻書曰：惟二程先生説話完全精粹，其次則尹，又其次則楊，方到謝上蔡。後生何足以窺前輩，但講論間又不可含糊。

黃東發曰：上蔡信得命及，養得氣完，力去矜夸，名利不得而動，殆爲百世師可也。第因天資之高，必欲不用其心，遂爲禪學所入。雖自謂得伊川一語之救，不入禪學，而終身常以禪之説證儒，未見其不入也。然上蔡以禪證儒，是非判然，後世學者尚能辨之。上蔡既沒，往往羞于言禪，陰稽禪學之説，託名于儒，其術愈精，其弊又甚矣！

祖望謹案：慈溪黃氏駁正上蔡之説，尚有數條最精者。如云：「荆公作宰相，只喫魚羹飯。擬除人不允，便乞去。是其養得氣完也。奇特！」黃氏曰：「一言不合，卽乞去，伊川以山林士召人，則可；荆公大臣也，如此乃執拗無禮耳！喫魚羹飯，自是儒生之常，非要君之具。且血氣何足尚而奇之！」如云：「四十萬人死長平，可知皆是命，只被人眼孔小。」黃氏曰：「此正因禪以覺爲仁，而盡掃除乍見孺子惻隱之心，故不自知其言之忍。殺人之事，豈宜眼孔大邪？」如云：「温公欲變法，伊川謂未可。未幾變之，果紛紛不能定。」黃氏曰：「温公若不變新法，恐天下遂亂。其後紛紛，卻是温公不久而薨故耳，未可以此少之。」如云：「荆公勝流俗之説，人能用此以行其所學，爲補不細。」黃氏曰：「天下之理一也。荆公之説，既不可施之政，又豈可施之學？此其弊，蓋自告子不動心來矣。」黄氏又曰：「上蔡語録第一條云，問學佛者欲免輪迴，超三界，于意云何；于終一條云，總老嘗問『默識』是識箇甚，『無入不自得』是得箇甚。以禪證儒，録者何人，而注意如此！」蓋斥曾恬之妄也。

謝山論上蔡應城事曰：胡文定公爲湖北提舉時，上蔡知應城縣，文定因自楊文靖公求書見之。既至湖北，遣人先致書。已而入境，上蔡不迎，吏民皆驚知縣何慢監司。文定徑修後進之禮入謁。愚謂文定之所以自處者是也，若上蔡，則執師道而過焉者也。夫監司者，天子所以涖有司。上蔡不爲知縣，則雖閉户可也，布衣之于顯者，分不相干，而以道自重，固不必因監司而屈。既爲知縣，則監司之得而屬我，乃天子屬我于監司也。監司之問道于知縣，爲私交；知縣之致禮于監司，爲庸敬。故監司可忘其尊，而知縣不得自倨其學。朱子謂上蔡既已得書，自亦難于出迎。然以知縣迎監司，非必遽有貶于知縣之學，乃爲天子尊監司也。楊文元公當嘉定間知温州，有契家子以奉使至郡譏察，文元以天使禮出郊迎。使者以父執故，問道走州入客位。文元聞之，不敢入。往來傳送數次，客固辭，主人固請，卒以賓主相見，當時以爲各當其禮。斯其視夫上蔡之事，雖非一例，至于即此悟彼，則固有可以旁通者。或曰：「上蔡蓋有感于師道之不立，而抗古誼而爲之也。」然吾觀文定自交上蔡以後，雖得其所學爲多，究未嘗在弟子之列也。然則上蔡之以師道自居，而岸然不修屬吏之儀，揆之于禮，似尚有未安者。朱子以上蔡天資高，凡如此者，殆亦賢知之過與！

上蔡講友

文肅游廣平先生酢別爲廌山學案。

文定胡武夷先生安國別爲武夷學案。

忠公鄒道鄉先生浩別爲陳鄒諸儒學案。

龍學呂晉伯先生大忠別爲呂范諸儒學案。

上蔡門人胡、周三傳。

文定朱漢上先生震別爲漢上學案。

舍人曾先生恬

曾恬，字天隱，晉江人，公亮之曾孫。少從上蔡、龜山、元城、了翁遊，上蔡語録則先生所記也。紹興中，爲中書舍人。哲宗實録成，加恩修史官。高宗令前後是非載之制詞，先生行詞模糊，只泛作一修史轉官制。高宗不悦，以其嘗爲蔡京所引，疑之，乃改命呂本中。已遷大㊀宗正丞。秦檜當國，先生丐外祠，主台州崇道觀。修。

㊀「大」原作「太」，據文義改。按宋史職官志四，大宗正司「置知及同知官各一人」，「丞二人，以文臣朝官以上充」。

宗羲案：天隱爲人樸實，非小人也，而有此委蛇。由熙、豐以來新經、字説之類壞人心術，非識見過人者，不能破其籬落耳！

記上蔡語

問：「從上諸聖，皆有相傳處，至如老子，問如何？」謝子曰：「他見得錯了。」余問：「錯在甚處？」曰：「只如『失道而後德，失德而後仁，失仁而後義，失義而後禮』，是甚説話！自然不可易底便喚做道，體在我身上便喚做德，有知覺、識痛癢便喚做仁，運用處皆是當便喚做義。大都只是一事，那裏有許多分別！」

「莊周如何？」謝子曰：「吾曾問莊周與佛如何，伊川曰：『莊周安得比他佛！佛説直有高妙處；莊周氣象大，故淺近。如人睡初覺時，乍見上下東西，指天説地，怎消得恁地。只是家常茶飯，誇逞箇甚底！』」謝曰：「吾曾歷舉佛説與吾儒同處，問伊川，先生曰：『恁地同處雖多，只是本領不是，一齊差卻。』」余問本領何故不是，謝曰：「爲他不循天理，只將拈匙把筯日用底，便承當做大小事，任意縱橫，將來作用，便是差處，便是私處。」余問作用何故是私，曰：「把來作用做弄，便是做兩般看當了，是將此事橫在肚裏。一如子路、冉子相似，便被他曾點冷眼看他，只管獨對春風吟詠，肚裏渾没些能解，豈不快活！」

慈溪黄氏曰：孔子本以行道濟世爲心，故使諸子言志。三子之對，皆正也。曾點，孔門之狂者，無心于仕，而自言中心之樂，其説雖瀟灑出塵，然非當時問答之正。孔子當道之不行，私相講明，而忽聞其言獨異，故一時歎賞之。已即歷舉三子之説，皆足爲邦。孔子之本心，終在此而不在彼也。學者必盡取一章，玩味始末，然後孔子本心可得而見。自禪學既興，黜實崇虚，盡論語二十篇，皆無可爲禪學之證，獨浴沂數語，迹類脱去世俗者，遂除去一章之始末，牽合影傍，翕然附和。上蔡又演爲「獨對春風，没些能解」之言。曾點豈没些能解者邪？南軒作風雩亭詞曰：「希蹤兮奈何？曷務勉乎敬恭！」斯可明聖門之本旨。補。

余又問：「堯、舜、湯、武做底事業，豈不是作用？」謝子曰：「他做底事業，只是與天理合一，幾曾做作，横在肚裏！見他做出許多掀天動地蓋世底功業，如太空中一點雲相似，他把做甚麼！如子路願乘肥馬，衣輕裘，與朋友共，敝之無憾，亦是有要做好事底心。顔子早是參彼己。孔子便不然，老者合當養底便安之，少者不能立底便懷之，君君臣臣父父子子，自然合做底道理，便是天之所爲，更不作用。」余問：「佛説『直下便是，動念卽乖』，如何？」謝子曰：「此是乍見孺子以前底事。乍見孺子底，吾儒唤做心，他便唤做前塵妄想，當了，是見得太高。吾儒要就上面體認做工夫，他卻一切掃除，卻那裏得地位進步？佛家説大乘頓教，一聞便悟，將乍見孺子底心，一切掃除，須是他顔、雍以上底資質始得。」

慈溪黄氏曰：此謂天資如孔子，方可學禪。予不曉其然否！補。

梓材謹案：以上四條，從上蔡語録移入。黄氏原本百家案云：「上蔡語録，曾恬所記，其曰『余』者，恬也。」

監場詹先生勉

詹勉，字力行，南劍州人。從上蔡遊，兼師了翁。窮幽極微，期于自得。操履堅正，于新經之學無浼焉。晚以貧，就一官，監合同場。不求苟合，鮮有知者。陳默堂嘗薦之，以爲躬行無倦，老成之人。補。

附錄

上蔡手柬胡文定曰：「學之所貴，有諸己爲難。聞詹君輩勇猛精進，殊可喜！能更覷得破一切物累，尤佳。若覷不破，則未論行險僥倖，而氣已弱，志已喪矣，有志于道者不可不戒。真當朝夕點檢，令了了也。」

祕書鄭先生轂

鄭轂，字致遠，建安人，上蔡高弟。初就學，能知聖人之道在中庸，父鎮奇之。既冠，入太學，所爲文不尚時好。執父喪，有籲天止火之異。第進士，調御史臺主簿。以祕書郎守臨江，遂丐祠歸。補。

朱先生巽別見漢上學案。

上蔡續傳

謝先生襲

謝襲，字智崇，陽夏人也，徙建安。能傳上蔡之學。致堂與之同舍，累稱之。補。

康先生淵

康淵，字叔臨，不知何所人也。南渡後流寓巴陵，講學極盛。上蔡之傳，始自胡文定公入衡湘，朱文定公震振之荆門，而先生稍晚出，然亦其一宗也。平江李雄、李杞皆朱子弟子，並質疑義于先生。今作考亭淵源録者以先生爲朱子之徒，謬矣。其高弟曰毛友誠。補。

康氏門人胡、周四傳。

掌教毛先生友誠

毛友誠，字伯明，平江人也。由康氏以受上蔡之説。謝棄科舉，閉户讀書，尤邃于易。太守延之入學，掌教最久。李敬子掌教，猶及見之，致敬焉。平江後進受學于朱子者最盛，皆先生有以爲之前導也。補。

李先生雄

李木川先生杞並見滄洲諸儒學案。

宋元學案卷二十五

龜山學案

黄宗羲原本　黄百家纂輯　全祖望修定

龜山學案表

楊時（明道、伊川門人。安定、濂溪再傳。）
　子迪
　　孫雲
　子安止
　王蘋別爲震澤學案。
　呂本中別爲紫微學案。
　關治別見陳鄒諸儒學案。
　陳淵別爲默堂學案。
　羅從彦別爲豫章學案。
　張九成別爲横浦學案。
　蕭顗
　　朱松別見豫章學案。
　　徐存
　　　鄭升之

江介——程端蒙別見滄洲諸儒學案。

柴瑾

鄭雍

陸律

江泳

柴衛

周賁

周孚

胡寅別爲衡麓學案。

胡宏別爲五峯學案。

劉勉之別爲劉胡諸儒學案。

潘良貴——從子時別見元城學案。

潘好謙——子景夔

　　　　子景尹並見麗澤諸儒學案。

王師愈——子瀚

　　　　子洽並見麗澤諸儒學案。

- 王居正
- 廖剛
- 趙敦臨
  - 魏杞
    - 陳居仁
      - 子卓
      - 孫允平
      - 張端義別見慈湖學案。
    - 張良臣
      - 子時
  - 汪大猷
  - 童大定
    - 舒璘別爲廣平定川學案。
  - 舒巘
    - 子璘別爲廣平定川學案。
  - 持之講友。
- 高閌 附蔣琀。
  - 童大定見上庇民門人。
  - 高材別見和靖學案。
- 喻樗
  - 汪應辰別爲玉山學案。
  - 程迥
    - 高元之
    - 宋元之
    - 宋元龜
    - 曹建別見滄洲諸儒學案。
  - 尤袤
    - 孫焴別見水心學案。

徐俯——曾季貍別見紫微學案。

盧魁

廖衙

林宋卿

黃鍰

宋之才

李郁——從子呂——子閎祖

子相祖

子壯祖並見滄洲諸儒學案。

李似祖

曹〻德

范〻美

陳彥

胡理別見元城學案。

鄒柄別見陳鄒諸儒學案。

曾恬別見上蔡學案。

章憲

章愁並見震澤學案。

徐存見下子莊門人。
柴禹聲
柴禹功
江琦別見武夷學案。
翁谷
李德駿
童大定見下庇民門人。
王師愈見下默成門人。
王庭秀
范浚別爲范許諸儒學案。
默成講友。

胡安國別爲武夷學案。
陳瓘
鄒浩並爲陳鄒諸儒學案。
游復
鄭修

黃櫄別見紫微學案。
龜山續傳。

李夔——子綱

並龜山講友。 許翰別爲范許諸儒學案。

梁谿講友。

龜山學案序録

祖望謹案：明道喜龜山，伊川喜上蔡，蓋其氣象相似也。龜山獨邀耆壽，遂爲南渡洛學大宗，晦翁、南軒、東萊皆其所自出。然龜山之夾雜異學，亦不下于上蔡。述龜山學案。梓材案：是卷學案，盧氏所藏原底已佚，而黄本有之，亦謝山修補本也。

二程門人胡、周再傳。

文靖楊龜山先生時

楊時，字中立，南劒將樂人。熙寧九年進士，調官不赴，以師禮見明道于潁昌。明道喜甚，每言楊君會得最容易。其歸也，目送之曰：「吾道南矣！」明道没，又見伊川于洛，先生年已四十，事伊川愈恭。一日，伊川偶瞑坐，先生與游定夫侍立不去。伊川既覺，則門外雪深一尺矣。横渠著西銘，先生疑其近于兼愛，與伊川辯論往復，聞「理一分殊」之説，始豁然無疑，由是浸淫經書，推廣師説。始解褐徐州司法。數轉，知瀏陽縣，安撫張舜民禮之，不以屬吏待，而漕使胡師文惡而劾之。舜民入長諫垣，薦之，徐荆南教授。改知餘杭縣，簡易不爲煩苛，遠近悅服。蔡京方貴盛，葬母餘杭，以日者言欲浚湖，先生格之。改知蕭山，邑人重其名，多畫像事之。提點明道、國寧二觀。宣和四年，年七十，罷祠祿，貧甚。郭慎求在朝，問其所欲，先生曰：「求一管庫，以爲貧。」差監常州市易務，先生曰：「市易事，吾素不以爲然，豈可就乎！」有鼓山張觷者，爲蔡京塾客，一日令諸生習走，諸生曰：「先生長者，尋常令某等緩步。若疾行，非所聞命。」觷曰：「天下事被汝翁已壞，且晚賊發，先及汝家。苟能善走，或可逃死。」諸生以張爲心疾，告京，京矍然曰：「此非汝曹所知。」出而問計于觷，觷曰：「唯有收拾人才爲第一義。」京問其人，遂以先生對。會傳國華使高麗，高麗王問龜山先生今在何處，國華還，以聞，召爲祕書郎，遷著作郎，除邇英殿說書。先生言：「近日蠲除租税，而廣濟軍以放税降官，是詔令爲虛文耳！安土之民不被惠澤，而流亡爲盜者獨免租税，百姓何憚而不爲盜？嘉祐通商榷茶之法，公私兩便。今茶租如故，而榷法愈急，宜少寛之。諸犯榷貨不得根究來歷，今茶法獨許根究，追呼蔓延，犴狴充斥，宜即革之。東南州縣均敷鹽鈔，迫于殿最，計口而授，人何以堪？發運司宜給糴本，以復轉搬之舊。和預買宜損其數，而實支所買之直。燕、雲之軍宜退守内郡，以省運輸之勞。燕、雲之地，宜募邊民爲弓箭手，使習騎射，以殺常勝軍之勢。衛士，天子爪牙，而分爲二三，宜循其舊，不可增損。」凡十餘事，執政不能用。而邊事告急，則又言：「今日所急者，莫大于收人心。軍興以來，免夫之役，毒被海內。西城(一)聚斂，東南花石，其害尤甚。宿奸巨猾，借應奉之名，豪奪民財，天下積憤，鬱而不得發者幾二十年。欲致人和，去此三者。」欽宗嗣

(一)「西城」原作「西北」，據楊龜山先生集卷四論金人入寇其二及皇朝道學名臣言行外録卷六楊時條改。

立，先生專對曰：「君臣一體。上皇痛自引咎，至託以倦勤避位，而宰執敍遷，安受不辭，此何理也？城下之盟，辱亦甚矣。主辱臣死，大臣宜任其責，而皆爲竄亡自全之計，陛下孤立，非有刑章，不忠何戒？童貫爲三路總帥，喪師而歸，置之不問，故梁方平、何灌效尤相繼，大河不守，敵人奄至城下，而朝廷不知。帥臣失職，無甚于此！閹人握兵二十餘年，覆軍殺將，馴至今日。比聞防城仍用閹人，覆車之轍，不可復蹈。」疏上，除右諫議大夫兼侍講。敵兵初退，議割三鎮以講和，先生極言其不可。李忠定綱罷，太學生伏闕上書，留㊀忠定與种忠憲師道，軍民集者數萬㊁，朝廷憂其致亂。先生召對，言：「諸生伏闕紛紛，忠于國家，非有他意。但擇其老成有行誼者爲之長貳，則將自定。」欽宗曰：「無逾于卿！」遂以先生兼國子祭酒。上言：「蔡京以繼述神宗爲名，實挾王安石以圖身利，故推崇安石，加以王爵，配享孔子廟廷。然致今日之禍者，實安石有以啓之也。謹按安石昔爲邪說以塗學者耳目，敗壞其心術者，不可縷數，姑即一二事明之。昔神宗皇帝稱美漢文罷露臺之費，安石乃言：『陛下若能以堯、舜之道治天下，雖竭天下以自奉，不爲過也。』夫堯、舜茅茨土階，其稱禹曰『克儉于家』，則竭天下者，必非堯、舜之道。後王黼以三公領應奉司，號爲享上，實安石自奉之說有以倡之也。其釋鳧鷖之末章，則曰：『以道守成者，役使羣衆，泰而不爲驕；宰制萬物，費而不爲侈。』詩之所言，止謂能持盈則神祇祖考安樂之，無後艱耳，而安石獨爲異說。後蔡京輩爭以奢僭相高，輕費妄用，以導人主，實安石此說有以倡之也。伏望追奪王爵，明詔中外，斥配享之像，使邪說淫辭不爲學者之惑。」于是降安石于從祀，毀三經板。然王氏之

㊀宋史本傳「留」上有「乞」字。

㊁「數萬」，宋史本傳作「數十萬」。又李綱傳亦云「軍民不期而集者數十萬」。

學，士子習之以取科第者，業數十年，不復知其非，忽聞以爲邪說，相與聚閧，先生亦謹避之。耿南仲言：「或者以王氏學不可用，陛下觀祖宗時，道德之學，人才、兵力、財用，能如熙、豐時乎？安可輕信一人之言以變之？」批答：「前日指揮，更不施行。」孫覿言先生「曩與蔡京諸子遊，今衆議攻京，而時曰愼毋攻居安」。居安者，京長子攸之字也。先生遂罷，以徽猷閣直學士提舉西京崇福宮。高宗卽位，除工部侍郎。陛對，言：「自古聖賢之君，未有不以典學爲務者，以君德在是故也。」除兼侍講。連章丐外，以龍圖閣直學士提舉杭州洞霄宮。尋致仕。紹興五年四月二十四日卒，年八十三。給事中朱震上言，先生嘗「辯誣謗以明宣仁聖烈之功，雪寃抑以復昭慈聖獻之位，排邪說以正天下學術之謬」，爲之請卹，詔謚文靖。學者稱龜山先生。所著有三經義辯等書。雲濠案：明林熙春刊定龜山集四十二卷。子迪。

百家謹案：二程得孟子不傳之祕于遺經，以倡天下。而升堂覩奥，號稱高第者，游、楊、尹、謝、吕其最也。顧諸子各有所傳，而獨龜山之後，三傳而有朱子，使此道大光，衣被天下，則大程「道南」目送之語，不可謂非前識也。

語録

或曰：「以術行道而心正，如何？」曰：「謂之君子，豈有心不正者。當論其所行之是否爾！且以術行道，未免枉己。與其自枉，不若不得行之愈也。」

人臣之事君，豈可佐以刑名之說，如此，是使人主失仁心也。人主無仁心，則不足以得人。故人臣能使其君視民如傷，則王道行矣。

梓材謹案：原本此下有一條，移入荆公新學畧。

理財、作人兩事，其說非不善。然世儒所謂理財者，務爲聚斂；而所謂作人者，起其奔競好進之心而已。易之言理財，詩之言作人，似不如此。

梓材謹案：此下有一條，移爲附録。

物有圭角，多刺人眼目，亦易玷闕。故君子處世，當渾然天成，則人不厭棄矣。

溝洫之量不可以容江河，江河之量不可以容滄海，有所局故也。若君子則以天地爲量，何所不容！有能捐一金而不顧者，未必能捐十金；能捐十金而不顧者，未必能捐百金。此由所見之熟與不熟，非能真知其義之當與否也。若得其義矣，雖一分不妄予，亦不妄取。

知合内外之道，則顔子、禹、稷之所同可見。蓋自誠意正心推之，至于可以平天下，此内外之道所以合也。故觀其誠意正心，則知天下由是而平；觀其天下平，則知非意誠心正不能也。兹乃禹、稷、顔回之所以同也。

梓材謹案：此下有二條，其一爲李似祖、曹令德二先生立傳于後，其一移爲鄭季常先生附録。

易曰：「君子敬以直内，義以方外。」夫盡其誠心而無僞焉，所謂直也。若施之于事，則厚薄隆殺一定而不可易，爲有方矣。敬與義本無二。所主者敬，而義則自此出焉，故有内外之辨，其實義亦敬也。故孟子之言義，曰「行吾敬」而已。

毋意」云者，謂無私意爾。若誠意，則不可無也。

問：「操則存，如何？」曰：「古之學者，視聽言動無非禮，所以操心也。至于無故不徹琴瑟，行則聞佩玉，登車則聞和鸞，蓋皆欲收其放心，不使惰慢邪僻之氣得而入焉。故曰：『不有博弈者乎？爲之猶賢乎已！』夫博弈非君子所爲，而云爾者，以是可以收其放心爾。說經義至不可踐履處，便非經義。若聖人之言，豈有人做不得處。學者所以不免求之釋、老，爲其有高明處。如六經中自有妙理，卻不深思，只于平易中認了。曾不知聖人將妙理只于尋常事說了。」

人性上不可添一物。堯、舜所以爲萬世法，亦只是率性而已。所謂率性，循天理是也。外邊用計用數，假饒立得功業，只是人欲之私。與聖賢作處，天地懸隔。

梓材謹案：此下一條，移入劉李諸儒，爲翟先生霖別立一傳。

人各有勝心。勝心去盡，而惟天理之循，則機巧變詐不作。若懷其勝心，施之于事，必于一己之是非爲正，其間不能無窒礙處，又固執之以不移，此機巧變詐之所由生也。孔子曰：「不知命，無以爲君子。」知命，只是事事循天理而已。循天理，則于事無固必；無固必，則計較無所用。孔子曰：「自古皆有死，民無信不立。」今天下上自朝廷大臣，下至州縣官吏，莫不以欺誕爲事，而未有以救之。只此風俗，怎抵當他！

謂學校以分數多少校士人文章，使之胸中日夕只在利害上，如此作人，要何用！

朝廷作事，若要上下小大同心同德，須是道理明。蓋天下只是一理，故其所爲必同。若用智謀，則人人出其私意，私意萬人萬樣，安得同！因舉舊記正叔先生之語云：「公則一，私則萬殊。人心不同猶面，其蔽于私乎！」

問：「易有太極，莫便是道之所謂中否？」曰：「然。」「若是，則本無定位，當處卽是太極邪？」曰：「然。」「兩儀、四象、八卦，如何自此生？」曰：「既有太極，便有上下；有上下，便有左右前後；有左右前後四方，便有四維。皆自然之理也。」

梨洲答萬公擇曰：統三百八十四爻之陰陽，卽爲兩儀。統六十四卦之純陽、純陰、陽卦多陰、陰卦多陽，卽爲四象。四象之分布，卽爲八卦。故兩儀、四象、八卦，生則俱生，無有次第。

學者若不以敬爲事，便無用心處。致一之謂敬，無適之謂一。

大抵人能住得，然後可以有爲。才智之士，非有學力，卻住不得。

字說所謂「大同于物者，離人焉」。又所謂「性覺真空者，離人焉」。曰：楊子言「和同天人之際，使之無間」，不知是同是不同。若以爲同，未嘗離人。若離人而之天，正所謂頑空通。總老言經中說十識，第八庵摩羅識，唐言白淨無垢；第九阿賴邪識，唐言善惡種子。白淨無垢，卽孟子之言性善是也。言性善，可謂探其本。言善惡混，乃是于善惡已萌處看。荊公蓋不知此。

若使死可以救世，則雖死不足卹，然豈有殺賢人君子之人。君子能使天下治，以死救天下，乃君子分上事，不足怪，然亦須死得是。孟子曰：「可以死，可以無死，死傷勇。」如必要以死任事爲能外死生，是乃以死生爲大事者也，未必能外死生。

道心之微，非精一，其孰能執之？惟道心之微而驗之于喜怒哀樂未發之際，則其義自見，非言論所及也。堯咨舜，舜命禹，三聖相授，惟中而已。孔子之言非畧也。以上梨洲原本。

六經不言無心。

古人寧道不行，不輕去就。

經綸本之誠意。

管仲之功，子路未必能之，然子路範我馳驅者也，管仲詭遇耳！

象殺舜，是萬章所傳之謬。據書但云象傲。

聰明憲天，任理而已。揣知情狀，失君之道，謂之不聰不明可也。

天下之習不能蔽，正叔一人而已，只自然不墮流俗。以上謝山補。

祖望謹案：慈溪黃氏曰：「龜山氣象和平，議論醇正，説經旨極切，論人物極嚴，可以垂訓萬世，使不問流于異端，豈不誠醇儒哉！乃不料其晚年竟溺于佛氏。如云：『總老言經中說十識，第八庵摩羅識，唐言白淨無垢；第九阿賴邪識，唐言善惡種子。白淨無垢，即孟子之言性善。』又云：『龐居士謂「神通并妙用，運水與搬柴」，此即堯、舜之道在行止疾徐間。』又云：『圓覺經言作止任滅是四病，作即所謂助長，止即所謂不耘苗，任、滅即是無事。』又云：『謂形色爲天性，亦猶所謂「色即是空」。』又云：『維摩經云「真心是道場」，儒佛至此，實無二理。』又云：『莊子逍遥遊所謂「無入不自得」，養生主所謂「行其所無事」。』如此數則，可駭可歎！」黃氏之言，真龜山之諍臣也，故附于此。

龜山文集

世之學者皆言窮達有命，特信之未篤，某竊謂其知之未至也。知之，斯信之矣。今告人曰：「水火不可蹈！」人必信之，以其知之也。告人曰：「富貴在天，不可求。」亦必曰然，而未有信而不求者，以其知之不若蹈水火之著明也。與楊仲遠。

夫至道之歸，固非筆舌能盡也。要以身體之，心驗之，雍容自盡，燕閒靜一之中默而識之，兼忘于書言意象之表，則庶乎其至矣。反是，皆口耳誦數之學也。寄翁好德。

爲是道者，必先乎明善，然後知所以爲善也。明善在致知，致知在格物。號物之數至于萬，則物蓋有不可勝窮者。反身而誠，則舉天下之物在我矣。詩曰：「天生烝民，有物有則。」凡形色具于吾身者，無非物也，而各有則焉。反而求之，則天下之理得矣。由是而通天下之志，類萬物之情，參天地之化，其則不遠矣！答李杭。

中庸曰：「喜怒哀樂之未發謂之中，發而皆中節謂之和。」學者當于喜怒哀樂未發之際，以心體之，則中之義自見。執而勿失，無人欲之私焉，發必中節矣。發而中節，中固未嘗忘也。孔子之慟，孟子之喜，因其可慟可喜而已，于孔、孟何有哉！其慟也，其喜也，中固自若也。鑑之照物，因物而異形，而鑑之明未嘗異也。莊生所謂「出怒不怒，則怒出于不怒；出爲無爲，則爲出于不爲」，亦此意也。若聖人而無喜怒哀樂，則天下之達道廢矣。一人橫行于天下，武王亦不必恥也。故于是四者，當論其中節不中節，不當論其有無也。夫聖人所謂「毋意」者，豈了然若木石然哉？毋私意而已，誠意固不可無也。若所謂示見者，則非誠意矣，聖人不爲也。故孟子論舜曰：「彼以愛兄之道來，則誠信而喜之，奚僞焉！」無誠意，是僞也。

致知必先于格物，物格而後知至，知至斯知止矣，此其序也。蓋格物所以致知，格物而至于物格，則知之者至矣。所謂止者，乃其至處也。自修身推而至于平天下，莫不有道焉，而皆以誠意爲主。苟無誠意，雖有其道，不能行。中庸論天下國家有九經，而卒曰「所以行之者一」，一者何？誠而已。蓋天下國家之大，未有不誠而能動者也。然而非格物致知，烏足以知其道哉！大學所論誠意、正心、修身、治天下國家之道，其原乃在乎物格，推之而已。若謂意誠便足以平天下，則先王之典章法物皆虛器也。故明道先生嘗謂「有關雎、麟趾之意，然後可以行周官之法度」，正謂此爾。以上答學者。

自致知至于慮而後得，進德之序也。譬之適四方者，未知所之，必問道所從出，所謂致知也。知其所之，則知止矣，語至則未也。知止而至之，在學者力行而已，非教者之所及也。答呂秀才。

夫精義入神，乃所以致用；利用安身，乃所以崇德。此合內外之道也。天下之物，理一而分殊。知其理一，所以爲仁；知其分殊，所以爲義。權其分之輕重，無銖分之差，則精矣。夫爲仁由己爾，何力不足之有！顏淵之「克己復禮」，仲弓之「出門如見大賓，使民如承大祭」，若此皆用力處也。但以身體之，當自知爾。

夫通天下一氣也，人受天地之中以生，其虛盈常與天地流通，寧非剛大乎？人惟自梏于形體，故不見其至大，不知集義所生，故不見其至剛。善養氣者，無加損焉，勿暴之而已，乃所謂「直」也。用意以養之，皆揠苗者也，曲孰甚焉！以上答胡康侯。

學始于致知，終于知至而止焉。致知在格物，物固不可勝窮也，反身而誠，則舉天下之物在我矣。詩曰：「天生烝民，有物有則。」凡形色之具于吾身，無非物也，而各有則焉。目之于色，耳之于聲，口鼻之于臭味，接于外而不得遁焉者，其必有以也。知其體物而不可遺，則天下之理得矣。天下之理得，則物與吾一也，無有能亂吾之知思，而意其有不誠乎？由是而通天下之志，類萬物之情，贊天地之化，其則不遠矣，則其知可不謂之至矣乎？知至矣，則宜有止也。譬之四方萬里之遠，苟無止焉，則將焉歸乎？故「見其進，未見其止」，孔子之所惜也。古之聖人，自誠意、正心至于平天下，其理一而已，所以合內外之道也。世儒之論，以高明處己，中庸處人，離內外，判心迹，其失是矣。故余竊謂大學者，其學者之門乎！不由其門，而欲望其堂奧，非余所知也。題蕭欲仁大學篇後。

附錄

虔州有疑獄，衆所不決者，先生皆立斷。虔守楚潛議法平允，而通判楊增多刻深，先生每從潛議，增以先生爲附太守，輕己。及潛去後，守議不持平，先生力與之争，方知其有守。

欽宗卽位，先生疏言：「河朔朝廷重地，三鎮又河朔要藩，今一旦棄之與敵，以十二州之地貫吾腹中，距京城無藩籬之固，戎馬疾驅，不數日而至，非經久之計也。四方勤王之師，逾月而後集，使之無功而去，厚賜之則無名，不與則生怨，復有急召之，宜有不應命者，不可不慮也。傳聞三鎮欲以死拒之，今若以兵躡其後，使腹背受敵，宜可爲也。朝廷欲專守和議，以契丹百年之好，猶不能保，況此狂敵乎？夫要盟神不信，宜審處之，無至噬臍。」

又言：「聞敵人驅兵磁、相，劫掠無算。誓書之墨未乾，而叛不旋踵。肅王初約及河而反，今挾之以往，此叛盟之大者。臣謂宜以肅王爲問，責其敗盟，必得肅王而後已。三鎮之民以死拒之于前，吾以重兵擁其後，必得所欲。若猶未從，則聲其罪而討之。師直爲壯。是舉也，直在我矣。」于是議者不一，終失此機會，太原諸郡皆告急矣。

太學生伏闕之事，執政懼其生亂，引高歡事揭榜于衢，且請以禮起李邦彥。先生言：「士民出于忠憤，非有作亂之心，無足深罪。邦彥首畫遁逃之策，捐金割地，質親王以主和議，罷李綱而約誓書。李鄴奉使失詞，惟敵言是聽。此二人者，國人所同棄。而敷告中外，乃推二人平賊、和議之功，非先王憲天自民之意。宜收還榜示，以慰人心。」皆從之。

伊川自涪歸，見學者彫落，多從佛學，獨先生與上蔡不變，因歎曰：「學者皆流于夷狄矣！惟有楊、謝長進。」

或勸先生解經，曰：「不敢易也。曾子曰：『吾日三省吾身：爲人謀而不忠乎？與朋友交而不信乎？傳不習乎？』夫傳而不習，以處己則不信，以待人則不忠，三者胥失也。昔有勸正叔先生出易傳示人者，正叔曰：『獨不望學之進乎？姑遲之，覺耄卽傳矣。』蓋已耄則學不復進故也。學不復進，若猶不可傳，是其言不足以垂後矣。」

劉元城道護録曰：龜山有除命，不知何人薦。曰：「聞是蔡攸，曰不知肯來否。」補。

胡文定曰：吾于謝、游、楊三公，義兼師友，實尊信之。若論其傳授，卻自有來歷。據龜山所見在中庸，自明道先生所授。吾所聞在春秋，自伊川先生所發。

又與先生書曰：大諫初承詔命，衆論猶疑。安國獨以爲以明道先生之心爲心者，裂裳裹足，不俟屨而在途也。

又與宰相書曰：楊公時造養深遠，燭理甚明，混迹同塵，知之者鮮。知之者，知其文學而已。不知者，以爲蔡氏所引。此公無求于人，蔡氏焉能浼之！文定自註。行年八十，志氣未衰。精力少年，殆不能及。上方嚮意儒學，日新聖德，延禮此老，置之經席，朝夕咨訪，裨補必多。至如裁決危疑，經理庶務，若燭照數計而龜卜，又可助相府之忠謀也。

又答胡應仲書曰：楊先生世事殊不屑意，雖袒裼裸裎，不以爲浼。

文定作先生墓志，載先生奏安石爲邪説之事。五峯問文定：「此章直似迂闊，何以載之？」文定曰：「此是取王氏心肝底劊子手段，何可不書？書之則王氏心肝懸在肉案上，人人見得，而詖淫邪遁之辭皆破矣。」

呂紫微童蒙訓曰：崇寧初，本中始問楊中立先生于關止叔治，止叔稱先生學有自得，有力量，常言：人所以畏死者，以世皆畏死，習以成風耳。如皆不畏，則亦不畏也。凡此皆講學未明，知之未至而然。」補。

朱子曰：龜山過黃亭詹季魯家，季魯問易，龜山取一張紙，畫箇圈子，用墨塗其半，云：「這便是易。」此說極好！只是一陰一陽，做出許般樣。

問：「龜山何意出來？」朱子曰：「當此之時，苟有大力量，真能轉移天下之事，來得也不枉。既不能然，又只隨衆鶻突。」

朱子又曰：龜山之出，人多議之，惟文定之言曰：「當時若能聽用，須救得一半。」語最當。文定云：「先生誌銘備載所論當時政事十餘條，當時宰執中若能聽用，委直院輩畫一條具，因南郊赦文行下，必須救得一半，不至如後來大段狼狽也。」蓋龜山當此時雖負重名，亦無殺活手段。若謂其懷蔡氏汲引之恩，力庇其子，至有「愼勿攻居安」之語，則誣矣。幸而此言出于孫覿，人亦不信。

張南軒答胡廣仲書曰：龜山宣和一出，在某之隘，終未能無少疑。恐自處太高。磨不磷，涅不緇，在聖人乃可言。高弟如閔子，蓋有汶上之言矣。至于以世俗利心觀之者，則不知龜山者也，何足辯哉！補。

宗羲案：朱子言：「龜山晚年之出，未免祿仕，苟且就之。然來得已不是，及至，又無可爲者，只是說沒緊要底事。所以使世上一等人笑儒者，以爲不足用，正坐此耳。」此定論也。蓋龜山學問從莊、列入手，視世事多不經意，走熟「援而止之而止」一路。若使伊川，于此等去處，便毅然斬斷葛藤矣。故上蔡云：「伯淳最愛中立，正叔最愛定夫，二人氣象相似也。」龜山雖似明道，明道卻有殺活手段，決不至徒爾勞攘一番。爲伊川易，爲明道難，龜山固兩失之矣。雖然，後人何曾夢到龜山地位，又何容輕議也！

黃東發日鈔曰：橫渠思索高深，往往杜後學之所宜先，似不若龜山之平直，動可人意。然其精到之語，必前此聖賢之所未發，斥絕異端，一語不流。高明者多自立，渾厚者易遷變，此任道之有貴于剛大哉！補。

龜山講友

文定胡武夷先生安國別爲武夷學案。

忠肅陳了齋先生瓘

忠公鄒道鄉先生浩並爲陳鄒諸儒學案。

游先生復

游復，字執中，建陽人，定夫族父，與龜山爲忘年友。先生總角已知經學，既壯，學益富，行益修，鄉里旁郡多遣子弟從之遊。其學以中庸爲宗，以誠意爲主，以閑邪寡慾爲入德之途。參龜山文集。

附錄

龜山誌游執中曰：嘗以晝驗之妻子，以觀其行之篤與否也；夜考之夢寐，以卜其志之定與未也。補。

梓材謹案：此從謝山所節深寧困學紀聞移入。

提學鄭先生修

鄭修，字季常，不知何所人也。龜山語録中問答甚多。嘗爲太學正。補。

梓材謹案：北窗炙輠云：「龜山爲餘杭宰，鄭季常本路提學。季常特迂路見龜山，執禮甚恭。」然不言是弟子，當在師友之間。

附録

龜山與季常言：「學者當有所疑，乃能進德。然亦須著力深，方有疑。今之士讀書爲學，蓋自以爲無可疑者，故其學莫能相當。如孔子門人所疑，皆後世所謂不必疑者也。子貢問政，子曰『足食足兵，民信之矣』。子貢疑所去，答之以『去兵』。于食與信猶有疑焉，故能發孔子『民無信不立』之說。若今之人問政，使之足食與兵，何疑之有。樊遲問仁，子曰『愛人』，問知，子曰『知人』，是蓋甚明白，而遲猶未達，故孔子以『舉直錯諸枉，能使枉者直』教之。由是而行之，于知之道不其庶矣乎？然遲退而見子夏，猶申問『舉直錯諸枉』之義，于是又得舜舉皋陶、湯舉伊尹爲證，故仁知兼盡其說。子夏問『巧笑倩兮，美目盼兮』，直推至于曰『禮後乎』然後已。如使今之學者，方得其初問之答，便不復疑矣。蓋嘗謂古人以爲疑者，今人不知疑也，學何以進！」季常曰：「某平生爲學，亦嘗自謂無疑。今觀所言，方知古之學者善學。」

衛公李先生夔

李夔，字師和，邵武人。經書一覽成誦，文不停綴，舅黄履器之。與龜山友善。登元豐進士第，嘗爲華亭縣尉，有政聲，遷縣令。累官右文殿修撰，終龍圖閣待制。以子忠定恩贈太師、衛國公。參姓譜。

龜山家學胡、周三傳。

太學楊先生迪

楊迪，字遵道，文靖公長子。爲髫兒已能力學，指物卽賦，凜然如成人。既冠，益貫穿古今，孝友和易，中外無間言。平居無喜愠色，至急人乏困而樂其爲善，則矯然敢爲，必極其意而後已。與人辯論，綱振條析，發微詣極，冰解的破，聞者欽聳。退而察其私言，若不能出諸口，故無賢不肖愛敬之，蓋度不身踐不苟言也。里有辯訟不決者連年，先生一言而兩家爲之平，其誠信于人如此。遊太學，聲出等夷。一旦棄而不顧，抱經遊于伊川之門，以藐然少年周旋羣公之間，同門之士咸斂手以推先。伊川少然可，雅器許之。于易、春秋尤精詣。崇寧三年，以疾卒。參朱韋齋集。

判院楊先生安止

楊安止，文靖子，官判院。其罷信幕赴調，韓南澗送之詩曰：「白頭入幕府，始與夫子親。夫子龜山裔，麢麚見祥麟。」參南澗甲乙稿。

謝山跋宋史楊文靖傳後云：「楊文靖公之子安止，本傳言其力學通經，亦嘗師事程子，然于其出處大節則不書，不知其何意也。朱子言，胡和仲嘗勸秦丞相以『相公當國日久，中外小康，宜請老以順消息盈虛之理』，秦曰：『我尚未取中原。』和仲曰：『若取中原，必須用兵。相公是主和議者。』曰：『敵自衰亂，不待用兵可取也。』其後安止遂有劄子勸之去位，秦大率如對和仲者，于是不樂，安止遂坐此去國。不然，安止亦須爲從官。然則安止真不愧爲文靖子矣。初，汪聖錫在三山刊文靖集，安止令姑弗入奏議于其中，蓋以當時尚多嫌諱，亦文靖所定道鄉先生集中之例也。朱子謂文靖晚年出山一節，世多疑之，奏議尤不可不行于世。安止聞之，遽梓之于延平。蓋程門四先生：定夫後人曾爲秦丞相所挽，而其人不甚發揚，至使其從昆弟竊取定夫所解論語以獻于秦。上蔡三子，一死楚，一死閩，秖克念者，紹興中漢上奏官之，而遽卒。與叔則無聞焉。其有聲者，惟楊氏耳。安止官終判院，而水心謂文靖卒于紹興丙辰，七十年來無仕者，又不可解也。」梓材案：史傳所載文靖子力學通經，嘗師程子者，名迪，太學遵道也，卒于崇寧三年。安止與秦丞相同時，已在崇寧以後，蓋別一人，謝山似誤合爲一。胡文定撰龜山墓誌云：「子五人，迪早卒，迥、遹、適、造已仕。」未知誰爲安止也。

楊先生雲

楊雲、遵道子也。與朱韋齋善，學業志操能世其家。參朱韋齋集。

梓材謹案：艾軒學案有與龜山之孫楊次山書，未知卽先生否也。

龜山門人

著作王福清先生蘋別爲震澤學案。

文清呂東萊先生本中別爲紫微學案。

館職關先生治別見陳鄒諸儒學案。

御史陳默堂先生淵別爲默堂學案。

文質羅豫章先生從彥別爲豫章學案。

文忠張橫浦先生九成別爲橫浦學案。

主簿蕭先生顗

蕭顗，字子莊，浦城人。天資質樸，少孤，事母以孝聞。母喪，廬墓有靈芝之異。與李郁、陳彥同受業于龜山。嘗答范某書云：「士之所志，舍仁義何爲哉！惟仁必欲熟，義必欲精。熟，則造次顛沛有所不違；精，則利用安身而德崇矣。」晚以累舉得官，爲清流縣主簿。終歲而歸，徜徉閭里。朱韋齋先生嘗師事之。

文忠胡致堂先生寅別爲衡麓學案。

承務胡五峯先生宏別爲五峯學案。

簡肅劉白水先生勉之別爲劉胡諸儒學案。

待制潘默成先生良貴

潘良貴，字義榮，一字子賤，金華人。釋褐爲博士，遷祕書郎。時相蔡京方以爵祿鈎知名士，先生屹然特立，親故數爲京致願交意，先生正色謝客。累除左司諫，黄潛善、汪伯彥惡其侃直，改除工部郎。先生以不得其言求去。及遷左司，吕頤浩從容謂先生曰：「旦夕相引入兩省。」先生謂宰相不得示㊀私恩，即日乞補外，出知嚴州。起爲中書舍人，會户部侍郎向子諲入見，語言煩褻，先生立殿上厲聲叱退者再。閤門彈之，以集英殿修撰提舉江州太平觀。起知明州，期年，除徽猷閣待制、提舉亳州明道宫。既歸，不出者十年。坐與李莊簡通書，降三㊁官。卒，年五十七。先生嘗從龜山遊。爲博士時，王黼、張邦昌俱欲妻以女，拒之。晚家居，貧甚，秦檜諷令求郡，先生曰：「辭之于君父，求之于宰相，良貴不敢爲也。」其剛介類如此。著有雜著十五卷，朱子爲之序。參史傳。

㊀「示」原作「云」，於義難通。按宋史本傳云：「退語人曰：『宰相……何可握手密語，先示私恩。』」「云」當爲「示」之形譌，今據改。

㊁「三」原作「二」，據宋史本傳改。

梓林謹案：謝山原底標目，以先生與王先生居正、廖先生剛、高先生閌、喻先生樗爲潘王諸子學案。蓋龜山門下最盛，默堂、豫章、横浦而外，諸子將別爲學案，後又歸併龜山爾。

雲濠謹案：范許諸儒學案香溪傳引答潘默成書有云：「浙東永嘉九先生而後，默成一輩多屬楊、尹之徒。」攷香溪集作與潘左司書，左司卽先生，默成其自號也。又案浙江舊志云：「紹興間，龜山寓金華，潘默成從之遊。時王師愈方幼，穎悟，默成攜見龜山，出論語傳相示，師愈拜而受之。」

待制王竹西先生居正

王居正，字剛中。故蜀人，高祖始遷揚之江都，故學者稱爲竹西先生。十六歲而孤，嗜學。荆公新經義盛行，先生非之，不肯作新進士語，流落者十年。在太學見知于司業建安黄齊，已而齊同知貢舉事，始登宣和三年進士。丁内艱，廬墓行古喪禮。除服，累有補調，皆不就。高宗卽位，以薦再召，不起，避兵陽羨山谷間。同年范宗尹爲相，薦之，趣召甚急，始至行在，責宗尹曰：「時危至此，位宰相，不出所學救民塗炭中，尚誰待？予分死溝壑，勉出見公，一道此意耳。」宗尹謝罪。及入對，以爲「今日之事，畏難而不復有所爲，將以望天意之自回，强鹵之自斃，臣有所不忍聞」，因條仁宗聖訓十事。上悦，謂宗尹曰：「人才如王居正者，歲月間得一人，亦幸矣。」改太常博士，除尚書禮部員外郎，議宗祀明堂、隆祐太后升遐册禮。撫州守以甘露降上聞，先生請卻其圖。進太常少卿，疏上數千言，其論省費尤詳，謂：「宋興一百七十三年，百司庶府朝夕之所行，蓋多彌文之事。今海内鼎沸，陛下行宫行在一二日少駐蹕之頃，以數路、數十州土地之所出，欲盡爲向者一百七十三年之事，不忍暫有所廢革，以爲能奉行祖宗之故事，而但以減半之説爲隨事以省費，亦已拙矣。願詔大臣，計百事之費而論定之，其不在當爲之例者罷之，而不必計秋毫之費以示弱。」以右文殿修撰知婺州。舊貢羅萬匹，崇寧後至五萬匹，建炎中詔蠲其二萬八千匹，未幾主計者復徵之。先生三上章，不報；遣屬吏詣政事堂争之，又不得。乃竟置其檄不行，而手疏五不可争之，上感悟，如其請。御爐炭有獻胡桃文、鵓鴿色者，先生報轉運使書曰：「深山窮谷之民，安知所謂胡桃文、鵓鴿色者。且上方簡儉以移風俗，顧以浮侈敗之邪？」及還朝，爲上言之，上曰：「朕未嘗有此也。」已而以起居舍人權中書舍人。上欲遷宗室令廮爲太中大夫，先生言：「此侍從所轉官，令廮庶寮，不得遷，此祖宗法也。」大將張俊部卒至彭澤無狀，彭澤令郭彦恭械之，帝罷彦恭，以俊訴也。先生言彦恭無可罪，又斥俊乞免徭役之非。又以和州被兵，宜蠲其進奉大禮絹。除目有自中出者，先生謂近習請託，進擬不自朝廷，所繫非輕，因録皇祐詔書以進。上嘉納之。除兵部侍郎。北邊解嚴，力言防江之備不可撤。時上眷先生甚，其扈車駕親征也，甫次平江，羽檄狎至，大臣有爲進退計者，上曰：「王居正必不肯爲！」且將授以政，而異意者忌之，先生不自安，連章請郡，以徽猷閣直學士知饒州，改知台州㊀。陛辭，諭以將大用。御史謝祖信以危語劾之，下除待制。未幾，奉祠，屏居括蒼者三年，而上不忘也。其弟駕部居修入對，上問之曰：「汝兄安在？行大用矣。」嘗與御史論民牧，上舉先生守婺免貢羅、争貢炭二事，曰：「守臣若皆如此，朕更何憂！」又嘗稱先生制誥得詞臣體。起知温州。秦檜之參知政事也，與先生善，問論天下事，鋭甚。及爲相，所言皆不酬，先生疾之。嘗言于上曰：「檜嘗

㊀「台州」，四朝名臣言行録别集下卷八王居正條同。宋史本傳作「吉州」。

語臣，中國之人惟當著衣喫飯，共圖中興。又自謂使檜爲相，必有以聳動天下。願陛下以臣所聞問檜，使行其平昔之言。」檜怒甚。至是再當國，先生自知不爲所容，半年，以目疾請祠，歸陽羨，絶口不及時事，書祠官之考十二。檜忌之不置，猶奪其徽猷閣待制，先生晏如也。紹興二十一年，卒。檜死，有詔復官。先生自少攻新經，及見龜山楊文靖公于陽羨，出所著三經義辯示之曰：「吾舉其端，子成吾志。」先生益感厲，首尾十年，爲毛詩辯學二十卷，尚書辯學十三卷，周禮辯學五卷，三經辯學外集一卷。其在兵部時，因入對，上偶及安石新學爲士大夫心術之害，先生進曰：「臣側聞陛下深惡安石之學久矣，不識聖心灼見其弊安在？」上曰：「安石之學，雜以霸道，取商鞅富國强兵之説。今日之禍，人徒知蔡京、王黼之罪，而不知天下之亂生于安石。」先生對曰：「禍亂之源，誠如聖訓。然安石所學，得罪于萬世者，不止于此。」爲上陳安石訓釋經義無父無君者一二條。上作色曰：「是豈不害名教！孟子所謂邪説者，正謂是。」于是請以辯學進呈，先生卽序上語于書首。先生他所著書有春秋本義十二卷、竹西論語感發十卷、孟子疑難十四卷、竹西集十卷、西垣集五卷、兵民條例一卷。修。

尚書廖高峯先生剛

廖剛，字用中，順昌人。嘗從陳了翁遊，已受學龜山。崇寧五年進士。宣和中，爲監察御史。時蔡京當國，先生論奏無避。出知興化軍。紹興元年，召爲吏部員外郎。歷起居舍人、侍講、給事中、刑部侍郎、知漳州。秦檜當國，方主和議，召先生。先生咨于鄭邦達，邦達曰：「和亦是好事。」先生至闕，拜御史中丞，助成和議。改工部尚書，終與檜不合而去。十三年，卒。嘗與龜山說義利，先生曰：「義利卽是天理人欲。」龜山曰：「只怕賢錯認，以利爲義也。」朱子言：「剛非詭隨者，但見道理不曾分曉。龜山之言，正爲是也。」雲濠案：先生著有高峯文集十二卷。子四，遲、過、遂、蓮，皆秉麾節。邦人號爲「萬石廖氏」。

附錄

橫浦日新曰：善者，天理也；利者，人欲也。舜、跖之分，特在天理人欲之間而已。然天理明者，雖居勢利之中，而不爲人欲所亂。人欲亂者，雖居仁義之中，亦無一合于天理者。此又不可不辨。昔廖剛尚書問龜山先生以治心修身之術，先生以舜跖一章使剛求之。剛既退，謂先生門人曰：「此亦易曉耳。先生乃以此爲問，何也？」門人曰：「何不以子意之所解者爲先生言之。」剛卽入求見，先生曰：「子何來之數也？」曰：「適先生所問，剛已得之矣。」先生喜曰：「子何其敏也！盍爲我言之？」剛曰：「自朝至暮，孜孜爲美事者，舜之徒也。自朝及暮，孜孜爲不美事者，跖之徒也。」先生曰：「子其詳之，不可忽也。吾正恐子誤以利作善會耳。其愼思之！」剛惘然。利善之難辨如此。吾黨試以此求之，爲善者心平易，爲利者心險巇。

教授趙庇民先生敦臨

趙敦臨，字庇民，鄞縣人。少入太學，見楊龜山于京師，得其指授。紹興五年第進士，授蕭山簿。郡守、使者交薦之，改湖州教授。魏丞相杞、汪敷文大猷，皆其門人也。王尚書應麟嘗葺其遺文，爲之序曰：「斯文黃收純衣之製，太羹玄酒之味也。」參延祐四明志。

憲敏高息齋先生閌附蔣璯。

高閌，字抑崇，鄞縣人。紹興元年以上舍選賜進士第，爲祕書省正字。擢禮部員外郎，遷著作佐郎，以言者論罷。後召爲國子司業。帝幸太學，秦熺執經，先生講泰卦。胡五峯以書責之曰：「閣下爲師儒之首，不能建大論，明天人之理，乃阿諛柄臣，希合風旨，求舉太平之典。欺天罔人，平生志行掃地矣！」除禮部侍郎，出知筠州。卒，贈少師，謚憲敏。先生從龜山于太學，胡文定訪士于龜山，以先生爲首稱，由是知名。和靖將卒，先生執弟子禮求見，和靖辭以疾。及卒，門人王時敏、呂稽中等問師服于先生，以「從宜」答之。著有春秋集注。梓材案：集注十四卷，先生仲子得全知黃州始取遺稿刻之，而屬樓攻媿以序。是時有蔣處士璯字季莊者，隱居慈溪，力排王氏新經，獨窮遺經，不入城市。先生每積所疑如干條，則造訪之。季莊不輕與人相接，聞先生至，倒屣迎之，小廬促膝，竟夕不倦。先生告辭，則季莊送之數里而遥，論者交重之。修。

雲濠謹案：謝山爲長春書院記云：「楊文靖公在太學，吾鄉人從之者多，而高氏兄弟五人與焉。所造之大，憲敏其渠也。讀憲敏春秋集注，其發明聖人褒貶義例，遠過于胡文定公，至今說春秋者以爲大宗。其所集厚終禮，則朱子多采用之。是時秦氏當國，思陵臨太學，憲敏講易之泰，五峯疑焉。及秦梓守明州，求婚于憲敏不得，卒以見忤罷官，五峯始釋然。蓋大儒之砥礪名節，一步不苟，而憲敏之無愧良友，即其所以得統師門者也。吾鄉學派，導源慶曆諸公。至于伊洛世系，則必自憲敏始。」又案：憲敏兄弟五人，長進士安世，次憲敏，次進士闇，特進開，其一人名無考。

附錄

施氏北窗炙輠曰：高抑崇始封進劄子，以爲非和氣不足以治天下，上首肯之。抑崇乃問上曰：「陛下以爲如何是和氣？」上爲愕然，乃曰：「今疾厲不作，螟蝗不生，年穀豐熟，百姓安康，即和氣也。」抑崇曰：「此萬物和氣。陛下和氣安在？」上乃默然。

又曰：高抑崇說「修其天爵而人爵從之」，以爲修其天爵而人爵來從。其不來柰何？若不來，是天爵無驗。若欲其來，則與「修天爵以要人爵」何以異也？所謂從者，非此之從也。從者，任之而已矣。

提舉喻湍石先生樗

喻樗，字子才，號湍石，其先南昌人，後徙嚴陵。建炎末第進士。先生質直好議論，謁趙忠簡鼎曰：「公之事上，當使啓沃多而施行少。啓沃之際，當使誠意多而語言少。」忠簡奇之，引爲上客。後都督川陝、荆襄，辟爲屬，多所裨益，即薦授祕書省正字，兼史官校勘。以忤秦檜，出知懷寧縣，通判衡州，致仕。檜死復起，歷提舉浙東常平，以治績聞。玉山汪氏應辰，其壻也。門人知名者，有程迥、尤袤。

玉泉語錄補。

天下事只要消平，不要激作。

六經數十萬言，只有十字能盡，其義便足。要之，不出乎「君臣、父子、夫婦、長幼、朋友」而已。「仕而優則學，學而優則仕」，則者，即也。仕而優便是學，「有民人焉，有社稷焉，何必讀書然後爲學」，非仕而優則學乎？學而優便是仕，「孝乎惟孝，友于兄弟，施于有政，是亦爲政」，非學而優則仕乎？

春秋無褒貶。聖人只如一面鏡相似，是非善惡，各因其實。

附錄

陳唯室步里客談曰：喻子才道王侍郎剛中語云：「文字使人擊節歎賞，不如使人肅然起敬。」補。

簽樞徐師川先生俯

徐俯，字師川，分寧人。以父禧死國事，授通直郎，累官至司門郎。張邦昌僭位，遂致仕。時工部侍郎何昌言與其弟昌辰避邦昌，皆改名，師川故名婢昌奴，每令驅使客前。建炎初，召爲右諫議大夫。紹興二年，賜進士出身，兼侍讀。尋簽樞密院事。四年，兼權參知政事。與趙忠簡鼎議事不合，出知信州。十年，卒。先生之歸洪州也，欲不復來，龜山謂之曰：「公免得仕宦否？」先生曰：「不能。」龜山曰：「如此，則當復來供職。仕宦處處一般，逃此至彼，彼亦有不安處，是無地可以自容也。」先生曰：「來此恐復爲人所陷。」龜山曰：「顧吾所自爲者何如耳！苟自爲者皆合道理而無愧，然而不能免者，命也。不以道理爲可憑依，而徒懼其不免，則無義無命矣。」先生受教。

運判盧毋我先生魁

盧魁，雲濠案：儒林宗派，先生名奎，字公圭。邵武人。政和初進士，仕至江西運判。嘗作毋我論，爲衆所推，號盧毋我。其學多得于龜山。晚寓黔中。所著筆録十卷。

廖先生衙

廖衙，字仲辰，□□人，龜山之姪壻也。在龜山門下與羅豫章爲友。聚生徒于羅源南齋，議論得其壼奥。

知州林先生宋卿

林宋卿，雲濠案：一作宗卿。字朝彦，仙遊人。嘗從了翁、龜山學。崇寧中登第，後知恭州，奏罷貴州役，請蠲削下户軍需絹。秩滿，以治行薦，留再任。自受俸，非禄令所著者，一介不取，恭人祠之。南渡後，張忠獻浚建督，先生啣命起督府稟議，因條湖北兵籌五利，又有湖北事宜一集，督撫集議一集。及忠獻視師江上，辟宣府判官，不赴。補。

提刑黄先生鍰

黄鍰，字用和，浦城人。政和五年進士。龜山甚器重之。調西安丞。李忠定宣撫河東，辟爲屬。高宗拜監察御史。出提點江西刑獄，乞祠。

文簡宋雲海先生之才

宋之才，字廷佐，瑞安人。舉進士，教授京兆府。每言士負卓犖材，皆可入聖賢之域，患速售爾，故深務韜養。積十八年，不易初官。召試，除正字。丁母憂。服除，入爲校書郎，遷考功郎，言不可以講和忘進取。歷司業、權禮部侍郎，乞去，以敷文閣待制奉祠。所著有雲海敝帚集五卷。

宗羲案：林艾軒與楊次山書云：「龜山先生有一徒弟在永嘉，不知其存否。」今考之，當是宋之才也。是在當時已多不識，況至于後世乎。他如范濟美、李似祖、曹令德，名皆不可知矣。

雲濠謹案：瑞安縣志載先生起知衢州，卒，謚文簡。

機宜李西山先生郁

李郁，字光祖，邵武人，元祐黨人深之子，龜山之壻也。嘗謂之曰：「學者當知古人之學何所用心，學之將何以用。若曰孔門求仁，則何爲而謂之仁？若曰『仁，人心也』，則何者而謂之人心邪？」先生退求其說，累請而累不合，湛心者十有八年，然後渙然若有得也。故其語學者亦曰：「學者于經，讀之又讀，而于其無味之處益致思焉。至于羣疑並興，寢食不置，始當驟進耳！」紹興初，以遺逸召對便殿，除敕令所删定官。秦檜用事，先生自度不能俯仰祿仕，遂遁迹西山。久之，起家福建帥司機宜。旋移病告歸。一十二年，卒。著有易傳、參同契、論、孟遺稿及詩文集。朱子言：龜山之徒如蕭子莊、李西山、陳默堂，皆說禪。龜山沒，西山嘗有佛經疏追薦之。

李先生似祖

曹先生令德合傳。

李似祖、曹令德，皆龜山弟子。嘗問何以知仁，龜山曰：「孟子以惻隱之心爲仁之端。平居但以此體究，久久自見。」因問二子尋常如何説隱，似祖曰：「『如有隱憂』，『勤恤民隱』，皆疾痛之謂也。」曰：「孺子將入于井，而人見之者必有惻隱之心。疾痛非在己也，而爲之疾痛，何也？」似祖曰：「出于自然，不可已也。」曰：「安得自然如此。若體究此理，知其所從來，則仁之道不遠矣。」二子退，或從容問曰：「萬物與我爲一，其仁之體乎？」曰：「然。」

祖望謹案：李似祖當是光祖之弟。光祖兄弟皆從龜山遊。

梓材謹案：西山有兄名階，字進德，傳見范呂諸儒學案，豈亦龜山弟子邪？又案：龜山文集有樞密曹公墓誌銘，樞密名輔，字載德，沙縣人；其弟名輗，當卽曹先生令德之名也。

檢討范先生濟美

范濟美，佚其名，建陽人。成童時從師友肄業于郡庠，敝衣菲食，與貴遊子弟居，不少屈以苟合。由進士調除宿州教授，學者造門請業，皆虛往而實歸。用薦者改從事郎。始薛右丞自負學有師承，聞先生名，令諸子從遊。會右丞被旨編集王荊公遺文，辟先生爲檢討官。逾月，卒于京師，年六十一。參龜山文集。

陳先生彥

陳彥。

梓材謹案：先生與蕭子莊同事文靖，見上子莊傳，其事未詳。

知州胡先生珵別見元城學案。

州守鄒先生柄別見陳鄒諸儒學案。

舍人曾先生恬別見上蔡學案。

章復軒先生憲

章先生悊並見震澤學案。

隱君徐逸平先生存見下子莊門人。

史館柴先生禹聲

柴先生禹功合傳。

柴禹聲，字元振，江山人也。同徐逸平學于毗陵，見龜山。鄒給事可久爲作潛心室銘。高抑崇在太學，嘗薦之，曾充史館。其兄禹功，字懋績，晚歲亦登楊門。

教授江先生琦別見武夷學案。

縣令翁子靜先生谷

翁谷，字子靜，南劒人。政和三年進士，權知崇安縣，曰「惟仁得民」，未半年，百敝一新。有幹濟才，睦寇起，閩以鄰境戒嚴，先生團練鄉兵，守分水嶺岌寮、竹嶺二寨，屹然。時閩部三循吏齊名，曰黄端、陳麟，而先生爲之首。大吏怙勢自恣，反以城守事齮齕之，先生抗辭不屈，逮繫圜扉，遠謫，道卒。龜山哭之慟，謂其「少而力學，惟善是爲，積厚而施薄」。默堂亦哭之曰：「天下共冤渠不恨，平生憂國自忘身。」先生爲龜山高弟，顧學録皆失其本末，畧見默堂文集。補。

縣令李先生德駿

李德駿，在龜山之門。以唐縣令死賊。補。

梓材謹案：謝山稿底于是條接云：「翁子靜亦龜山高弟而無從考其名。」時蓋未見默堂集也。

通判童先生大定見下庇民門人。

説書王先生師愈見下默成門人。

檢正王彦穎庭秀

王庭秀，字彥穎㊀，慈溪人。政和二年進士，歷御史臺檢法官。高宗立，臺臣言僞楚時庶官中如虞謨、王庭秀者，初非疾病，毅然而歸，願褒擢之，拜遷侍御史。與鄭瑴力爭明受降封事㊁，出知瑞州。以右正言呂祉疏諫，召爲吏部郎。改左司，遷檢正中書門下省諸房公事。與黃潛善不合，引疾奉祠歸。彥穎從學龜山，其爲學旁搜遠紹，不苟趨時好，造詣深遠，操持堅正，發爲文辭，俊邁弘遠，焜如也。有女嫁任賢臣廉淑，賢臣攝武昌，有奉饋，告其夫曰：「異時貧甚，宜不聊生，亦且至今日矣。今日幸麤足，奈何以此自污？」說者以爲彥穎之教也。

謝山跋四明志王檢正傳曰：檢正爲黃涪翁詩弟子，諸志爲作傳，皆排比其善行。而困學紀聞撮其磨衲集論議之妄：「以鄭介夫爲妄言，陳少陽爲鼓變；是熙、豐之法度，非元祐之紛更；謂黨人子孫爲謬賞，謂蘇、黃文章爲末藝；甚者擬程子之學于墨、釋，而以易傳成于楊、謝之刪潤；詆趙、張二相尤力。」有是哉，其謬妄也！

默成講友

賢良范香溪先生浚 別爲范許諸儒學案。

㊀「彥穎」，宋史本傳作「穎彥」。　㊁「與鄭瑴力爭明受降封事」，宋史本傳（鄭瑴傳附）作「與鄭瑴力爭降封高宗事」。按宋史苗傅傳及鄭瑴傳載苗傅舉行兵變，逼高宗讓帝位，降封爲皇太弟、天下兵馬大元帥，並改元明受，即此事。

衛公家學

忠定李梁溪先生綱

李綱，字伯紀，待制夔之子。其祖自邵武居無錫。先生登政和二年進士，仕徽、欽、高三朝，積官至太常少卿。徽宗内禪，欽宗即位，除兵部侍郎。金兵渡河，以爲東京留守。累除資政殿大學士，領開封府事。先生被命勤王入援，未至而都城失守。高宗即位，拜尚書右僕射兼中書侍郎。罷爲觀文殿大學士，復落職居鄂州。移澧州、萬安軍，次瓊州，放還任便。紹興二年，除觀文殿學士、湖廣宣撫使兼知潭州。三年，復祠禄，居福州。九年，除知潭州、荆湖南路安撫大使，力辭。次年，卒，年五十八，贈少師。淳熙十六年，賜謚忠定。先生負天下之望，以一身用舍爲社稷生民安危，雖身或不用，用有不久，而其忠誠義氣，凜然動乎遠邇。每宋使至燕山，必問先生與趙鼎安否，其爲遠人所畏服如此。著有易傳内外篇、論語詳説、文章、歌詩、奏議諸集百餘卷。參史傳。

梓材謹案：龜山爲先生父執。龜山年譜紹興五年龜山八十三歲，四月二十三日與先生論性善之旨。翼日，龜山卒。是先生嘗聞道于龜山矣。

梁溪講友

右丞許崧老先生翰 別爲范許諸儒學案。

子莊門人胡、周四傳。

獻靖朱韋齋先生松別見豫章學案。

隱君徐逸平先生存

徐存，字誠叟，江山人。隱居教授，學者稱爲逸平先生，從學者至千餘人。所著有五經講義。林艾軒、朱子皆敬之。江山向無儒宿，其學統自正介先生周穎受之胡安定，而先生繼之。

梓材謹案：柴元振傳，言其同先生見龜山，衢州府志亦言先生從龜山學。然攷袁蒙齋爲先生集序云：「逸平自言其學得于蕭先生，蕭先生得于龜山楊先生。」蓋出于伊洛之學者也。樓攻媿爲江元適墓誌云：「聞南塘徐誠叟之名，其學本于伊川。」據此，則先生殆由蕭氏從龜山，因以得伊川之傳者也。

默成家學

顯謨潘先生時別見元城學案。

通判潘𥪡齋先生好謙

潘好謙，字伯益，松陽人。于默成爲同宗，默成爲作𥪡齋記，而受教焉。性嗜文史，恂恂而馴飭。歷官自麗水尉至通判紹興府，以卒。參宋文憲集。

默成門人

說書王先生師愈

王師愈，字與正，金華人。紹興間登第，官至崇政殿說書。補。

梓材謹案：朱子爲先生神道碑云：「潘舍人義榮奇之，召致門下，教視均子與見龜山楊公，受易、論語之說。公又自從東萊呂舍人居仁問知中朝諸老言行之懿。二公皆器許之。」是先生本以潘氏門人受教龜山，而又及紫微之門也。

雲濠謹案：萬曆金華府志載先生乾道中除金部郎官，召見言事，御札俾奏，嘗稱其有諫官才。䝉知饒州，後除浙江提點刑獄，丐祠，卒。其爲政仁恕，而綱目整齊。朱子爲作墓誌，稱其「有本有文，德望隱然爲東州之重」云。

庇民門人

文節魏碧溪先生杞

魏杞，字南夫，壽春人，趙庇民高弟也。紹興一年進士，以薦擢太府寺主簿，累遷參知政事、右僕射兼樞密使。先生嘗爲金通問使，正敵國禮，損歲幣，以不辱命，由庶官一歲至相位。帝方鋭意恢復，先生左右其論。會郊祀冬雷，用漢制災異策免，出知平江府。後以端明殿學士奉祠，告老，復資政殿大學士。卒，謚文節。參史傳。

謝山碧溪魏文節公祠堂碑銘曰：文節本家焦山，以受經于趙公庇民來鄞，定居溪上。既退休，東閣之客最多，若張武子、王季彝之詩，葛天民之怪，柴張甫之俠，無所不集。溪上風流，于斯爲盛。文節于孝皇時最稱重臣，其使金不屈，卒正國書，用敵國禮，功尤大。秉鈞西府，惜乎未見其用。及投閒溪上，絶口不道時事，飄然人外，宏奬風流，不特吾鄉十八宰執之傑也。

莊靖汪適齋先生大猷

汪大猷，字仲嘉，號適齋，鄞縣人，贈少師思温子也。登紹興進士第，累官至敷文閣待制，謚莊靖。先生生而岐嶷，四歲誦孝經，能對客問。學中所講論語、孟子，輒述口義以示同舍，一日千里，儕輩皆畏之。登第後，嘗習宏辭科，應用之文足以行意，出爲州縣，守將多委以箋奏。南宮名表一出，士林誦之。孝宗朝爲給事，咨訪時政，陳奏無隱。經筵講義，進故事，論治道之要，務爲實用。先生父少師深仁厚義稱于世，嘗曰：「事事上行方便，物物上有利益，此吾志也。」先生實能推廣之。居鄉，學校寖圮，勸率巨室，且爲之文，謂「崇釋、老之居以邀福澤，不如新夫子之宫以助風化」。凡里中義事，多自先生倡舉。晚以白太傅自況，真率之約，未嘗以爵齒上人。樓攻媿謂其「内行修飭，名節純全，放于古之完人，先生庶幾無憾焉」。有適齋存稿二十册，手鈔書曰適齋備忘十七册，取唐、宋名公詩集編爲詩韻四十册，又有漫録、訓鑒等書。參攻媿集。

附録

汪玉山與敷文兄書曰：諸子失學非細事，此正是著力時。若半路上落下，他日悔之無及。浮居家比之如抱雛子，須暖不斷。補。

梓材謹案：此條從玉山學案移入。敷文卽適齋先生。三江汪氏皆一家，故稱敷文兄，而以家學相勉云。又謝山所録玉山文集又有與汪叔嘉一條，叔嘉疑卽仲嘉之異。

通判童持之先生大定

童大定，字持之，奉化人。事鄉先生趙庇民，總角入鄉校。會舍法罷，遊京師，中左學選，所交皆一時名士。高侍郎抑崇以其天資粹美，盡以所聞相授。復從楊龜山先生遊，就正所學。靖康之亂，歸，徧取古今書讀之，造詣益邃。紹興癸亥，再入太學，尋以母憂去。起復，獨不謁時相。登進士第，調漢陽尉，親履畎畝，正其經界，收漁户税，不私一錢。調永嘉丞，轉江東漕屬，所至有善政。改宜教郎，授徽州教授。轉奉議郎、通判靖江軍事，解秩歸。參四明舊志。

持之講友

通直舒德觀先生攽

舒攽，字德觀，奉化人，廣平先生璘之父也。最與童持之講學相睦。陸文達復齋謂其「温恭足以警傲惰之習，粹和足以消鄙吝之心」，蓋亦學有原本者。持之故龜山弟子也，遂爲廣平婦翁。補。

息齋門人

通判童持之先生大定見上庇民門人。

高國任先生材別見和靖學案。

文定汪玉山先生應辰別爲玉山學案。

朝奉程沙隨先生迥

程迥，字可久，號沙隨，由寧陵徙居餘姚。登隆興元年進士第，知上饒縣。已而奉祠。嘗受經學于嚴陵喻氏，著古易章句十卷，易傳外編、古易考、古占法各一卷，又有春秋傳顯微例目、論語傳㈠、孟子章句、文史評、經史說、諸論辯、太玄補贊、户口田制貢賦書、乾道振濟録等書。卒官朝奉郎。朱子稱其「博聞至行，追配古人；釋經訂史，開悟後學；當世之務，又所通該」。其高第曰高元之。

湍石門人

文簡尤遂初先生袤

尤袤，字延之，無錫人。入太學，以詞賦冠多士，尋冠南宫。紹興間登進士第，官至禮部尚書。卒㈡，年七十，贈金紫光禄大夫，謚文簡。先生少從喻湍石遊。乾、淳間，程氏學稍振，忌之者目爲「道學」，將攻之。先生時在掖垣，首言：「夫道學者，堯、舜所以帝，禹、湯、武所以王，周公、孔、孟所以設教。近立此名，詆訾士君子，故臨財不苟得，所謂廉介，安貧守分，所謂恬退，擇言顧行，所謂踐履，行己有恥，

㈠「傳」字，據宋史本傳補。　㈡「卒」字，據宋史本傳補。

所謂名節，皆目之爲道學。此名一立，賢人君子欲自見于世，一舉足且入其中，俱無得免。此豈盛世所宜有！」孝宗曰：「道學豈不美之名，正恐假託爲姦，使真僞相亂爾。」付出戒敕之。先生卒數年，韓侂胄擅國，于是禁錮道學，賢士大夫皆受其禍，識者以先生爲知言。嘗取孫綽遂初賦以自號，光宗書扁賜之。有遂初小稿六十卷、內外制三十卷。雲濠案：先生著作甚夥，久佚無存。今惟遂初書目及梁溪稿一卷行世。

梓材謹案：宋史先生本傳云：「少從喻樗、汪應辰遊。」則先生又及玉山之門。

尤延之語

仕而報怨，私也；仕而報恩，亦私也。補。

附錄

孝宗將內禪，先令皇太子議事。遂初以常少兼諭德，上書太子曰：「大權所在，天下之事所趨，甚可懼也。願殿下事合大小，一啓上旨而後行；情無厚薄，一付衆議而後定。且利害之端，常伏于思慮之所不到；疑間之萌，每開于隄防之所不及。儲副之位，止于侍膳問安，不交外事。撫軍監國，自漢至今多出權宜，事權不一，動有觸礙，乞俟祔廟之後，便行懇辭，以章令德。」太子答曰：「可謂見愛之深。」補。

師川門人

隱君曾艇齋先生季貍別見紫微學案。

西山家學

隱君李澹軒先生呂

李呂，字濱老，一字東萊，西山先生郁之再從子也。學于西山。年四十，卽棄科舉讀易，六十四卦皆爲義説。百家無所不覲，而尤留意通鑑，手鈔至數四，于其中興衰得失，論著又數百篇。聚族千指，昕夕擊鼓集衆，致禮享堂，前後聚揖，自少至老，不以寒暑廢。或勸少休，先生曰：「身率猶怠，況自怠邪？」爲會宗法，歲時設遠祖位，合族薦獻，聚拜飲福，秩然可觀。學務躬行，深惡口耳之習。教人循循善誘。故不喜言貨財，苟可用物利人，則勇爲之，如立社倉養下户不舉之子，創屋療旅病。朱子嘗爲之記，歎其負經事綜物之才而不遇也。所著有澹軒集十五卷。子閎祖，見滄洲諸儒學案㊀。修。

附錄

先生晚與朱子契，其學甚著，有周易義説。每言：「易在識時，權之以義。苟非真知義之所在而喜言變，則反害易矣。」

龜山續傳

宣教黃先生穮別見紫微學案。

㊀「滄洲諸儒學案」原作「朱子弟子學案」。考李閎祖事迹載本書滄洲諸儒學案，今據改。按滄洲諸儒學案所載皆朱熹弟子，或是原名朱子弟子學案，後改今名，而此處漏改。

逸平門人胡、周五傳。

州守鄭先生升之

鄭升之，字公明，江山人也。師事逸平。以進士除學官，嘗言學術之害，莫甚于老、莊，乞勿命題。召試館職，累官吏部郎、守賀州。所著有鄭賀州集。

通判江玉汝先生介

江介，字邦直，德興人。少讀程子書，至水清性善之説，喟然太息，視平日所學不過爲利禄爾，亟走謁徐逸平于常山而師之。官進賢令，以旱賑卹有勞，旁縣吏多受賞，先生曰：「子饑而母乳之，何賞爲！」會詔蠲民田半租，先生以爲輸租之弊，雖合勺必取盈。若但蠲其半，僅有利于大户。彼輸一升者，名減五合，而仍一升也。不若取貧民三升以下者悉蠲之。部使者程大昌以聞，從之。大昌喜曰：「君雖官止百里，而惠加一路。」隆興帥守龔茂良尤重之。改興國令，陳其邑五事，時不能用。轉四川總領司主管文字。東川大饑，總領主餉，不豫民事，先生請以庫之羡錢賑之，遂昌守李燾亦亟稱之。通判恭州，卒。所著有玉汝堂集。先生誠慤敦重，有得于龜山之傳。其于逸平諱日，爲不御酒食者終身。兩宰縣，可比古之循吏。門人以程端蒙爲最。

漕使柴退翁先生瑾

柴瑾，字懷叔，江山人也。師事逸平。以進士倅番陽，歲飢，便宜以常平米發賑，太守難之，答曰：「設有咎，下官當自受之。」入爲殿中侍御史，福建漕使。有退翁集。

鄭先生雍

陸先生律合傳。

隱君江先生泳合傳。

柴先生衛合傳。

鄭雍㊀字德和，陸律字子通，西安人也。江泳字元適，柴衛字元忠，江山人也。皆師逸平。補。

雲濠謹案：樓攻媿誌江元適墓云：「世居衢之開化。元適蓋在南塘之門，得其傳而不仕者。」南塘，謂逸平也。

周先生賁

周先生孚合傳。

周賁，字彥約，與其弟孚字彥信亦事逸平。補。

梓材謹案：萬氏儒林宗派載二周先生皆江山人。

㊀按宋史卷三四二有鄭雍傳，與此非一人。

矯齋家學

潘先生景夔

潘先生景尹並見麗澤諸儒學案。

說書家學

朝奉王定庵先生瀚

縣令王先生洽並見麗澤諸儒學案。

碧溪門人

文懿陳菊坡先生居仁

陳居仁，字安行，興化軍人。父特進膏娶鄞汪氏女，因家焉，建炎三年生先生于奉化。少長，穎悟，十歲能屬文。登紹興二十一年進士，由管庫兼檢討官。丞相壽春魏公使金，先生嘗學事之，辟先生爲書狀官。時和戰未決，先生以身許魏公。魏公察無懼色，嗜曰：「仁者之勇也！」卒成禮而還。爲御史，奏言李燾、莫濟宜召用，又上選武臣、恤士卒、寬逋負、省叢脞諸疏。凡有所聞，抗言無避。先生五綰郡組，仕至華文閣直學士，提舉太平興國宮。事君臨民，自信無媿。慶元三年，卒于家，謚文懿。先生學問深醇，文辭温潤，周益公尤愛重之，嘗薦于孝宗曰：「臣交遊多矣，耐歲寒者惟陳居仁一人。」歷仕中外，惜官物如己物，治公事如私事。公退，則便坐蕭然，凝塵滿室，澹如也，遂以「澹」名室。喜讀故書，尤熟于班、左，摘其精要爲一編，名曰擷芳。有奏議、制稿二十卷，詩文、雜著十卷。學者稱菊坡先生。參樓攻媿集。

管庫張雪窗先生良臣

張良臣，字武子，一字漢卿，襄邑人，家于四明。篤學好古，擢隆興進士第。從魏文節、史忠定遊，二公薦士如林，先生獨芒屩藤杖，日與高逸往來其間，不復以名宦爲念。淳熙末，始管庫行都，朝士稍稍知而愛之，而病不可爲矣。著有雪窗集。先生試南省，文節爲參詳官，擕三策以見知舉張燾曰：「此文拙古，必故人張武子所作。使欲得士，願以進。」燾許之。撤試，果先生也。文節晚居小溪山中，日從酬唱。參延祐四明志。

持之門人

文靖舒廣平先生璘別爲廣平定川學案。

舒氏家學

文靖舒廣平先生璘別爲廣平定川學案。

沙隨門人

高萬竹先生元之

高元之，字端叔，武烈王瓊之七世孫也。建炎間衣冠南渡，父寓籍明州，因家焉。家貧無書，得易一編，口誦不輟，數日忘盥櫛。後受易、春秋學于沙隨程氏。時傅伯成爲郡教授，少許可，折節與之交，由是鄉學者數百人師事之。作變離騷九篇。五上禮部，卒不第，而門人俱顯仕。將死，屬書樓攻媿，以歐陽子南省白襴求誌文。貧不能葬，門人會葬，立祠，歲時祀之，號萬竹先生。先生事親孝，貧能輕財，復喜言兵。凡陰陽、方技、九流之説，悉能究其指歸。參延祐四明志。

祖望謹案：萬竹先生遇老校退卒，與之談中原及兵家事，抵掌慷慨，有封狼居胥之志，故論兵法尤精。

謝山高氏春秋義宗序曰：端叔受學于沙隨程氏，學日以博，故其于周易于毛詩于論語皆有撰著。而摭拾之富，至三百餘家者，春秋也，爲書百五十卷。先是，高憲敏公息齋曾有春秋集注，而端叔繼之，故吾鄉稱爲「春秋二高」，不以名位甲乙也。

御史宋先生元之

宋先生元龜合傳。

宋元之，字伯允，餘姚人也。與弟元龜同受易于沙隨。舉進士。光宗受禪，求直言，先生極言官爵冗濫、士風不競、宰相倚阿、佛老蠹民、武事廢弛，皆切中時弊。召赴行在賜對，請得劇邑自效，知弋陽。輔臣薦其可任臺諫，乃自廬州判擢御史。抗章言蘇師旦不法，以中旨罷。補。

曹无妄先生建別見滄洲諸儒學案。

澹軒家學

帥幹李綱齋先生閎祖

李先生相祖

縣尉李先生壯祖並見滄洲諸儒學案。

玉汝門人胡、周六傳。

太學程蒙齋先生端蒙別見滄洲諸儒學案。

菊坡家學

清敏陳先生卓

陳卓，字立道，文懿公菊坡第五子。壯歲登進士第，宦意泊如也。其守寧國，以中書舍人補外，道由臨安，丞相史彌遠欲見之，先生謝不往。爲翰苑官，草詔告中外，讀者咸感動。端平二年，簽書樞密院事，未幾丐祠還里。平生不營産業，以贊書所酬金築世綸堂，退居十六年。卒，年八十六，謚清敏。樓攻媿稱菊坡精力德量舉不可及，立道則于再世見之矣。參延祐四明志。

參議陳西麓先生允平

陳允平，字君衡，文懿之孫，清敏之弟之子也。德祐時授沿海制置司參議官。祥興元年，先生與蘇劉義書，期九月以兵船下慶元，當内應。爲怨家所訐，且言禮部尚書高衡孫等三十餘人皆聯署。時張宏範督師南下，遣招討使王世强圍捕。同官袁洪解之，得釋。後以人才徵至北都，不受官，放還。善詩辭，與吴文英、翁元龍齊名。參袁清容集。

梓材謹案：謝山原底標題「陳西麓監丞，入慈湖」。然考其事畧，絶不言其師承，不如附列陳氏家學爲得。

菊坡門人

直言張荃翁先生端義別見慈湖學案。

雪窗家學

張先生時

張時，一名鄘，字居卿，雪窗先生良臣子，謫于徽。補。

逯初續傳

尚書尤木石先生焴別見水心學案。

宋元學案卷二十六

鷹山學案

黄宗羲原本　黄百家纂輯　全祖望修定

鷹山學案表

游酢 附兄醇。明道、伊川門人。安定、濂溪再傳。
- 吕本中 別爲紫微學案。
- 曾開 —— 從孫集
- 陳侁 —— 子長方、子少方 並見震澤學案。
- 江琦 別見武夷學案。

胡安國 別爲武夷學案。

陳瓘 別爲陳鄒諸儒學案。

並鷹山講友。

鷹山學案序録

祖望謹案：鷹山游文肅公在程門鼎足謝、楊，而遺書獨不傳，其弟子亦不振。五峰有曰：「定夫爲程門罪人，何其晚謬一至斯與！」予從諸書稍搜得其粹言之一二。述廌山學案。梓材案：謝山序録刊本稱游肅公，而盧氏所藏稿底作文肅公。肅公或因下卷序録尹肅公而譌。

二程門人胡、周再傳。

文肅游廣平先生酢附兄醇。

游酢，字定夫，建州建陽人。與兄醇俱以文行知名于世，所交皆天下英豪。先生雖少，當時老師宿儒咸推先之。伊川以事至京師，一見，謂其資可進道。時明道知扶溝縣，兄弟方以倡明道學爲己任，設庠序，聚邑人子弟教之，召先生來職學事。先生欣然往從之，得其微言，因受業焉。元豐六年，第進士，調越州蕭山尉。侍臣薦爲太學録。除博士，乞外以便養，得知河清㊀。范忠宣純仁判河南，待以國士，有疑輒咨之。忠宣移潁昌，辟自隨，爲學教授。及入相，復以爲太學博士。忠宣罷，先生亦請外，簽判齊州。丁憂。服除，移泉州。徽宗立，擢監察御史。出知和州，歲餘，主祠。後知漢陽軍，再乞祠。後知舒州，再知濠州。罷歸，家寓歷陽。宣和五年，卒，年七十一。先生性穎悟，有治劇才。時修奉祠館，編氓困于征調，所至騷然。先生更數郡，處之裕如，民不勞而事集。所著有易説、詩二南義、中庸義、論語孟子雜解各一卷。雲濠案：楊龜山集有先生墓誌，稱所著易説等書外，復有廌山集十卷，攷之年譜亦合，久無完本。

㊀「河清」原作「河陽」，據宋史本傳校改，參該書校勘記。按下文云：「范忠宣純仁判河南，待以國士。」考宋史地理志一，河清屬河南府，河陽屬孟州，知作「河清」是。

世所行者，乃掇拾各書，合爲四卷。

廌山遺文

易之爲書，該括萬有，而一言以蔽之，則順性命而已。陰陽之有消長，剛柔之有進退，仁㊀義之有隆污，三極之道，皆原于易而會于理。其所遭者時也，其所託者義也，其所致者用也，知斯三者而天下之理得矣。斯理也，仰則著于天文，俯則形于地理，中則隱于人心。而民之迷日久，不能以自得也，冥行于利害之域，而莫知所尚。聖人有憂之，此易之所爲作也。伏羲象之而八卦成，文王重之而六爻具，周公繫之辭，仲尼訓其義。自伏羲至于仲尼，則易之書不遺餘旨矣。蓋將領天下于中正之塗，而要于時措之宜也。居則觀象而玩辭，動則觀變而玩占，以研心則慮精，以應物則事舉，天且助之，人且與之，而何内咎之有！故曰：「是興神物，以前民用。」又曰：「因貳以濟民行。」此四君子之用心也。孫莘老易傳序。

梓材謹案：謝山序録云「從諸書搜得其粹言之一二」，知是書原底必有廌山粹言，而今亡矣。姑録其遺文一條。

附録

筮仕之初，縣有疑獄，十餘年不決。公攝邑事，一問得其情而釋之，精練如素宦者，人服其明。雲濠案：此條爲楊文靖語。

伊川曰：游酢非昔日之游酢也，固是穎然資質温厚。又曰：游酢讀西銘，已能不逆于心。言語外立

㊀「仁」原作「二」，據游定夫集（清同治游智開刻本）卷六改。

得箇意思，便能道中庸矣。

又曰：游酢、楊時先知學禪，已知向裏没安泊處，故來此，卻恐不變也。

游子問謝子曰：「公于外物，一切放得下否？」謝子謂胡子曰：「可謂切問也！」胡子曰：「何以答之？」謝子曰：「實向他道就上面做工夫來。」胡子曰：「如何做工夫？」謝子曰：「凡事須有根。屋柱無根，拆便倒。樹木有根，雖翦枝條，相次又發。如人要富貴，要他做甚？必須有用處。尋討要用處病根，將來斬斷，便没事。」上蔡語録。

呂紫微曰：定夫後更學禪。大觀間某以書問之云：「儒道以爲順此父子君臣夫婦朋友兄弟，則可以至于聖人。佛道去此，則何以至于聖人？吾丈既從二程學，後又從諸禪遊，鄉二者之論必無滯閡，敢問所以不同何也？」游答云：「佛書所說，世儒亦未深攷。往年嘗見伊川云，吾之所攻者迹也。然迹安所從出哉？要之，此事須親至此地，方能辨其同異。不然，難以口舌爭也。」定夫言前輩往往不曾看佛書，故詆之如此之甚，而其所以破物者，自不以爲然也。

朱子記先生祠堂曰：先正忠肅公之與先生遊也，笑談論議，書疏詞章，皆所親見而聞之者，至今尚能誦之。其雍容俯仰之間，又能併得其深微之意，使聞者恍然，若將復見其人焉。

問定夫記程先生語中：「一物不該，非中也；一事不爲，非中也；一息不存，非中也。何哉？爲其偏而已矣。」朱子曰：「便是此說中字不著。中字之義不如此。他說偏字，卻是一偏。一偏便不周徧，卻不妨。如定夫記此語，不親切，不似程先生每常說話。緣他夾雜王氏學。當時王氏學盛行，薰炙得甚廣。」

廌山講友

文定胡武夷先生安國別爲武夷學案。

忠肅陳了齋先生瓘別爲陳鄒諸儒學案。

廌山門人胡、周三傳。

文清呂東萊先生本中別爲紫微學案。

侍郎曾先生開

曾開，字天游，吉甫之兄也。其先贛人，徙河南。崇寧進士，官至刑部侍郎。從學廣平，日讀論語，求諸言而不得，則反求諸心。每有會意，欣然忘食。先生天性孝友，厚于九族，信于朋友。立朝遇事，臨大節而不可奪。師友淵源，蓋有所自云。

録事陳先生侁

陳侁，字復之，長樂人也。進士。雲濠案：先生嘗爲洪州録事，卒于官。與陳了翁善。了翁謫嶺外，先生以書賀之，凡數千言，由此得罪。先生有志伊洛之學，乃從廣平游氏受業，得其治氣養心、行己接物之要。故雖以了翁故被譴，不改其節。晚年遣其二子與王信伯遊，所稱唯室先生者也。補。

教授江先生琦別見武夷學案。

曾氏家學胡、周四傳。

知軍曾先生集

曾集，字致虛，雲濠案：謝山學案劄記有云「曾正中字致虛」，又一條云「曾中節致虛」，並與此異，俟攷。吏部尚書楙之孫也。紹興間，累官知南康軍，勤理庶務，篤信仁賢。先生承其從祖天游、吉甫二先生之學，而于東萊爲中表，又從南軒。

梓材謹案：是傳從南軒學案移入，以其本承家學也。

陳氏家學

講官陳唯室先生長方

陳先生少方並見震澤學案。

宋元學案卷二十七

和靖學案 黄宗羲原本 黄百家纂輯 全祖望修定

和靖學案表

尹焞 材從子。伊川門人。安定、濂溪、涑水、百源再傳。

- 吕和問——李繒——子季札別見滄洲諸儒學案。
- 吕廣問
- 吕本中別爲紫微學案。
- 吕稽中
- 吕堅中
- 吕弸中
 - 子大器
 - 子大倫
 - 子大猷
 - 子大同並見紫微學案。
- 馮忠恕
- 祁寬

王時敏
劉芮別見元城學案。
徐度——林憲
陸景端——林光朝別爲艾軒學案。
虞仲琳
高材——子公亮別見槐堂諸儒學案。
高選
韓元吉——子淲別見清江學案。
　　　　——呂祖謙別爲東萊學案㊀。
郉純
程暐
蔡迨——子武子
蔡仍
徐正夫
黄循聖
沈晦

㊀「呂祖謙」及小注「别爲東萊學案」九字原無，據本卷正文補。

□伯充

羅靖

羅竦

並二呂講友。

滕愷

節夫學侶。

私淑高閌別見龜山學案。

蘇昞別見呂范諸儒學案。

張繹

馮理並見劉李諸儒學案。

王蘋別爲震澤學案。

並和靖講友。

和靖學案序録

祖望謹案：和靖尹肅公于洛學最爲晚出，而守其師説最醇。五峯以爲程氏後起之龍象，東發以爲不失其師傳者，良非過矣。述和靖學案。梓材案：是卷黄氏本有作和靖學案語畧，今移于和靖傳後。

伊川門人胡、邵再傳。

肅公尹和靖先生焞

尹焞，字彥明，一字德充。祖源字子漸，與弟洙並有名，世爲洛人。叔材亦以學行顯，遊于司馬溫公、邵康節之門。梓材案：此下原有「溫公入相，材以遺逸薦爲學官，康節所謂洛中三賢之一也」二十三字，以已爲材立傳于涑水學案，節之。先生既家世耆宿，少聞長者之教。年二十，爲舉子，因蘇季明以見伊川。紹聖元年，發策有「元祐邪黨」之問，先生曰：「噫，尚可以干祿乎哉！」不對而出，告伊川曰：「焞不復應進士舉矣！」伊川曰：「子有母在。」先生歸告其母陳，母曰：「吾知汝以善爲養，不知汝以祿養。」伊川聞之曰：「賢哉母也！」大觀元年，諫官范致虛攻其爲程頤羽翼。靖康元年，五十五歲，种師道薦其學行可備講說，召至京師，賜號和靖處士，放還。明年，金師陷洛，闔門被害。先生死復甦，轉徙長安山谷中。劉豫僭號，以禮聘先生，不至，夜渡渭水，流離至蜀。張公浚宣撫川、陝，館之。張公曰：「人有不爲也，而後可以有爲，此孟子至論。」先生曰：「不然，好善優于天下，乃爲至爾。」蓋規張公之自是也。紹興五年，侍講范公沖舉先生自代，高宗謂侍臣曰：「昔召程頤，自布衣除崇政殿說書。焞可依例，令宣撫司津遣赴行在所。」先生累辭不得，設祭于伊川，乃上道。其辭有曰：「有補于時，則未也，不辱其門，則有之。」至九江，諫官陳公輔有疏攻程學，先生止不進，上奏曰：「焞師程頤垂二十年，學之既專，自信甚篤。使焞濫列經筵，其所敷繹，不過聞于師者。舍其所學，是欺君父。」時張公入相，上章復薦，詔江州津遣入見，力辭。高宗曰：「知卿從學程頤，待卿講學，不敢有他也。」加祕書郎。八年，除祕書少監。每當赴講前一日，必沐浴更衣，置所講書于案上，朝服再拜，齋于燕室。學者問之，先生曰：「吾言得入，則天下蒙其利；不能，則反之。欲以所言感悟人主，安得不敬！」一日，高宗問先生曰：「紂亦是君，孟子何故謂之一夫？」先生曰：「此非孟子之言。武王誓師云：『獨夫紂，洪惟作威。』」高宗又曰：「君視臣如土芥，則臣亦便可視君如寇讎乎？」先生曰：「此亦非孟子之言，書云：『撫我則后，虐我則讎。』」高宗謂丞相趙鼎曰：「朕嘗以此問張九成，九成曰：『才不爲君，便是獨夫。』不如尹焞之明白也。」解論語以進，高宗又謂趙鼎曰：「尹焞日間所行，全是一部論語。」鼎曰：「陛下可謂知人矣！」高宗又問先生：「卿之粹厚，何以臻此？」先生曰：「臣但一生不敢作過。」高宗笑而然之。高宗好看黃山谷詩，先生曰：「此人詩有何好處？陛下看他何用！」未幾求去，高宗語參知政事劉大中曰：「焞學問淵源，足爲後學矜式。班列中得老成人，亦是朝廷氣象。」以直徽猷閣主管萬壽觀，仍侍經筵。除試大理少卿㊀，權禮部侍郎。秦檜獨相，力主和議，先生上疏言其不可，又遺書于檜，檜大怒。既除徽猷閣待制，先生言：「職在勸講，蔑有發明，當去一。貪戀寵榮，遂移素守，當去二。不量分守，言及國事，識見迂陋，當去三。以病乞去，更獲超遷，當去四。國典禮經，七十致仕，當去五。」疏上，提舉江州太平觀，尋遷一官致仕。十二年十一月五日，卒于會稽，年七十二。

㊀「大理少卿」，宋史本傳作「太常少卿」，疑當從。職官志四，太常寺卿「掌禮樂、郊廟、社稷、壇壝、陵寢之事，少卿爲之貳」。大理寺「掌斷天下奏獄」（職官志七），似非尹焞所宜任。

疾革，門人稱遺表，先生曰：「某一部孟子解，便是遺表。」伊川嘗言：「尹彥明他時必有用于世。」又曰：「我死而不失其正者，尹氏子也。」程門學者，龜山與先生最後死。先生窮居講論，不肯少自貶屈，拱手斂足，卽醉後未嘗別移一處。在平江累年，所用止有一扇，用畢置架上。凡百嚴整有常。一僧見之曰：「吾不知儒家所謂周、孔如何，恐亦只如此也！」先生在經筵，每自不安曰：「只講兩行書，如何做得致君澤民事業！」故急急求去。然則先生之用于世者，固未盡也。所著有論語、孟子解。雲濠案：陳直齋書錄解題稱先生著有孟子解而無論語解。其門人王時敏別編所著爲和靖集八卷。

百家謹案：和靖在程門，天資最魯，而用志最專。嘗自云：「某不逮張思叔。如凡請問未達，三四請益，尚未有得處，久之乃得。如思叔則先生纔說，便點頭會意，往往造妙。然某雖愚鈍，他日持守，思叔恐不及某。」伊川然之。朱子云：「和靖直是十分鈍底，被他只就一箇敬字做工夫，終做得成。」又云：「和靖不觀他書，只是持守得好。他語錄中說持守涵養處，分外親切。可知學不在多，只在功專志一。」林拙齋紀問紀：「尹和靖先生家居，終日竦然。家人問饑渴飲食，然後唯阿應之，不爾不言。」可想見其專功靜度矣。其後林拙齋之後有東萊，陸子正之後有艾軒，皆名世大儒也。

和靖說

學者切不可以富貴爲大事！富貴儻來之物，纔役心于此，則不可爲學矣。

「操則存，舍則亡，出入無時，莫知其鄉」，此孟子說心，非說性也。

某一日侍坐于伊川，請曰：「某看曾子三省，誠而已。」伊川曰：「不意賢看到此緊要處。」孟子說三樂處，極好玩味。一歸之天，二歸之己，三歸之人。王天下則果在外也。

鄉黨一篇，門人弟子寫出一箇聖人之德容，學者當潛心焉。

中庸自「仲尼祖述」而下，至「無聲無臭，至矣」，言孔子之大。鄉黨一篇，自始至終言孔子之小。子思曰：「天地之大也，人猶有所憾。故君子語大，天下莫能載焉；語小，天下莫能破焉。詩曰：『鳶飛戾天，魚躍于淵。』言其上下察也。」

梓材謹案：此與鄉黨云云，本作一條，今畫爲二條。

某昔在涪陵千佛寺居，扁坐處曰三畏齋。至此，復取舊額扁坐榻之前，聊以自警。後因看人編伊川師說，說「三畏」處曰：「畏天命，不負所畀付；畏大人，亦以自畏；畏聖人之言，以自進德也。」某不覺愧于中者累日。蓋平日以是名齋，自謂有深得。且如「畏聖人之言」，只是謂道之所在而已，又何嘗推得到此。乃知伊川凡語言必推用于己。自此，亦當少戒輕爲人解釋聖言也。畏大人時，且如端莊而坐，亦所以自畏也。

某昔在伊川席下，有學者來問：「六十四卦，以某觀之，皆不須得，只乾、坤足矣。」伊川曰：「要去誰分上使？」其人曰：「聖人分上使。」伊川曰：「聖人分上，一字也不須得。」

讀聖人之書，須是有所自得。且如論、孟，從少知是孔子、孟子之書，不敢說爾非真知也。要如不知有孔、孟而知爲孔、孟之說，乃所謂真知爾。

梓材謹案：原本和靖師說二十四條，今別標和靖文集者一條，移爲附録者五條，移爲祁氏師說者二條，移爲王氏師説者八條。

和靖文集

程先生遺書，雖以講說而傳，亦以誦解而陋。況其所論所趨，不無差誤，豈惟無益，害又甚焉。進論語序。

慈溪黄氏曰：程門之傳，惟先生最得其正，其餘率染異論。先生此語，蓋有爲而發。

宗羲案：和靖只就敬字上做工夫，故能有所成就。晦庵謂其只明得一半，蓋以伊川「涵養須用敬，進學在致知」，和靖用得敬一半，闕卻致知一半也。愚以謂知之未致，仍是敬之未盡處也。以識仁篇論之，防檢似用敬，窮索似致知，然曰「心苟不懈，何防之有」，則防檢者是敬之用，而不可恃防檢以爲敬也。曰「久自明，安用窮索」，則致知之功即在敬內，又可知也。今粗視敬爲防檢，未有轉身處，故不得不以窮理幫助之，工夫如何守約？若和靖地位，謂其未到充實則可，于師門血脈，固絕無走作也。

附錄

先生因蘇昞見伊川，自後半年，亦得大學、西銘看。

伊川教人，專以「敬以直內」爲本，先生獨能力行之。先生言：「伊川先生教，只是專令用『敬以直內。若用此理，則百事不敢輕爲，不敢妄爲，不愧屋漏矣。習之既久，自然有所得也。往年伊川先生日涪陵歸，焞日日見之。一日讀易，至『敬以直內』處，因問：『不習无不利時，則更無睹，當更無計較也邪？』伊川深以爲然，且曰：『不易見得如此。且更涵養，不要輕說。』」

明道嘗曰：「天下事，只是感與應爾！」先生初聞之，以問伊川，伊川曰：「此事甚大，當自識之。」先生曰：「綏之斯來，動之斯和，是亦感與應乎？」曰：「然。」

嘗請益于伊川先生曰：「某謂動静一理。」伊川曰：「試喻之。」適聞鐘聲，某曰：「譬如鐘未撞時，聲固在也。」伊川喜曰：「且更涵養！」

論動静之際，聞寺寺㊀叩鐘，和靖曰：「說著静，便多一箇静字。說動亦然。」伊川頷之。和靖每曰：「動静只是一理。陰陽、死生亦然。」

伊川與和靖論義命，和靖曰：「命爲中人以下說。若聖人，只有一箇義。」伊川曰：「何謂也？」和靖曰：「行一不義、殺一不辜而得天下，皆㊁不爲也，奚以命爲！」伊川大賞之。

温州鮑若雨與鄉人十輩從伊川，伊川遣之見和靖。次日，伊川曰：「諸人謂子靳學，不以教渠，果否？」先生曰：「某以諸公來先生之門受學，某豈敢輒爲他說。萬一有差，便是悮他一生。」伊川頷之。

初奔蜀，止于涪，涪爲伊川讀易之地，闢三畏齋以居，邦人不識其面。

先生嘗言：「學者，所以學爲人也。」又語人曰：「放教虛閒，自然能見道。」

㊀「寺寺」，龍本作「寺中」，二程集四三二頁作「寺僧」。 ㊁「皆」原作「者」，據二程集四三二頁改。

先生在從班時，朝士迎天竺觀音于郊外，先生與往。有問：「何以迎觀音也？」先生曰：「衆人皆迎，某安敢違衆。」又問曰：「然則拜乎？」曰：「固將拜也。」問者曰：「不得已而拜之與？抑誠拜也？」曰：「彼亦賢者也。見賢，斯誠敬而拜之矣。」

邢叔端一日歸，謂先生曰：「府中諸公謂先生官已四品，雖小衫，自當用紅鞓帶。」先生笑曰：「某已致仕，自是無官，何用此爲！皂帶不足，又要紅鞓；紅鞓不足，又要兼金。孟子曰：『人少則慕父母，知好色則慕少艾，有妻子則慕妻子，仕則慕君，不得于君則熱中。』心一而已，移來移去，至于熱中，則無不爲矣！」

李泰發曰：和靖之學，真所謂絜靜精微。補。

朱子曰：和靖日看光明經一部，有問之，曰：「母命不敢違。」如此便是平日缺卻「諭父母于道」一節，便致得如此。

黃東發曰：和靖雖亦以母命誦佛書，而絕口未嘗談禪，斯道之「碩果不食」者也。

祖望謹案：慈溪黃氏極尊先生，謂其能守師門之説而不變也。獨其論先生之辭官，則曰：「天生人才，分量各殊，如先生者，實德有餘。歷死生患難不變，惟兢兢然保其身于無過。使當承平，羽儀天朝，表厲風俗，可矣。南渡何時？忠臣勇將廢置不用，坐觀中原之傾覆。一時大臣，方且連年趣迫，强致先生，以文太平。建武投戈講藝之實，恐不其然。然是豈先生之所樂聞哉！故其第十五辭免狀有曰：『方今國步尚艱，中原未復，進退人才，當明緩急。宜先俊傑，以濟艱難。白首書生，何益事功！』嗚呼！此先生痛心之言，豈尋常辭免之云，讀之令人太息！」是黄氏頗以先生之短于經世爲惜也。予則謂不然。先生之才，未必肆應，然使高宗果用先生爲相，必不斥趙忠簡、張忠獻、李莊簡及韓、劉諸驍將而殺鄂王矣，則于恢復何難之有！朱子之論龜山，與黄氏之論先生大畧相同。夫欽宗何嘗能用龜山！若能用之，則龜山便能用李忠定、种忠憲，而于攘復何難之有！惟其用之不固，而但欲置之朝列，希太平之自致，是則可爲太息者也。

和靖講友

博士蘇先生昞別見呂范諸儒學案。

張思叔先生繹

馮東皐先生理並見劉李諸儒學案。

著作王福清先生蘋別爲震澤學案。

和靖門人胡、邵三傳。

呂節夫先生和問

呂和問，字節夫，文靖公夷簡從曾孫。弟廣問仁夫主婺源簿，奉先生以俱，又有維揚羅靖仲恭、竦叔恭亦來客焉，于是李仲參㊀父子得從之遊，而滕户曹愷南夫亦受學焉。參朱子文集。

知州呂仁夫先生廣問

呂廣問，字仁夫，和問之弟，南渡始家寧國之太平。先生自少雋拔能文，年二十郎貢太學。登宣和七年進士第，授宣州士曹掾。屢辟主管機宜文字。尋罷，屏居黄山之隅，怡然若無意于世者。以流寓恩監西京中嶽廟。選主德安，招輯流亡，建學舍以教其子弟。官至權禮部侍郎，除集賢殿修撰，知池州、徽州。先生少時家貧，兄弟奉親至孝，聚族數百指，無間言。賓客過之，疏食菜羹，講論道義，終日不厭。參南澗甲乙稿。

文清呂東萊先生本中別爲紫微學案。

計議呂先生稽中

呂稽中，字德元，本中兄弟行也。張公浚宣撫川、陝，辟爲計議官。尹和靖入蜀，先生是依，和靖謂之曰：「吾老矣！此事當屬之子。」學者來問，和靖以屬之先生，曰：「不殊于吾。」和靖卒，爲誌其墓。

縣令呂景實先生堅中

㊀「仲參」，下文李缯傳及滄洲諸儒學案李季札傳均作「參仲」。

呂堅中，字景實，本中兄弟行也。其官祁陽令，胡致堂爲作學宫記，稱其服勤和靖左右有年，今試之政事。先生與馮忠恕、祁寬同記和靖語。

駕部呂仁武先生弸中

呂弸中，梓材案：弸中原作朋中，誤。字仁武，東萊郡侯第三子。累官駕部員外郎。嘗從其兄遊于和靖之門。東萊之大父也。

知軍馮先生忠恕

馮忠恕，字貫道，汝陽人也。其父東皐處士理與和靖同學于洛，至必同處。靖康初，和靖被召赴闕，先生從之遊。紹興中，先生爲黔州節度判官，和靖寓涪，遂畢所學。後知梁山軍。

隱君祁先生寬

祁寬，字居之，均州人。雲濠案：均州一作均陽。南渡後寓廬山，隱居不仕。和靖作論語解，稱先生與王、呂諸公與有力焉。王樞密庶與之善。

祁氏師説

先生曰：「初見伊川時，教某看敬字。某請益，伊川曰：『主一則是敬。』當時雖領此語，然不若近時看得更親切。」寬問：「如何是主一，願先生善諭。」先生言：「敬有甚形影，只收斂身心便是主一。且如人到神祠中致敬時，其心收斂，更不著㊀得毫髮事，非主一而何？」又曰：「昔有趙承議從伊川學，其人性不甚利，伊川亦令看敬字。趙請益，伊川曰：『整衣冠、齊容貌而已。』」趙舉示先生，先生于趙言下有箇省覺處。

梓材謹案：此段前後統載伊川學案。百家案云：「此條爲祁居之所記，內稱『先生』，則尹和靖也。」今併歸于此。

先生嘗書數句說易曰：「易之道如日星，但患于理未精，失于機會，則暗于理者也。聖人復生，恐不易吾之言。」寬問之，先生曰：「吾看『易逆數也』，故有是說。正在未到泰之上六，便要知泰之將極；未到否之上九，便要知否之欲傾也。」

隱君王先生時敏

王時敏，字德修，上饒人。有師說三卷，記和靖之語。和靖卒，先生爲之立後。其教人云：「學者要識一媿字與恥字。」一日問難紛然，先生曰：「不必多問，但去行取。且如理會『惟精惟一，允執厥中』，只管說如此是『精』，如此是『一』，臨了『中』卻不見。」朱子嘗以書問和靖之學于先生。

王氏師說

㊀「不著」，二程集四三三頁作「著不」，疑當從。

先生每與時敏講書，必具衣冠，或深衣。講畢則曰：「盡誠及物者我也，誠之者其在子乎！」或引呂與叔中庸㊀後曰：「諸君有意，今日之講，猶有望焉。無意，則不肖自爲嘵嘵無益，不幾于侮聖言者乎？」

先生曰：「學者不可無師友。師道嚴，須是友。觀易兑卦，全説朋友。公且看樊遲問仁，孔子告以『愛人』，問知，告以『知人』。孔子竭始終言之，當時樊遲無所進，故又告以『舉直錯諸枉，能使枉者直』。遲復無所進。及退而見子夏，且以舜、湯之事言之，然後釋然不復問。朋友之得，可謂多矣！」因言：「某昔從伊川問不切，只是不答。若要切切偲偲，是朋友。」

時敏欲學讀孟子，問曰：「孟子不知誰解得好？」先生曰：「無出趙氏。公且看趙氏注。」因曰：「某被旨解孟子，孟子逐段自説分明，今更不復解，但與逐段作一説，提其要而已。」

時敏因侍坐，語及孟子，先生曰：「近來看得如何？」對曰：「數日看得『無爲其所不爲，無欲其所不欲』。」先生大聲曰：「如斯而已矣！」既而曰：「盡得此，便是聖人。」

先生謂時敏曰：「賢在此，飲食恐粗糲。」時敏起謝曰：「時敏田家子，本無食禄分。今來分先生禄食，大段僭越，豈問其粗糲。」先生大笑曰：「『士志于道，而恥惡衣惡食者，未足與議也』。今士大夫好事治飲食，所謂『養其小體爲小人』。」因目其左右云。

有新第人來見先生，退，先生爲時敏講論語第七篇。呂憲又送改官文字邢叔端，舉家甚喜。先生

㊀按呂與叔卽呂大臨，曾著中庸説，亦稱中庸解（參看本書震澤學案震澤記善録及呂范諸儒學案呂大臨傳附録）。此「中庸」疑卽指該書。

曰：「人心固不足。秀才望得解，得解望及第，綠衫望緋衫，緋衫望紫衫。何時是已！此所謂『小人長戚戚』。」因曰：「前輩各別。歐陽公及第後，棄其所業，與伯祖師魯習古文。近來如謝顯道、楊中立，皆因及第後來歸伊川。」時敏歸語呂丈，呂曰：「先生長者，說話有益。某祖父侍講在家，亦有新第人來見，是親戚，不欲言其名，久之曰：『某待將三經新義編成門類，以便學者。』侍講曰：『公更待應舉邪？』其人大慚。」

呂紫微書問釋氏「輪迴」之說，先生謂時敏曰：「居仁泥于生死輪迴，某已作書喻之，引潮以喻輪迴。賢他日見渠，作某拜意，問渠，今世既做了中書舍人，後世更要做宰相，輪迴之說，佛家之愛便宜也。」未幾呂再書至云：「既無輪迴，人何苦爲善而不爲惡？」先生笑曰：「只這裏便是私心！經曰：『天地之性，人爲貴。』人生天地中，其本甚善，幾曾教你爲惡，作賤他來！得之太虛，還之太虛，我在何處！」

先生愛潔淨，地有污穢，必去之，嘗說：「某只有這些克不去。」時敏問：「孔子告顏子克己復禮，若非禮之視聽言動，亦須如此克邪？」先生曰：「是也。」因言伊川亦如此，一領黃衲道服，至破亦潔淨，嘗曰：「衣不欲異，欲其潔　食不欲異，欲其精。」

雲濠謹案：諸條所謂「先生」，皆謂和靖。蓋德修與韓尚書元吉同師和靖。尚書子淲著澗泉日記，謂德修云：「先公友也，從呂居仁學。居仁薦之尹和靖。」江西通志云：「嘗從東萊呂氏遊。」謂大東萊爾。儒林宗派以爲小東萊門人，誤矣。

提刑劉順寧先生芮　別見元城學案。

侍郎徐惇立先生度

徐度，字惇立，睢陽人，太宰處仁子也。太宰在政府，晚譽不終，先生獨刻意爲學。嘗問和靖曰：「某有意于學，而未知所以爲問。」和靖曰：「果有此意，歸而求之，有餘師。」又嘗以蘇氏「戰栗」之説爲問，和靖怫然曰：「訓經而欲新奇，則亦何所不至矣。」先生官至吏部侍郎，寓居吳興之弁山，嘗與汪文定公諫上光堯尊號，長于典故之學。

雲濠謹案：先生嘗著卻掃編三卷，陸放翁劍南集有是書跋語。

梓材謹案：先生又有國記五十八卷，陳直齋曰：「其書詳明，頗得中，而不大行于世。鄞學有魏邸舊書，傳得之。」是吾鄞藏書之最先者。

監稅陸子正先生景端

陸景端，字子正，本海寧人，其後居吳。父韶之任察官，以風流文采爲時所宗。先生學于和靖，學問精深，造履清白。横浦極稱之，其任監稅時，嘗以書託之常中丞同曰：「謂稅場體例多貪饕，此郎乃能孤立其間。中丞試引之座末，問以利害，當知其所存矣。」先生官位所至，無可攷。晚年以和靖之學傳林艾軒，見于宋史艾軒傳，而失載其名。予讀施彥執北窗炙輠乃得之，因并得其説經之言二條，亟喜而傳之。補。

梓材謹案：謝山于艾軒學案序録言陸氏亦從信伯遊，是先生亦震澤門人。

附錄

施氏北窗炙輠曰：子正謂予曰：「孟子論浩然之氣，『至大至剛，以直養而無害』。伊川則以『至大至剛以直』爲句，其下止曰『養而無害』。介甫則以『至大至剛』爲句。以伊川爲句，止能形容浩然之氣，于直字毫無功用。以介甫爲句，直字方有力。」予深喜其說。又曰：子正論易曰：「『習坎，有孚惟心亨』，未得其說。偶一日間晝卧，乃聞隔壁兩脚夫當渡江，其一曰：『錢塘江甚險，汝託得此心否？』某乃撫席而起曰：『此「有孚惟心亨」說也。』舊說君子雖處險而其心常亨，其實不然。」甚與予合。

教授虞先生仲琳

高國任先生材合傳。

節推高德舉先生選合傳。

虞仲琳，餘姚人，爲永嘉教授。和靖云：「虞君鄉論甚美，于此道信之極篤，每相見，多言及此。」同邑高材字國任、高選字德舉，皆登和靖之門。

梓材謹案：孫燭湖集有云：「吾鄉有古君子，曰高國任，及登和靖尹公、思齋高公之門。」思齋當作息齋，傳寫之譌爾。

雲濠謹案：高先生選與弟邁皆紹興間登第。先生官武當軍節推。

尚書韓南澗先生元吉

韓元吉，字无咎，開封人，少師維之玄孫。學于和靖而友朱子，東萊其壻也。徙居上饒，前有澗水，自號南澗翁。累官守建州，大興學校。召爲吏部尚書、龍圖學士、潁川郡公。符離之役，南澗以長書上魏公，言不可輕舉，略云：「和固下策，然今日之和與前日之和異。至于決戰，夫豈易言。今舊兵憊而未蘇，新兵弱而未練，所恃者一二大將，其權謀智略，素不外見，有前敗于尉橋矣，有近衄于順昌矣，況渡淮而北，千里而攻人哉！非韓信、樂毅不可也。若是則守且有餘，然彼復來攻，何得不戰？戰而勝也，江、淮可守；戰而不勝，其誰守之？故愚願朝廷以和爲擬議之策，以守爲自强之計，以戰爲後日之圖。自亮賊之没，彼嘗先遣使于我，今又一再遺我書矣。其信其詐，固未可知，而在我亦當以信與詐之間待之。」魏公不聽。所著有南澗集。其輯河南師說，以和靖居卷首。雲濠案：先生著南澗甲乙稿二十二卷。子淲，別見清江學案。補。

梓材謹案：先生子澗泉日記云：「張子韶在道山時，先公得遊其門。」是先生嘗從橫浦遊矣。

安撫邢先生純

邢純，字叔端，和靖壻也。爲浙東安撫官時，和靖依之，因卒于會稽。

縣令程先生暐

程暐，梓材案：先生乃伊川之孫。和靖壻也。爲桐廬令，和靖嘗依之。

縣令蔡先生迨附子武子。

蔡迨，字肩吾，許昌人，文忠公齊之孫，流落川蜀。韓南澗典銓日，以文卷相訪，南澗奇之，既薦之，又作鼎說以送之。議論從容，有故家典則。爲桂陽令以卒。其子武子，亦俊爽好文。參澗泉日記。

蔡先生仍

徐先生正夫合傳。

黃先生循聖合傳。

蔡仍與蔡迨爲二蔡，及徐正夫、黃循聖，不可攷。或曰：皆從和靖于虎丘。補。

直閣沈先生晦

沈晦，字元用，錢塘人，翰林學士遘之孫。宣和間進士，廷對第一，除校書郎，遷著作佐郎。金人攻汴京，借給事中從肅王樞出質斡離不軍。金人再攻也，與之俱南。京城陷，張邦昌僞立，請金人歸馮澥等，因得還，真爲給事中。高宗卽位，歷知信州、明州、處州，移守婺州。又知宣州、建康、鎭江，兩浙西路安撫使。尋提舉臨安府洞霄宮。起爲廣西經畧，兼知靜江府。進徽猷閣直學士，召赴行在，除知衢州，改潭州。提舉太平興國宮，卒。蓋其膽氣過人，不能盡循法度，然其當官才具亦不可掩云。參史傳。

附錄

朱子曰：熹記頃年汪端明說：「沈元用問尹和靖：『伊川易傳何處最切要？』尹云：『「體用一源，顯微無間」，此是最切要處。』」後舉問李先生，先生曰：「尹說固好，然須是看得六十四卦、三百八十四爻都有下落處，方始說得此話。若學者未曾子細理會，便與他如此說，豈不誤他！」余聞之悚然，始知前日空言無實，全不濟事，自此讀書益加詳細。

梓材謹案：朱子此語，則知元用之于和靖，固在答問之列，故爲補其傳云。

□先生伯充

伯充，佚其氏，嘗問學道緊要于和靖，和靖曰：「只要閑邪存誠。」他日又問，亦曰「閑邪存誠」而已。他日又問，和靖正色責之曰：「公要許多言語做甚！只待要資談柄。若只恁做將去，自然有所入。」

附錄

林拙齋紀問曰：伯充嘗作小詩，道其欲學問之意，貼壁間。舍人見之，曰：「莫只做說話了！」

二呂講友

教授羅仲恭先生靖

羅叔恭先生竦合傳。

羅靖，字仲恭，其弟竦，字叔恭，故開封人也，徙居江都。私淑程氏之學。南渡初，東萊呂和問、廣問兄弟以和靖弟子講學婺源，先生兄弟適往從焉，淵源相合，以河、洛微言共相發明，婺源人呼爲「四先生」。仲恭嘗官教授。予讀周少隱太倉稊米集，與二羅倡和詩極多，且備述其避兵、遇賊、被毀諸事。李似之竹谿集亦有與二羅往還詩。然究之莫知先生所以私淑程氏者，自何人也。而攷之志乘，竟無有及之者。向非朱子之文，則先生兄弟泯然矣。補。

節夫學侶

司户滕溪堂先生愷

滕愷，字南夫，婺源人。幼穎悟好學。邑簿呂廣問兄和問，尹和靖高弟也，客于此，先生與爲師友。紹興五年進士，調信州司户參軍。以漕檄差考南康軍，假道歸，迎母就養，卒于道。朱子稱其才智傑然，遠過流輩，甚惜之。參姓譜。

和靖私淑

憲敏高息齋先生閌別見龜山學案。

節夫門人胡、邵四傳。

隱君李鍾山先生繒

李繒，字參仲，婺源人。絶意科舉，築室鍾山。朱子嘗與程洵過之，講論極稱其文，卒表其墓。著有論語、西銘解。子季札，從朱子學。參江南通志。

仁武家學

倉部呂先生大器

奉議呂先生大倫

呂先生大猷

呂先生大同並見紫微學案。

惇立門人

林雪巢先生憲

林憲，字景思，魯人也。初寓吳興，後寓臨海。從徐惇立遊。工詩，學韋蘇州。尤延之、楊廷秀嘗極稱之。所著雪巢小集二卷。先生貧甚，壻于賀氏，顧辭匳田不受，則有得于和靖之教者矣。補。

子正門人

文節林艾軒先生光朝別爲艾軒學案。

國任家學

高先生公亮別見槐堂諸儒學案。

南澗家學

庶官韓澗泉先生淲別見清江學案。

南澗門人

成公呂東萊先生祖謙別爲東萊學案。

鍾山家學胡、邵五傳。

李先生季札別見滄洲諸儒學案。

宋元學案卷二十八

兼山學案 全祖望補本

兼山學案表

郭忠孝（伊川門人。安定、濂溪再傳。）
- 子雍
- 謝諤
  - 歐陽朴
  - 孟程
  - 左揆
  - 曾震
    - 子克己
    - 子克允
    - 子克寬
    - 子克家
  - 曾機
  - 曾雩
- 黎立武（二郭續傳。）

蔣行簡

邵伯温別見百源學案㊀。

兼山同調。

兼山學案序録

祖望謹案：兼山以將家子，知慕程門，卒死王事。白雲高蹈終身，和靖所記黨錮後事，恐未然也。郭門之學雖孤行，然自謝艮齋至黎立武，綿綿不絶。述兼山學案。梓材案：兼山、白雲父子及謝先生傳，黄氏補本附列伊川學案，謝山則別爲兼山學案。

伊川門人胡、周再傳。

提刑郭兼山先生忠孝

郭忠孝，字立之，河南人。受易、中庸于小程子。以蔭補官，第進士，不忍去親側，多仕于河南管庫間。宣和中，爲河東路提舉，忤宰相王黼，免。靖康初，召爲軍器少監。入對，斥和議，陳追擊之策，謂「兵家忌深入，若不能擊其歸，他日安能禦其來」，復條上戰守十餘事，不用。改永興軍路提點刑獄，措

㊀「別見百源學案」六字原無，據木卷正文增。

置保甲。金人犯永興，與經略使唐重分城而守，城陷，與重俱死之。贈太中大夫。子雍。

附錄

朱子伊洛淵源録曰：郭立之忠孝，宣徽使逵之子，事見伊川年譜。祁寬記尹和靖語云：「忠孝每見伊川，問論語，伊川皆不答。一日，語之曰：『子從事于此多少時？所問皆大，且須切問近思！』」外書云：「郭忠孝議易傳序曰：『易卽道也，又從何道？』或以問伊川，伊川曰：『人隨時變易爲何？爲從道也。』」今觀忠孝所著易書，專論互體、卦變，與易傳殊不同。然其子雍辯年譜所記事甚詳，未知孰是。

黎立武曰：楊氏曰：「不偏之謂中，不易之謂庸。中者，天下之正道，庸者，天下之定理。」游氏曰：「以德行言曰中庸，以性情言曰中和。」郭氏中庸説謂：「中爲人道之大，以之用于天下國家。」又云：「極天下至正謂之中，通天下至變謂之庸。」蓋兼山深于易，故得中庸之義焉。兼山登程門，終始中庸之道，體用之説，實得于心傳面命者也。程子嘗爲中庸作注，至是焚稿而屬兼山以書傳之。乃知游氏、楊氏所得于師者，初年之論也。

兼山同調

修撰邵子文先生伯温别見百源學案。

兼山家學胡、周三傳。

隱君郭白雲先生雍

郭雍，字子和，兼山之子。幼傳父學，隱居峽州，號白雲先生。乾道中，峽守任清臣、湖北帥張孝祥薦，徵召不起，賜號沖晦處士。孝宗稔知其賢，問侍講謝諤曰：「郭雍學問甚好，向曾見程頤否？」諤奏：「雍父忠孝嘗事頤，雍所傳蓋得于父。」于是命所在州郡歲時致禮存問。淳熙中，封頤正先生，又令部使者就問先生所欲言，時年八十有三。學者述其言曰：「易貫通三才，包括萬理。包犧氏之畫得于天，文王之重得於人。犧畫爲天，天，君道也，故五之在人爲君。文重爲地，地，臣道也，故二之在人爲臣。以上下二卦別而言之如此。合六爻而言，則三、四皆人道也，故謂之中爻。乾『元亨利貞』，初曰四德，後又曰『乾元者始而亨者也，利貞者性情也』，又觀『利牝馬之貞』、『利君子貞』，則是以四德爲二義也。乾，陽物也；坤，陰物也。由乾一卦言之，則元亨陽之類，利貞陰之類也。是猶春夏秋冬雖爲四時，由陰陽言之，則春夏爲陽，秋冬爲陰也。天之所謂元亨利貞者，如立天之道陰與陽之類也。地之所謂元亨利貞者，如立地之道柔與剛之類也。人之所謂元亨利貞者，如立人之道仁與義之類也。又坤之六五，坤雖臣道，五實君位，雖以柔德，不害其爲君，猶乾之九二，雖有君德，不害其爲臣。故乾有兩君德而無兩君，坤有兩臣德而無兩臣。六五以柔居尊，下下之君也。江海所以能爲百谷王者，以其善下也。下下本坤德。黄，中色也；色之至美也；裳，下服也；是以至美之德而下人也。」其發明精到如此。卒，年九十七。

郭氏傳家易説自序

易道冥昧于鴻荒之世，包犧氏始畫而明之，歷數千年，概見于聖人行事，而述作無聞焉。文王重之，然後煥然成章，此文王之所以爲「文」也。迨春秋時，大道不行，獨卜筮行于世，孔子于是作傳，大明其道，然後天下復知文王之易爲大道之書。故自開闢以來，力舉斯道而明之者，三聖人而止耳。觀三聖人之爲心，所以曉天下萬世者，亦可謂至矣。自孔子殁，微言復絶。至秦、漢間，斯道大否。漢興，諸儒僅能訓詁舉大義，或復歸于陰陽家流，大失聖人言易之旨。正始中，王輔嗣一切革去，易以高尚之言。然輔嗣祖述虛無，其辭雖美，而無用于天下國家。于是易爲空言矣，又非三聖人所謂易之道也。虛無之學，流弊至今，卒無以正之，兹大道所以不明歟！大抵自漢以來，學者以利禄爲心，明經秖欲取青紫而已，責以聖人之道，固不可得而聞也。宋興百有餘載，有明道、伊川二程先生、横渠張先生出焉，監前世儒者之弊，力除千餘載利禄之學，直以聖人爲師，斯道爲己任，豈非古之所謂豪傑之士也哉！其于孟氏之功，聖智、巧力之間而已。先人受業伊川先生二十餘年。雍始生之時，横渠、明道久已謝世，甫四歲而伊川殁。獨聞先人言，先生之道，其所學，所行，所以教授，多見于易與春秋、中庸、論語、孟氏之書，是以門人悉于此盡心焉。且自周公殁，大道不行，五百餘歲而得孔子。孔子殁，百有餘歲而得孟子。去聖人世如此未遠，而道之難明亦已甚矣！況于孔子殁後千五百餘年，而三先生欲力復聖人之道，其難矣哉！夫先知先覺之士，曠世無有，將使百世之下聞者莫不興起，豈非三先生之力也歟！雍不肖無聞，甘與草木同腐久矣。重念先人之學，殆將泯絶，先生之道，亦因以息，惟懼無以遺子孫。于是潛稽易象，以述舊聞，用傳于家，使毋忘先生之業。道雖不足，志則有餘矣。孟子所謂「嘐嘐然曰，古之人，古之人」者，其庶幾歟？

傳家易說總論

上下二經，自序卦已分，其來尚矣！傳者謂今之周易，乃孔子所傳文王易也。「易」者，體常盡變，其用不窮之義。經曰：「易窮則變，變則通，通則久。」蓋言常道之窮，必繼之以變，是以通久。故易以變通爲義。大抵道適變則可用，可用則通久而爲易。未適變，則不可用，非易也。太極之道，初不可有，而易能有而用之者，包犧、文王之力也。是故易者，用也，用之之書也。舉而用之，大小不同，斯則在人。然則變而通之，然後盡其利。是以論其道，則未始繫于聖人及書之有無，惟聖人憂患後世之深，恐不復聞也，故明其道而載之于此。自包犧畫八卦而卦之名立，文王重之爲六十有四卦，然後易之名出焉。易之名出，然後謂是道爲易之道也。是則卦名始于包犧，而易名始于文王。卦也，爻也，聖人能畫之，重之，名之耳。因其畫之，重之，名之，故爲作易之聖人。作易者，作是書也。是書之道具于未有天地之初，非包犧、文王所能作也。後世聖人又因文王之易，以周題之，所以別夏、商二代。夏曰連山，商曰歸藏，而不名曰夏、商易者，時未有易之名故也。連山以艮爲首，主名山川，禹之功也。歸藏以坤爲首，成湯黜夏命，造攻自鳴條之義也。故孔子曰：「我欲觀殷道，是故之宋，而不足徵也，吾得坤乾焉。」周易以乾爲首，文王三分天下有其二，以服事殷之道也。故繫辭首曰：「天尊地卑，乾坤定矣。卑高以陳，貴賤位矣。」此繫文王周易之辭也。易。

皇之道簡于帝，帝之道簡于王。非聖人有意于其間，時焉而已。書契之作，始自八卦，而後世不勝其繁者，蓋惟天地有萬古不易一定之體，而人則生生無窮，故自簡至繁，是爲人事必然之理。上古之時，天道勝人，人知有天，而不知其他也。故包犧氏始畫八卦，其意若曰：是道之一，列而有三，如是而天，如是而地，如是而人。天道主覆，故畫于上，地道主載，故畫于下；人道財成輔相，故畫于中。于是自任以財成輔相之道而配天地焉者，包犧畫卦之道也。然天道不以天高而大于地，地道不以地廣而大于人，人道不以人微而小于天地，故三畫皆無差殊。要其至也，混而爲一，復于太極，故名曰卦。然則卦者，太極之一耳。或八，或六十有四，曰道曰事，大小不同，其于太極，名易而實存也。非若三才之分太極，名實俱易矣。是以聖人經以三才而太極分，緯以八卦而太極復。一經一緯，而六十四卦由之以備，天下之能事畢矣。所以太極爲易之體，而易者用太極之名。太極之道，方其混然一成，物莫能破，人安得而用之？及乎包犧判而三之才之，離爲八，文王重而六之，離爲六十四，然後天下後世以之修身、齊家、治國、平天下，始可得而議矣。非天下之至聖，其孰能與于此！

八卦之時，天道純全，故其名卦必備三才之義。曰乾坤震巽坎離艮兑爲八卦之名，與八者之名所以總謂之卦者，凡九字，不可以常義膚淺訓釋。蓋出于上古之言，文王、孔子能通之者也。雖因孔子以卦之才德言之，知爲乾健、坤順、震動、巽入，終莫能究其義。而後世或謂「卦者掛也」，其言如此，豈能盡聖人之意哉！大抵易之爲義易通，而卦之爲義難得。卦也，畫也，象也，蓋自道而一變爲畫，因而成象，畫、象具而成卦，使萬世之下，復由卦以知象，由象以知畫，由畫以明道，此聖人之意也。然終莫知上古之時，卦爲何訓。乾坤八字出于包犧，卦之一字出于包犧之後聖人名之。其餘五十六卦及易與元亨利貞，皆命于文王，凡六十一名，可以意義訓釋。其卦名或具三才，或在人物，或以道德，或寓時事，命名不同，皆可攷而知。蓋中古之言，後世之所通也。上古、中古之名，于是較然可見。則知包犧之畫，八卦而已，而文王重卦，又何疑焉。包犧氏之前，有聲而無畫，包犧之時，有畫無字，三即乾也；文王之時，畫字具有，六十四卦之畫即六十四卦之字；後世以易字明，故于畫之下重字以明之。且包犧氏以天地人之三而其道一，故三畫而成一卦。畫有奇耦，故有乾坤；窮則盡變，故有六子。乾坤六子，包犧初不能加損益也。天以是示之，因以是明之耳。故包犧之畫，得于天而明天；文王之重，得于人而明人。得于天者，亦知地道人道之一也，是以三奇爲乾而地道存焉，三耦爲坤而天道存焉，一奇一耦終不可以成卦也。得于人者，知太極生天地，天地生人，有天而無地，人無得而生也，故以包犧之畫在上爲天，文王之重在下爲地，天地設位而後聖人成能于其中。天有氣，地有形，人得天之氣以生，得地之形以成，必兼三才而兩之，然後人因天地以生矣。此文王重卦之義也。揲蓍者分而爲二以象兩，然後掛一以象三，蓋因于重卦之義。且包犧之畫爲天，天，君道也，故五之在人爲君。文王之重爲地，地，臣道也，故二之在人爲臣。以上下二卦別而言之如此。合六爻而言之，則三、四皆人道也，是則謂中爻。繫辭曰：「雜物撰德，辨是與非，則非其中爻不備。」故盡人事之變，以二、三、四、五爲主，初、上終始之而已。然終始之亦位也，故曰「六位時成」，「六位成章」。以上卦。

包犧氏畫卦之始，其畫雖具三才，而卦之天地未判，無九六、六位之別。文王重卦之後，然後天地判而有九六，人道成而著六位，此周公明六爻之義也。何謂天地判而有九六？繫辭曰：「天一，地二，天三，地四，天五。」此天地之生數也。合一、三、五爲九，天數也。天本乾，故乾稱九。合二、四爲六，地數也。地本坤，故坤稱六。此列六爻之後，聖人稱九六之旨也。是以揲蓍之法，老陽三十有六，揲以四象而得九；老陰二十有四，揲以四象而得六。故九爲乾爻，三十六爲乾策；六爲坤爻，二十四爲坤策。此後世聖人衍九六之道也。包犧肇三才之微，獨畫天卦，方知三才爲一道。故必文王重卦之後，天地上下二卦既具，而後九六可生焉。九六既生，而後大衍之法立。此聖人作易之序也。何謂人道成而著六位？一卦之象，雖備三才，而六畫之後，聖人道在成能，欲用于天下萬世，故舍天地而獨明人道，是以六爻皆人位，其辭皆人事。故文王之治，同天之載，而周公之禮樂法度粲然具備者，盡人道也。此聖人著六爻之義也。繫辭曰：「二多譽，四多懼。」「三多凶，五多功。」此後世聖人以人道明六爻之說也。是則有畫而後可重，重而後有九六，有九六而後有六位，有六位而後可繫辭、彖、象、文言。故方畫重九六之際，皆統明三才；及六位繫辭、彖、象之後，一以人道爲主，人道至此而後明矣。此四聖成始成終之道也。然前乎周公，畫卦之時，爻具于畫，不復重見也。至周公列之于下而繫以辭焉，易于是始備矣。而明其道傳其教者，孔子也。故必一聖人畫之，一聖人重之，一聖人列于爻，一聖人垂其教，則道無餘蘊矣。使包犧重之，非包犧也，三王之道也。使文王爻之，非文王也，周公之道也。聖人隨時之義，蓋不然矣。故自太極之始，包犧象三才之道，文王盡三才之義，周公列三才之事，孔子著三才之教，皆隨時之義也。然孔子之于文王，猶文王之于包犧也，周公特終文王之一事耳。故古人獨稱「三聖」者，以

此

爻。

繫辭曰：「彖者，言乎象者也。」又曰：「彖者，才也。」乾之象，六奇是也，乾之彖，言六奇之義也。乾之才，大而健是也；乾之彖，言大健之義也。故觀乎彖辭，則一卦之義思過半矣。然先儒以文王卦辭爲彖辭，蓋以孔子不當自言「觀乎彖辭則思過半」也。此大不然。孔子之彖，正論一卦之象及釋文王之辭。非孔子之彖，則卦象與文王辭不可通矣。蓋文王之辭，旨意深隱，出于憂患之言，雖使知者觀之，豈能思過半哉？必觀孔子彖辭，然後一卦之義有思過半之理。孔子作彖，本以垂法後世，欲學者先盡心于彖，然後可明重卦之象及通文王之辭。則「思過半」之言，乃孔子自明作彖之意，及示學文王易之要法也。

象。

繫辭曰：「易者，象也。」又曰：「聖人立象以盡意。」蓋以易之意不可得而盡，故有象以盡之也。意不可盡，徒玩其辭，皆空言耳，如是則不可以訓天下後世，而作易之道絕矣，此聖人立象之旨也。經曰：見乃謂之象。」然則使斯道之可見者，無非象也。故象非一義，四聖人之象不同。卦之三畫，包犧之象也，重之爲六，文王之象也；次爲六位剛柔，周公之象也；在乾則自「天行健」至于「天德不可爲首」，孔子之象也。三、六之象，以卦爲主；六位剛柔之象，以爻爲主；孔子之象，以辭爲主。所主不同，其爲盡意一也。故辭有不能盡者求之爻，爻有不能盡者求之卦，則易之意無餘蘊矣。然則象也者，豈爲天爲地、爲馬爲牛而已乎！天地牛馬，有乾坤之象者也，非乾坤之象止于天地牛馬而已也。故知易之爲書，其意其辭皆由象出，未有忘象而知易者。如首腹馬牛之類，或時可忘，此象之末者也。

歐陽文忠公言彖、象、文言雜入卦中者，自費氏始，王弼爲註，亦用彖、象相雜之經。考費氏傳曰：「徒以彖、象、繫辭十篇、文言解説上下經。」觀今之易，十篇未嘗盡入卦中，則非費氏明矣。孔穎達言孔子象辭在六爻經辭之後，及王輔嗣以爲象者本釋經文，宜相附近，其義易了，故分爻之象辭各附其當爻下言之，猶如杜元凱注左傳，分經之年與傳相附。觀此，則小象固已先在卦中，弼又雜之爻中也。其彖與大象、文言，終莫可考。以上彖。

易有象，所以明成卦之才；有象，所以盡作易之意。又爲文言，所以釋一卦之辭，然獨著于乾、坤二卦者，言辭在聖人，道之易明者也。學者考諸彖、象，智之可及也。孔子曰：「舉一隅不以三隅反，則不復。」又謂：「賜也，告諸往而知來。」蓋有不勝其言者，言之終不可盡。學者觀乾、坤二卦文言，觸類而長之可也。文言。

包犧畫卦，初無繫辭，文王、孔子之言，皆繫辭也。故孔子曰「繫辭焉以斷其吉凶」，「繫辭焉以盡其言」，則卦爻之辭皆是也。今獨以此上下二篇稱繫辭者，蓋卦辭、爻辭，文王、周公之繫辭也，此上下二篇，孔子之繫辭也。又于十翼之中，獨此二篇泛論大道，爲諸卦之統要，與彖、象、文言之辭異，故獨曰繫辭，所以尊崇孔子之辭，與文王等也。觀其言，廣大而備，變通而神，无思而精，皆彖、象、文言、序卦、説卦之所不能盡者，非聖人，孰能與于此哉！微此，則易道絶矣。

何氏謂上篇明无，下篇明幾；或以上篇論易之大理，下篇論易之小理，孔穎達言上下無異義，直以簡編重大，是以分之。今觀上篇，自「天尊地卑」至「存乎德行」，篇章相次，事理大小，皆有條理，不可紊亂。次章之言，皆前章所未盡。至「存乎德行」，則易道備矣。下篇復起其說，前後相次，復如上篇。是則初爲二篇，非後人妄分也。

諸儒分章不一，孔穎達定以上篇十二章，下篇九章。然章有甚大甚小，有可分不可分者，似不止此二十一章。故有文意未斷而章分，有才一二句而文意斷、不相續者，豈能拘以二十一章也？

上篇所言，多易道之大者，與其精微神變之用。下篇多卦義，及上所未終，粗顯之說，又不可不明之者。則上下二篇略有辨也。且上篇言「天尊地卑，乾坤定矣；卑高以陳，貴賤位矣」，以其有是言，故下篇可言「八卦成列，象在其中；因而重之，爻在其中」也。上篇言「乾以易知，坤以簡能」，至「易簡而天下之理得」，以其有是言，故下篇可言「夫乾確然示人易矣，夫坤隤然示人簡矣」也。孔穎達謂：「『天地之道，貞觀者也；日月之道，貞明者也』，此豈復爲易之小事？」然貞觀貞明，特引天地日月以明吉凶貞勝之辭，非在易之義，又不若「廣大配天地，變通配四時，陰陽之義配日月，易簡之善配至德」，爲易之道也。觀此數義，則二篇精粗，畧可見矣。以上繫辭。

說卦，論八卦之道德與其象義情性也。然則六十四卦亦有是乎？蓋六十四卦各具于文言、彖、象、雜卦之中矣。至萬物象類，如履之爲虎，漸之爲鴻，中孚之鳴鶴，小過之飛鳥，井之爲井，鼎之爲鼎，皆是也。其象不可盡言，故于是數卦畧明之。繫辭曰：「以言乎天地之間，則備矣。」斯其所以難言也。故曰「書不盡言」。說卦。

孔穎達曰：「六十四卦，二二相耦，非覆卽變。覆者，表裏視之，遂成兩卦，屯、蒙、需、訟之類皆是也。變者，反覆惟成一卦，則變以對之，乾、坤、坎、離、大過、頤、中孚、小過八者皆是也。」此蓋卦變反對之象，先天之學詳矣。雖出于變象，豈無其序哉？故聖人所以序之也。八卦之序有二：「帝出乎震」一章，八方之序也。「乾，天也」一章，成卦先後之序也。先序八卦于上，故序六十四卦于此。八卦序包犧之道，六十四卦序文王之道也。道至難明也，聖人判之爲三才，離之爲八卦，使有目者可見，有耳者可聞，亦云至矣。于是又爲之說，爲之序，三才八卦之道，纖介不遺。而言易者尚或滯于空言而乖亂正道，或溺于術數之用，不明三聖人之大旨，斯學者所宜深戒也。序卦。

卦之性情與其爲德之不同，八卦則見于說卦，六十四卦則見于雜卦。孔子于包犧之道，詳盡于說卦，皆文王所未嘗明之者，故不得不詳也。于文王之道，則具于序卦、雜卦之中，其象則見于諸卦大、小象，而繫辭上、下則兼統之。雜卦。

附錄

葉水心爲蔣行簡志曰：郭白雲言「艮者限也」。夫艮有止而無限。苟慮其未至于無欲也，而限以止焉，則或可矣，然非止之正也。

白雲門人胡、周四傳。

學士謝艮齋先生諤

謝諤，字昌國，新喻人也。幼敏慧而愿慤，過目不忘，有志聖賢之學。成紹興進士，攝樂安尉。境内多盜，先生條上二十策，大要使其徒相糾而以信賞隨之，羣盜盡散。移吉州録事參軍。初，吉因死者裹以秫，先生請取船官棄材爲櫝以斂之。吉因無暴骨，自此始。陳氏訴其童竊財匿民家，辭頗過實，帥龔茂良怒，欲坐以罪。先生列其不然，陳氏得免，而茂良亦以是知先生。乾道四年，廬陵饑，老幼萬餘守譙門求振廩，官吏失措。先生植五色旗，分部給糶，頃刻而定。知分宜縣，縣負郡十萬緡，而歲常賦外，又征月樁緡錢二萬，先生請于監司免之，未得報，以丁艱去。服除，三遷至監察御史，卒請免分宜月樁，并秀之華亭亦減之。力陳義役之便。湖州安吉稅絹，向用粗絲，名曰屑絹，有司欲更之，先生言安吉已輸綢，又輸綾，宜稍寬其絹，得如故。遷殿中侍御史，言：「士大夫習貪恣而廢廉謹，習刻薄而鮮寬厚，習汰侈而恥節儉，習輕率而昧詳審，習詐僞而罕真實，習隱蔽而忘忠純，宜如成湯制官刑以儆之。」淳熙十四年，除侍御史。淮、湘夏旱，條政事十二失，如繫獄之淹，如征商之苛，如榷酤之羨，如經總、月樁之算緡，如越州、廣德軍之和買。又陳論：「已然之惡爲易見，未然之奸爲難知。奸者，冥于心而晦于迹者也。」上賑濟七策。時孝宗重言路，嘗曰：「學術正則議論正，議論正則是非公。」于是以先生恬静正大，除右諫議大夫。次年，兼侍講。先生奏：「帝王之學，稽古爲先。六經皆古也，而尚書爲先，可以證後世得失。」上曰：「人君不知學，則自怠。如唐太宗功非不高，恨不知學。」先生因言：「事無大小，在乎立本救弊而已。陛下每言執中，果中，則自然本立而弊除。」上曰：「朕最喜伊尹、傅説所學，得事君之道。」先生曰：「伊、傅固善，然非成湯、武丁信用之，亦安能致治。」嘗因夕對，及邊事，上有乘機會之諭，先生對曰：「機會雖不可失，亦戒輕舉。」上再三稱善。一日與先生論性，上曰：「朕每愛孔子『相近』及『上智下愚不移」之說，簡而易明。知卿嘗從郭雍，有得于此。郭雍曾見程頤乎？」對曰：「雍父忠孝嘗事頤。時雍尚幼，蓋得其傳于父耳。」于是加賜雍爲頤正先生。光宗登極，獻十箴，一曰：「業成而難，其敗或易；兢兢保之，常恐失墜。」二曰：「道甚簡易，在尊所聞，帝王之學，匪藝匪文。」三曰：「畏天之威，立德爲最；水旱雷風，天之仁愛。」四曰：「存心公正，治之所起，毫釐之私，患及千里。」五曰：「妄賞不勸，妄罰不畏，賞罰大權，以妄爲忌。」六曰：「貪吏虐民，戒在莫聽，獎廉以激，捷于號令。」七曰：「民之疾苦，幽遠難知，日訪月問，猶恐或遺。」八曰：「財在天下，理之以義，未聞刻斂，其罪在吏。」九曰：「亂之所生，非止夷狄；姦回諂諛，尤害于國。」十曰：「自治十全，可以理外，重乃馭輕，輕動爲害。」又論治天下必有家法，乃爲長久之計。時李后尚未有形迹彰著，而先生若有以默識其微者。又乞舉人望以聳民聽。又陳「二節三近」之說：「所當節者，宴飲也，妄費也。所當近者，執政大臣也，舊學名儒也，經筵列職也。」遷御史中丞。會薛叔似等補卿監，因言：「壽皇復置補闕拾遺之官，用意甚遠，今名遷之而實棄之，非新政所宜。」權工部尚書，力請祠，以煥章閣直學士知泉州，又辭，得請，奉祠。紹熙五年，卒。先生慈祥孝友，助以學力，志于仁，勇于義，躬自厚而不責于人，雖臧獲亦以忠恕待之。嘗曰：「吾自得頤正先生簡易之說，終身用之不盡。」其在言路，務持大體，不輕言人過，而名德之重，人自服之。楊公誠齋少許可，其所重者，晦庵、南軒之外，必曰艮齋先生。是時伊洛之說盛行，各有門牆。先生爲郭氏世嫡，顧不言而躬行。弟子數百人，隨材教之，而未嘗與世之講學者角異同，然學者無不稱爲艮齋先生。周益公嘗于孝宗前薦先生，上曰：「是所謂艮齋者邪？」對曰：「陛下何以知之？」上曰：「朕見其聖學淵源五卷而知之。」其爲文得歐、曾之法，所著有艮齋集四十卷，詩、書解各二十卷，論語解二十卷，左氏講義三卷，柏臺、諫垣奏議各五卷，經筵總録三卷，孝史五十卷，其餘百數十種。晚年嘗居桂山，學者或亦稱爲桂山先生。朱子嘗過之，見其破屋蕭然，歎息以爲不可及。

艮齋先生語

艮者，聖人之止。无妄，聖人之動。

人之立志，要以聖賢自期。毫末私意不介胸中，然後能與聖賢相似。

有直諫，有寓諫。直諫者言之難，受之尤難。寓諫則易。

無逸「嗣王其監于玆」，「監」之一字，帝王治功根本。由三代以監戒之辭爲常，所以治多而亂少。

艮齋二銘

仁義忠信，蓋無常名。由近而推，則勇于行。

出門萬里，其塗蕩蕩。用震以乾，是曰无妄。

知州蔣先生行簡

蔣行簡，字仲可，永嘉人也。于薛公艮齋爲寮壻，在婦翁孫汝翼帥幕中亦嘗聞袁氏之學，而其後歸于郭氏。以進士累官滁州判。完顏亮南下，督運天長，或言敵兵至矣，同行者欲棄芻茭而逝，先生曰

「毋遽走，急燔之」敵見火大起，不進。已而有以擅焚糧劾之者，制使劉錡曰：「此真知兵也。」知海鹽縣，太守謂曰：「縣壞久，應輸州用經總數巨萬。得材令，儻補足乎？」先生正色拒之。已而一切節省，舊欠竟補，而新錢亦且有餘。及季年，餘錢逾萬。通判行縣知之，促令具鈔，先生曰：「此夏稅錢，代者事耳！」通判曰：「使君方以善理財薦，君何必留錢爲後人？」先生駴曰：「善理財，豈美名歟！」通判慚而止。還朝，上所著樞言五十篇。通判興國，大旱且疫，空常平以救之，徧施醫藥，嘗夜半宿村舍。累官知沅、辰、澧、靖、峽五州。王、周兩丞相皆知其惠政，欲留爲郎，先生辭曰：「重內輕外，今之陋也。吾老矣，不任朝謁。」知常德府，入對，爲光宗言：「百姓困悴可哀。果、閬大軍錢比他郡獨重。峽州茶租，均之客户，興國馬料，敷于五等。衡、袁歲取麴引，贛、吉日較贓罰，江東白收板帳，湖南倍折冬苗。夏絹和買，已非正賦，復有軍衣和買。糯米科折，止爲省務，復有覆紐價錢。此類聞一知十，民何以堪！今大吏無不言州縣窘迫，以臣所見，誠有窘迫之縣，曾無窘迫之州。占客公事，視同己物，狼心不厭，雖與數州，窘自若也。臣欲擇朝士曉暢民事者，先于一路考財賦所從，孰經常，孰橫斂，某創支㊀者，一切論奏蠲除。」光宗首肯之，令送中書，會留衛公去，不行。已而知處州，以忤權貴人，貶二秩罷。論者謂使先生入對之言得行，不僅一方之利也，而并一州亦不得伸其志，可悲矣！初，郭白雲隱長陽，先生將出峽，邀之相見于白羊，問以得于兼山最要者。曰：「所得在艮。艮者，限也。限立而內外不越。天之命我，限之內也，不可出；人欲，限之外也，不可入。」先生謝教。有白羊問答。

㊀此下有脱文數十字，當依葉適集朝議大夫知處州蔣公墓誌銘補，文義始明。

艮齋門人胡、周五傳。

縣令歐陽先生朴

歐陽朴，新喻人也。艮齋高弟，知衡陽縣，嘗作艮齋事實者也。

孟先生程

孟程，豐城人也。少時筆力豪俊，艮齋諭之曰：「詩辭特游士之雄耳！」先生卽改事經術，卒爲儒者。

左先生揆

左揆，字正卿，永新人也。嗜學進進，艮齋爲作務本齋銘。

司户曾東老先生震

曾震，字東老，吉水人也。結髮不弄不妄，艮齋雅稱許之。晚以試集英得官，艮齋勉之曰：「官無小，政無不可爲，君臣之義不可廢也。」累調廣州司户而卒。所著有羣玉集。

梓材謹案：楊誠齋志先生墓云：「曾其姓，括其名，禹任其字也。一字伯貢。後更名震，字東老。」據此，則伯虞名機者當卽其弟需之原名，蓋伯虞仍以原名行耳。

曾靜庵先生機

曾機，字伯虞，吉水人也。艮齋嘗稱之曰：「靜敏寡言，不事表襮。」既累試未有遇，曰：「學之弗殖，則我咎。殖而弗穄，復誰咎哉！」所居對玉笥諸峯，怡然觴詠，揭其居曰靜庵。周益公銘之曰：「不出户庭，能定能應。」晚得末疾，謂來問者曰：「大塊勞我以生，逸我以疾。」所著有靜庵集十卷。最稱艮齋高弟云。

曾先生雩

曾雩，與需皆東老震之弟。東老築文友、詠歸二堂，旁招明師，躬率二弟與其子問業。楊誠齋稱其父子兄弟，講畫醲郁，誦音弦聲，洋洋如也。惟先生早卒。參楊誠齋集。

梓材謹案：需蓋靜庵之改名。謝山稿底于艮齋傳簡末標云：「三曾兄弟當是弟子。」司户、靜庵而外，其一卽先生也。

東老家學胡、周六傳。

曾先生克己

曾先生克允合傳。

曾先生克寬合傳。

曾先生克家合傳。

曾克己、克允、克寬、克家，東老子，皆嗜學。參楊誠齋集。

二郭續傳

司業黎所寄先生立武

黎立武，字以常，新喻人。擢進士第三人，歷國子司業。官祕省時，閱官書，愛二郭氏中庸。郭游程門，新喻謝尚書艮齋仕武夷，嘗傳其學。先生由謝溯郭，以嗣其傳。號元中子。

雲濠謹案：江西通志，先生咸淳四年進士，累官文華閣待制。考試臨川得吴澄，時稱其知人。自號寄翁，學者稱爲所寄先生。與文山、疊山相友善。建金鳳書院，以淑後學。

宋元學案卷二十九

震澤學案

全祖望補本

震澤學案表

王蘋——伊川、龜山門人。安定、濂溪、明道再傳。陸學之先。

陳長方
陳少方
楊邦弼
章憲
章悊
周憲
范如圭別見武夷學案。
曾幾別見武夷學案。
陸景端別見和靖學案。
施庭先——方翥見上震澤門人。

宋宜之

曾逮

方蓋——從子耒別見劉胡諸儒學案。

附翁深父。

林光朝別爲艾軒學案。

陸九淵別爲象山學案。

並次雲講友。

附晏明中

陳戍

震澤學案序録

尹焞別爲和靖學案。

張繹別見劉李諸儒學案。

並震澤講友。

吕本中別爲紫微學案。

李子勉

並震澤學侶。

祖望謹案：洛學之入秦也以三呂，其入楚也以上蔡司教荆南，其入蜀也以謝湜、馬涓，其入浙也以永嘉周、劉、許、鮑數君，而其入吴也以王信伯。信伯極爲龜山所許，而晦翁最貶之，其後陽明又最稱之。予讀信伯集，頗啟象山之萌芽。其貶之者以此，其稱之者亦以此。象山之學，本無所承，東發以爲遥出于上蔡，予以爲兼出于信伯。蓋程門已有此一種矣。述震澤學案。梓材案：此卷謝山原底稱平江學案，後定序録，改稱震澤。

程楊門人胡、程再傳。

著作王福清先生蘋

王蘋，字信伯，世居福之福清，其父徙吴。先生師事伊川，其于同門楊龜山輩爲後進，而龜山最可許之，以爲師門後來成就者，惟信伯也。雲濠案：葉紹翁四朝聞見録云：震澤少師事龜山，以布衣入中秘。制曰：「爾學有師承，親聞道要。」又曰：「勉行爾志，毋負師言。」蓋謂龜山也。高宗親征，駐蹕平江，守臣孫佑薦其學行，召見，對曰：「民離而聽之則愚，合而聽之則聖。古語謂『謀從衆，則合天心』，以衆之所同，固有至公之理也。今親征詔下，而四方民大和悦，以其當于人心耳。陛下誠推是心以見于用人，則用人必慰人望；推是心以見于政事，則政事不拂乎人情。」又曰：「人主好惡如天，無用心于其間，愛而知其惡，憎而知其善，使朝廷不乏才，要道也。汲黯之贛，漢武帝每惡其妄發，及與嚴助論之，必以爲社稷臣。宇文士及之佞，唐太宗每與語至夜分，至當羣集，則以佞人目之。二君不蔽于好惡，所以能盡臣下之賢否。願陛下察忠佞爲取舍。」又曰：「陛下留意春秋，臣謂帝王之學當與世儒之學異。世儒之學，往往于經世大法莫之察也。帝王之學，在措諸事業。此其所以異也。」上語輔臣曰：「蘋起草茅，而議論若素宦于朝者，此通儒也。」賜進士出身，授祕書省正字。金師既退，應詔陳言，奏三事，一曰正心誠意，二曰辨君子小人，三曰消朋黨，上嘉納之。又奏曰：「堯、舜、禹、湯、文、武之道相傳，若合符節。非傳聖人之道，傳其心也；非傳聖人之心，傳己之心也。己之心無異聖人之心，萬善皆備。故欲傳堯、舜以來之道，擴充是心焉耳！」與修神宗實録，兼史館校勘。中書舍人朱震、寶文閣直學士胡安國、徽猷閣待制尹焞皆舉以自代，而安國言之尤力，謂其學有師承，識通世務，使司獻納，必有裨益。以著作佐郎通判常州，尋奉祠。秦檜惡之，以從子誼坐法株連奪官。久之，復主管台州崇道宮祠。先生樸實簡默，頹然若與世相忘。未嘗著書，垂老乃作論語集解，未成而卒。雲濠案：先生著又有易傳，見尹和靖書，當時曾鏤板于吾邑。其于同門，蓋亦和靖之亞，故和靖之寓虎丘，與先生最相得。其才氣遠不逮文定，然如范伯達、曾吉甫皆文定高弟，而請益于先生惟謹，可以知其所造之粹，較之漢上之夾雜，殆遠過之。吕居仁于程門諸宿老從遊殆徧，亦亟推先生。惟朱子謂其「不過一識伊川之面，而所記都差」，得無太過邪？

震澤記善録

問致知之要。曰：「宜近思。且體究『喜怒哀樂未發謂之中』。」又曰：「莫被『中』字礙，只看未發時如何。」

「聞之伊川：不偏之謂中，不易之謂庸。」曰：「是非伊川之言。不然，則初年之說。昔伊川嘗批與叔中庸說曰：『「不倚之謂中」，其言未瑩。』吾親問伊川如何未瑩，伊川答甚簡，曰：『中無倚著。』蓋須是四旁方可言不倚。」

「伊川言顏子非樂道，則何所樂？」曰：「心上一毫不留。若有所樂，則有所倚。功名富貴固無足樂，道德性命亦無可樂。莊子所謂『至樂無樂』。」

祖望謹案：「至樂無樂」之說，似未可以釋伊川之語。

問：「『大哉乾元』是喜怒哀樂未發時？」曰：「元已是生物之始。」

問：「鬼神是陰陽之功用，非世俗所謂鬼神也。然如『明則有禮樂，幽則有鬼神』，『況于人乎，況于鬼神乎』，皆以鬼神與人析言之。」曰：「明底便是禮樂，幽底便是鬼神。指事故異名，非以鬼神與人爲二也。」

問：「將孔、孟之言切要處思索，如何？」曰：「須是玩味咀嚼。昔有以此問伊川者，伊川答曰：『若一看有得，終不浹洽。』蓋吾道非如釋、道，一見了便從空寂去。」

若未有見，且暫放過。思不可苦，苦則愈遠。

學者體究，切不可以文義解釋。張思叔所謂「勸君莫作聰明解」也。

問：「伊川說『人之生也直』是『天命之謂性』。謝顯道曰『順理之謂直』，則是率性之事矣。」曰：「伊川說上一折，顯道說下一折。」

問：「『君子何患乎無㊀兄弟』，似無差等。」曰：「司馬牛憂無兄弟，故以此廣其意。蓋語有抑揚也。」

問：「『仁，人心也』，而又曰『以仁存心』，何也？」曰：「觀書不可梏于文義。『以仁存心』，但言能體仁耳。」

人心本無思慮，多是記憶既往與未來事。乃知事未嘗累心，心自累于事耳。康節詩：「既往盡歸閒指點，未來都是別支吾。」故君子思不出其位。

學者須是下學而上達。灑掃應對，卽是道德性命之理。禮記「凡爲長者糞之禮，必加帚于箕上，以袂拘而退，其塵不及長者，以箕自鄉而扱之」，試體究此時此心如何。堯、舜揖遜之心，卽羣后德讓之心，卽黎民於變時雍之心。且灑掃者誰與？應對者誰與？其理微矣！樊遲問仁，子曰：「居處恭，執事敬，與人忠，雖之夷狄，不可棄也。」學者只是說過，試以此言踐履之，體究之，斯知上達之理矣。聖人之道無本末，無精粗，徹上徹下，只是一理。

「人而不仁，疾之已甚，亂也。」非特彼憒，而我之心已先亂矣。

伊川四十以後，記性愈進。今人年長則健忘，豈可不知其故哉！

祖望謹案：信伯大段似和靖，後輩則延平亦頗近之，然其詞氣所少精采耳。其微有差處，則以近禪也。予以朱子之言細核其語錄，因舉其可疑者于後。

問：「浩然之氣，塞乎天地之間？」曰：「洞達無間，豈止塞于天地！」

㊀「無」字原脫，據論語顏淵補。

祖望謹案：此言謬矣！或者門人記録之失。

問：「如何是『萬物皆備于我』？」先生正容曰：「萬物皆備于我。」某于言下有省。

祖望謹案：此亦近乎禪家指點之語。

盡心知性以知天，更不須存養矣。其次則欲存心養性以事天。

祖望謹案：此語亦謬！

震澤文集

老氏謂「爲學日益，爲道日損，損之又損，以至于無」，想所深曉也。于道既得，則聖人所以齋戒，所以退藏于密，所以和順于道德者，皆不過此。所謂密者，意、必、固、我有一尚存，則不密矣。如釋氏謂鬼神窺覰不見者，乃密也。答吕舍人居仁。

祖望謹案：此段亦謬！

梓材謹案：謝山所節震澤記善録二十五條，震澤文集二條。今以文集一條移李子勉傳後，記善録三條移爲附録，又一條移爲陳齊之附録，一條移入明道學案，二條移入伊川學案。

附録

先生昔在洛中，晚坐，張思叔誦「逝者如斯夫」，范元長曰：「此即是道體無窮。」思叔曰：「如是説，便不好。」先生曰：「道須涵泳，方有自得。」

范伯達云：「『天下歸仁』，只是物物皆歸吾仁。」先生指窗問曰：「此還歸仁否？」范默然。

祖望謹案：此語亦近王伯安格物格到竹子之說。

宗杲祭中書呂舍人呂公文云：「深明造道，遊戲大千。」先生曰：「釋氏只將此理來遊戲，更無用處。吾儒則不肯便休。」以上記善録。

胡五峯與曾吉甫書曰：河南之門，得其指歸者零落殆盡。今之存者，叩其所安，亦似規矩寬縱。不加嚴謹，後學將安所正？如王學士說佛「實見道體，只是差之毫釐，故不可與入堯、舜之道」。若佛氏實見道體，則途轍何容有差？伊川謂其「畧見道體」，今王氏乃改「畧」爲「實」，豈不迷亂學者！

梓材謹案：此謝山所録五峯文集與曾吉甫條之上半截也，移入于此。謝山原底于「王學士」旁注云「王謂信伯」。

汪玉山曰：王信伯理會經旨，全不費力。嘗說：「龜山中庸解有過當處。且如『中庸不可能』，云：『有能，斯有爲之者，則與道二矣。』何必如此！中庸自是不可能。又如『所以行之者一也』，只是達德有三，而其所以行之一而已，不必以一爲誠。」

林拙齋紀問曰：天游嘗稱王信伯于釋氏有見處，後某因見信伯，問之，信伯曰：「非是于釋氏有見處，乃見處似釋氏。初見伊川，令看論語，且畧通大義，乃退而看之。良久，既于大義粗通矣，又往求教，令去玩索其意味。又退而讀之，讀了又時時静坐，静坐又忽讀，忽然有箇入處，因往伊川處吐露，伊川肯之。」某因問其所入處如何，時方對飯，信伯曰：「當此時，面前樽俎之類，盡見從此中流出。」

又曰：信伯嘗見陳齋之壁間有温公畫像，正在賓位背後，信伯久之不肯坐，須令撤其像乃坐。後與一士語及此，云：「不惟是背畫像坐不便，此亦不是書室中玩好之物。

祖望謹案：伊川之學，傳于洛中最盛，其入閩也以龜山，其入秦也以諸呂，其入蜀也以譙天授輩，其入浙也以永嘉九子，其入江右也以李先之輩，其入湖南也由上蔡而文定，而入吳也以王著作信伯。考信伯師弟之淵源力量似稍淺狹，然吳人自安定以來，得重接學統者，非其功與？梨洲先生嘗以著作語録不得爲恨，今予幸得見之。

震澤講友

肅公尹和靖先生焞別爲和靖學案。

張思叔先生繹別見劉李諸儒學案。

震澤學侶

文清呂東萊先生本中別爲紫微學案。

李先生子勉

李□□，字子勉，南康人。

附錄

震澤送李子勉序曰：子勉，予畏友也。剛直不屈，言行必求合于古人。雖忤大臣，拂流俗，曾不之顧。然有爲而爲之，未若無心而悉當；直前不顧，未若應之從容。士不可以不弘毅。足以有容，足以有執，乃能溥博淵泉而時出之。此弘毅之所以不可偏也。予嘗有意于斯而未能，願與子勉共進之。

震澤門人胡、程三傳。

教授陳唯室先生長方

講官陳先生少方合傳。

陳長方，字齊之，本福州長樂人，廣平游氏高弟侁之子也。紹興進士，江陰軍學教授。以母爲吳中林氏女，遂居吳中，從王信伯遊。隱居步里，閉户研窮經史，以教學者。其説主直指以開人心，使學者歸于自得。所著書曰步里客談、尚書傳、春秋傳、禮記傳、兩漢論、唐論、上蔡語論辯證。學者稱爲唯室先生。信伯門下士以先生爲上座。上蔡語録多佛語，先生讀之，知其爲江表民語，凡若干條。當時有鈔上蔡、表民語合爲一帙者，遂幷以爲上蔡之書而人莫知也。其步里客談，明季尚有其書，而今亡矣。弟少方，字同之，亦從信伯遊，時稱「王門二陳」。孝宗朝仕至東宮講官。

步里客談

太史公有俠氣，故于趙奢、穰苴、儀、秦、刺客等作傳更得手，以未嘗窺聖賢門户，故五帝、三王、孔、孟紀傳雖補綴事迹，亦未盡善。

梓材謹案：謝山所録步里客談三條，今移入高平學案一條，移入龜山學案一條。

附録

震澤記善録曰：陳齊之自言，初疑「逝者如斯」，每見先達必問，人皆有説以見告。及問先生，則曰：「若説與公，只説得我底，公卻自無所得。」齊之其後有詩曰：「閒花亂蕊競紅青，誰信風光不繫停？問此果能知逝者，便須觸處盡相應。」蓋至此方有所自得。

舍人楊先生邦弼

楊邦弼，字良佐，本建寧浦城人，文公億四世孫也。紹興十二年進士第三，釋褐太學博士。踰年，通判信州。尋以大理出持湖南漕節，不務鉤致，甚得大體。累官起居舍人，使金，終于中書舍人。先生以從王信伯遊，居吴中之震澤，探極理趣，唯室陳氏之亞。吴中建三賢祠，以唯室與先生配著作云。

隱君章復軒先生憲

章先生憼合傳。

章憲，字叔度，本浦城人，其父甫始徙居吳之黄村，龜山爲作墓志者也。先生初從龜山，已而從王信伯遊，後從紫微。隱居不仕，操履高潔，餘力學文，皆有矩度，朱漢上尤重之。邃于春秋。學者稱爲復軒先生。信伯之門，唯室兄弟早死，其得傳者莫如先生。復軒集十卷，曾文清公爲之序，今不傳。其祭信伯文云：「滔滔者學，孰窮涯涘？孰致中和？孰合内外？孰脱章句，見之行事？學得其源，究觀其委，如立之平，以評斯市。」蓋有得之言也。先生有弟曰憼，字季明，亦在龜山、信伯、紫微之門。紫微嘗言：「叔度兄弟學甚勤，而求之于予者甚重，其將大有所成也！」

周先生憲

周憲，字可則，永豐人也。從呂紫微遊，而卒業于王信伯。震澤記善録，其所輯也。先生之自序曰：「某供灑掃于呂公之門，大要分是非邪正，明進退出處，嚴辭受取予之義，而躬行以盡性。所言備載童蒙訓、春秋説，故不復録。公病日漸，乃以書屬著作先生曰：『周憲秀才朴茂可喜，有志斯道，當蒙與進。』未及行而公卒。曾文清公又以書申公意，使行，遂受業于先生。二年歸，見文清，命以記録，時尚未敢。今三十年矣，遺忘日多，追其緒言一二，以示同志。」

祖望謹案：朱子不以是録爲然，而明王文成公極稱之。要之，其中亦有可取者。

知州范先生如圭

文清曾茶山先生幾

並見武夷學案。

監税陸子正先生景端

別見和靖學案。

施先生庭先

施庭先，字□□，鹽官人也。隱士德操之姪。雲濠案：當作「族姪」。德操與横浦爲講學友，而先生受業于王信伯，林艾軒嘗稱之。

附錄

施彦執北窗炙輠曰：余嘗愛族姪庭先説詩，以爲：「言之不足，故嗟歎之㊀；使言之可足，卻只如此也。嗟歎之不足，故詠歌之，使嗟歎之可足，卻只如此也。詠歌之不足，故不知手之舞之足之蹈之也；使詠歌之可足，卻只如此也。惟卻了他不得，故獨爲之舞蹈耳。」

又曰：庭先見予書王信伯始見伊川事，以爲侍立七十餘日，止得「不爲血氣所遷」一句。庭先以爲七十餘日不語便是矣，正不在此一句。止此庭先具眼處，但只此一句亦不是客句。

㊀「故嗟歎之」四字原無，據毛詩大序及下文例補。

宮教宋先生宜之

宋宜之，字□□，不知其何所人也。亦受業于王信伯，嘗錄其語。

侍郎曾習庵先生逮

曾逮，字仲躬，河南人，文清公幾次子也。累官户部侍郎。嘗從信伯受業，其記信伯之言曰：「『師不專在傳授，友不專在講習。精神氣貌之間，自有相激發處，是爲善親師友者。』逮因觀鄉黨一篇所記動容周旋，然後知羣弟子所以事夫子，用是道也。」學者稱爲習庵先生。有習庵集十二卷。

正字方次雲先生翥附翁深父。

方翥，字次雲，莆田人也，元寀之孫。由施庭先以事王信伯，遂有所得，艾軒謂其先我聞道。初，艾軒嘗慕嵇、阮之爲人，先生笑曰：「當求一等人物，可以同出于舞雩之下者。若此等，恐立不定也。」艾軒悚然。有隱君子翁深父者，先生每往從之。以進士尉閩清，到官三百日而去，自是闔門佚宕于風煙無人之處。已而有薦之者，召除祕書省正字，凡九月，以風聞論事罷，遂乞外。先生吐棄一切章句，大略與艾軒等。亦不肯著書，有所嘯詠，出于偶然，艾軒以爲孟浩然一種詩也。周教授伯忱見之，亦以爲豪傑之士。其卒也，艾軒爲之受弔。

附錄

從兄峉爲廣東轉運副使，作萬卷樓，儲書千二百笥，語先生曰：「次雲才性，不出户十年，可移吾書入肝膈矣。」先生既第，不涉仕途凡十八年，盡讀之。

敬事鹽官施庭先，而與陸子静、林謙之爲友。朱子過莆，謁先生，甚禮敬之。

林竹溪鬳齋學記曰：「次雲先生謂：『吾文如雨，有則流溢四壑，無時一點也無。』」

次雲講友

文節林艾軒先生光朝別爲艾軒學案。

文安陸象山先生九淵別爲象山學案。

施氏門人胡、程四傳。

正字方次雲先生翥見上震澤門人。

次雲家學

縣令方先生耒別見劉胡諸儒學案。

□□□□

晏先生明中

晏明中，字太易。

陳先生戌

陳戌，字可行。

梓材謹案：晏、陳二先生，謝山稿底附載震澤學案中，未詳其里居師承，姑附以俟攷。

宋元學案卷三十

劉李諸儒學案

黄宗羲原本　黄百家纂輯　全祖望補定

劉李諸儒學案表

劉絢
李籲
侯仲良——胡寅別爲衡麓學案。
　　　　胡寧別見武夷學案。
　　　　胡宏別爲五峯學案。
劉立之
朱光庭——朱右別見北山四先生學案。
邢恕——子居實別見安定學案。
並明道、伊川門人。
安定、濂溪再傳。

張繹

馬伸——何兌——子鎬別見晦翁學案。

吴給

周孚先

周恭先

晏敦復

袁溉——薛季宣別爲艮齋學案。

附師薛翁。

蔣行簡別見兼山學案。

焦瑗——沈銖——子煥別爲廣平定川學案。

子炳別見廣平定川學案。

舒烈

孫允——子枝別見滄洲諸儒學案。

沈鏜

沈銘

高閌別見龜山學案。

趙敦臨別見龜山學案。

童大定別見龜山學案。

- 周純明
- 孟厚
- 馮理
  - 子忠恕別見和靖學案。
- 范棫
- 謝湜
- 李參
- 譙定
  - 劉勉之
  - 胡憲並爲劉胡諸儒學案。
  - 張浚別爲趙張諸儒學案。
  - 馮時行㊀
    - 李舜臣
      - 子心傳
        - 高斯得別見鶴山學案。
      - 子道傳
      - 子性傳
  - 張行成別爲張祝諸儒學案。
- 翟霖
- 趙彥道
- 唐棣

㊀「馮時行」原作「馮宙可」，按「時行」爲名，「當可」爲字，本書各表例用名，今據改。

劉李諸儒學案序録

祖望謹案：程子弟子最著者，劉、李諸公以早卒故，其源流未廣；晉陵周氏兄弟亦爲和靖所許；其後馬伸、吴給以大節見。亦有不稱其薪傳者，如邵溥之委蛇僞命，李處廉之以墨敗。至于邢恕，則古公伯寮之倫也與！述劉李諸儒學案。梓材案：程子門人，自滎陽、上蔡、龜山、廌山、和靖、兼山、震澤各立學案外，並入是卷，爲劉李諸儒學案、

二程門人胡、周再傳。

博士劉質夫先生絢

劉絢，字質夫，其先常山人，後徙河南。祖舜卿，虞部郎中；父師旦，朝散大夫。先生以祖蔭爲壽安縣主簿，移潞之長子令。督公逋，如期而集，迄去不笞一人。歲大旱，府遣吏視傷，所蠲税十一二三㊀，先生力争不得，還其榜，請易之。富鄭公歎曰：「劉絢，古縣令也！」元祐初，侍郎韓公維、樞密王公巖叟相繼以經明行修薦，爲京兆府教授，又爲太學博士。卒，年四十三。先生生質明粹，長而温恭，自髫齔時即事二程，受學焉。所受有本末，所知造淵微，知所止矣，孜孜焉不知其他也。天性孝弟樂善，而不爲異端所惑；内日加重，而無交戰之病。明道嘗謂人曰：「他人之學，敏則有之，未易保也。斯人之至，吾無疑焉！」少通春秋，祖于程氏，專以孔、孟之言斷經意，作傳未就。既病，與李端伯言曰：「每昏悶時，正坐端意，氣卽下。平居持養，氣可忽乎！」同舍呂與叔過問疾，先生曰：「死生常理，無足言者。獨念累吾親爾！」

附録

先生殁，伊川哭之曰：聖學不傳久矣！吾生百世之後，志將明斯道、興斯學于既絶，力小任重而不懼其難者，蓋亦有冀矣。以謂苟能使知之者廣，則用力者衆，何難之不易也。遊吾門者衆矣，而信之

㊀「十一二三」，宋史本傳作「財什二」，財同才，「才什二」言其少，義較顯明。伊洛淵源録卷八作「才二三」。

篤、得之多、行之果、守之固若子者幾希。方賴子致力以相輔，而不幸遽亡，使吾悲傳學之難。則所以惜子者，豈止遊從之情哉！

程子曰：質夫沛然。

侯仲良曰：明道和平簡易，惟劉絢庶幾似之。

謝上蔡曰：諸君留意春秋之學，甚善。向見程先生言，須要廣見諸家之說。其門人惟劉質夫得先生旨意爲多。

校書李端伯先生籲

李籲，字端伯，緱氏㊀人。第進士。元祐中，爲祕書省校書郎，卒。先生與劉質夫才器志尚頗相同。伊川云：「端伯相聚雖不久，未見他操履，然才識穎悟，自是不能已也。」又云：「明道語録，只有端伯本無錯。他人多只依説時，不敢改動，或脱忘一兩字，便大別。端伯卻得其意，不拘言語，往往録得都是。」先生殁，追悼之曰：「自予兄弟倡明道學，能使學者視傚而信從者，籲與絢有力焉！」

附録

吕正字祭先生文曰：子之胸中，闓肆開發，求之孔門，如賜也達。子與人交，洞照其情，和而不流，時靡有爭。子之于事，如控六轡，逐曲舞交，屈折如意。予求友于四方，顧所得之幾希，志或同而才之

㊀「緱氏」，宋史本傳作「洛陽」。按地理志一，緱氏縣於神宗熙寧八年併人偃師縣，屬河南府即古洛陽郡，故亦稱洛陽。

不足，才或高而志與之違。子敏且強，予心子契，謂其有年，以立斯世。嗟如之何，皇天降災，夭于中道，使不得盡其才。

朱子伊洛淵源録曰：李校書嘗記二程先生語一編，號師説，伊川稱之，而祭文亦有傳道之説。蓋自劉博士外，他人無此言也。

侯荆門先生仲良

侯仲良，字師聖，河東人，二程子舅氏華陰先生無可之孫。人有欲館先生于其門者，先生造焉，則壁垂佛像，几積佛書，其家人又常齋素，欲先生從之，先生遂行。或問之，先生曰：「疏食，士之常分。若食彼之食，則非矣。吾聞用夏變夷，未聞變于夷者也。」人有父在而身爲祖母忌日飯僧者，召先生，先生不往。或問之，先生曰：「主祭祀者，其父也，而子當之，則無父矣。吾何往焉！」胡文定與楊大諫書云：「侯某去春自荆門潰卒甲馬之中脱身，相就于漳水之濱，今已兩年。其安于羈苦，守節不移，固所未有。至于講論經術，則通貫不窮，商摧時事，則纖微皆察。因遣子宏從之遊。」

附錄

尹和靖曰：伊川謂侯子議論，只好隔壁聽。

朱子説侯子論語曰：詳味此言以驗此書，竊謂其學大抵明白勁正，而無深潛縝密沈浸濃郁之味，故精微曲折之際不免疏畧，時有罅縫。不得于言而求諸心，乃其所見所存有此氣象，非但文字之疵也。

承議劉先生立之

劉立之，字宗禮，河間人。嘗官晉城，爲承議郎，敍述明道事迹者。其父與二程子有舊。先生早孤，數歲即養于二程家，娶二程叔父朝奉之女。郭白雲稱其登門最早，精于吏事云。參伊洛淵源錄。

雲濠謹案：宋劉氏名立之者二人，其一臨江人，字斯立，尚書主客郎中，爲公是、公非二先生之父。

學士朱先生光庭

朱光庭，字公掞，偃師人。嘉祐二年進士，調萬年簿。文潞公舉應制科，會仁宗升遐，罷試。丁艱。服除，爲修武令，改垣曲，以樞密臣薦召對㊀。呂汲公大防守長安，辟簽書判官。司馬文正薦，召爲左正言。歷左司諫、右諫議、給事中。出知亳州，復召爲給事中。後知潞州，遷集賢院學士。紹聖元年卒，年五十八。先生受學于泰山，告以爲學之本，主于忠信，終身力行之。雲濠案：范內翰爲先生墓誌云：「神宗問所治何經，公對以少從孫復受春秋。」又云：「初受學于安定先生，告以爲學之本」云云㊁。此傳似誤合爲一。後從二程于洛，聞格物致知爲進道之門，正心誠意爲入德之方，深信不疑。其爲諫官，奮不顧身，以衞師門，遂名洛黨之魁。蓋傑然自拔于流俗者也。

梓材謹案：黃氏原本，先生傳在泰山學案，其後補本又有傳在伊川學案。一人不載兩傳，先生爲程門大弟子，故于泰山卷標其目，而傳與附録併入于此。

㊀宋史本傳此處作：「曾孝寬以才薦，神宗召見。」

㊁宋史本傳亦云：「光庭始學於胡瑗，瑗告以爲學之本在於忠信。」

附錄

簿萬年，數假邑事，邑人謂之明鏡。

神宗召對，言：「陛下卽位以來，更張法度。臣下行之，或非聖意，故有便有不便。誠能去其不便，則天下均被福矣！」

温公薦爲左正言，首以辨大臣忠邪爲言，又請天子燕閒與儒臣講習，罷提舉常平官，不散青苗錢，廣儲蓄，備水旱，太學置明師以養人材，論奏無虚日。

太皇太后嘉公正直，諭以朝政闕失，當安心言之，勿畏避。公感知遇，知無不言。時進退大臣，損益政事，密勿啓沃，多見施行。

劉摯罷相守鄆州，公封還麻制，以摯有功大臣，不當無名而去，言者若指臣爲朋黨，願被斥而不辭。後鄭雍攻之，出知亳州。

伊川哭之曰：自予兄弟倡學之初，衆方驚異，君時甚少，獨信不疑。篤學力行，至于没齒，志不渝于金石，行可質于神明。在邦在家，臨民臨事，造次動静，一由至誠。上論古人，豈易其比。蹇蹇王臣之節，凜凜循吏之風。謂當大施于時，必得其壽；天胡難忱，遽止于此。七八年間，同志共學之人相繼而逝。原注：劉質夫、李端伯、吕與叔、范巽之、楊應之相繼而逝也。今君復往，使予踽踽于世，憂道學之寡助。則予之哭君，豈特交朋之情而已！

胡文定曰：自熙寧、元祐、靖國間，事變屢更。當其時，固有名蓋天下，致位廟堂，得行所學者。然夷考其事，猶有憾焉！如張天祺、朱公掞等，可謂奮不顧身，盡忠許國，而議論亦過矣。乃知理未易窮，義未易精，言未易知，心未易盡，聖賢事業未易到也。

宗羲案：朱子言：「公掞文字有尺幅，是見得明也。」然攷蘇子瞻策問，有「欲師仁祖之忠厚，而患百官有司不舉其職，或至于偷，法神考之勵精，而恐監司守令不識其意，流入于刻」。公掞爲左司諫，即奏：「學士院不識大體，謂仁祖、神考不足師法，乞正其罪，以戒人臣之不忠者。」此等舉動，與孔文仲實在百步、五十步之間。洛、蜀相持，使小人收漁人之利，只是見不明也。

尚書邢和叔恕

邢恕，字和叔，陽武人。其行事詳具宋史，及邵伯温辯誣等書。云：「邢和叔後來亦染禪學。其爲人明辯有才，後更曉練世事。其于學，亦日月而至焉者也。」又云：「謝良佐曾問：『涪州之行，知其由來，乃族子與故人耳。』伊川曰：『族子至愚，不足責；故人情厚，不敢疑。原注：族子謂程公孫，故人謂邢恕。孟子既知天，安用尤臧氏！』因問：『邢七雖爲惡，然必不到更傾先生也？』伊川曰：『然。邢七亦有書到頤，云屢于權宰處言之。不知身爲言官，卻說此話。未知傾與不傾，只合救與不救。』便在其間又問：『邢七久從先生，想都無知識，後來極狼狽。』先生曰：『謂之全無知識則不可，只是義理不能勝利欲之心，便至于此也。』」參伊洛淵源録。

附錄

上蔡語録曰：邢七云一日三點檢，伯淳先生曰：「可哀也哉！其餘時句當甚事？蓋放三省之説錯了，可見不曾用功。」又多逐人面上説一般語，伯淳先生責之，邢曰：「無可説。」先生曰：「無可説，便不得不説？」

伊川門人

張思叔先生繹

張繹，字思叔，河南壽安人。初以文聞鄉曲，一旦以科舉之學不足爲，適小程子歸自涪，時先生年已三十，乃往受業。讀孟子「志士不忘在溝壑，勇士不忘喪其元」，慨然歎曰：「人能如此，則無不可爲之事！」未及仕而卒。伊川嘗言「晚得二士」，謂先生與和靖也。

張釆謹案：思叔大約英分多，故有得孟子此兩句。

附錄

施氏北窗炙輠曰：張思叔，伊川高弟也。本一酒家保，喜爲詩，雖拾俗語爲之，往往有理致。謝顯道見其詩而異之，遂召其人與相見，至則眉宇果不凡。顯道卽謂之曰：「何不讀書去？」思叔曰：「某下賤人，何敢讀書！」顯道曰：「讀書人人有分。觀子眉宇，當是吾道中人。」思叔遂問曰：「讀何書？」曰：「讀論語。」遂歸，買論語讀之。讀畢，乃見顯道曰：「某已讀論語畢，奈何？」曰：「見程先生。」思叔曰：「某何等人，敢造程先生門！」顯道曰：「第往！先生之門，無貴賤高下，但有志于學者，即授之耳。」思叔遂往見伊川，顯道亦先爲伊川言之，伊川遂留門下。一日侍坐，伊川問曰：「記曰：『有所忿懥，則不得其正。有所恐懼，則不得其正。有所好樂，則不得其正。有所憂患，則不得其正。』正卻在何處？」思叔遂于言有省。其後伊川之學，最得其傳者惟思叔。今伊川集中有伊川祭文十許首，惟思叔之文理極精微，卓乎在諸公之上也。

張橫浦曰：惠迪吉，逆迪凶。非于順道之外復有吉，從逆之外復有凶也。張思叔，伊川高弟也。或問：「人而不仁，疾之已甚，何以謂亂？」思叔曰：「此亂在我，非在彼也。使日用間規規以疾人爲心，則我之方寸已紊亂矣。非方寸外復有亂也。」此卽惠吉逆凶之意。

侍御馬東平先生伸

馬伸，字時中，東平人。紹聖四年進士，歷西京法曹。因張繹求見伊川程子，時學禁方興，伊川固辭。先生十反，愈恭，毅然對曰：「使伸朝聞道，夕死何憾！」自是公暇日一造請，卒受中庸以歸。靖康初，孫傅以卓行薦，召擢監察御史。金人陷汴京，立張邦昌，衆唯唯。先生與御史吳給約奏檜共爲議狀，乞存趙氏，復嗣君位。同院無肯連名者，先生獨持以往。而銀臺司視書不稱臣，卻不受。先生投袂叱之曰：「吾今日不愛一死，正爲此爾！」卽繳申尚書省以示邦昌。其書畧曰：「相公不幸，迫于強寇，使當僞號。所以忍須臾死而詭聽之者，其心若曰：與其虛遜㈠于人而實亡趙氏之宗，孰若虛受于己而實存趙以歸爾！忠臣義士未即就死者，亦以相公必能立趙孤也。今金人北還，康王在外，國即有屬。宜即發使通問，掃清宮室，率羣臣共迎而立之。然後歸死司寇，伏闕俟命。如此，則明主必能照察相公忠實存國，義非苟生，且棄過而録功矣。否則九廟在天，萬㈡無成理。仲必不能爲宋朝叛臣，請先伏死都市，以明此心。」邦昌得書氣阻，明日，議迎孟后垂簾，追還僞赦，遣使往迎康王。既即位，擢殿中侍御史，撫諭荆湖、廣南。所過州縣，察吏賢否與民利疚以聞。乃先奏孫覿、謝克家「趨操不正，宜加遠竄」；又奏黄潛善、汪伯彦罪惡：「摭其所爲，誠辜倚任，陛下隱忍不肯斥逐，中原遺民固已絶望，二聖還期在何時邪？」疏入，留中。明日，改衞尉少卿，辭不拜，移疾待命。二相恚甚，必欲殺之，責以言辭不實，降監濮州酒税。濮逼近敵境，先生怡然襆被而行，死道中。天下識與不識，皆寃痛之。明年，廣陵陷，黄、汪始以誤國竄殛，乃召先生爲衞尉少卿，未知其死也。尋加直龍圖閣。後以胡文定安國言，贈諫議大夫。先生天資純確，問學淵源，勇于爲義，而所韞深厚。每日晨興，必整衣冠端坐，讀中庸一過，然後出視事。嘗曰：「吾志在行道。若以富貴爲心，則爲富貴所累，以妻子爲念，則爲妻子所奪，而道不可行也。」山東已擾，家尚留于鄆。嘗稱：「孔子言㈢『志士不忘在溝壑，勇士不忘喪其元』，今日何日，溝壑乃吾死所也。」門人何兑爲辰州通判，覩郵報，秦檜自陳存趙之功，他人莫預，兑即徑取先生事狀達尚書

㈠「遜」原作「孫」，據宋史本傳改。

㈡「萬」上原有「雖」字，據宋史本傳删。

㈢按此下引語見孟子滕文公下及萬章下，「孔子言」當作「孟子言」。

省。檜大怒，下兌荆南詔獄，坐削官，竄眞陽。檜死，始放還，復其官。

待制吴先生給

吴給，字敦仁，□□人。嘗爲左司郎官。見建炎時政記。

梓材謹案：先生爲伊川門人，官至徽猷閣待制，見道命録。

鹽場周先生孚先

周孚先，字伯忱，晉陵人。雲濠案：伊洛淵源録作毗陵人。與弟伯温俱從伊川學。伊川嘗謂先生兄弟氣質純明，可以入道。其後俱由鄉薦入太學。先生調四明鹽場，改建德尉，不就，後丐祠。伯温終坑冶官。

坑冶周先生恭先

周恭先，字伯温，伯忱之弟也。初見伊川，伊川曰：「從事覺有所得否？學者要自得。」先生問何如可以自得，曰：「『思曰睿，睿作聖。』須是于思慮間得之。」又問顔子如何學孔子到此深邃，伊川曰：「顔子所以大過人者，只是得一善則拳拳服膺，與能屢空爾。」兄弟由鄉薦入太學，氣質不少異，尤篤于信道。釋褐，授坑冶幹官。每以沽名爲戒，謂子孫曰：「吾歿後，毋爲誌文碑銘，以重吾不德。」終身恬于進取。修。

侍郎晏先生敦復

晏敦復，字景初，臨川人，元獻公殊之曾孫也。少學于小程子。第進士，累官權吏部侍郎，請謁不行，銓綜平允，凡四選格法，多所裁定。除給事中，在職二月，論駁二十四事，人皆憚之。真拜吏部侍郎。檜始拜相，制下，朝士相賀，先生有憂色曰：「姦人相矣！」及檜倡屈己許和之說，先生爭甚力，又與張燾等廷爭之。檜使所親諭曰：「能曲從，兩府地旦夕可至。」先生曰：「薑桂之性，到老愈辣。終不爲身計，誤國家。」卒不能屈。先生靜默如不能言，及立朝論事，鯁峭無所顧避。帝每稱曰：「卿可謂無忝爾祖矣！」

進士袁道潔先生溉附師薛翁。

袁溉，字道潔，汝陰人。少嘗學于河南二程先生。舉進士，免貢㊀，避地州㊁西山中。建炎初，羣盗劫山，先生又避于金㊂、房山谷間。王彦卿㊃即其廬就學李靖兵法，先生謝不告，轉徙山南。時進士類㊄試宣撫司，或勸就試求官，先生曰：「官不可苟求也！」移居富順，鄰家薛翁以賣香自給，鄰里莫詳其趨步。先生以刺謁之，薛翁慢駡不應，先生固已疑之矣。積日屢造其門，薛翁喜而見之。先生與之縱論六經，薛翁曰：「子學已博，然寡要。夫經所以載道，而言所以明道，何以多爲！」先生謹受教。薛翁喜，因以所學授之。自是先生所爲益純粹近古。由闕至夏口，岳開府飛欲延致幕下，先生見面出，語所知曰：「岳公武人而泥古，難乎免矣！」因家于荆州，往來夷陵、秭歸諸郡。與士大夫言，循循然，人知其厚德君子也。

㊀「貢」原作「官」，據薛浪語集（清同治壬申金陵書局本）卷三十二袁先生傳改。㊁「州」上原有□（闕字符號），據同上書删。㊂「金」原作「京」，據同上書改。按金指金州，與房州接界。㊃「王彦卿」，薛浪語集作「王金州彦」。㊄「類」原作「屢」，據同上書改。

病作，殁于二聖寺，年七十，無子。先生學，自六經百氏，下至博弈小數，方術兵書，無所不通。于易、禮㊀尤精邃，未嘗輕以示人。樂善孜孜，蓋天性然也。與王樞密庶故善，樞密家有伊洛遺書，先生欲傳未能。俄而樞密死，先生不遠千里，從其諸子傳録，書畢遽行。靖康後，天下兵荒甫起，鄉社義兵所在聚保，先生累以奇計破賊。蓋先生當需才之際，文章智畧皆足以資世用，乃百不施一，竟以窮死，是可哀已！薛艮齋季宣，其高弟也，嘗爲之傳，且曰：「先生以所學纂一文字，凡四類，曰理，曰義，曰事，其一則忘之矣。」參薛浪語集。

梓材謹案：此傳本艮齋所作先生傳。少學于河南二程，則本之艮齋學案主一案語。第攷吕范諸儒蘇季明傳云「詣二程受學」，二程謂小程子，蓋以明道爲大程，即以伊川爲二程也。此二程則亦小程之謂耳。

布衣焦公路先生瑗

焦瑗，字公路，山東人也。嘗遊伊川之門，以避地至鄞。高憲敏公、趙庇民、童持之輩以其所得共證明之，其所言多與楊氏合，于是日益請業，而吾鄉之洛學遂日盛。史忠定集言：先生以布衣入錢塘，聲稱滿朝。丞相趙豐公方振洛學，已起用和靖、漢上諸老，欲薦先生，力辭不可，豐公至尊禮之。已而先生來寓大涵之麓，居人頗藉藉道。先生家居必修容，雖見妻子不少惰，出與物接，動必中禮，後生輩多遠之，而習爲夷居之流者甚且非笑之，而先生不顧也。已而漸有從之者，望之儼然，即之温然，則已心折。及詳叩其議論，則有大過人者，始皆願附講席，而信豐公之譽爲不虛。及先生殁，而弟子遵其禮

㊀「禮」原作「理」，據薛浪語集改。

法，如先生無恙時。雖極貴顯者，其容止莊敬，衣冠端嚴，人之見之，不問皆知其爲先生弟子也。補。

進士周先生純明

周純明，字全伯，澶淵人，都官長孺之子也。長孺受業康節，早卒，康節撫先生如子，教之讀書，因爲求昏于伊川。康節歿，先生從伊川卒業。喪其嫡母，又有所生母之喪，疑于爲服爲□，伊川亦未決。康節之子伯温以問司馬温公，温公答曰：「雜記：『有三年之練冠，則以大功之麻易之。』又云：『有父之喪，如未没㊀喪而母死，其除父之喪也，服其除服，卒事，反喪服。』『雖諸父昆弟之喪，如當父之喪，其除諸父昆弟之喪也，皆服其除服，卒事，反喪服。』是先有喪而重有者，皆當别爲服也。曾子問曰：『並有喪，如之何？何先何後？』孔子曰：『其葬也，先輕而後重；其奠及虞，先重而後輕。』』所謂『遭同月』者也。今律令嫡繼慈養諸母皆服齊衰三年，則固當同服，而設位則當于他所。蓋喪服小記『妾祔于妾祖姑』，是其尊卑不可混也。」伯温以語先生，遵而行之。

孟先生厚

孟厚，字敦夫，洛人。從伊川，又爲王氏學。舉業特精，獨處一室，糞穢不治。嘗獻書于伊川，伊川云：「孟厚初時説得也似，其後須没事生事。」一日，伊川語之曰：「子何不見尹焞、張繹？朋友間最好講學。」然三公皆同齒也。先生見和靖曰：「先生令厚來見二公。若彥明固所願見，如思叔莫不消見否？」

㊀「没」原作「歿」，據禮記雜記改。鄭注：「没，猶竟也。」

和靖曰：「只不消見思叔之心，便是不消見焞之心也。」伊川之葬，門人畏黨禍，莫敢至，獨先生與尹、張、范棫、邵溥送焉。

馮東皐先生理

馮理，字聖先，汝州人，自號東皐居士。陳恬叔易爲作誌文，尹和靖再題其後。其子忠恕從和靖學，涪陵記善録者也。和靖稱：東皐見伊川，曰：「二十年聞先生教誨，今有一奇特事。」伊川問之，曰：「夜間燕坐，室中有光。」伊川曰：「頤亦有一奇特事。」請問之，伊川曰：「每食必飽。」參伊洛淵源録。

范先生棫

范棫雲濠案：一作域。洛陽人，程子門人。參儒林宗派。

梓材謹案：二程遺書伊川祭文後載尹子曰：「先生之葬，洛人畏入黨，無敢送者，故祭文惟張繹、范域、孟厚及焞四人。乙夜，有素衣白馬至者，視之，邵溥也，乃附名焉。蓋溥亦有所畏，而薄暮出城，是以後」云。

博士謝先生湜

謝湜，字持正，金堂人。登元豐進士，官至國子博士。小程子之高弟也。著有易記。

謝山答臨川雜問曰：謝湜于宋儒林中無所見，尹和靖語録云：「蜀人謝湜以所著春秋請正程子，程子答以更二十年方可講此。」則當與劉絢同時，胡氏行輩稍後之矣。今觀其書，亦無甚精藴，以之備春秋一種可耳。湜嘗赴京，先至洛見程子，問以何往，答曰：「將試學官。」程子曰：「求爲人師而試之乎？」湜遂不行。事見遺書。則當以布衣終也。

李先生參

李參㊀。

梓材謹案：先生端伯之弟，學于伊川，嘗集程氏春秋說，附見武夷學案茅堂傳。

徵君譙天授先生定

譙定，字天授，涪陵人。少喜佛，後學易于郭氏。郭氏世家爲南平，始祖在漢爲嚴君平之師，蓋象數之學也。先生後至京，聞伊川講道于洛，特往見之，得聞精義，造詣深至，浩然而歸。靖康初，中丞呂好問薦于欽宗，召爲崇政殿説書，辭不就。高宗卽位，許翰又薦。蹇甚，與中貴人鄰，饋以衣食不受；潛委金去，先生袖而歸之。上將擢用，會金兵至，不果。復歸蜀，愛青城大峩㊁之勝，棲遁其中。蜀人敬禮，不敢名，稱之曰譙夫子。後以易學授劉白水勉之、胡籍溪憲，而馮時行、張行成則得先生之餘意者也。

梓材謹案：謝山奉臨川帖子二云：「有及相隨從而不得置之弟子者，如譙定之于程門是也。」是先生在程門私淑之列，于諸弟子當分別載之。然謝山于劉胡諸儒序録言籍溪與白水同師譙天授，于趙張諸儒言魏公嘗從譙天授遊，皆自先生以上溯伊洛，則先生固程門一大宗也。萬氏儒林宗派固以先生爲程子門人。

㊀按宋史卷三三〇有李參傳，與此非一人。　㊁「大峩」，宋史本傳作「太面」。

翟先生霖

翟霖，正叔先生之徒也。嘗送正叔西遷，道宿僧舍，坐處背塑像，正叔令轉倚勿背，乃問曰：「豈以其徒敬之，故亦當敬邪？」正叔曰：「但具人形貌，便不當慢。」或因質此語龜山，曰：「孔子云：『始作俑者，其無後乎！爲其象人而用之也。』蓋象人而用之，其流必至于用人。君子無所不用其敬，見似人者不忽，于人可知矣。若于似人者而生慢易之心，其流必至于輕忽人。」

梓材謹案：此段本在龜山語録，移以立傳。

承議趙先生彦道

趙彦道，程氏弟子。參儒林宗派。

梓材謹案：先生蓋字景平，取「王道平平」之義。有問答語，見程氏遺書。

雲濠謹案：祁居之誦尹和靖之説云：「昔有趙承議從伊川學，其人性不甚利，伊川亦令看敬字。趙請益，伊川曰：『整衣冠、齊容貌而已。』」承議當即先生。

祕書唐先生棣

唐棣，字彦思，宜興人。雲濠案：一作毗陵人。官祕書丞。有語録一卷，見遺書。參伊洛淵源録。

暢先生大隱

暢大隱，字潛道，洛人。遺書第二十五卷即其所記也。遺書言先生「許多時學，乃方學禪」，是于此蓋未有得也。同上。

范先生文甫

暢先生中伯合傳。

范文甫、暢中伯二人，不詳其名，見唐彥思録。同上。

舍人李先生處遜

李處遜，字嘉仲，洛人，見唐録。後爲中書舍人，溺死維揚。同上。

林先生大節

林大節，不詳其鄉里、名字、行實，但遺書言其「雖差魯，然所問便能躬行」，然則亦篤實之士也。同上。

張先生閎中

張閎中，不詳其名字。有答書，見伊川文集。同上。

梓材謹案：以上七先生，蓋皆伊川之徒。

待制邵澤民溥

邵溥，字澤民，百源之孫，子文之子也。進士第。靖康初，爲户部侍郎。高宗踐祚，以例貶官。紹興中，復待制，宣撫川、陝。師事晁崇福。梓材案：原文作「師事崇福十二父」，崇福蓋晁子止從父詠之之道。奉祠崇福宮而終，故謂之崇福云。詩文早有能聲。有邵氏集十二卷。參郡齋讀書志。梓材謹案：澤民嘗及伊川之門。謝山學案劄記云：「大宋受命之寶，建隆開基所創也。圍城中，副留守邵溥取而藏之。張邦昌遣使奉迎大元帥于山東，以爲獻。」故序録言其「委蛇僞命」，則有媿于師門家學者矣。

縣令李□□處廉

李處廉者，永嘉令也。紹興七年，以贓敗，詔貸死，籍其資。論者以之攻伊川。補。

梓材謹案：是條本係謝山學案劄記，以之爲傳，列于小程子門人之末，亦瑕瑜不妨並見也。

荆門門人胡、周三傳。

文忠胡致堂先生寅別爲衡麓學案。

參議胡茅堂先生寧別見武夷學案。

承務胡五峯先生宏別爲五峯學案。

和叔家學

邢先生居實別見安定學案。

東平門人

通判何龜津先生兑

何兑，字太和，武陽人，官于辰陽。始爲小吏南方，會東平馬先生以御史宣慰諸道，一見賢之，奏取爲屬，因授以所聞中庸于程夫子之門者，且悉以平生出處大節告之詳焉。既東平以言事謫死，先生歸，守其學，終身不少變。其端己端物，發言造事，蓋無食息之頃而不惟中庸是依也。鄉人愛敬，至以「中庸何公」目之。于他經亦無所不學，尤盡心于易，作集傳若干卷。晚以東平移書僞楚斥使避位之節列上史官，宰相惡其分己功，逮繫詔獄，削籍投荒，終不自悔，以卒其身。先生嘗榜其燕居之堂曰味道，蓋取中庸所謂「莫不飲食，鮮能知味」之云也。其子叔京屬晦翁爲之記。參朱子文集。

雲濠謹案：學案東平原傳以先生爲邵武人，邵武府志則謂上饒人，重和元年進士。謝山底本劄紀載何兑龜津易傳，龜津其自號也。易傳今佚，見朱氏經義攷。

道潔門人

文憲薛艮齋先生季宣別爲艮齋學案。

知州蔣先生行簡別見兼山學案。

公路門人

簽判沈公權先生銖

沈銖㊀，字公權，定海人。紹興五年進士，簽書鎮東軍判官，終承務郎。嘗學于焦先生公路，以傳程氏之學。史忠定王稱其「忠信質直，莊敬端嚴，造次必稽孔、孟之言。是是非非，無曲從苟止。孝修于家，行尊于鄉。面箴人失，退無後言」。其高弟舒烈作行狀，謂先生事焦先生極恭，其後諸生所以事先生一如之，雖已極貴，然莫敢墮先生家法。子煥、炳。補。

沈先生鏜

沈先生銘合傳。

沈鏜、沈銘，簽判弟。兄弟皆焦先生公路之高弟也。其事公路，終日拱立，不以其學成而假借。公路之喪，心制三年，無失禮。補。

梓材謹案：此傳自謝山所作焦先生傳分立之。原文但云「沈簽判兄弟，先生之高弟也。」二先生之名，據沈氏譜補之。

憲敏高息齋先生閌

教授趙庇民先生敦臨

㊀按宋史卷三五四有沈銖傳，與此非一人。

通判童持之先生大定並見龜山學案。

東皋家學

知軍馮先生忠恕別見和靖學案。

天授門人

簡肅劉白水先生勉之

簡肅胡籍溪先生憲並爲劉胡諸儒學案。

忠獻張紫巖先生浚別見趙張諸儒學案。

知州馮縉雲先生時行

馮時行，字當可，蜀人。嘗從譙天授遊。紹興間以奉禮郎召對，言和議不可信，引漢高祖分羹事爲喻，忤旨，秦檜遂謫先生知萬州，尋抵以罪。參史傳㊀。

梓材謹案：程沙隨述先生嘗言：「易之象在畫，易之道在用。」號縉雲先生，其學傳于李舜臣。又案：先生之文號縉雲集。

郎中張觀物先生行成別爲張祝諸儒學案。

㊀按馮時行宋史無傳，本書所述事迹，略本於宋史秦檜傳。

龜津家學胡、周四傳。

縣令何臺溪先生鎬別見晦翁學案。

公權家學

端憲沈定川先生煥別爲廣平定川學案。

徵君沈先生炳別見廣平定川學案。

公權門人

進士舒先生烈

舒烈，鄞縣人。乾道八年進士，受業沈簽判公權，爲程氏之學。其先人嬾堂中丞亶也。補。

梓材謹案：此傳謝山兼敘嬾堂，今節之，爲立傳于士劉諸儒樓氏門人之末。

教授孫先生允

孫允，鄞縣人，監嶽吉甫之父也。從鄉先生沈簽判學，學以真實爲本。教授鄉校者十年。參至正四明志。

縉雲門人

宗正李子思先生舜臣

李舜臣，字子思，井研人。生四年知讀書，八歲能屬文。少長，通古今，推迹興廢，洞見根本。紹興末，張魏公視師江、淮，先生應詔上書，言乘輿不出，無以定大計，著江東勝後之鑑十篇上之。中乾道二年進士第，對策論金人世讎，無可和之義，考官惡焉，紬下第。調邛州安仁縣主簿，有治聲。教授成都府，改知饒州德興縣。民有母子昆弟之訟，連年不决，爲陳慈孝友恭之道，遂爲母子兄弟如初。間詣學講說，邑士皆稱蜀先生。遷宗正寺主簿，重修裕陵玉牒，當曾布、吕惠卿初用，必謹書。或謂非執政除免，格不應書，先生曰：「治忽所關，何可拘常法！」他所筆削類此。尤邃于易，嘗曰：「易起于畫，理、事、象、數，皆因畫以見，舍畫而論，非易也。畫從中起，乾坤中畫爲誠敬，坎離中畫爲誠明。」著本傳三十三篇。朱子晚歲每爲學者稱之。所著書羣經義八卷、書小傳四卷、文集三十卷、家塾編次論語五卷、鏤玉餘功録二卷。子心傳、道傳、性傳。以性傳官二府，贈太師，追封崇國公。參史傳。

梓材謹案：黄勉齋爲貫之道傳墓志云：「自宗正公以文學行誼爲學者師，誨諸子必以聖賢爲法。」

教授家學胡、周五傳。

監嶽孫吉甫先生枝別見滄洲諸儒學案。

子思家學

侍郎李秀巖先生心傳

李心傳，字微之，子思先生長子也。慶元初，薦于鄉。既下第，絶意不復應舉，閉户著書。晚以薦爲史館校勘，賜進士出身，專修中興四朝帝紀。甫成其三，因言者罷。踵修十三朝會要，端平三年成書。召爲工部侍郎，言：「『大兵之後，必有凶年』，蓋其殺戮之多，賦斂之重，使斯民怨怒之氣，上干陰陽之和，至于此極也。願亟降罪己之詔，以回天心。」未幾，復以言去，奉祠居潮州。淳祐初罷祠，復予，又罷。三年，致仕。卒，年七十有八。先生有史才，通故實，然其作吴畏齋、項平甫傳，褒貶有愧秉筆之旨。蓋其志常重川蜀而薄東南之士云。所著成書，有高宗繫年録二百卷、學易編五卷、誦詩訓五卷、春秋考十三卷、禮辯二十三卷、讀史考十二卷、舊聞證誤十五卷、朝野雜記四十卷、道命録五卷、西陲泰定録九十卷、辯南遷録一卷、詩文一百卷。參史傳。

微之語

陳瑩中諸公但攻荆公坐象爲僭，不知三代典禮，大享先王，功臣皆與享焉，則尸象必不立受。今不論其學術之乖戾，而第以坐視人主之拜跪爲逆禮，此學術不醇之過也。

梓材謹案：盧氏藏底，謝山于是條標云「入微之學案」，是謝山本爲先生立一學案，而序録無之，故以其家學並入于此。

東萊之學甚正，而優柔細密之中，似有和光同塵之弊。象山之學雖偏，而猛厲粗畧之外，卻無枉尺直尋之意。

道命録序

嘉定十七年，詔尚書都省曰：「朕惟伊川先生紹明道學，爲宋儒宗，雖屢被褒榮，而世禄弗及，未稱崇奬儒先之意。可訪求其後，特與録用。」德音傳播，天下誦之。蓋自伊川之被薦而入經筵，逮今百四十年矣。愚嘗網羅中天以來放失舊聞，編年著録，次第送官，因得竊考道學之廢興，乃天下安危、國家隆替之所關繫，未嘗不嘆息痛恨于惇、京、檜、侂之際也。程子曰：「周公没，聖人之道不行。孟軻死，聖人之學不傳。」夫道卽學，學卽道，而程子異言之，何也？蓋行義以達其道者，聖賢在上者之事也；學以致其道者，聖賢在下者之事也。舍道則非學，舍學則非道。故「學道愛人」，聖師以爲訓，倡明道學，先賢以自任，未嘗岐爲二焉。自數十年，不幸憸邪讒諂之小人立爲「道學」之目，以廢君子。而號爲君子之徒者，亦未嘗深知所謂道，所謂學也，則往往從而自諱之，可不歎哉！子曰：「道之將行也與？命也。道之將廢也與？命也。」故今參取百四十年之間道學廢興之故，萃爲一書，謂之道命録。蓋以爲天下安危、國家隆替之所關繫者，天實爲之，而非惇、京、檜、侂之徒所能與也。雖然，抑又有感者：元祐道學之興廢，係乎司馬文正之存亡；紹興道學之興廢，係乎趙忠簡之用舍；慶元道學之興廢，係乎趙忠定之去留。彼一時也，聖賢之道學，其爲厄也已甚矣，而義理之在人心者，訖不可得而泯也。孟子曰：「聖人之于天道也，命也；有性焉，君子不謂命也。」故由孔子之言，則有天下國家者可以知所戒；由孟子之言，則修身守道者可以知所任。至若近世諸公，或先附後畔，或始疑終信。視其所以，則先附後畔皆出于一時利害之私，而始疑終信則由夫動心忍性，增益其所不能而致此也。又有或出或入之士，義利交戰于中，而卒之依違俯仰，以求媚于世。蓋所謂「焉能爲有，焉能爲無」者。必也，見善明，用心剛，而卓然不惑于生死禍福之際，于道學也，其庶幾乎！

文節李貫之先生道傳

李道傳，字貫之，子思先生中子也。雲濠案：先生由隆州徙居吳興。先生少長，讀河南程氏書，玩索義理，至忘寢食。雖處暗室，整襟危坐，肅如也。由進士第調蓬州教授。吳曦反，曦黨以曦意脅先生，先生以義折之，棄官歸。曦平，詔以先生抗節不撓，進官二等。嘉定時，累遷著作佐郎。首言：「人才之盛衰，繫學術之明晦。今學禁雖除，而未嘗明示天下以除之之意。願下明詔，崇尚正義，取朱熹論語孟子集註、中庸大學章句、或問四書，頒之太學，仍請以周敦頤、邵雍、程顥、程頤、張載五人從祀孔子廟。」時執政有不樂道學者，語侵先生，先生不爲動。以著作郎出知真州，提舉江東常平。與漕臣真西山賑饑，窮冬風雪中，雖深村窮谷必至，賴以全活者甚衆。攝宣州守，行朱子社倉法。入除兵部郎官，辭未就。李楠覘當路指意，乞授以節鎮蜀，遂出知果州。至九江，得疾卒，年四十八，賜謚文節。先生與兄弟相視如師友，故其一家之學，言論操履，一歸于正。自蜀來東南，雖不及登朱子之門，而訪求所嘗從學者與講習，盡得遺書讀之，篤于踐履，氣節卓然。于經史未有論著，曰：「學未至，不敢。」于詩文未嘗苟作，曰：「學未至，不暇。」一日以疾謁告，真西山造焉，臥榻屏間，大書「喚起截斷」四字，知其用功慎獨如此。參史傳。

梓材謹案：魏鶴山爲虞先生剛簡墓志云：「爲鈐屬，爲華陽，又得與成都范文叔、季才、少才、少約，豫章李思永、延平張子真、漢嘉薛仲章，同郡程叔達、李微之、貫之，唐安宋正仲，漢嘉鄧元卿相與切磋于義理之會。」是先生兄弟固二江諸子學侶也。

雲濠謹案：謝山奉臨川帖子云：「古人師弟之間相從不苟，故有展轉私淑而不害其爲弟子者。如胡文定之于大小程子，乃以淑之楊、謝諸公之學，又李文惠公之于朱子是也。」文惠當是文節，傳寫之譌。四川通志作文靖。又案宋史，端州李尚書大性諡文惠，孝宗朝與陳止齋等以言事去，然未言其私淑朱子也。

少保李成之先生性傳

李性傳，字成之，子思先生之季子。嘉定四年舉進士，歷幹辦行在諸軍審計事。進對「有崇尚道學之名，未遇其實」，帝曰：「實者何在？」先生對曰：「在陛下格物致知，以爲出治之本。」累遷起居舍人兼侍講，疏請復古喪制。官至權參知政事，尋同知樞密院事，未幾落職。後以資政殿大學士提舉洞霄宮。寶祐二年，依舊職提舉萬壽觀兼侍讀。以觀文殿學士致仕。卒，贈少保。參史傳。

秀巖門人胡、周六傳。

僉樞高恥堂先生斯得別見鶴山學案。

朱氏續傳

長史朱白雲先生右別見北山四先生學案。

宋元學案卷三十一

呂范諸儒學案

黄宗羲原本　黄百家纂輯　全祖望補定

呂范諸儒學案表

呂大忠 汲公兄。——馬涓
　　　　　　　　——張瞻

呂大鈞——子義山

呂大臨 並汲公弟。——周行己
　　　　　　　　——許景衡 並爲周許諸儒學案。
　　　　　　　　——沈躬行
　　　　　　　　——謝天申 並見周許諸儒學案。

蘇昞 並橫渠、明道、伊川門人。安定、高平、濂溪再傳。

范育
游師雄——子　蟻
种師道
潘拯
李復
田腴——呂好問
　　　呂切問並見滎陽學案。
邵清——子　整——蘇大璋
　　　從子　景之別見劉胡諸儒學案。
張舜民
薛昌朝
並橫渠門人。
高平再傳。

呂范諸儒學案序録

祖望謹案：關學之盛，不下洛學，而再傳何其寥寥也？亦由完顏之亂，儒術并爲之中絶乎。伊洛淵源録畧于關學，三呂之與蘇氏，以其曾及程門而進之，餘皆亡矣。予自范侍郎育而外，于宋史得游師雄、种師道，于胡文定公語録得潘拯，于樓宣獻公集得李復，于童蒙訓得田腴，于閩書得邵清，及讀晁景迂集，又得張舜民，又于伊洛淵源録註中得薛昌朝，稍爲關學補亡。述呂范諸儒學案。梓材案：黄氏本以三呂及其門人別爲藍田學案，今從序録列呂范諸儒學案之首。

張程門人范、周再傳。

龍學呂晉伯先生大忠

呂大忠，字晉伯㊀。其先汲郡人，祖太常博士通葬藍田，遂家焉。父比部郎中蕡，六子五登科，先生其長也。皇祐中第進士，歷知代州。遼使至代，設次，據主席，先生與之争，遼使屈，乃移次于長城北。已而復使，求代北地，神宗將從之。時先生晉祕書丞，丁艱，議奪情副常卿劉忱報使，先生辭未行。忱已使回，遼使又至，召同忱入對。先生曰：「彼遣一使來，即與地五百里。若使魏王英弼來求關南，則何如？」神宗曰：「是何言也！」先生曰：「然則安可以代北啟其侈心！」忱曰：「大忠之言，社稷至計，願陛下熟思之。」執政知先生之不可奪也，先罷忱，先生遂乞終喪制。紹聖二年，加寶文閣直學士、知渭州，付以秦、渭之事。先生奏對，欲以計徐取横山，不求近功。既而鍾傳㊁城安西，王文郁用事，章惇、曾布主之，先生議不合。紹述黨禍起，降待制。弟汲公大防連遭貶謫，先生乞以所進官爲㊂量移，徙知同州。

㊀「晉伯」，宋史作「進伯」。晉、進古通。　㊁「傳」原作「傅」，據宋史本傳及鍾傳傳改。　㊂宋史本傳「爲」下有「大防」二字。

致仕。卒，復龍圖直學。先生性剛毅質直，勇于有爲。與其弟和叔大鈞、與叔大臨俱遊于張、程之門，伊川曰：「晉伯老而好學，理會直是到底。」橫渠亦稱先生「篤實而有光輝」。上蔡曰：「晉伯弟兄皆有見處。蓋兄弟之既多且貴而皆賢者，呂氏也。」先生爲從官，歸見縣令，必致桑梓之恭；待部吏如子弟；于學者多面折其短而樂于成人，雖汲公，未嘗少假顏色也。嘗坐堂上，汲公夫人拜庭下，二婢掖之，先生慍曰：「丞相夫人邪？吾但知二郎新婦耳。不病，何用人扶！」汲公爲之媿謝。每勸汲公辭位以避滿盈之禍云。

附錄

上蔡語録曰：晉伯甚好學，初理會箇仁字不透，吾因曰：「世人說仁，只管著愛上，怎生見得仁。只如『力行近乎仁』，力行關甚愛事，何故卻近乎仁？」推此類具言之，晉伯因悟，曰：「公說仁字，正與尊宿門說禪一般。」

祖望謹案：慈溪黃氏曰：「上蔡儒其衣冠，而講說如此！」

教授呂和叔先生大鈞

呂大鈞，字和叔，晉伯之弟。嘉祐二年進士，授秦州司理，監延州折博務，改知三原縣。移巴西、侯官、涇陽，以父老，皆不赴。丁艱服除，以道未明，學未優，不復有仕進意。久之，大臣薦爲王宮教授，尋監鳳翔船務。元豐五年，卒。疾革，內外灑掃，冥然若思。久之，客至問安，交語未終而歿。先生爲人剛質，常言：「始學，行其所知而已。道德性命之際，躬行久則自至焉。」橫渠倡道于關中，寂寥無有和者。先生于橫渠爲同年友，心悅而好之，遂執弟子禮，于是學者靡然知所趨向。橫渠之教，以禮爲先，先生條爲鄉約，關中風俗爲之一變。范侍郎育表其墓曰：「唯君明善志學，性之所得者盡之心，心之所知者踐之身，可謂至誠敏德者矣！」子義山。

呂氏鄉約

德業相勸

德謂見善必行，聞過必改，能治其身，能治其家，能事父兄，能教子弟，能御僮僕，能肅政教，能事長上，能睦親故，能擇交遊，能守廉介，能廣施惠，能受寄託，能救患難，能導人爲善，能規人過失，能爲人謀事，能爲衆集事，能解鬬争，能決是非，能興利除害，能居官舉職。

業謂居家則事父兄，教子弟，待妻妾，在外則事長上，接朋友，教後生，御僮僕。至于讀書治田，營家濟物，畏法令，謹租賦，如禮樂射御書數之類，皆可爲之。非此之類，皆爲無益。

右件德業，同約之人各自進修，互相勸勉。會集之日，相與推舉其能者，書于籍，以警勵其不能者。

過失相規

過失，謂犯義之過六，犯約之過四，不修之過五。

犯義之過，一曰酗博鬬訟，訟謂告人罪惡，意在害人，誣賴爭訴，得已不已者。若事干負累，及爲人侵損而訴之者，非。二曰行止踰違，踰禮、違法衆惡皆是。三曰行不恭遜，侮慢齒德者，持人短長者，恃强陵人者，知過不改、聞諫愈甚者。四曰言不忠信，或爲人謀事，陷人于惡；或與人要約，退卽背之；或妄説事端，熒惑衆聽者。五曰造言誣毁，誣人過惡，以無爲有，以小爲大，或作嘲詠匿名文書，及發揚人之私隱，及喜談人之舊過者。六曰營私太甚。與人交易，傷于掊克者；專務進取，不恤餘事者；無故而好干求假貸者；受人寄託而有所欺者。

犯約之過，一曰德業不相勵，二曰過失不相規，三曰禮俗不相成，四曰患難不相恤。

不修之過，一曰交非其人，所交㈠不限士庶，但凶惡及遊惰無行，衆所不齒者。不得已而暫往還者，非。二曰遊戲怠惰，三曰動作無㈡儀，謂進退太疏野及不恭者，不當言而進言及當言而不言者，衣冠太華飾及全不完整者，不衣冠而入街市者。四曰臨事不恪，正事廢忘，期會後時，臨事怠惰者。五曰用度不節。

右件過失，同約之人各自省察，互相規戒，小則密規之，大則衆戒之。不聽，則會集之日，值月以告于約正，約正以義理誨諭之。謝過請改，則書于籍以俟。其爭辯不服與終不能改者，皆聽其出約。

禮俗相交

禮俗之交，一曰尊幼輩行，二曰造請拜揖，三曰請召送迎，四曰慶弔贈遺。

尊幼輩行，凡五等，曰尊者，謂長于己二十歲以上，在父行者。曰長者，謂長于己十歲以上，在兄行者。曰敵者，謂年上下不滿十歲者，長者爲稍長，少者爲稍少。曰少者，謂少于己十歲以下者。曰幼者。謂少于己二十歲以下者。

㈠「交」原作「求」，據龍本及朱文公文集卷七十四增損呂氏鄉約改。　㈡「無」原作「威」，據同上書改。

造請拜揖，凡三條，曰：凡少者幼者于尊者長者，歲首、冬至、四孟月朔辭見賀謝，皆爲禮見。皆具門狀，用幞頭、公服、腰帶、鞾笏。無官具名紙，用幞頭、襴衫、腰帶、繫鞋。唯四孟通用帽子、皂衫、腰帶。凡當行禮而有恙故，皆先使人白之。或遇雨雪，則尊長先使人諭止來者。此外候問起居，質疑白事，及赴請召，皆爲燕見。深衣、涼衫皆可，尊長令免卽去之。尊者受謁不報。歲首、冬至，具己名牓子，令子弟報之，如其服。長者歲首、冬至具牓子報之，如其服，餘令子弟以己名牓子代行。凡敵者，歲首、冬至辭見賀謝，相往還。門狀、名紙同上，唯止服帽子。凡尊者長者無事而至少者幼者之家，唯所服。深衣、涼衫、道服、背子可也。敵者燕見亦然。曰：凡見尊者長者，門外下馬，俟于外次，乃通名。凡往見人，入門必問主人食否，有他客否，有他幹否。度無所妨，乃命展刺。有妨，則少俟，或且退。後皆放此。主人使將命者先出迎客，客趨入，至廡間。主人出降階，客趨進，主人揖之升堂，禮見四拜而後坐，燕見不拜。旅見則旅拜，少者、幼者自爲一列。幼者拜則跪而扶之，少者拜則跪扶而答半。若尊者長者齒德殊絶，則少者幼者堅請納拜。尊者許則立而受之，長者許則跪而扶之。拜訖，則揖而退。主人命之坐，則致謝訖，揖而坐。退，凡相見，主人語終不更端，則告退。或主人有倦色，或方幹事而有所俟者，皆告退可也。則主人送于廡下。若命之上馬，則三辭。許則揖而退，出大門乃上馬，不許，則從其命。凡見敵者，門外下馬，使人通名，俟于廡下或廳側。禮見則再拜。稍少者先拜，旅見則特拜。退，則主人請就階上馬。徒行則主人送于門外。凡少者以下，則先遣人通名。主人具衣冠以俟，客入門下馬，則趨出，迎揖升堂。來報禮，則再拜謝。客止之則止。退，則就階上馬。客徒行，則迎于大門之外。送亦如之，仍隨其行數步，揖之則止，望其行遠乃入。曰：凡遇尊長于道，皆徒行，則趨進揖。尊長與之言則對，否則立于道側以俟。尊長已過，乃揖而行。或皆乘馬，于尊者則回避之，于長者則立馬道側揖之，俟過，乃揖而行。若已徒行而尊長乘馬，則回避之。凡徒行遇所識乘馬者，皆放此。若已乘馬而尊長徒行，望見則下馬前揖，已避亦然。過既遠，乃上馬。若尊長令上馬，則固辭。遇敵者，皆乘馬，則分道相揖而過。彼徒行而不及避，則下馬揖之，過則上馬。遇少者以下，皆乘馬，彼不及避，則揖之而過。彼徒行不及避，則下馬揖之。于幼者則不必下可也。

請召送迎，凡四條，曰：凡請尊長飲食，親往投書。禮薄則不必書。專召他客則不可兼召尊長。既來赴，明日親往謝之。召敵者以書柬，明日交使相謝。召少者用客目，明日客親往謝。曰：凡聚會皆鄉人，皆坐以齒。非士類則不然。若有親，則必序。若有他客，有爵者則坐以爵。不相妨者坐以齒。若有異爵者，雖鄉人亦不以齒。異爵謂命士、大夫以上，今陞朝官是。若特請召，或迎勞出餞，皆以專召者爲上客。如婚禮，則姻家爲上客，皆不以齒爵爲序。曰：凡燕集初坐，別設卓子于兩楹間，置大杯于其上。主人降席立于卓東，西向，上客亦降席立于卓西，東向。主人取杯親洗，上客辭。主人置杯卓子上，親執酒斟之，以器授執事者，遂執杯以獻上客。上客受之，復置卓子上。主人西向再拜，上客東向再拜，興，取酒東向跪祭，遂飲，以杯授贊者，遂拜，主人答拜。若少者以下爲客，飲畢而拜，則主人跪受如常。上客酢主人如前儀，主人乃獻衆賓如前儀，唯獻酒不拜。若衆賓中有齒爵者，則特獻如上客之儀，不酢。若昏會，姻家爲上客，則雖少亦答其拜。曰：凡有遠出遠歸者，則迎送之。少者幼者不過五里，敵者不過三里，各期會于一處，拜揖如禮，有飲食則就飲食之。少者以下俟其既歸，又至其家省之。

慶弔贈遺，凡四條，曰：凡同約有吉事則慶之，冠子、生子、預薦、登科、進官之屬，皆可賀。婚禮雖曰不賀，然禮亦曰「賀娶妻」者，蓋但以物助其賓客之費而已。有凶事則弔之。喪葬、水火之類。每家只家長一人，與同約者俱往，其書問亦如之。若家長有故，或與所慶弔者不相接，則其次者當之。曰：凡慶禮如常儀，有贈物。用幣帛、酒食、果實之屬，衆議量力定數，多不過三五千，少至一二百。如情分厚薄不同，則從其厚薄。或其家力有不足，則同約爲之借助器用，及爲營幹。凡弔禮，聞其初喪，聞葬同。未易服，則率同約者深衣而往哭弔之，凡弔尊者，則爲首者致辭而旅拜。敵以下則不拜。主人拜則答之，少者以下則扶之。不識生者則不弔，不識死者則不哭。且助其凡百經營之事。主人既成服，則相率素幞頭、素襴衫、素帶，皆用白生紗絹爲之。具酒果食物而往奠之。死者是敵以上則拜而奠，以下則奠而不拜。主人不易服，則亦不易服。主人不哭，則亦不哭。情重則雖主人不變不哭，亦變而哭之。賻禮用錢帛，衆議其數，如慶禮。及葬，又相率致賵。俟發引，則素服而送之。賵如賻禮，或以酒食犒其役夫，及爲之幹事。及卒哭及小祥及大祥，皆常服弔之。曰：凡喪家不可具酒食衣服以待弔客，弔客亦不可受。曰：凡聞所知之喪，或遠不能往，則遣使致奠，就外次，衣弔服，再拜，哭而送之。惟至親篤友爲然。過期年，則不可。情重，則哭其墓。

右禮俗相交之事，值月主之，有期日者爲之期日，當糾集者督其違慢㊀。凡不如約者，以告于約正而詰之，且書于籍。

患難相恤

患難之事七，一曰水火，小則遣人救之，甚則親往，多率人救，且弔之。二曰盜賊，近者同力追捕，有力者爲告之官司。

㊀「慢」原作「漫」，據龍本及朱熹增損呂氏鄉約改。

其家貧，則爲之助出募賞。三曰疾病，小則遣人問之，甚則爲訪醫藥。貧則助其養疾之資。四曰死喪，闕人則助其幹辦，乏財則賻贈借貸。五曰孤弱，孤遺無依者，若能自贍，則爲之區處，稽其出內，或聞于官司，或擇人教之，及爲求婚姻。貧者，協力濟之，無令失所。若有侵欺之者，衆人力爲之辦理。若稍長而放逸不檢，亦防察約束之，無令陷于不義。六曰誣枉，有爲人誣枉過惡，不能自伸者，勢可以聞于官府則爲言之，有方畧可以救解則爲解之。或其家因而失所者，衆共以財濟之。七曰貧乏。有安貧守分而生計大不足者，衆以財濟之，或爲之假貸置產，以歲月償之。

右患難相恤之事。凡有當救恤者，其家告于約正，急則同約之近者爲之告，約正命值月徧告之，且爲之糾集而繩督之。凡同約者，財物、器用、車馬、人僕皆有無相假。若不急之用，及有所妨者，則不必借。可借而不借，及踰期不還，及損壞借物者，論如犯約之過，書于籍。鄰里或有緩急，雖非同約而先聞知者，亦當救助。或不能救助，則爲之告于同約而謀之。有能如此，則亦書其善于籍，以告鄉人。

百家謹案：朱子有增損呂氏鄉約，改「德業相勵」爲「德業相勸」。

弔說

詩曰：「凡民有喪，匍匐救之。」非謂死者可救而復生，謂生者或不救而死也。夫孝子之喪親，不能食者三日，其哭不絕聲。既疾矣，杖而後起，問而後言，其惻怛之心，痛疾之意，至不欲生，則思慮所及，雖其大事，有不能周之者，而況于他哉？故親戚、僚友、鄉黨聞之而往者，不徒弔哭而已，莫不爲之致力焉。始則致含襚以周其急，朋友襚，親以進，見士喪禮。族人相爲又有含，見文王世子。三日則共糜粥以扶其羸。始死，三日不舉火，鄰里爲之糜粥以飲食之，見問喪。每奠則執其禮，士之喪，朋友奠，見曾子問。將葬則助其事。孔子之喪，公西赤爲志；子張之喪，公明儀爲志；原壤母死，孔子助之沐椁；見檀弓。其從柩也，少者執紼，長者專進止。弔非從主人也，四十者執紼，見雜記。孔子從老聃助葬于巷黨，及垣日食，老聃曰「丘㈠，止柩就道右，止哭以聽變」，此則專進止者也，見曾子問。其掩壙也，壯者待盈坎，老者從反哭。鄉人五十者從反哭，四十者待盈坎，見雜記。祖而賵焉，賵用車馬，所知則賵而不奠，兄弟乃奠，奠止用羊，並見士喪禮。不足則賻焉，知生者賻，賻用布幣以助其費，故曰「不足則賻」，見士喪禮。凡有事則相焉。司徒敬子之喪，孔子相；有若之喪，子游擯；國昭子之母死，問位于子張；並見檀弓。斯可謂能救之矣。故適有喪者之辭，不曰「願見」而曰「比」，雖國君之臨，亦曰「寡君承事」；他國之使者，曰「寡君使某，毋敢視賓客」。見少儀、檀弓、雜記。主人見賓，不以尊卑貴賤，莫不拜之，明所以謝之，且自別于常主也。平日見客，或主人先拜客，或客先拜主人。賓見主人，無有答其拜者，明所以助之，且自別于常賓也。見曲禮。自先王之禮壞，後世雖傳其名數，而行之者多失其義。喪主之待賓也如常主，喪賓之見主人也如常賓。如常賓，故止于弔哭，而莫敢與其事。如常主，故舍其哀而爲衣服飲食以奉之。其甚者，至于損奉終之禮以謝賓之勤，廢弔哀之儀以寬主之費。由是則先王之禮意，其可以下而已乎！今欲引之者，雖未能盡得如禮，至于始喪則哭之，有事則奠之，奠不必更自致禮，惟代主人之獻爵是也。又能以力之所及爲營喪具之未具者以應其求，輟子弟僕隸之能幹者以助其役，易紙幣壺酒之奠以爲襚，除供帳饋食之祭以爲賵與賻，凡喪

㈠「丘」原作「某」，係避孔丘諱，據禮記曾子問回改。

家之待己者悉以他辭無受焉，必以他辭者，免異衆嫌。庶幾其可也。

附錄

先生少時贍學洽聞，無所不該。一日聞其師說，遂遷素志，而前日之學，博而反約，涣然冰釋矣，故比他人功斂而得之尤多。愛講明井田、兵制，以爲治道必由是，悉撰成圖籍，皆可推行。丁比部憂，自始喪至葬祭，一放古儀所得爲者。而居喪一節，鉅細規矩于禮。又推之祭祀、冠昏、飲酒、相見、慶弔之事，皆不混習俗，粲然有文。以相接人，咸安而愛之。

百家謹案：先生，比部賁之第三子也。既事橫渠，卒業于二程。務爲實踐之學，取古禮繹其義，陳其數，而力行之。橫渠嘆以爲秦俗之化，和叔與有力焉，又嘆其勇爲不可及也。爲宣義郎，會伐西夏，鄜延轉運使李稷檄爲從事。既出塞，稷餽餉不繼，欲還安定取糧，使先生請于經畧安撫使种諤。諤素殘忍，左右有犯立斬，或先刳肺肝，坐者掩面，諤飲食自若。先生告以稷言，諤曰：「吾受將命，安知糧道！萬一不繼，召稷來，與一劍耳！」先生正色曰：「朝廷出師，去塞未遠，遂斬轉運使，無君父乎！」諤曰：「君欲以此報稷，先稷受禍矣！」先生怒曰：「吾委身事主，死無所辭。正恐公過耳！」諤意折，乃竟許稷還。是非先生之剛折不撓，正氣屈諤，稷難免矣。彼平居高談性命，臨事蓄縮失措，視先生直如豘豕耳！橫渠之嘆爲勇不可及，信哉！

真西山曰：和叔爲人質厚剛正，以聖門事業爲己任。所知信而力可及，則身遂行之，不復疑畏，故識者方之季路。

正字呂藍田先生大臨

呂大臨，字與叔，和叔之弟。兄弟俱登科，惟先生不應舉，以門蔭入官，曰：「不敢掩祖宗之德也。」元祐中，爲太學博士、祕書省正字。范學士祖禹薦其修身好學，行如古人，可充講官，未及用而卒，年四十七。初學于橫渠，橫渠卒，乃東見二程先生，故深淳近道，而以防檢窮索爲學。明道語之以識仁，且以「不須防檢，不須窮索」開之，先生默識心契，豁如也，作克己銘以見意。始，先生于羣書博極，能文章，至是涵養益粹，言如不出口，粥粥若無能者。賦詩曰：「學如元凱方成癖，文到相如始類俳。獨立孔門無一事，只輸顏子得心齋。」伊川贊之曰：「古之學者，唯務養性情，其他則不學。今爲文者，專務章句，悅人耳目，非俳優而何！此詩可謂得本矣。」又曰：「和叔任道擔當，其風力甚勁。然深潛縝密，有所不逮與叔。」又曰：「與叔六月中自緱氏來，燕居中必見其儼然危坐，可謂敦篤矣。」

克己銘

凡厥有生，均氣同體；胡爲不仁？我則有己。立己與物，私爲町畦；勝心橫生，擾擾不齊。大人存誠，心見帝則，初無驕吝，作我蟊賊。志以爲帥，氣爲卒徒；奉辭于天，孰敢侮予！且戰且徠，勝私窒慾，昔焉寇讎，今則臣僕。方其未克，窘我室廬，婦姑勃谿，安取厥餘。亦既克之，皇皇四達，洞然八荒，皆在我闥。孰曰天下，不歸吾仁；癢疴疾痛，舉切吾身。一日至之，莫非吾事；顏何人哉，晞之則是。

姜定庵曰：朱子評此銘，謂不合以己與物對說，不曾說著本意。今細玩之，「立己與物，私爲町畦」，此言未克以前事，似亦無傷。

未發問答

與叔曰：「中者道之所由出。」程子曰：「此語有病。」與叔曰：「論其所同，不容更有二名；別而言之，亦不可混爲一事。如所謂『天命之謂性，率性之謂道』，又曰『中者天下之大本，和者天下之達道』，則性與道，大本與達道，豈有二乎？」程子曰：「中卽道也。若謂道出于中，則道在中內，別爲一物矣。所謂『論其所同，不容更有二名；別而言之，亦不可混爲一事』，此語固無病。若謂性與道，大本與達道，可混而爲一，卽未安。在天曰命，在人曰性，循性曰道。性也，命也，道也，各有所當。大本言其體，達道言其用，體用自殊，安得不爲二乎？」與叔曰：「既云『率性之謂道』，則循性而行莫非道。此非性中別有道也，中卽性也。在天爲命，在人爲性，由中而出者莫非道，所以言道之所由出也。」程子曰：「『中卽性也』，此語極未安。中也者，所以狀性之體段。如稱天圓地方，遂謂方圓爲天地，可乎？方圓既不可謂之天地，則萬物決非方圓之所出。如中既不可謂之性，則道何從稱出于中？蓋中之爲義，自過不及而立名。若只以中爲性，則中與性不合。子居對以『中者性之德』，卻爲近之。」梓材案：子居，和叔子，傳見後。

與叔曰：「不倚之謂中，不雜之謂和。」程子曰：「『不倚之謂中』，甚善，語猶未瑩。不雜之謂和，未當。」與叔曰：「喜怒哀樂之未發，則赤子之心。常其未發，此心至虛，無所偏倚，故謂之中。以此心應萬物之變，無往而非中矣。孟子曰：『權然後知輕重，度然後知長短。物皆然，心爲甚。』此心度物，所以甚于權度之審者，正以至虛無所偏倚故也。有一物存乎其間，則輕重長短皆失其中矣，又安得如權度乎？大人不失其赤子之心，乃所謂『允執厥中』也。大臨始者有見于此，便指此心名爲中，故前言『中者道之所由出』也。今細思之，乃命名未當爾。此心之狀，可以言中，未可便指此心名之曰中。」程子曰：「喜怒哀樂之未發，謂之中。赤子之心，發而未遠于中，若便謂之中，是不識大本也。」與叔曰：「聖人智周萬物，赤子全未有知，其心固有不同矣。然推孟子所云，豈非止取純一無僞，可與聖人同乎？非謂無毫髮之異也。大臨前日所云，亦取諸此而已。今承教，乃云已失大本，茫然不知所向。聖人之學，以中爲大本，雖堯、舜相授以天下，亦云『允執厥中』。何所準則而知過不及乎？求之此心而已。此心之動，出入無時，何從而守之乎？求之于喜怒哀樂未發之際而已。當是時也，此心卽赤子之心，此心所發純是義理，安得不和？前日敢指赤子之心爲中者，其說如此。來教云：『赤子之心可謂之和，不可謂之中。』大臨思之，所謂和者，指已發而言之。今言赤子之心，乃論其未發之際，純一無僞，無所偏倚，可以言中。若謂已發，恐不可言心。」程子曰：「所云『非謂無毫髮之異』，是有異也。有異者，得爲大本乎？推此一言，餘皆可見。」與叔曰：「大臨以赤子之心爲未發，先生以赤子之心爲已發。所謂大本之實，則先生與大臨之言未有異也，但解赤子之心一句不同爾。大臨初謂赤子之心，止取純一無僞與聖人同，孟子之義亦然，更不曲折一一較其同異，故指以爲言，未嘗以已發不同處爲大本也。先生謂凡言心者皆指已發爲言，然則未發之前謂之無心可乎？竊謂未發之前，心體昭昭具在，已發乃心之用也。」程子曰：「所論意雖以已發者爲未發，及求諸言，卻是認已發者爲說。辭之未瑩，乃是擇之未精。『凡言心者，指已發而言』，此固未當。心一也，有指體而言者，『寂然不動』是也；有指用而言者，『感而遂通天下之故』是也。惟觀其所見何如爾！大抵論愈精微，言愈易差也。」

百家謹案：此條卽起豫章、延平「看未發以前氣象」宗旨。子劉子曰：「夫所謂未發以前氣象，卽是獨中真消息也。」又曰：「一喜怒哀樂耳，自其蘊諸中言，則曰未發；自其見諸外言，則曰已發。蓋以表裏對待言，不以前後際言也。」又曰：「自喜怒哀樂之存諸中者言，謂之中，不必其未發之前別有氣象也，卽天道之元亨利貞運于於穆者是也。自喜怒哀樂之發于外者言，謂之和，不必其已發之時又有氣象也，卽天道之元亨利貞呈于化育者是也。惟存發總是一機，故中和渾是一性。推之一動一靜，一語一默，莫不皆然。此獨體之妙所以卽微卽顯，卽隱卽見，而慎獨之學卽中和，卽位育。此千聖學脈也。自喜怒哀樂之說不明于後世，而聖學晦矣！」

語録

赤子之心，良心也，天之所以降衷，人之所以受天地之中也。寂然不動，虛明純一，與天地相似，與神明爲一。傳曰『喜怒哀樂之未發謂之中』，其謂此與！此心自正，不待人而後正，而賢者能勿喪，不爲物欲之所遷動。如衡之平，不加以物，如鑑之明，不蔽以垢，乃所謂正也。惟先立乎其大者，則小者不能奪。如使忿懥、恐懼、好樂、憂患一奪其良心，則視聽食息從而失守，欲區區修身以正其外，鄙矣。

百家謹案：先遺獻孟子師説云：「赤子之心，視聽言動與心爲一，無有外來攙和，雖一無所知，一無所能，卻是知能本然之體。逮其後，世故日深，將習俗之知能換了本然之知能，便失赤子之心。大人無所不知，無所不能，不過將本然之知能擴充至乎其極，其體仍然不動，故爲不失。獨夫子云：『知之爲知之，不知爲不知，是知也。』有知之，有不知，知之量也。以爲知之，以爲不知，知之體也。人以爲事事物物皆須講求，豈赤子之心所能包括。不知赤子之心是箇源頭，從源頭上講求事物，則千紅萬紫總不離根。若失卻源頭，只在事物講求，則翦綵作花，終無生意。」此説可謂盡赤子之心矣！百家因思前未發問答中伊川云『赤子之心不可謂中』一語，反不如先生之語無病。蓋赤子之心如穀種，滿腔生意盡在其中，何嘗虧欠。極大人之能事，豈能于此穀種之外添得一物？

我心所同然，卽天理天德。孟子言「同然」者，恐人有私意蔽之。苟無私意，我心卽天心。

萬物之生，莫不有氣，氣也者，神之盛也；莫不有魄，魄也者，鬼之盛也。故人亦鬼神之會爾！鬼神者，周流天地之間，無所不在，雖寂然不動而有感必通，雖無形無聲而有所謂昭昭不可欺者。人受天地之中以生，良心所發，莫非道也。在我者，惻隱、羞惡、辭讓、是非皆道也；在彼者，君臣、父子、夫婦、昆弟、朋友之交亦道也。在物之分，則有彼我之殊；在性之分，則合乎內外，一體而已。是皆人心所同然，乃吾性之所固有也。

誠者，理之實然，一而不可易者也。實理不二，則其體無雜，其體不雜，則其行無間，故至誠無息。自灑掃應對，上達乎天道性命，聖人未嘗不竭以教人，但人所造自有淺深，所得亦有大小也。仲尼曰：「吾無隱乎爾！」又曰：「有鄙夫問于我，我叩其兩端而竭焉。」然子貢高弟，猶未聞乎性與天道。非聖人之有隱，而人自不能盡爾。如天降時雨，百果草木皆甲坼，其盛衰大小之不齊，膏澤豈私于物哉！

呂博士說補

必有事焉而勿正，浩然之氣充塞天地，雖難得，而言非虛無也。必有事焉，但正其名而取之，則失之矣。

附錄

小程子曰：與叔守橫渠說甚固。每橫渠無說處皆相從，纔有說了，更不肯回。

田誠伯曰：讀呂與叔中庸解，想見其人。補。

朱子曰：與叔惜乎壽不永。如天假之年，必所見又別。程子稱其深潛縝密，資質好，又能涵養。某若只如呂年，亦不見得到此田地了。

宗羲案：朱子于程門中最取先生，以爲「高于諸公，大段有筋骨，天假之年，必理會得到」。至其求中之説，則深非之。及爲延平行狀，謂其「危坐終日，驗未發時氣象，而求其所謂中。蔡淵亦云，朱子教人「于静中體認大本未發時氣象分明，卽處事應物自然中節」，又卽先生之説也。故學者但當于本原上理會，不必言語自生枝節也。

又曰：與叔之文，如千兵萬馬，飽滿伉壯。

百家謹案：先生論選舉，欲立士規以養德勵行，更學制以量材進藝，定貢法以取賢斂才，立試法以區别能否，修辟法以興能備用，嚴舉法以覈實得人，制考法以責任考功。其論甚悉，實可施行也。呂氏六昆，汲公既爲名臣，更難先生與晉伯、和叔三人同德一心，勉勉以進修成德爲事，而又共講經世實濟之學，嚴異端之教。富鄭公致政于家，爲佛氏之説，先生與書曰：「古者三公内則論道于朝，外則主教于鄉，此豈世之所望于公者哉？」鄭公謝之。其嚴正如此！

問：「呂與叔云：『性一也，流行之方有剛柔昏明者，非性也。有三人焉，皆一目而别乎色，一居乎密室，一居乎帷箔之下，一居乎廣都之中，三人所見昏明各異，豈目不同乎？隨其所居，蔽有淺深爾！』竊謂此言分别得性氣甚明，若移此語以喻人物之性亦好。頃嘗以日爲喻，以爲大明當天，萬物咸覩，亦此日爾；茅屋之下，容光必照，亦此日爾。日之全體未嘗有小大，只爲隨其所居而大小不同爾。不知亦可如此喻人物之性否？」朱子曰：「亦善。」

葉水心習學記言曰：程氏四箴，但緩散耳㈠，固講學中事也。曾子「仁以爲己任」，不如是，何以進

㈠「耳」原作「舉」，據中華書局點校本習學記言序目改。「舉」疑是「爾」之形譌。

道。而呂大臨克己銘方以不仁爲有己所致，其意鄙淺，乃釋、老之下者。補。

博士蘇先生昞

蘇昞，字季明，武功人。學于橫渠最久，後師二程。和靖初爲科舉之學，先生謂之曰：「子以狀元及第卽學乎，抑科舉之外更有所謂學乎？」和靖未達。他日會茶，先生舉盞以示曰：「此豈不是學！」和靖有省，先生令詣二程受學。梓材案：和靖未從明道，此二程當作小程。元祐末，呂晉伯薦，自布衣召爲太常博士。坐元符上書入黨籍，編管饒州，卒。

百家謹案：先生得罪遭貶，行過洛，館和靖所，頗以遷謫爲意。和靖曰：「當季明上書時，爲國家計邪？爲身計邪？若爲國家計，當欣然赴饒。若爲進取計，則饒州之貶，猶爲輕典。」先生渙然冰釋。孫鍾元先生曰：「季明能成彥明于始，彥明能成季明于終。朋友之益大矣哉！」

附錄

季明嘗以「治經爲傳道居業之實，居常講習只是空言無益」，質之兩先生。伯淳先生曰：「『修辭立其誠』，不可不子細理會。能修省言辭，便自要立誠。若是修省言辭爲心，只是爲僞也。若修其言辭正爲立己之誠意，乃是體當自家『敬以直內，義以方外』之實事。道之浩然，何處下手？惟立誠纔有可居之處，則可以修業也。終日乾乾，大小大事，卻只是『忠信所以進德』爲實下手處，『修辭立其誠』爲㊀實

㊀「實下手處修辭立其誠爲」十字原無，據中華書局點校本二程集第二頁補。

修業處。」正叔先生曰：「治經，實學也。『譬諸草木，區以別矣。』道之在經，大小遠近，精粗高下，森列于其中。譬如日月在上，無不見者，一人指之，不若衆人指之自見也。如中庸一卷書，自至理便推之于事，如國家有九經及歷代聖人之迹，莫非實學也。如登九層之臺，自下而上者爲是。人患居常講習空言無實者，蓋不自得也。爲學，治經最好。苟不自得，則盡治五經，亦是空言。今有人心得識達，所得多矣。有雖讀書，卻患㊀在空虛者，未免此弊。」

橫渠門人高平再傳。

學士范巽之先生育

范育，字巽之，邠州三水人。舉進士，爲涇陽令。以養親謁歸，從張橫渠學。以薦授崇文校書、監察御史裏行。神宗諭之曰：「書稱『聖讒說殄行』，此朕任御史意也。」先生請用大學誠意正心以治天下國家，因薦橫渠等數人。西夏人環慶，詔先生行邊。還言：「寶元、康定間，王師與夏人三戰三北，今再舉亦然。豈中國之大，不足支數郡乎？由不察彼己，妄舉而驟用之爾！」坐劾李定親喪匿服，罷御史，知韓城縣。久之，知河中府，加直集賢院，徙鳳翔，以直龍圖閣鎮秦州。元祐初，召爲太常少卿，改光祿卿、樞密都承旨，出知熙州。時又議棄質孤、勝如兩堡，先生爭之曰：「熙河以蘭州爲要塞。此兩堡者，蘭州之蔽也，棄之則蘭州危。蘭州危，則熙河有腰膂之憂矣！」又請城李諾平、汝遮川，曰：「此趙充國屯

㊀「患」字原無，據中華書局點校本二程集第二頁補。

田古楡塞之地也。」不報。入爲給事中、户部侍郎，卒。高宗紹興中，採其抗論棄地及進築之策，贈寶文閣學士。

龍圖游景叔先生師雄

游師雄，字景叔，武功人。受學横渠。第進士，爲儀州司户參軍，遷德順軍判官。元祐初，爲宗正寺主簿。執政將棄四寨，訪于先生，對曰：「此先帝所立以控制夏人者也，若何棄之？」不聽。因著分疆録。遷軍器監丞。吐蕃寇邊，其酋鬼章青宜結乘間脅屬羌搆夏人爲亂，謀分據熙河，乃擇先生與邊臣措置，聽便宜從事。既至，諜知夏人聚兵天都山，前鋒屯通遠境，吐蕃將攻河州。先生欲先發以制之，請于帥劉舜卿。舜卿曰：「彼衆我寡，柰何？」先生曰：「在謀不在衆。」遂分兵爲二，姚兕將而左，种誼將而右，卒破洮州，擒鬼章。捷聞，百寮表賀，遣使告永裕陵。言者以爲邀功生事，止遷一官。歷集賢校理，權副陝西轉運㈠。召詣闕，哲宗勞之曰：「洮河之役，可謂高功，但恨賞太薄耳。」對曰：「皆上稟廟算，臣何力之有。惟將士勳勞未録，此爲歉也。」因陳其本末。拜衛尉少卿。帝數訪邊防利病，先生具慶曆以來邊臣施置臧否，朝廷謀議得失，及方今禦敵之要，凡十六事，名曰紹聖安邊策，上之。歷知邠州、河中府、秦州、陝州，進直龍圖閣㈡。自復洮之後，諸國悉入貢。卒，年六十。先生之學，以經世安攘爲

㈠宋史本傳此句作：「爲陝西轉運使」。

㈡宋史本傳此處作：「出知邠州，改河中府，進直龍圖閣、知秦州，未至，詔攝熙州。」下文又有「詔使者與熙帥、秦帥共謀之」云云。按：秦、熙二州均屬秦鳳路。陝州則屬永興軍路，與秦州相隔甚遠，未可兼攝。疑此陝州爲熙州之誤。

主，非瑣瑣章句，矇瞳其精神，以自列于儒者之比也。故其志氣豪邁，于事功多所建立。議者以用不盡其材爲恨。修。

謝山游景叔墓誌跋曰：游先生墓誌雖言與橫渠遊，而不言受業，疑非弟子。然其文則張公舜民，其書則邵公䌹，其篆則章公楶，皆元祐黨人之同岑。而所鐫工人爲安民，尤可珍。予方修宋儒學案，得此，爲之喜而加餐。梓材案：宋史云學于橫渠。

忠憲种先生師道

种師道，字彝叔，洛陽人。少從橫渠學。以祖世衡蔭，補三班奉職，試法易文階，爲熙州推官，權同谷縣。又通判原州，提舉秦鳳常平。議役法忤蔡京旨，換莊宅使、知德順軍。又謂其詆毀先烈，罷入黨籍，屏廢十年。後擢知懷德軍，累遷洺州防禦使、知渭州。詔帥七路兵征臧底城，八日克之，徽宗得捷書，喜進秩。從童貫爲都統制，拜保静軍節度使。貫謀伐燕，使之盡護諸將，諫曰：「鄰有盜不能救，又乘之而分其室，無乃不可乎？」貫不聽。遼使來請曰：「女真之叛本朝，亦南朝所惡也。今射一時之利，棄百年之好，結豺狼之鄰，基他日之禍，謂爲得計乎？」貫不能對。先生諫宜許之，又不聽，密劾其助賊，王黼怒，責致仕，而用劉延慶代之。延慶敗績盧溝，帝思其言，召用之。已復致仕。金人南下，趣召之，加檢校少保、静難軍節度使、京畿河北制置使。時先生方居南山豹林谷，聞命，即至洛陽。以其春秋高，天下稱爲老种。卒，贈開府儀同三司。後加贈少保，謚忠憲。修。

祖望謹案：橫渠弟子埒于洛中，而自呂、蘇、范以外寥寥者，呂、蘇、范皆以程氏而傳，而南渡後少宗關學者，故洛中弟子雖下中之才皆得見于著録，而張氏諸公泯然，可爲三歎！予于宋史得游、种二公，于晁景迂集得張舜民，于童蒙訓得田腴，于程子語録得薛昌朝，于閩志得邵清。而潘拯乃關中一大弟子，竟莫得其詳。

潘康仲先生拯

潘拯，字康仲，關中人。嘗問：「人之學，非願有差，只爲不知之故，遂流于不同。不知如何持守？」程子言：「且未説到持守。持守甚事？須先在致知。致知，盡知也，窮理格物便是致知。」參程氏遺書。

梓材謹案：此條見遺書卷十五入關語録，關中學者所記伊川先生語，或云明道先生語。又案伊洛淵源録龜山誌銘辯云：「凡公卿大夫之賢者，于當世有道之士，莫不師尊之，其稱先生有二義：一則如後進之于先進，或年齒居長，或聲望早著，心高仰之，故稱先生。若韓子之于盧仝，歐陽永叔之于孫明復是也。其一，如子弟之于父兄，居則侍立，出則杖屨，服勤至死，心喪三年，若子貢、曾子之于仲尼，近世呂與叔、潘康仲之于張橫渠是也。」據此，則先生之事橫渠可知矣。

修撰李潏水先生復

李復，字履中，長安人也。雲濠案：先生世居開封祥符，以父官關右，遂爲長安人。朱子語録稱爲閩人，蓋傳寫之誤。學者稱爲潏水先生。以進士累官中大夫、集英殿修撰。先生于呂、范諸子爲後輩，然猶及橫渠之門。宗羲修曰，負奇氣，喜言兵事。于書無所不讀，亦工詩。崇寧中，邢恕爲涇原經略使，謀立邊功以洗鄜[illegible]

宗廟之罪，因納許彥圭之説，請用車戰法及造舟五百艘，將直抵興、靈，以控夏國。時先生方爲熙河漕使，詔下委之，先生奏云：「奉聖旨，令本司製造戰車三百兩。臣嘗覽載籍，古者師行固嘗用車，蓋兵不妄動，征戰有禮，不爲詭遇，多在平原廣野，以車可行。今盡在極邊，戎狄乘勢而來，雖鷙鳥飛翥，不如是之迅。下寨駐軍，各以保險爲利。其往也，車不及期；居而保險，車不能登；歸則敵多襲逐，爭先奔趨，不暇回顧，安能收功？非若古時之可用也。臣聞此議出于許彥圭，彥圭因姚麟而獻説，朝廷遂然之，不知彥圭劇爲輕妄。唐之房琯嘗用車戰，大敗于陳濤斜，十萬義軍無有脱者。畿邑平地且如此，況今欲用于峻阪溝谷之間乎？又戰車比常車闊六七寸，運不合轍，牽拽不行。昨來兵夫典賣衣物，自賃牛具，終日方進五七里，遂致兵夫逃亡，棄車于道，大爲諸路之患。今乞便行罷造。如別路已有造者，乞更不牽拽前來。」又乞罷造船，奏云：「經畧使乞打船五百隻，于黄河順流放下，至會州西小河内藏放。有旨專委臣監督，一年了當。契勘本路只有船匠一人，須乞于荆、江、淮、浙和雇，又釘線物料亦非本路所出。觀恕奏請，實是兒戲！且造船五百隻，若自今工料並備，亦須數年。自蘭州駕放至會州，約三百里，北岸是敵境，豈可容易！會州之西小河鹹水，闊不及一丈，深止一二尺，豈能藏船？黄河過會州入韋精山石峽險窄，自上垂流直下，高數十尺，船豈可過？至西安州之東，大河分爲六七道，水淺灘磧，不勝舟載，一船所載，不過五馬二十人，雖到興州，又何能爲？又不知幾月得至。此聲若出，必爲夏國侮笑。臣未敢便依指揮擘畫，恐虚費錢物，終誤大事。」疏上，徽宗感悟，罷之。已而卒以議邊事不合罷官。久之，金人犯關中，先生已老且病，高宗以舊德强起之，知秦州，空城無兵，卒死于賊。修。

祖望謹案：宋史不爲先生立傳。洪文敏公特載二疏于隨筆中，稱其忠鯁，然似未知先生之死事者。若知之，則宋史曾經文敏之手，不應但附見之邢恕傳中也。予讀樓宣獻公集，始得之。先生論孟子集義養氣之旨，謂：「動必由理，故仰不愧，俯不怍，無憂無懼而氣自充。舍是，則明有人非，幽有鬼責，自歉于中，氣爲喪矣，故曰『無是餒也』。」朱子稱其能得大旨。所著有潏水集，今無傳。予從三館中得見永樂大典，則先生之集在焉，雲濠案：潏水集四十卷，乾道間刻于饒郡，即朱子所謂信州本。後多散佚，今存十六卷，其間有經解，易象、算術、五行、律呂及所上奏議，詩則失傳久矣。大喜，欲鈔之，而予罷官，遂不果。

梓材謹案：宋有兩李復，一即先生，一字信仲，見水心集。謝山答臨川雜問云：「潏水是關中之李復，在元祐、紹聖時極稱博學，關中之有文名者也。信仲與之同名，時之相去則甚遠。」

太學田誠伯先生腴

田腴，字誠伯，安丘人也，後徙河南。從橫渠學，而與虔州宿儒李潛善。每三年治一經，學問通貫，當時無及之者。尤不喜佛學，力詆輪迴之說，曰：「君子職當爲善。」建中靖國間，以曾子開薦，除太學正。崇寧初罷去。先生之叔明之，安定先生高弟也，其學專讀經書，不治子史，以爲非聖人之言皆不足治。而先生不以爲然曰：「博學詳說，然後反約。如不徧覽，非博學詳說之謂也。」先生嘗言：「近世學者無如橫渠先生，正叔其次也。」蓋其守關學之專如此。右丞呂好問兄弟嚴事之。補。

田先生說呂紫微居仁記。

予用心多使氣勝心，每心有所不善者，常使氣勝之。自知如此未得爲善。

祖望謹案：此不免把捉，故未善。

「居敬行簡」之言，仲弓未以聖人之言爲然而問之，而聖人以仲弓之言爲然也。學聖人者，如仲弓可也。

祖望謹案：李君行亦然。

公羊不知聖人之意，立言多害。如母以子貴及人臣無將，至令兩漢時尊丁、傅及誅大臣，蓋用公羊之說。

讀經自當先看解說，但不當有所執，擇其善者從之。若都不看，不知用多少工夫，方可到先儒見處。

讀書須是盡去某人說某人說之心，然後經可窮。

祖望謹案：先生叔明之謂讀經不必看諸家，故先生有前一條之說，而又以此一條防其弊。

梓材謹案：謝山所録田先生說凡六條，其一條移爲藍田附録。

太學邵彦明先生清

邵清，字彦明，古田人。元祐間太學諸生有「十奇士」號，先生與焉。嘗從張橫渠學易，遂不復出。

有故人任河南尹，召之，先生曰：「子以富貴驕我邪？」卒不往。參姓譜。

待制張浮休先生舜民

張舜民，字芸叟，邠州人也。慶曆中，范文正公見其所作，異之。舉進士，爲襄樂令。新法行，先生上書謂：「裕民所以窮民，强内所以弱内，辟國所以蹙國。以堂堂之天下，不當與小民争利。」時皆壯之。已而環慶帥高遵裕辟掌機宜文字，坐軍中作詩訕謗，謫監郴州酒税，以赦得原。元祐初，司馬温公舉先生才氣秀異，剛直㊀敢言，召試，得祕閣校理。除監察御史，疏論：「西夏强臣争權，戎心桀驁，豈宜加以爵命，當興師問罪。」因及太師文彦博，左遷判登聞鼓院。臺諫交章争之，請還先生職名，不報。逾年，通判虢州，提舉秦鳳路刑獄。入爲金部員外郎、祕書少監。使遼還，除直祕閣、陝西路運使，俄知陝州。徽宗即位，韓儀公忠彦爲左相，除諫議大夫。居職七日，所上事六十章，極陳陝西之弊，河北之困。尋爲吏部侍郎兼侍講。時儀公引范恭獻公純禮爲右丞，而召劉公安世、吕公希純還禁從，以先生列九卿，朝班有起色。門下侍郎李清臣恨之，首罷右丞，外除安世帥定武，希純帥高陽，使不得入朝，又出先生以龍圖閣待制知真定，儀公不能遏也。曾布爲右相，亦惡諸君子，范致虚乃奏曰：「河北三帥連横，恐非社稷之福。」于是安世、希純同日報罷，而先生亦以改同州謝表言紹聖逐臣云「脱禁錮者何止一千人，計水陸者不啻一萬里」，又曰「古先未之或聞，畢竟不知其罪」，坐訕謗落職知鄂州。然清臣亦爲布陷，

㊀「直」原作「立」，據龍本改。

出守北京。先生遂坐元祐黨籍，謫楚州團練副使，商州安置。凡五年，許自便。尋復集賢殿修撰，改仕。其歸也，杜門自守，不見賓客。時爲山游，跨一羸馬，葛巾道服，飢則啖麨一甌，人皆服其清德。紹興㊀中，贈寶文閣直學士。先生少慷慨論事。其使遼也，見耶律延禧爲皇太孫，所喜者名茶古畫，音樂姬侍，因著論，以爲他日必有張義潮挈十三州以歸朝者㊁，當不四十年見之。其文豪邁有理致，而尤長于詩。自稱年踰耳順，方敢言詩，百世之後，必有知音者。自號浮休居士，有畫墁集一百卷。雲濠案：畫墁集今存八卷。先生之從橫渠學，見于晁景迂集中，他書無所攷也。攷橫渠之卒，先生爲之乞贈于朝，以爲孟軻、楊雄之流。且景迂及與先生遊者，必不妄。惜乎畫墁集今世無是本。予雖曾從永樂大典中見之，而未得鈔其論學之緒言耳。補。

梓材謹案：謝山所節呂紫微童蒙訓，有一條云：「崇寧間，張公芸叟既貶復歸，閉門自守，不交人物。時時獨遊山寺，芒鞋道服，跨一羸馬，所至從容，飲食一甌澹麨，更無他物，人皆服其清德。」今檢謝山補撰張先生傳已入其中，則此乃采入諸學案而未刪去者也，故于紫微學案節之。

殿丞薛先生昌朝

薛昌朝，字景庸，橫渠門人。嘗爲御史，論新法。程子嘗曰：「天祺有自然德器，似箇貴人氣象，只是卻有氣短處，規規太以事爲重，傷于周至，卻是氣局小。景庸只是才敏。須是天祺與景庸相濟，乃爲

㊀「紹興」原作「紹聖」，據宋史本傳及龍本改。按紹聖爲哲宗年號，而上文已叙及徽宗。

㊁宋史本傳此句作「以爲他日必有如唐張義湖挈十三州來歸者」，較確。

得中也。」陳古靈嘗薦先生于朝曰：「才質俱美，持法端直，可置臺閣。」時先生爲殿中丞，充秦鳳、熙河㊀路句當。補。

晉伯門人范、周三傳。

臺諫馬先生涓

馬涓，字□□㊁，南部人。其父從政，初未有子，買一妾，詢知其父母死不克葬，故自鬻，遂歸妾，不責所負。後夢一翁謝曰：「我，妾父也，聞之上蒼矣。願君家富貴，涓涓不絕。」及生先生，因以夢中語爲名。元祐中，登進士第一。晉伯帥秦州，先生入判幕府，自稱狀元，晉伯謂曰：「狀元云者，及第未除官之稱也。既爲判官，則不可。今科舉之習既無用，修身爲己之學不可不勉。」又教以臨政治民之要，先生自以爲得師焉。後立朝爲臺官，有聲。崇寧二年，陷黨事，安置吉州。參姓譜。

附錄

□□□曰：馬涓官南京，元城在焉。馬涓廷試日，元城作詳定官所取也，而涓不修門生禮，元城微不喜。客以告涓，曰：「不然。省闈專設主文，是以有門生之稱。殿試蓋天子自爲座主，豈可稱門生于

㊀「河」原作「洛」，據本書卷五陳古靈熙寧經筵論薦三十三人品目改。按宋史地理志三，陝西有秦鳳、熙河（自秦鳳路分出）等路，無熙洛路。

㊁據邵氏聞見録（中華書局版）卷十四「韓持國大賢知潁昌府」條，馬涓字巨濟。

他人。幸以此謝劉公也。」元城聞而是之，自是甚懽。補。

太學張先生瞻

張瞻，字景前，□□人。晉伯爲秦帥，先生之父爲倅，遣之聽講。及入太學，晉伯曰：「微仲弟不必見，不如見與叔弟。」其時汲公爲宰相，而晉伯以爲不必見，則知先生蓋亦有志于實學者也。

和叔家學

呂先生義山

呂義山，字子居，和叔先生之子也。范侍郎育稱其能紹家學。亦嘗請業于程門。與叔嘗致書伊川先生，書曰：「大臨更不敢拜書先生左右，恐煩枉答，只令義山持此請教。蒙塞未達，不免再三浼瀆，唯望乘間口諭義山，傳誨一二，幸甚！」是先生能傳程門講席往復之語，其有得于學可知矣。伊川與與叔先生解「中」字不可即謂之性，先生對以「中者性之德」，伊川以爲近之。補。

祖望謹案：和叔止一子，見行狀，則義山之即爲子居無疑。程子集中註云：「子居，和叔之子。一云義山之字。」夫和叔之子即義山也，「一云」二字蓋門人不知而誤增之。胡文定公又疑其爲邢子居，則尤無稽之言。關中自南渡後，道梗不通接，藍田學派遂至無徵，今僅得列名學案，而其生平之詳不可得而攷矣。

藍田門人

正字周浮沚先生行己

忠簡許橫塘先生景衡並爲周許諸儒學案。

太學沈石經先生躬行

閤門謝先生天申並見周許諸儒學案。

景叔家學高平三傳。

運使游先生㦛

游㦛，殿院師雄子也。知真定縣。時朝廷新得燕山，其倉廩虜人皆席卷去，燕山大饑。朝廷命府州縣輪糧，調牛車，所在鼎沸，惟先生寂然無所爲。吏人懼，更進言之。曰：「姑去，訴縣糧已集，將行矣。」吏人皆叩頭言：「罪不細！且此事非倉卒可辦，今尚未蒙處分，柰何？諸縣且行矣！」先生曰：「使諸縣行，乃白。」已而諸縣皆行，先生乃召其民曰：「輸粟事如何？」民皆曰：「晚矣！」先生曰：「不然。吾所以不徵汝糧，調汝牛車者，正以吾自有糧在燕山故也。」民驚曰：「如何？」先生曰：「汝第往！燕山固自有糧也。汝每鄉止擇能辦事者數人，齎輕貲往糴之。」民皆惘然，遂斂出金銀，一一爲區處畢，臨行，又謂其人曰：「有餘金，當盛買牛車以歸。」民至燕山，所在糧運坌集，米價頓落，河北等路米有餘，遂糴納之。先至者以糧兑久不得納，皆賣牛車以自給，其遣人遂以餘金買之，皆乘而歸。後其事達朝廷，遂擢先生爲河北運使。參北窗炙輠。

梓材謹案：謝山學案標目有先生之名，而未爲傳，其名作議，蓋本施氏北窗炙輠也。近得游景叔墓誌石刻于諸味青學博星杓，蓋景叔諸子名皆從立。先生爲景叔第三子，舉進士，則作議爲是云。

誠伯門人

右丞呂先生好問

縣令呂先生切問

並見滎陽學案。

彥明家學

邵蒙谷先生整

邵整，字宋舉，彥明子，自號蒙谷遺老。與從□景之㊀以家學自相師友，教授生徒，常百餘人。邑人蘇大璋從之遊，終其身。先生少嘗從合沙鄭少楳學易，傳六十四卦圖説。參姓譜。

教授邵先生景之

別見劉胡諸儒學案。

㊀按劉胡諸儒學案邵景之傳云：「邵景之，……橫渠弟子彥明之姪。」則邵景之與邵整爲從兄弟，「從」下所闕一字當爲「兄」或「弟」。

蒙谷門人高平四傳。

知州蘇雙溪先生大璋

蘇大璋，字顒之，古田人也。學于蒙谷先生。少穎悟，年十三通周易。成慶元進士　爲道州教官，以闡揚正學爲己任。召試館職，除正字，遷著作郎。力言禁錮道學之非，忤大臣意，遂累章丐外，知吉州。歸，自號雙溪。補。

宋元學案卷三十二

周許諸儒學案

黄宗羲原本　黄百家纂輯　全祖望補定

周許諸儒學案表

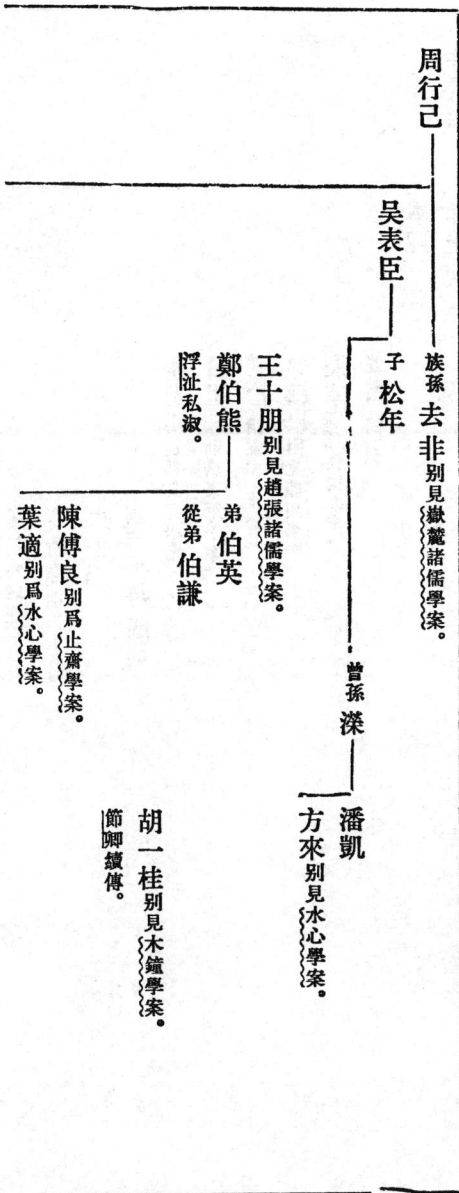

周行己
　族孫去非別見嶽麓諸儒學案。
　吴表臣
　　子松年
　　曾孫潩
　　　潘凱
　　　方來別見水心學案。
王十朋別見趙張諸儒學案。
鄭伯熊
　弟伯英
　從弟伯謙
　陳傅良別爲止齋學案。
　葉適別爲水心學案。
　胡一桂別見木鐘學案。
浮沚私淑。
節卿續傳。

陳亮別爲龍川學案。

蔡幼學別見止齋學案。

朱伯起

別附木待問

林光朝別爲艾軒學案。

呂祖謙別爲東萊學案。

並公叔講友。

郎鵬舉附見龍川學案。

張淳別見艮齋學案。

並景望同調。

李迎

許景衡

- 林季仲
- 林叔豹
- 林仲熊
- 林季貍
- 別附蕭振

謝天申

並伊川、藍田

門人。

安定、濂溪、橫渠再傳。

高平三傳。

沈躬行——從弟琪

伊川、藍田、塘奥、深父門人。

安定、濂溪、橫渠、荊公、管氏再傳。

高平、古靈三傳。

從子大廉——從孫季豐

從子大經

從曾孫體仁別見止齋學案。

劉安節——弟安禮

劉安上

戴述——弟迅

鮑若雨

潘閔

陳經正

陳經邦

陳經德

陳經郛

並伊川門人。

安定、濂溪再傳。

趙霄——弟霑

張燀——子孝愷——陳傅良別爲止齋學案。

——諸葛純——子說

蔣元中

並周、許講友。

蔡元康

潘安固

並周、許學侶。

徐誼別爲徐陳諸儒學案。

劉軫——子天益

並平楊續傳。

周許諸儒學案序録

祖望謹案：世知永嘉諸子之傳洛學，不知其兼傳關學。攷所謂「九先生」者，其六人及程門，其三則私淑也。而周浮沚、沈彬老又嘗從藍田呂氏遊，非橫渠之再傳乎？鮑敬亭輩七人，其五人及程門。晦翁作伊洛淵源録，累書與止齋求事蹟，當無遺矣，而許橫塘之忠茂，竟不列其人，何也？予故謂爲晦翁未成之書。今合爲一卷，以志吾浙學之盛，實始于此。而林竹軒者，橫塘之高弟也，其學亦頗啟象山一派。述周許諸儒學案。梓材案：周、許諸先生原列永嘉學案之一，謝山序録始定爲周許諸儒學案。

程呂門人胡、張再傳。

正字周浮沚先生行己

周行己，字恭叔，永嘉人也。學者稱爲浮沚先生。少而風儀秀整，語音如鐘，十行並下。遊太學。時新經之説方盛，而先生獨之西京從伊川遊，持身艱苦，塊然一室，未嘗窺牖。嘗作顏子不貳過論曰：「過不必大，毫末萌于心，而天地爲之應。悟不必久，斯須著于心，而天下歸其仁。」伊川亦稱之。呂與叔時在同門，先生亦師事之。豐清敏公爲司業，一日騶從鬨于堂下，先生上書規之，清敏爲巽謝焉，時兩賢之。成元祐進士，求監洛中水南糴場，以便從學。先生未達時，從母有女，爲其太孺人所屬意，嘗有成言而未納采。至是，其女雙瞽，而京師貴人欲以女女之，先生謝曰：「吾母所許，吾養志可也。」竟娶之，愛過常人。伊川常語人曰：「某未三十時，亦不能如此。然其進鋭者其退速，當慎之。」其後先生嘗屬意一妓，密告人曰：「勿令尹彥明知也！」又曰：「此似不害義。」伊川聞曰：「此安得不害義！父母之體，而以偶賤倡乎？」謝上蔡曰：「恭叔不是擺脱不開，只爲立不住，便放倒耳。」胡文定曰：「恭叔才識高明，只緣累太重。若把得定，便長進矣。」崇寧中，官至太學博士，願分教鄉里以便養親，許之。尋教授齊州。大觀三年，侍御史毛□劾先生師事程氏，卑汙苟賤，無所不爲，遂罷歸，築浮沚書院以講學。宣和中，除祕書省正字。卒于鄆。所著有周博士集三十卷。梓材案：陳直齋書録解題，浮沚先生集十六卷，後集三卷，云先生所居謝池坊有浮沚書院。○雲濠案：周博士集三十卷，本之萬曆温州府志。攷宋史藝文志稱周行己集十九卷，正合前後兩集之數，温志蓋傳譌也。永樂大典本浮沚集八卷，見四庫書目。「予從永樂大典得見之，其文蓋學東坡者。先生以偶墮狎邪之故，遂爲謝、尹諸公所譏。然攷其晚年所造，似已爲不遠之復，未可以此一節抹殺之。晦翁謂先生學問「靠不得」者，恐太過也。永嘉諸先生從伊川者，其學多無傳，獨先生尚有緒言。南渡之後，鄭景望私淑之，遂以重光。故水心謂永嘉之學「覘千載之已絶，退而自求，克兢省以禦物欲者，周作于前，鄭承于後」。然則先生之功不可没也。修。

浮沚語

先生教人，爲學當自格物始。格物者，窮理之謂也。欲窮理，直須思始得，思之有悟處始可。不然，所學者恐有限。補。

百家謹案：伊洛之學，東南之士，龜山、定夫之外，惟許景衡、周行己親見伊川，得其傳以歸。景衡之後不振；行己以躬行之學，得鄭伯熊爲之弟子，梓材案：鄭先生爲浮沚私淑弟子。其後葉適繼興，經術文章，質有其文，其徒甚盛。

祖望謹案：浮沚時與許景衡、劉安節、安上、戴述、趙霄、張煇、沈躬行、蔣元中稱「元豐太學九先生」。族孫去非爲張南軒高弟。

附錄

先生作浮沚記曰：予浮雲其仕，泛然出，油然歸。有名無位，凡民如也；有鄉無居，逆旅如也。僦室浮光山之下古西射堂之遺址，叢然小洲，繚以勺水。予視吾生若漚，起滅不常；若萍，去留無止；于是名之曰浮沚。其西爲閣，名曰漚閣，其東爲軒，名曰萍軒。其北爲室，名曰桴室。室者，窒也，窒吾心之陰幽不善也。其南引舟而渡，名曰筏渡。渡者，度也，度一切陽明之善也。是吾居也，因水而爲洲，因洲而爲室，因室而爲名，因名而爲義，皆浮義也。故吾不獨浮其仕，又且浮其居；不獨浮其居，又且浮其生。生，有之而何得！無之而何失！古之有道者，貧而樂，窮而通，豈謂是與？非曰能之，願學焉！補。

忠簡許橫塘先生景衡

許景衡，字少伊，瑞安人也。學者稱爲橫塘先生。伊川講學，浙東之士從之者自先生始。成紹聖進士㊀，歷仕至殿中侍御史。東南之未定也，詔兩浙、江東路權免茶鹽比較，賦平依舊徵之。先生疏言：「茶鹽人所日用，當視食者之多寡以爲歲額之高下。今被兵州縣户口減半，而歲額必使與舊比，東南赤子何以堪命！」三疏得請。燕山之役，力言童貫不可用，且列其罪數十條，又言譚稹罰未稱罪。時以用兵故，誅求益甚，先生言：「財不足，當節用；民已困，當厚恤之。元豐左藏庫日支約三十六萬緡，今費一百二十萬，非舊制者可減。營繕諸役，花石綱運，非舊制者可罷。凡吏員以點檢文字、祗應準備爲名，及伶官、伎藝、待詔之屬，因事增置，祿費尤多，與夫無名之功賞，非常之賜予，僥倖之請求，宜一切省絕。常賦之外，又以買糴爲名，與其他抑配者，不可一二數，監司督責，州縣促辦，百姓破產相屬。爲民父母，豈不惻然加恤乎？」王、蔡亂政日甚，先生言：「尚書省比闕長官，而同知樞密亦久不除。雖近例以三公通治，然文昌政事之本，樞密總兵之地，各有任屬，安可虛位。況近年賞罰僭濫，官吏猥多，姦贓狼籍，財匱民困，軍政縱弛，邊備不嚴，陝西諸路地震彌月，京東、淮東積水害稼，此正敷求輔佐，振舉紀綱之時。望博考公議，慎選忠賢，以補政府之闕。」王黼大怒，適知洋州呂人嚴夫以書抵執政㊁，言先生之賢，而誤達于黼，以是逐之。欽宗即位，以左正言召，中丞陳過庭引親

㊀按宋史本傳云：「登元祐九年進士第。」與此似異。蓋元祐九年四月改元紹聖，故紹聖元年與元祐九年實爲同一年。㊁宋史本傳「執政」下有「子」字。

避嫌，改太常少卿兼諭德。已而除中書舍人，上書論人君心術及時政。而耿南仲以舊學執政，深惡鯁自之士，李光、程瑀相繼被斥，先生争之。會過庭拜中書侍郎，先生復引嫌，南仲乃誣先生視大臣進退爲去就，與同官晁説之俱罷。胡文定公争之，不報。已而有詔召還，則京師被圍，道梗信絶。高宗即位之八日，以給事中召，至則除中丞。時宗忠簡公守東京，小人撼之，先生力言其不可罷。又言：「方今人材未備，而政事不立，意欲節浮費，輕賦役，慎命令，明賞罰，平寇盜，嚴武備，汰奸貪，抑親黨，申公論，以革往事之弊。」浙西軍變，提刑下招安之令，既降，請授以官，先生謂作亂而反得受爵，非政刑也，罷之。惟駐蹕之議，則李忠定公主南陽，宗忠簡公主還京，而先生獨請東幸建康。黄潛善之兄潛厚爲户部尚書，先生極論其不可，乃罷尚書之命，獨以延康殿學士領財計，再疏言之。高宗甚向用先生，遂拜右丞，入政府，而潛善等益忌之。初，先生謂天下方多事，當調和同列以求濟，已而嘆曰：「調和不可爲也。」則請問爲上極言之，潛善等益恨。會議改鈔法，先生曰：「國家號令失信于天下，垂三十年，而鈔法最甚。尤而效之，柰何？」遂止。有從臣汙僞命者，宰相以其有文，欲復使典制，先生曰：「是大辱國。此而可用，孰不可用也？」或謂正二月之交，乃太乙正遷之日，宜于禁中設壇望拜。上以爲問，先生曰：「修德愛民，天自降福，何迎拜太乙之有！」潛善等惡宗忠簡公，謗之不已，先生廷辯之曰：「澤忠義之節，居守之功，非特臣能言之。東都宗廟所在，北抗强敵，責任不輕。必欲易之，非左右大臣不可。」謗者默然。初，李忠定公爲相，遂定南陽之議。忠定去位，議亦罷，而忠簡累請還京。先生獨謂：「三鎮未復，不宜居危地。南陽漕運不繼，且當居建康。」及金人攻汜水，高宗尚在廣陵，先生請幸建康益力。會有傳信王榛將入洛者，高宗懼，遂下還京之詔。汪、黃實主東幸，而故以渡江之議罪先生，以資政殿大學士奉祠。先生聞還京之舉，憂之，至瓜洲，得暍疾，舟至京口而卒。夷攷當時之議，自以李、宗之北面爲是，而東幸爲怯，此不足爲先生諱也。然汪、黃本主東幸，及怵于傳聞，始議還京，而借渡江之議以傾先生，是則小人之醜正，可爲太息者。且汪、黃之主東幸，特以自便其私，而先生則主于擇險而守，其所見正不同。及夫倉卒下還京之詔，漫無牧圉之備，羽書猝至，狼狽渡江，然後知先生之早計，較之李、宗雖有遜，而小人當媿死矣。故先生既卒，而高宗思之，曰：「朕自卽位以來，執政忠直，遇事敢言，無如張慤、許景衡者。」賜謚忠簡。明年，先生夫人胡氏乞借所僦官屋，詔以給其家。所著有橫塘集三十卷，雲濠案：橫塘集，四庫籤爲二十卷。予從永樂大典中曾見之。以下補。

先生論學詩

咨爾學者，學古之道。惟古善教，有倫有要。其學維何？致知格物。反身而誠，物我爲一。匪曰我私，推之斯行。親親長長，而天下平。

閤門謝先生天申

謝天申，字用休，瑞安人也。見于伊川語録。和靖先生亦雅重之。以賢良薦，知閤門。

祖望謹案：晦庵伊洛淵源録用休名天申，而止齋集名佃，豈其人有二名邪？

梓材謹案：陳止齋重修瑞安縣學記云：「始，林介夫先生不爲新經，以春秋教授于鄉。既而許公景衡與沈公躬行、謝公佃偕同郡諸儒又嘗越數千里外竊從程、吕二氏問學。」此即謝山所謂「止齋集名佃」者，亦據此可見許、謝二先生皆從藍田遊矣。

太學沈石經先生躬行

沈躬行，字彬老，永嘉人也。不喜舉業之學而好古學，講明禮經喪葬之制。初從塘奥先生林石遊，安定、古靈之再傳也。已而從伊川，兼師同門藍田吕氏。其學以中庸、大學爲本，篤信而力行之，卓然以聖賢爲依歸。王氏廢春秋，先生獨手摹石經春秋，藏于家云。梓材案：「王氏廢春秋」句，猶仍葉水心之說。

謝山跋水心先生石經春秋詩曰：嘉祐開封石經，片紙隻字不存人間，并不得如成都孟蜀之本尚見于藏書之目，亦異事也。讀水心詩集有曰：「石經春秋，一代奇寶，王氏爲熙豐學，廢不用。瑞安沈彬老搨而有之，其孫體仁閣以庋焉，予爲名曰深明。」梓材案：體仁字仲一，別見止齋學案。又案慈湖作深明閣記，謂彬老爲仲一族曾王父，則仲一乃彬老從曾孫，非其孫也。詩曰：「喟昔洛門初上石，未久翻遭焚書厄。」是所指者，開封之石經也。然予攷嘉祐本當宋時流傳亦寡，不特春秋。水心特因荆公不解春秋，而遂以此尤之。其實荆公「斷爛朝報」之言出于人所附會，尹和靖嘗辯之矣。且荆公不解春秋，而要何嘗廢石經之春秋？後世有誤解水心之詩者，將復增荆公一過，可不辯與！

梓材謹案：浮沚爲先生父子正墓誌云：「洛陽程正叔、京兆吕與叔、括蒼龔深之與鄉先生林介夫皆傳古道，名世宗師，學者莫得其門。君能賫躬行從之遊，而鄉黨朋友咸稱之。」據此，則先生又爲龔氏門人。

伊川門人胡、周再傳。

知州大劉先生安節

劉安節，字元承，永嘉人也。嗜學。有所未達，思之夜以繼日，必至于得而後已。少與從父弟安上相友愛，師事伊川。遊太學，成元符進士，主諸曁簿。祭酒率其屬表留太學，不報。尋除萊州教授，未行，改河東提學管句文字。召對便殿，先生言春宮宜愼擇官屬，雖左右趨走者，必惟其人，又論節儉及君子小人和同之異，上稱善，即日擢監察御史。自學禁起，伊川弟子無顯者，至先生與許公景衡始見用。已而除起居郎，次年遷太常少卿。爲宮宦所誣劾，謫守饒州。州饑，大發廩賑之，又檄旁郡無遏糴。軍儲不足，他州皆強取諸民，先生曰：「歲荒如此，重困之，可乎！他司宜有相通者。」市人爲在官者所擾，多逃散，先生安集之。未幾，飢者充，乏者濟，逃者復。于是與之治賦，裁制貢奉之須，俾屬縣先期戒民，無倉卒之擾。移知宣州，饒之民遮留之，涕泣不忍别曰：「吾州自范文正公而後，始見劉公。」甫至宣，大水，先生分遣其屬具舟拯溺，而躬督之，昕夕不休。遠近流民至者以萬數，闢佛寺以處之。欲發廩，吏以爲法令不可，部使者亦持之，先生弗聽。大疫，命醫治之，其全活者無算。政和六年，卒。先生從事于致知格物、存心養性之説，久而有得。遇人無貴無賤，一以至誠，未嘗見其有恚辭怒色。至于大節，則凜然不可奪。道鄉鄒公得罪，與其所厚數十人道送勞勉之，朝廷震怒追逮，先生泰然。已而哲宗宥之，亦自若。宣州荒政，有詔褒，先生歸功于監司。其待胥吏，不以刑威而自服。嘗相戒曰：「神可欺，府君不可欺。」訟者亦或相戒曰：「何面目見府君。」以是政甚清簡。嘗輯伊川語録一卷。或有問先生于伊川者，曰：「未見他進處，只他守得定不變，亦是好手。如廉仲之徒，皆忘之矣。」所著有劉左史集四卷，非足本也。許横塘銘先生墓曰：「温温劉子其美璞，斯文有傳與敦琢。始乎致知物斯格，沈涵充積卒自得。衆人巧智獨敦朴，衆人迫隘獨恢廓，衆人利欲獨淡泊，洞然無礙油然樂。」

大劉先生語

堯、舜之道，不過孝弟。天下之理，有一無二。乃若異端，則有間矣。

致知甚難。

學者須至于大。

至誠可以蹈水火。

作文害道。

梓材謹案：謝山所録大劉語六條，今移入明道學案者一條。

給事小劉先生安上

劉安上，字元禮，左史安節從弟也。見知于范忠宣公，與兄同受業伊川之門，里人稱爲大、小劉先生以别之。成紹聖進士，累遷至提舉兩浙學事。陛對稱旨，徽宗稱其藴藉有大臣體，由監察御史再遷至侍御史。上嘗目送之曰：「安上奏事，可謂詳審！」先生面奏蔡京罪狀數十，退復以疏言之，而京自若，乃再疏論之曰：「臣累疏論列蔡京罪惡，雖蒙俞允，未卽顯誅。臣不敢避再三之瀆，仰干天聽。三省事務，必由聖斷，京不候奏擬，徑行批下，其罪一也。文昌舊省，乃先帝睿畫，京惑于陰陽之說，一毀爲墟，其罪二也。謀動邊釁，舉師黔南，民不聊生，其罪三也。錢鈔朝令夕改，商販不行，棄妻鬻子，或至自經，其罪四也。汲引凶奸，結爲死黨，其罪五也。株連羅織，冀鉗異議，其罪六也。臚傳賜第，摘其語涉諷己者，編廢二十餘人，其罪七也。交結宮闈，私通近習，其罪八也。託祝聖以營臨平之私域，假利民以決興化之讖水，其罪九也。孟翊、張懷素皆其所引姦妖惡逆，其罪十也。其餘積惡，未容殫述。臣愚欲望陛下斬京頭以謝天下，斬臣頭以謝京。」時大觀二年也。于是中丞石公弼、諫議大夫張克公復與先生廷劾之，京始罷相。三年，遷右諫議大夫，又劾給事中蔡密「以道家吐納之說，妄自尊大，侍班瞑目，上輕君父」，時論偉之。尋除中書舍人。踰年，除給事中。尋以徽猷閣待制歷知壽州、婺州、邢州，皆有聲。已而陞壽州爲府，復以先生守之。又知舒州，奉祠。建炎二年，卒。先生在言路，嘗曰：「吾仇怨滿天下矣！然吾職所在，吾無心也。」故其章奏多不存者。所著有劉給事集三十卷，今止五卷，非足本。雲濠案：薛嘉言所作先生行狀稱有詩五百首，雜文三十卷。然焦竑國史經籍志載其集實止五卷。蓋兵燬之餘，後人掇拾而成也。

祖望謹案：先生之風節峻矣！顧晁景迂作客語，謂道鄉之貶，舟子參之，先生取舟子決之，此必傳聞之妄也。先生兄弟同學同志，方道鄉之貶，左史送之，而先生乃辱之，得無類司馬牛之兄弟乎？且道鄉初貶，在先生未爲御史之前，其時先生一官錢塘，再官縉雲，三官登州，皆非道鄉貶謫之路所經。若其再貶，則先生爲御史矣，于歲月亦皆不相合。況先生冒不測之禍以糾蔡京，而肯辱道鄉以媚之乎？晦翁又誤移此事屬之左史，則以送道鄉之人而反決其舟子，又事之所必無者也。

小劉先生語

天下未嘗無才也。作而成之，才不可勝用矣！

能制于外者，則能養其中。

拱而尚右，此信孔子之行而行之者也。「喪欲速貧，死欲速朽」，此信孔子之言而言之者也。非自得也。

今長吏多以捕獲功自列。幸人之死，而已取賞，吾弗忍爲！

教授戴先生述附弟迅。

戴述，字明仲，永嘉人也。孝友直諒，少工于文。嘗試廣文館，趙挺之得其卷，以爲老儒，擢異等，而先生未冠也。先生爲小劉先生妹壻，遂同遊于程門，求爲己之學。居父喪，廬墓盡哀。成元符進士，不樂爲簿監等官，辭之不得，賦歸去來投檄去。起爲臨江教授。居母喪，病于倚廬，或請遷于內，先生不可，六日而卒。周浮沚志其墓曰：「明仲資稟剛明，少而有立。既從程氏問學，知聖人之道近在吾身，退而隱，于心若有自得。方沈涵充積，日進不已，而年止三十有七，可謂不幸也已！」先生弟迅，字幾仲，私淑洛學于其兄，時稱爲大、小戴先生。門人合其文曰二戴集。幾仲別有晉史屬辭三卷。

鮑敬亭先生若雨

鮑若雨，字商霖，永嘉人也。學者稱爲敬亭先生。張思叔敬亭記曰：商霖從學伊川先生，勤苦自勵，早夜不息，爲同門之畏友。伊川嘗令與和靖講明□□。睦州之亂，率其門人捍禦有勞，有司奏功，力辭不受。所著有伊川問答録、敬亭集。

敬亭語

先生前日教某思「君子和而不同」，思之數日，便覺胸次廣闊，其意味有不可以言述者。竊有一喻，願留嚴聽。今有人焉，久寓遠方。一日歸故鄉，至中途適遇族兄者俱抵旅舍，異居而食，相視如途人。彼豈知爲族弟，此亦豈知爲族兄邪！或告曰：「公之族兄弟也。」既而懽然相從，無有二心。向之心與今之心，豈或異哉？知與不知而已。今學者苟知大本，則視天下人猶一家，亦自然之理也。先生曰：「此誠善喩。」

人之初生，仁固已存乎其中。及其既生也，幼而無不知愛其親，長而無不知敬其兄，而仁之用于是見乎外。當是時，惟知愛敬而已，固未始有事物之累。及夫情欲竇于中，事物誘于外，事物之心日厚，愛敬之心日薄，本心失而仁隨喪矣。故聖人教之以務本，而曰孝弟爲仁之本，蓋謂爲仁者必本于孝弟。先生曰：「如此尋究甚好！」

身者，資父母血氣以生者也。盡其道，則能敬其身；敬其身，則能敬其父母矣。故曰：『盡其道，謂之孝弟。』

隱君潘先生閔

潘閔，字子文，瑞安人也。與敬亭諸公入洛從伊川。嘗以子夏、子張之論交爲問，伊川曰：「子張是成人之交，子夏是小子之交。」先生退而有得。志趣高遠，見當時政事混濁，黨錮之禍正烈，遂隱居不仕。

陳先生經正

進士陳先生經邦合傳。

陳先生經德合傳。

陳先生經郛合傳。

陳經正，字貴一，平陽人也。與其弟經邦從伊川遊。謝持正之見伊川也，貴一實介紹之。經邦成大觀進士，字貴新。貴一、貴新皆有問答，見語録。其二弟經德、經郛亦私淑洛學者。平陽學統始于先生兄弟，成于徐忠文公宏父。貴一嘗曰：「盈天地間皆我之性，不復知我之爲我。」

梓材謹案：謝山以經德、經郛爲洛學私淑。然攷温州舊志，謂經正與弟經邦、經德、經郛、永嘉鮑若雨俱受業二程之門，二程謂伊川也。儒林宗派亦以爲程門弟子，第以經郛爲經邦弟，經德爲經郛弟。許橫塘爲其祖宗偉墓志云：「男孫九人，經德、經邦、經郛、經正、經世、經育、經綸、經猷、經辨。」則經德最長，而經邦、經郛、經正皆其弟也。橫塘親見諸陳，且謂經德狀其祖府君之行，告其所遊許某，則其同在程門而非私淑可知矣。

周許講友

學正趙先生霄附弟霈。

趙霄，字彦昭，瑞安人也。十歲賦猛虎行，甚工。少孤，從父豫析其産，先生悉以屬之兄。入太學，與橫塘諸公爲洛學。成崇寧進士，官濟州教授，導諸生以躬行之實，不專事科舉，東方士俗爲之丕變，時稱爲趙顔子。官至太學正。先生弟霈，字彦澤，學業亞于其兄。大觀中以八行舉，恥其爲蔡氏所設科，力辭不赴。方賊之難，同縣令王公濟守禦有勞。既卒，縣人祀之。許橫塘稱其臨大節而不撓，視古人爲無愧云。

學録張草堂先生煇

張煇，字子充，永嘉人也。自六經、諸子史百家之説，皆通習而辨析之。性篤孝，居喪哀毁不自勝，築霜露堂于墓側，棲止其中。有甘露降于庭，學者争請識之，曰：「是自衒也。」與橫塘諸公日從事于治氣養心之術，學者從之益多。政和中，舉八行不就。政和二年上舍擢第，累仕爲洪州教授。以薦爲國子學録。所著有草堂語録，學者稱爲草堂先生。

上舍蔣先生元中

蔣元中，字元中，永嘉人也。見道超卓，與橫塘諸公爲洛學。嘗作經不可使易知論，太學諸生盛傳誦之，至刻之石，而張文忠公橫浦亦時時爲學者誦之。方元豐中，太學有「永嘉九先生」之目，卽劉、許以至沈、蔣九人也。張氏、趙氏、蔣氏，疑未見伊川者，蓋私淑也。然永嘉之爲洛學者尚不止此，蓋指其同時在太學者耳。

周許學侶

上舍蔡先生元康

蔡元康，字君濟，平陽人也。初入太學，慨然嘆曰：「學止科舉而已邪！」所見賢者一言一行，孜孜訪之。由橫塘諸公私淑洛學。崇寧中，遊京師，謂其友曰：「連日不樂，得非吾親不安邪？」馳歸，果父病，尋愈。學以誠正爲本，龜山、道鄉、了翁皆重之。道鄉臨歿，告以死生之説并學問源流甚詳。嘗失金，有得諸同舍篋中者，以告，曰：「此非吾金也。」尋以八行薦，未報而卒。橫塘爲志墓。

潘先生安固

潘安固，字仲碩，平陽人也。由橫塘諸公私淑洛學。嘗舉八行，不就。一日行市上，負薪者誤觸其巾墮溝中，皇遽弛擔謝罪，先生撫而遣之曰：「汝行矣！吾自取之。」以上補。

浮沚門人胡、張三傳。

學士吳愖然先生表臣

吳表臣，字正仲，永嘉人也。大觀初進士。高宗時累官右正言，遷吏部尚書兼翰林學士。秦檜欲其使金議地界，指政事堂曰：「歸來可坐此。」先生不答，坐罷。復起知婺州，尋進直學士。晚號湛然，鄉論推其清約。宋史謂其源流得之陳忠肅公了翁，而不知其爲浮沚先生高弟。永嘉諸公之傳，其最達者，先生也。修。

通守李濟溪先生迎

李迎，字彥將，濟源人也。累官安撫司機宜文字、通判明州。晚寓苕上。嘗自贊曰：「三仕三已，應緣而進。一丘一壑，倦遊而歸。」其高致如此。先生爲永嘉周浮沚先生壻，因得聞伊洛之說。其居苕上，□□招提中，日手鈔聖賢治心養性之學。有濟溪老人遺稿一卷，周益公序之，又表其墓。補。

橫塘門人

直閣林竹軒先生季仲

運副林先生叔豹合傳。

林季仲，字懿成，號竹軒，永嘉人也。雲濠案：先生自號蘆山老人，嘗僑寓暨陽。竹軒集中又自稱「濟南林某」者，蓋其祖貫也。兄弟四人，皆橫塘許氏弟子，而先生與叔弟叔豹尤著。成宣和進士，官婺州兵曹，出死囚之無罪者。遷仁和令。建炎杭卒之亂，先生躬帥士兵捍截有功。高宗幸永嘉，先生奉母避兵山下。以中丞趙鼎薦，與吳表臣並召見，授臺官，累遷吏部郎。乞重民牧之選，因乞一令自效，且云：「臣承乏郎官，求爲縣令，似乎不情。然官職之輕重，惟陛下如何。以省部爲重，則郎官貴；以斯民爲重，則縣令貴。古人有言，『請自隗始』，今請以臣爲郎官作令之始。」尋除太常少卿。趙鼎罷相，先生亦出知泉州。鼎再入相，奏：「今清議所與，如劉大中、胡寅、呂本中、林季仲，陛下能用之乎？不然，則臣無所措手足。」乃除檢正。和議起，先生上疏引夫差、句踐事争之，被斥。久之，召知婺州。尋復以直祕閣奉祠。有竹軒雜著十五卷。雲濠案：竹軒雜著今存六卷。叔豹字德惠，成進士，爲李綱行營使幕官，甚倚任之。按慈溪縣，鄞之降紳蔣安義獻屠城策以媚金，求知明州，德惠自慈帥兵入，杖殺安義，姦民以定。累官江東副轉運使。補。

祖望謹案：先生兄弟遺書不傳，然嘗見直閣送虞仲琳詩云：「儒生底用苦知書，學到根源物物無。曾子當年多一唯，顏淵終日只如愚。水流萬壑心無競，月落千山影自孤。把手沙頭莫言別，與君原不隔江湖。」則已開象山宗旨矣。

林先生仲熊

林先生季貍合傳。

林仲熊、季貍，與叔豹皆竹軒弟也，皆知名。參直齋書録解題。

別附

學士蕭德起振

蕭振，字德起，平陽人也。橫塘許忠簡公壻，故少受業于許氏。成重和進士㊀，爲婺州兵曹。忠簡赴京，振祖道曰：「丈人至朝廷，幸勿見薦。今執政多私其親，故丈人宜革之。」忠簡肅然是之。高宗幸廣陵，東南雲擾。一日，婺卒數百挾刃倡亂，振安輯之。秩滿數年不調，執政交薦，召對，除監察御史。久之，以親老求去，章七上，不許，乃面奏曰：「臣事親之日少，事陛下之日長，惟聖慈哀憐之！」遂外補。已而復召爲祕書郎。當是時，伊洛之學盛行，其稱程門再傳弟子最有聲者，上蔡之門則朱震，龜山之門則張九成、喻樗、高閌，橫塘之門則振，而閩人劉子翬以私淑起。見李心傳道命録。未幾，宰相趙鼎爲秦檜所排，遂以專門之學被詆，凡宗伊洛者，指以爲趙鼎、胡寅之學，貶斥無虛日，振始稍諱其傳，與句龍如淵等附于檜，以此累遷至工部侍郎。既劾劉大中，罷其參政，鼎曰：「振意不在大中也。」而振亦私謂人曰：「丞相殆不待論，當自爲去就矣。」未幾，鼎罷，然振亦出知台州，又坐薦李光之黨楊煒，再謫池州，君子薄之。晚年起知成都府，頗有惠政。以敷文閣學士卒官。雲濠案：學士著有文集二十卷。○以下補。

㊀「成重和進士」，宋史本傳作「登政和八年進士第」。按宋史徽宗紀，政和八年十一月改元重和，政和八年即是重和元年，故一稱政和，一稱重和，二說並無矛盾。

祖聖謹案：薛文憲公浪語集，所作振墓志無貶詞，而王忠文公蕭家渡詩頗稱其名德，殆出于鄉里之私乎？今重爲論定，庶以警後世之反覆者。

石經家學

沈嘉慶先生琪

沈琪，字東美，彬老從弟，行義如其兄。聚族而居，寢舍飲食皆放古制。學者稱爲嘉慶先生。

提刑沈先生大廉附子季豐。

沈大廉，字元簡，石經先生從子也，傳其家學。紹興進士，爲樞密院計議官。尋除監察御史，遇事敢言。給事中周葵以封駁忤旨罷，先生力陳其不可，俄而中書舍人淩景、夏相繼復爭之，俱不報，自以不得其言，力求外補，遂以直祕閣提刑福建。卒，王公梅溪輓之曰：「能將一誠字，了卻百年身。」九先生之後，能世其家，推周氏、沈氏、張氏。子季豐字儉光，亦躬行之士，止齋、宏父諸公並重之。

論語說

「三年無改」，黄繼道曰：「君子不忍死其親，三年之內，于父所行，或當或否，將有所不暇議，忍改之乎！」昔居先君之喪，于哀苦中得此説，甚以爲合于人情也。

「宰予晝寢」，黄繼道引禮記問疾之説，以爲宰予好內而懷安，竊以爲不然。宰予固不至是，聖人亦不察人之微至是也。但昏惰無精進，故責之。

胡五峯曰：范伯達亦云然。

「如有所立卓爾」，黃繼道以爲顔子去聰明智力而後有所得，其論爲妙。胡五峯曰：聰明智力豈可去，去之則入于空矣！

梓材謹案：謝山所節沈元簡引黃莊定之説七條，其專爲莊定説者四條，移入武夷學案。

主簿沈先生大經

沈大經，字元誠，石經先生從子也。通物以性，成身以行。後進登其門，咸有所裁正。在家尤嚴肅，妻子莫不化之。用累舉恩，主漳浦簿，奉南嶽祠。沈氏自石經紹正學，先生與其兄大廉並稱克世，而先生惜未見其施云。

大劉家學胡、周三傳。

劉先生安禮

劉安禮，字元素，左史同産弟也。學于左史，于書無所不讀，有才氣。宣和辛丑睦州之亂，劉教授上英糾義兵，永嘉士子助之者，鮑敬亭與先生，皆佐方畧。盜至，共守城有功。朱漢上與之厚。敬亭病于京師，先生以師友之誼，不遠二千里往視，得寒疾，遂卒，時論惜之。

草堂家學

架閣張先生孝愷

張孝愷，字思豫，草堂先生子，傳其父學。紹興庚辰進士，官架閣。止齋先生婦翁也。以上補。

草堂門人

諸葛先生純

諸葛純，永嘉人。其父娶城南張氏，以諸子從其舅學，所謂草堂先生，以八行應書者也。由是閭郡賢士大夫，往往多諸葛氏師友姻婭云。參陳止齋集。

浮沚續傳胡、張四傳。

通判周先生去非別見嶽麓諸儒學案。

湛然家學

知州吴公叔先生松年

吴松年，字公叔，湛然先生表臣子也。少年工于文，時以爲有孫覿、汪藻之風。張忠獻公謂之曰：「士當爲有用之學，不必苦心詞章。」因令與其子敬夫遊。以任子累官明州通判。朝臣爭薦之，除將作監丞、江西安撫司參議。尋知南劒州，以答天意、固民心爲對。先生善折獄，其在明州，出死囚數人，其在南劒州亦然。暇則之學宫，與諸生講經義。課政以最入朝，政府將以爲郎官，孝宗以其治郡有聲，再令知潭州，未之官而卒。先生風神高邁，談論傾座，超然如唐、晉間人物。好古樂道，經明行修，不競于進，慤而澹，介而通。于兄弟尤友愛。最與王忠文公十朋、鄭文肅公伯熊、艾軒、東萊諸公善。所著有江湖集。補。

公叔講友

忠文王梅溪先生十朋別見趙張諸儒學案。

文肅鄭景望先生伯熊附弟伯英。

鄭伯熊，字景望，永嘉人。與其弟歸愚翁齊名，時人稱爲大鄭公、小鄭公。先生少慕吕申公、范淳夫舅甥之爲人，行己一以爲法，而論事則慕賈長沙、陸宣公。已而直見道體。紹興十五年進士，歷黄巖尉、婺州司户。隆興初，召試正字，除太常博士。出爲福建提舉。魏王判宣州，南面坐受屬吏進謁，幕府進劄子亦坐而可否之。及先生除王府司馬，遂以劄子開説：「謙德未光，嫌疑之際，或駭視聽。」又判罷吏羊綰再役，先生引吏人年滿歸農，不得再應募條法。不聽，遂自劾去。改江西提刑，奉祠。起知婺州，入爲吏部郎官兼太子侍讀，歷國子司業、宗正少卿。方嚮用矣，每小不合，輒乞去。以直龍圖閣知寧國府，移知建寧，卒，後謚文肅。方秦檜擅國，禁人爲趙鼎、胡寅之學，而永嘉乃其寓里，後進爲所愚者尤多。故紹興末，伊洛之學幾息，九先生之緒言且將衰歇，吳湛然、沈元簡，其晨星也。先生兄弟並起，推性命微眇，酌今古要會，師友警策，惟以統紀不接爲懼，首雕程氏書于閩中，由是永嘉之學宗鄭氏。大鄭公臧否人物最矜慎，稱爲方峻。小鄭公喜賢，借一介之善，雖輩行懸絕，必引進之。乾、淳之間，永嘉學者連袂成帷，然無不以先生兄弟爲渠率。嘗見張宣公之文，謂歸愚曰：「世以爲是人志于功名者，謬矣。是學人也，當納交焉。」呂成公尤重之。先生恂恂謹厚，少而德成，悃愊無華，無一指不本于仁義，無一言不關于教化。顧徇道寂寞，視退如進，敭歷中外，不自陳年勞以求磨勘，故卒不達。弟伯英，字景元，資性俊健果決，視其兄又別爲一格。每慷慨論事，自謂一日得志，必欲盡洗紹聖以來弊政，復還承平之舊。隆興元年進士第四，故事，以甲科高第入仕者，每易進用，文肅喜而笑曰：「子一日先我矣！」然先生性剛，自度不能俯仰于時，甫任秀州判官，遂以親老乞養，奉祠，三十年不調，竟不起。當事亦畏其氣岸，幸其自重不出，無能害己爲幸，不復徵也。晚而朝議將以司幹處之，先生笑曰：「此冗官也。吾方議當省之，而身居之邪？」竟以疾辭。論者以先生兄弟性行雖不同，然並爲豪傑之士。文肅有集三十卷，有六經口義拾遺，有囈語，有記聞，雲濠案：先生集已不傳，今惟敷文書說一卷行世。判官有歸愚翁集二十六卷，今皆無傳，良可惜也。修。

附錄

呂東萊與陳同甫書曰：景元廓落，自其所長。區區所望于渠者，正欲其愛養氣血，點檢細行以待時。

文節林艾軒先生光朝別爲艾軒學案。

成公呂東萊先生祖謙別爲東萊學案。

景望同調

郎先生鵬舉附見龍川學案。

監嶽張忠甫先生淳別見艮齋學案。

架閣門人

文節陳止齋先生傅良別爲止齋學案。

諸葛家學

主簿諸葛先生説

諸葛説，字夢叟，其父草堂先生之甥，永嘉人也，得其外家之傳。紹興庚辰進士，以禄不逮親，無意于仕，名其園曰艮園，室曰儫室，以正學教其鄉人。晚年以薦主長樂簿。史越公帥閩，重之，延居幕中，多所諮訪，且薦之朝，而先生卒矣。嘗自言：「讀書二十年，得一健字。」補。

平陽續傳

忠文徐宏父先生誼別爲徐陳諸儒學案。

劉先生軫附子天益。

劉軫，字德輿，平陽人也。嘗曰：「忤心而能樂處，則忤者終順也；快心而不豫防，則快者終害也。怒將以懼人，過怒適以自傷也；能將以致譽，矜能適以召謗也。」凡此皆非淺心者所能知。所著詮心指要二萬餘言。子天益，傳家學，有筠坡集。嘗應嘉泰賢良上書，極陳時政，不報。補。

梓材謹案：是傳原底有「學于止齋」四字，謝山抹之，云「恐是徐子宜之徒」，又標題云「欲附張忠甫傳」，是皆疑而未定。今列徐子宜爲平陽續傳，而以先生次之，于張忠甫亦不相遠云。

景望家學胡、張五傳。

教授鄭節卿先生伯謙

鄭伯謙，字節卿，永嘉人。官修職郎、衢州府學教授。著太平經國之書十一卷，發揮周禮之義。其曰太平經國書者，取劉歆「周公致太平之迹」語也。首列四圖，一曰成周官制，一曰秦漢官制，一曰漢官制，一曰漢南北軍。所圖僅三朝之職掌宿衛，蓋其大意，欲以宮中、府中、文事、武事，一統于太宰，故惟冠此四圖，明古制也。其書爲目三十，曰教化、奉天、省官、內治、官吏、宰相、官民、官刑、攬權、養民、稅賦、節財、保治、考課、賓祭、相體、內外、官制、臣職、官民、宮衛、奉養、祭享、愛物、醫官、鹽酒、理財、內絡、會計、內治。其中內外一門，會計一門，又各分爲上下篇，凡論三十二篇。皆以周官制度類聚貫通，設爲問答，推明建官之所以然。多參證後代史事，以明古法之善。參四庫書目提要。

梓材謹案：先生太平經國書自序稱「伊洛老師」「橫渠夫子」，蓋永嘉周浮沚、沈彬老諸子皆伊川門人，橫渠再傳弟子鄭景望又私淑浮沚，以綿伊洛、橫渠之傳。覈先生所稱，其爲景望家學無疑也。

景望門人

文節陳止齋先生傅良別爲止齋學案。

忠定葉水心先生適別爲水心學案。

文毅陳龍川先生亮別爲龍川學案。

文懿蔡先生幼學別見止齋學案。

朱先生伯起

朱伯起，□□人。師鄭景望，而與景元爲友。景望愛其質醇，以爲近道。嗜地理學，著書二十篇，曰陰陽精義。雲濠案：謝山劄記謂先生著有陰陽精義二卷。陳君舉欲爲之序，不果，水心序之。參葉水心集。

別附

侍從木蘊之待問

木待問，字蘊之，永嘉人也。隆興癸未進士第一，累官太子詹事、煥章閣待制、禮部尚書。鄭文肅弟子。待問以大魁，官至侍從，然無所表見，其于師門九等人表，當在下中。荊溪吳氏言其貴後頗侮歸愚而侵其居，則又小人之靡也。補。

石經續傳

沈先生體仁別見止齋學案。

湛然續傳胡、張六傳。

監倉吳子量先生淼

吳淼，字子量，表臣曾孫。世其家學，篤志窮經，櫛沐俱廢。嘉定間，葉味道、陳埴以朱學顯，而先生從遊之士過之。潘凱、方來，其高弟。補。

梓材謹案：溫州舊志載：「先生初名濤，登淳祐第，監平江府大軍倉。秩滿，將處以京秩，弗就。」注：「青田令歸。」則先生出處可考矣。

子量門人胡、張七傳。

待制潘先生凱

潘凱，字南夫，永嘉人。弱冠入太學，嘗上書言史彌遠擅政。登紹定第，教授常德府。勇信軍作亂，先生馳入營，裂帛植于門，曰：「在營者非叛。」軍士皆歸伍，無敢後，乃止戮其首亂者。郡人德之，與董文清槐同立祠祀之。淳祐末，除監察御史。三疏論丞相鄭清之不勝任，未報卽歸。後以宗正少卿除祕閣修撰，進刑部侍郎。丐外，擢寶章閣待制、知太平州，卒。參温州府志。

侍郎方先生來別見水心學案。

節卿續傳

鄉貢胡人齋先生一桂別見木鐘學案。

宋元學案卷三十三

王張諸儒學案

黄宗羲原本　黄百家纂輯　全祖望補定

王張諸儒學案表

王豫
　杜可大別見張祝諸儒學案。
　　天悦續傳。

張嵒

張峋

周長孺——子純明別見劉李諸儒學案。

楊賢寶——晁説之別爲景迂學案。

楊國寶

姜愚

張仲賓

侯紹曾

鄭夬
秦玠
並百源門人。

王張諸儒學案序録

祖望謹案：百源弟子承密授者，曰王豫，曰張峘，皆早死，故不傳。伯温雖受辟咡負劍之教，然所得似淺。東發謂漁樵問答乃伯温作，其中亦有名言，所惜者聞見録之溺于輪迴也。予又爲旁搜，得楊、周等數人。述王張諸儒學案。梓材案：王、張諸先生傳，原附康節學案，謝山别爲康節弟子學案，後又定爲王張諸儒學案。伯温爲邵子家學，已見百源學案。

百源門人

王天悦先生豫

王豫，字悦之，又字天悦，大名人㊀，瑰偉博達之士也。精于易。聞康節之篤志，愛而欲教之，與語三日，得所未聞，始大驚服，卒舍其學而學焉。

㊀按宋史王沿傳稱沿爲大名府館陶縣人。其子王鼎亦有傳，云：「鼎與弟豫皆有才氣，好上書言事，仁宗稱之，以爲豫孟浪，鼎言多可用。豫爲人不事羈檢，以大理寺丞知伊闕縣，有異政，棄官遊江、湖間，殖貨自給以卒。」此王豫與本書之王豫疑爲同一人。

宗羲案：康節之學，子文之外，所傳止天悦，此外無聞焉。蓋康節深自祕惜，非人勿傳。章惇作商州令，時從先生游，欲傳數學，先生語惇須十年不仕宦乃可學，蓋故難之也。而邢恕援引古今，亦欲受業，先生曰：「姑置是。此先天之學，未有許多言語。」謝上蔡曰：「堯夫之數，邢七要學，堯夫不肯曰：『徒長奸雄。』」天悦無所授，以先生之書殉葬枕中。未百年而吴曦叛，盜發其冢，有皇極經世體要一篇，內外觀物數十篇。道士杜可大賄得之，以傳廖應淮，應淮傳彭復，梓材案：彭復一作彭復之，亦作復初。彭復傳傅立，皆能前知云。

常簿張先生嶓

張嶓，字子望，滎陽人也。登進士第，官至太常寺簿。觀物外篇二卷乃其所述。子文曰：「先君易學，獨以授之天悦與子望，皆早世，故世不得其傳。」陳直齋曰：「其記康節之言，十纔一二而已，足以發明成書。」

常博張先生岣

張岣，字子堅，滎陽人也，康節謂門弟子中可語道者。熙寧十年春，赴調京師，雲濠案：先生嘗官太常博士。康節愀然色變曰：「吾老矣！不復能相見也。」及秋而卒。補。

祖望謹案：子堅當是子望之弟。梓材案：直齋書録解題云岣與其弟嶓同登進士第，嶓從邵康節學，是子堅乃子望之兄。然直齋言嶓從康節而不及岣，亦屬挂漏。

都官周先生長孺

周長孺，字士彥，澶淵人也。由進士爲衞州共城令。師事康節以古弟子禮，康節告以先天之學。先生少而性剛，遇事卽發，既從康節，卽淡然若無意于世者。其弟直孺怪問之，先生慨然歎曰：「此吾所得于師門者也。」治平末，以都官員外郎爲普城令，卒。其喪過洛，貧不能行，康節經紀之甚備，教其子純明以學問，爲娶伊川姪女。純明後登進士，亦受業伊川之門。補。

朝散楊先生賢寶

楊賢寶，字□□，洛陽人也。官至朝散大夫。晁以道曰：「紹聖戊寅邂逅楊老，語及易而異之，懇從之求，乃得康節先生自爲易圖二，雖輹輪俱存，而楊行年將七十，中風，語音淸濁不端，無由詰問。二三年少在旁哂笑，僕獨敬之而尊其圖。楊且指乾、坤、坎、離四卦，爲僕言曰：『得是四卦，則見伏羲之易，而文王之易在其中。』明日，如迷人識歸路，有感于二圖可指，循環無方也。楊曰：『吾昏病，而忘之已久。今日因子之言，如初授此圖時也。』」陳直齋曰：「晁以道于紹聖間遇賢寶，得康節二易圖，又從伯温得遺編，始作易傳，名曰商瞿易。修。

學士楊先生國寶

楊國寶，字應之，□□人。其爲人勁挺不屈，自爲布衣以至官于朝，雲濠案：先生官至學士。未嘗有求于人，亦未嘗假人以言色。篤信好學，至死不變。伊川曰：「楊應之在交遊中，英氣偉度，過絶于人，未見其比。可望以託吾道者矣！」

梓材謹案：是傳黄氏本在伊川學案，爲程門弟子。攷邵氏聞見前録：「應之亦康節先公門生，康節先公視之猶子也。」故謝山稿本標目入邵門。

縣令姜先生愚

姜愚，字子發，京師人。長于康節一歲而師事之。康節年四十五，貧未娶，先生與同門張仲賓謀爲之娶。以進士官六安令，分俸之半以奉康節。家素富，豪舉好施，已而以貧卒。先生嘗振王陶于厄，及陶留守西京，待先生甚薄，君子譏之。補。

太博張先生仲賓

張仲賓，字穆之，潞州人也。自未第時從康節，爲康節備聘娶夫人者也。以進士官太博。補。

殿丞侯先生紹曾

侯紹曾，字孝傑，懷州人。康節過洛陽，愛其風俗之美，將遷居焉，先生方知武陟縣，雲濠案：先生官至殿丞。遂助其行。皇祐初，康節始奉其父伊川丈人赴之，于是諫議吕公誨、王公益柔以下二十餘家共爲買宅，而先生實倡之。補。

主簿鄭揚庭夬
兵部秦伯鎮玠合傳。

鄭夬，字揚庭，江南人。爲盂縣主簿時，司馬温公以其明易薦之。所著有易傳十三卷。夬與秦玠求學康節之門，康節以夬志在口耳，多外慕，而玠頗好任數，皆不之許。玠嘗語夬以王豫獨傳康節之學，夬從豫力求之，豫亦不許。會豫疾且卒，夬賂其僕于卧内竊得之，遂以爲己學。著易傳、易測、宋範、五經明用等書，皆破碎妄作，穿鑿不根。至所作變卦圖，卽康節先天圖也，嘗以示玠。夬既得豫書入京，國子監試策問八卦次序，夬以所得之說對，有司異之，擢在優等。登第，以所著書徧投公卿之門。後以贓罪竄。沈括見其變卦說而異之，以問秦玠，玠僞不知者，駭然曰：「此人何處得此法！予嘗遇一異人，受此曆數，推往古興衰，無不皆驗，常恨不能盡其術。西都邵雍亦知大略，已能洞知吉凶之變。此人乃形之于書，必有天譴，此非世人所得聞也。」康節子伯温因力辯之，謂：「玠既知夬竊書，乃謂夬何處得此法，又謂西都邵某聞大略，近乎自欺矣。」玠字伯鎮。補。

梓材謹案：伯鎮嘗官兵部，見邵氏聞見録。晁子止郡齋讀書志于鄭夬周易傳云：「姚嗣宗謂劉牧之學授之吴祕，祕授之夬。」是鄭氏固劉氏再傳，實孫泰山三傳弟子也。讀書志又引邵伯温言，夬竊其學于王豫，沈括亦言夬之學似康節，卽是傳所本。百源學案謝山節録康節語秦玠與鄭夬語二條，蓋本之魏鶴山題跋。則二子之于康節，固在答問之列，不得以康節有所不許而竟置之，次之門人之末可也。

都官家學百源再傳。

進士周先生純明別見劉李諸儒學案。

朝散門人

詹事晁景迂先生説之別爲景迂學案。

天悅續傳

杜道士可大別見張祝諸儒學案。

宋元學案卷三十四

武夷學案

黃宗羲原本　黃百家纂輯　全祖望修定

武夷學案表

胡安國
上蔡、龜山、廌山講友。
朱氏、靳氏門人。
二程私淑。
泰山再傳。

子寅別爲衡麓學案。
子寧——孫大本別見五峯學案。
子宏別爲五峯學案。
從子憲別爲劉胡諸儒學案。
江琦
曾幾——子逢
　　　子逮別見震澤學案。
　　　從孫集別見廌山學案。
　　　呂大器別見紫微學案。

趙復別見魯齋學案。
茅堂續傳。

范如圭——一陸游別見荆公新學畧。
　　　　——子念德別見滄洲諸儒學案。

薛徽言——子季宣別爲艮齋學案。

胡銓——子泳
　　　子澥
　　——楊萬里別見趙張諸儒學案。
　　——周必大別見范許諸儒學案。

胡襄

譚知禮

韓璜

李椿

方疇別見紫微學案。

劉芮別見元城學案。

黎明

附師張昕。

向沈

向浯別見五峯學案。

向涪

江應辰別爲玉山學案。
楊調
閭丘㊀昕
彪虎臣——子居正別見五峯學案。
公約。
附張斦。
樂洪
徐時動
王樞
張默
曾漸
並武夷再傳。

鄒浩別爲陳鄒諸儒學案。
朱震別爲漢上學案。
曾開別見廌山學案。
劉燮

㊀「閭」原作「黎」，據本卷正文改。「丘」原作「邱」，係避孔丘諱，今回改。按「閭丘」爲複姓。

向子韶——子沈見上武夷門人。

唐罕

李植別見蘇氏蜀學畧。

並武夷講友。

葉廷珪——黄祖舜

武夷同調。

葉顒

附兄頵。

陳俊卿——子守

子定

子宓並見滄洲諸儒學案。

鄭丙

武夷學案序録

祖望謹案：私淑洛學而大成者，胡文定公其人也。文定從謝、楊、游三先生以求學統，而其言曰：「三先生義兼師友，然吾之自得于遺書者爲多。」然則後儒因朱子之言，竟以文定列謝氏門下者，誤矣，今溝而出之。南渡昌明洛學之功，文定幾侔于龜山，蓋晦翁、南

軒、東萊皆其再傳也。述武夷學案。梓材案：梨洲定武夷學案，以武夷爲上蔡門人，謝山則謂在師友之間

而梨洲後人又有駁之者。蓋武夷固由上蔡以私淑程子，上蔡亦未以門弟子接之也。

朱靳門人孫、程再傳。

文定胡武夷先生安國

胡安國，字康侯，建之崇安人。紹聖四年進士第三人，除荆南教授，入爲太學博士。提舉湖南學事，以所舉遺逸王繪、鄧璋爲范純仁之客，蔡京惡之，除名。大觀四年復官。宣和初，提舉江東路學事，尋致仕。末年，侍臣交薦，起除尚書員外郎，至起居郎。召對，除中書舍人。爲耿南仲所忌，出知通州。高宗召爲給事中，論故相朱勝非，遂落職奉祠，休于衡嶽之下。著春秋傳進覽，除寶文閣直學士。紹興八年四月十三日卒，年六十五，諡文定。先生自少時已有出塵之趣，登科後同年宴集，飲酒過量，是後終身不復醉。嘗好弈棊，母吳氏責之曰：「得一第，德業竟止是弈邪？」後不復弈。爲學官，京師同僚勸之買妾，事既集，慨然嘆曰：「吾親待養千里之外，曾以是爲急乎！」遽寢其議。行部過衡嶽，欲一登覽，已戒行矣，俄而思曰：「非職事所在也。」即止。罷官荆南，僚舊餞行于渚宮，呼樂戲以待，而交代楊龜山具朝膳，鮭菜蕭然，引觴徐酌，置語、孟案間，清坐講論，不覺日晷之暮也。壬子赴闕，過上饒，有從臣家居者設宴，用音樂，先生蹙然曰：「二帝蒙塵，豈吾徒爲樂之日？敢辭！」轉徙流寓，遂至空乏，然「貧」之一字，口所不道，亦手所不書。嘗戒子弟曰：「對人言貧者，其意將何求？」朱震被召，問出處之宜，先生

曰：「世間惟講學論政，則當切切詢究。至于行己大致，去就語默之幾，如人飲食，其饑飽寒温，必自斟酌，不可決之于人，亦非人所能決也。某出處，自崇寧以來，皆内斷于心。雖定夫、顯道諸丈人行，皆不以此謀之也。」壯年嘗觀釋氏書，後遂屏絶，嘗答曾幾書曰：「窮理盡性，乃聖門事業。物物而察，知之始也；一以貫之，知之至也。來書以五典四端每事擴充，亦未免物物致察，非一以貫之之要，是欲不舉足而登泰山也。四端固有，非外鑠；五典天敍，不可違。充四端，惇五典，則性成而倫盡矣。釋氏雖有了心之説，然其未了者，爲其不先窮理，反以爲障，而于用處不復究竟也。故其説流遁，莫可致詰，接事應物，顛倒差謬，不堪點檢。聖門之學，則以致知爲始，窮理爲要。知至理得，不迷本心，如日方中，萬象皆見，則不疑所行而内外合也。故自修身至于家、國、天下，無所處而不當矣。來書又謂：『充良知良能而至于盡，與宗門要妙，兩不相妨，何必舍彼而取此。』夫良知良能，愛親敬長之本心也。儒者則擴而充之，達于天下，釋氏則以爲前塵，爲妄想，批根拔本而殄滅之，正相反也。而以爲不相妨，何哉？」著有春秋傳、資治通鑑舉要補遺及文集若干卷。三子：寅、（梓材案：文定之于致堂，以弟子爲子，事見衡麓學案本傳。黄氏補本必以致堂爲從子，贅。）宏、寧。從子憲。

宗羲案：先生爲荆門教授，龜山代之，因此識龜山。因龜山方識游、謝，不及識伊川。自荆門入爲國子博士，出來便爲湖北提舉，是時上蔡宰本路一邑，先生卻從龜山求書見上蔡。上蔡既受書，先生入境，邑人皆訝知縣不接監司，先生先修後進禮見之。先生之學，後來得于上蔡者爲多，蓋先生氣魄甚大，不容易收拾。朱子云：「上蔡英發，故胡文定喜之。」想見與游、楊説話時悶也。

祖望謹案：朱子所作上蔡祠記有云「文定以弟子禮稟學」，梨洲先生遂列文定于上蔡門人之目，非也。文定嘗曰：「吾于游、楊、謝三公，皆義兼師友。」又曰：「吾丈人行也。」然則何嘗自稱弟子？龜山行狀嘗言文定傳其學，而文定不以爲然，曰：「吾自從伊川書得之。」則于上蔡可知矣。梨洲謂先生得力于上蔡，不知但在師友之間也。

梓材謹案：致堂斐然集爲先公行狀云：「元祐盛際，師儒多賢彥。公所從遊者，伊川程先生之友朱長文，及潁川靳裁之、朱樂圃，得泰山春秋之傳。」則先生爲泰山再傳弟子，可知其春秋之學之所自出矣。

胡氏傳家録補。

士當志于聖人，勿臨深以爲高。

流光可惜，無爲小人之歸。

學以立志爲先，以忠信爲本，以致知爲窮理之門，以主敬爲持養之道。

曾子之言曰：「君子愛人以德，細人愛人以姑息。」故切莫假借人。

學以能變化氣質爲功。

某初學春秋，用功十年，徧覽諸家，欲求博取以會要妙，然但得其糟粕耳！又十年，時有省發，遂集衆傳，附以己説，猶未敢以爲得也。又五年，去者或取，取者或去；己説之不可于心者，尚多有之。又五年，書成，舊説之得存者寡矣。及此二年，所習似益察，所造似益深，乃知聖人之旨益無窮，信非言論所能盡也。

凡出身事主，本吾至誠懇惻、憂國愛君、濟民利物之心，立平人之本朝，不可有分毫私意。議論施爲，辭受取舍，進退去就，據吾所見義理行之，勿欺也，故可犯。未有至誠而不動者矣。不誠，未有能動者也。

陳仲舉于曹節，庾元規于蘇峻，皆懷憤疾之心，所以誤也。諸葛武侯心如明鏡，不以私情有好惡，故李平、廖立、馬謖，或廢或死而不怨。武侯此心，可爲萬世法。

梓材謹案：謝山所節文定傳家録九條，今移一條爲劉君旻附録，又一條移入高平學案。又謝山所録文定語三條，並入附録。

時政論

宗羲案：紹興元年，先生以舍人兼侍講召，先以時政論獻。論入，復除給事中。其論之目曰定計、建都、設險、制國、卹民、立政、覈實、尚志、正心、養氣、宏度、寬隱。先生自謂：「雖諸葛復生，爲今日計，不能易此論也。」問採數則。

撥亂興衰，必有前定不移之計，而後功可就。陛下履極六年，以建都則未必有守不移之居，以討賊則未必有操不變之術，以立政則未必有行不反之令，以任官則未必有信不疑之臣。舍今不圖，後悔何及！定計論。

設險以得人爲本，保險以智計爲先。人勝險爲上，險勝人爲下，人與險均，纔得中策。方今所患，在于徒險而人謀未善。今欲固上流，必保漢、沔；欲固下流，必守淮、泗；欲固中流，必以重兵鎮安陸。此守江常勢，雖有小變，而大概不可易者也。設險論。

心者，身之本也。正心之道，先致其知而誠意。故人主不可不學也。蓋戡定禍亂，雖急于戎務，必本于方寸。不學以致知，則方寸亂矣，何以成帝王之業乎？正心論。

用兵之勝負，係軍旅之强弱；軍旅之强弱，係將帥之勇怯；將帥之勇怯，係人主所養之氣曲直如何耳！蓋人主，將將者也，以直養氣，自反而縮，則孟子所謂「約」而狐偃所謂「壯」也，壯則强，以曲喪氣，自反而不縮，則孟子所謂「餒」而狐偃所謂「老」也，老則弱。凡曲直者，兵家制勝之先幾也。陛下勇于爲善，益新厥德，使無有曲直可議，則守爲剛氣，可塞乎兩間，震爲怒氣，可以安天下矣！養氣論。

百家謹案：先生諸論，自謂雖諸葛復生，爲今日計，必不可易也。細觀之，亦尚多泛論，不十分切要。當日事勢，只要高宗復仇之心切，則此氣自然塞兩間，自反有何患不直乎！

附錄

少長，入太學，晝夜刻勵。同舍有潁昌靳裁之，嘗聞程氏之學，與先生論經史大義，以是學益强，識日明。

登第時，考官定爲第一。宰執以策中無詆元祐語，欲降其等，哲宗親擢第三。

欽宗一日問中丞許翰識安國否，對曰：「臣雖未識其面，然久聞其名。自蔡京得政以來，天下士大夫無不受其籠絡。超然遠迹，不爲所汙者，惟胡某一人而已。」

何㮚建議：「天下之勢，治平則宜內重，遭變則宜外重。乞分置四道，帥臣以都總管爲名，各付一面，爲衞王室、禦狂寇之計。」先生奏曰：「內外之勢，適平則安，偏重則危。今州郡太輕，理宜通變。然一旦遽以數百州之地，二十三路之廣，分爲四道，則權復太重。假令萬一抗衡跋扈，號召不至，又何以待之乎？欲乞據見今所置帥司，選擇重臣，付以都總管之權，專治軍旅，每歲一按察其部內。或有警急，京師戒嚴，卽各帥所屬守將應援。如此，則既有擁衞京師之勢，又無尾大不掉之虞，一舉兩得矣。」其後以趙野爲北道，先生言魏都地重，野必誤委寄。是冬，金人大入，野遁，爲羣盜所殺，西道王襄擁衆不復北顧，卒如先生言。

高宗卽位，以給事中召，黃潛善諷康執權論其託疾，罷之。三年，張忠獻浚薦先生可大用，再除給事中，賜其子起居郎寅手札，令以上意催促。既次池州，聞駕幸吳、越，引疾還。補。

高宗謂曰：「聞卿奥于春秋，方欲講論。」遂以左氏傳付之點句正音。先生奏曰：「春秋乃仲尼親筆，實經世大典，見諸行事，非空言比也。陛下必欲削平僭叛，克復寶圖，使亂臣賊子懼而不作，莫若儲㊀心仲尼之經，則南面之術盡在是矣。」除兼侍講，專以春秋進講。

會除故相朱勝非都督江、淮、荆、浙諸軍事，先生奏：「勝非昔與黃潛善、汪伯彥同在政府，緘默附會，循致渡江，尊用張邦昌，結好金國，淪滅三綱，天下憤鬱。及正位冢司，苗、劉肆逆，貪生苟容，辱逮君父。今强敵憑陵，叛臣不忌，用人得失，係國安危，深恐勝非上誤大計。」勝非改除侍讀，先生持録黃

㊀「儲」，宋史本傳作「潛」。

不下，左相呂頤浩特命檢正㊀黄龜年書行。先生言：「有官守者，不得其職則去。況勝非係臣論列之人，今朝廷乃稱苗、劉之變，能調護聖躬。昔公羊氏言祭仲廢君爲行權，先儒力排其説。蓋權宜廢置，非所施于君父。春秋大法，尤謹于此。臣以講春秋入侍㊁，而與勝非爲列，有違經訓。」遂卧家不出。時呂頤浩再相，欲傾右相秦檜謀于席，益目先生爲黨魁，引勝非爲助，乃降旨曰：「安國屢召不至，今始造朝，又數有請。其自爲謀則善矣，百官象之，如國計何！」落職奉祠。

先生至豐城，寓居半載，乃渡南江而休于衡嶽，買地結廬，爲終焉計，頽然當世之念矣。五年，除徽猷閣待制、知永州，辭，詔從其請，與祠，令纂修所著春秋傳。書成，高宗謂深得聖人之旨，除内祠兼侍讀。未行，陳公輔疏詆假託程頤之學者。先生奏曰：「本朝自嘉祐以來，西都有邵雍、程顥及其弟頤，關中有張載，皆以道德名世。會王安石、蔡京等曲加排抑，故其道不行。望下禮官討論故事，加之封爵，載在祀典，仍詔館閣，裒其遺書頒行，使邪説者不得作。」奏入，公輔與中丞周秘、侍御石公揆交章劾先生學術頗僻，除知永州，辭，復予祠㊂。進寶文閣直學士，卒。

初，王介甫以字學訓經義，自謂千聖一致之妙，而于春秋不可偏旁點畫通也，則詆以爲斷爛朝報，直廢棄之，不列學官。下逮崇寧，防禁益甚。先生謂六籍惟此書出于先聖之手，乃使人主不得聞講説，學者不得相傳習，亂倫滅理，中原之禍殆由此乎。于是潛心刻意，自壯年即服膺于此，至年六十一而書

校勘記

㊀「檢正」原作「校正」，從點校本宋史本傳校改，説詳該書校勘記。

㊁「入侍」原作「之時」，從點校本宋史本傳校改，説詳該書校勘記。

㊂「辭，復予祠」原作「復辭，予祠」。按宋史本傳此處作「辭，復提舉太平觀」，知此文辭、復二字誤倒，今乙正。

始就，慨然嘆曰：「此傳心要典也！」蓋于克己修德之方，尊君父、討亂賊、攘外寇、存天理、正人心之術，未嘗不屢書而致詳焉！

先生不及二程之門，楊、游、謝三君子皆以斯文之任期先生。謝公嘗謂朱子發曰：「康侯正如大冬嚴雪，百草萎死，而松柏挺然獨秀也。使其困厄如此，乃天將降大任焉耳！」上蔡曰：「聞公進道甚篤，德業日美，所到豈可涯涘，真足畏也！更以其大者移于小物，作日用工夫，尤佳。」

曾吉甫問文定甚處是精妙處，甚處是平常處。曰：「此語說得不是。無非妙處。」徐憲曰：「亦無非尋常處。」補。

吉甫嘗問：「今有人居山澤之中，無君臣，無父子，無夫婦，所謂道者果安在？」曰：「此人冬裘夏葛，饑食渴飲，晝作入息，能不爲此否？」曰：「有之。」曰：「只此是道。」補。

又嘗問曰：「某已永感欲盡孝，如何行？」曰：「何曾一日離得！」補。

先生風度凝遠，蕭然塵表。自登第逮休致，凡四十年，實歷仕之日不及六載。雖數以罪去，而愛君之心，遠而愈篤。每被召，卽置家事不問，或通夕不寐，思所以告君者。然宦情如寄，泊如也。

拙齋紀問曰：胡文定嘗言：「讀繫辭須是都將作易看，不可汎說。且如『寂然不動，感而遂通天下之故』，才說性本寂然，感之斯通，便汎濫，須于易中求之。四十九筮蓍，當其未揲時，固寂然矣，『問焉以言，其受命也如響』，豈非感通乎？『無有師保，如臨父母』，讀易時其心自然肅敬，非有以使之也。其餘皆然。互體亦豈可不信，如歸妹互體爲泰，而泰五爻有『帝乙歸妹』之語，歸妹之義有『天地不交』之語，此類可見。」

問文定與秦檜厚善之故，朱子曰：「秦嘗爲密教。翟公巽知密州，薦試宏詞。游定夫過密，與之同飯于翟，奇之。後康侯問才于定夫，首以秦爲對，云其人類荀文若，又云無事不會。京城破，金欲立張邦昌，執政而下無敢有異議，惟秦抗論以爲不可，康侯益義之，力言于張德遠諸公之前。後秦自北歸，與聞國政，康侯屬望尤切，嘗有書疏往還，講論國政。康侯有詞掖講筵之召，秦薦之也。然其雅意堅不欲就，是時已窺見其隱微一二，有難處，故以老病辭。至後來秦做出大疏脱，則康侯已謝世矣。」

百家謹案：靖康金議立邦昌，馬時中伸抗言于稠人曰：「吾曹職爲争臣，豈可緘默坐視，當共入議狀，乞存趙氏。」秦檜不答，時中卽自屬稿，就呼臺吏連名書之。檜既爲臺長，則當列于首。以呈檜，檜猶豫。時中帥同僚合辭力請，檜不得已，書名。是檜迫于馬時中，以臺長列名，何嘗抗論。乃知當時無論賢愚，盡爲檜欺矣。幸文定宦情如寄，天下後世亮之。因歎知人之難也！

呂東萊與朱侍講書曰：「胡文定春秋傳，多拈出禮『天下爲公』意思。蜡賓之歎，自昔前輩共疑之，以爲非孔子語，蓋不獨親其親，子其子，而以堯、舜、禹、湯爲小康，真是老聃、墨子之論。胡氏乃屢言春秋有意于『天下爲公』之世，此乃綱領本原，不容有差。」

武夷講友

忠公鄒道鄉先生浩別爲陳鄒諸儒學案。

文定朱漢上先生震別爲漢上學案。

侍郎曾先生開別見廌山學案。

劉先生爕

劉爕，字君曼，河清人。與胡文定遊。參斐然集。

附錄

胡氏傳家録曰：四海神交，惟河清劉曼字君奕，其人有相業。補。

梓材謹案：先生名字，二書不同，未知孰是。

忠毅向先生子韶

向子韶，字和卿，開封人。故相文簡公曾孫，欽聖憲肅皇太后之再從姪也。清約如寒士，强學自勵，永嘉劉安節與胡文定皆深交。元符三年擢進士第，累官至知淮寧府。視事六月，寇兵至陳，先生率諸弟城守，勵戰士，開喻百姓。既而城陷，罵賊而死。子十人，或死或虜，惟沈與鴻得免㈠。詔贈通議大

㈠宋史本傳此句作「惟一子鴻六歲得存」，誤，參本卷下文向沈傳可知。

夫，謚忠毅。參楊龜山集。

唐先生翬

唐翬，字處厚，荆南人。與胡文定情義最篤。參斐然集。

忠襄李先生植別見蘇氏蜀學畧。

武夷同調

知州葉先生廷珪

葉廷珪，字嗣忠，□□人。知德興縣，張邦昌僞詔至，不拜。高宗中興，歷官太常寺丞，補中祕府。輪對，議與秦檜不合，出知泉州、漳州。先生篤學淳雅，名重當時，葉顒、陳俊卿、黄祖舜、鄭丙皆出其門。有誨録三十卷。參姓譜。

武夷家學孫、程三傳。

文忠胡致堂先生寅別爲衡麓學案。

參議胡茅堂先生寧

胡寧，字和仲，文定次子。以蔭補官。試館職，除敕令所删定官。遷祠部郎官，出爲夔路安撫司參議官。除知澧州，不赴。學者稱爲茅堂先生。文定作春秋傳，修纂檢討盡出先生手。又自著春秋通旨，總貫條例，證據史傳之文二百餘章，輔傳而行。吳淵穎曰：「胡氏傳文，大概本諸程氏。程氏門人李參所集程說，頗相出入，而胡氏多取之。蓋欲觀正傳，又必先求之通旨，故曰『史文如畫筆，經文如化工』。若一以例觀，則化工與畫筆何異。惟其隨學變化，則史外傳心之要典，聖人時中之大權也。世之讀春秋者自能知之，不可以昔者向、歆之學而異論也。」由吳氏之言觀，則茅堂通旨之書多與文定相參攷，可以互證者矣。是書在元初趙仁甫最傳之，雲濠案：仁甫一作仁輔，即江漢先生。故胡氏春秋遂頒學宮。惜乎今之不可復見也！修。

謝山書宋史胡文定傳後曰：致堂、籍溪、五峯、茅堂四先生並以大儒樹節南宋之初，蓋當時伊洛世適，莫有過于文定一門者。四先生歿後，廣仲尚能禪其家學，而伯逢、季隨兄弟遊于朱、張之門，稱高弟，梓材案：季隨爲朱、張高弟，伯逢特與朱、張有辯論，當非受業弟子。可謂盛矣。茅堂還朝，秦相問曰：「令兄有何言？」對曰：「家兄致意丞相：善類久廢，民力久困。」秦相已愠，因謂茅堂曰：「先公春秋議論好，只是行不得。」茅堂曰：「惟其可行，方是議論。」又問：「柳下惠降志辱身，如何？」對曰：「總不若夷、齊之不降不辱也。」遂以書勸避相位，以順消息盈虛之理，秦相愈怒。一日，忽招茅堂飯，意極拳拳，歸而臺章已下。宋史秖載其蔡京之對，且謂因致堂與秦相絶，遂并罷，不知茅堂自不爲秦屈，不一而足，非以致堂之牽連也。

梓材謹案：五峯序呂氏中庸解云：「靖康元年，河南門人侯師聖自三川避亂來荆州，某兄弟得從之遊。」攷靖康初年致堂爲校書郎，稟學于龜山，則五峯所謂兄弟，特兼茅堂而言矣。然圖書徑稱致堂從侯師聖遊，則于劉李諸儒學案仍列致堂于侯氏之門，而益以茅堂可也。

承務胡五峯先生宏別爲五峯學案。

簡肅胡籍溪先生憲別爲劉胡諸儒學案。

武夷門人

教授江先生琦

江琦，字全叔，建陽人也。宣和三年進士，主高安簿。嘗攝令新吕，民負税有至十年者，聞先生至，不待遣吏而畢輸。移永豐丞，歷任邵武軍、永州教授，不求薦達。張魏公撫福建，辟爲幕官，不就。主管台州崇道觀以卒。先生遊于游、楊之門，卒業胡氏，深于春秋。嘗以所學正于龜山，龜山撫書而嘆曰：「百年絶學，留心者希。吾老矣，之子勉旃！」著春秋經解三十卷，辨疑一卷，語、孟説各五卷。其在永豐，丁喪事，寮友賻之甚厚，先生曰：「大事當自盡矣，敢爲諸公費。」致堂推以爲畏友，嘗問之曰：「學道者無所得，鮮不歸于佛。兄既有得，而或者以爲亦趨空寂，信乎？」先生笑曰：「是謂我爲陳相也。安有此！」補。

文清曾茶山先生幾

曾幾，字吉甫，河南人。賜上舍出身，擢國子正，遷校書郎，爲應天少尹。高宗卽位，歷提舉湖北、廣西運判，江西提刑，廣西轉運。爲秦檜所惡，奉祠。檜死，起爲浙西㊀提刑，知台州。召對，授祕書少監。先生承平時已爲館職，去三十八年而復至，鬚鬢皓白，衣冠偉然，每會同舍，多談前輩言行、臺閣典章，薦紳推重焉。權禮部侍郎。孝宗立，以通奉大夫致仕。乾道二年，卒，年八十二，謚文清。著有經說二十卷、雲濠案：謝山學案劄記：「曾吉甫周易釋象五卷。」文集三十卷。子逢，亦以學稱。修。

宗羲案：朱子言：「曾吉甫答文定書天理人欲之說，只是籠罩，其實初不曾見得，文定便許可之，他便卽如此住了。」蓋亦入于禪者也。

曾茶山語補。

崇德必先事後得，如釋氏卻是先得後事。

道只在日用處，須玩「師冕見」一章。

子張一篇，惟記諸弟子之言，蓋有深旨，欲明羣弟子學之所至。

在己爲忠，推己及物爲恕。合彼己以爲一，便是一以貫之。通天下是一箇心。

㊀「浙西」，宋史本傳同。點校本宋史本傳校勘記以爲應作「浙東」。

梓材謹案：謝山所錄茶山語四條，今移入元城學案者一條。

附錄

先生早從舅氏孔文仲、武仲講學，又從劉元城、胡文定遊，其學益粹。

林拙齋紀問曰：嘗問尹和靖日用下工夫處，和靖曰：「須求喜怒哀樂未發以前底心。」少蓬曰：「如今才舉，便是發了，如何求得未發之心？」和靖曰：「只如吉甫未發意來相見時，豈有許多事，才舉意來，路中乘轎，來相見喫茶喫湯，如此類求之。」

梓材謹案：少蓬蓋案微之別稱。此條首稱問辭即茶山，故下有「只如吉甫」云云。據此，則茶山嘗及和靖之門矣。

知州范先生如圭

范如圭，字伯達，建陽人。從舅氏胡文定受春秋學。以乙科授武安節度推官。召試㈠祕書省正字，遷校書郎。以忤秦檜，謁告奉祠，讀書不與外事者十餘年。起判邵州、荆南。召對，提舉江西，復奉祠歸。起知泉州，尋罷。紹興三十年，卒，年五十九。

舍人薛先生徽言

薛徽言，字德老，永嘉人也。從胡文定公學。高宗即位，以布衣上書言六事，曰國勢，曰邊防，曰刑

㈠「試」字原無，據宋史本傳補。

賞，曰巡幸，曰財用，曰官吏。成建炎二年進士。趙豐公爲中丞，先生以書謁之，大見稱賞。豐公連章劾呂頤浩，高宗是之，對曰：「是皆溫士薛徽言爲臣發之。」次日繳上其書。豐公進樞府，先生亦蒙召對，首以强志勤政、君子小人爲言。授樞密院計議官，請建立方鎮以固籬落，從之。東宮虛位，首陳大計，請擇賢宗室立爲皇子。時高宗春秋方富，莫敢言者，言之自先生始。于是婁寅亮繼請，高宗擢寅亮爲御史，已許其請矣。未幾，又中止。先生因星變再上書論之，言：「陛下已有旨，召宗室三人入侍。此命一出，萬口稱慶。乃其二人，一見而止，一人未聞促召。切料小人必有熒惑陛下已成之志，識者爲之寒心。」于是立嗣之議始定。又言：「佞幸未去，國論未定。憂其所不足憂而忘其所當深憂，此乃大可憂者。」頤浩再當國，欲中傷之，不得，乃以權監察御史宣諭湖南。奏言本路不便于民者十事，且請令大將岳飛綏定湖南，薦憲司呂祉等五人及隱士黎明，劾去貪墨吏謝徵等。時折彥質以樞臣帥潭，代李綱，先生言李有成效，不應遽易。頤浩乃言小臣不當薦舉將相，且以其奉使時擅易守臣，于是諸使皆有殊遷，而先生權發遣興國軍。張魏公督軍湖南，召還幕府。以比部郎召，歷兵部、吏部二司、左司檢正中書門下諸房文字。先是，徽宗訃至，上疏力言以日易月之非。大將岳飛以忤督府，棄軍歸廬山，手書勸令涖軍。刑侍奏：「有父夜盜子財，子不知而殺之者，當以夜入人家、登時殺死之律。」先生謂：「父子法不別籍，非人家也；子富而父貧，是不孝也；人子弒父，而有勿論者乎？」從之。遷起居舍人。趙豐公之三人也，先生以爲事功難就，當如姚崇以十事要明皇，俟許可始觀政，豐公不能用。秦檜知平江，過闕，望豐公留之而不得，先生謂豐公曰：「檜從此怨矣！」豐公疑曰：「檜居永嘉，故君助之邪？」由是稍疏之，而不知先生之忠于己也。和議起，豐公以下皆去國，而先生獨留。蓋檜亦以前事謂先生厚己，稍親之，而先生不爲所用。初，豐公之去，惟二郎官與先生送之，豐公語先生，欲以檜罔上一事入告，先生止之。豐公既頗疑先生，喟然嘆曰：「鼎去，君安得獨留！」先生戲應之曰：「未可量也。」檜聞之，益以先生爲助己。先生乃上言帝王之孝在復讎，因援漢高帝桮羹之説。且言萬里梓宫，真僞莫辨。已而直前與檜廷辯曰：「偷安固位，于相公私計則良便，然忍君父之辱，忘宗廟之恥，于心安乎？」是日極争移晷，感寒疾，不數日卒，遺疏猶詆秦計甚力。故事，左右史卒官，與其子二人恩澤。至是，上詔特賜帛百匹，恩澤如例，而秦檜格之。先生之大功在議國本，其大節在争和議。宋史作傳，寥寥不滿十行，亦異甚矣，次子季宣，别爲學案。補。

忠簡胡澹庵先生銓

胡銓，字邦衡，廬陵人。建炎二年，高宗策士淮海，先生策萬餘言，高宗見而異之，將冠之多士，忌者移置第五。授撫州軍事判官，未上，轉承直郎。丁父憂，從鄉先生蕭子荆學春秋。吕祉以賢良方正薦，賜對，除樞密院編修官。秦檜主和，先生抗疏言王倫誘致敵使，以詔諭江南爲名，并言孫近傅會檜議。檜以先生狂悖鼓衆，編管昭州。檜死，量移衡州。擢起居郎兼侍講、國史院編修官。因講禮記，曰：「君以禮爲重，禮以分爲重，分以名爲重。願陛下無以名器輕假人。」又言：「陛下自即位以來，號召逐客，與臣同召者張燾、辛次膺、王大寶、王十朋，今惟臣在爾。以言爲諱而欲塞災異之源，臣知其必不能也。」又言：「廷臣以箝默爲賢，容悦爲忠，馴至興元之幸，所謂『一言喪邦』。」上曰：「非卿，不聞此言。」金人求成，先生請鋭意恢復，絶口勿言和字，一溺于和，不能自振。除宗正少卿，乞補外，不許。兼國子祭酒，尋除權兵部侍郎。上以災異，詔廷臣言闕政急務。先生以賑災爲急務，議和爲闕政，謂和議成有十可弔，不成有十可賀。符離之敗，朝論急于和戎。魏文節杞使于金，金人留之，分兵攻淮，乃以本職措置浙西、淮東海道。時惟高郵守陳敏拒敵，射陽大將李寶擁兵不救，先生劾之，寶懼，始出師犄角。大雪，河冰皆合，先生持鐵鎚鎚冰，士皆用命，金人遂退。乾道初，以集英殿修撰知漳州，改泉州。乞致仕，除寶文閣待制，留經筵。求去，以敷文閣直學士與外祠。陛辭，猶以歸陵寢、復故疆爲言。上問今何歸，先生曰：「歸廬陵。臣向在嶺海，嘗訓傳諸經，欲成此書。」特賜通天犀帶以寵之。先生歸，上所著易、春秋、周禮、禮記解，詔藏祕書省。淳熙七年，卒，謚忠簡。有澹庵集一百卷行于世。參史傳。

梓材謹案：先生初事蕭三顧，爲春秋學，復學于胡文定。南遷後作春秋集善十一卷，張魏公爲之後序。其謫新州時，作易傳拾遺十卷，宗主程氏而時出新意于易傳之外，李泰發爲之序。見直齋書録解題。謝山學案劄記，胡忠簡易傳十卷。又案謝山底本標題有澹庵學案之目，知其于澹庵集與其學派必多采録，惜經併入武夷，而其稿不全。

直閣胡先生襄

胡襄，字季皋，永嘉人也。紹興進士，累官江西提刑。隆興初，面對，備言：「靖、宣之事，豈惟廟謨外失，亦由人心內離，願陛下覽觀覆轍，備而後動。」孝宗是之。除太常少卿，兼樞密院都承旨，歷江東、福建提刑，直祕閣，卒。先生早學于武夷，而當秦檜時亦以爲趙鼎、胡寅之學，被錮十有餘年。補。

雲濠謹案：兩浙名賢録，先生早學于胡氏，固已一出于正。晚復交朱子，由是體用浹洽，本末純粹。朱子嘗語人曰：「永嘉前一輩人物，究竟終別。」蓋指劉、許以後及先生也。

譚先生知禮

譚知禮，字子立，長沙人。延康殿學士世勣之族子。生長市廛間，碌碌習舉子業。胡文定公至衡山，先生往從之，居其精舍之旁，盡掃前日氣習，抱春秋研其旨，餘力治資治通鑑。文定卒，弟子多散去，先生亦歸省其家，遽還衡山，居蕭寺，與五峯兄弟不舍晝夜讀書，以壞器盛粗飯菜羹，若將終身。謂五峯曰：「吾不得聖人之道，終身不歸。」會其親卒，先生奔喪，未及除服，亦卒，君子惜之。補。

諫院韓先生璜

韓璜，字叔夏，故潁川人忠憲公之後也，南渡後居衡山。累官廣西提刑、知諫院。胡文定公來衡山，先生因從之講學，而與致堂侍郎尤相善。致堂稱其官廣東，壁立無所汙染，又嘗薦之執政。及在言路，以忤秦檜出，築室衡湘，致堂與向祕閣宣卿時相過從，稱三友。北宋公相家之盛，莫如吕氏、韓氏，其子孫皆能以學統光大之。吕氏則滎陽學于伊川，紫微徧學于龜山、廣平諸公之門，仁武、德元學于和靖，梓材案：仁武，彌中字；德元，穉中字。而韓氏則德全學于元城，先生學于武夷，无咎學于和靖，東萊又无咎之壻，佳話也。補。

侍郎李先生椿

李椿，字壽翁，永年人㊀。累官潭州安撫使㊁、敷文閣直學士、吏部侍郎。其尉衡山時，受業文定。尤深于易，作周易觀畫二卷。朱子嘗銘其墓，謂其「逆知得失，不假蓍龜，不阿主好，不詭時譽，生平大節，不惟進退險夷一無可憾，而超然于死生之際」。魏鶴山曰：「侍郎拳拳于諸葛之出處，舉一隅以明易之用，有非佔畢陋儒所能識者。」餘詳宋史本傳。先生深于易，顧其誤信麻衣道者心法，則好奇之失也。補。

通守方困齋先生疇別見紫微學案。

提刑劉順寧先生芮別見元城學案。

黎先生明附師張昕。

黎明，字才翁，長沙人也。以孝友信義著稱。師事胡文定公。建炎之亂，文定避地荆門，先生爲卜室廬，具器幣，往迎之。胡氏之居南嶽，實昉于此。先生少嘗從學張御史昕，昕託其母，至是陷于賊，先

㊀「永年人」原作「永平人」，宋史本傳作「洺州永平人」。按地理志，永平縣屬荆湖北路之靖州，而河北西路之洺州屬縣有永年而無永平。宋史本傳稱李椿於靖康之難時「奉繼母南走」，則其原籍當爲北方之永年而非南方之永平。又朱熹朱文公文集卷九李椿墓誌銘、誠齋集卷一一六李侍郎傳均作「永年」。兹據改。㊁宋史本傳作「命待制顯謨閣知潭州、湖南安撫使」。

生間關入賊所，取而歸之。嘗過郢州，李允文以京西提刑至郢，先生曰：「郢多招安之寇，而允文凶惡，其來必與爲亂，不可久居。」即去之。後一月而難作。薛舍人徽言使湖南，高宗令訪山林不仕賢者，以先生薦，命未下而卒。先生之古道，蓋亦俟無可之流，而湖湘學派之盛，則先生最有功焉。去今六百餘年，莫能舉其姓氏者。予從薛常州集、魏秦公集得其厓略，亦稍足以傳矣。補。

通直向先生沈

向沈，字深之，知淮寧府謚忠毅子韶子也。故開封人，南渡後家衡山。忠毅死難，其家幾無噍類，先生以逆婦于胡文定公家得免。先生痛心家國，日從文定講明春秋復讎之説，而時方主和議，無路自申，積憂薰心，早衰多病，遂于禄仕泊如。事其叔父祕閣子忞如父。其監南嶽廟也，湖南安撫劉昉嘗以時宰意劾子忞，先生義不爲昉屬，遂引去。所生母李氏自淮寧相隔，歷歲久遠，迎養禮絶，追制服。言者以忠毅淮寧之節，當用其後人，尚書下符促召，先生嘆曰：「時方多難，無辱其先人足矣。餘非所願也。」竟不往。前後凡五監南嶽廟，以右通直郎致仕。初，朝議官忠毅後六人，先生以其一奏季弟鴻，其餘悉以叔父子忞之命畀諸族人，其後叔父亦以郊恩先畀先生之子，而後其孫，世以爲義門云。補。

通判向先生浯別見五峯學案。

大夫向先生涪

向涪，薌林之少子也。從文定。補。

梓材謹案：樓攻媿跋鄭林家規云：「鄭林遺訓，凜然如生，而三子俱賢。興國及邵倅既遵行維持于前，貳車高壽，獨殿諸公，保家之慮尤爲深長，既聞于郡，又刻之石。」貳車當是先生。又案：朱子向㈠鄭林文集後序云：「始公之葬，而五峯先生胡公實狀其行。後十餘年，而端明學士汪公始銘諸幽。又後二十餘年，而公之季子大夫公乃以公之文集三十卷者屬某，使爲之序。」又云：「大夫少以公命受學南陽胡文定公之門，今年七十有六，謝事而老于家亦已十八年矣。」是可見先生之大概，時蓋淳熙十二年云。

文定汪玉山先生應辰別爲玉山學案。

太學楊先生訓

楊訓，字子中，湘潭人也。受學文定。嘗問孝，文定曰：「謹言而愼行。一言之尤，一行之悔，是爲不孝。」先生退而思曰：「吾從事于新經之教，以太學進士爭能否于筆舌間者已二十年，豈有內省之功從事于言行者乎！」乃更誦語、孟、經史，稼穡致養，不汲汲于利祿。其在文定碧泉講舍，求愈久而愈恭，稱高弟。補。

清簡閭丘先生昕

閭丘昕，字逢辰，麗水人也。累官吏部侍郎，謚清簡。受業胡文定公門，故與明仲共著二五君臣論一卷，六十四卦各爲之說。其大旨謂：以陽居陰而爲九二，則臣有時而失之强；以陰居陽而爲六五，則君有時而失之弱。蓋作于紹興時，意有所屬也。張宣公爲之序。補。

㈠「向」原作「序」，據朱文公文集卷七十六向鄭林文集後序改。

祖望謹案：此特侍郎因時諷諫之説耳。九二非必盡枋臣，六五非必盡孱主。紹興之枋臣，寧復有陽德？蓋竊陰剥廬之小人也！

彪先生虎臣父約。附張所。

彪虎臣，字漢明，湘潭人。父約，孝友渾厚，聞有言人過失者，則掩耳去之。先生以經術教授，學者爭迎致。天性和易，而教尚方嚴，以不欺爲本，以孝弟爲先，以文藝爲後。故從之者不徒務進取，有所㈠畏而不爲。青人張所早遊京、洛，聞二三先生緒論，所至志訪求人物，宣和中典教長沙，遣其胥就學，遠近士子益依歸焉，號爲鄉先生。卒，年七十五。子居正。胡文定之南渡熊、湘也，先生一見，有得于心，及其子長，遂命受業胡門云。參胡五峯集。

梓材謹案：一統志謂先生嘗從胡文定父子遊，似未分晰。

樂曲肱先生洪

樂洪，字德秀，衡山人也。從文定遊。自號曲肱先生。所著有周易卦氣圖一卷，郭白雲爲之序。補。

教官徐先生時動

徐時動，字舜鄰，豐城人也。胡文定高弟。紹興進士，爲虔州教官。改吉州，未及歲，移疾，遂不復

㈠「所」原作「不」，據龍本改。

仕。著孟子説十四卷、雲濠案：一本作四十。西江録三卷、師門答問一卷。補。

祖望謹案：胡文定公傳家録，曾吉甫、楊子中與先生共輯之。

雲濠謹案：胡氏傳家録，曾、徐、楊三子所記文定答問語也。又文定次子和仲所録庭訓亦詳。

通判王東谷先生樞

王樞，字致榮，豐城人也。學通羣經，尤精春秋。少遊胡文定公門。紹興進士，參吉州軍事。郡給軍衣有濫惡者，衆譁于庭，莫能制，先生正色折之，乃定。知瑞金縣，改判岳州，所至每詣學宫，執經講論。又改鼎州，茶寇絡繹，道路不通，或欲焚山絶茶，或欲官自收鬻，先生定議，特爲長短引之法，以便負販，湖民賴之。卒官通判常德府。有東谷集。補。

向氏家學

通直向先生沈見上武夷門人。

葉氏門人

莊定黄先生祖舜

黄祖舜，字繼道，福清人。宣和三年進士，累任至軍器監丞。入對，言縣令付銓曹察授，曷若要成郡守。出判泉州，將行，疏乞于科舉外訪求學行修明、孝友純篤者，縣薦之州，州延之學，以表率諸士。

其尤異者，以名聞。留爲倉部郎中，權刑部侍郎兼侍讀。進論語講義，詞義明粹，下國子監梓行。尋知樞密院。金人侵淮，大將劉錡病不能軍，諸將王權、劉汜退敗，高宗欲誅之。先生曰：「敗軍罪實難赦，然劉錡有大功于國，若聞而憤死，得無快敵心乎？」帝嘉納之。卒，謚莊定。所著論語講義，朱子多引用之。其他易、詩、禮說及歷代史義凡數萬言。參道南源委。

祖望謹案：黃繼道，宋史有傳。其所著論語說，沈大廉嘗引之，胡五峯先生又合二家審正之。此外有易說、詩國風小雅說、禮記說、列代史議、黃莊定集十五卷。

梓材謹案：先生論語說，其爲沈氏所引者三條，已見周許諸儒學案。

論語說

鄉人林德膚嘗云：時人稱季文子三思，夫子以爲不然，曰如能再思可矣，何望其三乎。如三家之强，文子殆未之思也。

祖望謹案：此條胡五峯取之。

先儒謂犂牛指仲弓之父，非也。斥父稱子，豈聖人之意。言才德之不繫于世類耳！

祖望謹案：此條胡五峯取之。

「君子義以爲質」四語，似屬立政言。若學者，則「敬以直內」乃其本。

胡五峯曰：聖人之言無所不通，但四事誠非敬以直內不可，不必專指立政也。

「君子不施其親」，不私于親也。

正簡葉先生顒附兄顗。

葉顒，字子昂，仙遊人。政、宣間與兄顗徒步入京師，並隸太學博士弟子員。金人入寇，顗力戰死之。先生紹興中進士，知常州，或勸其獻羨餘，當得美官，先生不可。後官至宰相，識大體，抑僥倖，服食、田宅不改其舊。卒，謚正簡。參姓譜。

正獻陳先生俊卿

陳俊卿，字應求，莆田人。紹興中進士，累官侍御史，劾黜秦檜黨，疏言張浚忠藎。歷同知樞密院事，授右僕射，以用人爲己任，奬廉退，抑奔競。後以少師、魏國公致仕。卒，謚正獻。先生孝友忠敬，得于天資。爲人清嚴好禮，終日無惰容。雖疾病，見子孫必衣冠。胸懷坦然，遇人無少長，一以誠實。一言之出，終身可復。于外物澹然無所好，獨喜觀書史，疾病猶不釋卷。其學一以聖賢爲法，于浮屠、老子之説，未嘗過而問也。參朱子文集。

尚書鄭少融丙

鄭丙，字少融，福州人。淳熙間吏部尚書。嘗言「僞學」不宜信用。參道命録。

謝山跋宋史鄭丙列傳曰：慶元道學之禁，濫觴于鄭丙，宋史詆之甚峻。予夷考之，則前此丙亦清流，一自倡攻道學，遂喪名節，而一跌不可復振矣！朱子嘗言：「建寧自程、鄭二公至今，聖節不許僧子升堂説法，其餘無敢任之者。」程公即泰之也。程史㊀：丙初登西掖，力言賞功遷職之濫，奎札獎許；又力雪陳龜年之獄。韓子師以曾覿援，將召用，丙力争之，大臣多譖爲賣直，上獨重之，亟遷吏書。王公謙仲方丞宗正，因進對，有「愛莫能助」之薦。如是，雖古之名臣，何以加諸！水心亦稱丙之風力。嗚呼！朱、王、葉三老者，皆慶元黨魁也。丙亦何心狓猖，晚節相背而馳乎！然宋史一概抹而不書，則亦非善惡不相掩之史法也。

茅堂家學孫、程四傳。

胡季立先生大本別見五峯學案。

曾氏家學

司農曾先生逢

曾逢，字原伯，文清長子。仕至司農卿。最以學稱。參史傳。

侍郎曾習庵先生逮別見震澤學案。

㊀「程史」原作「桯史」。按此下所叙鄭丙事迹，均據宋岳珂撰桯史卷十二鄭少融遷除條，知「程」爲「桯」之誤，今改。

知軍曾先生集別見廌山學案。

曾氏門人

倉部呂先生大器別見紫微學案。

中大陸放翁先生游別見荊公新學略。

范氏家學

帥機范先生念德別見滄洲諸儒學案。

薛氏家學

文憲薛艮齋先生季宣別爲艮齋學案。

澹庵家學

承務胡先生泳

胡泳，字季永，忠簡長子。六歲隨忠簡調新州，詩人陳元忠目爲「春秋生」。二十四歲隨忠簡歸廬陵，講道家塾，兄弟怡怡如也。先生學有家法，嘗讀橫渠易，至「心化在熟」，擊節歎曰：「至言也！請終身誦之。」官承務郎，監江、淮總領所惠民局，兼行宫雜賣場。淳熙初，卒。參周益公集。

奉議胡先生澥

胡澥，忠簡次子。官承事郎，監南嶽廟，又爲奉議郎、沿海制置司幹辦公事。楊誠齋㈠稱其修潔博習，能世其家。參誠齋薦士録。

澹庵門人

文節楊誠齋先生萬里別見趙張諸儒學案。

文忠周平園先生必大別見范許諸儒學案。

彪氏家學

彪先生居正別見五峯學案。

武夷再傳

㈠「誠齋」原作「静齋」，據龍本改。

縣官張先生默

張默，字成父，緜竹人也。魏忠獻公㊀之從孫。傳春秋之學于胡文定公。所至作吏皆有聲。見楊文節公薦士録。補。

祖望謹案：宣公亦有送其之官襄陽詩，而文節誤以爲魏公之從子，或傳寫之訛也。

梓材謹案：文節薦士録本云「能傳胡文定春秋之學」，蓋得其春秋之傳耳，非親受學于文定，列爲武夷再傳可也。

文莊曾先生漸

曾漸，字鴻甫，南城人也。紹熙中進士，累官吏部侍郎。謚文莊。詳見葉水心墓志。朱子言曾漸多是禪。

宗羲案：湖南一派，如致堂之闢佛，可謂至矣。而同學多入于禪，何也？朱子曾舉一僧語云：「今人解書，如一盞酒，被一人來添些水，那一人來又添些水，次第來添去，都淡了。」愚獨以爲不然。佛氏原初本是淺薄，今觀其所謂如來禪者可識已。其後吾儒門中人逃至于彼，則以儒門意思説話添入其中。稍見有敗闕處，隨後有儒門中人爲之修補增添。次第添來添去，添得濃了，以至不可窮詰。而俗儒真以爲其所自得，則儒淡矣。可嘆也！

祖望謹案：文定卒于紹興八年。鴻甫得及其門，則當生于靖康以前，豈有紹熙中尚存者！豈

㊀按此魏忠獻公即張浚（封魏國公，謚忠獻）。

別一人邪？抑或私淑之學邪？當俟博物者更考之。

梓材謹案：水心文集有中奉曾公墓誌云：「開禧二年卒，年四十二。」其生年當在乾道元年乙酉，距文定之卒紹興八年戊午、又二十七年，其不得受業文定可知。又案：文莊與韓侂胄同時，朱子所論，非有別人，謝山疑爲私淑，當是也。

陳氏家學

承議陳先生守

承奉陳先生定

直閣陳復齋先生宓並見滄洲諸儒學案。

茅堂續傳

隱君趙江漢先生復別見魯齋學案。

宋元學案卷三十五

陳鄒諸儒學案

全祖望補本

陳鄒諸儒學案表

陳瓘（豐氏門人。元城同調。涑水、百源、二程私淑。鄒江、西湖再傳。）——子正彙——孫大方

從孫淵別爲默堂學案。

呂本中別爲紫微學案。

曾恬

詹勉並見上蔡學案。

廖剛

林宋㊀卿

李郁並見龜山學案。

蔣璯

㊀「宋」原作「宗」，據本書龜山學案及本卷正文改。按龜山學案有林宋卿傳，馮雲濠注云：「一作宗卿。」

父浚明。
蔣琉
張琪

黃櫄別見紫微學案。
了翁續傳。

鄒浩——子柄
龔氏門人。
了翁講友。
伊川私淑。
荆公再傳。

唐廣仁——呂本中別爲紫微學案。
陳、鄒同調。
涑水私淑。

關治
龜山門人。
二程再傳。

陳正
夏侯旄
唐恕

胡宗伋——子沂——孫拱
　　　　　　　　孫摶並見槐堂諸儒學案。
　　　　孫疇伯父子昇。
　　　　孫介附屬德輔。——子應時別見槐堂諸儒學案。

劉若川父陶。——子充實
　　　　　　　　周必大
　　　　　　　　周必剛
　　　　　　　　周必彊

鄧名世並元祐之餘。

鄒斌別見槐堂諸儒學案。

鄧氏續傳。

陳鄒諸儒學案序録

祖望謹案：私淑洛學而未純者，陳了齋、鄒道鄉也。唐充之、關止叔，又其次也。了齋兼私淑涑水、康節，學徒最盛，建炎後多歸龜山。述陳鄒諸儒學案。梓材案：是卷諸儒皆洛學私淑，而亦各有師承。其爲元祐之餘者，附入是卷。

清敏門人王、樓再傳。

忠肅陳了齋先生瓘

陳瓘，字瑩中，南劍州人，學者稱爲了齋先生。少好讀書，不喜爲進取學。父母勉以門戶事，乃應舉，一出中甲科，爲湖州教授㊀。元祐初，蔡卞帥越州，先生爲簽判，測知其心術，常欲遠之，屢引疾求歸，章不得上。檄攝通判明州，卞素敬道人張懷素且來越，卞留先生少須之，先生不肯止，曰：「『子不語怪力亂神』。斯近怪矣。」章惇入相，先生道謁，惇聞其名，詢當世之務，先生曰：「請以所乘舟爲喻。偏重，可行乎？移左置右，其偏一也。」召爲太學博士，遷校書郎。惇、卞主紹述之論，追貶溫公，上謗宣仁后。先生奏言：「堯、舜、禹皆以『若稽古』爲訓。若者，順而行之；稽者，攷其當否。必使合于民情，所以成帝王之治。天子之孝與士大夫之孝不同。」帝意感悅。執政聞而憾之，出通判滄州，知衛州。徽宗即位，召爲右正言，遷左司諫。先生論議持平，務存大體，不以細故藉口，未嘗及人晻昧之過，惟極論蔡卞、章惇、安惇、邢恕之罪。御史龔夬擊蔡京，朝廷將逐夬，先生言：「紹聖以來，七年五逐言者，皆與京異議。今夬又以言京罷，若公道何！」遂草疏論京。未及上，罷監揚州糧料院。先生出都門，繳四章奏之，并明

㊀「爲湖州教授」，宋史本傳作「調湖州掌書記」。

宣仁誣謗事。帝密遣使賜以黃金百兩，改知無爲軍。明年，還爲著作郎，遷右司員外郎兼權給事中。宰相曾布使客告以將即真，先生語子正彙曰：「吾與丞相議事多不合，今若此，是欲以官爵相餌也。吾有一書論其過，將投之以決去就。」正彙願得書㊀，先生喜，且持入省，布使數人邀相見，甫就席，遽出書，布大怒，出知泰州。尋除名，竄袁州、廉州，移郴州，稍復宣德郎。正彙在杭告蔡京有動搖東宮迹，杭守蔡薿執送開封獄，併逮先生對簿。先生曰：「正彙聞京將不利社稷，瓘豈得預知？以所不知，忘父子之恩而指其爲妄，則情有所不忍，挾私情以符合其説，又義所不爲。京之姦邪，瓘固嘗論之于諫省，不待今日也。」内侍黄經臣莅鞫，聞其辭，失聲嘆息曰：「主上正欲得實，如言以對可也。」獄具，正彙猶以所告失實流海上，先生亦安置通州。先生嘗著尊堯集，議者以爲言多詆誣，編置台州。宰相命凶人石悈知州事，執至庭，大陳獄具，將脅以死。先生揣知其意，大呼曰：「今日之事，豈被制旨邪！」悈失措，始告之曰：「朝廷令取尊堯集爾。」先生曰：「某以神考爲堯，主上爲舜，助舜尊堯，何得爲罪！君所得幾何，乃亦不畏公議乎？」終不能害，又移楚州。先生篤學有識，通于易數，言事多驗，然持論一衷于理。初，蔡京知其才，待之加禮，先生不肯附麗，恬于進取。及居言職，疏劾奸慝，即所舉不避。嘗曰：「彼則『舉爾所知』，此則『爲仁由己』。」識者重其言。宣和六年卒，年六十五。靖康初，贈右諫議大夫，謚曰忠肅㊁。**參史傳。**

㊀宋史本傳記陳瓘語「將投之以決去就」下有「汝其書之」等句，故此處言「正彙願得書」。本書節去「汝其書之」等句，故「正彙願得書」一句意義不明。　㊁宋史本傳作：「靖康初，詔贈諫議大夫，召官正彙。紹興二十六年……謚曰忠肅。」

祖望謹案：了翁最宗元城，則以爲涑水私淑弟子可也，每得明道之文，衣冠讀之，以爲二程私淑弟子可也；精于皇極之學，以爲康節私淑弟子可也。然而其淵源則出于豐氏，而豐氏出于樓氏。當安定、泰山、古靈倡學時，四明五先生隱約里巷，講學獨善耳，遠非諸公比也。一傳而豐氏，其傳已光大于世；再傳而遂得了翁、先之二人。然則椎輪爲大輅之始，其功不可誣也。了翁弟子徧東南，其後多歸龜山之門。

梓材謹案：先生爲清敏墓志，自稱「門人敘復宣德郎賜緋魚袋陳瓘敘次」，是先生爲豐氏門人之證。顧清敏兼事鄞江王氏，則先生不獨爲樓氏再傳也。

陳右司說

氣質一定而不能自易其習者，非以其不學與？氣質之用狹，道學之功大，習其所習者未嘗察也。天氣而地質，無物不然。人藐乎其間，奚以相遠？其道莫先于學。務學在于求師。

幼學之士，先要分別人品之上下，何者是聖賢所爲之事，何者是下愚所爲之事。向善背惡，去彼取此，幼學所當先也。顏子、孟子，亞聖也，學之雖未至，亦可爲賢人。言溫而氣和，則顏子之不遷漸可學矣；過而能悔，又不憚改，則顏子之不貳漸可學矣。知埋蠶之戲不如俎豆，念慈母之愛至于三遷，自幼至老不厭不改，終始一意，則我之不動心亦可以如孟子矣。若立志不高，則其學皆常人之事，語及顏、孟，則曰：「我爲孩童，豈敢學也！」此人不可以語上矣。先生長者見其卑下，必不肯與語，則其所與語皆下等人也。言不忠信，行不篤敬，過而不知悔，悔而不知改，皆下等人也。聞下等語，爲下等事，譬如坐于房室之中，四面皆牆壁也，雖欲開明，不可得矣！

梓材謹案：以上二條蓋録自小學。

學者須常自試，以觀己之力量進否。易曰：「或躍在淵，自試也。」此聖學也。

人之大惡，雖至于謀反大逆，若有一念悔心，使臨刑之際説「我悔也」，便須赦他，便須用他。

祖望謹案：此亦爲王氏執迷不悟而發。

君子與人爲善，故能養其大體而爲大人，故能格君心之非而使天下利見，故能言動以爲則法。後之人急急然惟欲己爲是也，恐其叛己，以利誘之，以害敺之，天下終不以爲然，而自以爲過天下，何愚之甚！

學者非獨爲己而已也，將以爲人也。管仲生平多違禮，不若晏子之有節。然孔子稱晏子不過謂其「善與人交」，而盛稱管仲之仁，以管仲功及天下而晏子獨善其身。

學者非徒讀誦言語，撰綴文詞而已，將以求吾之放心也。故大畜之卦曰：「君子以多識前言往行，以畜其德。」所謂識者，識其是非也，識其邪正也，如是，故能畜其德。

今有人曰：「仕宦而使天下謂之賢人，是自取其善而歸過于其君也；使天下謂之不賢人，是自取其惡而歸美于其君也。」曰：是不然。此乃李斯分謗之説也。天下謂之不賢，未必不爲其君之累。

孔子以柔文剛，故内有聖德而外與人同。孟子以剛文剛，故自信其道而不爲人屈。衆人以剛文柔，故色厲而内荏。

楊子之書，唯是説到。孟子之書，則自得之。如平旦之氣，養浩然之氣，皆自得之語。孔子則并自得處亦無。

凡欲解經，必先反諸其身而安，措之天下而可行，然後爲之説焉。縱未能盡聖人之心，亦庶幾矣。若不如是，雖辭辯通暢，未免乎鑿。今有語人曰：「冬日飲水，夏日飲湯。何也？冬日陰在外，陽在内，陽在内則内熱，故思水。夏日陽在外，陰在内，陰在内則内寒，故思湯。」雖甚辯者不能破其説也。然反諸其身而不安也，措之天下而不可行也。

「爲學日益，爲道日損」，尋常人便説作兩事，失之遠矣。蓋語學則益，「見善必遷，有過㊀必改」也；語道則損，「懲忿窒欲」也。二卦未嘗偏廢。

梓材謹案：以上諸條，皆本呂氏童蒙訓。第謝山所節童蒙訓凡十四條，今移入安定學案者一條，移入高平學案者一條，移入荆公新學畧者二條。

先天之學，以心爲本，其在經世者，康節之餘事耳！世學求易于文字，至于皇極，或以爲考數之書。

祖望謹案：以下邵氏聞見後録，皆答楊、游二公書。

觀物云：「防乎其防，邦家其長，子孫其昌。」是以聖人重未然之防，是之謂易之大綱。

康節云：「物理之學，不可强通。强通則失理而入于迷。」皇極之書，不可以强通者也。

康節非數學，其學在心。若欲觀休咎，則自有八卦可玩吉凶，何必更求之皇極之書？

祖望謹案：先生晚年私淑康節最深，故予于康節學案以景迂與先生牽連列之。先生之集五十

㊀「過」原作「遷」，據童蒙訓（當歸草堂叢書本）卷下及易益卦象傳改。

卷，今不傳。予從呂文清童蒙訓及邵博聞見後録中摭拾節畧，得二十餘條，列之于此。先生所以論康節之學者，楊、游二公不謂然，但其中精語不可没也。梓材謹案：謝山所謂摭拾二十餘條，蓋併所節行畧諸條而言耳。又案：謝山所節邵氏聞見後録五條，今移入涑水學案者一條。

忠肅文集

葉公沈諸梁問孔子于子路，子路不對。葉公當世賢者，魯有仲尼而不知，宜乎子路之不對也。梓材案：以上三十六字，從明道學案黎洲所節附録併入。予元豐乙丑夏爲禮部貢院點檢官，適與校書郎范公淳夫同舍，公嘗論顏子之不遷不貳，惟伯淳能之，予問公曰：「伯淳誰也？」公默然者久之曰：「不知有伯淳邪？」予謝曰：「生長東南，實未知也。」時予年二十九矣。自是以來，常以寡陋自媿。責沈文送姪孫幾叟。

古之善學者，心遠而莫禦，然後氣融而無間；物格而不惑，然後養熟而道凝。山上之木，合抱之材，非一朝一夕之可俟。人之患，在不立其基。基立而不勉，亦何以異于彼哉！同上。

漢成、哀之世，使大臣之門有負恩之士，則漢之宗社未至危亡。然使爲大臣者不欺其君，盡忠之士亦安忍負其門！上曾子宣論日録書。

祖望謹案：此指紹述諸公。

列子有㈠言：「世以生人爲行人，則死人爲歸人矣㈡。行而不知歸，失家者也。」此禦寇未了之語。生

㈠「有」原作「方」，據童蒙訓卷下改。

㈡按以上列子天瑞篇原作：「夫言死人爲歸人，則生人爲行人矣。」

死無時而不一，四大無時而不離，何待死爲其歸乎？其生也心歸，其死也形化。歸而待化，復何俟于言。上呂吉甫書。

祖望謹案：紫微曰：「此誘吉甫使之爲善也。」然愚謂其言稍不醇。

所買書，必以漸觀考。鄉居應務，當盡人情，不當專守故紙。要之，若緝麻然，雖或放手，勿壅其緒，斷則續之，忙復暫舍，久久不輟，績成長條，豈有間斷處也？與李光祖書。

資治通鑑曾留意否？學者倦于持久，而稽古之習猝難承辦，凡如讀習寓言，可旬月而了，故棄史不讀。不知六經、論語發明中實之道，以稽古爲本。莊周高而不中，寓而不實，其言可喜悦而實則誕幻，尚不如老子之有益于世，況可比吾教之中道乎！華嚴云「依教修行」，此語乃百家之總門也。吾教非彼教，彼教非吾教，其實無二，其門不一，各依自教，則本不相妨矣。冠員冠、履方履而鉢食膜拜者，是舍吾教也。舍經史可證之實，而説誕放無實之文，何以異此！華嚴依教之旨，不若是其偏也。修身行己，奉行聖教爾。如稽古之事，載于六經；六經之後千餘年之事，散于諸史。通鑑集其散而撮其要，此英祖、神考之所以賜後學也。與鄒志完書。

梓材謹案：謝山所拾忠肅文集七條，今移入涑水學案者一條。

雜説

一日之計在寅，一年之計在春，一生之計在少。見栟櫚集。

身教者從，言教者訟。見龜山集。

金可死而不化，水萬折以東流。

天下之死一耳。死于瘴癘，死也；死于囹圄，亦死也；死于刀鋸，亦死也。吾今一視之，俱無所擇。

子路死衞，不忘結纓，安而樂之如此，處之有素故耳！

吾生平學佛，故于死生之際了然無怖。

佛爲覺，禪爲定。

于苦處中習行安樂法。以上見默堂集。

佛法之要，不在文字，亦不離于文字，只金剛經一卷足矣。世之賢士大夫無營于世而致力于此經者，昔嘗陋之，今知其亦不癡也。此經要處只九字，曰「阿耨多羅三藐三菩提」，華言一「覺」字耳，中庸「誠」字卽此也。此經于一切有名有相有覺有見，皆歸于虛妄，其所建立，獨此九字。其字九，其物一。是「一以貫之」之一，非紀數之一也；是「不誠無物」之物，非萬物之物也。年過五十，宜卽留意，勿復因循。此與日用事百不相妨，獨在心不忘耳。早知則早得力。文獻通考。

吾前此困于患難，他無所懼，所懼者死。今則死亦不懼。

李梁溪曰：此可以見不動心之難。

梓材謹案：忠肅此說，謝山未標所出，恐是梁溪集中所引耳。

附錄

一日，嘗與家人語，家人戲問是實否。公退，自責累日："豈吾嘗有欺于人邪？何爲有此問也。"以下行畧。

公有斗餘酒量，然每飲不過三爵，恐廢事也。日有定課，自雞鳴而起，終日寫閱，不離小齋。倦則就枕，既寤卽興，未嘗偃仰枕上。每夜必置行燈于牀側，自持就案，或問何不呼使者，公曰："起止不常，若涉寒暑，則必動其念，此非可常之道。吾性安之，不欲勞人。"

公疏文有云："在彼如「舉爾所知」，在此則「爲仁由己」。未嘗以預薦而入其黨，亦不以小故而絕其恩。"

祖望謹案：此言蓋爲曾子宣發也，與上曾子宣書同。

又云："言滿天下無口過，非謂不言也，但不言是非長短利害，雖常言無害。所謂終日言而未嘗言，所以無過。"

祖望謹案：此言未當。若不言長短利害則可矣，豈有不言是非者乎？殆記者之誤也。

又云："天下之事，變故無常，唯稽考往事，則有以知其故而應變。王氏乃欲廢絕史學而咀嚼虛無之言，其事與晉人無異，將必以荒唐亂天下。"

祖望謹案：先生彈蔡京云："滅絕史學，一似王衍。"

又云：「北人始可有爲，南人輕險易變。」

祖望謹案：彈蔡京云：「重南輕北，分裂有萌。」

張天覺好佛，亦好道，公雖被其薦引，未嘗相識，亦未嘗通書，但以詩柬之曰：「辟穀非真道，談空失自然。何如勛業地，無媿是神仙。」

祖望謹案：此則知先生之學佛，亦其寄也。所謂「儒其行而墨其言」。

公通易數，如靖康、建炎及隆祐垂簾事，皆豫言之。以上行畧。

梓材謹案：以上八條，謝山底稿于陳右司説牽連書之，今以其録自行畧，例附于此。

劉元城談録曰：陳瑩中，某嘗薦自代，而未嘗識面。瑩中多失之過。如尊堯集先評荆公爲伊、吕聖人之耦，而後納諸僭叛不軌之域，此學術不粹也。

吕氏童蒙訓曰：陳公瑩中，閩人也，而專重北人。以北人可有爲，南人輕險易變也，不可以有爲。

謝山陳忠肅公祠堂碑銘曰：「忠肅著尊堯集于合浦，以闢新學，尚不慊意，追著之四明，始以爲無憾，則四明宜有祠。忠肅之爲倅，居南湖之南藍，而西湖十洲題詠最多，則湖上尤宜有祠。」又曰：「史越公言是時忠肅窮甚，裘葛不足蔽體，簞瓢不足充口，而温然盛德之容，了無含慍，談笑舒愉，幽居甚樂。吾讀忠肅十洲諸作，則越公之言信然。嗚呼，是所謂大丈夫者邪！」

龔氏門人荆公再傳。

忠公鄒道鄉先生浩

鄒浩,字志完,晉陵人。第進士,調揚州、潁昌府教授。呂正獻公、范忠宣公爲守,皆禮遇之。忠宣屬撰樂語,先生辭。忠宣曰:「翰林學士亦爲之。」答曰:「翰林學士則可,祭酒、司業則不可。」忠宣敬謝。哲宗擢爲右正言。有請以王安石三經義發題試舉人者,先生論其不可而止。章惇獨相用事,先生所言每觸惇忌,仍上章露劾,數其不忠侵上之罪。時上廢孟后,而賢妃劉氏立,先生上章切諫,以「萬世公議」爲辭。帝變色,持其章,凝然若有所思,付外。章惇詆其狂妄,乃削官,羈管新州。徽宗立,召爲右正言,遷左司諫。疏請黜陟人材,一由獨斷,宜恤公議于獨斷未形之前,謹獨斷于公議已聞之後。改起居舍人,進中書舍人,又請稽考先朝盛德,以盡繼述之孝。遷兵、吏二部侍郎,以寶文閣待制知江寧府,徙杭、越二州。蔡京用事,忌之,求其諫立劉后疏不得,乃爲僞疏宣示中外,遂再謫衡州別駕,尋竄昭州,五年始得歸。方先生之除諫官也,恐貽親憂,母張氏曰:「汝能報國,吾何憂!」及先生兩謫嶺表,母不易初意。瘴疾危甚,楊時㊀過省之,猶以國事爲問,語不及私。卒,年五十二。高宗即位,詔贈寶文閣直學士,賜謚忠。先生淵源伊洛,而特嗜禪理,其括蒼易傳序服膺荊舒之學。前後立論,不無岐出。然以大節觀之,要爲不負師承矣。文字小疵,未足爲累,蓋所學在此不在彼也。與遊田晝、王回、曾誕,皆良士。著有道鄉集若干卷。參史傳。○雲濠案:鄒道鄉集詩十四卷,文二十六卷,四庫書目與直齋書錄解題合。東都事畧

㊀「時」原作「適」,據宋史本傳及龍本改。

以爲三十卷，非。

祖望謹案：南軒嘗言道鄉晚與程子論道，以予考之，似未及過從也。特道鄉早歲與劉斯立、田明之固嘗講學，而受業于龔深父之門，雖未承濂、洛之統，固非絶無淵源者。晚乃遊于楊文靖公、胡文定公之間，得伊川之傳。嘗曰：「吾雖未見先生之面，然識先生之心矣。」故伊川私淑弟子，先生與了翁其最也。特二公皆未能不染于佛、老之學，是則聞知之所以終不逮見知也與！然當時見知者之多所陷溺也，亦十九矣。

道鄉語録

非禮勿履，惟大壯能之。君子用大壯之道，惟此爲要切。

修學易，進道難。何爲進道？愼獨是也。

某爲諫官，秖是説理，不徼訐。

爲善如著衣喫飯，不可有功過心。

勉禮之當行者，不必責人之報。安義之當爲者，不必望人之知。

可以求，可以無求，求多辱。可以交，可以無交，交多濫。可以毁，可以無毁，毁多怨。可以譽，可以無譽，譽多諂。

有非禮之念，然後有非禮之言。言非自口也。

過相褒貶㈠，便入于巧言。輕重須合宜。

雖居軒冕之間，當有山林之氣。士不可無山林氣，節義、文章、學術，大抵皆然。何謂山林之氣？卽純古之氣也。

達于命者，不以得失爲休戚。

思慮不清，便乖愼獨之道。

學者厭俗事，便非聖王之學。聖王以民事爲本，舍民事無可爲者，但事事中理，皆有節文，所以異于俗人。下達㈡一家，亦只如此㈢厭俗事，皆生于怠惰。「淸虛澹泊」，皆繆悠之詞。試問淸虛者，不須衣食乎？能不爲人㈣乎？有此二者，旣有所事矣。故聖人不喜事，亦不厭事，學者不可不勉！

有心之過大，無心之過小。

凡爲善有二：或直心爲善，或著姦爲善。大抵有山林氣卽佳。寧可使人道村，不可使人道姦。

祖望謹案：先生語録，秖此一十七條。不深于講學，而拈出謹獨爲宗旨，由其言，可以入聖矣。予故備録之。

梓材謹案：謝山所録十七條中，移入高平學案二條，又一條引范丞相云「惟儉可以成廉，惟恕可以成德」，與忠宣傳答請教者語複，節之。

㈠「貶」，道鄉集（淸道光十三年鄒禾刻本，下同）卷三十二語録作「美」。　㈡「達」，道鄉集作「至」。　㈢「此」字原脱，據道鄉集補。　㈣「爲人」，道鄉集作「與人接」。

雜記

「直其正也」，當作「直其敬也」，音近而訛。

事至于「如之何如之何」者，固不能爲之于未然矣。猶不曰「如之何如之何」者，是不知悔者也，雖聖人，其如彼何！

「吾斯之未能信」，斯者，指其心而言。

聖人之道，備于六經。六經千門萬户，從何而入？大畧在中庸一篇，其要只在謹獨。此條見宋史本傳。

十二時中，看自家一念從何處起，即檢點不放過，便見功力。見胡氏傳家録。

以愛己之心愛人，則仁不可勝用。以惡人之心惡己，則義不可勝用矣。

梓材謹案：此從謝山所節景迂學案晁氏客語移入。

附說

無所往而不寂者，道也。雙寂庵記。

道鄉居士以道自持久矣，一旦超超乎萬物之表，不知規矩準繩之果吾法邪，非吾法邪？不知身體髮膚之果吾形邪，非吾形邪？所謂喙鳴合，與天地合者與！ 鷇音集序。

寡言不如不言，不言不如忘言。

心冥，則無所往而不冥。

祖望謹案:此先生之不能自拔于異端者。姑舉一二條見之。

附錄

林醇中與書云:惟絶欲平心,調飲食,省思慮,則邪不能干。

錢濟明與書云:窮絶之域,有書可觀。不爾,則日月之徙,烟雲之變,皆吾方册也。言與不言,皆與我會。

張牧之與書云:惡固不可爲,爲善復如此!惟望事事節約。

祖望謹案:先生詩注中有三條,乃謫昭州時諸公所與書,附録于此。皆德人之言也。

晁氏客語曰:志完雖遇宂劇事,處之常優游。因論易曰:「恆雜而不厭。」

陳鄒同調

監税唐先生廣仁

唐廣仁,字充之,内黄人也。少有志于聖學,聞司馬温公所以教劉公元城者曰:「生平無以過人,但事無大小,皆可使人知。」遂私淑之。元城亦稱先生才用有餘。以進士官乾寧司法參軍,改常州,能決疑獄。元符末,上書入邪籍,時方當改官,遂不用。已而監蘇州酒税務。蘇人朱氏有勢焰,太守以下皆承奉之,而先生一切自異,著憎慢之迹。太守不能堪,以事下之獄,無所得,然竟廢,乃居實應。其被斥也，元城則曰：「充之尚少保身之道，太爲崖異，欲立名。」先生自是益讀書講道，所得愈邃。呂公居仁嚴事之。宣和中，卒，遺言所以教子者，惟温公語，他不及焉。陳公了翁志其墓。

附錄

呂氏童蒙訓曰：唐充之每稱前輩說，後生不能忍詬，不足爲人。

又官箴曰：唐充之，賢者也，深爲陳、鄒二公所知。大觀、政和間守官蘇州，朱氏方盛，充之數譏刺之，朱氏深以爲怨，傅致之罪。劉器之以爲充之爲善欲人之見知，故不免自異以致禍患，非明哲保身之謂。

汪玉山跋先生帖曰：唐充之元符末上書入籍。其學以天人一理，內外一致，自灑掃應對進退，與酬酢佑神皆一事，無先後之別，極高明所以道中庸也。予聞于呂公居仁者如此。

龜山門人二程再傳。

館職關先生治

關治，字止叔，杭人也。元祐三年進士，嘗爲館職。學于龜山。嘗語呂紫微曰：「楊先生有力量。」紫微因亦學于龜山。然讀紫微與先生詩，則亦頗耽禪悅，蓋其時儒者多蹈此疵也。不知其官秩所至。

附錄

呂氏官箴曰：關止叔獲盜，法當改官，曰：「不以人命易官。」終不就官，可謂清矣，然恐非通道。或當時所獲盜有情輕法重者，止叔不忍以此被賞也。黄氏補本。

元祐之餘

陳先生正

陳正，字端誠，亦元祐中通儒也。呂氏童蒙訓引其言曰：「易須是説到可行處方可。」

梓材謹案：是傳首二句從安定學案謝山所作田明之傳尾移入，以呂氏童蒙訓足之。

幕官夏侯先生旄

夏侯旄，字節夫，京師人。年長紫微以倍，猶及與之交。崇寧初，召任諸州教授。學制既頒，即日尋醫去。後任西京幕官，罷任當改官，以舉將安惇也，卒不改官，浮沈京師，至死不屈。

縣令唐先生恕

唐恕，字處厚，□□人。崇寧初，知荆南縣。新法既行，即致仕，不出者幾三十年。

梓材謹案：以上二傳，以謝山所録呂氏童蒙訓爲之。二先生紫微並稱爲丈，則皆紫微前輩也。

監嶽胡定翁先生宗伋

胡宗伋，字浚明，號定翁，餘姚人。童時如成人，及長，刻意于學。元符間，試禮部不第，歸，教授鄉里，學者多從之遊。性至孝，跬步未嘗忘親。建炎之亂，士人避地明、越者，多以先生爲歸依。高宗御極，授房州文學，調瀏陽丞。用薦，監嚴州比較務。最，進一官。丐祠，監南嶽廟。先生操行方軌，篤于道德性命之旨，其交遊子弟，非是莫取，史稱爲醇儒。參兩浙名賢録。

迪功劉先生若川父陶。附子充實。

劉若川，字朝宗，始名武，字定功，廬陵人。父陶字紹先，博學有聲稱，于勢利泊如也。先生刻意讀書，當朝廷改科取士，人曰：「劉公，元祐宿學也，宜留爲吾徒師。」贊助學官，師表多士，踰四十年。後補右迪功郎。致仕，爲鄉先生，周必大兄弟嘗受業焉。子充實，通經篤行，有父風。參周益公集。

删定鄧先生名世

鄧名世，字元亞，臨川人。天資篤實，爲文長于敘事。先是，議臣禁學春秋及諸史者，先生獨酷嗜之，試有司，屢以援春秋見黜。同舍又告毋藏元祐黨人文集，笑曰：「是足以廢吾身乎？」遂杜門御掃，益研究經史，考三傳同異，往往爲諸儒所未到。御史劉大中宣諭江南，得所著春秋四譜等書，薦之，命録其書以進，遂以布衣上殿，進治人、務實等説，上嘉納，尋賜出身，除敕令所删定官，兼史館校勘，時紹興四年也。所著書又有春秋論説、春秋類史、春秋公子譜、列國諸臣圖、左氏韻語、國朝宰相年譜、古今姓氏辯證、皇極大衍數、大樂書、文集，共合三百餘卷。參姓譜。

梓材謹案：厚齋尚書嘗言先生「春秋辯論譜説十篇一卷，辯先儒言經傳之失，考訂明切」云。

了翁家學王、樓三傳。

龍圖陳先生正彙附子大方。

陳正彙，忠肅之子也。忠肅在四明，遣之往浙西，過杭州，遽告變。蔡京既得其情，必欲寘之死地，又欲併以此殺忠肅。既就逮，忠肅以勁言得免，猶謫通州，故其放還謝表云：「狐突教子，素存不二之風；曾參殺人，寧免至三之惑。」又云：「海島萬里，不如無子之無憂；淮壖一身，彌覺有生之有患。」徽宗察之，僅得貸先生之死。至沙門島上，巡檢知其爲名家子，招致館下。欽宗即位，召歸，而忠肅已下世，痛不及見，遂得心疾，上殿已不能對。賜以名方，擢其子大方爲郎。參樓攻媿集。

雲濠謹案：先生爲忠肅長子，官龍圖閣直學士，志節不忝忠肅。因疾丐閒，高宗御札賜白金，以獎其行。

御史陳默堂先生淵別爲默堂學案。

了翁門人

文清呂東萊先生本中別爲紫微學案。

舍人曾先生恬

監場詹先生勉並見上蔡學案。

尚書廖高峯先生剛

知州林先生宋卿

機宜李西山先生郁並見龜山學案。

中奉蔣先生璿父浚明。

宣奉蔣先生琉合傳。

蔣璿、蔣琉兄弟，贈金紫光祿大夫浚明之子，忠肅弟子也。

謝山蔣金紫園廟碑曰：「蔣氏自唐時實由天台來居奉化，已而遷鄞之湖上。金紫爲豐清敏所薦士，官尚書金部員外郎，抗疏排新法被斥，將謫遠州，母老，清敏力爭之而免。金紫之子，中奉大夫璿、宣奉大夫琉最有名。是時陳忠肅公來鄞，金紫卽遣二子事之，未幾成進士，忠肅爲書『連桂』二字以表其坊。中奉知江陰歸，猶及與潘公良貴倡和三江亭上，其詩至今存。而宣奉以忤蔡京自劾去。師傳、家學，俱爲不負。」梓材案：謝山又答葛巽齋日湖故事問目，「中奉大夫」作「左朝議大夫」。引清容作蔣曉墓誌有曰：「忠肅陳公，謫明絶朋。俾子允師，連桂以登。」則朝議兄弟皆尊堯弟子，金紫之世學可知矣。

州佐張先生琪

張琪，字同㊀美，京畿人。官衢州，陳公瑩中爲守，禮遇獨異衆人，先生感之，而不知所以獨異之意。

㊀「同」字原闕，據童蒙訓卷下補。

崇寧中，先生官宿州，諸貴人招致之，先生感陳公意，終不肯。蓋先生之爲人，賢而差弱，陳公異待之者，欲以堅其節，而先生終能自守。前輩成就人，委曲如此，教亦多術矣。

梓材謹案：此條録自呂紫微童蒙訓，已足爲張先生小傳，且足見了翁教術之多方，故列于此。

道鄉家學荆公三傳。

州守鄒先生柄

鄒柄，字德久，道鄉先生長子也。剛梗有父風。未冠，棄舉子業，從龜山遊，手葺伊川語録一卷。靖康初，自布衣薦除樞密院編修。疏請昭雪父寃，且言本非朝廷之意，朝奏夕可，贈官賜謚，典禮優渥。官終給事中、台州守。

唐氏門人

文清呂東萊先生本中別爲紫微學案。

定翁家學

獻肅胡先生沂

胡沂，字周伯，定翁子。紹興五年進士。孝宗受禪，擢殿中侍御史。言守禦之利，莫若令沿邊屯田，詔行其言。又言：「設武舉，立武學，蓋將有所用也。今除高第一二名，餘皆吏部授以榷酤征商，所養非所用。願詔大臣詳㊀議，中舉者，定品格，分差邊將下，準備差遣。」從之。時龍大淵、曾覿以藩邸舊恩，除知閤門事，先生論其市權，請屏遠方，不聽。先生以言不行，請去。乾道元年，召爲宗正少卿，除吏部侍郎。先生奏：「七司法自紹興十三年纂修成書，歲且一紀，歷月閱時，不無牴牾。望令敕令所官討論章旨，將現行之法與當革之條輯爲一書，頒之中外，庶可戢吏胥之奸。」詔行之。尋進禮部尚書。上有大用意，而先生資性恬退，無所依附，數請去，遂以龍圖閣學士提舉興國宮。淳熙元年，卒，謚獻肅。參史傳。

定翁門人

孫先生幬

伯父子昇。

孫幬，字壽朋，餘姚人。少凝遠有偉志，言動遵規矩。胡定翁以學行講授閭里，伯父子昇俾先生率諸季負笈依其門。嘗有家問，督先生立志剛遠，慕先聖，晝毋晝寢，羣居起敬，忌苟同俗。且曰：「汝前報吾，『苟且學作文字』。君子無一忘敬，『苟且』何等語！後不得復爾！」先生學勇進，矜式後來。諸長者相會，曰：「萬金可有，孫壽朋不易得也。」參沈定川集。

㊀「詳」原作「群」，形近而訛，據宋史本傳改。

承務孫雪齋先生介附厲德輔。

孫介，字不朋，餘姚人，燭湖先生之父也，號雪齋，封承務郎。自誌其墓有曰：「四歲能離家入郡庠隨兄壽朋讀書，日數百言。七歲學于鄉先生胡定翁。十八九始學舉子賦，遽罹兄喪，倀倀無相，幾不自立，因從畏友厲德輔肄業紫溪，漸漬稍勝。既冠，授書自給，益發憤自課，務爲實學。受人子弟之託，不啻己子，隨才指授，專事講釋，至老不倦」云。參樓攻媿集。

劉氏門人

文忠周平園先生必大

周必大，字子充，一字洪道，廬陵人。舉進士，又中博學宏辭科，除祕書省正字，兼國史院編修官。高宗見其文，奇之。孝宗即位，除起居郎，權給事中。以力排權倖忤旨，改福建路提刑。後除參知政事，遷樞密院使，拜左丞相，進少保、益國公。嘉泰四年，卒，年七十九，謚文忠，祠于學。有文集行世。先生純篤忠厚，能以善道其君，光、寧禪受之際，懼禍而去。其可爲有立乎哉！參史傳。

梓材謹案：先生號平園，其省齋稿胡忠簡神道碑有曰：「某自少慕公名德。隆興初，先後入兩省，中間郊居，從遊幾十年。」則先生嘗遊澹庵之門矣。

周先生必剛

周必剛，字子栗，益公之弟也。益公謂其「仁而剛，敬而和，敏而好學，事母孝，從兄順，與人交忠信廉遜」。卒，年三十三。參益公集。

周先生必彊

周必彊，字子柔，益公之弟。剛明孝友，爲詩文皆驚人語。真文忠嘗別其集曰：「假之以年，必將追騷人而與遊，望聖門而力進矣！」參吉安府志。

了翁續傳

宣教黃先生檁別見紫微學案。

獻肅家學定翁再傳。

中散胡先生拱

提舉胡先生摶並見槐堂諸儒學案。

雪齋家學

判軍孫燭湖先生應時別見槐堂諸儒學案。

鄧氏續傳

司户鄒南堂先生斌別見槐堂諸儒學案。

宋元學案卷三十六

紫微學案

黃宗羲原本　黃百家纂輯　全祖望補定

紫微學案表

呂本中（榮陽孫。元城、龜山、廌山、了翁、和靖、震澤門人。安定、泰山、涑水、百源、二程、橫渠、清敏、焦氏再傳。廬陵、濂溪、鄞江、西湖三傳。）
- 從子大器
  - 從孫祖謙別爲東萊學案。
  - 從孫祖儉別見東萊學案。
- 從子大倫
- 從子大猷
- 從子大同
- 林之奇
  - 從子子沖
  - 呂祖謙別爲東萊學案。
  - 劉世南別見豫章學案。
- 李楠
- 李樗

汪應辰別爲玉山學案。
王時敏別見和靖學案。
章憲
章抵
周憲並見震澤學案。
王師愈別見龜山學案。
曾季貍
方疇
方豐之——子士繇別見滄洲諸儒學案。
黃櫄
三山學侶。

曾幾別見武夷學案。
許忻別爲范許諸儒學案。
並紫微講友。

紫微學案序錄

祖望謹案：大東萊先生爲滎陽冢嫡，其不名一師，亦家風也。自元祐後諸名宿，如元城、龜山、廌山、了翁、和靖以及王信伯之徒，皆嘗從遊，多識前言往行以畜其德。而溺于禪，則又家門之流弊乎！述紫微學案。梓材案：紫微與及門諸傳本在和靖卷中，自謝山始別爲學案。

滎陽家學胡、程再傳。

文清呂東萊先生本中

呂本中，初名大中，字居仁。其先東萊人，自文靖公始家京師。父好問，資政殿學士，封東萊郡侯。先生以正獻公恩補承務郎。紹聖間黨事起，正獻追貶，先生亦坐黜。元符中復官。政和五年，調興仁濟陰簿，繼爲泰州士曹。丁母憂，吉，除大名路撫幹。宣和六年，除樞密院編修官。靖康初，遷職方員外郎，以不答梁師成大著名。紹興六年，自直祕閣、主管崇道觀召赴行在，特賜進士出身，擢起居舍人兼權中書舍人。七年，上幸建康，先生奏曰：「當今之計，必爲恢復事業，求人才，卹民隱，審政刑，開言路，然後練兵謀帥，增師上流，固守淮甸。伺彼有釁，一舉可克。若邦本未強，恐生他患。」引疾乞祠，直龍圖閣、知台州，不就，主管太平觀。召爲大常少卿。八年，遷中書舍人，又兼權直學士院。初，先生與秦檜同爲郎，意歡甚，秦又先生父所薦御史也。趙忠簡鼎耳熟先生名，亦大欽嚮之。先生之真拜西掖也，趙、秦適爲左右揆，論議多不諧。檜有專擅之意，欲排不附己者，先生爲陳「同人于野，亨」之義，檜不然之。又力勸檜不可汲用親黨，除目下，先生即奏還之，檜勉其書行，卒不從。會哲宗實録成，忠簡除特進，先生草制有曰：「會晉、楚之成，不若尊王而賤伯；散牛、李之黨，未如㊀明是以去非。」檜大怒，言于上曰：「本中受鼎風旨，伺和議不成，爲脱身之計。」風御史蕭振劾罷，與祠。卒于上饒，年六十二，學者稱爲東萊先生，賜謚文清。所著有春秋解、童蒙訓、師友淵源録，行于世。先生少從游定夫、楊龜山、尹和靖遊，而于和靖尤久。和靖之致仕也，先生問曰：「伊川歸田，納其告敕曰：『臣本布衣，得還初服爲榮。』今先生受四品服致仕，與伊川異，何也？」和靖曰：「居仁責我則是。但焞荷聖恩，四章不允，復賜雜物。今解孟子以進，當俟書成，隨納章服耳。先後之間，非有異也。」從孫祖謙、祖儉。修。

祖望謹案：先生歷從楊、游、尹之門，而在尹氏爲最久，故梨洲先生歸之尹氏學案。愚以爲先生之家學，在多識前言往行以畜德，蓋自正獻以來所傳如此。原明再傳而爲先生，雖歷登楊、游、尹之門，而所守者世傳也。先生再傳而爲伯恭，其所守者亦世傳也。故中原文獻之傳獨歸呂氏，其餘大儒弗及也。故愚别爲先生立一學案，以上紹原明，下啟伯恭焉。

梓材謹案：先生主濟陰簿時，滎陽門人顔夷仲贈詩有「同升夫子堂」句。先生罷官留别，亦云「昔日同升夫子堂」。知先生固從學滎陽，兼聞父祖之訓者，第以爲滎陽家學可也。

西垣童蒙訓補。

學問當以孝經、論語、中庸、大學、孟子爲本，熟味詳究，然後通求之詩、書、易、春秋，必有得也。既自做得主張，則諸子百家長處，皆爲吾用。

㊀「如」原作「知」，據宋史本傳改。

後生學問，且須理會曲禮、少儀、儀禮等，學灑掃應對進退之事，及先理會爾雅訓詁等文字，然後可以語上。下學而上達，自此脱然有得，自然度越諸子也。不如是，則是躐等犯分陵節，終不能成。

本中往年每侍前輩先生長者，論當世邪正善惡，是是非非，無不精盡。至于前輩行事得失，文字工拙，及漢、唐先儒解釋經義或有未至，後生敢置議及之者，必作色痛裁折之曰：「先儒得失，前輩是非，豈後生所知！」蓋前輩專以風節爲己任，其于褒貶取予甚嚴，故其所立實有過人者。近年以來，風節不立，士大夫節操一日不如一日。

齊晏子納邑，衛公孫免餘辭邑，鄭子張歸邑，此古人辭尊居卑，辭富居貧，處亂世自全之道。

國語公父文伯之母分别沃土瘠土之民，以爲聖王勞其民而用之。左傳亦言民生在勤。以此知勤勞者，立身爲善之本。不然，萬事不舉。細民能勤勞者，必無凍餒之患；孏惰者，必有饑寒之憂。然則後生處身居業，可不以勤勞爲先乎！

萬物皆備于我。反身而誠，富有之大業；至誠無息，日新之盛德也。

范辨叔説：今太學長貳、博士，居此任者，皆利于養資考、求外進也。爲之學士者，皆利于歲月應舉也。上下以利相聚，其能長有人才乎？此于本亦已錯，更不須言也。

立節非一朝一夕所能爲，蓋在平日之所養也。李自明云：「此事閒時説甚易，在臨事要執得定。嘉祐以前，以言事被責爲榮。一諫官以言被責，時兼判國子監，乃與諸生往賀焉。既見，顔色慘沮，殆不能語。」昔人尚如此！

莊子曰：「道之真以治身，其緒餘土苴以治天下國家。」曰：是不然。禮記曰：「誠者，非徒成己也，將以成物。」獨善一身之道，乃兼善天下之道，但行之有先後耳。若以莊子爲我之說，烏在其學聖人也！

祖望謹案：紫微所作，切要于童蒙訓一書。其所述諸大儒言行，予已采入諸學案。其未盡者，列于此卷。而官箴見于成公集中者，亦備引之。

梓材謹案：童蒙訓謝山列入于此者四十二條，尚有可入諸學案者，今移入安定學案一條，移入高平學案四條，移入廬陵學案一條，移入濂溪學案一條，移入明道學案一條，移入伊川學案二條，移入范呂諸儒十條，移入元城學案一條，又一條附入案語，又移入景迂學案一條，移入滎陽學案三條，移入龜山學案一條，附入呂范諸儒案語者一條，又移入陳鄒諸儒三條，移入荊公新學畧一條，又一條分列泰山學案、高平學案、滎陽學案、陳鄒諸儒學案，而仍列于此者九條。

謝山跋宋槧呂西垣童蒙訓曰：紫微先生師友雜志、雜說諸書，大略與童蒙訓三卷互相出入，無甚異同也。記晁公武讀書志曾引童蒙訓中語，謂秦淮海自過嶺後，詩嚴重高古，自成一家，與其舊作不同，而今無之，然則尚非足本邪？然讀樓迂齋序，則是本乃紫微從子倉部弸中所手鈔，大愚子喬年所是正，不應尚有脫落。或者公武誤指紫微詩話以爲是書，未可知也。雲濠案：弸中爲紫微弟，倉部乃弸中子大器。其云「從子倉部弸中」，誤。

舍人官箴

當官之法，唯有三事：曰清，曰愼，曰勤。知此三者，可以保祿位，可以遠恥辱，可以得上之知，可以得下之援。然世之仕者，臨財當事，不能自克，常自以爲不必敗。持不必敗之意，則無所不爲矣，然事常至于敗而不能自已。故設心處事，戒之在初，不可不察。借使役用權智，百端補治，幸而得免，所損已多，不若初不爲之爲愈也。司馬子微坐忘論云：「與其巧持于末，孰若拙戒于初。」此天下之要言，當官處事之大法，用力簡而見功多，無如此言者。人能思之，豈復有悔吝邪！

事君如事親，事官長如事兄，與同僚如家人，待羣吏如奴僕，受百姓如妻子，處官事如家事，然後爲能盡吾之心。如有毫末不至，皆吾心有所未盡也。故事親孝，故忠可移于君；事兄弟，故順可移于長；居家理，故事可移于官。豈有二理哉！

當官處事，常思有以及人。如科率之行，既不能免，便就其間求其所以使民省力，不使重爲民害，其益多矣。

不與人爭者常得多利，退一步者常進百步，取之廉者得之常過其初，約于今者必有垂報于後，不可不思也。惟不能少自忍者必敗，此實未知利害之分，賢愚之別也。黄氏補。

當官之法，直道爲先。其有未可一向直前，或直前反敗大事者，須用馮宣徽所稱惠穆「稱停」之說。此非特小官然也，爲天下國家當知之。

當官者，難事勿辭而深避嫌疑，以至誠遇人而深避文法，如此則可以免禍。黄氏補。

前輩嘗言：小人之性，專務苟且，明日有事，今日得休且休。當官者不可徇其私意，忽而不治。諺曰：「勞心不如勞力。」此實要言也。

當官既自廉潔，又須關防小人。如文字曆引之類，皆須明白，以防中傷。不可不至謹，不可不詳知也。

徐丞相擇之嘗言：前輩多盡心職事。仁廟朝，有爲京西轉運使者，一日見監窰官，問曰：「所燒柴凡幾竈？」曰：「十八九竈。」曰：「吾所見者十一竈，何也？」窰官愕然。蓋轉運使晨起望窰中所出煙幾道知之。其盡心如此！黄氏補。

當官者詳讀公案，則情僞自見。黄氏補。

當官者，凡異色人皆不宜與之相接，巫祝尼媪之類尤宜疏絕。要以清心省事爲本。

後生少年乍到官守，多爲猾吏所餌，不自省察，所得毫末，而一任之間不復敢舉動。大抵作官嗜利，所得甚少，而吏人所盜不貲矣。以此被重譴，良可惜也。

當官者先以暴怒爲戒。事有不可，當詳處之，必無不中。若先暴怒，只能自害，豈能害人。前輩嘗言：「凡事只怕待。」待者，詳處之謂也。蓋詳處之，則思慮自出，人不能中傷也。嘗見前輩作州縣或獄官，每一公事難決者，必沈思靜慮，一日忽然若有得者，則是非判矣。是道也，唯不苟者能之。

處事者不以聰明爲先，而以盡心爲急；不以集事爲急，而以方便爲上。

孫思邈嘗言：「憂于身者不拘于人，畏于己者不制于彼，慎于小者不懼于大，戒于近者不侈于遠。」如此，則人事畢矣。實當官之要也。黄氏補。

同僚之契，交承之分，有兄弟之義，至其子孫亦世講之。前輩專以此爲務，今人知之者蓋少矣。又如舊舉將及舊嘗爲舊任按察官者，後己官雖在上，前輩皆辭避坐下坐。風俗如此，安得不厚乎！

當官取傭錢、般家錢之類，多爲之程而過受其直，所得至微，而所喪多矣。亦殊不知㊀此數亦吾分外物也。

當官者，前輩多不敢就上位求薦章，但盡心職事，所以求知也。心誠盡職，求之雖不中，不遠矣。「未有學養子而後嫁者也。」當官遇事以此爲心，鮮不濟矣。黄氏補。

畏避文法，固是常情。然世人自私者，率以文法難事委之于人，殊不知人之自私，亦猶己之自私也。以此處事，其能有濟乎？

嘗謂仁人所處，能變虎狼如人類，如虎不入境、不害物、蝗不傷稼之類是也。如其不然，則變人類如虎狼，凡若此類及告訐中傷謗人，欲置于死地是也。黄氏補。

當官大要，直不犯禍，和不害義，在人消詳斟酌之爾！然求合于道理，本非私心專爲己也。

當官處事，但務著實。如塗擦文書，追改日月，重易押字，萬一敗露，得罪反重，亦非所以養誠心事君不欺之道也。百種姦僞，不如一實；反覆變詐，不如慎始；防人疑衆，不如自慎；智數周密，不如省事；不易之道。

事有當死不死，其詬有甚于死者，後亦未必免死；當去不去，其禍有甚于去者，後亦未必得安。世人至此，多惑亂失常，皆不知義命輕重之分也。此理非平居熟講，臨事必不能自立。古之欲委質事人，其父兄日夜先以此教之矣。中材以下，豈臨事一朝一夕所能至哉？教之㊁有素，其心安焉，所謂「有所

㊀「知」原作「如」，據呂東萊集（續金華叢書本）別集卷六舍人官箴改。㊁「之」原作「人」，據同上書改。

養」也。

「忍」之一字，衆妙之門。當官處事，尤是先務。若能清、慎、勤之外，更行一忍，何事不辦！書曰：「必有忍，其乃有濟。」此處事之本也。諺有之曰：「忍事敵災星。」少陵詩云：「忍過事堪喜。」此皆切于事理，爲世大法，非空言也。王沂公嘗說：「喫得三斗釅醋，方做得宰相。」蓋言忍受得事也。

梓材謹案：謝山所録官箴十八條，今移入滎陽學案一條，移入陳鄒諸儒一條。又從黄氏補本録入者十一條，其一條移入高平學案，一條移入范吕諸儒，一條移入滎陽學案，一條移入陳鄒諸儒。

紫微說補。

世之學者，忘邇而趨遠，忽卑而升高，虛詞大言，行不適實。雖始就學，則先云言不必信，行不必果，達節行權，由仁義行，而不知言必信、行必果、守節共學、行仁義之爲先務也。故修其身者荒唐謬悠之說，施于事者顛倒雜亂，而卒無所正也。

王輔嗣云：「安身莫若無競，修己莫若自保。守道則福至，求禄則辱來。」實法言也。以上見文集。

梓材謹案：謝山節録紫微童蒙訓外，又録其說三條，云見文集，蓋見成公集耳。今移一條于元城學案。

雜録

少年無輕議人，無輕議事。補。

梓材謹案：謝山所節王氏困學紀聞引吕居仁雜録如是，即謝山所謂與童蒙訓互相出入者也。深寧謂二語本魏李秉象誡。

祖望謹案：紫微之學，本之家庭，而徧叩游、楊、尹諸老之門，亦嘗及見元城，多識前言往行以畜德。成公之先河，實自此出。顧世以其喜言詩也，而遂欲以江西圖派擠之，不知先生所造甚高。成公詩云：「吾家紫微翁，獨守固窮節。金鑾朝罷歸，朝飯而薇蕨。峩峩李杜壇，總角便高躡。暮年自誓齋，銘几深刻責。名章與俊語，掃去秋一葉。冷淡靜工夫，槁乾迂事業。有來娟學子，隨叩無不竭。辭受去住間，告戒意尤切。」可以知先生晚年之養矣！惟是其于釋氏之學，有未盡斥者，則滎陽之遺風也。然學者讀其童蒙訓、官箴而行之，足以入聖學矣。于其佞佛，姑置之可也。

附錄

自少講學，即聞父祖至論，又與諸君子晨夕相接薰陶。嘗言德無常師，主善爲師，此論最要。又謂學者當熟究孝經、論語、中庸、大學，然後徧求諸書，必有得矣。從游、楊、尹叩微旨，復造劉安世、陳瓘之門請益。公之學問，端緒深遠蓋如此！

六飛幸吳郡，欲進蹕建康。公論：「自古創業中興者，必有根本之地以制四方之地，必有根本之兵以制四方之兵。今所仰以爲根本之地者，不過兩浙、江東、福建而已，然而諸路凋殘，民力已困。所仰以爲根本之兵者，禁衞是也，而單弱不可用。乞令大臣廣選才略，先求二者之要而力行之。」

苗亙監階州倉草場，以贓獲罪，黥之。公奏曰：「近歲官吏犯贓，多抵黥罪。且既名士人，行法之際，宜有所避。況四方之遠，或有枉濫，何由盡知！若遽施此刑，異時察其非辜，雖欲深悔，亦無及矣。

又此刑既用，臣恐後世不幸奸臣弄權，必且借之以及無罪。使國家此刑不絶，則紹聖以來，憸人盜柄，搢紳遭此，殆無遺類矣！願酌處常罰，以稱陛下仁厚之意。」疏再上，從之。

駕幸建康，公疏言：「當今之計，必先爲恢復事業，乃可觀釁而動。若但有其志而無其業，恐益他患。今江南、二浙，科須實繁，閭里告病，尤當戒謹。儻有水旱乏絶之虞，奸宄竊發，未審何以待之。」復請：「于九江、鄂渚、荆南諸處，多宿師旅，臨以重臣。至如孫氏以來名將，皆言西陵、建平，國之蕃表。今二處正在荆、峽間，當精擇守臣，假之權柄，以待緩急。則江南自守之計，差爲備矣。」

論任人當别邪正：「邇來建言用事之臣，稍稍各徇私見，不主正説。元祐、紹聖，混爲一途。其意皆有所在，若不早察，必害政體。」

公以切直忤柄臣，一斥不得復用，貧甚，人多爲公戚。而公方且深居，講明道學。要其視擢抑屏棄爲士之常，初不以介意也。

公器藴宏厚，行誼純篤，誠意充積，表裏無間。與人忠信樂易，卽之藹然，莫見其喜愠。平日學問，以窮理盡性爲本。卓然高遠，不可企及。

王深寧困學紀聞曰：「趙襄子曰：「以能忍恥，庶無害趙宗乎！」説苑談叢曰：「能忍恥者安，能忍辱者存。」呂居仁謂：「忍詬二字，古之格言。」學者可以詳思而致力。補。

紫微講友

文清曾茶山先生幾別見武夷學案。

吏部許先生忻別爲范許諸儒學案。

紫微家學胡、程三傳。

倉部呂先生大器

奉議呂先生大倫合傳。

呂先生大猷合傳。

呂先生大同合傳。

呂大器，字治先，淜中子，紫微從子，累官尚書倉部郎，東萊之父也。兄弟四人，曰大倫，字時敘；大猷，字允升；大同，字逢吉。築豹隱堂以講學，汪文定公稱之，嘗謂呂奉議時敘貧甚，閒廢日久，可惜。而尤愛逢吉，謂其所講釋者，莫非前言往行之要。蓋皆有得于家學者也。治先爲曾文清公壻，兼得其傳。兄弟中惟逢吉夭。

梓材謹案：汪玉山與逢吉書，謝山節録六條于玉山學案，其五條今分移高平、涑水、元城、景迂諸學案。

紫微門人

提舉林三山先生之奇

林之奇，字少潁，一字拙齋，侯官人。從居仁遊，教之以廣大爲心，以踐履爲實，稱高弟。紹興丙辰，西上應進士，行至北津而返㊀，曰：「未忍舍吾親也！」益肆力于學，及門常數百人，學者稱爲三山先生。成紹興己巳進士，由長汀尉薦除正字，遷校書郎。入對，言堯、舜執中，不離仁義，次言宜革文弊，歸于忠實，次言無尚老、莊之學，高宗褒納之。御製損齋記，先生奏言損思以益德，損用以益本，損華以益實。朝議欲兼用王氏新經，先生言：「晉人以王、何清談之罪深于桀、紂。胡蝗內食，考其端倪，王氏實負王、何之責，所謂邪說詖行淫辭之不可訓者。」先生嘗言：「欲圖中原，必自巴、蜀。若浮江絕淮，下梁、宋以圖中原，必不能也。故赤壁、淝水雖一勝，而卒不能長驅而前。」符離之捷，中外稱賀，先生獨貽書幕府，戒以持重，已而果覆。以病乞去，除宗正丞、使泉舶，奉祠，尋卒。三山之門，當時極盛，今其弟子多無可攷，而呂成公其出藍者也。先生所著有尚書、周禮、論、孟、揚子等講義，又拙齋集二十卷。今惟尚書與集存。修。〇雲濠案：尚書全解，宋志作五十八卷，內府藏本爲四十卷。

拙齋紀問補。

司馬牛問仁、問君子，兩次未達，此非能領解者，然亦可謂善問。蓋世亦有一種不言不語的人，豈可一概謂之仁？亦有一種愚戇直行之人，豈可一概謂之君子？故孔子遂告以「爲之難」、「內省不疚」。論語一部，聖人之心體在是。須是不釋手看，始得。

㊀宋史本傳此處作：「行次衢州，以不得事親而反。」

「雖欲從之，末由也已！」全體是自己，更有什麽從？无妄卦曰：「无妄之往，何之矣！」无妄矣，更有什麽往？

易理無非自然。三百八十四爻，此是一年日數，蓋連閏也。

陳魯山云：「應二十八宿所直日，遇月宿多作雨，心月狐，危月燕，畢月烏，張月鹿。」予因悟「月離于畢，俾滂沱矣」之意。

革「巳日乃孚」，☲☱其卦兑上離下，離爲日，在兑下，日已西矣，故爲巳日之象。

謝夫人謂安石曰：「何不教兒？」安石曰：「我常自教兒。」此語甚好，然未必能行。期喪不輟音樂，攜妓遊東山，此豈可以教兒！

魏幾道云：「『天乃錫予洪範九疇，彝倫攸敍。』禹之所以能敍彝倫者，由其治水能順天地生數之順焉。」觀其冀州既載，蓋始于北方，乃始及兖、青、徐，又次及荆、揚，乃及豫，然後梁、雍終焉。蓋自北方而東，自東而南，乃及于中，而終以西北。其順如此，所以爲敍彝倫。

前輩云：「『疑』字『悔』字，皆進學門户。學者須是疑是悔，于道方有所入。

學者到得臨利害處，放倒做，是他原不曾有立。若實有所立，如何放得倒？

前輩所立規模，不可輕變。雖細事，變之亦有其害。

凡觀人之術無他，但作事神氣足者，不富貴即壽考。

喻居中云：詩「尚不愧于屋漏」。室西南隅謂之奥，尊者所居也。東北隅謂之屋漏，去尊者最遠。人之常情，去尊者遠，則必有夷倨。此不愧屋漏，所以謂戒謹之至。易「先甲三日，後甲三日」，「先庚三日，後庚三日」，蓋十干除戊己不在四時循環之列，惟以甲乙丙丁庚辛壬癸爲四時之序。甲，陽之始；庚，陰之始。先甲、後甲三日，皆庚也；先庚、後庚三日，皆甲也。甲後乙丙丁爲庚，庚後辛壬癸爲甲，皆隔三日。俗云：「久雨不晴，但看甲庚。」蓋此二日陰陽之始，故必有變易。

梓材謹案：拙齋紀問亦稱道山記問，謝山所録十九條，今移入和靖學案者二條，移入武夷學案者二條，移入漢上學案者一條，移入衡麓學案者一條。

鄉貢李和伯先生楠

李楠，字和伯，侯官人也。與其弟樗並有名。呂居仁入閩，先生兄弟與林少穎首事之，遂得伊洛之傳。少穎謂先生如元紫芝，其弟如黄叔度。其論學之言曰：「不用私稱，輕重自定；不用私斛，多寡自足；不用私心，是非自明。」又曰：「夢者，心之鑑。人之善，或以矜持矯飾爲之，至夢寐間，則毫髮不可揜。君子以夢爲鑑，自知心之誠僞。」又曰：「道有並行而不悖者：人之善則譽之，己不可以自譽；人之過則恕之，己不可以自恕；人之貧則矜之，己不可以自矜。」又曰：「吾于甫田得爲學之道，于衡門得處世之方。」又曰：「陳平燕居深念，陸賈至前而不見，吾欲以是慎吾思。嚴顔曰：『斫頭便斫頭，何怒邪？』吾欲以是懲吾忿。」又曰：「春秋之不可以凡例拘，猶易之不可泥于象數。苟惟取必于例，與杜後惠文何異哉！」先生尤精于春秋，旁搜衆説以會其趣。衆説所未安，然後斷以己意。其書未成而卒，年止三十有七，論者惜之。修。

鄉貢李迂齋先生樗

李樗，字迂仲，侯官人，自號迂齋，與兄楠俱有盛名，並以鄉貢不第早卒。臨終謂林少穎曰：「空走一遭！」勉齋嘗稱之曰：「吾鄉之士，以文辭行義爲學者宗師，若李若林，其傑然者也。」所著有毛詩解，博引諸説，而以己意斷之。學者亦稱爲三山先生。雲濠案：閩書言先生有毛詩註解，學者稱迂齋先生。于少穎爲外兄。林，李出也。

文定汪玉山先生應辰別爲玉山學案。

隱君王先生時敏別見和靖學案。

章復軒先生憲

章先生拯

周先生憲並見震澤學案。

説書王先生師愈別見龜山學案。

隱君曾艇齋先生季貍

曾季貍，字裘父，臨川人，南豐先生弟宰之曾孫。先生嘗遍從南渡初年諸名宿，而學道以呂舍人居仁爲宗，乾、淳諸老多敬畏之。嘗勉張宣公爲范堯夫，而戒以勿輕言兵。隱居蕭然，布衣劉共父、張于湖爭薦之，謝不出。其師友尺牘，舍人居第一。先生嘗一試禮部，不中，終身不赴。有艇齋雜著一卷，乃議論古今之文，陳振孫稱其辭質而義正，可以得其人。蓋有所傳于伊洛之統者也。補。

梓材謹案：直齋書録解題云：「鞏之弟曰湘潭主簿宰，宰之孫曰大理司直晦之，季貍其子也，少從呂居仁、徐師川遊。」是先生又爲徐氏門人。

通守方困齋先生疇

方疇，字耕道，弋陽人也，學者稱爲困齋先生。受業于紫微，而偏從胡文定父子、張橫浦諸公遊。紫微嘗述顧子敦語以告之曰：「守至正以待天命，觀物變以養學術。」因名其所居之堂曰守正，曰觀養，且曰：「吾將朝于斯，夕于斯，以無忘呂公之賜。」建炎中，成進士。紹興中，上書有四宜憂，謂女真詭計、盜賊猖獗、藩鎮跋扈、將帥畏怯；十宜行，講征伐、理財用、擇人才、明賞罰、重臺諫、抑奄寺、議詔令、卹凶荒、訓鄉兵、寬民力；一宜去，則宰相秦檜也。通判武岡，太守宋若樸希宰相意，言先生與胡忠簡公爲姻家，以深文貶零陵。忠簡自嶺外貽之書曰：「君取易困卦詳玩而深索之，則得所以處困之道矣！」先生于是名其所居曰困齋，其讀易也謂之「困交」，其自稱曰困叟，張魏公雅重之。先生才氣抗邁，閨門雍睦之行甚篤，出處又不苟，謫居好學不倦。汪文定公嘗曰：「幸聞耕道之風，庶取則不遠，且足令吾同學者有所興起。」後赴判建康，卒于官。有集二十卷。補。

監鎮方先生豐之

方豐之，字德亨，莆田人也。從紫微呂公學于信州，其後辭歸，紫微以詩送之，有云「子學既立，子志甚遠，何以終之？在不倦」是也。仕至監鎮。先生後以婦家，遂遷建陽。工詩，蓋亦紫微之餘風，朱子與放翁皆嘗序之。子士繇，則朱子之門人；孫丕父，則勉齋之門人。補。

三山學侶

宣教黃先生櫄

黃櫄，字實夫雲濠案：先生名一作樵。漳州人，樵仲之弟。淳熙中舍選，入對大廷，獻十論，升進士丙科，調南劍州教授。三山講學之侶，二李與林其眉目，而先生亦翹楚也。迂仲解毛詩，先生足之，兼傳龜山、了齋之學。官終宣教郎。有詩解，中庸、語、孟解。修。

倉部家學胡、程四傳。

成公呂東萊先生祖謙別爲東萊學案。

忠公呂大愚先生祖儉別見東萊學案。

林氏家學

主簿林先生子沖

林子沖，字通卿，拙齋猶子。主南豐簿，能世其學。

林氏門人

成公呂東萊先生祖謙別爲東萊學案。

司理劉先生世南別見豫章學案。

方氏家學

方遠庵先生士繇別見滄洲諸儒學案。

宋元學案卷三十七

漢上學案　全祖望補本

漢上學案表

朱震（上蔡門人。二程再傳。安定、濂溪三傳。）
　劉長福（別見泰山學案。）
　徐畸
　　吳葵（別見說齋學案。）
　　田疇（沈氏續傳。）
朱巽
胡銓（別見武夷學案。）
　並漢上學侶。
沈該
　漢上同調。

漢上學案序録

祖望謹案：上蔡之門，漢上朱文定公最著。三易象數之説，未嘗見于上蔡之口，而漢上獨詳之。尹和靖、胡文定、范元長以洛學見用于中興，漢上實連茹而出，顧世之傳其學者稍寡焉。述漢上學案。梓材案：漢上傳本在上蔡學案，自謝山爲别立學案。

上蔡門人二程再傳。

文定朱漢上先生震

朱震，字子發，荆門軍人。登政和進士第，累仕州縣。胡文定安國大器之，薦召爲司勳員外郎。趙忠簡鼎復薦其「廉正守道，士人冠冕，使備講讀，必有裨益」，再召始至。首問易、春秋之旨，上悦，改除祠部員外郎，兼川、陝、荆、襄都督府詳議官。遷祕書少監，侍經筵。轉起居郎兼建國公贊讀，與翊善范元長沖，人謂極天下之選。遷中書舍人兼翊善，轉給事中，累遷翰林學士。太常吴表臣議行明堂之祭，先生言：「王制，國有大喪，三年不祭，惟天地社稷爲越紼而行事。春秋譏吉禘于莊公，謂不三年也。國朝景德三年合祀天地，遂享太廟，時真宗未行三年之喪，以日易月，在今日行之則非矣。」其言不用。紹興七年，謝病丐祠，卒。上慘然曰：「楊時物故，安國與震又亡，朕痛惜之！」録其子官。先生經學深醇，有漢上易解，云：「陳摶以先天圖傳种放，种放傳穆修，穆修傳李之才，之才傳邵雍。放以河圖、洛書傳李溉，李溉傳許堅，許堅傳范諤昌，諤昌傳劉牧。修以太極圖傳周敦頤，敦頤傳程顥、程頤。是時張載講學于程、邵之問。故雍著皇極經世書，牧陳天地五十有五之數，敦頤作通書，程頤述易傳，載造太和、參兩等篇。臣今以易傳爲宗，和會雍、載之論，上采漢、魏、吳、晉，下逮有唐及今，包括異同，庶幾道離而復合。」蓋其學以王弼盡去舊説，雜以莊、老，專尚文辭爲非，故其于象數加詳焉。其論圖、書授受源委亦如此，蓋莫知其所自云。雲濠案：四庫書目經部收録漢上易集傳十一卷，卦圖三卷，叢説一卷。

祖望謹案：漢上謂周、程、張、劉、邵氏之學出于一師，其説恐不可信。其意主于和會諸家，而反不免于晁氏所譏舛錯者也。然漢上之立身，則粹然真儒也。

漢上易卦圖説

列禦寇曰：「易者，一也。一變而爲七，七變而爲九，九復變而爲一。」李泰伯曰：「伏羲觀河圖而畫卦。」禦寇所謂變者，論此圖也。一者，太極不動之數；七者，大衍數；九者，玄數也。泰伯謂畫卦，亦未盡其實。大衍五十之數，寓于四十有五之中。黄帝書土生數五，成數五，太玄以五五爲土，五即十也。王洙曰：「山海經云：「伏羲氏得河圖，夏后因之，曰連山。黄帝氏得河圖，商人因之，曰歸藏。列山氏得河圖，周人因之，曰周易。」斯乃杜子春之所憑，抑知姚信之言非口自出，但所從傳者異耳。梁武攻之，涉于率肆。以上河圖説。

洛書，劉牧傳之。一與五合而爲六，二與五合而爲七，三與五合而爲八，四與五合而爲九，五與五合而爲十。一六爲水，二七爲火，三八爲木，四九爲金，五十爲土。十卽五五也。洪範曰：「一五行。」太玄曰：「一與六共宗，二與七共朋，三與八成友，四與九同道，五與五相守。」范望曰：「重言五者，十可知也。」一、三、五、七、九奇數，合二十有五，所謂天數。二、四、六、八、十耦數，合三十，所謂地數。故曰「天地之數五十有五」。數五卽十也，故河圖之數四十有五，而五十之數具；洛書之數五十有五，而五十之數在焉。惟十卽五也，故甲己九，乙庚八，丙辛七，丁壬六，戊癸五，而不數十。十，盈數也。洛書說。

伏羲八卦圖，王豫傳于邵康節，而鄭夬得之。歸藏初經者，伏羲初畫八卦，因而重之者也。其經初乾、初臾㈠（坤）、初艮、初兑、初犖㈡（坎）、初離、初釐（震）、初巽，卦皆六畫，卽此八卦也。八卦既重，爻在其中。薛氏曰：「昔神農氏既重爲六十四卦，而初經更本包犧，八卦成列而六十四具焉，神農氏因之也。」繫辭曰：「神農氏作，斲木爲耜，揉木爲耒，耒耨之利，以教天下，蓋取諸益。」王輔嗣以爲伏羲重卦，鄭康成以爲神農重卦，其說源于此。子曰：「天地定位，山澤通氣，雷風相薄，水火不相射。」天地定位，則乾與坤對；山澤通氣，則艮與兑對；雷風相薄，則震與巽對；水火不相射，則坎與離對。而說卦健、順、動、入、陷、麗、止、說，馬、牛、龍、雞、豕、雉、狗、羊，首、腹、足、股、耳、目、手、口，與夫別象次序，皆初卦也。夬曰：「乾之初交于坤之初得震，故爲長男；坤之初交于乾之初得巽，故爲長女；乾之二交于坤之二得坎，故爲中男；坤之二交于乾之二得離，故爲中女；乾之上交于坤之上得艮，故爲少男；坤之上交于乾之上得兑，故爲少女。乾、坤，大父母也，故能生八卦。復、姤，小父母也，故能生六十四卦。復之初九交于姤之初

㈠「臾」，湖北先正遺書本漢上易卦圖說作「奭」。　㈡「犖」字原脱，據同上書補。

六得一陽，姤之初六交于復之初九得一陰，復之二交于姤之二得二陽，姤之二交于復之二得二陰；復之三交于姤之三得四陽，姤之三交于復之三得四陰；復之四交于姤之四得八陽，姤之四交于復之四得八陰；復之五交于姤之五得十六陽，姤之五交于復之五得十六陰；復之上交于姤之上得三十二陽，姤之上交于復之上得三十二陰。陰陽男女皆順行，所以生六十四卦也。」伏羲八卦圖說。

乾坤，天地之本；坎離，天地之用。乾坤交而爲泰，坎離交而爲既濟。乾生于子，坤生于午，坎終于寅，離終于申，連山也。以應天時也。置乾于西北，伏羲初經乾上坤下，故曰「天尊地卑，乾坤定矣」。退坤于西南，以應地之方也。王者之法盡于是矣。故易始于乾坤，終于坎離，既濟、未濟㈠。而泰、否爲上經之中，咸、恆爲下經之首。乾坤，本也；坎離，用也。乾坤坎離，上篇之用也。咸，兌艮也；恆，震巽也。兌艮震巽，下篇之用也。頤、大過、小過、中孚，二篇之正也。故曰：至哉！文王之作易也，其得天地之用乎！李挺之變卦反對圖說。歸藏以坤先乾。乾統三男而長子用事，坤統三女而長女代母，坎離得位而兌艮爲耦，復歸于伏羲之初經。

往來者，以內外言也，以消息言也。自內而之外謂之往，自外而之內謂之來。請復借賁卦言之。「柔來而文剛」者，坤之柔自外卦下而來文乎乾之剛也。「分剛上而文柔」者，乾之剛自內卦上而往文乎坤之柔也。于柔言來，則知「分剛上而文柔」者，往也；于剛言上，則知「柔來而文剛」者，下也。上者出也，下者入也，此所謂「其出入以度內外」，此所謂「上下無常」也。若言「柔來者，明此本乾也」，則不當言「分剛上而文柔」，當曰「剛來而文柔」矣。无妄之彖曰：「剛自外來，而爲主于內。」外卦乾已三畫矣，

㈠「既濟未濟」四字原作大字，按既濟、未濟均由坎離二單卦組成，此四字實爲「終于坎離」之注文，今改爲小字。

謂之「自外來」，則當自卦外來乎！六十四卦相生圖説。

律曆之元始于冬至，卦氣起于中孚，其書本于夏后氏之連山，而連山則首艮。所以首艮者，八風始于不周，實居西北之方，七宿之次，是爲東壁、營室。東壁者㊀辟生氣而東之，營室者營陽氣而產之，于辰爲亥，于律爲應鍾，于時爲立冬，此顓頊之曆所以首十月也。太玄準易圖説。

夫六十卦，乾貞于子而左行，坤貞于未而右行，屯貞于丑間時而左行，蒙貞于寅間時而右行，泰貞于寅而左行，否貞于申而右行，小過貞于未而右行。七卦錯行，律實效之：黃鍾，乾初九也；大吕，坤六四也，太蔟，乾九二也；應鍾，坤六五也；無射，乾上九也；夾鍾，坤六三也；夷則，乾九五也；仲吕，坤六二也，蕤賓，乾九四也；林鍾，坤初六也。初應四，二應五，三應上，故子丑、寅亥、卯戌、辰酉、巳申、午未謂之合聲。十二律相生圖説。

夫坤之初六，五月之氣，姤卦也。是時豈惟無冰，而露亦未凝，何以言「履霜堅冰至」？曰：一陰之生，始凝于下，驗之于物，井中之泉已寒矣。積而不已，至于坤之上六，則露結爲霜，水寒成冰。是以君子觀其所履之微陰，而知冰霜之漸。坤初六圖説。

乾坤，鬼神也；坎離，日月、水火也；艮兑，山澤也；震巽，風雷也；坎離震兑，四時也。坎離，天地之中也。聖人得天地之中，則能與天地日月四時鬼神合。先天而天弗違，聖人卽天地也；後天而奉天時，天地卽聖人也。聖人與天地爲一，是以作而萬物覩。同聲相應，震巽是也；同氣相求，艮兑是也；水流

㊀「者」字原脱，據漢上易卦圖説補。

溼，火就燥，坎離是也。雲從龍，風從虎，有生有形，各從其類，自然而已。坎離天地之中圖說。

夫陽生于子，陰生于午，自午至子，七而必復，乾坤消息之理也。故以一日言之，自午時至夜半復得子時；以一年言之，自五月至十一月復得子月；以一紀言之，自午歲凡七歲復得子歲。天道運行，其數自爾，合之爲一紀，分之爲一歲、一月、一日，莫不皆然。故六十卦當三百六十日，而兩卦相去皆以七日。且卦有以爻爲歲者，有以爻爲月者，有以爻爲日者，以復言「七日來復」者，明卦氣也。陸希聲謂「聖人言『七日來復』爲曆數之微明」是也。復七日來復圖說。

自初數之，至上爲六。或以一爻爲一歲一年，同人「三歲不興」，坎「三歲不得，凶」，豐「三歲不覿」，既濟「三年克之」，未濟「三年有賞于大國」。或以一爻爲一月，臨「至于八月有凶」。或以一爻爲一日，復「七日來復」。或以一爻爲一人，需「不速之客三人來」，損「三人行則損一人，一人行則得其友」。或以一爻爲一物，訟「鞶帶三褫」，晉「晝日三接」，師「王三錫命」，比「王用三驅」，睽「載鬼一車」，解「田獲三狐」，損「二簋可用享」，萃「一握爲笑」，革「革言三就」，旅「一矢亡」，巽「田獲三品」。爻數說。

漢上易叢說

歸藏之乾有「乾，大赤」。乾爲天、爲君、爲父，又爲辟、爲卿、爲馬、爲禾，又爲血卦。

歸藏小畜曰「其丈人」，乃知「丈人」之言，三代有之。

莧陸，澤草也，生于三月、四月。莧，蕢也，葉柔根堅而赤。陸大于莧，葉柔根堅　堅者，兌之剛也；

堅而赤，赤者乾之色也。

易有以一策當一日者，「乾、坤之策」是也。有以一爻當一日者，「七日來復」是也。有以策數七八九六言日者，「勿逐，七日得」是也。易之取象，豈一端而盡。六十卦直日，兩卦相去皆七日，其實則六日七分。猶書稱「期三百有六旬有六日」，其實三百六十五日四分日之一；禮言「三年之喪」，其實二十七月；詩言「一之日」、「二之日」，其實十一月、十二月之日。何于此六日七分而疑之乎？

「結繩而爲網罟，以佃以漁」，則已取重離之象。何則？離，麗也。離爲目，巽爲繩。以巽變離，「結繩而爲網罟」之象也。網罟，目也。離爲雉，巽爲魚，「以佃以漁」之象也。

象者，孔子贊易十篇之一。先儒附其辭于卦辭之下，故加「象」以明之。譙昌以乾象釋「元亨利貞」，文言又從而釋之，疑其重複，謂非孔子之言，且引穆姜之言證之。此又不然。文言者，文其言也。猶序、象、説卦之類，古有是言，或文王或周公之辭，孔子因其言而文之，以垂後世。傳曰：「言之不文，行之不遠。」故以文言名其篇。

如曰「君子以非禮勿履」，則孔子所繫之大象也。何以明之？且以復卦大象言之。曰：「雷在地中，復，先王以至日閉關，商旅不行，后不省方。」考之夏小正，十一月「萬物不通」，則「至日閉關，后不省方」，夏之制也。周制以十一月北巡狩，至于北嶽矣。以是知繫大象之辭，非周公作也。

説卦脱誤，比于諸篇特多。荀氏易本乾後有四象，坤後有八，震後有三，巽後有二，坎後有八，而又以揉爲撓，離後有一，艮後有三，兑後有二。虞氏易本以龍爲駹，反爲阪，専爲專，寡爲宣，科爲折，羊爲羔。鄭本以廣爲黄，乾爲幹，黔爲黚。京氏本以羿爲末，羸爲螺，果蓏爲果墮。其餘陸績、王肅、姚信、王廙，偏傍點畫亦或不同。蓋焚書之後，周易雖存，至漢已失說卦三篇，後河内女子得而上之，故三篇之文容有差誤。

聖人死曰神，賢人死曰鬼，衆人死曰物。聖人清明在躬，志氣如神，故五帝配上帝，傅說上比列星。賢人得其所歸。衆人則知富貴生而已，其思慮不出于口腹之間，衽席之上，夸張于世以自利焉，物欲蔽之，不能自反其初，故謂之物。然物之乘間而出，豈離乎五行哉！

陰陽，用也；剛柔，體也。用之謂道，體之謂德。體用無間，和會爲一，順而行之，則動静語默皆得其宜，故曰「和順道德而理于義」。天地萬物，共由一理，其理順而不妄，深明其源，乃能一天人，合内外，體用無間矣，此之謂盡性。盡性則通晝夜之道而知，其于窮達壽夭，以正受之，不貳其心矣。

蘇氏解需「光亨」曰：「光者，物之神也。」此關子明之説也。或問「神」，曰：「日月在上，其明在地。夫日月之形，其大如盤盂，光之所燭，被乎萬物，非神乎？蓋神難言也，故以「光」形容之。君子動而有光，廣大无所不及。故易言「未光」、「未光大」者，皆狹且陋也。

附錄

先生初爲胡文定所薦，稱疾不至。會趙忠簡公鼎爲參知政事，高宗諮以當世人才，趙曰：「臣所聞朱震學術深博。」乃召用。是時虔州民爲盜，先生曰：「使居官者廉而不擾，則百姓自安。願詔選良太守慰撫之，且使到官之日，條具官吏有貪墨無狀者，一切罷去，聽其自擇慈祥仁惠之人使之。」林拙齋紀問曰：漢上叢説云：「反觀吾身，乾坤安在哉？善端初起者，乾也；身行之而作成其事者，坤也。人皆有善端，不亦易知乎？行其所知，不亦簡能乎？饑而食，渴而飲，晝作而夜息，豈不簡且易哉？以此推之，天下未有不知而作者也。」

魏鶴山師友雅言曰：朱漢上云：「古者衣裳相連，乾坤相依，君臣上下同體也。至秦，始取衣裳離之。」今瀘、敘獠俗，多衣統裠，猶是古法。

漢上學侶

朱先生巽

朱巽，字子權，文定弟，亦富學，號「二朱」。參姓譜。

梓材謹案：姓譜原作「字公權」。文定名震，字子發；先生名巽，當字子權。上蔡監西京竹木場，文定與之往謁，事見上蔡附録，則亦上蔡弟子也。

忠簡胡澹庵先生銓別見武夷學案。

漢上同調

僕射沈先生該

沈該，字守約，吳興人。登嘉王榜進士。紹興二十六年，以右僕射兼修國史。嘗撰易小傳，其說以左氏卦變爲文。嘗進之高宗，降詔褒獎。參朱氏經義考。

漢上門人二程三傳。

宣教劉先生長福別見泰山學案。

隱君徐天民先生畸

徐畸，字南夫，一字叔範，蘭溪人也。漢上先生弟子，得其周易旨要，兼明春秋、禮記，湛深經術，文得歐、曾筆外法，而弓兩斛力射命中。隱居講學，人莫知者，東陽吳文炳獨知之，延以教其子。于時婺中之以師道興起後進者，曰東萊，曰同甫，曰說齋，曰先生。學者稱爲天民先生。其所著有周易解微三卷。

徐氏門人二程四傳。

主簿吳先生葵別見說齋學案。

沈氏續傳

田興齋先生疇

田疇，號興齋，華亭人。嘉定間嘗設講席于國學，六館之士皆北面焉。著有學易蹊徑二十卷。參姓譜。

謝山田氏學易蹊徑題辭曰：宋人之言互體者，梨洲祇舉漢上、黄中二家。今觀興齋之說，又有出于二家之外。其每卦一圖，皆以正卦兼變卦而言，而並取其正變之互。嘗攷其所自出，則吴興沈氏也。沈氏謂睽三則下互爲離，其變則上互爲兑，卽興齋之說也。夫正卦之互，在聖人取象，或有時而用之；若變卦之互，非取象所及也。一卦自有一卦之象，不容兼正變而互之也。或曰：「左氏陳敬仲筮詞：『風爲天于土上，山也。』杜元凱謂此觀之否。正卦之三四五爻爲艮，變卦之二三四爻亦爲艮，故曰山，則固合正變之互言之矣。興齋之所本者，此耳。」予曰：此筮法也。筮法合正與變而占之，則亦得兼正與變之互而象之。當聖人作象辭，但發揮是爻之象而已，安得預計其變而求合之？將不勝其緒之紛矣！易雖爲卜筮而作，然要自有節次也。沈氏不過偶一及之，其說尚未及成。興齋則每卦列焉，竟欲以之定互體之說，竊以爲未安。若其餘，甚有佳者。嘉定以後經師，如此不易得也。

宋元學案卷三十八

默堂學案 全祖望補本

默堂學案表

陳淵————沈度
了翁從孫。
伊川、龜山門人。
安定、濂溪、明道、清敏再傳。
涑水、鄞江、西湖三傳。

羅從彥別爲豫章學案。

范沖別見華陽學案。
並默堂講友。

默堂學案序録

祖望謹案：龜山弟子偏天下，默堂以愛壻爲首座。其力排王氏之學，不愧于師門矣！惜其早侍了齋，禪學深入之，而龜山亦未能免于此也，所以不得不輸正統于豫章。述默堂學案。梓材案：默堂傳本在龜山學案，自謝山爲別立學案。

程楊門人胡、程再傳。

御史陳默堂先生淵

陳淵，字知默，南劍州沙縣人也。初名漸，字幾叟。雲濠案：忠肅言行録附載默堂先生行實云：「忠肅公之從孫也。」楊誠齋序先生集，作「猶子」，誤。早年從學二程，梓材案：此所謂二程，蓋亦指伊川而言。後學于龜山。紹興五年，以胡文定㊀薦，充樞密院編修官，李忠定綱辟爲制置司機宜文字。七年，詔舉直言，召對，賜進士出身。除監察御史、右正言，面論程、王學術同異，高宗曰：「楊時三經義辯甚當理則。」對曰：「楊時始宗安石，後得程頤師之，乃悟其非。」上曰：「安石穿鑿。」對曰：「穿鑿之過尚小。道之大原，安石無一不差。」上曰：「差者何謂？」對曰：「聖賢所傳，止有論、孟、中庸。論語主仁，中庸主誠，孟子主性。愛特仁之一端，

㊀按胡文定卽胡安國，傳見本書武夷學案。據宋史陳淵傳，薦陳淵者爲胡寅、朱震等，胡寅謚文忠，朱震謚文定，則此「胡文定」當作「胡文忠」或「朱文定」，或本作「胡文忠朱文定」而有脱文。

而安石遂以愛爲仁。其言中庸，則謂中庸所以接人，高明所以處己。孟子發明性善，而安石取楊雄『善惡混』之言，至于『無善無惡』，又溺于佛，其失性遠矣！」又論秦檜親黨鄭億年嘗從賊，乞寢職名，爲檜所惡，以宗正少卿去位。紹興十五年，卒。嘗謂羅仲素曰：「聖道甚微，有能于後生中得一箇半箇可以與聞于此，庶幾得者愈廣，吾道不孤，又何難之不易也！」先生爲龜山之壻，卒能傳龜山之學。學者稱之爲默堂先生。其門人曰沈度，序先生集。雲濠案：先生行實，忠肅嘗扁其所居曰默堂，有默堂集五十卷行世。今四庫書目二十二卷。

梓材謹案：先生著有默堂集，謝山特爲先生立一學案，凡集中語近于禪者當必采録而辯正之，惜盧氏所藏原底未全。

附錄

先生幼穎悟異常兒，得聞家學。十有八歲，首領鄉薦，名聲藉甚，顧慊然以所學不在是。聞楊文靖得伊洛之傳，上書執弟子禮，以伊尹之所覺、周公之所思、孔子之所貫、顏子之所樂請益焉。文靖得書，以爲深識聖賢旨趣，遂以子妻之。

先生與邑人羅仲素爲同門友，情好尤密，定交幾四十年。常詣仲素，必竟日迺返，謂人曰：「自吾交仲素，日聞所不聞。奧學清節，真南州之冠冕也！」

紹興九年，除監察御史，再詔遷右正言，以執事入對。上曰：「昔陳瓘爲諫官，論國家安危治亂事，係君子小人用舍，及言蔡京等誤國之罪，逮靖康之難，無一不驗。今命卿以此職，注意不輕。勿墜家聲，朕之所深望也。」又嘗以語宰執曰：「御史陳某，老成有學，嘗聞講論語、中庸，可令進用。」其眷遇如此。先生感上恩厚，侃然守正，每因奏事，及治亂之本原，學術之邪正，君子小人朋黨之分，中國夷狄逆順之理，必反覆爲上言之。

嘗論：比年以來，恩惠太濫，賞給太厚，頒賚錫予之費太過，所用既衆，而所入實寡，此臣所甚懼也。周官「唯王及后、世子不會」，說者謂不得以有司之法治之，非周公作法開後世人主侈用之端也。臣謂冢宰「以九式均節財用」，有司雖不會，冢宰得以越式而論之。若事事以式，雖不會，猶會也。

先生于書無所不讀，自少卽爲忠肅所知，常侍左右，踰三十年，忠言讜論，得之爲多。及從文靖學，濟以涵養，薰陶義理，步趨矩度，是以行己立朝，具有本末。

或勸其遷就以隨世立名，先生歎曰：「吾知上不負天子，下不負所學而已。子孫榮枯，不暇計也。」

默堂講友

文質羅豫章先生從彥別爲豫章學案。

龍圖范元長先生冲別見華陽學案。

默堂門人胡、程三傳。

尚書沈先生度

沈度，字公雅，武康人，池州主簿播曾孫也。先生從學默堂幾二十年。紹興間令餘干，政有三善：田無廢土，市無閒居，獄犴無宿繫。民謳歌之。以考功郎中除直祕閣、知平江府。乾道二年，召赴行在，帝曰：「甲申之歲，委卿守吳門，未幾，治行昭著，果如朕所料，可謂得人。」卽以爲中書門下省檢正諸房公事。四年，又以直龍圖閣知建寧府。是時朱子在崇安，爲屬吏，創立社倉，均糴備貸，先生以錢六萬緡助其役。倉成，民賴之，朱子爲記其事。仕終兵部尚書。參姓譜。

宋元學案卷三十九

豫章學案

黃宗羲原本　黃百家纂輯　全祖望修定

豫章學案表

羅從彥伊川、龜山門人。安定、濂溪、明道再傳。
- 李侗
  - 朱熹別爲晦翁學案。
  - 羅博文
  - 劉嘉譽
    - 子世南
      - 孫砥
      - 孫礪並見滄洲諸儒學案。
- 朱松
  - 子熹別爲晦翁學案。

廖衙別見龜山學案。
豫章講友。

豫章學案序録

祖望謹案：豫章之在楊門，所學雖醇，而所得實淺，當在善人、有恆之間。一傳爲延平則邃矣，再傳爲晦翁則大矣，豫章遂爲別子。甚矣，弟子之有光于師也！述豫章學案。梓材案：李文靖以下，謝山始稱道南學案，後改延平與文質合稱豫章延平學案，定序錄則專稱豫章，故延平亦不別爲標目云。

程楊門人胡、程再傳。

文質羅豫章先生從彥附師吳儀。

羅從彥，字仲素，南劍人。延平有吳儀，字國華，以窮經爲學，先生師之。崇寧初，見龜山于將樂㊀，驚汗浹背曰：「不至是，幾枉過一生矣！」雲濠案：先生師事龜山，而李文靖又師先生。陳直齋曰：「此所謂南劍三先生者也。」嘗與龜山講易，至乾九四爻，云：「伊川說甚善。」先生卽鬻田裹糧，往洛見伊川，歸而從龜山者久之。建炎四年，特科授博羅主簿。官滿，入羅浮山靜坐。紹興五年，卒，年六十四。學者稱豫章先生。先生嚴毅清苦，在楊門爲獨得其傳。龜山初以饑渴害心令其思索，先生從此悟入，故于世之嗜好泊如也。著有遵堯錄，言宋自一祖開基，三宗紹之，若舜、禹遵堯，相守一道。迨熙寧間，王安石用事，管心鞅法，甲倡乙和，卒稔裔夷之禍，未嘗不爲之痛心疾首也。又有春秋、毛詩、語、孟解，中庸說，議論要語，台衡錄，春秋指歸。雲濠案：四庫書目，豫章文集十七卷。然首卷列經解之目，有錄無書，實止十六卷。淳祐七年，賜謚文質。

㊀宋史本傳稱羅從彥始見龜山（卽楊時）于蕭山，誤，黃百家有考證，見本卷下文附錄案語。宋史敘羅從彥事迹，時間先後多與本書不符。黃宗羲著有豫章年譜訂正，爲本書敘事所本。

宗羲案：龜山三傳得朱子，而其道益光。豫章在及門中最無氣燄，而傳道卒賴之。先師有云：「學脈甚微，不在氣魄上承當。」豈不信乎！然亦多湮沒而無聞者。聞不聞，君子不以爲意，而尚論者所不敢忽。

議論要語

人主欲明而不察，仁而不懦。蓋察常累明，而懦反害仁故也。漢昭帝明而不察，章帝仁而不懦。孝宣明矣，而失之察；孝元仁矣，而失之懦。若唐德宗，察而不明，高宗，懦而不仁。兼二者之長，其惟漢文乎！

名器之貴賤，以其人。何則？授于君子則貴，授于小人則賤。名器之所貴，則君子勇于行道，而小人甘于下僚。名器之所賤，則小人勇于浮競，而君子恥于求進。以此觀之，人主之名器，可輕授人哉！

君明，君之福；臣忠，臣之福。君明臣忠，則朝廷治安，得不謂之福乎？父慈，父之福；子孝，子之福。父慈子孝，則家道隆盛，得不謂之福乎？俗人以富貴爲福，陋哉！

王者富民，霸者富國。富民，三代之世是也；富國，齊、晉是也。至漢文帝行王者之道，欲富民，而告戒不嚴，民反至于奢；武帝行霸者之道，欲富國，而費用無節，用乃至于耗。

教化者，朝廷之先務；廉恥者，士人之美節；風俗者，天下之大事。朝廷有教化，則士人有廉恥；士人有廉恥，則天下有風俗。或朝廷不務教化而責士人之廉恥，士人不尚廉恥而望風俗之美，其可得乎！

君子在朝，則天下必治。蓋君子進則常有亂世之言，使人主多憂而善心生，故天下所以必治。小人在朝，則天下必亂。蓋小人進則常有治世之言，使人主多樂而怠心生，故天下所以必亂。

正者天下之所同好，邪者天下之所同惡，而聖人未嘗致憂于其間，蓋邪正已明故也。至于邪正未明，則聖賢憂之。觀少正卯言僞而辯，行僞而堅，孔子則誅之；楊、墨一則爲我，一則兼愛，孟子則闢之；皆邪正未明而惑人者衆，此孔、孟之所汲汲。

天下之變，不起于四方，而起于朝廷。譬如人之傷氣，則寒暑易侵；木之傷心，則風雨易折。故內有李林甫之奸，則外有安禄山之亂；內有盧杞之邪，則外有朱泚之叛。易曰：「負且乘，致寇至。」不虛言哉！

士之立身，要以名節忠義爲本。有名節，則不枉道以求進；有忠義，則不固寵以欺君矣。

聖人無欲，君子寡欲，衆人多欲。

中人之性，由于所習。見其善則習于爲善，見其惡則習于爲惡。習于爲善，則舉世相率而爲善，而不知爲善之爲是，東漢黨錮之士與夫太學生是也。習于爲惡，則舉世相率而爲惡，而不知爲惡之爲非，五代君臣是也。

遵堯録

太宗語李至曰：「人君當淡然無欲，不使嗜好形見于外，則姦邪無自入焉。」可謂善矣！夫嗜好者，人情之所不能免也。方其淡然不使之形見于外，則其遠道不遠。于斯時也，苟有皐、夔、稷、契之徒以道詔之，當視六經猶筌蹄，上與堯、舜相得于忘言之地矣。至雖賢者，然惜非其倫也。

太宗內廷給事，不過三百人，可謂善矣！然語宰相曰：「卿等顧朕之視妻子，如脫屣耳！恨未能離世絕俗，追蹤羨門。」則是過高者之言也。夫王化之本，關雎之訓是也。有關雎之德，必有麟趾之應，此周之所以致太平者也。若羨門等語，非人倫之美也。

太宗嘗曰：「人君致理之本，莫先簡易。老子芻狗之說，朕所景慕。」臣從彥曰：易簡之理，天理也。行其所無事，篤恭而天下平，易簡之謂也。老氏芻狗之說，取其無情而已，大之詆訾堯、舜，而其下流爲申、韓，不可不辨也。

佛氏之學，端有悟入處。其道宏博，世儒所不能窺。然絕乎人倫，外乎世務，非堯、舜、孔子之道。趙普之對太宗曰：「陛下以堯、舜之道治世，以浮屠之教修心。」蓋不知言者。

君子之所爲，皆理之所必然，世之所常行者，然不可以求近功，圖近利。非如世間小有才者，一旦得君，暴露其器能，以釣一時之譽。彼其設施，當亦有可觀者，要非能致遠也。呂端曰：「君子之道，闇然而章，歷試經久，方見爲臣之節。」其幾于道者與！

聖人不作，自炎漢以來未有可稱者，莫不雜以霸道。以司馬光之學，猶誤爲之說，況其下者。章聖皇帝未生仁宗，有內侍遇異人，言王真人降生，爲宋第四帝，古之燧人氏也。章懿皇后亦夢羽衣數百人從一仙官，自空而下託生。及仁宗五六歲，嘗持槐木片以鑽火。臣從彥曰：此所謂「無徵不信」者也。

古人自十五入學，至四十而後仕。其意若曰：「善道以久而後立，人材以久而後成。故處之以燕閒之地，而寬之歲月之期，俾專其業，俟其志定，則其仕也，不遷于利，不屈于欲。道之于民，天下被其澤矣。」後世怵于科舉，自童稚間已有汲汲趨利之意。一旦臨民，亦何所不至！王旦章聖皇帝時在中書最久，每進用朝士，必先望實。苟人望未孚，則雖告之曰某也才，某也賢，不驟進也。此真救弊之良圖也！

孔子曰：「三年無改于父之道。」此言孝子居喪，志存父道，不必主事而言也。況當易危爲安、易亂爲治之時，速則濟，緩則不及，改之，乃所以爲孝也。天子之孝，在于保天下。司馬光改新法，不即理言之，乃曰「以母改子，非子改父」，以此遏衆議，則失之矣。紹聖之害，亦光此言有以召之。司馬光所改法，無不當人心者，惟罷免役失之。安石之免役，正猶楊炎之均稅，東南人實利之。若以堯、舜、三代之法格之，則去之可也。不然，未可輕議。

豫章問答補。

古人所以進此道者，必有由而然。夫中庸之書，世之學者盡心以知性，躬行以盡性者也。而其始則曰：「喜怒哀樂之未發謂之中。」其終則曰：「夫焉有所倚！肫肫其仁，淵淵其淵，浩浩其天。」此言何謂也？差之毫釐，繆以千里，故大學之道，在知所止而已。苟知所止，則知學之先後。不知所止，則于學無由進矣。

以聖賢，則莫學而非道。以俗學，則莫學而非物。

梓材謹案：謝山所録豫章問答四條，其三條移入附録，此則分一條爲兩條。

附説補。

學道以思爲主。孟子曰：「心之官則思。」書曰：「思作睿，睿作聖。」「惟狂克念作聖。」佛家一切反是。

外于吾聖人之學者，申、韓、佛、老皆有書在，惟學者所決擇也。

吾道當無疑于物。

祖望謹案：以上三條，見所贈延平詩注中，甚有關係，故附著于問答之後。

附録

仲素篤志好學，推研義理，必欲到聖人止宿處，遂從龜山遊，摳衣侍席二十餘載。

延平以書謁先生，其畧曰：「先生服膺龜山之講席有年矣，況嘗及伊川先生之門，得不傳之道于千五百年之後。性明而修，行完而潔；擴之以廣大，體之以仁恕；精深微妙，各極其至。漢、唐諸儒，無近似者。至于不言而飲人以和，與人並立而使人自化，如春風發物，蓋亦莫知其所以然也。凡讀聖賢之書，粗有識見者，孰不願得受經門下，以質所疑！侗之愚鄙，徒以習舉子業，不得服役于門下。而今日拳拳欲求教者，以謂所求有大于利祿也。抑侗聞之：『道可以治心，猶食之充饑，衣之禦寒也。』人有迫于饑寒之患者，皇皇焉爲衣食之謀，造次顛沛未嘗忘也。至于心之不治，有沒世不知慮。豈愛心不若口體哉？弗思甚矣。侗不量資質之陋，妄意于此。雖知真儒有作，聞風而起，固不若先生親炙之，得于動靜語默之間目擊而意會也。」

延平曰：昔聞之羅先生云：「橫渠教人，令且留意神化二字。所存者神，便能所過者化。私吝盡無，即渾是道理，即所過自然化矣。」補。

又曰：舜之所以能使瞽瞍底豫者，盡事親之道，共爲子職，不見父母之非而已。昔羅先生語此云：「只爲天下無不是底父母。」了翁聞而善之曰：「惟如此，而後天下之爲父子者定。彼臣弑其君，子弑其父者，常始于見其有不是處耳！」補。

又曰：先生令愿中靜中看喜怒哀樂未發之謂中，未發時作何氣象。不惟于進學有方，亦是養心之要。補。

汪玉山與朱子書曰：羅丈語錄中有可疑者，「不居其聖」與「得無所得」，「形色天性」與「色即是空」，難作一類語看。又「道不足以任之，故有典；典不足以治之，故有刑」，此語如何？補。

朱子曰：仲素先生都是著實子細去理會。又曰：羅先生嚴毅清苦，殊可畏。

又曰：嘗見李先生說：「舊見羅先生云：『說春秋頗覺未甚愜意，不知到羅浮極靜後，義理會得如何。』某心嘗疑之。以今觀之，是如此。蓋心下熱鬧，如何看得義理出？」

宗羲案：楊道夫言：「羅先生教學者靜坐中看喜怒哀樂未發作何氣象，李先生以爲此意不惟于進學有方，兼亦是養心之要。而遺書有云『既思則是已發』者，疑其與前所舉有礙。」黄勉齋曰：「羅先生以靜坐觀之，乃其思慮未萌，虚靈不昧，自有以見其氣象，則初無害于未發。蘇季明以求字爲問，則求非思慮不可，此伊川所以力辯其差也。」朱子曰：「羅先生說，終恐有病。如明道亦說靜坐可以爲學，上蔡亦言多著靜不妨，此說終是少偏。才偏，便做病。道理自有動時，自有靜時，學者只是敬以直内，義以方外，見得世間無處不是道理，不可專要去靜處求。所以伊川謂只用敬，不用靜，便說平也。」案：羅豫章靜坐看未發氣象，此是明道以來下及延平一條血路也。蓋所謂靜坐者，不是道理只在靜處，以學者入手，從喘汗未定之中，非冥心至靜，何處見此端倪？久久成熟，而後動靜爲一。若一向靜中擔閣，便爲有病。故豫章爲入手者指示頭路，不得不然，朱子則恐因藥生病，其言各有攸當也。

百家謹案：豫章年譜謂政和㊀二年壬辰，先生四十一歲，龜山爲蕭山令，先生始從受學。宋史亦云：龜山爲蕭山令時，先生徒步往學焉，龜山熟察之，喜曰「惟從彦可與言道」，弟子千餘人，無及先生者。謹考龜山全集，丁亥知餘杭，壬辰知蕭山，相去六年。而餘杭所聞已有豫章之問答，則其從學非始于蕭山明矣。豫章之見伊川，在見龜山之後。伊川卒于丁亥㊁。若見龜山始于壬辰，則

㊀「政和」原誤「致和」，據明毛念恃豫章先生年譜改。按宋代無「致和」年號，政和二年爲壬辰歲，與下文屢言「壬辰」正合，又據楊龜山年譜，龜山爲蕭山令亦在政和二年壬辰，今據改。㊁「丁亥」原作「庚子」。據朱熹伊川先生年譜，程頤卒于大觀元年丁亥，下距政和二年壬辰首尾六年，與下文言「若見龜山始於壬辰，則伊川之卒已六年矣」正合，今據改。

伊川之卒已六年矣，又何從見之乎？先君子别有豫章年譜訂正。

祖望謹案：朱子師有四，而其所推以爲得統者，稱延平，故因延平以推豫章，謂龜山門下千餘，獨豫章能任道。後世又以朱子故，共推之。然讀豫章之書，醇正則有之，其精警則未見也，恐其所造，亦秖在善人、有恆之間。龜山之門，篤實自當推横浦，通才自當推湍石，多識前言往行當推紫微，知禮當推息齋。特横浦、紫微不能自拔于佛氏，爲朱子所非，然其不背于聖人者，要不可没。而汪文定公所舉豫章語録之失，則似亦未必能于佛氏竟脱然也。若因其有出藍之弟子，而必并其自出而推之，是門户之見，非公論也。若延平所得，則固有出豫章之上者，愚故連而標之曰豫章延平學案。

豫章講友

廖先生衙别見龜山學案。

豫章門人胡、程三傳。

文靖李延平先生侗

李侗，字愿中，南劍人。年二十四，聞郡人羅仲素傳河洛之學于龜山，遂往學焉。仲素不爲世所知，先生冥心獨契。于是退而屏居，謝絶世故，餘四十年，簞瓢屢空，怡然有以自適也。其始學也，默坐澄心，以驗夫喜怒哀樂未發之前氣象爲何如。久之，而知天下之大本真在乎是也。既得其本，則凡出于是者，雖品節萬殊，曲折萬變，莫不該攝洞貫，以次融釋，各有條理，如川流脈絡之不可亂。大而天地之所以高厚，細而品彙之所以化育，以至經訓之微言，日用之小物，玩之于此，無一不得其衷焉。由是操存益固，涵養益熟，泛應曲酬，發必中節。其事親從兄，有人所難能者。隆興元年十月，汪玉山應辰守閩，幣書迎先生，至之日，坐語而卒，年七十一。

延平答問

「葉公問孔子于子路，子路不對」一章，昔日得之于吾黨中人，謂葉公亦當時號賢者，夫子名德經天緯地，人孰不識之？葉公尚自見問于其徒，所見如此，宜子路之不對也。若如此看仲尼之徒，渾是客氣，非所以觀子路也。蓋弟子形容聖人盛德，有所難言爾。如「女奚不曰」下面三句，元晦以爲「發憤忘食」者，言其求道之切。聖人自道理中流出，卽言求道之切，恐非所以言聖人。此三句只好渾然作一氣象看，則見聖人渾是道理，不見有身世之礙，故「不知老之將至」爾。元晦更以此意推廣之，看如何？大抵夫子一極際氣象，終是難形容也。尹和靖以爲皆不居其聖之意，此亦甚大。但不居其聖一節事，乃是門人推尊其實如此，故孔子不居，蓋因事而見爾。若常以不居其聖橫在肚裏，則非所以言聖人矣。如何？如何？

問：「『太極動而生陽』，先生嘗曰『此只是理，做已發看不得』。熹疑既言『動而生陽』，卽與復卦一陽生而見天地之心何異？竊恐『動而生陽』即天地之喜怒哀樂發處，于此即見天地之心。『二氣交感，化生萬物』，即人物之喜怒哀樂發處，于此即見人物之心。如此做兩節看，不知得否？」先生曰：「『太極動而生陽』，至理之源，只是動靜闔闢，至于終萬物、始萬物，亦只是此理一貫也。到得『二氣交感，化生萬物』時，又就人物上推，亦只是此理。中庸以喜怒哀樂未發已發言之，又就人身上推尋，至于見得大本達道處，又渾同只是此理。此理就人身上推尋，若不于未發、已發處看，即何緣知之？蓋就天地之本源與人物上推來，不得不異，此所以于『動而生陽』難以爲喜怒哀樂已發言之。在天地只是理也，今欲作兩節看，竊恐差了。復卦見天地之心，先儒以爲靜見天地之心，伊川先生以爲動乃見，此恐便是『動而生陽』之理。然于復卦發出此一段示人，又于初爻以顏子『不遠復』爲之，此只要示人無間斷之意。人與天理一也，就此理上皆收攝來，與天地合其德，與日月合其明，與四時合其序，與鬼神合其吉凶，皆其度內耳。某測度如此，未知元晦以爲如何？有疑，更容他日得見劇論。語言既拙，又無文采，似發脫不出也。元晦可意會消詳之，看理道通否。」

承録示韋齋記，追往念舊，令人淒然。某中間所舉中庸終始之説，元晦以爲「肫肫其仁，淵淵其淵，浩浩其天」，即全體是未發底道理，惟聖人盡心能然。若如此看，即于全體何處不是此氣象？第恐無甚氣味爾。某竊以爲「肫肫其仁」以下三句，乃是體認到此達天德之效處，就喜怒哀樂未發處存養，至見此氣象，儘有地位也。某嘗見呂芸閣與伊川論中説，呂以爲循性而行，無往而非禮義，伊川以爲氣味殊少，呂復言云云，正謂此爾。大率論文字切在深潛縝密，然後蹊徑不差。釋氏所謂「一超直入如來地」，恐其失處正坐此，不可不辯。

「五十知天命」一句，三先生之説皆不敢輕看。某尋常看此數句，竊以爲人之生也，自少壯至于老耄，血氣盛衰消長自不同，學者若循其理，不爲所使，則聖人之言自可以馴致，但聖賢所至處，淺深之不同耳。若五十矣，尚昧于所爲，即大不可也。横渠之説似有此意，試一思索，看如何。

問：「熹昨妄謂『仁』之一字，乃人之所以爲人而異乎禽獸者，先生不以爲然。熹因以先生之言思之，而得其説，敢復求正于左右。熹竊謂天地生物，本乎一源，人與禽獸草木之生，莫不具有此理。其一體之中，即無絲毫欠剩，其一氣之運，亦無頃刻停息，所謂仁也。朱子自注：先生批云：『有有血氣者，有無血氣者。更體究此處。』但氣有清濁，故稟有偏正。惟人得其正，故能知其本具此理而存之，而見其爲仁；物得其偏，故雖具此理而不自知，而無以見其爲仁。然則仁之爲仁，人與物不得不同；知人之爲人而存之，人與物不得不異。故伊川夫子既言『理一分殊』，而龜山又有『知其理一，知其分殊』之説。而先生以爲全在知字上用著力，恐亦是此也。朱子自注：先生勾出批云：『以上大概得之，他日更用熟講體認。』不知果是如此否？又詳伊川之語推測之，竊謂『理一而分殊』，此一句言理之本然如此，全在性分之内，本體未發時看。朱子自注：先生抹出批云：『須是從本體已發、未發時看，合内外爲可。』合而言之，則莫非此理，然其中無一物之不該，便自有許多差別，雖散殊錯糅，不可名狀，而纖微之間，同異畢顯，所謂『理一而分殊』也。『知其理一所以爲仁，知其分殊所以爲義』，此二句乃是于發用處該攝本體而言，因此端緒而下工夫以推尋之處也。蓋『理一而分殊』一句，正如孟子所云『必有事焉』之處；而下文兩句，即其所以有事乎此之謂也。朱子自注：

先生抹出批云：『恐不須引孟子說以證之。孟子之說，若以微言，恐下工夫處落空，如釋氏然。孟子之說亦無隱顯精粗之間。今錄謝上蔡一說于後，玩味之，卽無時不是此理也。此說極有力。』大抵仁字近本作『者』。正是天地流動之機。以其包容和粹，涵育融漾，不可名貌，故特謂之仁。其中自然文理密察，各有定體處，便是義。只此二字，包括人道已盡。義固不能出于仁之外，仁亦不離乎義之內也。然則『理一而分殊』者，乃是本然之仁義。朱子自注先生句斷批云：『推測到此一段甚密，爲得之。加以涵養，何患不見道也。某心甚慰。』前此乃以從此推出分殊合宜處爲義，失之遠矣。又不知如此上所推測，又還是否，更乞指教。」先生曰：「謝上蔡云：『吾嘗習忘以養生。明道曰：「施之養則可，于道則有害。習忘可以養生者，以其不留情也，學道則異于是。『必有事焉勿正』，何謂乎？且出入起居，寧無事者？正心待之，則先事而迎。忘則涉乎去念，助則近乎留情。故聖人心如鑑，所以異于釋氏心也。」』上蔡錄明道此語，于學者甚有力。蓋尋常于靜處體認下工夫，卽于鬧處使不著，蓋不曾如此用力也。自非謝先生確實于日用處下工夫，卽恐明道此語亦未必引得出來。此語錄所以極好玩索，近方看見如此意思顯然。元晦于此更思，看如何。唯于日用處便下工夫，或就事上便下工夫，庶幾漸可合爲己物。不然，只是說也。某輒妄意如此，如何？如何？」

問近本無「問」字。熹又問：「孟子養氣一章，向者雖蒙明析面誨，而愚意竟未見一總會處。近日求之，頗見大體，只是要得心氣合而已。故說『持其志，無暴其氣』，『必有事焉而勿正，心勿忘，勿助長也』，皆是緊切處。只是要得這裏所存主處分明，則一身之氣自然一時奔湊翕聚，向這裏來存之不已。及其充積盛滿，睟面盎背，便是塞乎天地氣象，非求之外也。如此，則心氣合一，不見其間，心之所向，全氣隨之。雖加齊之卿相，得行道焉，亦沛然行其所無事而已，何動心之有！易曰：『直方大，不習无不利。』而文言曰：『敬義立而德不孤，則不疑其所行也。』正是此理。不審先生以爲何如？」先生曰：「養氣大概是要得心與氣合。不然，心是心，氣是氣，不見所謂集義處，終不能合一也。元晦云『睟面盎背，便是塞乎天地氣象』，與下云『亦沛然行其所無事』二處，爲得之，見得此理甚好。然心氣合一之象，更用體察，令分曉路陌方是。某尋常覺得，于畔援、歆羨之時，未必皆是正理，亦心與氣合，到此若彷彿有此氣象，一差則所失多矣，豈所謂浩然之氣邪？某竊謂孟子所謂養氣者，自有一端緒，須從知言處養來，乃不差。于知言處下工夫，儘用熟也。謝上蔡多謂『于田地上面下工夫』，此知言之說，乃田地也。先于此體認，令精密，認取心與氣合之時不偏不倚氣象是如何，方可看易中所謂『直方大，不習无不利』，然後『不疑其所行』，皆沛然矣。元晦更于此致思，看如何。某率然如此，極不揆是與非，更俟他日面會商量可也。」

承諭心與氣合，及所注小字，意若逐一理會心與氣，卽不可。某鄙意止是形容到此，解會融釋，不如此不見。所謂氣，所謂心，渾然一體流浹也。到此田地，若更分別那箇是心，那箇是氣，卽勞攘耳。不知可以如此否？不然，卽成語病無疑。若更非是，無惜勤論。吾儕正要如此。

梨洲孟子師說曰：天地間只有一氣充周，生人生物。人稟是氣以生，心卽氣之靈處，所謂「知氣在上」也。心體流行，其流行而有條理者，卽性也。猶四時之氣，和則爲春，和盛而温則爲夏，温衰而涼則爲秋，涼盛而寒則爲冬，寒衰則復爲春，萬古如是，若有界限于間，流行而不失其序，是卽理也。

理不可見，見之于氣；性不可見，見之于心。心卽氣也。心失其養，則狂瀾橫溢，流行而失其序矣。養氣卽是養心，然養心猶難把捉，言養氣，則動作威儀，旦晝呼吸，實可持循也。

人身雖一氣之流行，流行之中必有主宰。主宰不在流行之外，卽流行之有條理者。自其變者而觀之，謂之流行；自其不變者而觀之，謂之主宰。養氣者使主宰常存，則血氣化爲義理；失其主宰，則義理化爲血氣。所差在毫釐之間。

志，卽氣之精明者是也。原是合一，豈可分如何是志，如何是氣。「無暴其氣」，便是持志工夫。若離氣而言持志，未免把捉虛空，如何養得！古人說「九容」，只是無暴其氣。無暴其氣，志焉有不在者乎？更無兩樣之可言。

知者，氣之靈者也。氣而不靈，則昏濁之氣而已。養氣之後，則氣化而爲知，定靜而能慮，故知言、養氣，是一項工夫。易云：「將叛者其辭慚，中心疑者其辭枝。吉人之辭寡，躁人之辭多。誣善之人其辭游，失其守者其辭屈。」此是汎舉世人而言。孟子之「詖」、「淫」、「邪」、「遁」，指一時立言之輩，破其學術。詖辭，危險之辭，如「雞三足」、「卵有毛」、「白馬非馬」之類，是蔽于名實者也。淫辭，汎濫援引，終日言成文典，及細察之，則偶然無所歸宿。陷，如入于坎窞，無有實地也。邪辭，邪僻之辭，如捭闔飛箝，離遠于正道。遁辭，炙輠無窮，不主一說，人見其不窮，不知其「尙口乃窮」也。詖則公孫龍之家，淫則「談天衍」之家，邪則鬼谷之家，遁則淳于髡之家，皆是當時之人也。

百家謹案：朱子此說，只要得心與氣合，又云「心氣合一，不見其間」，延平云「若更分別那箇是心，那箇是氣，卽勞攘」，與師說所解雖不同，亦畧相似，故採數則附此。

盡心者，如孟子見齊王，問樂則便對云云，言貨色則便對云云，每遇一事，便有以處置將去，此是盡心，舊時不之曉。蓋此乃盡心之效如此，得此本然之心，則皆推得去無窮也。如見牛未見羊，說苟見羊，則亦便是此心矣。

又見諭云：伊川所謂「未有致知而不在敬者」，考大學之序則不然。如夫子言非禮勿視聽言動，伊川以爲制之于外而養其中。數處蓋皆各言其入道之序如此，要之敬自在其中也，不必牽合貫穿爲一說。又所謂「但敬而不明于理，則敬特出于勉強，而無灑落自得之功，意不誠矣」。灑落自得氣象，其地位甚高，恐前數說方是言學者下功處，不如此則失之矣。由此持守之久，漸漸融釋，使之不見有制之于外，持敬之心，理與心爲一，庶幾灑落耳。某自聞師友之訓，賴天之靈，時常只在心目間。雖資質不美，世累妨奪處多，此心未嘗敢忘也。于聖賢之言亦時有會心處，亦間有識其所以然者，但覺見反爲道理所縛，殊無進步處。今已老矣，日益恐懼，吾元晦乃不鄙孤陋寡聞，遠有質問所疑，何愧如之！

示諭夜氣說甚詳，亦只是如此，切不可更生枝節尋求，卽恐有差。大率吾輩立志已定，若看文字，心慮一澄然之時，畧綽一見，與心會處，便是正理。若更生疑，卽恐滯礙。伊川語錄中有說，明道嘗在一倉中坐，見廊柱多，因默數之，疑以爲未定，屢數愈差，遂至令一人敲柱數之，乃與初默數之數合，正謂此也。夜氣之說，所以于學者有力者，須是兼旦晝存養之功，不至梏亡，卽夜氣清。若旦晝間不能存養，卽夜氣何有！疑此便是「日月至焉」氣象也。某曩時從羅先生學問，終日相對靜坐，只說文字，未嘗及一雜語。先生極好靜坐，某時未有知，退入室中，亦只靜坐而已。羅先生令靜中看喜怒哀樂未發之謂中，未發時作何氣象，此意不唯于進學有方，兼亦是養心之要。元晦偶有心恙，不可思索，更于此一句內求之，靜坐看如何，往往不能無補也。此中相去稍遠，思欲一見，未之得。恐元晦以親傍無人傔侍，亦難一來，奈何！切望隨宜攝養，勿貽親念，爲至禱也。

梨洲師說曰：平旦之氣，其好惡與人相近也者幾希，此卽喜怒哀樂未發之體，未嘗不與聖人同，卻是靠他不得。蓋未經鍛鍊，一逢事物，便霍然而散，雖非假銀，卻不可入火。爲其平日根株久禪宗席，平旦之氣反似暫來㊀之客，終須避去。明道之獵心，陽明之隔瘧，或遠或近，難免發露。故必須工夫，纔還本體。此念庵所以惡「現成良知」也。

世人日逐于外，喘汗不已，竟無一安頓處。到得氣機收斂之時，不用耳目，則葭管微陽，生意漸回息生也。好惡與人相近，正形容平旦之氣。此氣卽是良心，不是良心發見于此氣也。

天性生生之機，無時或息，故放失之後，少間又發，第人不肯認定，以此作主宰耳。認得此心，便是養，若火之始然，泉之始達，自不能已。旦晝梏亡，未嘗非此心爲之用，而點金成鐵，迷卻當下矣。

孟子言良心，何不指其降衷之體言之，而形容平旦之氣，似落于迹象。不知此卽流行之命也，知此卽爲知命。猶之太虛，何處不是生意？然不落土，則生機散漫，無所收拾。佛氏以虛無爲體，正坐不知命。以上俱師說。

「來」原作「求」，據黃宗羲孟子師說（適園叢書本）改。

姜定庵曰：旦晝存養，則旦晝之氣亦清，又何但夜氣邪？正爲梏亡者夜氣亦能自清，所以見性善之同然也。

昔嘗得之師友緒餘，以爲問學有未愜適處，只求諸心。若反身而誠，精通和樂之象見，即是自得處。更望勉力以此而已！

所云「見語錄中有『仁者渾然與物同體』一句，即認得西銘意旨」，所見路脈甚正，宜以是推廣求之。然要見一視同仁氣象卻不難，須是理會分殊。雖毫髮不可失，方是儒者氣象。

又云：「便是『日月至焉』氣象」一段，某之意，只爲能存養者積久亦可至此，若比之「不違」氣象，又迥然別也。今之學者雖能存養，知有此理，然旦晝之間一有懈焉，遇事應接，舉處不覺打發機械，即離間而差矣。唯存養熟，理道明，習氣漸爾銷鑠，道理油然而生，然後可進，亦不易也。來諭以爲「能存養者無時不在，不止日月至焉」。若如此時，卻似輕看了也。如何？

動靜、真僞、善惡，皆對而言之，是世之所謂動靜真僞善惡，非性之所謂動靜真僞善惡也。惟求靜于未始有動之先，而性之靜可見矣；求真于未始有僞之先，而性之真可見矣；求善于未始有惡之先，而性之善可見矣。

天下之理，無異道也；天下之人，無異性也。性惟不可見，孟子始以「善」形之。惟能自性而觀，則其致可求；苟自善而觀，則理一而見二。

虛一而靜。心方實，則物乘之，物乘之則動。心方動，則氣乘之，氣乘之則惑。惑斯不一矣，則喜怒哀樂皆不中節矣。

常在目前，只在戒謹不睹，恐懼不聞，便自然常存。顏子非禮勿視聽言動，正是如此。

思索義理，到紛亂窒塞處，須是一切掃去，放教胸中空蕩蕩地了，卻舉起一看，便自覺得有下落處。

爲學之初，且當常存此心，勿爲他事所勝。凡遇一事，卽當且就此事反復推尋，以究其理。待此一事融釋脱落，然後循序少進，而別窮一事。如此既久，積累之多，胸中自當有灑然處，非文字言語之所及也。

常有此心，勿爲他事所勝，卽欲慮非僻之念自不作矣。孟子有夜氣之説，更熟味之，當見涵養用力處也。于涵養處著力，正是學者之要。若不如此存養，終不爲己物也。

人心中大段惡念，卻易制服。最是那不大段、計利害、乍往乍來底念慮，相續不斷，難爲驅除。

學問之道，不在多言，但默坐澄心，體認天理。若真有所見，雖一毫私欲之發，亦退聽矣。久久用力于此，庶幾漸明，講學始有力耳。

學者之病，在于未有灑然冰解凍釋處。縱有力持守，不過苟免顯然悔尤而已。若此者，恐未足道也。

近日涵養，必見應事脱然處否？須就事兼體用下工夫，久久純熟，漸可見渾然氣象矣。勉之！勉之！

孟子言「仁，人心也」，不是將心訓仁字。

心者，貫幽明，通有無。

人之念慮，若是于過惡顯然萌動，此卻易見易除。卻怕于甚是閒底事爆起來纏繞，思念將去不能除，此尤害事。

事雖紛紛，須還我處置。

學已有許多意思，只爲説敬事字不分明，所以許多時無捉摸處。

聖門之傳中庸，其所以開悟後學，無餘策矣。然所謂「喜怒哀樂未發之謂中」者，又一篇之指要也。若徒記誦而已，則亦奚以爲哉？必也體之于身，實見是理，若顏子之歎，卓然見其爲一物而不違乎心目之間也，然後擴充而往，無所不通，則庶乎其可以言中庸矣。

人固有無所喜怒哀樂之時，然謂之「未發」，則不可言無也。

看聖賢言語，但一踔看過，便見道理者，卻是真意思。纔著心去看，便蹉過了多。

某歸家，凡百只如舊。但見輩所見凡下，家中全不整頓，至有疏漏欲頽敝處，氣象殊不佳。既歸來，不免令人畧畧修治，亦須苟完可瓦。家人猶豫未歸，諸事終不便，亦欲于冷落境界上打疊，庶幾漸近道理，他不敢恤。但一味窘束，亦有沮敗人佳處，無可柰何也！

某兀坐于此，朝夕無一事，若可以一來，甚佳，致千萬意如此。然猶不敢必覬，恐侍旁乏人，老人或不樂，卽未可，更須于此審處之。某尋常處事，每値情意迫切處，卽以輕重本末處之，似少悔吝。願于出處間更體此意！

承諭近日學履甚適，向所耽近本㈠作「取」。戀不灑落處，今已漸融釋，此便是道理進之效。甚善！甚善！思索窒礙，及于日用動静之間有拂戾處，便于此致意，求其所以然者，久之自循理耳。

吾人大率坐此窘窶，百事驅遣不行，惟于稍易處處之，爲庶幾耳！某村居兀坐，一無所爲，亦以窘迫，遇事窒塞處多。每以古人貧甚極難堪處自體，卽啜菽飲水，亦自有餘矣。夫復何言！

承來諭，令表弟之去，反而思之，中心不能無愧悔之恨。自非有志于求仁，何以覺此！語録有云：「罪己責躬不可無，然亦不可常留在心中爲悔。」來諭云：「悔吝已顯然，如何便銷隕得！」胸中若如此，卽于道理有礙。有此氣象，卽道理進步不得矣，正不可不就此理會也。某竊以爲，有失處，罪己責躬固不可無，然過此以往，又將柰何？常留在胸中，卻是積下一段私意也。到此境界，須推求其所以愧悔不去，爲何而來。若來諭所謂，似是于平日事親事長處，不曾存得恭順敬畏之心。卽隨處發見之時，卽于此處就本源處推究涵養之，令漸明，卽此等固滯私意，當漸化矣。又昔聞之羅先生云：「横渠教人，令且留意神化二字。所存者神，便能所過者化。私吝盡無，卽渾是道理，卽所過自然化矣。」更望以此二説，于静默時及日用處下工夫，看如何。吾輩今日所以差池，道理不進者，只爲多有坐此境界中耳！禪學者則不然。渠亦有此病，卻只要絶念不採，以是爲息滅，殊非吾儒就事上各有條理也。元晦試更以是思之，如何？或體究得不以爲然，便示報爲望！

朱子注曰：後見先生，又云：「前日所答，只是據今日病處説語録中意，卻未盡。他所以如此説，

㈠「本」字據文義補。上文小注兩處言及「近本」。

只是提破，隨人分量看得如何。若地位高底人，微有如此處，只如此提破，便渙然冰釋，無復疑滯矣。」

在此粗安，第終不樂于此。若以爲隨所寓而安之，卽于此齁𪖩便不是。此微處皆學者之大病。大凡只于微處充擴之，方見礙者大耳。

宗羲案：朱子言：「余之始學，亦務爲儱侗宏闊之言，好同而惡異，喜大而恥于小。而延平之言曰：『吾儒之學，所以異于異端者，理一而分殊也。理不患其不一，所難者分殊耳。』余心疑而不服，以爲天下之理，一而已，何爲多事若是！同安官餘，以延平之言反復思之，始知其不我欺矣。」自朱子爲是言，于是後之學者多向萬殊上理會，以自託于窮理之說，而支離之患生矣。亦思延平默坐澄心，其起手皆從理一。窮理者，窮此一也。所謂萬殊者，直達之而已矣。若不見理一，則茫然不知何者爲殊，殊亦殊箇甚麽，爲學次第，鮮有不紊亂者。切莫將朱子之言錯會！

附錄

朱子曰：李先生意，只是要得學者静中有箇主宰存養處。

又曰：李先生教人，大抵令于静中體認大本未發時氣象分明，卽處事應物自然中節。此乃龜山門下相傳指訣。然當時親炙之時，貪聽講論，又方竊好章句訓詁之習，不得盡心于此。至今若存若亡，無一的實見處，孤負教育之意。每一念此，未嘗不愧汗沾衣也！

又曰：熹早從先生學，受中庸之書，求喜怒哀樂未發之旨，未達而先生没。余竊自悼其不敏，若窮人之無歸。聞張欽夫得衡山胡氏學，則往從而問焉。欽夫告余以所聞，亦未之省也。暇日料檢故書，得當時往還書稿一編，題曰中和舊説，獨恨不得奉而質諸李氏之門。然以先生之所已言者推之，知其所未言者，其或不遠矣。

又曰：「中和」二字，該道之體用，以人言之，則未發、已發之謂。舊聞李先生論此最詳，後來所見不同，遂不復致思，今乃知其爲人深切，然恨已不能盡記其曲折矣。如云「人固有無所喜怒哀樂之時，然謂之『未發』，則不可徑言無也」，又云「致字如致師之致」，又如「先言愼獨，後及中和」，此意亦嘗言之。但當時既不領畧，後來又不深思，遂成蹉過，孤負此翁耳！

又曰：昔聞先生之言教，以爲爲學之初，且當常存此心，勿爲他事所勝。凡遇一事，即當且就此事反覆推尋，以究其理，待此一事融釋脱落，然後循序少進而別窮一事。如此既久，積累之多，胸中自當有灑然處，非文字言語之所及也。詳味此言，雖其規模之大，條理之密，若不逮于程子，然其工夫之漸次，意味之深切，則有非他説所能及者。惟嘗實用力于此者爲能有以識之，未易以口舌爭也。

又曰：李先生不要人強行，須有見得處方行，所謂灑然處。

又曰：李先生初間也是豪邁底人，到後來也是琢磨之功。在鄉若不異于常人，鄉曲以上底人只道他是箇善人。他也畧不與人説，待問了方與説。

又曰：李先生涵養得自是別，真所謂不爲事物所勝者。古人云「終日無疾言遽色」，他真箇是如此。

如尋常人去近處必徐行，出遠處行必稍急；先生去近處也如此，出遠處亦只如此。尋常人叫一人，叫之二三聲不至，則聲必厲；先生叫之不至，聲不加于前也。又有坐處壁間有字，某每常亦須起頭一看，若先生則不然。方其坐時，固不看也；若是欲看，則必起就壁下視之。其不爲事物所勝，大率若此。又曰：先生少年豪勇，夜醉，馳馬數里而歸。後來養成徐緩，雖行一二里路，常委蛇緩步，如從容室中也。

又曰：李先生終日危坐，而神彩精明，略無隤墮之氣。

又曰：李先生居處有常，不作費力事。所居狹隘，屋宇卑小。及子弟漸長，逐間接起，又接起廳屋，亦有小書室。然其齊整瀟灑，安物皆有常處。其制行不異于人。亦嘗爲任希純教授延入學作職事，居常無甚異同，頹如也。真得龜山法門！

又曰：李先生不著書，不作文，頹然若一田夫野老。

又曰：先生說一步，是一步。如說「仁者其言也訒」，熹當時爲之語云「聖人如天覆萬物」云云，先生曰：「不要如此廣說！須窮『其言也訒』前頭，如何要得一進步處。」

梓材謹案：此下有一條移入和靖學案。

又曰：人若著些利害，便不免開口告人，卻與不學之人何異？向見李先生說：「若大段排遣不去，只思古人所遭患難有人不可堪者，持以自比，亦可以少安矣。」始甚卑其說，以爲何至如此。後來臨事，卻覺有得力處，不可忽也。以上皆朱子語。

問延平先生言行，朱子曰：「他卻不曾著書，充養得極好。凡爲學，也不過是恁地涵養將去，初無異議。只是先生睟面盎背，自然不可及。」

趙師夏曰：李先生不特以得于傳授者爲學，其心造之妙，蓋有先儒所未言者。

王深寧曰：延平先生論治道，必以明天理、正人心、崇節義、厲廉恥爲先。

獻靖朱韋齋先生松

朱松，字喬年，婺源人。政和八年同上舍出身，爲政和尉。父森卒于官邸，貧不能歸葬，即葬其邑。服除，調尤溪尉，監泉州石井鎮。紹興四年，召試館職，除祕書省正字。歷校書郎、著作佐郎、尚書度支員外郎，轉司勳、吏部兩曹。上書諫和議，出知饒州，未上，請祠。十三年，卒。先生初以詩名，繼而契心于賈誼、陸贄之通達治理。及得浦城蕭子莊、劍浦羅仲素而師之，以傳河洛之學，而昔之餘習盡矣。嘗曰：「士之所志，其分在于義利之間，兩端而已。然其發甚微，而其流甚遠。譬之射焉，失毫釐于機括之間，則差尋丈于百步之外矣。」其所善者，同學李侗、鄧啟之外，則有胡籍溪憲、劉白水勉之、劉屏山子翬。將卒，屬其子元晦熹往受學焉。後以子貴，贈通議大夫，謚獻靖。著有韋齋集。學者稱韋齋先生。

韋齋文集

頃來尤溪兩月，雖獲徧拜邑中之士，而未詳也。索居深念，惟小人之歸是憂。乃有識明志高、傑然自拔于流俗如吾友者，其爲欣幸，未易具道。夫仕而忘學，如農夫快一朝之飽而釋終身之耕，殍于溝中，可立而俟。然則仕而志學，猶飽而念耕，亦不足道也！抑聞之先生長者，禮記多魯諸儒之雜說，獨中庸出于孔氏家學。大學一篇，乃入道之門，其道以爲欲明明德于天下，在致知格物以正心誠意而已。其說與今世士大夫之學大不相近，蓋此學之廢久矣！自周衰，楊、墨雖得罪于聖人，然乃學仁義而失之者。至申、韓、儀、秦之說勝，而士始決裂聖人之藩牆，以阿流俗之所好，至漢文、景之盛未衰也，以至于今。蓋嘗有以斯文爲己任，起而倡之者，然世方嬰于俗學以自強，屹乎其不可攻也。某方急于祿養，未能往究其所學，是以或聞吾友之言，凜然敬歎，若居夷而聞雅，雖未詳其節奏之工，然卓然于吳歈楚謠之中而不可亂也。書曰：「知之非艱，行之維艱。」夫問塗而之盲，則知亦豈易哉！以吾友之明，苟以德爲車，而志氣御之，則朝發軔乎仁義之塗，而夕將入大學之門，以躪中庸之庭也。答汪德粲書。

學未有無師者也。學而無師，雖不無一至之得，責之以遠道則泥，質之以大方則惑，用之趨時合變，則膠戾而無所合。是妄意臆決之說，雖復憊精疲思，而道日遠矣。然生晚地寒，無東西南北之資，聞先生長者之風，而不及瞻望下風者固多。孟子曰：「誦其詩，讀其書，不知其人，可乎？是以論其世也。是尚友也。」嗚呼，此非獨友說，亦師說也。竊聞往者三川之間，程氏兄弟推本子思、孟軻，以中庸爲宗，而司馬文正公考正經史，深于治道，皆卓然有功于聖人之門。蓋嘗誦讀其詩書，考質于師友而聞其畧矣。夫達天德之精純而知聖人之所以聖，誠意正心于奥窔之間而天下國家所由治，推明堯、舜、三代之盛，修己以安百姓，篤恭而天下平者，始于夫婦，而其極也察乎天地，此程氏之學也。尊德教，賤功利，獎名節，端委廟堂則忠信恭儉足以刑主德于四方而朝廷尊，燕處于家則孝友廉讓足以化其國人，其酌古以準今則治亂存亡之效如食粟之必飽，食堇之必斃，此司馬氏之學也。程氏之門人，其高弟稱謝氏，不及見也。新鄭晁公嘗受學于司馬之門，往以事遊鄭，拜晁公于溱、洧之上，時方冥惷，不能有所質問，而今皆逝矣！古語有之曰：「想望丹青，不如式瞻儀型；諷誦詩書，不如親承風旨。」上謝參政書。

韋齋語

父子主恩，君臣主義，是爲天下之大戒，無所逃于天地之間。如人食息呼吸于元氣之中，一息之不屬，理必至于斃。是以自昔聖賢立法垂訓，所以防範其間者，未嘗一日少忘。

士溺于俗學，不明君臣之大義，是以處成敗之間者，常有苟生自恕之心，而闇于舍生取義之節，將使三綱淪墜，而有國家者無所恃以爲安。宜鑒既往之失，深以明人倫、勵名節爲先務，而又博求魁磊骨鯁、沈正不回之士，置之朝廷，使之平居無事，正色立朝，則奸萌逆節銷伏于冥冥之中，一朝有急，奮不顧身，以抗大難，亦足以禦危辱陵暴之侮，則庶幾神器尊安，而基祚強固矣。

宗羲案：豫章稱韋齋才高而智明，其剛不屈于俗，故朱子之學雖傳自延平，而其立朝氣概，剛毅絕俗，則依然父之風也。

附錄

先生自謂卞急害道，因取古人佩韋之義，以名其齋，早夜其間，以自警飭。由是向之所得于觀考者，益有以自信，而守之愈堅。

金使議和，先生與史院同舍胡珵共疏曰：「彼方吞噬未饜，而一旦幡然與我和者，紐于威以侮我耳！又慮我畜鋭，而爲和之説以撓我耳！彼之和使卽秦之衡人，六國不悟衡人割地之無饜，以亡其國。今國家不悟敵使請和之得策，其禍亦豈可勝言哉！而執事者方以爲『吾爲梓宮、母后、淵聖天屬之故』。昔項羽置太公俎上而約高祖以降矣，唯高祖不信其詐謀，不爲之屈，日夜思所以圖楚者，卒能蹙羽于鴻溝之上，使其力屈，而太公自歸。此可以觀其計之得失矣！」

屏居建溪之上，日以討尋舊學爲事，手鈔口誦，不懈益虔。蓋玩心于義理之微，而放意于塵垢之外，有以自得，澹如也。

先生性孝友，與人交，重然諾，不以生死窮達二其心。接引後進，教誘不倦。聞人之善，推借如不及。至于奸佞嵬瑣、簡賢附勢之流，則鄙而遠之，不忍正視其面。晚既屬疾，手書先訣于屏山、籍溪、白水，屬以其子往受學焉。

百家謹案：程太中能知周子而使二子事之，二程之學遂由濂溪而繼孟氏。朱韋齋能友延平與劉、胡三子，而使其子師之，晦翁之學遂能由三子而繼程氏。卓哉二父，鉅眼千古矣！

延平門人胡、程四傳。

文公朱晦庵先生熹別爲晦翁學案。

承議羅先生博文

羅博文，字宗約，沙縣人。以奏補福建司户參軍，調静江府觀察支使，知瑞金縣。張魏公浚都督江、淮，辟爲幹辦公事。汪玉山應辰辟蜀中參議官。累遷承議郎，自請奉祠。乾道四年卒。先生于佛老之學，能究其所以然。後從張魏公問行己之大方，魏公手書所爲敬説以授之，先生守之終身。已從李延平，得聞河洛所傳之要，多所發明，于是喟然歎曰：「儒佛之異無他，公與私之間耳！」由是自信益堅。

宗羲案：朱子與宗約，在延平門人，最爲契合。然朱子之交宗約，在延平没後，宗約尋又入蜀，其相與不過一二年耳！宗約于蜀中得豫章議論要語，曰：「歸當以示友人朱元晦而審訂之。」則其所推服，朱子而外，無人焉。乃宗約卒于途中，此言遂成虛語，可歎哉！

百家謹案：朱子文集中有宗約行狀，而道南源委録中稱：「宗約年未三十，一榻蕭然，屏遠聲色，大爲朱子所敬服。」

劉先生嘉譽

劉嘉譽，字德稱，長樂人。受學于延平。子世南，從林之奇遊。

韋齋家學

文公朱晦庵先生熹別爲晦翁學案。

劉氏家學胡、程五傳。

司理劉先生世南

劉世南，字景虞，嘉礜子。少從三山林氏遊，與呂東萊爲友。秉禮蹈義，鄉黨敬之。官吉州司理參軍。子砥、礪。參閩書。

童科劉先生砥

童科劉先生礪並見滄州諸儒學案。

宋元學案卷四十

橫浦學案

黃宗羲原本　黃百家纂輯　全祖望修定

橫浦學案表

張九成（龜山門人。二程再傳。安定、濂溪三傳。陸學之先。）——
- 韓元吉別見和靖學案。
- 凌景夏
- 樊光遠
- 汪應辰別爲玉山學案。
- 沈清臣——趙彥肅別見象山學案。
- 方疇別見紫微學案。
- 于恕——郎煜見上橫浦門人。
- 于憲
- 徐椿年
- 倪稱——子思
- 劉荀別見衡麓學案。

郎煜
史浩——子彌堅別見慈湖學案。
　　孫守之
　　孫定之並見慈湖學案。
郭欽止——張良臣別見龜山學案。

喻樗別見龜山學案。
張浚別爲趙張諸儒學案。
姚述堯
葉先覺
施德操——族孫庭先別見震澤學案。
並橫浦講友。

楊璿
橫浦同調。

橫浦學案序録

祖望謹案：龜山弟子以風節光顯者，無如橫浦，而駁學亦以橫浦爲最。晦翁斥其書，比之洪水猛獸之災，其可畏哉！然橫浦之羽翼聖門者，正未可泯也。述橫浦學案。梓材案：是卷多仍梨洲原本，其爲謝山所補者，皆爲注明。

龜山門人二程再傳。

文忠張橫浦先生九成

張九成，字子韶，錢塘人。從學龜山。紹興二年廷對第一，僉判鎮東軍。與監司不合，投檄而歸，學士大夫簦笈雲集，多執贄門下。入爲太常博士，改著作郎，除宗正少卿、禮部侍郎兼侍講經筵。論災異迕時相秦檜，謫守邵州。何鑄劾以依附趙公鼎，落職。先是，先生嘗謂高宗曰：「外議以臣爲趙鼎之黨，雖臣亦疑之。」帝問其故，曰：「臣每造鼎，見其議論無滯，不覺坐久，則人言無足怪也。」終父喪，取旨，與宮觀。詹大方論其與僧杲謗訕朝政，謫南安軍。檜死，起知溫州。户部遣吏督軍糧，先生遺書痛陳其弊，户部持之，即丐祠歸。先生在謫居十四年，解釋經義，目病，就明牕下，磚痕雙趺隱然。廣帥致籝金，先生曰：「吾雖遷徙困乏，何敢苟取！」卒不受。自號橫浦居士，亦稱無垢居士。二十九年六月四日，卒，年六十八。寶慶初，贈太師，封崇國公，謚文忠。雲濠案：先生著有尚書大學中庸孝經論語孟子說、無垢錄、橫浦心傳。攷四庫書目采錄孟子傳二十九卷，橫浦集二十卷。

橫浦心傳

學問于平淡處得味，方可以入道。不然，則往往流于異端，不識真味，遂致誤人一生。

或問：「學者多爲聞見所累，如何？」曰：「只緣自家無主。」

或問：「所見與所守，二者孰難？」先生曰：「所見難。」或曰：「今學者往往亦有所見，而不能守，則併與其所見而喪之。」先生曰：「不然。只是所見不到故耳。今人于水之溺、火之烈，未有無故而入水火者，以見之審也。設陷阱而蒙以錦繡，玩而蹈之者多矣。彼見畫虎而畏者，久則狎之，一日遇其真，則喪膽失魂，終身不敢入山林，其理可見。」

或問：「作善則吉，從惡則凶，如此則善惡便是吉凶否？」先生曰：「分之，則有僥倖之心。」

或問：「中、和如何分？」先生曰：「中卽和。作事合理，人情自不乖。」

或問：「敬有定體否？」先生曰：「敬在心，雖死不可變，易簀結纓是矣。」

或問：「教小兒，以何術爲先？」曰：「先教以恭謹，不輕忽，不躐等，讀書乃餘事。若不先以此，則雖有慧黠之質，往往輕狂，後亦難教。然有資質者，父兄便教以學作文，事科舉，不容不躐等，皆其父兄無識見。子弟稍有所長，便恣其所爲，遂反壞其資質，後來多不能成器。豈得一第便是成器邪！」

或問：「孔子言『性相近也』，不明言其實，孟子乃曰人性善，何也？」先生曰：「孟子源流甚正，認得不錯，但人不之思耳。孔子嘗曰：『天地之性，人爲貴。』人之行莫大于孝，孝卽善也。其言豈無所自！」

看六經，須先精求語、孟，便自有味。

有志者其規模必先定，無志者一切皆偶然。

或問：「去異端難否？」先生曰：「人多不識異端，所以難去。只如楊、墨，本學仁義，仁義豈是異端？惟孟子能辯之，故能去之也。不然，未必不反溺其説。此所以去之覺難也。」

或問：「六經與人心所得如何？」曰：「六經之書焚燒無餘，而出于人心者常在，則經非紙上語，乃人心中理耳。不然，則子雲、韓愈、董仲舒、劉向之徒，何以得傳其書？」

世俗之論，多服于無心，而君子則服于公。公固無心矣，往往有所抉擇，則以有心疑其不公。今于十人而擇其一之善，則九人者，或及其一二，或不及而謬得其名，與夫忌而毁、矜而怒者，九人不無二三也。十人可以數計也，乃若自十而百，自百而千，積而上之，擇之愈詳，争之愈衆，紛紛而不可較。吾以爲公也，是乃所以起其不公之論也。至于羣千百而鋤其名，錯其數，唯吾之所取而唯其人之取，吾固取之以無心，而人亦不得以有心疑吾，雖舉一盗跖而顔子不敢怒，黜數伯夷而爲盗跖者亦不爲之慊然，此世俗之論所以爲不公也。不决之君子，而孰决之乎？」

未能不矜，安謂知道？未能忘得，安謂知義？未能輕名，安謂知德？知道者必不自矜，知義者必不好得，知德者必不沽名。此皆表裏之符也。

東漢君子太好名。如李膺雖已禁錮，而天下士大夫欣慕唯恐不及，更相標榜，互爲稱號，八君、八顧、八俊、八及、八廚之名出，而黨禍起矣，皆不見道之故。見道者必畏名。名非可好，從其自至，猶且辭之，況自相夸美乎？此取禍之自也！

禍福有幸有不幸，而善惡之理則一定。君子惟其一定之理而已，豈當論幸不幸！小人則一味圖僥倖，或僥倖而得福，往往不復以善惡爲定理矣。

晉王昶爲人謹厚，名其兄子曰默，曰沈，名其子曰渾，曰深，爲書戒之曰：「吾以四者爲名，欲汝曹顧名思義，不敢違越。夫物速成則疾亡，晚就則善終。朝華之草，夕而零落；松柏之茂，歲寒不衰。夫能屈以爲伸，遜以爲得，弱以爲強，鮮不遂矣！」觀昶所言，真謹厚君子也。予名諸子皆以「厚」，亦欲其不爲刻薄耳！心吾此言，凡發于口，必當應心，亦顧名思義之意。諸子無爲刻薄以愧吾，此言當三復之！

或問：「事成于偶然，語得于不思，技精于無意，理會于適爾，然皆有終身而不可及，往往意愛神喜，自然不忘。乃若工寫規畫，朝誦夕記，目注心想，非不甚切，而旋卽遺忘，何也？」先生曰：「不用意處，真情自見，用意則奪其真矣。孟子于赤子入井時喻仁，此時真情便掩不得，雖頑嚚不肖者，亦須發見。當如此察之，非言可盡。」

君子惟義所在，雖處汙辱，未始不榮。若求以全名，則必墮諂僞，往往先自受辱矣。

或問：「『易無思也，無爲也，寂然不動，感而遂通天下之故。』若有感心，則有思爲心，卻說『無思無爲』，何也？」先生曰：「當寂然不動時，豈是土木！」

或問：「孔子言仁，未始有定名，如言仁之本，仁之方，以剛毅木訥爲近，以克伐怨欲不行爲難，樊遲之問則異于子貢，司馬牛之問則異于子張，顏淵之問則異于仲弓，文子止得爲清，子文止得爲忠，管仲止得爲如，往往皆無一定之說。而先生論仁，每斷然名之以覺，不知何所見？」先生曰：「墨子不覺，遂于愛上執著，便不仁。今醫家以四體不覺痛癢爲不仁，則覺痛癢處爲仁矣。自此推之，則孔子皆于人不覺處提撕之，逮其已覺，又自指名不得。」或曰：「如此，則義亦可說。」先生曰：「若能于義上識得仁，尤爲活法。」

祖望謹案：以覺爲仁，謝上蔡之説也。其説亦本之佛氏。

或問：「古人卓然獨見者，誰爲最？」先生曰：「伊尹。」或曰：「何謂？」先生曰：「伊尹去堯、舜之世已遠，絶無師承。堯傳之舜，舜傳之禹，自此以往，寥寥數百載，伊尹斷然號于人曰：『予，天民之先覺者也。』及湯學于尹，故湯得尹之傳。曰文、武，曰周公，曰孔子，皆由此傳之也。不是獨見得到，何由敢自任如此？子細思之，不是泛語。」補。

或問：「先生平日處心忠厚，于一事一物，必欲成就其美，故諸子姪皆以『厚』名，欲其不輕薄耳。以某觀之，忠厚之人大抵多寬緩容物，不甚迫切。每見先生疾惡太甚，于喜怒畧不能少制，似覺不甚容與，往往皆以先生爲剛躁，不知或自覺否？」先生曰：「所養至，則有藏蓄，若作僞，又非真情。理不順處，自然不平，初無容心也。若見人之惡而不怒，不是作僞，便是姑息。」

或問：「屈人以服己，不争則怨；屈己以服人，不鬭則憾。力未屈，則争鬭，力已屈，則怨憾。此人情也。而孟子論以大字小者樂天，以小事大者畏天，皆以爲然，何也？」先生曰：「聖人以天理爲人情，常人往往徇人情而逆天理，故争鬭怨憾，與畏樂不同。」

或問：「科舉之學，亦壞人心術。近來學者，唯讀時文，事剽竊，更不曾理會修身行己是何事！」先生曰：「汝所説，皆凡子也。學者先論識。若有識者，必知理趣。孰非修身行己之事？本朝名公，多出科舉。時文中議論正當，見得到處，皆是道理。汝但莫作凡子見識足矣，科舉何嘗壞人！」

或問：「『木上有火，鼎，君子以正位凝命。』鼎在木火上，而以君子正位凝命言之，豈非取其不動故邪？」先生曰：「鼎處烈火上，如君子處倉卒擾攘中，安然守正，不動聲色，而內有所處。」

或問：「處事當如何？」先生曰：「速不如思，便不如當，用意不如平心。」

或問：「近日監司責郡守縣令，守令惟務事辦，往往有所不恤，故人情法意，每每多失。其間有一執法守正者，動多拘礙，不敢容易，不以懦斥，則以不能見鄙。及違理背法，一旦事敗者，則又處之幸不幸。此當如何？」先生曰：「做不得，不如去。既任其職，只得守理守法。雖以懦斥，或以無能見鄙，于心無愧，人豈不知？若較之違法背理而自處于幸不幸者，一敗塗地，非特在我有愧，于人終豈無見察之理？豈可謂之幸不幸！」

孟子于古聖賢中獨發一「養氣」之說，卓然超越，議論深邃。如言「勿忘勿助長」，言「是集義所生」，言「配義與道」，言「至大至剛，以直養而無害」，皆自其平日踐履工夫中來，豈人所髣髴形似所可得者邪？韓愈言孟死無傳。其傳深矣，真難其人也！

爲善而好名，乃是大患。若能涵養，消除其好名之心，方是爲善耳。不然，則有作輟矣。

處道義中慣者，處勢利甚輕；處勢利中熟者，處道義則拘迫。道義可慣，勢利不可熟也。熟則無一點瀟灑氣，無非俗態耳。

仁卽是覺，覺卽是心。因心生覺，因覺有仁。脱體是仁，無覺無心。有心生覺，已是區別。于區別熟，則融化矣。

見道者如見故物，則他物不能易。聞道者如聞妻兒聲，則他人聲自不相投。

或問：「慮人疑者，常爲人疑；欲防人者，必爲人防；恐生事者，多被事擾；惡人擾者，人每擾之。如何？」先生曰：「皆自有以致之。何如無欲無慮，無恐無惡，便自泰然。此皆有心之過也。」

士大夫不必孜孜務挾册看書，但時時與文士有識者每日語話，便自有氣象。終日應接時事，塵勞萬狀，適意處少，逆道理處多，苟不時時洗滌，令胸次間稍有餘地，則亦汨没矣。

道無形體，所用者是。苟失其用，用亦無體。

理之至處，亦不離人情。但人舍人情求至理，此所以相去甚遠。

或問：「當患難之來如何處？」曰：「無事時，理會道理令實。」

或問：「『生生之謂易』，如何是生生？」曰：「于道理生處，不落死處，便是易。」

或問：「或者云，知其爲小人，便當以小人處之。如何？」先生曰：「既知其爲小人，復以小人待之，則我先爲小人矣。此何心哉！天下豈能一一皆君子？雖堯、舜盛德之君，朝廷之上猶有小人，堯待之無異心也。四凶爲惡于舜世，故不免誅戮。苟可以已，舜未必遽發也。」

或問：「孳孳爲善者舜之徒，孳孳爲利者跖之徒。欲知舜與跖之分，無他，利與善之間也。如何是問？」先生曰：「不可將利心去爲善。」

或問：「如何是聖賢氣象？」先生曰：「聖賢自不知氣象如何，稍自涵養充實，則自然藴藉可觀。長沮、桀溺見仲由，卽知爲孔某之徒。仲由平日在聖門中行行，孔子以爲不得其死。一侍孔子行，便自各别。」

或問：「看古人書，有入意處，便覺與古人無異。先生以爲果無異否？」曰：「凡古人書中用得處，便是自家行處，何問古今。只爲今人作用多不是胸中流出，與紙上遂不同。」

或問：「道果無形迹否？」曰：「道非虚無也，實用處通變者是。」

或問：「人于窮時如何免怨尤？」曰：「理不一貫，將天人、物我都分卻，自然多怨尤。」

或問：「退之言『仁與義爲定名，道與德爲虚位』，如何？」先生曰：「此正是退之闢佛、老要害處。老子平日談道德，乃欲捶提仁義，一味自虚無上去，反以仁義爲贅，不知道德自仁義中出，故以『定名』之實主張仁義，在此二字。既言行仁義之後，必繼曰『由是而之焉之謂道，足乎己無待于外之謂德』，亦未始薄道德也，特惡佛、老不識仁義即是道德，故不得不表而出之。」

或問：「龍無羽而飛，蟬無喙而飲，兔無牝而育，蛇無足而行，蚓無首而穴，此理如何？」先生曰：「龍能變，蟬能吸，兔能望，蛇能擾，蚓首不鋭而能食壤，豈有無故之理，但人不推之耳！」

君子之心常長厚，小人之心多刻薄。心之所存，治亂、安危、得失、成敗所自生也，不可不戒。

人失則悲，得則樂。非能自爲得失也，而得失必有主，故所以致其悲樂者，以主之者致之也。有片玉而吾得之，樂因以寓，一旦失之，則悲亦隨之，是吾之所樂者以此玉之得，而所悲者以此玉之失。樂以玉得而吾初不與其樂，悲以玉失而吾初不與其悲，得失亦初不與而玉與之，反其初焉，則玉與吾較然二物耳。而吾切切乃欲斂其得失悲樂于己，而故爲之得失悲樂，豈不疏且狂哉！故凡物交于前而情動于中，墮于得失悲樂之域者，安得不少反其初乎？

凡物之形于外者，常有以泄吾之真。吾逆知其形而不爲之泄，則物初無柰我何，而我固自若也。爲之凶惡暴横以泄吾之怒，爲之諛佞倩盼以泄吾之喜，爲之厄窮憔悴以泄吾之悲，爲之放曠快逸以泄吾之樂，此皆不明乎道而與物爲徒者也。至于有所養者，則喜怒哀樂初不足以動其心，而付之喜怒哀樂而已，我何容心哉！

人之念慮欲静，要須盡窮理之學。理之不窮，而欲念静，事來無處，則愈擾矣。若見得到底，往往常覺静，理定故也。亦有頑嬾人，自會頓置閒事，不挂思慮者，然亦不可應物。

頃嘗見邵德升分定録，凡神告夢讖，爲人耳目聞見者，歷數其詳，且以警貪愚不安分之人，喪廉恥圖僥倖以至死亡而不悔，于名教亦有補矣。然此理亦甚易曉。不學而求名，無貨而爲商，不耕而欲食，雖三尺之童知無此理。然其間亦有偶然成名，無貨得貲，遊手坐食，則往往舍其正而求其幸，苟其得而忘其生，忽其所不可而覬其所或可，此皆暗于理故耳。胡先生序春秋説，有云：「君子以義斷命，而不委之于命；以理合天，而不委之于天。」此説又有造化，不止于能安分而已。

梓材謹案：梨洲所録横浦心傳五十八條，今移爲附録者四條，移列于忠甫傳後者一條，移入古靈四先生學案者一條，移入百源學案者一條，移入伊川學案者一條。

横浦日新

爲善者常受福，爲利者常受禍。心安爲福，心勞爲禍。

曾子曰：「其嗟也可去，其謝也可食。」學者欲識中道，試以此求之。補。

道非虛無也，日用而已矣。以虛無爲道，足以亡國。以日用爲道，則堯、舜、三代之勳業也。

用明于內者，見己之過；用明于外者，見人之過。見己之過者，視天下皆勝己也；見人之過者，視天下皆不如己也；此智愚所以分與？

幼喜放，壯喜鬭，老喜憂。補。下同。

學文者多忌，學道者多退。退謂退遜。

己以爲是，衆以爲非；己以爲非，衆以爲是；吾將何從？曰：學而已矣。學而明乎善，則是非不愧乎聖賢矣。否則是非皆私心耳，奚擇焉！

子思曰：「喜怒哀樂之未發，謂之中。」若曰「不發」，是無喜怒哀樂也。若曰「已發」，此乃和爾，亦非中也。惟言「未發」，所以見子思之精微。

君子之學，豈志在取一第，效一官而已！飲食起居，皆宰相事業也。

一念之善，則天神地祇、祥風和氣皆在于此。一念之惡，則妖星厲鬼、凶荒札瘥皆在于此。是以君子慎其獨。補。

人皆有此心，何識之者少也？儻私智消亡，則此心見矣。此心見，則入孔子絕四之境矣。

觀大節必于細事，觀朝廷必于平日。平日趨利避害，他日必欺君賣國矣。平日負約失期，他日必附下罔上矣。

君子爲善，期于無愧而已，非可責報于天也。苟有一毫覬望之心，則所存已不正矣，雖善猶利也。

士大夫以氣爲主。氣一不振，則阿匼苟容，無不爲矣。補。

巧不如拙，明不如晦，動不如靜，進不如退。補。

梓材謹案：横浦日新，梨洲所録十二條，今移入伊川學案一條，移入龜山學案一條，移入劉李諸儒一條。謝山補録八條，移入明道學案二條。

附録

先生夙學天成，八歲默誦六經，通大旨。父積書坐旁，命客就試，公答如響，且置卷斂袵曰：「精粗本末無二致，勿謂紙上語不足多。下學上達，某敢以聖賢爲法。」諸老驚嘆曰：「真奇童子也！」十歲善文，時儕稱雄。十四遊郡庠，閉閣終日，寒折膠，暑鑠金，不越户限。比舍生穴隙以視，則斂膝危坐，對寘大編，若與神明爲伍，更相驚服而師尊之。

射策集英殿，畧曰：「禍亂之作，天所以開聖人。願以剛大爲心，毋遽以驚憂自沮。」又曰：「臣觀金人有必亡之勢，而中國有必興之理，特在陛下何如耳！」又曰：「今日待敵之計，當先用越王之法以驕之，使侈心肆意，無所忌憚，天其滅之。將見權臣争強，篡奪之禍起矣。」又曰：「陛下之心，臣得知之。方當春陽晝敷，行宫别殿，花氣紛紛，竊想陛下念兩宫之在北邊，塵沙漠漠，不得共此融和也，其何安乎！盛夏之際，風窗水院，涼意淒清，竊想陛下念兩宫之在北邊，罽氈擁蔽，不得共此疏暢也，亦何安乎！澄江瀉練，夜桂飄香，陛下享此樂時，必曰：『西風凄勁，兩宮得無憂乎？』狐裘温煖，獸炭春紅，陛下享此樂時，必曰：『朔雪袤丈，兩宮得無寒乎？』至于陳水陸，飽珍奇，必投筯而起曰：『雁粉腥羊，兩宮所不便也，食其能下咽乎？』居廣廈，處深宮，必撫几而嘆曰：『穹廬甌脱，兩宮必難處也，居其能安席乎？』今閭巷之人，皆知有父兄妻子之樂，陛下雖貴爲天子，富有四海，以金人之故，使陛下冬不得温，夏不得清，昏無所定，晨無所省，問寢之私，何時可遂乎？在原之急，何時可救乎？日往月來，何時可歸乎？每歲時遇物，想惟聖心雷厲，天淚雨流，撫劍長吁，思欲埽清鑾帳，以還二聖之車。此臣心之所以知陛下者如此。」又曰：「搜攬珍禽，驅馳駿馬，道路之言有若上誣聖德者。深察其原，蓋自閹人私求禽馬，動以陛下爲名。且閹寺聞名，國之不祥也。今此曹名字，稍稍有聞，此臣之所以憂也。賢士大夫宴見有時，宦官女子安居前後。有時者易疏，前後者難間。聖情荏苒，不知其非。不若使之安掃除之役，復門户之司，凡交結往來者有禁，干與政事者必誅。陛下日御便殿，親近儒者，講詩、書之指歸，論古今之成敗」云云。上感其言，拔置第一。

侍郎在講筵，上嘗謂曰：「何以見教？」對曰：「臣安敢當見教之語！抑不知陛下臨朝對羣臣時，如何存心？」上曰：「以至誠。」曰：「不知入而對宦官嬪御，又何如？」上曰：「亦以至誠。」曰：「外不對羣臣，内不對宦官嬪御，端居静處時，不知又如何？」上遲疑未應。曰：「只此遲疑，已自不可。」上極喜，握其手曰：「卿問得極好！」

上嘗命講春秋，對曰：「臣未嘗習。如高閌卻理會得。」上曰：「朕要卿講。」辭遜再三，上固命之，對曰：「必欲臣講，臣惟以論語、孟子爲說。」上大喜曰：「又道不會！」

先生既免喪，秦檜取旨，上曰：「可與宮觀。此人最是結交趙鼎之深者。自古朋黨，唯畏人主知之，此人獨無所畏。」既而詹大方言：「頃者鼓唱浮言，九成實爲之首。徑山僧宗杲知之，今已遠竄，爲首者豈可置不問？望罷九成宮觀，投之遠方，以爲傾和者之戒。」落職，編置南安軍。先生與宗杲爲莫逆交，秦檜忌先生，于是言者論先生與宗杲謗訕朝政。

謫居南安，步帥解潛亦謫居焉。病劇，公往省之，謂曰：「太尉平日所懷，有不足者否？」潛泣曰：「一生唯仗忠義，誓與敵死，以雪國恥。以不肯議和，遂爲秦檜所斥。此心唯天知之。」先生曰：「無愧此心足矣，奚必令人知。然人亦無不知者，但有遲速耳！」潛曰：「聞此言，心中豁然矣！」卽逝。公曰：「武人一念正氣，此與朝聞夕死何異。吾儕讀聖賢書，平日安可不正此心乎！」

在南安，或問先生曰：「近日士大夫氣殊不振，曾無一言及天下事者。豈皆無人材邪？」先生曰：「大抵人材在上之人作成。若摧抑之，則此氣亦索。有道之士不任其事，安肯以自取辱哉！秦檜方斥異己，大起告訐，此其志，欲盡殺賢者，然未必不反徼人之言。子姑俟之！」

有士大夫見過云：「近日仕宦習氣可惡，上下相蒙，只圖苟免，全無後慮。若不如此，則往往其禍先及，爲之柰何？」先生曰：「精金百鍊則愈剛，爲器益利。人自不至誠，豈有不可爲者！」

一士夫遠自浙江攜家入廣赴調，且以貧爲累，焦焦然見于顏色。因謂之曰：「貧不足爲公累，心爲公累耳！若公不入仕，又何以處？隨分節約，老幼均之，自可無累。若以口腹欲快意，但恐私慾橫生，無時可足，貪冒無恥，禍必及之。回視節約之樂，如在天上。請公先與此心斷之，便自無累。」

南安一老兵長在左右。入夜時與子姪説文字，或至三鼓，老兵不去。因謂之曰：「汝老，自去眠。」其老兵忽云：「每聽侍郎説書，某自喜，眠不著，但恐諸小官人欲睡耳。」引至燭下，則兩目熒熒，口吻噞噞欲語，喜色滿面。先生曰：「小人中亦有警策者，到此乃見知于此人，良可發一笑！」

或問：「先生手執一紙扇，過數夏，破即補之。一皮履汗敝闕裂，亦不易。頭上烏巾，用紗不過一二尺許，乃以疏布漬以墨汁作巾，至夏間裹之，或至墨汁流面，亦不問。筆用禿筆，紙用故紙。以至衣服飲食，皆不揀擇，粗惡尤甚。人乍見者，必以爲不情，而先生處之，平生不改，此是性邪？抑愛惜不肯妄用邪？若使愛惜，亦不應如此敝陋。深所未曉。」先生曰：「汝且道我用心每日在甚處？若一一去自頭至是理會此形骸，卻費了多少工夫！我不被他使，且要我使他。此等語，須是學道之士、修行老僧方説得入，世人往往以我爲鄙吝，以我爲迂僻。我見世人役役然爲此身所擾，自早至夜應副他不暇，特可爲發一笑耳！」

汪玉山讀龍川志曰：無垢昔與某言：「古人行事，信其大節，小疵當弗論。往往有曲折，人不能盡知者。如寇公正直聞天下，豈肯向人求官者？歐陽公志王文正墓，言其從公求使相。若此之類，愼言之。」予聞宋子京爲晏臨淄門下士，而草晏公罷相制，多貶辭。及讀龍川別志，悚然自失，乃知別有曲折。無垢之言益信。補。

王深寧困學紀聞曰：孝經引詩十，引書一，張子韶云多與詩、書意不相類，直取聖人之意而用之。是六經與聖人合，非聖人合六經也。六經即聖人之心，隨其所用，皆切事理。補。

黃東發曰：橫浦先生憂深懇切，堅苦特立，近世傑然之士也。惟交遊杲老，浸淫佛學，于孔門正學，未必無似是之非。學者雖尊其人，而不可不審其說。其有所謂心傳録者，首載杲老以「天命之謂性」爲清淨法身，「率性之謂道」爲圓滿報身，「修道之謂教」爲千百億化身，影傍虛喝，聞者驚喜。至語、孟等說，世亦多以其文雖說經，而喜談樂道之。晦庵嘗謂洪适刊此書于會稽，其患烈于洪水、夷狄、猛獸。豈非講學之要，毫釐必察，其人既賢，則其書盛行，則其害未已，故不得不甚言之，以警世哉！蓋上蔡言禪，每明言禪，尚爲直情徑行，杲老教橫浦改頭換面，借儒談禪，而不復自認爲禪，是爲以僞易真，鮮不惑矣。

宗羲案：朱子言：「張公始學于龜山之門，而逃儒以歸于釋。宗杲語之曰：『左右既得把柄入手，開導之際，當改頭換面，隨宜說法，使殊途同歸，則住世、出世間，兩無遺憾矣。』用此之故，凡張氏所論著，皆陽儒而陰釋。其離合出入之際，務在愚一世之耳目。」案橫浦雖得力于宗門，然清苦誠篤，所守不移，亦未嘗諱言其非禪也。若改頭換面，便是自欺欺人，并亦失卻宗門眼目也。

橫浦講友

提舉喻湍石先生樗別見龜山學案。

忠獻張紫巖先生浚別爲趙張諸儒學案。

進士姚先生述堯

姚述堯，字進道，華亭人。在太學日，每夜必市兩蒸餅，未嘗食，明日輒以飼齋僕，同舍皆怪之。子韶問曰：「公所市蒸餅不食，徒以飼僕，何邪？」先生曰：「固也。某來時，老母戒某，之學，夜間飢，則無所得食，宜以蒸餅爲備。某雖未嘗飢，然不敢違老母之戒也。」市之如初。參北窗炙輠。

梓材案：先生張孝祥榜進士，有蕭臺公餘詞一卷，見朱竹垞北窗炙輠跋語。

葉先生先覺

葉先覺。

施持正先生德操

施德操，字彥執，鹽官人，學者稱爲持正先生。與橫浦遊從頗厚，文章學問亦其輩流也。病癈而没，識者悲之。生平論纂甚富，里人郎晦之煜偶得其孟子發題，輒鋟木以廣其傳，使學者嘗此一臠，亦可以知先生之大略云。雲濠案：先生所著有北窗炙輠二卷。

謝山題北窗炙輠曰：持正先生顛末，略見于竹垞檢討之跋，梓材案：竹垞跋云：「彥執，張子韶之友也，病癈而没。子韶以文祭之云：『生平朋友不過四人，姚、葉先亡，公繼又去。』其和彥執詩云：『環顧天下間，四海惟三友。』三友者，彥執及姚進道、葉先覺也。」然未足以發其書之蘊也。是書巵言叢語，若出自不經意所爲，乃其于伊洛再傳弟子微言，多所收拾，讀者未可以説部目之也。持正與橫浦爲心交，顧橫浦墮入妙喜之學，而持正獨否，則尤卓然不滓者矣。

孟子發題

天生聖賢，蓋將以祐斯文也，故其所作必卓然有所建明。余嘗竊怪夫自孔子没，諸子百家分散四起，操觚牘，挾徒黨，駕其説于天下，人人自以爲得聖人之道，其説卒不明，惟孟子一書乃與六經、孔氏之説並傳，世之學者至號之爲孔、孟。嗚呼，何其盛也！晚聞師説，始知其立言之意，果不與百家衆説同。其論道德之旨，果不詭于六經、孔氏之説。其所以有補于天下後世，其功果不細。而世之學者至號曰孔、孟，其説果不誣。嗚呼！天之生斯人也，其果有意于斯文乎！古人謂其書包羅天地，揆敍萬類，仁義道德，性命禍福，燦然靡所不載，固也。然私竊論之，孟子有大功四：道性善，一也；明浩然之氣，二也；闢楊、墨，三也；黜五霸而尊三王，四也。是四者，發孔氏之所未談，述六經之所不載，遏邪説于横流，啟人心于方惑，則余之所謂卓然建明者，此其尤盛者乎！自古聖人未嘗劇談性，是以諸子之説紛然其間，曰善，曰惡，曰混，曰三品，曰無分于善不善，争論四出，要其歸，皆以氣爲性者也，豈真識所謂氣哉。孟子于衆説之中，獨發之曰：人性善。自孟子談人性善，始覺天下之人皆與天地等，皆與堯、舜等，雖頑嚚猥瑣，昏愚樸陋，皆得爲道德之歸，與向之爲善惡之論者，功用何如哉！此孟子所以爲知性之言，而大有補于斯人也。然後世談性，莫盛于釋氏。釋氏談性，明體而不明用。自喜怒哀樂以前，釋氏宜知之，喜怒哀樂已發以後，釋氏置之不論；此所以功用爲闕然。然則欲明性善乎，正在喜怒哀樂之後。不然，則寂然不動之時，善惡安在？孟子兼其用而發之，始覺四端之用，沛然見于日用間，堯、舜、禹、湯、文、武、周、孔之事業，皆自此建立。人性如此，古人未發也，孟子獨發之，此一大功也。自古論道德者，自性命之理達之于父子君臣，自治心修身推之于天下國家，以至天地萬物，幽明鬼神，何所不至，特不言養氣。孟子于衆說之中，獨論浩然之氣。自孟子談浩然之氣，始覺聖賢所以爲聖賢，以有此氣。孰謂此氣？外物不困者是也。有一物可困于吾，則所存者喪矣。所以爲聖賢者如何？亦有是氣也。方充然自得于心，雖不可名狀，要其爲物，中正勇健，廣大堅固。故行之于富貴，富貴不能困之使淫；行之于憂患，憂患不能困之使戚；行之于聲色，聲色不能困之使流；行之于威武，威武不能困之使懼；行之于事物紛擾之地，則事物紛擾不能困之使亂。凡物之自外至者雖雜然並進，而吾之胸中卓然皆有所主，而非智力所及者。曾子之大勇，孟子之不動心，非以此氣存焉乎！故曰「至大至剛以直」。世之人不明此氣，往往認其氣血之彊以爲浩然者，于是以倨傲爲大，以淩暴爲剛，以倖倖者爲直。若然，則世之凶人暴德，皆得浩然之氣矣。嗚呼噫嘻，孰能真識吾所謂「直剛大」之德乎，則外物不困，而天理渾然。故其氣之充于吾身也，睟然見于面，盎然發于背，沛然見于周旋動作之間。古人之大有爲于世者，皆出于此。其塞于天地，則日月爲之光明，山川爲之秀發，萬物爲之繁滋，祅祥疾癘爲之衰息。其氣如此，古人未發也，而孟子獨發之，此又一大功也。當戰國之時，斯道既喪，邪說並作，于是有所謂縱横之家，有所謂刑名之家，有所謂楊、墨之家。縱横之家，翻覆變詐，舞一世于口舌之上；而刑名之家深刻慘毒，納天下于刀鋸之下。使當時之民没身塗炭水火之中而不能出，實二家之爲。至于楊、墨之家，雖云其道過差，然推其心，亦本于爲善耳，比之二家，豈不賢甚矣哉？然孟子置二家不問，反區區于楊、墨，其故何哉？蓋二家之失易見，而楊、墨之禍難知。譬若疾病然，發狂悶亂，惴惴若不朝夕，而未必能死；膏肓之病，四肢固無恙，飲食起居如平日，此庸醫之所忽，而倉公、扁鵲之所望而走也。何則？縱橫之家，誰不知其翻覆之惡？刑名之家，誰不知其慘毒之惡？君子雖不問，終于破壞而已。至于墨子之兼愛，則近吾聖人之仁；楊氏之爲我，則近吾聖人之義。惟其在于近似，天下莫知其非，此孟子不得不辯也。且天下之道，莫大于君父。君父之道隆，則治之所由起；君父之道微，則亂之所由生。治亂之機，實係于此。墨氏之道，豈必無父；推其兼愛之過，必至于無父。楊氏之道，豈必無君；推其爲我之過，必至于無君。君子知微知彰，知柔知剛，推其所從來，極其所由往，必至于此，故孟子斷之曰「無父無君」，然後楊、墨之失方明，而異端之說方破，使天下後世人倫不隕，而天理以全，此又一大功也。聖人之門，唯論一心術。霸者之心術何如哉？余嘗借桓公㊀而論之。桓公九合諸侯，一匡㊁天下，此五霸之雄也。然當時狄伐衛，力可救而不救；又狄伐邢，力可救而不救。及衛之亡也，率諸侯而城衛；邢之亡也，率諸侯而城邢。不救之于未亡之前，乃城于既亡之後，其設心以爲，救亂之功小，而存亡之功大，故棄其難而成吾功。聖人知其心，故于救邢書曰「齊侯、宋師、曹師次于聶北，救邢」，以明齊侯實無救邢之心，故擁兵而不進也。未亡之前，力可救而不救，待其宗廟既已煨燼，社稷既已顛覆，人

㊀「桓」原作「威」，係宋人避欽宗趙桓諱，今回改。下同。　㊁「匡」原作「正」，係宋人避趙匡胤諱，據論語憲問「管仲相桓公，霸諸侯，一匡天下」改。

民既已塗炭，乃徐起而收其存亡之功，此何心哉！公子慶父之亂，魯國幾殆，書曰「齊仲孫來」。春秋或書「來朝」，或書「來聘」，或直書「來」。諸侯以禮來則曰「來朝」，大夫以禮來則曰「來聘」，至直書「來」，蓋不與其來也，猶曰無禮云爾。夫齊仲湫來寧魯難，聖人曷爲不與其來？蓋仲湫之來，名爲寧魯難，實欲窺魯耳。何以知之？桓公問曰：「魯可取乎？」仲湫曰：「猶秉周禮。」聖人知其心，故書曰「齊仲孫來」。夫魯之難，仁人君子所以惻然動心者也，桓公乃外收寧難之名，內實欲乘危而取其國，此何心哉！苟爲不然，司馬子魚何爲謂宋襄公曰「齊桓存三亡國，以屬諸侯，義士猶曰薄德」？由此觀之，五霸之心可知矣。孟子曰：「雞鳴而起，孳孳爲善者，舜之徒也。雞鳴而起，孳孳爲利者，跖之徒也。欲知舜、跖之分，無他，利與善之間也。」夫舜、跖之分，雖小夫女子所能知；至善、利疑似，雖明哲有不辨。然則桓公城楚丘以存衞，城夷儀以存邢，使仲湫以存魯，豈非仁人君子之事？然推其心，爲利乎？爲善乎？將爲舜之徒乎？抑爲跖之徒乎？五霸之道如此，然當時不知，而惟五霸之爲貴，故孟子斷之曰「以德行仁者王，以力假仁者霸」，而天下之心術正，此又一大功也。嗚呼！堯、舜之道，自孔子傳之曾子，曾子傳之子思，子思傳之孟子。自孟子得其傳，然後孔子之道益尊，而曾子、子思之道益著。其所以發明斯文，開悟後世者，至深矣！顧余不敏，何足窺其髣髴！是四者之功，所聞于師說如此。然則世之談孟子者，孰不曰仁義，而不知仁義果何物也。胡不于赤子入井之時，識其所謂人性善乎？胡不于無不慊心之時，識其所謂浩然之氣乎？胡不于其顙有泚之時，識其所謂楊、墨之非乎？胡不于齊王不忍觳觫之時，識其所謂王者之心，而黜其霸者之心乎？此皆聖人心術之要，孟子直指以示人。學者于此了然，能明此心而存之以誠敬，養之以持久，窮之以學問，而漸摩之以師友，則庶乎真識孟子之仁義矣。不然，雖白首七篇之中，猶曰未讀此書可也。

附錄

橫浦曰：施彥執作孟子發題，云孟子有大功四：明浩然之氣，道性善，闢楊、墨，黜五霸而尊三王。皆前聖之所未言，六經之所不載，有功于名教。此說亦是一見，然謂之「功」，似亦未善。

又曰：彥執工于詩。一日，見其賦柳，有「春風兩岸客來往，紅日一川鶯去留。」不見柳而柳自在其中，語亦工矣。

橫浦同調

楊謹獨先生璿

楊璿，字子平，鹽官人。安貧樂道，不妄取與，尤嚴謹獨之操，居暗室猶在康衢，學者稱爲謹獨先生。與同里施持正皆力行好修，里人向慕。邑令魏伯恂闢祠，合橫浦、持正祀之。參兩浙名賢錄。

橫浦門人二程三傳。

尚書韓南澗先生元吉別見和靖學案。

尚書凌先生景夏

凌景夏，字季文，餘杭人。徒步從横浦遊，紹興二年同第，先生居第二。官至吏部尚書。

附錄

于恕曰：「舅氏平日師友弟子間，如凌季文、喻子才、樊茂實、汪聖錫，其人物如何？」横浦曰：「季文醇厚謹畏，遇事有不可犯者。子才學問有理趣，和易而知幾。茂實沈静。聖錫敏悟，操履有守。」

知州樊先生光遠

樊光遠，字茂實，錢塘人。少從横浦學。紹興五年，南省奏名第一，除祕書省正字。上疏言：「今日士大夫之論，莫不以金人詭詐爲可憂。臣獨曰：詭詐不足憂，而信其詭詐，深可懼也。願陛下勿以得地爲喜，而常以爲憂；勿罪忠讜，以養敢言之氣；勿喜迎合，以開濫進之門；勿盡民力，宜愛惜之，以固根本；勿沮士氣，宜聳動之，以備緩急。」時相秦檜將遂休兵，罷爲閬州教授。後召爲祕書丞，除監察御史，尋補外知嚴州。參咸淳臨安志。

附錄

施彦執曰：余嘗愛茂實謂「有一武王必有一伯夷，有一陳平必有一王陵，有一霍光必有一嚴延年，有姚元之必有一宋廣平」。不如是，無復人道矣。

文定汪玉山先生應辰別爲玉山學案。

祕監沈晦巖先生清臣

沈清臣，字正卿，鹽官人也。紹興丁丑進士，官國子錄。有薦之召試者，執政或發笑曰：「安有張子蓋女壻可爲館職者！」遂罷，先生憤之。會以歸正人、王希呂爲諫官，先生上書言其不可，語侵宰相，孝宗大怒。時虞允文惡沈介，乃下先生于理，風使引之，先生不可，謫封州，益勵風節。晚乃召爲敕令局刪定官。孝宗欲行三年之喪，執政大臣皆主易月之說，諫官謝諤、禮官尤袤心知其不可，而莫敢盡言，先生疏陳六事：其一謂：「三年終制，本之禮經行之，陛下不必以滿廷之說，有所回惑。」其一謂：「羣臣請陛下還內之期，方下禮官集議。臣以爲當俟梓宮發引，始還大內。」其一謂：「金人會慶節使，三省、密院引明肅升遐故事，請陛下見之。吏部尚書蕭燧以既罷百官慶壽，恐難以見使人，但可于小祥後二日引見于德壽宮素幄，是調停之說也，已有詔從之矣。竊考仁宗時嘗使契丹，遭鹵有喪，至柳河而還，鹵主不見也。夷狄尚知有禮，中原乃不如邪？況陛下居喪，與明肅時事體不同。望斷自宸衷，勿牽羣議。」上大以爲然。是日，先生所奏八千餘言，展讀甚久，知閤張嶷奏已展正，引例隔下，先生奏讀如初。移時，嶷云簡之，上目留先生，令弗卻。又良久，嶷奏進膳，先生正色謂曰：「所言乃大事！」讀竟，乃退。孝宗喜曰：「卿十年去國，今不枉矣！」于是命就館，津遣金使，卻其書幣，金使感嘆而去。其後雖以羣臣五上表請還內，孝宗勉從之，于小祥後二日還內，設素幄奏事，而三年之喪遂定。及大祥，羣臣三上表，引康誥冕服出應門語，請御殿，詔許于祔廟後行之。先生疏言：「陛下當堅持前此內殿聽政之旨。祔廟後御殿，終爲非禮。將來祔廟畢日，豫降御筆，截然示以終喪之志，杜絕輔臣來章，勿令再有陳請，力全聖孝，以刑四海。」上嘉納之。及祔畢，竟如先生所請，罷御殿禮，且斷羣臣之請。論者謂是時儒臣林立，莫能成帝志，而力破滿朝淺薄之説者，庶寮一人而已。尋充嘉王府翊善，以直諒稱。尋遷祕書監。光宗卽位，先生以舊學在朝，趙忠定公倚之，宵人側目，被章去。黨論起，有造爲先生告人之言曰：「相公乃壽皇養子。」又言先生嘗告忠定曰：「外間軍民皆推戴公。」禍且岌岌，先生講學如故。尋卒。先生少學于橫浦，既自嶺南歸，遷居苕上，甚以師道自重。獨其與門生問答，一語不契，輒使再參，頗近禪門，蓋亦橫浦佞佛之傳。同時如玉山、忠甫，皆能幹師門之蠱，惜先生之澄汰未盡也。然大節則不媿于聖人之徒矣。方姚愈以流言入告，先生與劉光祖、徐誼、游仲鴻並列，及頒黨籍，先生獨幸而免，殊不可考。宋史脫畧，不爲先生立傳，今捃摭諸書以補之。補。○雲濠案：先生所著有晦巖集十二卷。

通守方困齋先生疇別見紫微學案。

于先生恕

于先生憲合傳。

于恕，字忠甫，□□人，無垢先生之甥也。其序橫浦心傳録曰：「予與憲弟自幼承訓，頗以警策別于羣兒。每一感念，情不自置，遂抱琴劍，徒步三千餘里抵嶺下。予既自喜得至，舅亦喜予之來，朝夕得侍座席，講論經史，難疑答問，無頃息少置。從容之暇，則談及世故。凡近人情，合事理，可爲學者徑庭者，莫不備録。雖所説或與舊説相異，皆一時意到之語，亦不復曰疑，故名之曰心傳。予後以思歸，李弟憲亦不憚勞遠，奮然獨往，其承教猶予前日也。遂各以所得，合爲一集。初不敢以示人，止欲訓家庭子姪耳。予學生郎煜粗得數言，纂爲所録，而士夫已翕然傳誦，信知舅氏一話一言，爲世所重如此。予老矣，守其樸學，固而不化，往往不與時習投，凡六舉于禮部而無成，遂匿影林下，時時提省此心，不致爲窮達得喪所累，以失其源流，則亦無愧于吾舅平日之教矣。」

録橫浦語

恕問：「佛氏以寂滅爲教，其徒未能泊然于飲食男女之欲，乃欲以紙上死生禍福之説恐動其心，使入于善。彼世之小人，刑戮榮賞日加而日督之，猶且求以幸免，孰謂無知之孩孺與夫鄙詐賤隸之人，而欲以此化之邪？而其甚者，至于抑絶掩閉以成其姦，過于刑戮小人之所不爲者。世方敬其徒，而曾不察不知，此亦何理？」先生曰：「佛氏一法，陰有以助吾教甚深，特未可遽薄之。吾與杲和尚遊，以其議論超卓可喜故也。其徒寧得皆善，但吾甥所見者，其徒之不善者耳。」恕曰：「理道妙處，如子思、孟子之書，何減圓覺、楞嚴。必欲從事其人，頗非素心。」先生曰：「自來知吾甥每有惡之之語，執得堅時亦好。但恐見不透，後反爲其徒所冷笑。且更窮究！且更窮究！」

主簿徐先生椿年

徐椿年，字壽卿，永豐人。紹興十二年進士，官宜黄主簿。橫浦弟子。所著有尚書本義。補。

常簿倪綺川先生稱

倪稱，字文舉，雲濠案：稱一作偁。歸安人。受業橫浦先生之門，而與芮祭酒友善。祭酒嘗曰：「文舉，吾藥石友也。」補。

梓材謹案：先生紹興八年進士，官太常寺主簿。著有綺川集十五卷。

知軍劉先生荀別見衡麓學案。

特奏郎先生煜

郎煜，字晦之，錢塘人。受學于橫浦，嘗輯橫浦心傳諸書。淳熙十四年，特奏得官，未任卒。或謂先生世系與侍郎簡同譜，曰：「我家白屋，豈可妄攀華胄！」

梓材謹案：于忠甫稱先生爲「余學生」，其殆受學橫浦而卒業于于氏者。

忠定史真隱先生浩

史浩，字直翁，鄞縣人。由進士除國博。因轉對，言普安、恩平二王宜擇其一，以係天下望，高宗納之。普安爲皇子，進封建王，以先生兼直講。一日講周禮，言酒正「歲終則會，惟王及后之飲酒不會」，世子不與焉，以是知世子膳羞可以不會，飲酒不可以無節也。王作而謝曰：「敢不佩斯訓！」金人犯邊，下詔親征，王請率師爲前驅。先生以晉申生、唐肅宗靈武之事爲戒，王大感悟，立俾先生草奏，請扈蹕以供子職，辭意懇到。高宗知奏出先生，語大臣曰：「真王府官也！」歷遷右庶子。孝宗受禪，累拜尚書右僕射，首言趙鼎、李光之無罪，岳飛之久寃，宜復其官爵，録其子孫。從之。張魏公浚乞幸建康，先生陳三説不可，與魏公異議，王十朋論之，出知紹興，遂予祠，自是不召者十二年㊀。淳熙五年，復爲右丞相，帝曰：「自葉衡罷，虚席以待久矣。」先生蒙恩再相，唯盡公道。劉文節光祖試館職，論科場取士之道，帝親批其後曰：「國朝以來，過于忠厚。宰相誤國，大將敗軍，未嘗誅戮。懋賞立乎前，誅戮設乎後，人才不出，吾不信也。」遣曾覿持示先生，先生奏：「唐、虞之世，四凶止于流竄；三考之法，不過黜陟。誅戮大臣，秦、漢法也。太祖待臣下以禮，迨仁宗而德化隆洽。聖訓則曰『過于忠厚』。夫爲國而底于忠厚，豈有所謂過哉？臣恐議者以陛下自欲行刻薄之政，歸過祖宗，不可不審也。」及自經筵將告歸，薦江、浙之士十五人，如薛象先、楊敬仲、陸子静、石應之、陳益之、葉正則、袁和叔、趙静之、張子智，後皆擢用，不至通顯者六人而已。除太保致仕，封魏國公。治第鄞之西湖上，帝爲書「明良慶會」名其閣，「舊學」名其堂。光宗御極，進太師。紹熙五年卒，年八十九，謚文惠。嘉定十四年，追封越王，配享孝宗廟廷，改謚忠定。先生喜薦人才，嘗擬陳之茂進職與郡，帝知之茂嘗毁先生，曰：「卿豈以德報怨邪？」先生曰：「臣不知有怨。若以爲怨，而以德報之，是有心也。」莫濟狀王十朋行事，詆先生尤甚。先生薦濟掌内制，帝曰：「濟非議卿者乎？」先生曰：「臣不敢以私害公。」其寛厚類此。參史傳。

謝山題忠定鄮峯真隱漫録曰：忠定最受横浦先生之知，故其淵源不謬。其爲相，自屬賢者，特

㊀「十二年」，宋史本傳作「十三年」。

以阻規恢之議，遂與張魏公參辰。然忠定蓄力而動，不欲浪舉，不特非湯思退、沈該之徒，亦與趙雄之妒南軒者不同。而梅溪劾之，其言有稍過者。不然，忠定首請褒録中興將相之爲秦氏所陷者，而乃自蹈之乎？至其有昌明理學之功，實爲南宋培國脈，而惜乎舊史不能闡也。忠定再相，謂此行本非素志，但以朱元晦未見用，故勉强一出耳。既出而力薦之，并東萊、象山、止齋、慈湖一輩，盡入啟事。乾、淳諸老，其連茹而起者，皆忠定力也。其于文人則薦放翁。其家居則遣其諸子從慈湖、絜齋講學，又延定川之弟季文于家以課諸子，故其諸子率多有學行可觀者。其不馴者，止同叔子申耳。吾攷嗣是而後，宰輔之能下士者，留公正、趙公汝愚、周公必大、王公藺，皆稱知人；而忠定實開其首。忠定之功大矣。彼夫王淮之徒，以私昵阻正人，刱爲學禁，貽慶元以後之禍，等量而觀，豈不相去懸絶歟！今讀忠定之集，其資善堂諸文字，所以啓沃孝宗于潛藩者也；其兩府文字，則卽吹噓諸老不遺餘力者也；其歸田以後文字，所以優遊林下，舉行鄉飲酒禮，建置義田者也。中興宰輔如忠定者，蓋亦完人也已！

梓材謹案：謝山學案劄記：「宰輔家登學案者，南宋史忠定王家三世五人。」忠定子忠宣彌堅，從子文靖彌忠、獨善彌鞏，及忠定孫朝奉守之，並見慈湖學案；獨善孫蒙卿自爲静清學案。

郭先生欽止

郭欽止，字德誼，東陽人。從橫浦遊。輕財樂施，鄉井賴之。闢石洞書院，延名師以教子弟，撥田數百畝以贍之，後進多所成就。縣學創書閣，先生助之財，又置書籍輸之。參東陽縣志。

施氏家學

施先生庭先別見震澤學案。

沈氏門人二程四傳。

節推趙復齋先生彥肅別見象山學案。

于氏門人

特奏郎先生煜見上橫浦門人。

倪氏家學

文節倪齊齋先生思

倪思，字正甫，歸安人也。父稱受業橫浦之門，先生傳父之學。成乾道進士、淳熙博學宏詞，累遷至祕書郎。以大旱上封事，請罷苛斂，察冤獄，且請別詔中外士大夫皆得有言，避殿減膳，明示畏天之實；且請時召大臣，講論治道，拱默充位者斥之。次言：「臺職事宜以言補外，所宜昭示好言之實，以釋人心之疑。遯者以倉庫事上聞，雖頗得實，然百吏各有統察，監司臺諫皆耳目也，焉用此輩爲！」孝宗是之。初，廟議銳意規恢，迎合者多至大官，久而不驗，頗厭之，更用謹默之士。先生言：「往者虛誕，今者輙美，胥失之。」孝宗曰：「卿奇才也。」遷著作郎，兼直翰林。因侍上，請旌廉吏以律貪，廣集議以審令。光宗卽位，言：「高宗揖遜，父子無間。今陛下承奉，尤當過之。請日引職事官輪對，如壽皇初年。」又言：「陛下方受禪，金主亦新立，欲制其命，必有以勝之，彼奢則以儉，彼暴則以仁，彼怠惰則以惕厲。」且請增置諫員。又請召內外將帥訪問，以知其才否。遷將作少監，兼權直學士院。請速按壽皇聖政爲成規，裁覃恩賞格之濫。除將作監，兼權中書舍人。言皇子翊善宜用老儒，上以命黃裳。又言吳琚不可爲兵部，孝宗聞而是之，因上過宮，問上曰：「倪思今爲何官？」曰：「權舍人。」孝宗曰：「猶爲權邪？」于是真除中書舍人，兼直學士院。聖明節，詔伶人依舊，先生言不可。紹熙二年，兼侍講。其春，以大雪震雷求言，先生謂：「大臣苟且，給諫緘默，講讀官闕員，節鉞遥刺輕濫，內廷好賜無節，燕飲褻暱，版曹州縣迫急，商農愁嘆，會計録條興鑴，減未什一，而羣言未已，無名之賦久議而未蠲，疆埸之備不修，緩急必誤事。」初，孝宗以户部經費之餘財于三省置封樁庫，以待軍用，至紹熙移用始頻。會有詔發緡十五萬入內帑，以備犒軍，先生謂此實借名給他費，請無發。且曰：「往歲所入約四百六十四萬緡，而所出之餘不及二萬。非痛加撙節，則封樁自此無儲。」遂定議犒軍歲以四十萬緡爲額，由是費用稍有節。戚畹韋璞除待制，潛邸舊人譙熙載除觀察使，皆封還詞頭。劉光祖以争吳端事左遷，先生争之，光祖雖不果留，而端亦黜。又言姜特立之干請，潘景珪之潛結近倖。皇后姊夫王士廉請佃平江府官田，以內小臣宣諭漕臣，先生争曰：「此斜封墨敕之漸也。」祕書監楊萬里求去，有旨將漕江東，先生留録黃，欲繳之，萬里聞之，亟簡先生曰：「幸勿留我！」先生答曰：「此公論不以爲然。縱不復繳，當别請之。」萬里又止之曰：「幸并别請之說免之」然先生卒入劄，言：「萬里剛毅狷介之守，不宜遂使去國，臣雖書行，猶望陛下留之。」不報。時美萬里之有守而先生之能愛賢也。除禮部侍郎。光宗久不過重華，冬至日晏不視朝，先生首以四疏開陳。會召嘉王，先生言：「壽皇之欲見陛下，亦猶陛下之欲見嘉王也。」上頗動容。中宮與外事，先生因進講「姜氏會齊侯于濼」，極論：「家之不齊，至于陰陽易位，甚則離間父子。漢之呂，唐之武、韋，幾至亂亡，不特一莊公也。」胡晉臣、尤袤、夏執中卒，上不信，先生奏曰：「陛下因疑致疾，愈疑愈疾，遂使父子之間，中外之事，有不能合理者。」上竦然。四年，兼權吏部侍郎。先生諫上飲酒過度，上曰：「卿能盡言。」尋充金國賀正使，先生言：「陛下累愆問安之期，中國猶知有疾也，脫金人以爲問，臣將何辭？」上曰：「且夕便當過宮。」先是，先生嘗請書孝經四章置座右。至是，章良能劾先生以敵脅君，以孝經謗訕，不報。先生出關待罪，詔知紹興府，未行而孝宗崩，寧宗立，七月，得請奉祠。會求言，先生條上十二事，曰兢畏，曰敬天，曰法祖，曰奉先，曰安視，曰正心，曰勤政，曰任外廷，曰親賢，曰納諫，曰節用，曰謹終。起知泉州。明年五月，召除吏部侍郎、直學士院、同知貢舉。御史姚愈以韓侂胄意劾之，出知太平州。劉德秀又劾之，奉祠。俄起知泉州，御史朱欽劾之，罷。已而知建寧府，御史徐柟劾之，罷。開禧二年，參政李壁爲侂胄言，乃召爲禮部侍郎，兼直學士院。先生上疏辭曰：「臣乃者爲徐柟所劾。柟言是，臣不當召，臣可用，柟不當留。」有詔申召入見。時侂胄亦以邊事壞稍悔，先以書致殷勤曰：「國事如此，一世人望，豈宜以潔己爲賢哉？」先生報曰：「但恐方拙不能徇時好耳！」時赴召者率先謁侂胄始入對，先生徑造朝，首論言路不通：「自呂祖儉謫徙而朝士不敢輸忠，自呂祖泰編竄而布衣不敢極說。近者北伐之舉，僅㊀有一二人言其不可。如使未舉之前相繼力爭，更加詳審，必不輕動。」又言：「蘇師旦賦以巨萬，胡不黥戮以謝三軍？皇甫斌喪師襄漢，李爽敗績淮甸，秦世輔潰散蜀道，皆罪大罰輕。」又言：「近歲士大夫寡廉鮮恥，列拜于勢要之門，甚者匍匐門屏，穿竇而入。門生弟子，施于執經受業者，今無往而不稱，且加以恩府、恩使、恩父之目。諛文豐賂，又在所不論也。」侂胄大怒。其間所謂「恩父」者，乃指毛自知之于蘇師旦也。先生見侂胄曰：「平章明有餘而聽不足。堂中剖決如流，此明有餘，爲蘇師旦所蒙蔽者，聽不足。蘇師旦與周筠並爲奸利，師旦已敗，筠尚在。人言平章㊁騎虎不下之勢，此李林甫、楊國忠晚節也。曷不以先忠獻王爲法？」侂胄亦愕然曰：「聞所未聞！」次日謂壁曰：「子言正甫之爲人，今始至即立異。」而毛自知之父憲爲御史，竟劾先生，予祠。明年更化，召爲兵部尚書，兼侍讀。請遵用故事，東宮參決政事，以杜權臣之專；不時宣引宰執，及別創直廬，令詞臣候對，以備批旨，諭大臣以容受直言，飭朝列以砥厲名節。且言：「大權方歸，所當防微。一有干豫端倪，必且仍蹈覆轍。今侂胄既㊂誅，人言猶有未靖者，蓋以樞臣猶兼宮賓，不時宣召。宰執當同班同對，樞臣亦當遠權，以息外議。」樞臣謂史彌遠也。金人求侂胄函首，集議，先生謂有傷國體。擢給事中。內侍有久竄得歸者，先生執不行。又言辛棄疾迎合開邊，請追削。史彌寧將補春坊，先生持不可。進禮部尚書。二府將以和戎遷秩，以先生之言而止。飛蝗蔽天，先生言當求弭災之實，不可以爲用兵餘孽。彌遠益專政，錢象祖在

㊀「僅」原作「儘」，據宋史本傳改。　㊁「章」原作「泉」，據宋史本傳改。按「平章」指宰相韓侂胄。　㊂「既」原作「卽」，據宋史本傳改。

中書漸不與黜陟，遂求去，先生力言不可偏聽。彌遠自辯，先生求去，上留之。先生言：「侂胄以臺諫爲私人，今章良能未除中司前一日，已以小輿見彌遠矣。侂胄專行執奏，今彌遠亦獨班陳事矣。宗社不堪再壞。」彌遠益恨，先生求去亦益力。除寶謨閣學士、知福州。甫踰月，彌遠拜右相，陳晦草制用「昆命元龜」語。嘆曰：「此董賢爲大司馬，『允執其中』之册文也。天下無有如蕭咸者乎？」乃上書請貼改麻制。詔下分晰，彌遠懼，急改晦爲殿中侍御史，晦乃歷引本朝制命嘗累用此語，謂先生以藩臣僭論麻制，輕侮朝廷，遂罷。二年，晦黜，復官奉祠。五年，金人被兵，先生陳備邊十事，謂金亡則北方之强，我獨當之。政府惡其尚言事也，御史石宗萬劾之，降二官，永不用。八年，復官奉祠，請老，不聽。又二年，除華文閣學士，奉祠。十三年，卒，遺表猶乞收爵禄賞罰之八柄，張禮義廉恥之四維，聞者悲之。謚文節。先生孤行一意。其在乾、淳間，不爲周益公所喜。趙忠定公嘗稱先生爲真侍講，而先生亦以事忤之。陳止齋、章茂獻，皆其所不咸也。朱子入朝，君子傾心歸之，先生亦落落，人頗疑之。及其爲周、趙、朱三公制詞，極其奬許，乃知其無私。慶元之召爲吏部也，侂胄亦以先生故，與諸君不甚相得，意欲援之以自助，遣弟仰胄道意，先生謝之，是以有太平之謫。及再起，乃大忤以去，葉公水心極嘆之。補。

祖望謹案：先生始終風節不屈不隨，真有得于横浦之傳。顧其所不足者，酷佞佛，至于濡首沒頂以從之。試讀其經鉏堂雜志，又不止于横浦之所溺也。然如先生之踐履，是則所謂儒其行而釋其言者，學者法其行而略其言可也。「昆命元龜」之説，宋家制誥文字用之良多，陳晦之初未必有心，然先生爲彌遠而發耳，言固有所當也。所著齊齋甲乙稿、兼山集及經解、雜著等，共四百一十三卷，今多不傳。

經鉏堂雜志

女子與小人既不可近，又不可遠，然則奈何？曰：先勿近之而已矣。惟先近之，一旦遠之，則怨。

「必有事焉而勿正心」既不通，以「勿正」爲一句亦不通。「正心」二字原是「忘」字，既當勿忘，又當勿助。疊下「勿忘」，乃文法也。

人或毁己，當退而求之于身。若己有可毁之行，則彼言當矣；若無，則彼言過矣。當則無怨于彼，過則無害于身，又何報焉！

學必先知而後行。譬之適燕而南轅，則愈遠耳，故曰知之在先。凡行之不力者，爲其知之不深也。既行而益知，如登山，見其高處尚多，又復登矣。

古人制字，閑適與防閑之閑同，蓋有深意。飽食終日，無所用心，難矣。君子居閑，雖不至如小人，然亦多恣意于聲色詩酒者，是貴以禮閑之。

父母笞怒其子，不以爲少恩，知其深愛之也。造物以逆境處君子，其亦笞怒之意與！

福善禍淫，常也。其偶相反者，特變耳！

性行各有長短，惟善教者因其所長而使之不蔽于所短，此夫子教由、求之法。

君子退閑，亦是濟時。世方汩于聲利，廉恥之風日喪，而有一君子焉，道不苟合，于以厲天下廉恥之風，豈不謂之濟時乎？

祖望謹案：橫浦再傳弟子，東萊而外，章公茂獻與齊齋，足稱三傑矣。然齊齋之佞佛，明目張膽，不可收拾，是則橫浦淵源之流極也。其中亦有粹言可以師法者，予節録數則焉。

梓材謹案：謝山所録經鉏堂雜志十條，其一條移入荆公新學畧。

附録

王深寧因學紀聞曰：齊齋倪公三戒：不妄出入，不妄言語，不妄憂慮。

史氏家學

忠宣史滄洲先生彌堅

朝奉史先生守之

知州史先生定之並見慈湖學案。

史氏門人

管庫張雪窗先生良臣別見龜山學案。

宋元學案卷四十一

衡麓學案

黄宗羲原本　黄百家纂輯　全祖望補定

衡麓學案表

胡寅　文定長子。龜山、荆門門人。二程、朱氏、靳氏再傳。安定、泰山、濂溪三傳。
- 子大原別見五峯學案。
- 從子大正
- 毛以謨
- 劉荀

胡寧別見武夷學案。

胡宏別爲五峯學案。

梁觀國並衡麓學侶。

江琦

胡襄

韓璜並見武夷學案。

劉衡別見百源學案。

張祁——子孝祥

並衡麓講友。

趙鼎別爲趙張諸儒學案。

衡麓同調。

高登——林宗臣——陳淳別爲北溪學案。

陳元中

並梁氏講友。

衡麓學案序録

祖望謹案：武夷諸子，致堂、五峯最著，而其學又分爲二。五峯不滿其兄之學，故致堂之傳不廣。然當洛學陷入異端之日，致堂獨皭然不染，亦已賢哉，故朱子亦多取焉。述衡麓學案。梓材案：衡麓學案，梨洲本附武夷卷中，謝山初別爲致堂學案，後定序録，又易其稱。又案：衡麓爲武夷諸子，稱以門人則不類，故標之曰「家學」。五峯放此。

武夷家學二程再傳。

文忠胡致堂先生寅

胡寅，字明仲，崇安人，文定之弟子也。雲濠案：陳直齋云：「明仲，文定長子也。本其兄子。」將生，母以多男不欲舉，文定夫人夢大魚躍盆水中，急取而子之。少桀黠難制，父閉之空閣，其上有雜木，先生盡刻爲人形。文定曰：「當有以移其心。」別置書數千卷于其上，年餘，悉成誦。中宣和進士甲科。靖康初，薦授秘書省校書郎。時龜山爲祭酒，稟學焉。遷司門員外郎。張邦昌僭位，棄官歸。建炎三年，擢起居郎，言高宗當糾合義師，北向迎請，不宜遽踐大位，遂奉祠。紹興二年，起知永州。四年，復召爲起居郎，遷中書舍人。時議遣使入雲中，先生疏言：「女真驚㈠動陵寢，殘毁宗廟，劫質二聖，吾國之大讎也。誤國之臣遣使求和，苟延歲月，九年于玆，其效何如？幸陛下灼見邪言，漸圖恢復，然後二聖之怨可平，陛下人子之職舉矣。」高宗嘉納，召至都堂諭旨。既張忠獻浚自江上還，奏遣使爲兵家機權，竟反前言㈡，因

㈠「驚」原作「警」，據宋史本傳改。　㈡「言」，宋史本傳作「旨」。

乞郡就養，出知邵、嚴、永三州。徽宗訃至，故事以日易月，先生上疏言：「禮，雖不復則服不除。願降詔旨，服喪三年，墨衰臨戎。」除禮部侍郎兼侍講，直學士院。父喪除，起徽猷閣直學士。秦檜當國，乞致仕，歸衡州。檜既忌先生，雖告老猶憤之，坐與李光書譏訕朝政，安置新州。檜死，復官。二十七㊀年，卒，年五十九，謚文忠。先生志節豪邁，初擢第，中書侍郎張邦昌欲以女妻之，不許。文定素與秦檜善，及檜擅國，先生絶之，故爲所惡。在謫所，隨行無文字，先生以所記憶者著讀史管見。平生所著，有論語詳説及詩文斐然集。學者稱致堂先生。

崇正辯

推兼愛之意而不知别親疏，此墨之弊也。墨氏之弊，固如此矣；釋氏之弊，豈不甚于此乎？棄父母出家而不顧，見螻蟻蚊蚋則哀矜之，謂之别親疏，可乎？不别親疏，故不辨賢否。今有聖賢之人，坐致太平而不喜佛，則釋子必不譽也。小人亡國敗家，建寺宇，崇塔廟，厚給其田，廣度其衆，則釋氏必以爲宿植家根，親受佛記者也。試用此觀之，其情見矣。

正法念經云：「若有衆生掃如來塔，命終生意樂天。」又云：「修治故塔，命終生白身天，與諸天女，

㊀「二十七」，宋史本傳及本書卷四十二楊大異傳後王梓材按語均作「二十一」，疑誤。胡寅之死後于秦檜（上文「檜死，復官」句可證，宋史同），而宋史秦檜傳言檜死于紹興二十五年，則胡寅不可能死于二十一年。續資治通鑑、福建通志均作「二十六」。

五㊀欲自娛。」菩薩行經云：「有一貧人，賣薪爲業，向澤中採薪，見一塔寺，狐狼飛鳥，草木荆棘，不淨滿中，貧人愴然，誅伐掃除，作禮而去，命終生光音天，盡其天壽。又復一日，返作轉輪王。」佛設如此等教，其發心也，不知欲誘人爲善乎？抑將自保其塔乎？如誘人爲善，莫先于正其心，如此等教，反以利樂害其心也。人各有所欲，而未必皆同，多爲利路以張之，必有一中，中則其說可入，此佛之術也。言生意樂天，則凡心意有所好樂而不得者，必爲之掃塔矣。言生白身天，則凡醜黑，爲女子所惡，欲淫色而不得者，必爲之掃塔矣。言生光音天，作轉輪王，則凡瘖啞聾聵、貧窮下賤者，必爲之掃塔矣。其設教之心如此，果可謂之正道乎？今欲詰之，則必曰：「此皆無礙方便也。人之根器萬端，不如是，不能攝之入善。」嗚呼！使人隨意所欲而得之，好色則得女，好貴則得王，天下大亂之道也。曾謂如是而爲善乎！

顏之推曰：「信謗之徵，有如影響。善惡之行，禍福所歸。九流百氏，皆同此論，豈釋典爲虛妄乎？項橐、顏回之短折，原憲、伯夷之凍餒，盜跖、莊蹻之福壽，齊景、桓魋之富强，若引之先業，冀以後生，更爲通耳。如以行善而偶鍾禍報，卽便怨尤；爲惡而儻值福徵，乃爲欺詭；則亦堯、舜之云虛，周、孔之不實也。又欲安所信而立身乎？」

夏至之日，一陰初生，而其時則至陽用事也，陰雖微，其極必有折膠墮指之寒。冬至之日，一陽初生，而其時則至陰用事也；陽雖微，其極必有鑠石流金之暑。在人，積善積惡所感，亦如此而已。顏回、

㊀「五」原作「且」，據崇正辯（清乾隆二十八年力耕堂本）改。

伯夷之生也，得氣之清，而不厚，故賢而不免乎夭貧；盜跖、莊蹻之生也，得氣之戾，而不薄，故惡而猶得其年壽；此皆氣之偏也。若四凶當舜之時，則有流放竄殛之刑；元凱當堯之世，則有奮庸亮采之美；此則氣之正也。何必曲爲先業、後世因果之說乎？若行善有禍而怨，行惡值福而恣，此乃市井淺陋之人計功效于旦暮間者，何乃稱于君子之前乎！盜跖膾人肝，雖得飽其身，而人惡之至今；顏子食不充口，而德名流于千世。若顏子之心，窮亦樂，通亦樂，簞瓢陋巷何足以移之！鐘鼎廟堂何足以淫之！威刑死生何足以動之！而鄙夫之見，乃以貧賤夭折爲顏子宿報，嗚呼陋哉！之推又云：「若不信報應之說，則無以立身。」然則自孟子而上，列聖羣賢，舉無以立身，而後世纍纍蠢蠢，千百其羣者，爲立身之人與？

釋圓光少耽墳典，詣理窮神。及聞釋宗，反同腐芥，由是出家。

人之稟氣不同，或昏或明，或拙或巧，或靜或躁，或剛或柔，千條萬端，非一言可盡也。膾炙人所共嗜，而有好食瘡痂者；晝夜人所共由，而有俾晝作夜者。方王澤將息，佛教未來，凡趨靜厭事之流，亦爲山林之行，往而不返，如接輿、荷蕢、長沮、桀溺，乃其所見偏蔽，舍此取彼，自以爲是而不可以入堯、舜、文王之道，聖人不取也。又況佛法入中國，有以惑人之耳目而移人之心意，宜夫一曲之士棄經典而耽釋宗如圓光者不可勝數，可悲也已！可悲也已！或問乎有道君子曰：「儒學者晚多溺佛，何也？」對曰：「學而無所得，其年齒長矣，而智力困矣，其心欲遽止焉，則又不安也，一聞超勝侈大之說，是以悅而從之。譬之行人，方履坦途，其進無難也，山忽高乎其前，水忽深乎其下，而進爲難也，于是焉有捷徑，則欣然由之矣。其勢使然也。夫託乎逆旅者，不得家居之安耳。未有既安于家而又樂舍于旅也。」至哉斯言乎！至哉斯言乎！

後周武帝季年，毁破前代一切佛塔，鎔劃聖容，焚燒經典，寺廟盡賜王公爲第宅，三坊釋子減三百萬，皆復軍民，還歸編户，蓋蒼生之不幸，非吾宗之不幸也。

偉哉！周武之此舉也。禍福報應之説所不能惑，茫昧無稽之言所不能誑，卓然自信，罷斥不疑，使後嗣稍賢，能承美志，世傳弗失，以待聖王，則邪説與異端消滅已久，蒼生之幸豈有量哉？若周武者，可謂明矣！若周武者，可謂勇矣！後世英主者出，能視傚而增㊀美之，又何愧于大禹放蛇龍，戮防風，周公驅虎豹，兼夷狄，孔子成春秋，討亂臣賊子，孟子闢楊、墨，息邪説，距詖行，放淫辭，以承三聖，豈特于周武有光而已也！

德志值周武毁滅，敕從儒禮，秉操鏗然，守死無懼，帝愍其貞諒，哀而放歸。

孔子曰：「守死善道。」于道之至善，以守死而不變，不亦智乎！于道之不善，以守死而不變，不幾乎天下之至愚乎！何謂道之至善？父慈而子孝，君仁而臣忠，兄友而弟恭，夫義而婦順是也，此儒教也。何謂道之不善？離天性之自然而外立其德，自以爲道者是也，此佛教也。佛者未嘗慕儒之善而學之，而儒者乃甘心于佛之不善而依歸之，是愚也。若德志違令執迷，所宜誅責，用表至正，周武乃以其守死而哀之，殆爲所嚇矣，此亦啟發後世明君之一事也。

天竺沙門智克，武德九年達京，住興善寺，自古教傳詞旨有所未諭者，皆委其宗緒，括其同異，涣

㊀「增」原作「争」，據崇正辯改。

然冰釋。帝曰：「諸有非樂㈠，物我皆空㈡，眷言真要，無過釋典，流通之極，豈尚翻傳。」遂下詔命碩㈢德一十九人于興善創開㈣傳譯，又敕左僕射房玄齡參助勘定。

佛之道，以空爲至，以有爲幻，此學道者所當辨也。今日月運乎天，山川著乎地，人物散殊于天地之中，雖萬佛並生，亦不能消除磨滅而使無也。日晝而月夜，山止而川流，人生而物育，自有天地以來，至今而不可易，未嘗不樂也。此物雖壞而彼物自成，我身雖死而人身猶在，未嘗皆空也。唐祖何循習不思之甚乎！儻信以爲然，又復東征西伐，經綸王業，何其求不樂而爲不空哉？如不能行之于身而徒言之于口，則是妄而已矣。房玄齡，唐之賢相，輔致昇平，然所學蹇淺，守正不固，乃奉承僻命，參勘邪說，使政治駁雜，其君不及于堯、舜，其俗未興于禮樂，玄齡不自知也。後世觀之，責備于賢者，豈非沒身之遺恨與！

景龍二年，有御史大夫馮思暴卒，見二子持簿引馮庭對，官聽案覆罪愆。官吏傍有舊識者張思義手招馮曰：「吾爲假貸僧物，于今未脫。汝所坐者，不合于天后宮中亂越。可發願造涅槃經、鑄鐘，以資餘祐。」卻放還。馮既甦三日，寫經鑄鐘，更享壽四十八年。

凡如此類，皆僧人所撰記，如佛頂心經所載耳。人貸僧物，久幽而未脫，則僧取人物不可勝數，當入于無間，永無出期也。于天后宮中亂越，罪之不可赦者，造經鑄鐘而得免，則是經鐘乃爲人庇覆濫淫之具耳。治世常法，負債而不償，必償而後已，豈問僧與不僧哉？設有犯奸抵罪，入于縲紲，使之造經

㈠㈡㈢㈣「諸有非樂」原作「諸非有樂」，「空」原作「宗」，「碩」原作「顧」，「開」原作「問」，均據崇正辯改。

鑄鐘而可以宣刑者，吾未之見也。地獄固必無，設其有之，人神一理，必公正不阿而後法行。今造經鑄鐘而免其奸罪，錫之永年，不公不正甚矣。使人自此淫濫而無害，豈非邪說害政之甚者與！

唐玄宗研思注金剛般若經，至是人先世罪業應墮惡道處，執筆狐疑，詔沙門道氤問其是非。氤曰：「佛力不可測。陛下曩于般若會中聞熏不一，更沈注想，自發現行。」帝豁然若憶疇昔，下筆不休。

聖學以心爲本，佛氏亦然，而不同也。聖人教人正其心。心所同然者，謂理也，義也。窮理而精義，則心之體用全矣。佛氏教人以心爲法，起滅天地而夢幻人世，擎拳植拂，瞬目揚眉，以爲作用，于理不窮，于義不精，幾于具體而實則無用，乃心之害也。如道氤之告明皇者，正是使心之術耳。明皇方疑而未決，一聞其言，致思入念，如道家存想，隨所欲而萌焉，龍華之會，靈山之集，妙喜之國，兜率之天，種種現前㊀，皆可自誑。雖高才穎質，攻苦學道之士，于此猶不脫，又況明皇志滿氣驕，樂佚游，樂宴樂，其心昏然者哉！

沙門仁贊曰：「孔子自衞反魯，贊易刪詩，六經由是而列，百王于焉取法。梁武、明皇搖翰于至誥之場，冥心于真常之境，非天下英傑，可以與于此乎？」

無是非之心，非人也。蕭衍破國殞身，明皇致寇失位，萬世人君之醜也。仁贊徒以其親御翰墨，箋注佛經，遂稱爲英傑之人，與孔子等。其諂諛後世之人主以自立其黨而忘是非之心，乃如此乎！餓死于臺城，不可謂至誥之場也；播遷于蜀道，不可謂真常之境也。以二君爲英傑，則自古破國殞身、致寇

㊀「前」原作「身」，據崇正辯改。

失位之君爲不少，亦皆天下之英傑矣。

釋法雲與僧閔年臘齊譽。雲公篤學，勞于色養，及居母憂，毁瘠過禮。閔謂曰：「佛有至理，恩愛重賊，不可寬放，惟有智者以方便力㈠善能治制，何必縱情，同㈡于細近邪？」法雲之所爲，乃人之本心，自古至今欲掃除泯滅而不可得者。蓋天命之性，其理自然，非智力技巧所能造作也。不遇聖賢，因其良心之未亡，歸諸正道，而陷身佛教，又與僧閔爲徒，乃法雲之不幸耳。孟子曰：「『天生蒸民，有物有則。』民之秉彝也，故好是懿德。」僧閔者，戕毁物則之人也。毁則爲賊，反則爲亂，又可責以仁義之道邪？

釋曇延著涅槃義疏，疏畢，恐不合聖理，乃于塔前以火驗之，其卷軸並放光明，通夜呈祥。理之所在，先聖、後聖，其心一也。曇延造經疏，若于理周盡，何異㈢前言；若有未盡，更須進學。如飲水食飯，其冷煖饑飽之意，他人豈能知之，乃驗之于火，以卜中否，可笑甚矣！復云經軸放光，則又妄之極也。火無不化之物。今以大乘經典投之火中，應手煨燼，曇延獨以何道使疏不可焚，無乃幻術邪？自達摩而後，凡參禪悟徹者，必求人印證。夫得道不得道，在我而已，人何預焉！我誠自信，孰得移敚之？我誠勿悟，孰能分與之？必待人言爲是而後以爲是，是信否在人而不在己，與對塔焚疏者何以異乎！

靈潤十三出家，二親既終，兄弟哀訴，曾無動容，但爲修冥福而已。靈潤割父母天性之愛，棄兄弟哀訴之言，自以世網超脱，慧忍能斷，然良心終不可忘也。何以驗

㈠「力」原作「方」，據崇正辯改。　㈡「同」字原脱，據崇正辯補。　㈢「異」原作「以」，據崇正辯改。

之？靈潤雖無動容，而爲修冥福，則其心于父母有絲毫不忍之意。當其回向之時，必曰資薦父母，終不曰資薦道路他人也。卽此絲毫不忍者，乃是人之本心。佛教以爲幻妄，掃而去之，儒教以爲惻隱，保而存之，其異如此。或者謂儒佛同歸，是冰炭可以共器乎？

釋惠嵩，高昌國人，少出家。兄爲博士，嘗勉嵩令罷道，嵩曰：「腐儒小智，當同諸糟粕，餘何可論！」元魏末至京，本國請還，嵩曰：「以我之博達，非邊鄙之所資。」固執不往，高昌乃夷其三族。嵩聞之，告其屬曰：「經不云乎：『三界無常，諸有非樂。』何足怪哉！」

佛之教，欲以大悲願力盡度衆生，故阿難贊之曰：「若一衆生未成佛，終不于此取泥洹。」惠嵩，學佛者也，未能度人，先殄其族，此何道邪？彼之教曰「三界無常」，何爲愛戀中華而輕賤邊鄙？又曰「諸有非樂」，何爲自恃博達而詆誚儒風？遂使三族之人，無罪夷滅，愚很慘酷，蛇虺豺狼之不如也。

釋惠斌博覽經史，十九爲州助教。懷慕出世，年二十三翦髮。其父于汶水之陰，九達之會，建義井一區，仍樹碑銘云：「哀哀父母，載生載育；亦既弄璋，我顧我復。一朝棄予，山川滿目；雲揜重闕，風迴大谷。愛敬之道，天倫在玆；殷憂莫訴，見子無期。鑿井通道，託事興辭，百年幾日，對此申悲。」

惠斌博覽經史，年既踰冠，父母依望以成家者也。棄親而去，無復人心，理之所不容矣。觀井碑之語，哀怨感切，讀之令人怵惕而惻然，想當日之意爲何如也！其所以建碑于九達之會者，必其力不能制其子，庶幾往來之人，官師之問，或見或聞，動心興念，能反之耳。則不知是時爲民上者，以爲是乎？以爲非乎？亦有欲存天理，明人倫，行反道敗德之誅者乎？後人目覩此事者，亦將崇邪毁正，姑置之不問而已乎？夫天性至恩，不可解于心，猶水之溼，猶火之燥，孰能逃之？而佛之教乃一切掃除，謂之至道，嗚呼異哉！嗚呼異哉！

釋惠豫誦涅槃、法華等經。嘗寢，見人來叩户，問其故，答曰：「師應死，故來奉迎。」豫曰：「小事未了，可申一年否？」答曰：「可。」至明年而卒。

佛教中有術，使人豫知死期，僧人得之，往往以爲神異，或曰吾某日當去，或曰明年某月吾去矣，此精于卜相者亦或能之，何足貴哉！人死猶其生，其來不可禦，其去不可止。若可留一年，則十年、百年，皆可引伸而常存，此理之所必無也。近世儒者如師魯尹公、子厚張公、康節邵公，皆聞于死生之際，辭氣不亂，安靜而逝，君子猶以爲未及曾子易簀之正也。蓋聖人以生死爲分内事，無可懼者，故未嘗以爲言；佛氏本于怖死，是以藏經五千四十餘卷，傳燈一千七百餘人，皆皇皇以死爲一大事。彼三代之民，直道而行，順受其正，夭壽不貳，修身以俟之，不聞有輪迴之説，豈非簡易明白之道，何至惴恐經營，若彼其切哉！自佛教入中國，説天堂可慕，地獄可怖，輪迴可脱，于是人皆以死爲一大事，而舍身取義、殺身成仁之道晦矣。夫既不以死爲常事，必至于貪生失理，懼死怛化，而不順受其正也。自兩漢而上，戰國、春秋之時，聖人所謂道喪之世也。當其時，義心激切，視死如歸者，班班可攷，其心初無慕怖，安于義而已。後世學佛者，自以爲其道可以了達死生，而其行事視三代之風尚未能及，況聖賢之際乎！

澄謂弟子法祚曰：「戊申歲禍亂漸萌，己酉石氏當滅。吾及其未亂，先從化矣。」即遣人辭虎。虎出宫慰諭，澄謂虎曰：「出生入死，惟道之常。修短分定，非人能延。念意未盡者，以國家心存佛理，無若興起寺廟，崇顯壯麗，稱斯德也。」

澄所以告其弟子，與告石虎者，何得反覆不侔邪？既曰「及其未亂，當先從化」，則是死生在我，去住自如也。又曰「修短分定，非人能延」，則是天命有限，欲止不可也。則未知澄以數盡不得已而死乎？抑數未盡自經而絕乎？智者必能辨之矣。且當其將死之日，石氏危亂已著，澄果有愛人忠虎之計，史必傳之以爲美談。今觀其告虎之言，曰「無若興起寺廟，崇顯壯麗」而已。是以有道君子闢之曰：「佛氏之教，名爲廣愛衆生，終必歸于自利之塗。」聖人復起，不易斯言哉！

釋寶崖于益州城西路首，以布裹左右五指燒之。有問痛邪，崖曰：「痛由心起。心既無痛，指何所痛！」並燒二手。于是積柴于樓上，作乾麻小室，以油潤之，自以臂挾炬，麻燥油濃，赫然火合，于熾盛之中禮拜。比第二拜，身面焦折，復一拜，身踣于炭上。

佛教以心爲法，不問理之當有當無也。心以爲有則有，心以爲無則無，理與心二，謂理爲障，謂心爲空，此其所以差也。聖人心卽是理，理卽是心，以一貫之，莫能障者。是是非非，曲曲直直，各得其所，物自付物，我無與焉。故曰：如天之無不覆，如地之無不載，如四時之錯行，如日月之代明，如飛走動植並育而不相害，仁義禮智並行而不相背。夫又何必以心爲空，起滅天地，僞立其德，以擾亂天下哉！今夫人，目視而耳聽，手執而足行，若非心能爲之主，則視不明，聽不聰，執不固，行不正，無一而當矣。目瞽耳聵，心能視聽乎？手廢足蹇，心能執行乎？一身之中，有本有末，有體有用，相無以相須，相有以相成，未有焦灼其肌膚而心不知者也。學佛者言空而事忍，蓋自其離親毀形之時，已喪其本心矣。積習空忍之久，于刲剔焚煉而不以爲痛，蓋所以養心者，素非其道也。凡人之生，無不自愛其身。彼學佛者于蚊蚋之微，草芥之細，猶不忍害，廣悲願也。自愛乃能愛人，愛人乃能愛物。故養心保身者，濟人利物之本也。今乃殘之如此，將何爲哉？非有喪心之疾而然乎！

釋道安，天和四年三月敕召有德衆僧㈠、名儒道士、文武百官二千餘人，量校三教之優劣，欲事廢立，安乃著本二教論：「有客問曰：『優柔宏闊，于物必濟，曰儒；用之不匱，于物必通，曰道。老嗟身患，孔歎逝川，固欲後外以致存生，感往以知物化，何異釋典厭身無常之説哉？』主人曰：『救形之教，教稱爲外；濟神之教，教稱爲內。釋教爲內，儒教爲外。教惟有二，寧有三！』」

客與主人問答之言，皆出道安之手。道安所見，蹇淺若是哉！儒之爲名，學者之通號耳，非爲稱名爲儒，卽是賢也。故孔子謂子夏曰：「女爲君子儒，無爲小人儒。」不知道安所謂「優柔宏闊，于物必濟」之儒，何所本乎？稽之書傳，無是言也。子在川上曰：「逝者如斯，不舍晝夜」，蓋言存神過化、闔闢萬㈡古、變而常存之道如此，何嘗有厭身之嘆哉？道安所以知孔子，末矣。釋教爲內，而釋徒自處則曰「方外之人」，儒教爲外，而鄙薄儒者則曰「方內之士」，吾未知道安所以區別內外之限者何如也。今以地言之，天子所居曰京師，千里曰王畿，推而廣之，至于要荒，則京師爲內而要荒爲外矣。人之所居曰奥阼，然後有堂有庭，有門有垣，則奥阼爲內而垣爲外矣。名者，實之賓也。有此實，然後有此名；無其實，則名何從生？不知道安所謂內外者，何以限之。吾恨不得聞其㈢説也。

㈠「僧」原作「生」，據崇正辯改。　㈡「萬」原作「如」，據崇正辯改。　㈢「其」下原有「實」字，據崇正辯删。

釋惠立見尚醫奉御吕才造釋因明圖注三卷，非斥諸師正義，立致書責之云：「奉御于俗少聞，遂謂真宗可了。何異鼷鼠見釜竈之堪陟，乃言崑丘之非難；蛛蝥覩棘林之易羅，亦謂扶桑之可網！」才由兹而寢。

射如李廣，然後可以服匈奴；御如王良，然後可以乘覂駕。蓋事各有理，物各有能。不知物之能，則不足以役物；不知事之理，則不足以揆事。如吕才，亦有意乎！不信異端小道，嘗著論以排之矣。惠立所言鄙淺，才不應遽爲之改，然其詳則未之考也。大抵儒者之遇異端，其未達則推理以窮之，其既達則明理而正之，必能折其萌芽而摧其枝葉，然後言不徒發，而于道有補。楊、墨之言盈天下，孟子以「無父」「無君」之言折之，其禍遂息。佛氏之言盈天下，程子以「天理」及「自利」之言折之，而其禍未息者，前乎此者，有以解經自名而得君，其學雜乎佛也，後乎此者，有以文辯豪世而得時，其學雜乎佛也。人之所趨者勢利，所悦者華采，于是聖人之道欲明而復暗。然賴先聖之説尚存而不泯也，學者可以泝流窮源，一洗其害，而先韓、歐之駕，以追踪于孟子，正人心，闢邪説，距詖行，放淫辭，爲聖人之徒，不亦善乎！

釋元珪曰：「若能無心于萬物，則欲不爲淫，福淫禍善不爲盗，濫誤混疑不爲殺，先後違天不爲妄，惛荒顛倒不爲醉。無心則無戒，無戒則無佛無衆生，無汝及無我。無我無汝，孰能戒哉？」世之禪師所謂機辯，横説竪説，逆行順行者，皆如此。吾今折之曰：人未有無心者也。自古大聖人垂世立教，曰養心，曰宅心，曰存心，曰洗心，不言無心也。心不可無，無則死矣。聖人之心若鑑，不勞思慮，不用計度，而盡天地之理者，亦曰如鑑之明而已，不言無鑑也。有所欲必淫；聖人所欲不踰矩，是以無淫。福淫禍善必盜，聖人福善禍淫，是以無盜。濫誤混疑必殺；聖人四罪而天下咸服，是以無殺。先後違天必妄；聖人憲天聰明，是以無妄。惛荒顛倒必醉；聖人不爲酒困，是以無醉。聖人之心，寂然不動，感而遂通天下之故，自己及人，自人及物，各止于其所而天下之理定。元珪所言，失之毫釐，差之千里者也。今有欲其所不可欲，以淫人爲是，以善人爲非，觸情殘害，逆天之理，放意于酒，沈酣日富，而曰「我未嘗有心也，適然如是耳」，而可乎？蓋佛氏以心、跡爲兩途，凡其犯理背義，一切過失，必自文曰「此粗迹，非至道也」。譬如有人終日涉泥塗，歷險阻，而謂人曰「吾足自行耳，吾心未嘗行也」，則可信邪？

釋明瓚于衡嶽閒居。李泌隱南嶽，潛察瓚所爲，曰「非常人也」，中夜往謁焉，望席門自贊而拜。瓚大訴，仰空唾曰：「是賊！」李公愈加敬，惟拜而已。瓚正撥牛糞火，出芋啖之，良久乃曰：「可席以坐。」取啗芋之半以授焉。李跪捧盡食而謝。謂李曰：「慎勿多言！領取十年宰相。」李拜而退。

李鄴侯高才多智，唐之名臣，方未仕時，辭萬乘之友，隱居南嶽紫蓋峯者凡十年。隱居之旁有一僧巖居，曰明瓚，相去甚邇，鄴侯未嘗與往來。此見之于傳記，乃事之實，不知明瓚何爲有此說乎。使鄴侯欲謁瓚，白日而不往，中夜而後行，素非師尊，望門而便拜，中下之人猶不爲此，孰謂鄴侯而爲之？明瓚其果有道之士，與鄴侯鄰居之日久，亦豈不知其賢否也？一見訴唾，此何禮哉！以鄴侯氣淩宇宙，才幹四海，嘗辭宰相而不爲，及得山僧煨芋之餘，乃跪捧而食，事理之必無者也。十年宰相，人世之常事，使鄴侯天命不當作，瓚豈能與之？使其固有，瓚但能知之耳，何足爲鄴侯之損益哉？大抵僧人多取世間有名之士一言半句，增重其事，抑彼揚己，人人同轍。家君崇寧中宦遊湖南，偶與一僧倡酬一絕詩句，尋即忘之矣。後三十年，再至湖南，乃見其僧有鏤語録載此詩者，題其目曰「某人請益」，乃知此曹攀附名勢，其心深切，必借重于公卿大夫然後足，以籠惑愚俗。過庭之訓曰：「侯師聖有言：『君子當守先王之道，壁立萬仞，異端邪説勿挂于口，庶幾不爲所誘矣。』此言是也，汝等其識之！」予敢不奉以周旋乎！

釋曇遷，隋開皇七年下詔勞問，遷既爲揖敬，或謂滯于榮寵者，乃著無是非論以示之。曇遷所著無是非論雖不可見，而其立名已失矣。事有是非，猶松直棘曲，鷺白烏黑，雖創物之智不能改也。聖人之教，因人本有是非之心而教之，使是其所當是，非其所當非。是非不亂，則天下之事定矣。曇遷學佛，則當遺物離世，投身于巖穴之間，使世欲聞其聲且不可得，況見其面乎。今乃借用佛法付于國王之言，諂諛人主，耽彼榮利，何也？若以事君爲是，則不臣爲非；若以徇俗爲非，則出家爲是。是非之分，豈可亂哉！曇遷心疑又增滯寵之議，慨然著論，秖益贅疣耳！將以是爲非，何異指中尊爲外道；將以非爲是，何異稱外道爲中尊；將是非之泯然，何異中尊外道，莫較賢否。僧人誠以此思之，則是非之心自見。苟見此心，必從是而違非矣。

釋懷感信念佛往生，暨三載，忽感靈異，見金色玉毫，便證念佛三昧。臨終感佛來迎，面西而往。人心有所著者，不能忘之于心，存想既極，則恍惚微茫之中真若有所見者。漢武帝見李夫人，唐明皇見李老君，皆此類耳。懷感專切，用志不分，故隨其所欲而見焉。其實則寂然無一物，乃妄見也。故君子養心，貴于得正，正則無此矣。得正，則所見亦正。

東晉成帝幼沖，庾冰輔政，謂沙門應敬王者。何充等議不應敬。詔曰：「父子君臣，百代所不應廢。今慕茫昧，棄禮教，使凡民常人假飾服以傲憲度，吾所弗取。」充言：「五戒之禁，實助王化。今一令其拜，遂壞其法，修善之俗，廢于聖世，臣所未安。」詔曰：「百王制法，未有以殊俗參治者也。五戒小善，既擬人倫，而于世主畧其禮敬邪？卑尊不陳，王教亂矣。」充言：「今沙門燒香祝願，必先國家。欲福祐之隆，情無極矣。奉上崇順，出于自然。臣以爲因其所利而惠之，使賢愚莫敢不用情，則上有天覆地載之施，下有守一修善之人也。」冰議遂寢。

凡釋氏自護其教甚密，不肯少爲法度所屈，以開廢毁之漸，故于一言一拜，計較如此。充，溺佛者也。觀其言曰：「今令其拜，遂壞其法。」遠法師亦云：「一旦行此，如來之法滅矣。」遠膠于所習，固不足責。充服儒衣冠，爲國大臣，反主無父無君之教，千古之罪人也。人之夭壽，稟于天命，一定而不可易。燒香祝壽，曰「無量壽佛」者，蓋所諂諛世主，竊寺宇衣食之安耳！梁衍、齊襄，豈不深受回向，其終何如？是可鑒也。若夫天保歸美報上，祈之以日月，祝之以南山者，爲君能下下以成其政，臣子至情，以遐壽望焉，非爲諛也。能正是國人，則惜其胡不萬年；能爲邦家之光，則願其萬壽無期；皆好善之誠心，非爲利也。名之曰幽、厲，則孝子不能改；時日曷喪，則民欲與之偕亡；非有私也。故古之愛君者，惟勸其作德。周公戒成王曰：夏、商之末，「惟不敬厥德，乃早墜厥命」；逸欲之君，「乃罔克壽，或五六年，或四三年」。其德既至，雖短命如顏子，何病其賢！其德不修，雖期頤如莊蹻，何救其惡！故詩人詠歌其上者，皆以其有德而已。今僧于人，不問其賢不肖，苟于己有分毫之利，則焚香唄贊，書棟名鐘，必深致善頌以悅之。豈彼不知命不可以力增，福不可以諂求，禍不可以苟免哉？以世之愚者惑而向焉，是以其說得行，而莫或正之也。孟子曰：「舜、跖之分無他，利與善之間耳。」僧人以自利存心，而以修善爲言。利與善之間甚微，非明哲不能辨，如充烏足以知之！彼僧者，當隋煬帝時祝之曰「今上萬歲」，當唐太宗時祝之亦然，至武后時祝之又然。必有明哲之君，灼見其情狀，斷然絶之，則其術無所施矣。

宗羲案：吳必大問崇正辯如何，朱子曰：「亦好。」必大曰：「今釋亦謂所辯者皆其門中自不以爲然。」曰：「吾儒守三綱五常，若有人道不是，亦可謂吾儒自不以爲然否。」又問：「此書只論其迹？」曰：「論其迹亦好。伊川言不若只于迹上斷，畢究其迹是從那裏出來。明仲說得明白。」某案致堂所辯，一部書中，大概言其作僞。雖有然者，畢竟已墮億逆一邊。不若就其所言，件件皆真，愈見其非理。然此皆晉、宋間其徒報應變化之論。後來愈出愈巧，皆吾儒者以其說增益之，牛毛繭絲，辯之所以益難也。

梓材謹案：謝山于崇正辯標目上記云：「宜再采擇。」知其修補未完。又案：五峯文集，謝山節録之，致堂集亦當補采，惜盧氏藏底未全。

附録

朱子曰：致堂議論英發，人物偉然。向常侍之坐，見其數盃後，歌孔明出師表，誦張才叔自靖人自獻于先王義、陳了翁奏狀等。可謂豪傑之人也！

衡麓學侶

參議胡茅堂先生寧別見武夷學案。

承務胡五峯先生宏別爲五峯學案。

梁歸正先生觀國

梁觀國，字賓卿，番禺人。始業儒，挺挺屹屹，如孤松立石。嘗謂學而畔道，皆由異端惑之，乃力排老、佛二氏，爲奏疏兩通，各萬言，走私僮謁諸天子，願屏絕二氏，弗俾無父無君之術侵紊人紀。會所在道梗，阻于上聞。紹興壬戌間，胡致堂退居衡山之陽，先生因其友高登知致堂之有志鄒魯而無趣竺乾也，詒書致雜文一編，致堂稱而揚之。後三年卒，年五十九。著有歸正集二十卷，議蘇文五卷，駁其羽翼異端者，編正喪禮十五卷，壹教十五卷。卒之逾月，其友人陳元中率其門人約古禮葬之，而致堂誌其墓。蓋其所與遊，獨高、陳二子云。參斐然集。

梓材謹案：謝山爲端溪講院先師祠記云：「梁先生觀國，遊于致堂之門者也。」然其年長致堂十二歲，止稱學侶可爾。

衡麓講友

教授江先生琦

直閣胡先生襄

諫院韓先生璜並見武夷學案。

庶官劉先生衡别見百源學案。

直閣張總得先生祁

張祁，字晉彦，歷陽人，以兄邵使金恩補官。先生負氣高義，工詩文，趙豐公、張魏公皆器遇之。與胡致堂交最善。時秦檜疑之，會其子孝祥舉進士第一，誣先生以罪，付大理。檜死，獲免。累官遷直祕閣、淮南轉運通判。以孝祥仕寢顯，不復干進，卜居蕪湖。晚嗜禪學，號總得翁。參姓譜。

附錄

林拙齋紀問曰：張安國言其父嘗教之云：「世間如貪鄙、刻薄等事，須常常把做一大罪過看，不可有分毫放過處。才慣了，便只把做常事看。」補。

衡麓同調

忠簡趙得全先生鼎别爲趙張諸儒學案。

梁氏講友

學録高東溪先生登

高登，字彦先，臨漳人，號東溪先生。靖康間遊太學，與陳少陽伏闕拜疏，以誅六賊、留种李爲請，用事者欲兵之，不爲動也。紹興初，召至政事堂，又與宰相秦檜論不合，去，爲静江府古縣令，有異政。帥守希檜意，捃㈠其過以屬吏。會帥亦以讒死獄中，乃得釋。被檄試進士潮㈡州，使諸生論直言不聞之可畏，策閩、浙水沴之所由，而遂投㈢檄以歸。檜聞大怒，奪官，徙容州。先生學博行高，議論慷慨，口講指畫，終日滚滚，無非忠臣孝子之言，舍生取義之意，聞者凛然。其在古縣，學者已争歸之，至是，其徒又益盛。屬疾，自作埋銘，召所與遊及諸生訣别，正坐拱手，奮髯張目而卒。參朱子文集。

陳先生元中

陳元中，閩人，居番禺。

梓材謹案：周益公誌胡忠簡長子承務墓云：「隨忠簡調新州，詩人陳元忠目爲『春秋生』。」元忠蓋即元中，傳寫之異。

衡麓家學二程三傳。

胡伯逢先生大原別見五峯學案。

㈠「捃」原作「招」，據朱文公文集卷七十九漳州州學東溪先生高公祠記改。　㈡「潮」原作「湘」，據同上書改。　㈢「投」原作「被」，據同上書改。

簽判胡先生大正

胡大正，字伯誠，崇安人，致堂先生從子也。以任入官，累遷泉州簽判。賊有逼臨漳者，泉爲鄰境，城門晝閉。忽近郊有荷斧四五十人，邏卒捕之。同官欲斬以徇，先生不可，曰：「賊豈無攻具，乃以短斧思破城邪？」訊之，果樵者。時人稱之。補。

衡麓門人

毛先生以謨

毛以謨，字舜舉，衡山人也。受業衡麓先生之門，嘗爲題其齋曰不息，而五峯爲之記。補。

知軍劉先生荀

劉荀，字子卿，清江人。嘗從胡致堂于新州，又從張橫浦于南安，凡有得二公緒言，皆筆之，名曰思問記。淳熙中，知餘干縣，未滿，適周益公必大入相，以先生爲首薦，改判德安，知盱眙軍。所著有政規四十卷，明本三卷，座右記三卷，文源八卷，癡兒録五卷，德安守禦三卷，都梁記問八卷，邊防指掌圖三卷，南北聘使録三卷。參江西通志。

梓材謹案：先生本東平人。所著明本，一作明本釋。書中稱「先忠肅公」，蓋忠肅摯之後，于子駒芮爲兄弟行。又稱：「昔嘗問學于胡衡麓、張橫浦二侍郎，莫不舉四端五典以示誨。」子駒見元城學案。

張氏家學

安撫張于湖先生孝祥

張孝祥，字安國，直祕閣祁之子也。紹興二十四年，廷試第一，授祕書正字。初對，首言乞總攬乾綱，以盡更化之美。又言：「官吏忤故相意，並緣文致，有司觀望，鍛鍊而成罪，乞令有司即改正。」又言：「王安石作日録，一時政事，美則歸己。今故相信任之專，非特安石，臣懼其作時政記，亦如安石專用己意。乞取已修日曆詳審是正，黜私説，以垂無窮。」從之。累遷起居舍人，罷知撫州、平江。張魏公自蜀還朝，薦之，召赴行在，除直學士院，兼都督府參贊軍事。後知荆南、荆㈠湖北路安撫使。卒，孝宗惜之，有用才未盡之歎，進顯謨閣直學士致仕，年三十八。參史傳。

高氏門人

主簿林先生宗臣

林宗臣，字實夫，龍溪人。受業高登之門。登乾道進士，歷官主簿。見陳北溪趣向不凡，心異之，謂曰：「子所習者，科舉耳！聖賢大業則不在是。」因授以近思録。北溪卒爲儒宗，實先生啟之也。參道南源

㈠「荆」字原脱，據宋史本傳及于湖居士文集附録宣城張氏信譜傳、陛顯謨閣直學勑黄補。

委。

梓材謹案：陳伯澡爲北溪敍述云：「高東溪門人林主簿宗臣，鄉之先儒也，一見奇之。」是道南源委所本。唯儒林宗派列先生于晦翁之門。

林氏門人東溪再傳。

文安陳北溪先生淳別爲北溪學案。

宋元學案卷四十二

五峯學案

黃宗羲原本　黃百家纂輯　全祖望補定

五峯學案表

胡宏　文定季子。龜山、荆門門人。二程、朱氏、靳氏再傳。安定、泰山、濂溪三傳。

　從弟實
　子大時別見嶽麓諸儒學案。
　從子大原
　從子大本
　楊大異胡氏所傳。
　張栻別爲南軒學案㊀。
　彪居正——劉强學別見嶽麓諸儒學案。
　吳翌

㊀「別爲南軒學案」六字原無，據本卷正文增。

孫蒙正別見元城學案。
趙師孟
趙棠——子方別見嶽麓諸儒學案。
方疇別見槃微學案。
向浯
蕭□——子佐別見嶽麓諸儒學案。

胡憲別爲劉胡諸儒學案。
曾幾
李椿
彪虎臣並見武夷學案。
並五峯學侶。

五峯學案序録

祖望謹案：紹興諸儒，所造莫出五峯之上。其所作知言，東萊以爲過于正蒙，卒開湖湘之學統。今豫章以晦翁故祀澤宮，而五峯闕焉，非公論也。述五峯學案。梓材案：五峯傳與及門諸子，梨洲本亦附武夷卷中，謝山始別爲五峯學案。

武夷家學二程再傳。

承務胡五峯先生宏

胡宏，字仁仲，崇安人，文定之季子。自幼志于大道，嘗見龜山于京師，又從侯師聖于荆門，而卒傳其父之學。優游衡山二十餘年，玩心神明，不舍晝夜。張南軒師事之。學者稱五峯先生。朱子云：「秦檜當國，卻留意故家子弟，往往被他牢籠出去，多墜家聲。獨明仲兄弟卻有樹立，終不歸附。」所著有知言及詩文、皇王大紀。雲濠案：謝山學案劄記有云：「五峯易外傳一卷。」

百家謹案：文定以游廣平之薦，誤交秦檜，失知人之明。想先生兄弟竊所痛心，故顯與檜絶，所以致堂有新州之徙。先生初以蔭補右承務郎，避檜不出。至檜死，被召，以疾卒。嗚呼，此真孝子慈孫，克蓋前人之愆者也！其志昭然，千古若見焉。

胡子知言

道充乎身，塞乎天地，而拘于墟者不見其大；存乎飲食男女之事，而溺于流者不知其精。諸子百家億之以意，飾之以辯。傳聞習見蒙心之言，命之理、性之道，置諸茫昧則已矣；悲夫！此邪説暴行所以盛行，而不爲其所惑者鮮也。然則奈何？曰：在修吾身。

夫婦之道，人醜之矣，以淫欲爲事也。聖人則安之者，以保合爲義也。接而知有禮焉，交而知有道焉，惟敬者爲能守而弗失也。語曰「樂而不淫」，則得性命之正矣。謂之淫欲者，非陋庸人而何！天得地而後有萬物，夫得婦而後有男女，君得臣而後有萬民，此一之道也，所以爲至也。

天下莫大于心，患在于不能推之爾；莫久于心，患在于不能順之爾；莫成于命，患在于不能信之爾。不能推，故人物、內外不能一也；不能順，故死生、晝夜不能通也；不能信，故富貴、貧賤不能安也。

氣之流行，性爲之主。性之流行，心爲之主。

學貴大成，不貴小用。大成者，參于天地之謂也。小用者，謀利計功之謂也。

有而不能無者，性之謂與！宰物不死者，心之謂與！感而無自者，誠之謂與！往而不窮者，鬼之謂與！來而不測者，神之謂與！

仁者，人所以肖天地之機要也

靜觀萬物之理，得吾心之悅也易；動處萬物之分，得吾心之樂也難。是故仁智合一，然後君子之學成。成己，所以成物。

堯、舜以天下與人，而無人德我之望；湯、武有人之天下，而無我取人之嫌。是故天下無大事。我不能大，則以事爲大，而處之也難。

有毀人敗物之心者，小人也。操譽人成物之心者，義士也。油然乎物各得其分而無爲者，君子也。

禮文多者，情實必不足，君子交際宜察焉。言辭巧者，臨斷必不善，君子選用宜察焉。

學欲博，不欲雜；守欲約，不欲陋。雜似博，陋似約，學者不可不察也。

能攻人之實病，至難也。能受人之實攻，爲尤難也。人能攻我實病，我能受人實攻，朋友之義其庶幾乎。不然，其不相陷而爲小人者幾希矣！

行紛華波蕩之中，慢易之心不生，居幽獨得肆之地，匪僻之情不起，上也。起而以禮制，次也。制而不止者，昏而無勇者也。理不素窮，勇不自任，必爲小人之歸，可恥之甚也！

萬物皆性所有也。聖人盡性，故無棄物。

情一流則難遏，氣一動則難平。流而後遏，動而後平，是以難也。察而養之于未流，則不至于用遏矣。察而養之于未動，則不至于用平矣。是故察之有素，則雖嬰于物而不惑；養之有素，則雖激于物而不背。易曰：「艮其背，不獲其身。行其庭，不見其人。无咎。」此之謂也。

性定則心宰，心宰則物隨。

氣惑于物，發如雷霆，狂不可制，唯明者能自反，勇者能自斷。事之誤，非過也，或未得馭事之道焉耳！心之惑，乃過也。心過難改。改心過，則無過矣。

生本無可好；人之所以好生者，以欲也。死本無可惡；人之所以惡死者，亦以欲也。生求稱其欲，死懼失其欲，憧憧天地之間，莫不以欲爲事，而心學不傳矣。

深于道者，富用物而不盈。衛公子荆善居室，孔子何取焉？以其心不嬰于物，可以爲法也。夫人生于物，用物以成其生耳，其久能幾何？而世人馳騖不返也！

知言疑義

天命之謂性。性，天下之大本也。堯、舜、禹、湯、文王、仲尼六君子先後相詔，必曰心而不曰性，何也？曰：心也者，知天地，宰萬物，以成性者也。六君子，盡心者也，故能立天下之大本，人至于今賴焉。不然，異端並作，物從其類而瓜分，孰能一之。

朱子曰：「以成性者也」，此句可疑。欲作「而統性情也」，何如？○張南軒曰：「統」字亦恐未安。欲作「而主性情」，何如？○朱子曰：所改「主」字極有功。然凡言删改者，亦且是私竊講貫議論，以爲當如此耳，未可遽塗其本編也。何如？○又案：孟子盡心之意，正謂私意脱落，衆理貫通，盡得此心無盡之體，而自是擴充，則可以卽事卽物而無不盡其全體之用焉耳。但人雖能盡得此體，然存養不熟，而于事物之間一有所蔽，則或有不得盡其用者。故孟子既言盡心知性，又言存心養性，蓋欲此體常存而卽事卽物各用其極，無有不盡云爾。以大學之序言之，則盡心知性者，致知格物之事；存心養性者，誠意正心之事；而夭壽不貳，修身以俟之者，修身以下之事也。此其次序甚明，皆學者之事也。然程子「盡心知性，不假存養，其唯聖人乎」者，蓋唯聖人則合下盡得此體，而用處自然無所不盡，中間更不須下存養擴充節次工夫。然程子之意，亦指夫始條理者而爲言，非便以盡心二字就功用上説也。今觀此書之言盡心，大抵皆就㊀功用上説，又便以爲聖人之事，竊疑未安。朱子自注：舊説未明，今別改

㊀「就」原作「盡」，據朱文公文集卷七十三胡子知言疑義改。以下數處均據該書逕改不出校。

定如此。○呂東萊曰：「成性」固可疑，然今所改定，乃兼性情而言，則與本文設問不相應。來諭以盡心爲集大成者之始條理，則非不可以爲聖人事。但胡子下「者也」兩字，卻似斷定爾，若言六君子由盡其心而能立天下之大本如此。○朱子曰：論心必兼性情，然後語意完備。若疑與所設問不相應，而「者也」二字亦有未安，則某欲別下語云：「性固天下之大本，而情亦天下之達道也，二者不能相無。而心也者，知天地，宰萬物，而主性情者也。六君子者惟盡其心，故能立天下之大本，行天下之達道，人至于今賴焉」云云。不知更有病否？若所謂「由盡其心」者，則辭恐太狹，不見程子所謂「不假存養」之意。

天理人欲，同體而異用，同行而異情。進修君子，宜深別焉！

朱子曰：某案此章亦性無善惡之意，與「好惡，性也」一章相類，似恐未安。蓋天理莫知其所始，其在人，則生而有之矣。人欲者，梏于形，雜于氣，狃于習，亂于情，而後有者也。然既有而人莫之辨也，于是乎有同事而異行者焉，有同行而異情者焉，君子不可以不察也。然非有以立乎其本，則二者之幾，微曖萬變，夫孰能別之！今以天理人欲混爲一區，恐未允當。○東萊曰：「天理人欲，同體而異用」者，卻似未失。蓋降衷秉彝，固純乎天理，及爲物所誘，人欲滋熾，天理泯滅，而實未嘗相離也。同體異用，同行異情，在人識之爾。○朱子曰：再詳此論，胡子之言，蓋欲人于天理中揀別得人欲，又于人欲中便見得天理，其意甚切。然不免有病者，蓋既謂之同體，則上面便著「人欲」二字不得。此是義理本原極精微處，不可少差。試更子細玩索，當見本體實然只一天理，更無人欲，故聖人只說「克己復禮」，教人實下工夫，去卻人欲，便是天理，未嘗教人求識天理于人欲汩沒中也。若不能實下工夫，去卻人欲，則雖就此識得未嘗離之天理，亦安所用乎？

好惡，性也。小人好惡以己，君子好惡以道。察乎此，則天理人欲可知。

朱子曰：案此章即性無善惡之意。若果如是，則性但有好惡，而無善惡之別矣！「君子好惡以道」，是性外有道也。「察乎此，則天理人欲可知」，是天理人欲同時並有，無先後賓主之別也。然則所謂「天生烝民，有物有則；民之秉彝，好是懿德」者，果何謂乎？龜山楊子曰：「天命之謂性，人欲非性也。」卻是此語直截。而胡子非之，誤矣。○南軒曰：「好惡，性也」，此一語無害，但著下數句則爲病矣。今欲作：「好惡，性也，天理之公也。君子者，循其性者也。小人則以人欲亂之而失其則矣。」○朱子曰：好惡固性之所有，然直謂之性則不可。蓋好惡，物也；好善而惡惡，物之則也。有物必有則，是所謂「形色，天性」也。今欲語性，乃舉物而遺則，恐未得爲無害也。

百家謹案：朱子「好惡，物也」，此句可疑。蓋好惡，物之則也。如以好惡爲物，將喜怒哀樂未發之中亦物乎？

心無不在，本天道變化，爲世俗酬酢，參天地，備萬物。人之爲道，至大也，至善也。放而不知求，耳聞目見爲己蔽，父子夫婦爲己累，衣裘飲食爲己欲，既失其本矣，猶皆曰我有知，論事之是非，方人之短長，終不知其陷溺者，悲夫！故孟子曰：「學問之道無他，求其放心而已矣。」

朱子曰：「人之爲道，至善也，至大也」，此說甚善。若性果無善惡，則何以能若是邪？○南軒曰：

論性而曰「善不足以名之」，誠爲未當，如元晦之論也。夫其精微純粹，正當以至善名之。龜山謂「人欲非性也」，亦是見得分明，故立言直截爾。遺書中所謂「善固性也，惡亦不可不謂之性也」，則如之何？譬之水，澄清者其本然也；而或混焉，則以泥滓之雜也。方其混也，亦不可不謂之水也。夫專善而無惡者，性也，而其動則爲情。情之發，有正有不正焉。其正者，性之常也；而其不正者，物欲亂之也，于是而有惡焉，是豈性之本哉？其曰「惡亦不可不謂之性」者，蓋言其流如此，而性之本然者亦未嘗不在也。故善學者，化其滓以澄其初而已。〇朱子曰：某詳此論性甚善。但明道所謂「惡亦不可不謂之性」，是説氣稟之性，觀上下文可見。〇某又看此章云：「本天道變化，爲世俗酬酢」，疑「世俗」字有病，猶釋子之謂父母家爲俗家也。改作「日用」字如何？〇某又細看，雖改此字，亦爲未安，蓋此兩句大意自有病。聖人下學而上達，盡日用酬酢之理，而天道變化行乎其中爾。若有心要本天道以應人事，則胸次先橫了一物，臨事之際，著意將來把持作用，而天人之際終不合矣。大抵自謝子以來，雖説以洒埽應對爲學，然實有不屑卑近之意，故纔説洒埽應對，便須急作精義入神意思，想像主張，惟恐其滯于小也。如爲朱子發説論語，乃云「聖門學者，敢以天自處」，皆是此箇意思。恐不免有病也！

百家謹案：知言「本天道變化，爲世俗酬酢」，就心本體能事言，未曾説到工夫也。似亦無病。

或問性。曰：「性也者，天地之所以立也。」曰：「然則孟軻氏、荀卿氏、楊雄氏之以善惡言性也，非與？」曰：「性也者，天地鬼神之奥也，善不足以言之，況惡乎哉！」或又曰：「何謂也？」曰：「某聞之先君子曰：『孟子所以獨出諸儒之表者，以其知性也。』某請曰：『何謂也？』先君子曰：『孟子之道性善云者，歎美之辭，不與惡對也。』」

或問：「心有死生乎？」曰：「無生死。」曰：「然則人死，其心安在？」曰：「子既知其死矣，而問安在邪！」或曰：「何謂也？」曰：「夫唯不死，是以知之。又何問焉！」或者未達，胡子笑曰：「甚哉，子之蔽也！子無以形觀心，而以心觀心，則其知之矣。」

朱子曰：「『性無善惡』、『心無死生』兩章，似皆有病。性無善惡，前此論之已詳；心無死生，則幾于釋氏輪迴之說矣。天地生物，人得其秀而最靈。所謂心者，乃虛靈知覺之性，猶耳目之有見聞爾。在天地則通古今而無成壞，在人物則隨形氣而有始終。知其理一而分殊，則又何必爲是心無生死之說，以駭學者之聽乎！○南軒曰：「『心無死生』章亦當刪去。

凡天命所有而衆人有之者，聖人皆有之。人以情爲有累也，聖人不去情。人以才爲有害也，聖人不病才。人以欲爲不善也，聖人不絕欲。人以術爲傷德也，聖人不棄術。人以憂爲非達也，聖人不忘憂。人以怨爲非弘也，聖人不釋怨。然則何以別于衆人乎？聖人發而中節，而衆人不中節也。中節者爲是，不中節者爲非。挾是而行則爲正，挾非而行則爲邪。正者爲善，邪者爲惡。而世儒乃以善惡言性，邈乎遼哉！

朱子曰：「聖人發而中節，故爲善。衆人發不中節，故爲惡。世儒乃以善惡言性，邈乎遼哉！」此亦性無善惡之意。然不知所中之節，聖人所自爲邪？將性有之邪？謂聖人所自爲，則必無是理。謂性所固有，則性之本善也明矣。○南軒曰：所謂世儒，殆指荀、楊。荀、楊蓋未知孟子所謂善也。此一段大抵意偏而辭雜，當悉删去。○朱子曰：某詳此段，不可盡删。但自「聖人發而中節」以下删去，而以一言斷之云：「亦曰天理人欲之不同爾！」○南軒曰：所謂「輕詆世儒之過而不自知其非」，恐氣未和而語傷易。析理當極精微，毫釐不可放過。至于尊讓前輩之意，亦不可不存也。○朱子曰：某觀此論，切中淺陋之病，謹已删去訖。

彪居正問：「心，無窮者也，孟子何以言『盡其心』？」曰：「惟仁者能盡其心。」居正問爲仁。曰：「欲爲仁，必先識仁之體。」曰：「其體如何？」曰：「仁之道，弘大而親切。知者可以一言盡；不知者，雖設千萬言，亦不知也。能者可以一事舉；不能者，雖指千萬事，亦不能也。」曰：「『萬物與我爲一』，可以爲仁之體乎？」曰：「子以六尺之軀，若何而能與萬物爲一？」曰：「身不能與萬物爲一，心則能矣。」曰：「人心有百病一死，天下之物有一變萬生，子若何而能與之爲一？」居正竦然而去。他日，某問曰：「人之所以不仁者，以放其良心也。以放心求心，可乎？」曰：「齊王見牛而不忍殺，此良心之苗裔，因利欲之間而見者也。一有見焉，操而存之，存而養之，養而充之，以至于大。大而不已，與天同矣。此心在人，其發見之端不同，要在識之而已。」

朱子曰：某案「欲爲仁，必先識仁之體」，此語大可疑。觀孔子答門人問爲仁者多矣，不過以求仁之方告之，使之從事于此而自得焉爾，初不必使先識仁體也。又「以放心求心」之問甚切，而所答者反若支離。夫心，操存舍亡，間不容息，知其放而求之，則心在是矣。今于已放之心不可操而復存者置不復問，乃俟異時見其發于他處，而後從而操之，則夫未見之間，此心遂成間斷，無復有用功處。及其見而操之，則所操者亦發用之一端耳，于其本源全體，未嘗有一日涵養之功，便欲擴而充之，與天同大，愚竊恐無是理也。○南軒曰：必待識仁之體，而後可以爲仁，不知如何而可以識也。學者致爲仁之功，則仁之體可得而見；識其體矣，則其爲益有所施而無窮矣。然則答爲仁之問，宜莫若敬而已矣。○東萊曰：仁體誠不可遽語。至于答放心求心之問，卻自是一說。蓋所謂「心操存舍亡，間不容息，知其放而求之，則心在是」者，平時持養之功也。所謂「良心之苗裔，因利欲而見，一有見焉，操而存之」者，隨時體察之功也。二者要不可偏廢。苟以此章欠說涵養一段，未見之間，此心遂成間斷，無復用功處，是矣；若曰于已放之心置不復問，乃俟其發見于他處而後從而操之，語卻似太過。蓋見牛而不忍殺，乃此心之發見，非發見于他處也。又謂所操者亦發用之一端，胡子固曰此良心之苗裔，固欲人因苗裔而識根本，非徒認此發用之一端而已。○朱子曰：二者誠不可偏廢，然聖門之教，詳于持養而畧于體察，與此章之意正相反。學者審之，則其得失可見矣。孟子指齊王愛牛之心，乃是因其所明而導之，非以爲必如此然後可以求仁也。夫必欲因苗裔而識根本，孰若培其根本而聽其枝葉之自茂邪？

天地，聖人之父母；聖人，天地之子也。有父母則有子矣，有子則有父母矣，此萬物之所以著見，道之所以名也。非聖人能名道也，有是道則有是名也。聖人指明其體曰性，指明其用曰心。性不能不動，動則心矣。聖人傳心，教天下以仁也。

朱子曰：心性體用之云，恐自上蔡謝子失之。此云「性不能不動，動則心矣」，語尤未安。凡此「心」字，皆欲作「情」字，如何？○南軒曰：心性分體用，誠爲有病。此若改作「性不能不動，動則情矣」一語，亦未安。不若伊川云「自性之有形者謂之心，自性之有動者謂之情」，語意精密也。此一段似亦不必存。○朱子曰：此段誠不必存，然「性不能不動」此語卻安，但下句卻有未當爾。今欲存此以下，而頗改其語云：「性不能不動，動則情矣。心主性情，故聖人教人以仁，所以傳是心而妙性情之德。」又案：伊川有數語，說心字皆分明，此一段卻難曉，不知「有形」二字合如何說。

宗羲案：朱子謂知言可疑者，大端有八：性無善惡，心爲已發，仁以用言，心以用盡，不事涵養，先務知識，氣象迫狹，語論過高。然會而言之，三端而已：性無善惡，一也。心爲已發，故不得不從用處求盡；「仁，人心也」，已發言心，故不得不從用處言仁；三者同條，二也。察識此心，而後操存，三也。其下二句，則不過辭氣之間。愚以爲胡氏主張本然之善，本自無對，便與惡對，蓋不欲將氣質之性混入義理也。心爲已發，亦自伊川初說有「凡言心，皆指已發」而言，以其未定者爲定爾。察識此心而後操存，善觀之，亦與明道識仁無異，不善觀之，則不知存養之熟，自識仁體。有朱子之疑，則胡氏之說未始不相濟也。

五峯先生語

誠成天下之性，性立天下之情，情效天下之動，心妙性情之德。

誠者，命之道乎！中者，性之道乎！仁者，心之道乎！惟仁者爲能盡性至命。補。

梓材謹案：此二條，南軒張子序胡子知言所述五峯先生之言，從謝山補錄南軒文集移入。

心、性二字，乃道義淵源，當明辯不失毫釐，然後有所持循。未發只可言性，已發乃可言心。故伊川云「中者，所以狀性之體段」，而不可言「狀心之體段」。心之體段難言，「無思也，無爲也，寂然不動，感而遂通天下之故」是也。未發之時，聖人與衆同一性；已發，則無思無爲，寂然不動，感而遂通天下之故，聖人之所獨。若楊、尹二先生以未發爲寂然不動，是聖人感物亦動，與衆人何異？至尹先生又以未發爲真心，然則聖人立天下之大業，成絶俗之至行，舉非真心邪？故某嘗謂喜怒哀樂未發，沖漠無朕，同此大本，雖庸與聖無以異。而無思無爲，寂然不動，乃是指易而言。易則發矣。故無思無爲，寂然不動，聖人之所獨。「喜怒哀樂未發」句下，還下得「感而遂通」一句否？若下不得，則知立意自不同。伊川指性指心，蓋有深意。答曾吉甫。

魏鶴山曰：胡五峯此等語，直是廣大而精微。某亦謂「人生而静，天之性也」，此語好 繼云「感于物而動，性之欲也」，此語差。蓋漢儒之論多然。

梓材謹案：此條與鶴山語，從梨洲所錄鶴山師友雅言移入。

五峯文集

來教謂佛氏所以差了途轍者，蓋由見處偏而不該爾。見處偏，踐履處皆偏。大抵入道者自有聖人所指大路，吾輩但當篤信力行。其他異同，一筆句斷。與曾吉甫。

梓材謹案：此條上半截九十八字，移入震澤學案。

河南先生之言曰：「道外無物，物外無道。」晨昏之奉，室家之好，嗣續之託，此釋氏所謂幻妄粗迹，不足爲者。曾不知此心本于天性，不可磨滅，妙道精義，具在于是。聖人寂然不動，感而遂通，百姓則日用而不知爾。釋氏不知窮理盡性，乃以天地人生爲幻化。此心本于天性，不可磨滅者，則以爲妄想粗迹，絶而不爲，別談精妙者，謂之道。未知其所指之心，何以爲心，所見之性，何以爲性。兄得毋未之思乎？萬物皆備于我，反身而誠，仁爲體要，義爲權衡，萬物各得其所，而功與天地參，此道所以爲至也。釋氏狹隘褊小，無所措其身，必以出家出世爲事，絶滅天倫，屏棄人理，然後以爲道，非邪説暴行之大者乎！

致疑聖人，以爲未盡，推信釋氏，以爲要妙，則愚意之所未安。釋氏與聖人大本不同，故末亦異。五典，天所命也；五常，天所性也。天下萬物皆有則，吾儒步步著實，所以允蹈性命，不敢違越也。退可以立命安身，進可以開物成務。不如是，則萬物不備，謂反身而誠，吾不信也。釋氏毁性命，滅典則，以事爲障，以理爲障，而又談心地法門，何哉？縱使身心休歇，一念不生，以至成佛，乃區區自私其身，不能與天下大同。言雖精微，行則顛沛。若大本既明，知言如孟子，權度在我，則雖引用其言，變腐壞爲神奇，可矣。若猶未也，而推信其説，則險詖淫蕩奇衺流遁之辭，善迷人意，使人醉生夢死，不自知覺。故伊川謂須如淫聲美色以遠之。以上與原仲兄。

聖人之道，得其體，必得其用。有體而無用，與異端何辨！井田、封建、學校、軍制，皆聖人竭心思致用之大者也。欲復古，最是田制難得便合法，且井之可也。封建，擇可封者封之，錯雜于郡縣之間，民自不駭也。古學校之法埽地矣，復古法，與今法相增減，亦可也。軍制，今保伍之法猶在，就其中增修，使之合古，行之二十年，長征兵日減，而農兵日盛。但患人不識聖人因天理、合人情、均平精確、廣大悠久之政，不肯行爾！

祖望謹案：此條惟論田制曰「且井之可也」，此句鶻突，不可行。

今之學者，少有所得，則欣然以天地之美爲盡在己，自以爲至足，乃是自暴自棄。左右妙年所見，大體已是。知至矣當至之，知終矣當終之。乾乾不舍，工夫深後，自然已不得。今且當以速成爲戒。

莊子之書，世人狹隘執泥者取其大畧，亦不爲無益。若篤實君子，句句而求，字字而論，則其中無真實妙義，不可舉而行也。其説夫子奔軼絶塵事，類如此矣。

爲學是終身事。天地日月長久，斷之以勇猛精進，持之以漸漬薰陶，升高自下，陟遐自邇，故能有常而日新。以上與張欽夫。

梓材謹案：謝山所録五峯與南軒書六條，其二條移入南軒學案。

吾徒幸不蔽固于俗學，聖賢事業幸有一綫路可以究竟。惟不志于功利，死而後已者，可與共進此道。

書辭有得有失。篤志近思，得也。迫切，則苦而不可久；悔過而不能釋去，則局束而不可大。欲速之心，以未見近功而自謂恐終不能至，則大非所望也。孟子曰：「心勿忘，勿助長。」此養心之要道。學問之道，但患自足自止。若勉進不已，則古人事業決可繼。

前輩凋零殆盡，續之使不絕，正在後輩，其可聽此事若存若亡乎！嗚呼，執書册則言之，臨事物則棄之，如是者，終歸于流俗，不可不戒。

「思曰睿，睿作聖」，豈可放下。若放下時，卻是無所事矣。無所事，則妄人矣。若太勞，則不可。

老人、病人、衰人，有死之道。然以目前觀之，死者亦未必便是三種人。蓋修短有數，一定而不可變。雖聖人，于修短亦聽之，未嘗別致力也，此所以爲聖人。在衆人，則不奈何著死爾。凡事皆然，不特死生也。疏水曲肱，安靜中樂，未是真樂。須是存亡危急之際，其樂亦如安靜中，乃是真樂。此豈易到！古人所以惟日孜孜，死而後已也。讀書一切事，須自有見處方可。不然，汨没終身，永無超越之期，不自知覺，可憐可憐！

當有見處，不可爲事物所驅役。大抵情所重處，便被驅役，自以爲是，而不知區區于一物之中。人本與天地同德，乃自棄于一物，可惜哉！

凡有疑，則精思之。思精而後講論，乃能有益。若見一義卽立一説，初未嘗求大體，權輕重，是謂穿鑿。穿鑿之學，終身不見聖人之用。

心之精微，言豈能宣。涉著言語，便有滯處。歷聖相傳，所以不專在言語之間。以上與彪德美。

聞公每言：「纔親生産作業，便俗了人。」果有此意否？古人蓋有名高天下，躬自鉏菜如管幼安者，灌畦鬻蔬如陶靖節者。使顏子不治郭内郭外之田，饘粥絲麻將何以給？孔子猶且計升斗，看牛羊，亦可以爲俗乎？豈可專守方册，日談仁義，然後謂之清高之人！當以古人實事自律，不可作世俗虛華之見。

「行貴精進，言貴簡約」，欽夫之言眞有益！便可于此痛加工夫。辱許顧我少留，幸甚！雖然，相守著亦不濟事。若左右積思積疑，有不決處，則一夕話眞勝讀十年書。不然，雖某竭其愚，而左右未能脫然有悟處，亦空相守也。仁之一義，聖學要道。直須分明見得，然後所居而安。只于文字上見，不是了了。須于行住坐臥上見，方是眞見。光陰不易得，摧頽之人亦有望于警策也。見處要有領會，不可泛濫；要極分明，不可模糊。直到窮神知化處，然後爲是。道學衰微，風教大頽，吾徒當以死自擔。以上與孫正孺。

附錄

紹興間，先生嘗上書，畧云：徽、欽二帝，劫于讎敵，遠適窮荒。願陛下加兵敵國，庶得復還，父子兄弟，得重相見。引領南望，九年于兹矣！陛下乃北面事仇，偷安江左，亦何誤邪！又陛下卽位以來，中正邪佞，更進更退。然陳東以直諫死于前，馬伸以正論死于後何摧中正之易，去奸邪之難！

高閌爲國子司業，請幸太學。先生見其表，作書責之曰：昔楚懷王不返，楚人憐之，如悲親戚。大上皇劫制于强敵，生往死歸，此臣子傷心切骨，卧薪嘗膽，宜思所以必報也。而柄臣乃敢欺天罔人，以大仇爲大恩乎！昔宋公爲楚所執，及楚釋之，孔子筆削春秋，乃曰：「諸侯盟于薄，釋宋公。」不許楚人制中國之命也。太后天下之母，其縱釋乃在金人，此中華之大辱，臣子所不忍言也。而柄臣乃敢欺天罔人，以大辱爲大恩乎！晉朝廢太后，董養遊太學，升堂歎曰：「天人之理既滅，大亂將作矣！」遂遠引而去。今閣下偃然爲天下師儒之首，既不能建大論，明天人之理，以正君心，乃阿諛柄臣，希合風旨，求舉太平之典，又爲之辭。欺天罔人孰甚焉！

勸樊茂實、沈元簡二御史請立國本。補。

初，南軒見先生，先生辭以疾。他日，見孫正孺而告之。孫道五峯之言曰：「渠家好佛，宏見他説甚！」南軒方悟不見之因。于是再謁之，語甚相契，遂授業焉。南軒曰：「栻若非正孺，幾乎迷路！」

朱子曰：近世爲「精義」之説，莫詳于正蒙。而五峯亦曰：「居敬，所以精義也。」此言尤精切簡當，深可玩味。

又曰：知言中議論多病，近疏所疑，與敬夫、伯恭議論。如心以成性，相爲體用，性無善惡，心無生死，天理人欲同體異用，先識仁體然後敬有所施，先志于大然後從事于小，此類極多。又其辭意多急迫，少寬裕，良由務以智力探取，全無涵養之功，所以至此。然其思索精到處，何可及也。

又曰：五峯善思，然其思過處亦有之。

又曰：五峯臨終謂彪德美曰：「聖門工夫，要處只在箇敬。」此爲名論！

張南軒曰：知言一書，乃其平日之所自著。其言約，其義精，誠道學之樞要，制治之蓍龜也。

又序先生文集曰：先生非有意于爲文者也。其一時詠歌之所發，蓋所以抒寫其性情。而其他述作，與天問答往來之書，又皆所以明道義而參異同，非若世之爲文者，徒從事于言語之間而已也。粤自早歲服膺文定公之教，至于没齒，惟其進德之日新，故其發見于議論之間者亦月異而歲不同。雖然，以先生之學，而不得大施于時，又不幸僅得中壽；其見于文字間者復止于此，豈不甚可歎息！至其所志之遠，所造之深，綱領之大，義理之精，後人亦可以推而得焉。

吕東萊與朱侍講書曰：十年前初得五峯知言，見其間滲漏張皇處多，遂不細看。後來翻閲，所知終是短底。向來見其短而忽其長，正是識其小者。補。

魏鶴山師友雅言曰：周禮不可信。王畿之外，甸、稍、縣、都各五百里。王畿湊合豐、洛之地，方得千里，甸、稍、縣、都如何安排？先儒只去僻處説，不曾從大處看。惟胡五峯斷然以爲劉歆。蓋起于劉歆而成于鄭玄，附離者大半，然紀綱制度縝密處亦多。看周禮，須只用三代法度看，義理方精。鄭注引後世之法，便不是。補。

五峯學侶

簡肅胡籍溪先生憲別爲劉胡諸儒學案。

文清曾茶山先生幾

侍郎李先生椿

彪先生虎臣並見武夷學案。

五峯家學二程三傳。

主簿胡廣仲先生實

胡實，字廣仲，五峯之從弟也。先生年十五，初習辭藝。五峯謂之曰：「文章小技！所謂道者，人之所以生，而聖賢得之，所以爲聖賢也。」先生曰：「竊有志于此，願有以詔之！」由此就學。以門蔭補將仕郎，不就銓選，以講道爲事。晚得欽州靈山主簿，亦未上也。乾道九年卒，年三十八。與考亭、南軒皆有辯論，未嘗苟合也。

廣仲問答

「心有所覺謂之仁」，此謝先生救拔千餘年陷溺固滯之病，豈可輕議哉！夫知者，知此者也；覺者，覺此者也。果能明理居敬，無時不覺，則視聽言動莫非此理之流行，而大公之理在我矣。尚何憤驕險薄之有！

復卦下面有一畫，乃是乾體。其動以天，且動乎至靜之中，爲動而能靜之義，所以爲天地之心乎！以愛名仁者，指其施用之迹也。以覺言仁者，明其發見之端也。

附錄

南軒與朱元晦書曰：胡廣仲不起，可傷。渠邇來雖肯講論，終是不肯放下。病中過此，猶爲及之。然胡氏失之，亦甚害事。補。

胡季隨先生大時別見嶽麓諸儒學案。

胡伯逢先生大原

胡大原，字伯逢，五峯之從子也。雲濠案：伯逢爲致堂先生長子。先生與廣仲、澄齋守其師說甚固，與朱子、南軒皆有辯論，不以知言疑義爲然。

梓材謹案：龜山語錄，陳幾叟、羅仲素與先生所錄，豈先生嘗及龜山之門邪？或先生諸父從龜山遊，有所傳誦而先生錄之邪？

伯逢問答

「心有知覺之謂仁」，此上蔡傳道端的之語，恐不可謂有病。夫知覺亦有深淺。常人莫不知寒識暖，知飢識飽，若認此知覺爲極至，則豈特有病而已！伊川亦曰「覺不可以訓仁」，意亦猶是，恐人專守著一箇覺字耳！若夫謝子之意，自有精神。若得其精神，則天地之用卽我之用也，何病之有！以愛言仁，不若覺之爲近也。

「觀過知仁」云者，能自省其偏，則善端已萌。此聖人指示其方，使人自得。必有所覺知，然後有地可以施功而爲仁也。

胡季立先生大本

胡大本，字季立，茅堂次子，伯逢弟也。梓材案：先生乃伯逢從弟。與南軒共學于嶽麓。補。

五峯門人

宣公張南軒先生栻別爲南軒學案。

彪先生居正

彪居正，字德美，湘潭㊀人也。其父虎臣從胡文定公遊，先生因事五峯。五峯疾病，先生問之，且求教焉。五峯曰：「聖門工夫，要處只在箇敬字。游定夫先生所以得罪于程氏之門者，以其不仁不敬而已。」先生著述雖不傳，然觀五峯所答先生書，皆志其學之大者。蓋南軒之下，卽數先生，當時有彪夫子之稱。修。

梓材謹案：先生問心與爲仁于五峯，見上知言。

吴橙齋先生翌

吴翌，字晦叔，建寧府人。遊學衡山，師事五峯，聞其所論學問之方，一以明理修身爲要，遂捐科舉

㊀「湘潭」原作「湘鄉」，據龍本及胡五峯文集卷三彪君墓志銘改。

之學，曰：「此不足爲吾事也！」五峯殁，又與張南軒、胡廣仲、胡伯逢遊。張氏門人在衡湘者甚衆，無不從之參決所疑。築室衡山之下，有竹林水沼之勝，取程子「澄濁求清」之語，榜之曰澄齋。淳熙四年，卒，年四十九。朱文公集有行狀。

澄齋問答

遺書云：「自性之有形者謂之心，自性之有動者謂之情。」又曰：「心本善，發于思慮則有善有不善。若既發，則可謂之情，不可謂之心。」夫性也，心也，情也，其實一也。今由前而觀之，則是心與情各自根于性矣；由後而觀之，則是情乃發于心矣。竊謂人之情發，莫非心爲之主，而心根于性，是情亦同本于性也。今曰「若既發，則可謂之情㊀，不可謂之心」，然則既發之後，安可謂之無心哉？豈非情言其動，而心自隱然爲主于中乎？

若不令省察苗裔，便令培壅根本，夫苗裔之萌且未能知，而還將孰爲根本而培壅哉？此亦何異閉目坐禪，未見良心之發，便敢自謂我已見性者！故文定公曉得敬字，便不差也。

程子云：「視聽思慮動作，皆天也。但其中要識得真與妄爾。」伯逢疑云：「既是天，安得妄？」某以爲此六者，人生皆備，故知均稟于天。但順其理則是真，違其理則是妄，卽人爲之私爾。

姜定庵曰：「人心道心，同是一心」，正謂此也。

㊀「情」原作「性」，據上文引遺書改。

孫先生蒙正別見元城學案。

監嶽趙先生師孟

趙師孟，字醇叟，□□人。以蔭入官，監永州酒稅。用宗室恩，得監潭州南嶽廟。自是之後，寓居南嶽蕭寺中，從五峯遊，餘三十年，自以爲未有得。其後有室家之戚，歷時而情累未遣，頗以爲病。一日晨起，洒然有喜色。家人怪而問焉，則笑而不答。已而語其友人曰：「吾今而後，始爲不負此生。平時滯吝冰解凍消，其樂有不可名言者！」乾道八年卒，年六十四。

趙先生棠

趙棠，衡山人。少從五峯學，慷慨有大志。嘗見張魏公于督府，魏公雅敬其才，欲以右選官之，不爲屈，乃命子南軒與先生交。先生之子方又從南軒學。

通守方困齋先生疇別見紫微學案。

通判向先生浯

向浯，字伯源，薌林侍郎仲子也。從胡文定公遊，卒業于五峯。端重有父風。以邵陽通判挂冠歸。補。

蕭先生□

蕭□，南軒高弟定夫之父也。魏鶴山述定夫之言曰：「佐之先人事五峯先生，與張宣公爲同門友」云。參鶴山文集。

胡氏所傳

修撰楊先生大異

楊大異，字同伯，醴陵人。從五峯受春秋。梓材案：當作「從胡氏授春秋」。嘉定中進士，授衡陽主簿。調龍泉尉。召對，極言時政，進直祕閣。

謝山跋宋史列傳曰：楊大異登嘉定十三年進士。其爲四川參議官，死節更生，在理宗嘉熙三年。已而入知鼓院，遷理寺，出除廣東庾節，除祕閣，奉祠，蓋尚未六十也。家居又二十四年卒。而宋史言其少時乃嘗受春秋于五峯胡氏之門。愚考五峯之卒，在紹興之末。今姑以大異死節之時追計之，問以孝宗二十六年，光宗五年，寧宗三十年，理宗十三年㊀，已七十餘矣。大異從五峯時，卽甚少，亦當及冠。果爾，則其成進士已六十餘，本傳「年八十二」之言，又恐不足信也。五峯弟子，寥寥寡傳，然自南軒而外，如彪居正、吳晦夫，俱在淳熙前後之間。大異相去懸殊于嶽麓弟子吳、趙輩，尚稱後進，則謬誤可知。諸胡以籍溪爲最長，致堂、茅堂皆與五峯年相若，無及孝宗之世者。惟廣仲稍後死，其與南軒昌明文定之學，最爲碧泉遺老，或者大異曾受經焉，而本傳因之成

㊀「十三年」當作「十五年」。考自理宗寶慶元年至嘉熙三年共十五年。

訛耳。

梓材謹案：五峯兄弟，致堂以紹興二十一年㊀辛未卒，籍溪以紹興三十二年壬午卒。謝山謂五峯之卒在紹興之末，蓋與籍溪前後卒。若廣仲之卒，在乾道九年癸巳，僅後十一年。又七年而南軒亦卒。茅堂未詳其年，其卒亦未必在廣仲之後。疑楊先生所從受春秋者，尚在五峯之子季隨兄弟也。

彪氏門人二程四傳。

提刑劉退庵先生強學別見嶽麓諸儒學案。

趙氏家學

忠肅趙先生方別見嶽麓諸儒學案。

蕭氏家學

蕭定夫先生佐別見嶽麓諸儒學案。

㊀「二十一年」疑誤，參本書卷四十一胡寅傳校記。

宋元學案卷四十三

劉胡諸儒學案

黄宗羲原本　黄百家纂輯　全祖望補定

劉胡諸儒學案表

劉勉之（元城、龜山、譙氏門人。涑水、二程再傳。安定、濂溪三傳。）
- 朱熹（别爲晦翁學案。）
- 吕祖謙（别爲東萊學案。）

胡憲（文定從子。譙氏門人。伊川再傳。安定、泰山、濂溪三傳。）
- 魏掞之
- 朱熹（别爲晦翁學案。）
- 劉懋
  - 子爚
  - 子炳（並見滄洲諸儒學案。）

邵景之
方耒見下屏山門人。

劉子翬洛學私淑。
從子珙
嗣子玶
朱熹別爲晦翁學案。
劉懋見上籍溪門人。
方耒
黄銖——陳以莊
詹體仁別見滄洲諸儒學案。

陸祐
林之奇
李楠
李樗並見紫微學案。

方德順
朱松別見豫章學案。
並劉、胡學侶。

劉胡諸儒學案序録

祖望謹案：白水、籍溪、屏山三先生，晦翁所嘗師事也。白水師元城，兼師龜山；籍溪師武夷，又與白水同師譙天授；獨屏山不知所師。三家之學畧同，然似皆不能不雜于禪，故五峯所以規籍溪者甚詳。其時閩中又有支離先生陸祐者，亦于三先生爲學侶焉。述劉胡諸儒學案。梓材案：是卷學案亦謝山所特立，所以表晦翁之師也。内胡籍溪傳本在武夷學案，照序録移入之。

劉楊門人馬、程再傳。

簡肅劉白水先生勉之

劉勉之，字致中，建州崇安人。少以鄉舉入太學。時蔡京方嚴挾元祐書制之禁，先生心知其非，陰訪伊洛程氏之書，藏于篋底，深夜下帷燃膏，潛鈔而默誦之。學易于譙天授定。已而厭科舉業，南歸見劉元城、楊龜山，皆請業焉　亂後故山室廬荒頓，乃結茅别墅，讀書其中，力耕自給，澹然無求于世，與胡籍溪、劉屏山日以講論切磋爲事。紹興間，特召詣闕，先生知不與秦檜合，即謝病歸，杜門十餘年，學者踵至，人號曰劉白水先生㊀。婦家富，無子，謀盡以貲歸于女，先生不受，以畀族之賢者，命之奉祀。

㊀宋史本傳此句作：「所居有白水，人號曰白水先生。」

其友朱韋齋卒，屬以後事，且戒子受學焉，故文公之得道，自先生始。卒，年五十九。雲濠案：是傳原題「聘君」，據閩書，先生謚簡肅。

附錄

中書舍人呂公居仁知公之深，嘗以小詩問訊，有「老大多材，十年堅坐」之句，世傳以爲實録。時國家南渡幾十年，謀復中原以攄宿憤，而未有一定之計，方且寤寐俊傑，與圖事功。呂公乃與同列曾公天游、李公似之、張公子猷三數人者，共列其行誼志業，以聞于朝，特詔詣闕。將行，屏山先生爲作招劍之文以祝之，其卒之亂曰：「寶劍徠，奉君王。撫四裔，定八荒。時乎時，毋深藏！」其所望于先生者如此！

秦檜專柄國政，方決和戎之策，惡聞天下正論。意山林之下，不顧利害，敢盡言觸忌諱，尤不欲使見天子談當世事，第令策試後省，給札，俾上其對。先生知道不易行，即日謝病歸，杜門高卧十餘年，造養益熟，名聞日尊。故相趙忠簡公出鎮南州，道出里門，紆轡入謁，坐語移日，彌加歎重。然而去未幾即遭讒，竄海外以殁。同時知先生者，亦皆廢錮不復用，先生竟不及一試于用而卒。有志之士，莫不哀之。

林少穎祭先生文曰：「嗟嗟先生，久居隱淪，采芝食菊，若將終身。短檠萬卷，精義入神，氣溢六合，力輕千鈞。藉使逢辰，素志獲伸，成康其俗，堯舜其君。天胡不弔，忍使邅迍，百不一試，老死荆榛！」從黄氏補本録入。

武夷家學伊川再傳。

簡肅胡籍溪先生憲

胡憲，字原仲，崇安人，文定從父兄子也。從文定學，卽會悟程氏之說。紹興㊀中，以鄉貢入太學，會伊洛學有禁，先生獨與鄉人劉白水勉之陰講而竊誦焉。既而學易于譙天授，久未有得，天授曰：「是固當然。心爲物滓，故不能有見。惟學乃可明耳！」先生喟然歎曰：「所謂學者，非克己工夫邪？」一旦揖諸生歸，隱故山，力田賣藥以養其親，從遊日衆。行義聞于朝，詔特徵之，賜進士出身，授左迪功郎、建州學教授，先生猶不起。郡守魏矼手書開譬，始就職，迪諸生以爲己之學，諸生孚化，共留七年不徙。以母老，監南嶽廟以歸。是時秦檜用事，先生無復當世之念。及檜死，召爲祕書正字，疏言金人勢必敗盟，宿將惟張浚、劉錡在，願亟起之。時兩人皆爲積毀所傷，無有敢顯言者，先生疏入，卽求去，帝嘉其忠，詔改秩左宣教郎，主崇道觀，歸。初，先生與劉白水俱隱，又與劉屏山子翬、朱韋齋松交。韋齋將沒，特屬其子文公熹並受學。文公自謂從三君子遊，而事籍溪先生爲最久。籍溪，先生之所居，而以自

㊀此以下言胡憲於紹興中在太學與劉勉之陰習伊洛之學，「紹興」二字疑誤。按宋史劉勉之傳云：「踰冠，以鄉舉詣太學，時蔡京用事……」，又云：「紹興十九年卒，年五十九。」是劉氏入太學在紹興元年以前，又蔡京用事亦在北宋末期，則胡憲亦不得晚至紹興中始入太學。朱文公文集卷九十七籍溪先生胡公行狀謂胡憲「稍長，從文定公學，尋以鄉貢入太學」，又謂紹興三十二年卒，享年七十有七，亦可證其入太學在紹興以前。

號者也。年七十七卒，諡簡肅。

凡學者治經術，商論義理，可以問人。至于出處，不可與人商量。

胡籍溪語補。

祖望謹案：時范伯達被召，問之，先生不應。再三叩之，答以此語。

附錄

先生歸隱故山，決意不出，文定稱其有隱君子之操，賢士大夫皆注心高仰之。于是朝臣折公彥質、范公沖、朱公震、劉公子羽、呂公祉、呂公本中共以先生行義聞于朝，詔特徵之，先生以母老辭。折公入西府，又言于高宗，促召愈急，先生辭益固。郡守魏公矼遣行義諸生入里致詔，且手書陳大義，開譬甚力，始不得已出拜命。

紹興己卯，先生由司直改正字，將就職，晦翁送行詩云：「執我仇仇詎我知，漫將行止驗天機。猿驚鶴怨因何事？只恐先生袖手歸。」後又寄詩云：「先生去上芸香閣，閣老新峩豸角冠。時劉珙自祕書丞除察官。留取幽人卧空谷，一川風月要人看。」「甕牖前頭列畫屏，晚來相對靜儀型。浮雲一任閒舒卷，萬古青山只麽青。」五峯見之曰：「其言有體而無用。」別賡之曰：「幽人偏愛青山好，爲是青山青不老。青山出雲雨太虛，洗盡塵埃山更好。」

先生質本恬淡，而培養深固，平居危坐植立，時然後言，望之枵然，如槁木之枝，而卽之温然。雖當倉卒，不見其有疾言遽色。人或犯之，未嘗校也。其讀書不務多爲訓説，嘗纂論語説數十家，復鈔取其要，附以己説。先生教諸生，于功課餘暇，以片紙書古人懿行，或詩文銘贊之有補于人者，黏置壁間，俾往來誦之，咸令精熟。

謝山書文定傳後曰：「宋史別列籍溪于隱逸，不知是何義例。籍溪雖立朝不久，然再召適當秦檜諱言之後，一時誦其輪對疏者，以爲朝陽之鳳，固不可謂之潛德終淪者矣。況淵源實建安所自出，雖建安謂其講學未透，要不可不列之儒林也。」又曰：「籍溪少嘗賣藥，其後書堂中尚有胡居士熟藥正鋪牌，卒成一代儒者，真人豪哉！」

洛學私淑

觀使劉屏山先生子翬

劉子翬，字彦沖，崇安人，忠顯公韐仲子。以父任授承務郎，辟真定府幕屬㊀。以父死靖康之難，痛憤，廬墓三年。服除㊁，通判㊂興化軍。以執喪致羸疾，不堪吏事，辭歸武夷山。間走父墓下，瞻望徘徊，涕泗嗚咽，或累日而返。妻死不再娶，事繼母呂氏及兄子羽盡孝友。姪珙敏而嗜學，教之不懈。

㊀「以父任授承務郎，辟真定府幕屬」二句，原在下文「廬墓三年」之下，據宋史本傳移至此。按真定府屬河北西路，北宋宣和末陷於金，則劉子翬辟真定府幕屬當在其父死於靖康之難以前。㊁「服除」二字，據宋史本傳增。㊂「判」原作「州」，形近而訛，據宋史本傳改。

所與遊皆海内名士，韋齋朱先生且以子文公托之。先生少喜佛，歸而讀易，涣然有得。以爲學易莫先于復，而初九乃其工夫之要。文公嘗請益，先生曰：「吾于易，得入道之門焉。所謂『不遠復』者，吾之三字符也，佩服周旋，罔敢失墜。汝尚勉哉！」一日感微疾，謁家廟，泣别其母，與親朋訣，付珙家事，指己所葬處。後二日卒，年四十七。學者稱爲屏山先生。雲濠案：先生著有屏山集二十卷，子玶編，朱子序之。

聖傳論

吾觀古聖賢進修之速，未有如湯者。湯之盤銘曰：「苟日新，日日新，又日新。」夫豈有瞬息悠悠意度哉！樂善如貪，契理如函，聞非如獲利，舍過如遺蜕，德必日新也。日新之學，非踐履純實，不自覺知。彼謂聖道一言可契，非由階級，不假修爲，以日就月將爲初學，以真積力久爲鈍才，是自誣也！

學易者必有門户。復卦，易之門户也。入室者必自户，學易者必自復始。得是者，其惟顔氏乎！

附録

先生學尤深于易。家有東西二齋，東以復名，西以蒙名。齋之記有曰：「三代而下，易學廢矣！六國之士爲談説所蒙，兩漢之士爲章句所蒙，晉、魏之士爲虚無所蒙，隋、唐之士爲辭藻所蒙，皆處偏滯而不反。如波滚沙，反以自渾；如谷騰霧，反以自暝。初不知其豁然者常存也。今吾與二三子既知之矣，可不兢兢肅肅，以養其聖邪！」

或問：「原道謂『軻之死不得其傳』，程子以爲非見得真實，不能出此語。屏山乃以爲孤聖道，絶後學，何如？」朱子笑曰：「屏山只要説釋子、道流皆得其傳耳！」

劉胡學侶

教授陸支離先生祐

陸祐，字亦顔，侯官人也。以進士爲主簿，尋爲湖廣南路宣撫司準備差遣，又任福建茶鹽公事官，所至盡心職事，察寃獄，有惠政，不求榮進。或勸以治生者，笑而不答。其守身持家，不隨俗爲好惡，不顧人之是非，一準禮經。沈酣經學，篤信自守。閩中自古靈先生倡道，其後游、楊、胡三子得程氏之傳，先生則自得之者也。東萊呂居仁入閩，福州諸子如李楠、林之奇、李楟輩，皆從遊焉。居仁歸浙，之奇輩無所卒業，適先生自楚中歸，大喜，羣造其門。居仁寄詩有云「時從陸丈人，共此一篇書」者也。里人乞爲本州添差教授，葉石林以聞，從之，命下而卒，學者稱爲支離先生，其晚年所自署也。補。

附録

林少穎祭先生文曰：「嗟嗟先生，仕則不達，壽則不永。亦有以是爲先生之恨者，是皆淺之爲丈夫也！先生之志，尚友古人于千載之上，蓋已得夫顔、曾之遺風。義理是非之分，辭受進退之節，皎然明白于世，而處常得終以死，在先生無一恨」云。觀此，亦足以見其人之大概矣！從黄氏補本録入。

庶官方先生德順

方德順，莆陽人。早以文行知名，一時諸公長者皆折輩行與交。紹興初，嘗召對，極論講和不便，雖不合以去，而名聞益高。張忠獻、折大參、曾侍郎、張給事、呂舍人皆深知之，仕竟不遭以卒。參朱子文集。

梓材謹案：謝山學案劄記：「方德順，侯官人。呂東萊祭林少穎文有云『里居之良，若方若陸』，王厚齋困學紀聞引此，原注：『方德順、陸亦顏。』陸爲支離，方卽先生，其名未詳。」

獻靖朱韋齋先生松別見豫章學案。

白水門人馬、程三傳。

文公朱晦庵先生熹別爲晦翁學案。

成公呂東萊先生祖謙別爲東萊學案。

籍溪門人伊川三傳。

直閣魏艮齋先生掞之

魏掞之，字子實，初字元履，建寧人。嘗師籍溪胡先生。登鄉舉，禮部不第，遂不復出，築室讀書，榜以艮齋，人稱艮齋先生。乾道中，詔舉遺逸，力辭。陳相魏公俊卿雅知先生，招致甚力，乃以布衣陳當時之務，賜同進士出身，爲太學録。請廢王安石父子從祀，追爵程顥、程頤，列祀典，不報。又請罷詞賦空言，取人宜以德行經術爲先，其次則通習世務，亦不報。喟然嘆曰：「上恩深如此，而吾德不足以感悟聖意！」遂丐去。會倖臣曾覿召還，復累疏諫，遺書陳魏公，責其不能救正，語甚切至，罷爲台州教授。居家謹喪祭，重禮法。行古社倉，民賴以濟。諸鄉社倉自先生始。或訾其近名，則蹙然曰：「使夫人避此嫌，爲善之路絶矣！」病革，母視之，不巾不見。戒其子「勿以僧巫俗禮浼我」。素與朱文公遊，趣向相同，召至，委以後事而卒，年五十八，贈宣教郎、直祕閣。

附録

幼有大志。少長，遊郡庠，事胡公憲，奇之。已而徧從鄉之儒先長者遊。間適四方，又盡交其先達名士。于是聞見日廣，而聲稱日益大。

于學無不講，而尤長于前代治亂興衰存亡之説，以及本朝故事之實，皆領畧通貫，識其大者。平居論説，聽者悚然。

故相趙忠簡薨海上，歸葬常山。衢守章傑雅怨忠簡，又希秦檜意，逮繫其家人，劾治甚急，人畏其兇虐，無敢議者。先生適客衢，獨慨然以書譙傑，傑亦不能害也。

先生諫曾覿事，又以書切責陳魏公。魏公亦不堪，乃因其告歸，罷爲台州教授。覿時至龍山已久，候先生去，然後入。

朱子記先生贈告後曰：掞之本以白衣召見，天子悦之，擢爲學官。在職未幾，數上書論政，以至力遏近倖之不當進者，遂不自安而告歸，以卒。上則初未始厭其言也，越五年而眷念不忘，咨嗟憫悼，錫命追榮如此。嗚呼，偉哉！甚盛德也。所以感人心而厲臣節，爲何如邪！因書所記，并刻于石，以答揚先帝之光訓，俾彌億萬年不墜于地。是則不惟聖子神孫永有觀法，而任事之臣，有志之士，亦得以稱誦道説，更相勉勵，而益勸于忠讜云。

張采謹案：君子難進易退，大約綽有餘地。若待上厭而始歸，則斥逐隨之矣。功名中一輩所以昧昧爾！

文公朱晦庵先生熹別爲晦翁學案。

朝奉劉恆軒先生懋

劉懋，字子勉，建陽人。從劉屏山、胡籍溪學。以文林郎奉祀，以朝奉大夫致仕。學者稱恆軒先生。文簡公爚，其子也。

縣令邵先生景之

邵景之，字季山，古田人，横渠弟子彦明之姪。早負文名。登第後，攝教建寧，受業于籍溪胡氏之門，官止莆田令。先生幼喪母，事繼母以孝聞。所著有玉坡集。參姓譜。

縣令方先生耒見下屏山門人。

屏山家學

忠肅劉先生珙

劉珙，字共父，崇安人，安撫使子羽之子也。生有奇質，從季父屏山先生學。以蔭補承務郎，登進上乙科，監紹興府都税務。請祠歸，杜門力學，不急仕進。後歷禮部郎。秦檜欲追謚其父，召禮官會議，先生不至，檜卽諷言者逐之。檜死，召爲大宗正丞㊀。累遷中書舍人、直學士院。出知潭州、湖南安撫使。終建康府、江東安撫使、行宮留守。進觀文殿學士，屬疾，請致仕，草遺奏言：「恭、顯、伾、文，近習用事之戒。今以腹心耳目寄之此曹，朝綱以紊，士氣以索，民心以離，咎皆在此。陳俊卿忠良確實，可以任重致遠，張栻學問醇正，可以拾遺補闕，願亟召用。」既又手書與南軒、晦翁訣，皆以未能爲國雪讎爲恨。卒，年五十七，贈光禄大夫，謚忠肅。先生事繼母以孝聞。功緦之戚，必素服以往。喜受盡言，事有小失，下吏言之，立改。臨數鎮，民愛如父母，聞訃，有罷市巷哭，相與祠之者。

㊀「丞」字原無，據宋史本傳增。按宋史職官志四，知大宗正事、同知大宗正事皆擇宗室爲之，惟丞可用異姓。劉珙係異姓，當只作丞。

附錄

南軒與朱元晦書曰：共父，今日達官似皆不逮之，憂患中正宜進德。此有賴于兄，愛之尤深，責之尤重。補。

祖望謹案：是時共父以憂歸。

又曰：前書勸共父謙虛，使人得以自盡，人才大小皆有用處。而報書謂到江上尤不見有人才，竊懼此語。天下事豈獨智力能辦？通都會邑，豈無可器使者？恐吾恃聰明以忽之，彼無以自見耳。若當大任，實有所妨。望兄其以此意開廣之。補。

從事劉七者先生玶

劉玶，字平甫，屏山之子。仕爲從事郎。自號七者翁，每與朱晦庵諸名賢倡和，有詩集十卷。參姓譜。

梓材謹案：先生，少傅公子羽之幼子也。以公命，爲屏山先生後，娶范直閣如圭之女。

附錄

朱子與平甫書曰：學問之道，不在于多言，但默坐澄心體認，天理若見，雖一毫私欲之發，亦自退聽矣。久久用力于此，庶幾漸明，講學始有力也。補。

又曰：「大率有疑處，須静坐體究，人倫必明，天理必察。于日用處著力，可見端緒，在勉之爾。」補。

屏山門人

文公朱晦庵先生熹別爲晦翁學案。

朝奉劉恆軒先生懋見上籍溪門人。

縣令方先生耒

方耒，字耕道，莆田人也。曾祖元寀，曾共學于伊川；從父翥，則王信伯之私淑也。先生爲南軒之客，亦與朱子共講學。雲濠案：一本云：「少孤貧苦學，遊建安，參謁朱子。乾道中登第，爲善化尉。」以直道待南軒，在幕府中無阿辭。南軒嘗曰：「友朋之足與共死生禍福者，耕道也。」已而以先生與游九言並薦爲屬，曰：「是二人能攻臣過者。」官終連江令。後村以先生置朱、張弟子之列，非也。觀勉齋跋先生遺墨，則可見矣。先生有弟曰禾，亦講學。補。

梓材謹案：方耕道有二：一名疇，弋陽人；一名耒，莆田人。謝山始并爲一人，而立之傳，云：「徧從橫浦、籍溪、澹庵、屏山遊。」既復抹而分爲之傳，于弋陽耕道傳云「徧從胡文定父子、張橫浦諸公遊」，于是傳云「與朱子共講學」。籍溪爲文定從子，與屏山皆朱子師。弋陽耕道既從胡氏遊，則莆田耕道必屏山門人，而與朱子同學矣。

隱君黃縠城先生銖附門人陳以莊。

黃銖，字子厚，建安人也。隱居不仕，從劉屏山遊。屏山門下，朱子最爲大儒，而先生亦其眉目也。

屏山歿，遺文散落，晦翁與先生讎校以傳。固窮而卒，所著有穀城集五卷，朱子序之，謂其文學太史公，詩學屈、宋、曹、劉，隸、古皆得魏晉以前筆意。而西山後序述其詩曰：「先生有遺訓，憂道不憂貧。」又曰：「私意苟未克，放心何由馴！」此不媿爲屏山之徒矣。有高弟曰陳以莊，字敬叟，其甥也，亦工詩。修。

總領詹元善先生體仁別見滄洲諸儒學案。

陸氏門人

提舉林三山先生之奇

李和伯先生楠

李迂齋先生樗並見紫微學案。

恆軒家學伊川四傳。

文簡劉雲莊先生爚

侍郎劉先生炳並㊀見滄洲諸儒學案。

㊀「並」原作「別」，據本卷劉胡諸儒學案表及全書體例改。

宋元學案卷四十四

趙張諸儒學案 全祖望補本

趙張諸儒學案表

趙鼎 子文門人。百源、伊川再傳。安定、濂溪三傳。——子諡——曾孫綸別見滄洲諸儒學案。
——王大寶——張栻別爲南軒學案。

張浚 譙氏門人。伊川、東坡再傳。安定、濂溪、老泉三傳。——子栻別爲南軒學案。
——子杓——孫忠恕別見南軒學案。
——王十朋——子聞詩
——子聞禮
——宋晉之——弟習之

楊萬里——子長孺
　劉儼
　呂陟別見南軒學案。
羅博文別見豫章學案。
張杰別見玉山學案。
陸游別見荆公新學畧。

汪應辰別爲玉山學案。
趙、張學侶。
陳良翰
芮燁——
　呂祖謙別爲東萊學案。
　陳傅良別爲止齋學案。
　陳亮別爲龍川學案。
　蔡幼學
　陳武並見止齋學案。
陳鵬飛——
並趙、張同調。
　黃補
　林光朝別爲艾軒學案。
　范端臣別見范許諸儒學案。

趙張諸儒學案序録

祖望謹案：中興二相，豐國趙公嘗從邵子文遊，魏國張公嘗從譙天授遊。豐公所得淺，而魏公則惑于禪宗，然伊洛之學從此得昌。魏公以曾用陳公輔得謗，或遂疑其阻塞伊洛之學，與豐公有異同，未必然也。陳公良翰、芮公煜之徒，亦吾道之疏附也。述趙張諸儒學案。梓材案：謝山是卷序録原底作趙張二公學案，後定序録刊本，益以陳、芮諸公，故易其稱。

子文門人邵、程再傳。

忠簡趙得全先生鼎

趙鼎，字元鎮，聞喜人。生四歲而孤，母樊氏教之，通經史百家之書。登崇寧五年進士第，對策斥章惇誤國。累官開封士曹。金人陷太原，朝廷議割三鎮地，先生曰：「祖宗之地，不可與人，何庸議！」已而京師失守，金人議立張邦昌，先生與胡寅、張浚逃太學中，不書議狀。高宗即位，累除司勳郎官。久雨，詔求闕政，先生言：「自蔡京託紹述之名，盡祖安石之政，凡今日之患，始于安石，成于蔡京。今安石猶配享廟廷，而京黨未除，時政之闕，無大于是。」上爲罷安石配享。擢右司諫，旋遷殿中侍御史。中丞范宗尹言故事無自司諫遷殿中者，上曰：「鼎在言路，極舉職，所言四十事，已施行三十有六。」遂還侍御史。北兵至江上，先生陳戰、守、避三策，拜御史中丞。韓世忠敗金人于黄天蕩，宰相吕頤浩請上幸浙西，先生以爲不可輕舉。頤浩惡其異己，改先生翰林學士，不拜，改吏部尚書，又不拜，疏頤浩過失凡千言。上罷頤浩，詔先生復爲中丞，曰：「朕每聞前朝忠諫之臣，恨不之識，今于卿見之。」除端明殿學士、僉書樞密院事。金人攻楚州，先生上章丐去。會辛企宗除節度使，先生言企宗非軍功，忤旨，出奉祠。除知平江府，尋改知建康，又移知洪州。襄陽陷，召拜參知政事。宰相朱勝非言襄陽國之上流，不可不急取。上問岳飛可使否，先生曰：「知上流利害，無如飛者。」飛出師，竟復襄陽。言者謂當國者不知兵㊀，乞令參政通知，由是爲勝非所忌。除先生知樞密院、川陝宣撫使，先生辭以非才。上曰：「四川全盛，半天下之地，盡以付卿，黜陟專之可也。」時吳玠爲宣撫副使，先生奏言：「臣與玠同事，或節制之邪？」上乃改先生都督川、陝諸軍事。九月㊁，拜尚書右僕射、同中書門下平章事，兼知樞密院事。制下，朝士相慶。時劉豫子麟與金人合兵大入，諸將各異議，獨張俊㊂以爲當進討，先生是其言，且言：「陛下養兵十年，用之正在今日。若少加退沮，卽人心渙散，長江不可恃矣！」乃命諸將邀諸淮，連敗之，金人遁去。上謂先生曰：「將士致勇争先，諸路守臣亦翕然自效，乃朕用卿之力也。」先生謝曰：「皆出聖斷，臣何力之有！」上嘗語張浚曰：「趙鼎真宰相，天使佐朕中興，可謂宗社之幸也！」五年，上還臨安，制以先生守左僕射、知樞密院事，張浚守右僕射、兼知樞密院事，都督諸路軍馬。先生以政事先後及人才

㊀按宋史本傳此句上有「朱勝非兼知樞密院」句，當據補，文意始完足。

㊁點校本宋史此處有校云：「本書卷二七高宗紀、十朝綱要卷二二繫此事於紹興四年九月，此處失書紀年。」

㊂「俊」原作「浚」，據宋史本傳及張俊傳（張俊傳繫此事於紹興四年十月）改。按張俊與下文張浚非一人。

所當召用者，條而置之座右，次第奏行之。皇子瑗封建國公，于行宫門外建資善堂，先生薦范沖爲翊善，朱震爲贊讀，朝論謂二人極天下之選。先生以宰相監修神宗、哲宗二史，是非各得其正，上親書「忠正德文」四字，又以御書尚書一帙賜之。張浚在江上，嘗遣其屬呂祉入奏事，所言誇大，先生每抑之，上曰：「他日張浚與卿不和，必呂祉也。」後浚因論事，語意微侵先生。先生言：「臣初與浚如兄弟，因呂祉離間，遂爾睽異。今浚成功，當使展盡底蘊。浚當留，臣當去。」浚又嘗奏乞幸建康，而先生與折彦質請回蹕臨安。暨浚還，乞乘勝攻河南，先生與議不合，乃以觀文殿大學士知紹興府。及浚去位，乃以萬壽觀使兼侍讀召先生，入對，拜尚書左僕射、同中書門下平章事，兼樞密使，進四官。上言：「淮西之報初至，執政奏事皆失措，惟朕不爲動。」先生曰：「今見諸將，尤須靜以待之。不然，益增其驕蹇之心。」先生再相，或議其無所施設，先生聞之曰：「今日之事，如人患羸，當靜以養之。若復加攻砭，必傷元氣。」金人遣使議和，朝論以爲不可信，上怒。先生曰：「陛下于金人，有不共戴天之讎。今屈己請和，不憚爲之者，以梓宫及母后耳！羣臣憤懣之辭，出于愛君，不可以爲罪。陛下宜諭之曰：『講和非吾意，以親故，不得已爲之。但得梓宫及母后還，敵雖渝盟，吾無憾焉。』」上從其言，羣議遂息。給事中張致遠以潘良貴、常同被斥，不書黄，上怒，顧先生曰：「固知致遠必繳駁！」蓋已有先入之言。秦檜繼留身奏事，既出，先生問帝何言，檜曰：「上無他，恐丞相不樂耳。」嗣因和州防禦使璩除節鉞，封國公，先生奏：「建國雖未正名，天下皆知陛下有子，在今禮數不得不異。」上曰：「姑徐之。」檜後留身，不知所云。先生嘗闢和議，與檜意不合。及先生以争璩封國事拂上意，檜乘間擠之，又薦蕭振爲侍御史。振本先生所引，及入臺，劾參知政事劉大中罷之。先生曰：「振意不在大中也！」振亦謂人曰：「趙丞相不待論，當自爲去就。」先生引疾求免，言：「大中持正論，爲章惇、蔡京之黨所嫉。臣議論出處與大中同，大中去，臣何可留！」乃以忠武節度使出知紹興府，尋加檢校少傅，改奉國軍節度使。檜率執政往餞，先生不爲禮，一揖而去，檜益憾之。初，先生與張浚薦檜可共大事，然檜機穽深險，外和而中異。浚初求去，有旨召先生。先生全越，丐祠，檜惡其逼己，徙知泉州。又嗾言者論其嘗受僞命，屢謫清遠軍節度副使，潮州安置。在潮五年，杜門謝客，時事不挂口。有問者，引咎而已。中丞詹大方誣其受賄，移吉陽軍，先生謝表曰：「白首何歸，悵餘生之無幾，丹心未泯，誓九死以不移。」檜見之曰：「此老倔強猶昔。」在吉陽三年，門人故吏不敢通問，惟廣西帥張宗元時饋醪米。檜知之，命本軍月具存亡申。先生遣人語其子汾曰：「檜必殺我。我死，汝曹無患。不爾，禍及一家矣！」先得疾，自書墓中石，記鄉里及除拜歲月。至是，書銘旌云：「身騎箕尾歸天上，氣作山河壯本朝。」不食而死。天下聞而悲之。明年，得旨歸葬。孝宗即位，諡忠簡，贈太傅，追封豐國公。高宗祔廟，以先生配享廟廷，擢用其孫十有二人。先生汲引善類，惟恐不及，若胡寅、魏矼、晏敦復、潘良貴、呂本中、張致遠輩數十人，分布朝列，稱有知人之明。顧竟爲檜所欺，斥逐流離，齎志以歿，論者惜之。所著有擬奏、表疏、雜詩文二百餘篇，號得全集，行于世。參史傳。

天授門人程、蘇再傳。

忠獻張紫巖先生浚

張浚，字德遠，綿竹人。四歲而孤，行直視端，無誑言，識者知爲大器。靖康初，以進士爲太常簿。高宗卽位，累遷侍御史。時乘輿在揚州，先生請葺東京、關陝、襄鄧以待巡幸，咈宰相意。除集英殿修撰、知興元府。未行，擢禮部侍郎，旋除御營使司參贊軍㊀事。先生度金人必來攻，言宜設備，宰相黃潛善、汪伯彥皆笑其過計。建炎三年春，金人果南侵。車駕幸錢塘，留朱勝非與先生于吳門捍禦。已而先生獨留，招集潰兵，甫定，會苗傅等作亂，乃邀秦鳳路總管張俊，相持而泣，告以起兵問罪。遂約呂頤浩、劉光世以兵來會，而命俊分兵扼吳江，上疏請復辟。亂定，除知樞密院事。入見，伏地涕泣待罪。高宗問勞再三，引入內殿，曰：「太后知卿忠義，欲識卿面，適垂簾，見卿過庭矣。」解所服玉帶以賜。高宗欲相之，先生以晚進不敢當。初，先生次秀州，嘗夜坐，警備甚嚴，忽有客至前，出一紙懷中，曰：「此苗傅、劉正彥募賊公賞格也。」先生問欲何如，曰：「僕河北人，粗讀書，知逆順，豈以身爲賊用。特見爲備不嚴，恐有後來者耳。」先生下執其手，問姓名，不告而去。先生謂中興當自關陝始，慮金人或先入陝取蜀，遂慷慨請行。詔以先生爲川、陝宣撫處置使，得便宜黜陟。既抵興元，金帥婁宿兵已在永興，先生合五路之師復之。集諸門，問大舉之策，曲端言必敗，先生怒，令責狀。既戰于富平，環慶帥㊁趙哲軍先潰，斬哲以徇。哲將多不服，背降金。先生退入閬中，下曲端獄，論死。會有言殺趙哲、曲端非是，朝廷疑之。三年㊂，遣王似副先生。先生求解兵柄，且奏似不可任，宰相呂頤浩不悅，詔先生赴行在。

㊀「軍」原作「公」，據點校本宋史本傳改。參看該書校勘記。　㊁「帥」字原無，據宋史本傳增。　㊂據宋史本傳上文敘及紹興元年事，則此「三年」指紹興三年。本書節去紹興元年一段，故「三年」所指不明。

四年，御史中丞辛炳劾先生，以本官提舉洞霄宮，居福州。及劉麟引金入寇，趙忠簡鼎薦，除知樞密院事，即日長驅臨江，部分諸將捍禦，身留鎮江節度之。兀朮聞先生已至江上，驚曰：「張樞密貶嶺南，何得乃在此！」夕遁。五年，除尚書右僕射、同中書門下平章事、都督諸路軍馬。岳武穆飛平楊幺，先生奏遣武穆屯荆襄以圖中原，乃自鄂岳轉淮東，大會諸將，議防秋之宜。高宗遣使賜詔趣歸，勞問之曰：「卿暑行甚勞。湖湘羣寇既就撫，成朕不殺之仁，卿之功也。」召對便殿，進中興備覽四十一篇，高宗嘉歎，置之坐隅。先生以敵勢未衰，會諸將議事江上，請帝幸建康。諜報劉豫與子㊀猊挾金人入偪，趙忠簡及折彥質欲召武穆兵東下，先生奏：「岳飛一動，襄、漢有警，何所恃乎？」時楊沂中兵抵濠州，劉光世舍廬州而南，淮西洶動，先生疾馳至采石，令曰：「有一人渡江者，斬！」光世復駐軍，與沂中接。劉猊爲沂中所敗，遁，高宗手書嘉獎。趙忠簡等議回蹕臨安，先生奏：「陛下一再臨江，士氣百倍。今六飛一還，人心解體。」初，先生與忠簡同心輔國，至是不合，忠簡去而先生獨任。以卻敵功，除特進。未幾，加金紫光祿大夫。徽宗皇帝、寧德皇后凶問至，上哀不自勝，先生奏：「願陛下揮涕而起，一怒以安天下。」乃命先生草詔諭中外，辭甚哀切。每奏對，必言讎恥，上未嘗不改容流涕。酈瓊軍叛，劫殺參謀呂祉，先生引咎求去位。高宗問可代者，且曰：「秦檜如何？」先生曰：「近與共事，方知其闇。」檜憾之。臺諫交詆，遂落職，居永州。九年，以赦復官。十年，金復取河南，先生奏治海艘直指山東之計。十一年，除檢校少傅、崇信軍節度使。十二年，封和國公。十六年，彗星出西方，先生將極論時事，恐貽母憂。母訝

㊀「子」，點校本宋史本傳校改作「姪」，參看該書校勘記。

其瘠，問故，先生以實對。母誦其父對策之語曰「臣寧言而死于斧鉞，不忍以不言而負陛下」，先生意乃決，上疏謂：「當今事勢，譬如養成大疽于頭目心腹之間，不決不止。」秦檜大怒，令臺諫論徙永州。先生去國幾二十載，天下士無賢不肖莫不傾心慕之。武夫健將言先生者必咨嗟太息，至兒童婦女亦知有張都督也。檜死，復觀文殿大學士、判洪州。先生時以母喪，將歸葬，臺諫湯鵬舉、凌哲論先生歸蜀，恐搖動遠方，詔復居永州。服除，落職，以本官奉祠。三十一年春，有旨自便。先生自潭聞欽宗崩，號慟不食，上疏請早定守戰之策㊀。三十二年，車駕幸建康，先生迎拜道左，衛士見之，無不以手加額。車駕將還臨安，慰勞先生曰：「卿在此，朕無北顧憂矣。」累除少傅㊁、江淮東西路宣撫使，進封魏國公。史忠定浩在政府，先生所規畫，浩每沮之。先生薦陳正獻俊卿爲宣撫判官，孝宗召俊卿與先生子栻赴行在，曰：「朕依魏公如長城，不容浮言搖奪。」符離之戰，南軍不利，先生上疏待罪，有旨降授特進，更爲江、淮宣撫使。時湯思退爲右相，急于求和。上召先生入見，復議罷和，拜先生尚書右僕射、同中書門下平章事兼樞密使，都督如故。隆興二年，奉詔行視江、淮。御史尹穡論先生費國不貲，先生亦乞致仕，除少師、保信軍節度、判福州，朝廷遂決棄地求和之議。既去，猶上疏論尹穡姦邪誤國。行次餘干，得疾，手書付二子曰：「吾不能恢復雪恥，即死，不當葬先人墓左，葬我衡山下足矣。」訃聞，贈太師，謚忠獻。先生幼有大志，及爲熙河幕官，偏行邊壘，覽觀山川形勢，時時與舊戍守將握手飲酒，問祖宗以來守邊舊法及軍陣

㊀宋史本傳於三十一年敘及「命浚判建康府兼行宮留守」等事，本書節去，則下文「三十二年，車駕幸建康，先生拜迎道左」等語不可解，當據補。　㊁「傅」原作「府」，據宋史本傳改。

方畧之宜，故一旦起自疏遠，當樞筦之任，悉能通知邊事本末。朱子狀先生行實，或以所述事止據其家牒詮次，殊不協人言。高宗祔廟，議配廷臣，或有謂先生恢復空言，未酬三潰之辱。然和尚原、宿州兩勝，皆自先生決之，不可謂非善將將者矣。嘗與趙忠簡共政，多所引擢，從臣朝列，悉一時之望，人號「小元祐」。所薦虞忠肅允文、汪文定應辰、王忠文十朋、劉忠肅珙等，爲名臣。拔吳玠、吳璘于行間；謂韓蘄、王世忠忠勇，可倚以大事；一見劉武穆錡，奇之，付以事任，卒皆爲名將，有成功，一時並稱爲知人。先生事母以孝稱。所著有易解及雜說十卷，書、詩、禮、春秋、中庸亦各有解，文集十卷，奏議二十卷。子二人：栻、杓。參史傳。

張魏公語

留意聖賢之學，愛養精神，使清明在心，自然讀書有見處，以之正身正家，而事業從此興矣。見鶴山集。

梓材謹案：謝山劄記：「南宋宰輔登學案者，張魏公家三世五人。」蓋謂先生及二子、一孫、一曾孫也。」

趙張學侶

文定汪玉山先生應辰別爲玉山學案。

趙張同調

獻肅陳邦彦先生良翰

陳良翰，字邦彦，臨海人。蚤孤，事母孝。爲文恢博有氣。中紹興五年進士第。知温州瑞安縣，聽訟咸得其情。或問何術，先生曰：「無術。第公此心，如虚堂懸鏡耳！」以薦爲檢法官，遷監察御史。孝宗初，除右正言。金再移書求唐、鄧、淮、泗，先生言：「廟堂、督府，論議不同。邊奏上聞，皆陽唯諾而陰沮敗之。萬一失事機，督府安得獨任其責？」上矍然稱善。盧仲賢至汴，許金人以疆土、歲幣而還，上大怒，下仲賢理，欲誅之，宰相懇請得免。復遣王之望、龍大淵。先生言：「前遣使已辱命，大臣不悔前失，不謂秦檜復見今日！且金要我罷四郡屯兵以歸之，不折一兵而坐收四千里要害之地，決不可許。若歲幣，則俟得陵寢然後與。今議未決，而之望遂行，恐辱國不止于仲賢也。」詔侍從、臺諫議，多是先生。湯思退尚執前論，尹穡附思退以撼督府，先生疏：「思退姦邪誤國，宜早罷黜；張浚精忠老謀，不宜以小人言摇之。」孝宗曰：「思退警敏，冀可效，卿其置之。若魏公，則今日孰出其右。此殆言者有異意，卿爲朕諭之。」先生頓首謝曰：「『警敏』二字，恐非明主卜相之法。」既退，以上語諭同列，穡勃然變色，明日亦請對，遂罷先生言職。兩淮撤備，金大入，太學生數百人伏闕，乞召用先生與胡銓、王十朋而斬思退等，思退由是始敗。召爲宗正少卿、兵部侍郎，除右諫議大夫。進給事中，奏王抃矯詔，請正典刑。改禮部侍郎，不拜，以敷文閣待制提舉江州太平興國宮。既爲太子詹事，召對選德殿，上出手書唐太宗與魏徵論仁德功利之説，先生言：「仁德治之本，功利治之效。仁德無累，功利自致。」上爲之嘉歎，詔兼侍講。未幾，以疾告老，除敷文閣直學士、提舉太平宫。卒，年六十五。光宗立，賜謚獻肅。參史傳。

修撰芮國器先生煜

芮煜，字仲蒙，一字國器，吴興人也。紹興進士，爲仁和尉，荒歼載道，區處賑卹，各有條理。初官左從政郎，憤秦氏之亂政，通判常州。沈長卿者，李莊簡公客也，嘗言和議之非。一日，與先生賦牡丹詩。或告之，謂有謗訕語，下大理寺獄，以先生爲證，官騎赤棒至門，先生慨然就質曰：「吾不知獄吏之貴也！」對簿，力辯其非。長卿不任笞掠，誣服，獄吏以示先生，對曰：「長卿誣服則可，吾不能妄證也。」吏乃别摘先生平日所作詩有「今作塵埃奔走人」之句，以爲怨望，竄化州。檜死，召用爲監察御史。其爲廣東提刑，雍容儒雅，以經術飾吏事。舊例供饋甚豐，先生澘輸之公帑，歸過曲江，盡以頒犒郡尉之缺于月給者，時謂其「清不近名，利不違衆」。尚書左僕射葉顒薦先生與王十朋、周操可備執政，歷國子司業、祭酒，其對諸生，蹴然如重客，聞人有善，欣然道之。陳傅良、陳亮、蔡幼學、陳謙皆在太學，先生陶鑄之甚至。時東萊爲學官，摳衣講學，昌明斯道，先生以女妻之。孝宗諭宰相曰：「侍從有闕，亟用之！」而先生以疾固請祠，以右文殿修撰歸。太學之士祖送以千人，觀者太息。先生雖不主和議，而亦未嘗輕言用兵。嘗奏孝宗曰：「陛下以爲蓄積稍羨，思大舉，當會計可得幾番犒賞。」上曰：「朕未思也。行當報卿。」已而上約畧之，僅可得十三番費用，于是始爲息民之計。先生每與人言，及退，入室端坐默思，唯恐有失，蓋省察之嚴如此。所著有易傳及文集共三十四卷。先生自化州還，追和長卿牡丹詩，有「一寧分漢社稷，變作莽乾坤」之句，今人傳以當時所作，非也。先生卒，孝宗思之不置，用其弟煇，至尚書。

祖望謹案：芮祭酒所著易傳一卷，奏議二卷，雜文七卷。周益公采其説易之句曰：「坎之象曰：『君子以常德行，習教事。』蓋坎惟素習，則在險不失其常。險至方習，亦復何及！故初爻曰『習』，餘則否。雖然，習當出險，乃復『入于坎窞』者，爲小人言也。」離之三曰：『日中必昃。』人生必死，當如曾參易簀，子路結纓，怡然死生之際。『嗟』則惑，惑則『凶』矣。」

員外陳少南先生鵬飛

陳鵬飛，字少南，永嘉人也。紹興十二年進士。自爲布衣，以經術文詞名當世，教學諸生數百人。其于經，不爲章句新説，至君父人倫、世變風俗之際，必反復詳至而趨于深厚。晚始得第。秦檜寓永嘉，其子熺學于先生，于是得召對，爲(一)太學博士，多所接納，林光朝、范端臣輩由此出。時以高公息齋之爲司業，與先生皆中興師儒之首。改崇政殿説書，遷禮部員外郎，在資善堂贊讀，仍兼説書。經筵論平王歸仲子之賵，上問：「母以子貴？何也？」先生對畢，進曰：「舜、禹皆聖人，興于微賤，其父母待之而後顯，所以貴也。若失道與民，以憂其父母，則非所以爲貴也。」上爲悚然，而檜浸不説。先生每見檜，言：「荆襄可爲都，以控接北方。今置郊祀壇、都驛亭，勞費甚矣。是忘中原以自佚！」檜益怒，乃以熺爲禮

(一)「爲」字原脱，據葉適集陳少南墓誌銘補。

部侍郞以臨之。先生謂熺所下文案多不應法，蓋年少未習政事，批其後還之，熺亦恨甚。先生講筵多引尊君卑臣之義，崇抑予奪，有所諷，遂以御史疏罷，奉祠。高宗頗思先生，將召之。適彗星見，有自永嘉來者，檜問陳少南作何狀，則對曰：「覩妖星，聚飲爲樂耳！」乃除名，居惠州，徒步往。居四年，以瘴疾卒。所著有陳博士書傳三十卷、詩傳二十卷、雲濠案：直齋書録解題作書解、詩解，謝山劄記亦然。管見集十卷、羅浮集二卷。陳振孫曰：「觀其書，紹興十三年所敍，于文侯之命，其言：『驪山之禍，申侯啟之，平王感申侯之立己而戍申，不知其德不足以償怨。鄭桓公死于難，而武公復娶于㊀申。君臣如此，而望其振國恥，難矣！』嗚呼，其得罪于檜，豈一端㊁而已哉！」先生解詩，則以爲商頌當闕，而魯頌可廢，深寧先生不以爲然。予謂先生是說，蓋亦取尊君抑臣之義，有爲言之也。

得全家學邵程三傳

知州趙先生諡

趙諡，字安卿，丞相元鎮子也。永州太守。楊東山言：某初筮爲零陵主簿，初參之時，客將傳言：「待衆官退，卻請主簿。」客退，具冠裳，端立堂上。凡再請，某不動。三請，某解其意，遂庭趨，一揖上階稟敍，逐一還他禮數。既畢，立問何日交割，稟以欲就某日，答曰：「可一面交割。」一揖徑入，更不延坐。某退而抑鬱成疾，以書白誠齋，欲棄官歸。誠齋報曰：「此乃教誨吾子也。他日得力處，當在此。」某意猶

㊀「于」字原脫，據直齋書録解題（清武英殿聚珍叢書本）補。　㊁「端」原作「論」，據同上書改。

未平。後涉歷稍深，方知此公善教人，尚有前輩典型。參鶴林玉露。

得全門人

尚書王元龜先生大寶

王大寶，字元龜，海陽人。建炎初，廷試第二，差監登聞鼓院，奉祠。趙豐公謫潮，先生從之遊，日講論語。後知連州，張魏公先謫是州，即命其子敬夫從之學。改知袁州，召爲國子司業。孝宗時遷禮部侍郎、諫議大夫，上疏劾宰相湯思退主和誤國罪。改兵部侍郎，力乞祠。後召爲禮部尚書。參姓譜。

紫巖家學程、蘇三傳。

宣公張南軒先生栻別爲南軒學案。

端明張定叟先生杓

張杓，字定叟，雲濠案：先生名一作杓。魏公次子，而南軒先生之弟也。以父恩授承奉郎，歷廣西經畧司機宜、通判嚴州。年少已有能稱，浙西使者薦所部吏而不及先生，孝宗特令再薦。召對，差知袁州。改知衢州。南軒之喪，無壯子，請祠以營葬事，主管玉局觀。遷湖北提舉常平，奏事，帝大喜，諭輔臣曰：「張浚有子如此！」改浙西督理荒政，蘇、湖二州皆闕守，命兼攝焉。有執政姻黨閉糴，先生首治之，帝獎其不畏彊禦，遷兩浙轉運判官。未幾，以直徽猷閣升副使。改知臨安府，奏除逋欠四萬緡，米八百斛。

進直龍圖閣，都城浩穰，姦盜聚慝，先生分地警捕，夜户不閉。張師尹納女掖庭供給使，恃以恣横，先生因事痛繩之，徙其家信州，其類帖伏。南郊禮成，賜五品服，權兵部侍郎，仍知臨安，加賜三品服。修三悑，復六井。府治火，延及民居，上疏自劾，詔削一秩。累遷至户部侍郎。面對言事，迕時相意。高宗崩，以集英殿修撰知紹興府，董山陵事。召還，爲吏部侍郎。光宗卽位，權刑部侍郎，復兼知臨安府。紹熙元年，爲刑部侍郎，仍爲府尹。内侍毛伯益冒西湖茭地爲亭，外戚有殺其僕者，獄具，夤緣宣諭求免，先生奏論如律。孝宗觀湖，先生伏謁道左，孝宗止輦問勞，賜以酒炙。進焕章閣學士、知襄陽府。未幾，進徽猷閣學士、知建康府。繼復命還襄陽。寧宗嗣位，歸正人陳應祥、忠義人党琪等謀襲均州，副都統馮湛問道疾馳以聞，先生不爲動，徐部分掩捕。獄成，斬其爲首者二人，盡釋黨與，反側以安。升寶文閣學士、知平江府。未行，改知建康府。升龍圖閣學士、知隆興府，兼江西安撫使。奉新縣舊有營田，募民耕之，畝賦米斗五升，錢六十，其後議請鬻之，始征兩税和買，且加折變，民重爲困，先生悉奏蠲之。進端明殿學士，復知建康府。以疾乞祠，卒。先生天分高爽，吏材敏給，遇事不凝滯，多隨宜變通，所至以治辯稱。南渡以來，論尹京者，以先生爲首。次子忠恕。參史傳。

祖望謹案：定叟力捄同甫。

紫巖門人

忠文王梅溪先生十朋

王十朋，字龜齡，樂清人。資穎悟，日誦數千言。及長，有文行，聚徒梅溪，受業者以百數。入太學，主司異其文。秦檜死，高宗親政，策士，先生以「攬權」對，高宗嘉其經學淹通，議論醇正，擢爲第一。學者爭傳誦其策，以擬古晁、董。上謂十朋乃朕親擢，授紹興府簽判。既至，或以書生易之，先生裁決如神。時以四科求士，帥王師心謂先生身兼四者，以應詔，召爲祕書郎，兼建王府小學教授。先是，教授入講堂，居賓位，先生不可，皇孫特加禮，而位教授中坐。奏解楊存中兵權。除著作郎。三十一年正月，風雷雨雪交作，先生以爲陽不勝陰之驗，遺陳康伯書，冀以春秋災異之說力陳于上，崇陽抑陰，以弭天變。遷大宗正丞，請祠歸。孝宗受禪，起知嚴州。歷除侍御史，論史丞相浩懷奸誤國，植黨盜權，忌言蔽賢，欺君訕上，上㊀爲出浩知紹興府。及楊存中復用，出知饒州。丞相洪文惠适請故學基益其圃，先生曰：「先聖所居，十朋何敢予人！」移知夔州，饒民乞留不得，至斷其橋。復知泉州。入爲太子詹事，禮遇有加。累章告老，以龍圖閣學士致仕，命下而卒，年六十，謚曰忠文。先生事親孝，終喪不處內；友愛二弟，郊恩先奏其名，殁而二子猶布衣。書室扁曰「不欺」。每以諸葛武侯、顏平原、寇萊公、范文正、韓魏公自比。朱晦翁、張南軒雅敬之。時北方餘學未衰，耆老尚多有，聞先生風聲，皆服其行事，故紹興末、乾道初，士類常推先生爲第一。先生之學，一出于正，自孔、孟而下，惟韓文公、歐陽公、司馬公是師，故其文粹然。有春秋尚書論語解、梅溪集。子聞詩、聞禮，皆篤學自立。參史傳。

梓材謹案：先生嘗爲張魏公所薦，當以紫巖爲受知師。其劾史忠定也，謝山謂其言稍過云。

㊀「上」字原無，據宋史本傳補。

文節楊誠齋先生萬里

楊萬里，字廷秀，吉水人。中紹興進士第，調永州零陵丞。時張魏公謫永，杜門謝客，先生三往不得見，以書力請始見之。魏公勉以正心誠意之學，先生服其教終身，迺名讀書之室曰誠齋。魏公入相，薦之朝，除臨安府教授。未赴，丁父憂。改知隆興府奉新縣，縣以大治。以薦召爲國子博士。南軒以論張說出守袁，先生抗言，公論偉之。遷太常博士，轉將作少監，出知漳州，改常州，尋提舉廣東常平茶鹽。盜沈師犯南粵，帥師平之，孝宗稱之曰「仁者之勇」，遂有大用意。除提點刑獄。請于潮、惠二州築外砦。俄以憂去。召爲尚左郎。淳熙十二年五月，以地震應詔上書，累累數千言，請以選將備敵爲事，又言：「天下事有本根，聖學高明，願益思其所以爲本根者。」東宮講官闕，帝親擢先生爲侍讀，宮㊀僚以得端人賀。他日，讀陸宣公奏議等書，皆隨事規警，太子深敬之。王淮爲相，一日問曰：「宰相先務者何事？」曰：「人才。」又問孰爲才，卽疏朱子以下六十人以獻，淮次第擢用之。歷樞密院檢詳官、右司郎中，遷左司郎中。十四年，夏旱，先生疏四事以獻，言皆懇切。遷祕書少監。會高宗崩，孝宗欲行三年喪，創議事堂，命皇太子參決庶務，先生上疏力諫。高宗未葬，學士洪邁不俟集議，配饗獨以呂頤浩等姓名上，先生上疏劾之，孝宗不悅，出知筠州。光宗立，召爲祕書監。入對，言天下無形之禍，起于朋黨，積于近習。會孝宗日曆成，參政王藺以故事俾先生序之，而宰臣屬之禮部郎傅伯壽，先生以失職丐去，帝

㊀「宮」原作「官」，據宋史本傳改。「宮僚」謂太子屬官。

宣諭勉留。會進孝宗聖政，先生當奉進，孝宗猶不悅，出爲江東轉運副使。朝議欲行鐵錢于江南，先生疏其不便，忤宰相意，改知贛州，不赴。除祕閣修撰，提舉萬壽宮，自是不復出矣。寧宗立，召赴行在，辭。升煥章閣待制。引年乞休致，進寶文閣待制，致仕。開禧初召，復辭。升寶謨閣學士。卒，年八十三，贈光祿大夫，謚曰文節。先生爲人剛而褊，孝宗始愛其才，以問周文忠必大，文忠無善語，由此不見用。韓侂胄用事，欲網羅四方知名士相羽翼。嘗築南園，屬先生爲記，許以掖垣。先生曰：「官可棄，記不可作也。」侂胄恚，改命他人。卧家十五年，皆其柄國之日也。侂胄專僭日益甚，先生憂憤成疾。家人知其憂國也，凡邸報皆不以告。忽族子自外至，遽言侂胄用兵事，先生慟哭失聲，亟呼紙，書曰：「韓侂胄專權無上，動兵殘民，謀危社稷。吾頭顱如許，報國無路，惟有孤憤！」又書十四言別妻子，筆落而逝。先生精于詩，嘗著易傳行于世。雲濠案：四庫書目，誠齋易傳二十卷，誠齋集一百三十三卷。光宗嘗爲書「誠齋」二字，學者稱誠齋先生。子長孺。同上。

梓材謹案：先生誠齋集有胡忠簡行狀云：「萬里與公同郡，嘗從學，故自稱門人。」則又在胡門矣。

庸言

古之君子，道足以淑一身；及其足以淑萬世，而不自知也。後之君子，言將以淑萬世；及其不足以信一室，而不自知也。

易之道，損而不已必益，升而不已必困。吾未見處損而喜，處升而懼者也。

旅之六五獨不取君義，程子謂君無旅也。流于汾，出居于鄭，在乾侯，孫于越，旅也。作易與說易者諱之耳。非諱也，不忍言也。

趙簡子問史墨以季氏出其君而莫之罪，而墨對之以君臣無常位，詭哉言也！君臣，天下之大分。非有桀、紂之惡，湯、武之聖，則易之革，聖人不作。意如何人而干之！且簡子之問，安知其無季氏之志乎！詩云：「無教猱升木。」

禮者，免刑之大閑。

人主觀聖賢之行藏，可以察其時。

寂然不動，感在其中矣。感而遂通，寂在其中矣。

君子之于人，以大善揜小惡，不以大惡揜小善。

君子之于小人也，有容而無敵。

君子不言己之所不能行，不言人之所不可行。

臧堅以齊侯遣奄人唁己爲恥，後世以閹人薦己而不恥。袁盎以宦者參乘爲恥，後世以宦者參國而不恥。

人之爲不善，一而足；爲善，百而不足。

博愛與兼愛異乎？曰：「異。博無私，兼無別。

非禮勿視，非禮勿聽，閑其入也。非禮勿言，非禮勿動，閑其出也。

知譬則目也，行譬則趾也。目焉而已，是離婁可覽也，趾焉而已，是師冕可馳也。目趾具而已矣。

張敞不貨昌邑王以售其身，可謂賢矣。

三年耕必有一年之蓄，而學者朝學之，夕喪之。

班固謂：「石建之澣衣，周仁之垢汙，君子譏之。」仁可譏也，建恭爲子職，而可譏乎？

天下之至神者惟人心。見人之過，得己之過矣，何必今人也。見古人之過，得己之過矣，何必古人也。見日月之過，寒暑之過，得己之過矣，何必天地也。見韋弦之過，得己之過矣，何必萬物也。因前日之過，得今日之過矣。是數者，非人告也，心告也。

引重者，先進之盛德。自重者，後進之報德。

燭定則明，搖則昏，而況心乎！

血氣之氣，盈則暴，虛則屈。惟道義之氣，塞乎天地。

惟受責者能爲君子。

附小人，累也；附君子，亦累也。故記曰：「中立而不倚。」

人莫不愛其生，故莫不厚其生。莫不厚其生，故莫不傷其生。

頭垢則思沐，足垢則思濯。心垢則不思沐濯焉，何哉？

南子之見，公山佛肸之往，子路不悅，宜何從？曰：「吾從子路。」曰：「然則夫子非與？」曰：「子路可爲也，夫子不可爲也。」

古之巫者一，今之巫者三。謂老、釋。

張禹、孔光之保身，乃所以失身。

秦人之尚功術，猶人之餌金石之藥也，其初也瘠必肥，老必壯，其究則死也忽焉。

見乎表者作乎裏，形于事者發于心。其外寂然，其中森然。

學者莫上于敏，莫下于鈍。然敏或以窒，鈍或以通，何也？不可怙者天，不可畫者人。

禮義、廉恥，柳子以爲二，其實一而已矣，恥是也。

梓材謹案：此下有一條移入龜山學案。

有心而弗治，「子有廷內，弗灑弗埽」者也。有師友而弗問，「子有鐘鼓，弗鼓弗考」者也。

讀書者，非言語之謂也。將以灌吾道德之本根，榮吾道德之枝葉。

有敗詐，無敗誠。

登高者未必跌，而常覆車于夷塗。夜坐者未必寢，而嘗失旦于昧爽。

井不食不泉，木不鑽不燧。

中和之功，至于位育，若是其大乎？曰：「子不見漢武之一怒乎？追仇平城之役，一怒萌于心，天地萬物何與焉，而長星竟天，死人如麻，則喜怒哀樂不中不和之徵也。」

水能溼夫火，而隔之以土則溼者燥，火能流夫金，而乘之以水則流者止。

水在其內，而壺之瑩外達，善之出而不揜者肖之。日月在其外，而牖之輝內達，善之入而不拒者消之。

始雪而温，陽之終也。既霽而寒，陰之窮也。五色之變，始乎金，終乎水。五味之變，始乎土，終乎火。水火者，陰陽之初也。極其變者反其初。

「精氣爲物」，神而明也；「游魂爲變」，明而神也。

湯至熱也，久漱而涼。泉至寒也，徐咽而温。

大法不可犯，詩曰：「豈不懷歸，畏此簡書。」清議不可犯，詩曰：「豈不欲往，畏我友朋。」雖然，清議之威，甚于大法。

不可好者，名也；不可不好者，善也。善之與名，其猶形影。影之有無視其形，名之有無視其善。故教曰名教，義曰名義，節曰名節。

物以數來，我以誠應，將無墮彼乎？曰：「不見夫鏡乎！無一物，故見萬物。」

神領意會者，見鶩于滕口塗説之儒；下帷潛心者，見誹于開門授徒之師。噫！

横渠謂：「海水凝則冰，浮則漚。然冰之才，漚之性，其存其亡，海不得而與焉。推是，足以究死生之説。」然則吾之死生，而曰有與焉者，非妄則惑。

何謂「闢户謂之乾，闔户謂之坤」？曰：「不覩子之嘘吸乎！」

或問仕，曰：「事長官莫太親，任事莫太專。」

性無善無不善，此釋氏之論。性可以爲善可以爲不善，此揚雄氏之論。有性善有性不善，此韓愈

宮之奇與日月爭光矣！」

爲人臣者，節至焉，功次焉。宮之奇與百里奚，臣子宜孰則？曰：「宮之奇哉！

有「雷在天上」之力，然後能爲「非禮勿履」之事。

氏之論。孟子之時，已有三家者流之說。

其上行道，其次守道；其上捐身，其次潔身。

古之所謂爲人者，將以並天地而三之焉者也？將以其止于飲食男女之能而已也？則夫飛焉者，走焉者，亦皆能吾人之所能也，而遽自以爲足乎！

人之于道，猶魚之于水，故不可須臾離。

水爲冰，雨爲雲，「精氣爲物」也。冰爲水，雪爲雨，「游魂爲變」也。

公孫弘曰：「湯之旱，桀之餘烈也。」爲湯諱巧矣，桀亦無辭也。至云堯遭洪水，未聞禹之有水也。又以諛湯者諛禹，而何以爲堯地？聖人未嘗諱天災。

何謂「安其身而後動」？安在動後，非憂則悔。何謂「慮其交而後求」？慮在求後，非辱則累。

誠齋文集

士窮于窮，亦通于窮；達于達，亦病于達。爵三公，祿萬鍾，達矣。謂道必待達而後達，則公孫之相，徒足爲其曲學阿世之資。飲糗茹草，曲肱飲水，窮矣。謂道必以窮而遂窮，則顏氏之巷，乃適借之以爲心齋坐忘之地。然後知富貴者，中人之膏肓，而貧賤者，君子之穀粟。上張子韶書。

文于道未爲尊，固也。然譬之瑑璞爲器，瑑固璞之毁也；若器成而不中度，瑑就而不成章，則又毁之毁也。君子不近，庶人不服，亦奚取于斯！答劉子和書。

景純葬書，東漢以前無有也，先生亦微信其奇怪乎？景純大節固卓然，然豈不前知而逆善其先人之窀穸？答朱侍講書。

謝山跋楊誠齋易傳曰：易至南宋，康節之學盛行，鮮有不眩惑其説。其卓然不惑者，則誠齋之易傳乎！其于圖、書九十之妄，方位南北之訛，未嘗有一語及者。得意忘象，得象忘言，清談娓娓，醇乎其醇，真「潦水盡而寒潭清」之會也！中以史事證經學，尤爲洞邃。予嘗謂明輔嗣之傳，當以伊川爲正脈，誠齋爲小宗。胡安定、蘇眉山諸家不如也。

承議羅先生博文別見豫章學案。

縣令張先生杰別見玉山學案。

中大陸放翁先生游別見荆公新學畧。

國器門人

成公呂東萊先生祖謙別爲東萊學案。

文節陳止齋先生傅良別爲止齋學案。

文毅陳龍川先生亮別爲龍川學案。

文懿蔡先生幼學

祕監陳先生武並見止齋學案。

少南門人

縣尉黃吾軒先生補

黃補，字季全，號吾軒，莆田人。紹興中，從父宦遊惠州，得永嘉陳少南師友之。已而以其學教授于鄉，及門者數百人。時林艾軒講學城南，先生在城東，幾與齊名。官至高要縣尉。有九經解、論語人物志。

文節林艾軒先生光朝別爲艾軒學案。

舍人范蒙齋先生端臣別見范許諸儒學案。

元龜門人邵、程四傳。

宣公張南軒先生栻別爲南軒學案。

定叟家學程、蘇四傳。

直閣張拙齋先生忠恕別見南軒學案。

梅溪家學

提刑王先生聞詩

王聞詩，字興之，梅溪長子。知光州，提點江東刑獄。始從梅溪遊太學，梅溪于法當任子，先生曰：「二父老矣，請先及。」梅溪卒，而先生爲士人如故。召審察，比再爲郎，皆趙丞相忠定所進，毁趙公者不以爲黨。歷事三世，未獲論建，然正學讜言，未嘗相時容悦；矢義勇發，不以怵利動摇。參葉水心集。

運判王先生聞禮

王聞禮，字立之，梅溪次子。知常州、江東轉運判官，爲治能守家法。惠安丞時，禁私庵寮，有壯屋號彌陀庵，主僧倚郡將爲姦，先生捕，立毁撤。守怒詰之，徐疏以實，守因敬之，薦其賢。先生果敢激烈，當官與事，遇法理不順者，直前疏治，雖雷霆獨立，面折無諱。同上。

梅溪門人

朝散宋樟坡先生晉之附弟習之。

宋晉之，舊名孝先，字舜卿，樂清人。幼穎悟，日誦數百千言。弱冠從梅溪遊，學徒數百人，獨先生首出，梅溪器之。以經魁南省，歷知臨海、光化、奉化縣，通判信州，以朝散郎致仕，自號樟坡居士。著有乾坤二卦、中庸、大學、禹貢、洪範講義、春秋十二公論各一卷，歷代中興君臣論二卷，擬進萬言書一卷，樟坡集三十卷。弟習之少先生四十歲，亦恭謹好學，事先生猶父也。參樓攻媿集。

梓材謹案：先生梅溪題名賦，猶名孝先字舜卿。

誠齋家學

文惠楊東山先生長孺

楊長孺，字伯大，誠齋長子，號東山。以父蔭守湖州，彈壓豪貴，治聲赫然，郡之士相與肖像，祠于學宮。擢經畧廣東，以己俸代下户輸租，遷福建安撫使。真西山入相，寧宗問當今廉吏，以先生對。端平間，加集英殿修撰。年七十餘致仕。卒，謚文惠。參江西通志。

誠齋門人

劉先生儼

劉儼，字子思，安福人也。學于誠齋。益公有序贈之，嘆其才名三十五年而不遇者也。

監司呂先生陟別見南軒學案。

得全續傳

安撫趙時齋先生綸別見滄洲諸儒學案。

宋元學案卷四十五

范許諸儒學案

全祖望補本

范許諸儒學案表

范浚
默成講友。
——從子端臣——范處義
——虞唐佐
柴喆
陳九言
邵恂
高栴
父廉。
張龜年

許翰
梁溪講友。

高元之

閔老續傳。

許忻　紫微講友。並程學同調。
- 陸九齡　別爲梭山復齋學案。

蕭楚　伊川門人。安定、濂溪再傳。
- 胡銓　別見武夷學案。
- 馮澥　父山。

范許諸儒學案序録

祖望謹案：伊洛既出，諸儒各有所承。范香溪生婺中，獨爲崛起，其言無不與伊洛合，晦翁取之。又有襄陵許吏部，得中原之文獻，別爲一家。蕭三顧則嘗學于伊洛，而不肯卒業，自以其所學孤行，亦狷者邪？述范許諸儒學案。梓材案：是卷諸儒多別爲一家者，謝山特立學案以類敘之。

默成講友

賢良范香溪先生浚

范浚，字茂明，蘭溪人也。世家膴仕，先生獨不近榮利，篤志聖賢之學，以治心養氣爲本。紹興中，以賢良薦，因秦氏當國不起。婺守延之入學主講，亦辭不就。閉門講道，危坐一室，塵几敗帷，處之泰然。學者稱爲香溪先生。先生之文，世之所誦習者，朱子所取心箴而已，雲濠案：香溪集有元吳師道跋，稱朱子取其心箴註孟子。他罕有知者。元之胡仲子始表章之，謂其多超然自得之語，不獨心箴也。朱子謂先生不知從誰學。案先生答潘默成書云：「膚受末學，本無傳承。所自喜者，徒以師心謀道，尚見古人自得之意，不孑孑爲世俗趨慕耳！」然則先生之學，所謂得之遺經者也。顧當南北宋之交，關、洛之書盛行浙東，永嘉九先生而後，默成一輩多屬楊、尹之徒。先生所爲文集，若未嘗見關、洛諸公書者，故絕口不及也。而其言則多與之合。先生又及與默成交，此事之不可解者。要之，是時學者如閩之支離先生陸亦顏、屏山先生劉彥沖以及先生，皆承伊洛之風而出者。雖不在見知、聞知之列，而同車合轍，可謂豪傑之士也。所著有香溪集三十二卷。雲濠案：香溪集二十二卷，爲其門人高栴所編，其姪端臣刊之，收入四庫集部。抑予讀先生進策五卷，及上李丞相書，則甚有志于用世，特以其時之不可而自晦耳，固非石隱者流也。

香溪文集

茫茫堪輿，俯仰無垠；人生兩間，眇然有身。是身之微，太倉稊米；參爲三才，曰惟心耳。往古來今，孰無是心；心爲形役，乃獸乃禽。惟口耳目，手足動靜；投間抵隙，爲厥心病。一心之微，衆欲攻之；其與存者，嗚呼幾希。君子存誠，克念克敬；天君泰然，百體從令。心箴。

古之人進乎進，知至至之；止乎止，知終終之。不進不止，不止不能不進。進學齋銘。

善利之念起于心者，其始甚微；而其得失之相去也，若九地之下與重天之顛。雖舜也，一罔念而狂；雖跖也，一克念而聖。于危微之際得之。舜跖圖說。

孟子曰：「恥之于人大矣！」夫恥，入道之端也。人之知非而恥者，必惕然動乎中，赧然見乎色，瞿然見乎四體。是孰使之然哉？其必有覺之者矣。然則無恥則無覺，與木石等，恥之爲義不大哉？然有是恥心而能充之者，千百而一焉。穿窬，士所恥也；而所以恥穿窬之心則不能充，故于穿窬則恥，于穿窬之類則不恥。孔子曰：「色厲而内荏，其猶穿窬之盜。」又曰：「情疏而貌親，在小人則穿窬之盜也。」孟子亦云：「以言餂，以不言餂，皆穿窬之類也。」聖賢之于恥心，必使人充之如此。故曰：恥，入道之端也。恥說。

傳有之曰：「日悔昨，月悔朔。」至哉，古人之善學也！人非堯、舜，不能每事盡善，惟過而悔，悔而改，則所以爲過者亡矣。古之聖賢，未有不由悔而成者。成湯悔，故改過不吝；太甲悔，故自怨自艾；仲尼悔，故曰「于予與改是」；顏淵悔，故有不善未嘗不知，知之未嘗復行；子路悔，故人告之以過則喜；子夏悔，故投杖而拜；曾子悔，故曰「我過矣」。然非必失諸言行而後悔之也，過生于心則卽悔，悔勿復失諸言行而已矣。悔說。

高帝誅項籍，圍魯，魯諸儒尚講習絃歌不絕，可謂信之篤、守之固矣。人之所甚畏者，死也。死且不奪，更何物足以移之！逮魯邴氏以鐵冶起，富至巨萬，魯人于是多歆慕之，去文學而趨利，至使世謂魯人好利甚于周人。利之能敗人也如此！題貨殖傳。

天降衷曰命，人受之曰性，性所存曰心。惟心無外，有外非心；惟性無僞，有僞非性也。僞而有外者曰意。意，人之私也。性論。

祖望謹案：此于「意」之義未融，然亦自有見。

守約是儉德。儉于聽可以養虛，儉于視可以養神，儉于言可以養氣。凡儉皆可以悠久而無窮。太甲三篇論。

人誰不欲使人謂正人君子？而卒不免爲常人，至或陷于大惡者，患在心違其貌而安于自欺。夫人之自欺非一：知善之可好而勿爲，是自欺；知不善之可惡而姑爲之，是自欺；實無是善而貪其名，是自欺；實有是惡而辭以過，是自欺；實所不知而曰我知之，是自欺；色取仁而居之不疑，是自欺；求諸人而無諸己，是自欺；有諸己而非諸人，是自欺。其目殆未可殫言而悉數也。彼欲以欺人，而不知一日之間，自欺者實多，而欺人者不能十一，且未能欺人而先自欺，幾何不陷于大惡邪！夫人有殺心，輒形于聲；有欲炙心，輒形于色；有懼心，目動而言肆；有異心，視遠而足高。其心甚微，而形于外者已不可掩如此，乃欲掩其不善而著其善，自欺孰甚焉！是以古之學者必慎獨。不覩不聞，所謂獨也。慎獨齋記。

今人平旦出門，牽事逐食，營爲百緖，暮必歸居以休其身。然方動作疲劇昏睡，寤起則㤪遽如昨。彼其心事躁擾，冥迷流浪，曾不少自存省，是知休其身不知休其心。夫人生而有知，不學則愚。愚則視不明，聽不聰，思不達，雖有知，猶無知也。既學矣，不得其正則哆。哆則緣目而逐色，緣耳而逐聲，緣思而逐欲，所以禍其生者，殆有甚于不學而愚。是以君子正之爲貴。夫人受命于天，正性本具。君子保之，斃而後已，由是則可以無媿于天。且萬物散殊，形生氣化，未有無正性者。石可破，不可奪其堅，丹可磨，不可奪其赤。霜雪大摯，松色猶茂；風雨晝晦，雞鳴自如。物且不移，人其可失正乎！易于蒙曰「養正」，于頤亦曰「養正」。頤，養也；而蒙爲物穉，欲得其養，又其互體自二至上有頤象，故異卦而同辭。古之人見正事，聞正言，習正人，邪室不坐，邪蒿不食，行容必直，立容不跛，不傾聽，不睇視，皆所以養正。而其要，則先正其心。是爲聖之功也。水未必遽至于海，言水者必期于海；學未必遽至于聖，言學者必本于聖。蓋道無本末。趨進唯諾，掬溜播灑，幼學也；而上達之理存焉。勉之哉！養正齋記。

學者之患，莫大乎自足而止，曰：「學如是，是亦足矣。」譬猶揭流涉波，溯沿上下，不出于斷潢絕港，以爲舉天下之觀水者皆莫吾若。使之浮滄江，並溟渤，渺瀰汗漫，不見邊際，彼將悵悔自失，自比于蹄涔杯坳之不暇。然則世之果自標異者，庸非不學者之過也哉？拙嬾軒記。

宴坐虛堂，如臨上官，如面重客，如前民吒而後胥徒。視一克念，如諧羣言；患一失念，如耳道謗。不欺如是，則可以對越鬼神，洞開金石。況此民其寧或我欺乎！永嘉縣不欺堂記。

夫人之生，固有物焉，渾然天成，在善養無害而已。以禮制之，懼其放也。戒物之感，懼其誘也。居之虛靜之地，欲其安也。飲天和如甘泉，味道腴如薦草。懲忿窒慾，如去敗羣。致一不二，如惡多歧。勉之慎之，曰自牧之。自牧齋記。

凡益之道，非能贅夫固有而增多之也。惟性至大，初無限量。益動而巽，日進無疆，則凡德之裕，皆所固有。易曰：「益長裕而不設。」益豈由人乎哉！惟夫短于自知，故友直；不足于信，故友諒；末學寡陋，故友多聞。然卒所以得益，皆在我不在彼也。三益齋記。

學者，覺也。覺由于心。心且不存，何覺之有！人之念慮橫生，擾擾萬緒，羨慕耽嗜，厭惡憎嫉，得喪欣戚，觖望很忿，怵迫憂懼，凡私意妄識，交午叢集，紛紜于中，汩亂變遷，無或寧止，雖魂交夢見，亦且顛冥迷憒，悠揚流遁。彼其方寸蕩搖，如疾風振海，濤浪洶湧，求一息之安且不可得，則存其心不亦難乎？然彼紛紜于中者，浮念耳，邪思耳，物交而引之耳。雖百慮煩擾，而所謂至靜者，固自若也。故孟子曰：「養心莫善于寡欲。」使不誘于外，此存心之權輿也。至若藏心于淵，則必有事焉而勿正。能于勿忘勿助之間，默識乎所謂至靜者，此存心之奧也。凡學，始于存心，中于盡心，終于盡性。方其存心也，猶有存之者焉，非所謂盡心。未能盡心，安能盡性？孟子曰：「盡其心者知其性。」蓋心既盡而空洞清明，然後知性之爲性，皆天理也。存心齋記。

古之學者，用心于内，深造自得，默識神解，何暇事無益之言哉！訥齋記。

韓退之曰：「世無孔子，不當在弟子之列。」豈知得師之義乎！孔子學無常師。大而師天地，故上律天時，下襲水土；小而師萬物，故于山樂其高，于水取其有本。于易之象，詩之比興，凡物理之見于經者，舉取之。上而師古聖賢，祖述堯、舜，憲章文、武，竊比于老彭；下而于人無所不師，故曰：「三人行，必有我師焉。」豈必弟子云乎哉！大抵古人之學，不越乎窮理。理之所存，師之所存也。喬梓，父子之師也；常棣，兄弟之師也；嚶鳴，朋友之師也；羔羊跪乳，有禮之師也；蛾子時術，進學之師也；石泉潛流而清，慎獨之師也；勁松淩寒而秀，廣操之師也；蘭之馨，鮑之臭，善惡之師也。有是物必有是理，無非吾師，況在人乎！見舌而知守柔，顧影而知持後，于吾身猶得師焉，況在人乎！退之于是乎失言。答胡英彥書。

處人所難處，始見學力至與未至。士當以弘毅自期，乃能任重而力行不怠，居困而心亨自如。今人質既薄，學且不固，一落莫則大戚戚以悶，苟可以脫寒餓而濟其欲者，無不爲也。不知士君子所謂窮，特其人窮耳！其人之天，孰能窮之？「是心如太虛，外物如浮雲。浮雲有去來，太虛無得喪。」明此，雖臨死生如坦途，況外物乎！答羅駿夫書。

梁溪講友

右丞許崧老先生翰

許翰，字崧老，拱州襄邑人。中元祐進士第。宣和中，召爲給事中。爲書抵時相，請罷雲中之師。高麗入貢，調民開運河，舍人孫傅論高麗于國無功，不宜興大役，傅坐罷。先生謂傅不當黜，時相怒，落職，提舉江州太平觀。靖康初，復以給事中召。改御史中丞，上疏陳決勝之策。种師道罷，先生言師道名將，沈毅有謀，不可使解兵柄。欽宗謂其老難用，先生曰：「秦始皇老王翦而用李信，兵辱于楚。漢宣帝老趙充國，而卒能成金城之功。自呂望以來，用老將收功者難一二數。以古揆今，師道雖老，可用也。」且謂：「金人此行，存亡所係，宜起師道邀擊之。」上不能用。擢中大夫，同知樞密院，論益不合，以病去，除延康殿學士、知亳州㈠。高宗卽位，以薦召，復延康殿學士，拜尚書右丞，兼權門下侍郎。宗忠簡澤論車駕不宜南幸，且劾黄潛善等，潛善請罷忠簡，先生極論以爲不可。李忠定綱罷，先生言：「綱忠義英發，舍之無以佐中興。今罷綱，臣留㈡無益。」力求去。時潛善奏誅陳東，先生謂所親曰：「吾與東皆爭李綱者。東戮東市，吾在廟堂可乎？」求去益力，章八上，以資政殿大學士提舉洞霄宫，復以言者落職。紹興初，復資政殿學士。卒，贈光禄大夫。先生通經術，正直不撓，歷事三朝，致位政府，忠忱發臆，不脱儒者本色。顧以薰蕕異味，斥逐而死，君子惜之。所著書有論語解、春秋傳。參史傳。

梓材謹案：樓攻媿誌高端叔墓云：「少讀襄陵許公翰書，及從沙隨程公迥，故尤邃于春秋。」是先生爲吾鄉高氏春秋學之所從出也。又案吏部員外郎忻乃其弟，嘗撰右丞行狀一卷，見直齋書録解題。

紫微講友

吏部許子禮先生忻

許忻，字子禮梓材案：宋史本傳未稱其字，此據朱子文集補之。襄邑人。宣和三年進士。高宗時爲吏部員外郎，極論和議不便，請正王倫賣國之罪，以圖興復。疏入，不省。後託故乞從外補，乃授荆湖南路轉運判官。謫居撫州，起知邵陽，卒。同上。

㈠宋史本傳此下有「坐言者落職，提舉南京鴻慶宫」二句，下文「以薦召，復延康殿學士」卽承此二句言，當據補。　㈡「留」原作「忠」，據宋史本傳改。

雲濠謹案：復齋學案本傳云：「吏部郎襄陵許忻直道清節，屏居臨川，閉門少所賓接。見復齋，與語，凡治體之升降，舊章之損益，前輩聞人之律度軌轍，皆亹亹言之。」可以見所得中原文獻之傳矣。

伊川門人胡、周再傳。

清節蕭三顧先生楚

蕭楚，字子荆，廬陵人。紹聖中遊太學，貢禮部不第。于時蔡京方專國，先生憤嫉其姦，謂京且將爲宋王莽，誓不復仕，遂退而著書，明春秋之學。建炎四年卒。曾敏行獨醒雜志稱所著春秋經辯行于世，雲濠案：經義考摭録胡澹庵序，當作春秋辯疑。大旨爲權姦柄國而發，而持論正大，實有合尼山筆削之義。陳直齋書録解題稱其門人胡澹庵銓以春秋登第歸，拜牀下，先生告之曰：「學者非但拾一第，身可殺，學不可辱，毋禍我春秋乃佳。」後澹庵以孤忠讜論，震耀千秋。則其師弟之于春秋，非徒口講耳受者矣。參四庫書目提要。

香溪家學

舍人范蒙齋先生端臣

范端臣，字元卿，香溪先生從子也。范氏子弟多從學于香溪者，而先生最有名于時。成紹興進士，累官至中書舍人。酷嗜學，雖入官，不少怠。書法歷溯篆隸以來諸體，無弗工。學者稱爲蒙齋先生。所著有蒙齋集。

香溪門人

虞先生唐佐

虞唐佐，字堯卿，盈川人也。從學于香溪者十年。中淳而外謹，刻意學問，善領畧。香溪稱其十年不異一日也。

柴先生喆

柴喆，字吉卿，永豐人也。束書從學于香溪，得聞物理性命之學，洒然以喜。其有志于治心養氣，蓋惓惓也。

陳先生九言

陳九言，字永叔，義烏人也。香溪之兄孫壻，因從之學，養親讀書。香溪稱其有志而能勉于行，亦自修之士也。

邵先生恂

邵恂，字子信，壽昌人也。香溪稱其趨向甚端，植志甚篤，用力于存心之學。

高先生栴父廉。

高栴，蘭溪人也。其父廉善訓子，嘗謂香溪曰：「兒材下，所望先生教以行己之一二。世有挾藝射科速化之術，非所敢望也。」香溪稱其知本。而先生持身謹愼，卒爲范門高弟。

張先生龜年

張龜年，諸暨人也。香溪稱其胸中易直，無歧徑。服習不懈，爲同舍生所推重。

子禮門人

文達陸復齋先生九齡別爲梭山復齋學案。

三顧門人胡、周三傳。

忠簡胡澹庵先生銓別見武夷學案。

樞密馮先生澥父山。

馮澥，字長源，安岳人。爲清節先生高弟。嘗請列春秋于學宮，似不負師門之託，顧其後位至執政，無可稱者。惟張才叔死象州，獨爲卹其家，稍可稱云。鴻碩先生馮山，精于春秋，其父也。雲濠案：謝山學案劄記云：「馮鴻碩先生春秋通解，文定取之。」

梓材謹案：陳直齋云：「蔡京用事，蕭子荆與其徒馮澥書，言蔡將爲宋王莽，誓不復仕。」是澥爲三顧高弟，故與言肺腑如是，惜其不副所重也。

蒙齋門人香溪再傳。

侍御范逸齋先生處義

范處義，字逸齋，香溪先生之族也。以進士累官殿中侍御史。精于經學，所著有詩補傳、解頤新語等書。雲濠案：詩補傳三十卷，新語佚。私淑于蒙齋之門者也。

崧老續傳

高萬竹先生元之別見龜山學案。

宋元學案卷四十六

玉山學案　全祖望補本

玉山學案表

汪應辰武夷、紫微、橫浦、湍石門人。元城、龜山、廌山、了翁、和靖、震澤再傳。安定、泰山、焦氏、荊公、涑水、百源、二程、橫渠、清敏三傳。高平、廬陵、濂溪、鄞江、西湖
- 子伯時
- 子逵
- 尤袤別見龜山學案。
- 呂祖謙別爲東萊學案。
- 章穎
- 張杰
- 趙焯
- 鄭僑附從父厚、樵。
  - 子寅
  - 王介別見麗澤諸儒學案。

四傳。

呂大同別見紫微學案。

趙汝愚——子崇憲——孫必愿——曾孫良淳別見雙峯學案。
父善應。
子崇度
子崇模
子崇實

朱熹別爲晦翁學案。

陸九齡別爲梭山復齋學案。

並玉山學侶。

陳峴——子昉——孫均別見西山眞氏學案。

忠定同調。

玉山學案序録

祖望謹案:玉山汪文定公少受知于喻石,其本師爲橫浦,又嘗從紫微。然橫浦、紫微並佞佛,而玉山粹然一出于正,斯其爲幹蠱之弟子也。述玉山學案。梓材案:玉山學案亦謝山所特立,其稿尚存。

呂張門人劉、楊再傳。

文定汪玉山先生應辰

汪應辰，字聖錫，信州玉山人也。本農家子。喻湍石爲玉山尉，一見奇之，許以女，以書充奩，遂聞伊洛之學。已而趙豐公鼎帥江西，辟喻爲僚，先生從之，豐公亦奇焉，置之館塾。先生由湍石以從諸前輩，湖南則胡文定公，浙東則呂舍人居仁，皆奇之，勉以正學。年十八，成進士。高宗覽其對，以爲：「陛下勵精圖治，求復父兄之仇，亦歷年，而駐蹕無一定之地，戰守無一定之策，進退無一定之人，所施行事無一定之規畫，何以奏功？是在陛下反求諸己而決定之。」高宗意以爲老儒，擢置第一，及唱名，則少年，大喜，特書中庸以賜。豐公出班謝。先生本名洋，至是改賜名。將即除館職，豐公請且歷外任，以老其才，乃授鎮東簽判，待闕。狀元故事無待闕者，而先生省試亦居前列，合以陞甲轉官，豐公又令姑已之，先生感豐公意厚。聞張橫浦講學，又往從之。橫浦故與湍石善，見先生來，喜曰：「少年登上第，乃急忙來就學邪！」豐公出帥紹興，先生始之任，幕府事皆諮焉。方旱，令先生禱之而即應，越人歌之曰：「此相公雨。」豐公笑曰：「此狀元雨也。」召爲祕書省正字。時金人方歸河南地，先生上疏謂：「和議不諧非所患，和議諧而因循無備之可患！異議不息非所患，異議息而上下相蒙之可患！今雖通好，疆埸之上宜各戒嚴，以備他盜。乃方且肆赦褒寵，以爲遂休兵息民矣！縱忘積年之恥，獨不思異日意外之患乎？此所謂因循無備者也。力排羣議，大則竄逐，小則罷黜，于是輕躁者阿諛以取寵，畏懦者循默以固位，忠臣正士無以自立于羣小之間，此所謂上下相蒙者也。入則無法家拂士，出則無敵國外患，此其時矣。」秦檜大怒，出爲建州判，遂請祠，寓居常山之蕭寺，饘粥不給，處之裕如，益以講學爲事。已改判袁州，以趙豐公喪經其郡，遣兵三十人護行，祭文有忌諱，爲衢守章傑所發，被訊，祭文已火。胡致堂爲言之檜，得不竟。及爲廣州判，檜將興大獄以誣張魏公，連逮者數十家，先生與焉。獄甫具，檜死，先生幸免。明年，召爲尚書吏部郎，遷右司。先生流落嶺嶠十有七年，至是賜環，方向用，顧以親老乞外，知婺州。丁艱，服除，以祕書少監權吏部侍郎，尋權吏部尚書，奏駁李顯忠冒賞。尋權户部侍郎，兼侍講，力裁冗費。時方内禪，一時大典，禮多出先生。先生故與張魏公相知，及魏公三出師，先生卻以爲未可，謂魏公曰：「相公不如且爲上正心誠意，以固其本，然後議邊事。」魏公不能用。會議上皇尊號，先生謂元豐所罷，不當復舉，又謂「光堯」二字之非，堯豈可光？上皇聞之不喜，先生乞外，知福州。未幾，召爲敷文閣待制，請以朱子自代。二年，以敷文閣直學士充四川制置使、知成都府。時蜀困于徵求，民力且竭，先生撫循甚至，益除百方，詳見樓宣獻公所作行實，文繁不載。雲濠案：宣獻攻媿集無文定行實。同知樞密院事劉珙進言「應辰與陳良翰、張栻，臣所不及」，有旨召還。道中再乞祠，不許。入對，以畏天愛民爲言，并爲上言蜀弊政之未盡去者，請并除之。除吏部尚書，兼翰林學士并侍讀。敷陳六事，廟堂議者多不合，皆忌之。而先生嘗爲上言陳良祐在蜀多誕，良祐聞而譖之。良祐故亦負時名，至是，以私憾進問言，上遂疑之。先生多革夙弊，中貴人尤側目。德壽宮方甃石池，以水銀浮金鳧魚于上，上皇指以示上曰：「水銀正乏，此買之汪尚書家。」上怒曰：「應辰力言朕置房廊，與民争利，乃自販水銀邪！」先生知之，力求去。已而復出發運均輸之旨，嘆曰：「吾不可留。」乃力争之，遂以端明殿學士知平江府。

韓玉以揀馬過平江，先生簡其禮，玉歸，復譖之，遂以平江米綱有歉貶秩。先生力請祠，自是卧家不起。尋復端明殿學士。淳熙三年，卒。又七十三年，賜謚文定。先生于學，博綜諸家。其知福州也，延致李延平講道，甫至而卒。其骨鯁極似横浦，多識前言往行以畜德似紫微，而未嘗佞佛，粹然爲醇儒。高、孝二宗皆知之，而卒不能竟其用，爲可惜。學者稱爲玉山先生，有文集五十卷。雲濠案：先生文多散佚，四庫重輯爲二十四卷。

玉山文集

君子不願乎外，是以不怨天；盡其在我，是以不尤人。禍福得喪，在天而不在人，我何怨！是非毀譽，在人而不在我，又何尤！惟行法以俟命，推誠以待物。答徐漢英。

聖人仰觀俯察，制禮作樂，皆有至義存乎其問。不然，則是紛紛者贅矣。故曰：「其數可陳也，其義難知也。」孔子觀于蜡，而曰「仁之至，義之盡」；觀于鄉飲，而知王道之易易也；論郊社之禮，禘嘗之義，而曰「治國其猶示諸掌乎」。季札觀韶箾之舞，而知帝德之廣大；韓宣子見易象、春秋，知周公之德與周所以王。此豈拘著于刑名度數與文字之間哉！與汪叔嘉。

天下之事，常傷于銳而無漸。弊之在人者，固不可以不革，然使其有忠信誠慤之心，則當究弊之所從來，慮其始而及其終，行之以漸，消之以晦，而持之以久。固未有初不考究，但見其于人情不合，率然以爲非是，不俟終日而盡罷之者。美則美矣，然出于銳氣，非出于誠心。「先甲三日，後甲三日」，革弊之難如此。今人于交友間，苟見其過，猶爲掩覆保全，諫之于密，況君臣乎！答徐知止。

文潛性論謂性爲㊀善惡混，固非，然彼蓋質之心，以爲誠然而後言者也。今之謂性善者，蓋尊信孟子而云耳，未必心見其誠然也。曷求見其誠然者乎？謂格物爲扞格，竊恐未安。克伐怨欲不行，孔子不以爲仁，此可見矣。答葉南美。

天下之禍，有養成者，有激成者。西漢張禹、孔光之流，此養成者也；東漢之君子，此激成者也。爲君子者豈無中道于其間？伊川嘗曰：「中則正矣，正或未必中也。」世嘗有正而未必中者，不可以其未中而謂之不正。答梁子輔。

學問之道，止是揆于心而安，稽于古而合，措于事而宜。所以體究涵養，躬行日用，要以盡此道而已。若家務人事，以至應舉從仕，終不相妨。與方叔輿。

示喻于平易處蹉過，益見體道之功，久而日親。道無遠近高卑之異，但見有不同。然方其未至，雖欲便造平易，而勢有未能。與朱元晦。

陰陽隔屏，理有常數。修庶政以召和氣，罄誠意以求多福。弭禍于未形，起福于將來。與程尚書。

世之自謂得道者，以前言往行爲糟粕芻狗，以治天下國家爲緒餘土苴，迄之放棄典刑，闊略世務，至于爲西晉之禍。或者出而矯之曰：「吾之道，固所以經世也。」然而天人異觀，物我殊歸，高明中庸，析爲二致。迹其行事，則私智之鑿而已。道果如是乎？讀棠陽公書。

㊀「謂性爲」原作「爲謂」，據汪應辰文定集（清武英殿聚珍叢書本）卷六答葉南美改。

梓材謹案，謝山節録玉山文集二十九條，今移二條爲家學立傳于後，又移入安定學案一條，移入高平學案一條，又一條移入案語，又移入廬陵學案一條，移入涑水學案二條，移入伊川學案二條，移入范呂諸儒一條，移入元城學案一條，移入景迂學案一條，移入龜山學案一條，移入陳鄒諸儒一條，移入豫章學案一條，移入横浦學案一條，移入蜀學畧二條。又一條分作兩條，移入高平、濂溪學案各一條。

附錄

呂東萊與端明書曰：侍郎丈出處進退之際，實消長否泰之端。儻誠意交孚，元氣可復，則固當身任天下之重，先後本末，自有次第，不必徇匹夫之小諒，避世俗之小嫌。苟或未然，則道不可輕用，物不可苟合，謂宜明去就之義，以感悟上心，風示天下。

朱子祭之曰：惟公學貫九流，而不自以爲足；才高一世，而不自以爲名；道高德備，而不自以爲德；位高勢重，而不自以爲榮。蓋玩心乎文、武之未墜，抗志乎先民之所程。巍乎其若嵩、岱之雄峙！浩乎其若滄海之涵渟！

玉山學侶

呂先生大同別見紫微學案。

忠定趙先生汝愚父善應。

趙汝愚，字子直，宗室漢㊀恭憲王七世孫，居餘干縣。父善應，官終修武郎、江西兵馬都監，性純孝，篤行聞于世。先生早有大志，每曰：「丈夫得汗青一幅紙，始不負此生。」擢進士第一，歷遷校書郎，轉著作郎，知信州、台州，除江西運判。入爲吏部郎，兼太子侍講，遷祕書少監，兼權給事中。奏撤內侍陳源總戎之任，自是內侍不復兼兵職。權吏部侍郎，兼太子右庶子，論知閤王抃招權預政，出抃外祠。以集英殿修撰帥福建，分羌勢以弭邊患㊁。孝宗謂其有文武威風，召還。光宗受禪，趣召未至，殿中侍御史范處義論其稽命，除知潭州，改太平州。進敷文閣學士、知福州。紹熙二年，召爲吏部尚書。上以貴妃黃氏暴薨，得疑疾，不朝重華宮。先生往復規諫，帝、后皆悟，乃詣北內，從容竟日。四年，知貢舉，與監察御史汪義端有違言。先生除同知樞密院事，義端言宗室不爲執政，詆先生植黨沽名，臺諫陰附。疏入不報，上爲黜義端補郡。未幾，遷知樞密院事。五年，孝宗崩，先生以上有疾，乞太皇太后垂簾，且請攝行祭禮。又以國本係乎嘉王，奏正儲位以安人心。御批：「歷事歲久，念欲退閒。」留正懼，佯仆于庭，密爲去計。先生與徐子宜、葉水心謀，遣韓侂胄以內禪之意請于憲聖，憲聖乃命皇子卽位，卽喪次召還留正長百僚，命朱子待制經筵，悉收召士君子之在外者。以先生兼權參知政事，先生乞免兼職，乃除特進、右丞相。辭不拜，乃以特進爲樞密使。侂胄自以有定策功，且依託肺腑，出入宮掖，居中用事。朱子與彭忠肅皆以言去。侂胄勢益張，引其黨，謀擯先生，指當時賢者姓名爲先生之黨，上意不能無

㊀「漢」原作「楚」，據宋史本傳、宗室傳漢王元佐傳及宗室世系表漢王房改。

㊁據宋史本傳，所謂「分羌勢以弭邊患」乃趙汝愚制置四川兼知成都府時事，此處節録有誤。

疑，于是陳止齋、吴畏齋、劉後溪各先後斥退，而衣冠之禍始矣。正言李沐奏先生以同姓謀危社稷，遂罷右相，除觀文殿學士、知福州。臺臣合辭乞寢出守之命，博士楊敬仲、太府丞吕子約亦以爲言，太學生楊宏中等六人伏闕，訴先生之忠。侂胄忌先生益甚，謂不重貶，人言不已。以中丞何澹、御史胡紘連疏妄劾，責永州安置。先生怡然就道，謂諸子曰：「觀侂胄之意，必欲殺我。我死，汝曹尚可免也。」至衡州，病作，爲守臣錢鍪所窘，暴卒，天下聞而寃之。先生學務有用，常以司馬温公、富鄭公、韓魏公、范文正公自期。凡平昔所聞于師友如張南軒、朱晦翁、吕子約、汪玉山、王梅溪、胡澹庵、李巽巖、林艾軒之言，欲次第行之，未果。所著詩文十五卷，太祖實録舉要若干卷，類宋朝諸臣奏議三百卷。先生既没，黨禁寖解，復資政殿學士、太中大夫。已而贈少保。侂胄誅，盡復元官，賜謚忠定，贈太師，追封沂國公。理宗詔配享寧宗廟廷，追封福王，進封周王。子九人，崇憲其長子也。參史傳。

梓材謹案：先生于朱、張行輩相等，大愚已後之玉山以至艾軒，其年皆長于朱、張。先生于玉山里居爲近，雖難斷爲汪氏弟子，列爲學侶可也。又案：謝山劄記：「南宋宰輔趙忠定公家登學案者四世六人。」先生四子及孫必愿見本卷，其一人則先生曾孫良淳也，見雙峯學案。

附録

吕東萊與周子充書曰：「子直庶幾善道，而于事物似未盡諳。如陸務觀疏放封駮，豈爲過當？方人才難得之時，其辭翰儁發，多識典故，又趨向實不害正，棄瑕使過亦何妨？公與子直厚，胡不語之。」

王深寧困學紀聞曰：南塘挽趙忠定公云：「空令考亭老，垂白注離騷。」楊楫跋楚辭集注云：「慶元乙卯，治黨人方急，趙公謫死于道。先生憂時之意，屢形于色，一日，示學者以所釋楚辭一篇。」

文公朱晦庵先生熹別爲晦翁學案。

文達陸復齋先生九齡別爲梭山復齋學案。

忠定同調

宣奉陳東齋先生峴

陳峴，字壽南，溫之平陽人。以祖遺澤補官，調邵武南尉。淳熙十四年，以博學宏辭科賜第，歷遷祕書郎。後省封還除書，指先生爲故相趙公黨，黜知全州。最聞，以祕郎召。累進顯謨閣待制、知泉州。未上，以兵部侍郎兼直院召。卒，贈宣奉大夫。開禧初，韓侂胄將啟兵端，欲用其親吏蘇師旦爲節度使，密諭詞臣使草制。時先生以中書舍人兼直學士院，語人曰：「節鉞以待將臣之功高者。師旦何人，可辱斯授！必以此見命，吾有去而已。」未幾，中貴人有以特旨躐遷遙郡者，先生復論之。中貴人者，侂胄之所主也。御史探權臣意，遂假駮死獄事劾之以免，士論高之。著有東齋集三十卷。參真西山集。

玉山家學劉、楊三傳。

汪先生伯時

汪伯時，玉山子。其在官也，玉山與之書云：「惟公與正，乃萬事之本。又須行之以恕，居之以寬，庶幾久而無愧。」又云：「韓忠憲公家書曰：『笞罪亦不可輕用，明則有人非，幽則有鬼責。』忠憲八子貴盛，其報也。今豈求干福，但求免禍，用刑尤宜哀矜。」

尚書汪先生逵

汪逵，字季路，玉山子。乾道進士，官國子司業。韓侂胄用事，斥僞學，善類皆不自安，劉德秀因乞考核邪正真僞，所逐多名士。先生入劄子辯之，德秀以先生爲妄言，并斥之，閒居七年。參政李壁力言于朝，嘉定初，召爲太常卿。遷至吏部尚書、端明殿學士。參江西人物志。

梓材謹案：先生爲玉山次子，樓攻媿題其所藏高宗宸翰，言其能繼世科，恪守家法，博學多識，綽有父風。

玉山門人

文簡尤遂初先生袤別見龜山學案。

成公呂東萊先生祖謙別爲東萊學案。

文肅章先生穎

章穎，字茂獻，新喻人。以兼經中鄉薦。孝宗嗣服，下詔求言。先生爲萬言書附驛以聞，禮部奏名第一，孝宗稱其文似陸贄。調道州教授，作周濂溪祠。以平宜章寇，召對，除太學録。禮部正奏第一人，初任郎㊀召對者，自先生始。累遷左司諫。時右相葛邲當國，先生論邲不足任大事。從官議欲超除先生，俾去言職。光宗曰：「是好諫官，何以遷之！」寧宗立，韓侂冑用事，先生以侍御史兼侍講。論趙汝愚無聽其去，御史劾先生阿黨，罷。先生家居，久之，侂冑誅，累遷禮部尚書。考訂甲寅龍飛誣筆。丐去，奉祠。以嘉定十一年卒，年七十八。先生操履端直，生平風節不爲窮達所移。黨論方興，朱子遺以書曰：「世道反覆，已足流涕，而握其事者，怒猶未已。然宗社有靈，公論未泯，異日必有任是責者。非公，吾誰望邪？」贈光祿大夫，謚文肅。參史傳。

附錄

張南軒答先生書曰：汪端明以「正大」二字奉告，此意固美，然要須有下手處。「弘毅」，乃學者下手處也。學者用功，常患于偏，弘則懼夫肆，毅則懼夫拘，是非弘毅也，氣習之所乘也。在學者初用功，亦無怪其有此，然要知其爲病，而致吾存養窮索之功。

縣令張先生杰

張杰，字孟遠，衢州人也。大父澄，從韓蘄王討閩，死王事。先生明雋闓達，才氣横厲。嘗遊張魏公之門，魏公奇之。乾、淳間，遍與張、朱、呂三公交，而師事者爲玉山。以上書見忤于趙衛公。知安吉，大水，蠲民租，太守不可，先生力與之抗。太守上章求避，先生亦請祠，終身不出，亦不媿師門者也。觀

㊀「郎」原作「郎」，據宋史本傳改。

東萊所以稱先生，其人大類同甫一流。

司直趙先生焯

趙焯，字景昭，開封人也。東萊介之以見玉山曰：「新太平州司户趙焯，舊與從遊，有志于正學，練達世故，于輩流中不易得。願一聽謦欬，儻有以語之，想必能佩服。亦季路同年也。」先生復師事玉山，最與張杰善，官司直。

忠惠鄭先生僑附從父厚、樵。

鄭僑，字惠叔，莆田人也。從父曰厚，曰樵，世所稱溪東、溪西二先生者也。溪東、西兄弟以稽古之學傳其家，而先生又壻于玉山之門，故其踐履醇如也。乾道五年，進士第一。高宗崩，孝宗在德壽宮，欲行終喪之禮，羣臣表請還内。先生疏争之曰：「喪不離次，禮也。」孝宗爲之泣下。使金，以其主有疾，欲令于閤門投進國書，先生以敵國禮争之，訖得成禮。累官參知政事、知樞密院事。朱子之罷，四入劄留之，不報。黨禁起，高似孫作右道學圖，以先生爲巨首，謂其庇之也。出知福州，陛辭，請「平國論而無偏聽，嚴邊防而無輕信」。説者以爲侂胄始于錮道學，終于用兵，先生兩言，盡其生平。以觀文殿學士卒，贈太師，謚忠惠。

趙氏家學

安撫趙先生崇憲

趙崇憲，字履常，忠定長子。淳熙八年，以取應對策第一。時忠定侍立殿上，降，再拜以謝。孝宗顧近臣曰：「汝愚年幾何，已有子如此！」越三年，復以進士擢甲科，上謂執政曰：「此汝愚子，豈即前科取應對第一人者邪？忠定帥蜀，辟書寫機宜文字，改江西轉運司幹辦公事。忠定既貶卒，先生闔門自處。後復忠定官，升先生爲籍田令，先生拜命感泣，陳疏力辭，以爲「先臣之寃未白，而其孤先被寵光，非公朝所以勸忠孝、勵廉恥之意。」復引陳了翁論司馬温公、吕申公復官事申言之，乞下三省集議，辯其誣蠛，昭示中外，使先臣之譏謗既明，而憲聖擁佑之功德益顯，并請改正誣史，垂萬世之公。累遷著作佐郎，兼權考功郎。因閔雨上封事，勉聖學以廣聰明，教儲貳以固根本，防左右近習竊弄之漸，察奸憸餘黨窺伺之萌，皆懇懇爲上言之。請外，知江州，疏蠲和糴，以紓民困。瑞昌民負茶引錢，新舊累積，追及子孫，亟請以新券一償舊券二，詔從其議。遷轉運判官，兼帥漕司事。初，忠定捐私錢百餘萬創養濟院，俾四方賓旅之疾病者得藥與食，歲久寖移爲他用。先生至，尋修復，立規約數十條，以愈疾之多寡爲賞罰，並收鞠棄兒　更定社倉利弊。知静江府、廣西經畧安撫，減平賦税，嚴民夷交通之禁，條上朝廷，頗采其言，然未及盡用也。先生天性篤孝，父殁，終喪不飲酒食肉，比御猶弗入。都監而後，累世以孝行聞，時人難之。參史傳。

朝請趙節齋先生崇度

趙崇度，字履節，號節齋，忠定子。由承務郎爲右曹郎中，提舉湖南常平，改江西，終朝散大夫。先生自少聰穎，年十六，謁朱文公于考亭，文公器之，授以大學一編，曰：「修己治人之法，不出此書。」後忠定歸卧里門，又授以通鑑，曰：「讀是，可以見古今興壞存亡之故。」先生天才逸發，落筆娓娓動人，而文公迪之以經，欲其知道以立本也；忠定博之以史，欲其知變以致用也。先生衣被父師之教，自勵如玉雪，不忍秋毫點污。真西山銘其墓，稱先生勁氣直節，實似忠定，儗諸忠宣昆季，各得文正之一體。著有磐湖集、左氏常談、史髓、節齋聞記等書。參真西山集。

機幕趙先生崇模

趙崇模者，忠定子也。劉後溪帥荆襄，辟爲機幕。時亦辟趙師劭之弟，先生以師劭官藥局時請斬忠定以謝天下，義不與其子弟接，草箋辭謝。後溪遽勒回師劭之弟。

京幕趙先生崇實

趙崇實者，忠定少子也。誠樸出于天性。遊京幕，爲元寮有聲。早卒。

直閣趙先生必愿

趙必愿，字立夫，忠定孫，安撫子，勉齋之徒也。初以恩補承務郎。登進士，知崇安縣，修學政，鄉選善士。授湖廣總所幹辦公事。居父喪，從學于勉齋。服除，知全州，訪立周濂溪後。後知台州，一循大父之政，建陳了翁祠，政教兼舉。累遷至户部侍郎、同詳定敕令，請立國本。兼給事中、權户部尚書。抗言「全蜀遺燼，靡有孑遺」，「君臣動色，太平自賀」，又以言忤丞相史嵩之，司諫鄭起潛論罷，以寶謨閣直學士奉祠。淳祐五年，起知福州，兼福建安撫使。以平易近民，忠信厚俗，行鄉飲酒禮，旌賢士，獎高年，裁僧寺。尤留意武備，以軍禮見戎帥，申明左翼軍節制事宜。凡四年，卒，贈銀青光禄大夫。先生才周器博，心平量廣，而又早聞家庭忠孝之訓，師友正士之言，淵源有自，故所立卓然可稱。參史傳。

知州趙先生良淳別見雙峯學案。

陳氏家學

清惠陳先生昉

陳昉，字叔方，宜奉峴之子。以父任知浦城縣。盜起鄰郡，先生措置得宜，迄不犯境。繼而老弱阻饑，極力賑救，境内以安。真西山薦之朝，與劉克莊等號「端平八士」。遷司農丞，累權吏部侍郎。丐去，知福州，重士愛民，威惠兼至，蠲宿逋，卻例册。去郡之日，帑庾充牣。閩人論良牧，必以先生爲首。召爲工部侍郎。景定初，知建寧府，屬邑産禾一本四十餘穗，人以爲善政所感。除吏部尚書，拜端明殿學士，致仕。卒，謚清惠。參温州舊志。

承旨陳公齊先生均別見西山真氏學案。

鄭氏家學劉、楊四傳。

直閣鄭先生寅

鄭寅，字子敬，忠惠子也。累官知吉州。召對，以言濟王寃狀忤權臣，黜。端平初，召爲左司郎，兼權樞密副都承旨。首請爲濟王立廟，又力陳三邊無備，宿患未除，正紀綱，抑僥倖，裁濫賞，汰宂兵，以張國勢。出知漳州，進直寶章閣。先生博習典故，得其外王父玉山之傳，李燔、陳宓皆重之。

鄭氏門人

忠簡王渾尺先生介別見麗澤諸儒學案。

宋元學案卷四十七

艾軒學案　黄宗羲原本　黄百家纂輯　全祖望修定

艾軒學案表

林光朝（陸子正門人。和靖、震澤再傳。伊川三傳。安定、濂溪、涑水、百源四傳。）
- 林亦之
  - 陳藻
    - 林希逸
    - 劉翼
- 劉夙
  - 子彌正㈠
    - 孫克莊
      - 洪天錫
        - 丘葵（別見北溪學案。）
  - 子彌邵
    - 孫克遜
  - 孟淏（別見槐堂諸儒學案。）
- 劉朔
  - 子起晦
  - 孟淏（別見槐堂諸儒學案。）
- 陳士楚
- 黄㝭

㈠「彌正」原作「彌臣」，據本卷正文改。

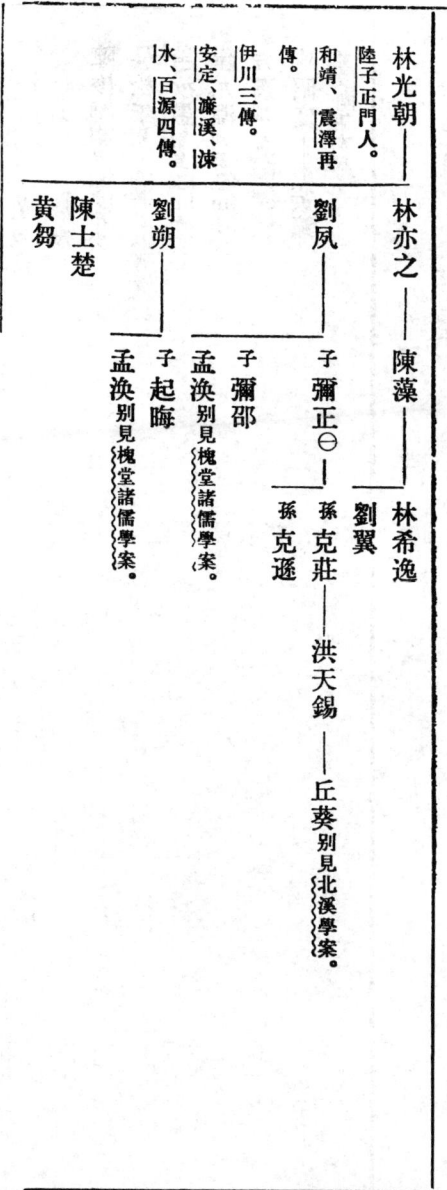

—林阿盟
黃叔盥
魏幾
陳俊卿別見武夷學案。
吴松年別見周許諸儒學案。
趙汝愚別見玉山學案。
陸九淵別爲象山學案。
方翥別見震澤學案。
陳昭度——黃鐘
並艾軒講友。

艾軒學案序録

祖望謹案：和靖高弟，如呂如王如祁，皆無門人可見。鹽官陸氏獨能傳之艾軒，于是紅泉、雙井之間，學派興焉。然愚讀艾軒之書，似兼有得于王信伯，蓋陸氏亦嘗從信伯遊也。且艾軒宗旨，本于和靖者反少，而本于信伯者反多，實先槐堂之三陸而起。特槐堂貶及伊川，而艾軒則否，故晦翁于艾軒無貶詞。終宋之世，艾軒之學、別爲源流。述艾軒學案，梓材案：艾軒傳録自黄氏補本，黎洲原本或有之。其學派則謝山修補頗詳。

子正門人尹、王再傳。

文節林艾軒先生光朝

林光朝，字謙之，莆田人。自少聞吴中陸子正學于尹和靖，因往從之，由是專心聖賢踐履之學。隆興元年，年五十，始進士及第，調袁州司户參軍。與劉朔咸以名儒薦對，論龍大淵、曾覿罪，改左承奉郎、知永福縣。累官國子司業，兼太子侍讀，兼史職。因不往賀樞密張説，出爲廣西提點刑獄。廣東、荆、襄茶寇爲亂㊀，先生乃自將郡兵，檄摧鋒統制路海、鈐轄黄進各以軍分控要害。會徙轉運副使，留屯不去，督二將遮擊之，賊驚懼，宵遁。帝聞，喜其儒生知兵，加直寶謨閣，召拜國子祭酒，兼太子左諭德。淳熙四年，除中書舍人，封還曾覿所薦謝廓然内批。改工部侍郎，不拜，以集英殿修撰出知婺州。因引疾，提舉興國宫。卒，年六十五，謚文節，學者稱艾軒先生。先生學通六經，貫百氏，言動必以禮，四方來學者亡慮數百人，然未嘗著書，雲濠案：先生著有艾軒集九卷，附録一卷。惟口授學者，使之心通理解。嘗曰：「道之本體，全于太虚。六經既發明之，後世注解已涉支離，若復增加，道愈遠矣。」又曰：「日用是根株，言語文字是注脚。」梓材案：艾軒家傳一卷，其從子成季所述，見直齋書録解題。説者謂南渡後倡伊洛之學于東南者，自先生始云。

㊀宋史本傳此句作：「茶寇自荆、湘剽江西，迫嶺南」。

艾軒語

「不亦説乎」，説，不餒也。「時習」，如車輪運轉時，此尚未見得如何，纔頃刻推不去，便覺前者爲説之義。起居語默，運轉不停，此爲時習。纔一失節則餒矣，乃知不餒即爲説。

忠恕者，謂夫子之道乃如是。忠恕，有足者皆可至也。非是以忠恕説一貫。忠恕違道不遠，要當如是發語耳。

有才藻之人，纔有一分簡忽氣象，要做甚！吾夫子謂雖「有周公之才之美，使驕且吝」，即「不足觀」。此語久久，乃如一泓秋水，鬚眉自見。

梓材謹案：以上三條，蓋皆艾軒與楊次山書中語。

世間惟有榮辱毁譽所不到者，爲建德之國。

附錄

公與龜山之孫楊次山書有云：某幼聞李太白、石曼卿之爲人，即踴躍道其事。又讀晉書，見一樣人物，如寒蟬孤潔，不入俗調，心甚樂之。一日，對方次雲及六兄談：六兄乃夾漈也。「古人如此，終是不俗。」六兄云：「此數人來孔子之門，一日著脚不定。」某乃悟夫子之門，爲人物準的，千歲人物，要得入此窠樣中，乃無愧。千歲而上，有多少豪傑可以共學入道，恨不令聞此語。陳寔、管寧、元德秀，姿稟如許，數百年中乃一見，又卻不聞道，此大可惜。

答人問「忠恕而已矣」曰：南人偏識荔枝奇，滋味難言只自知。剛被北人來借問，香酣兩字且酬伊。

自喻有曰：「修水佳人白玉蘭，花前何似妾容顏。從來未省傷春意，猶自樓頭畫遠山。」又曰：「莫怪騷人太頡頏，曾聞阿母語劉郎。神仙本是無言説，尸解由來最下方。」

林竹溪鬳齋學記曰：詩序不出于子夏，亦未必出于毛公。非溪西、艾軒二先生，未有具此眼者。補。

艾軒講友

正獻陳先生俊卿別見武夷學案。

知州吴先生松年別見周許諸儒學案。

忠定趙先生汝愚別見玉山學案。

文安陸象山先生九淵別爲象山學案。

正字方次雲先生翥別見震澤學案。

縣令陳西軒先生昭度

陳昭度，字元矩，仙遊人。與林艾軒、方次雲友善，自號西軒子。爲藤州教授，以致知謹獨教學者。

終長樂令。補。

艾軒門人尹、王三傳。

文介林網山先生亦之

林亦之，字學可，福清人。一作龍江人。艾軒嘗講學于莆之紅泉，及卒，學者請先生繼其席。趙忠定帥閩，嘗以先生之行業上于朝。未幾卒，學者稱網山先生。景定間，贈迪功郎，有集。雲濠案：網山集非復原本，四庫書目稱「掇拾叢殘，姑備插架」。

梓材謹案：閩書言先生師艾軒三十餘年，爲學一本躬行，能繼其師說。趙忠定帥閩，辟入東井書堂。又云：景定間林希逸追舉其賢，賜謚文介。

著作劉先生夙

劉夙，字賓之，莆田人也。生毀齒，日讀千字，嘗時時習誦其所記憶者。同門黃夠笑曰：「患健忘邪？」答曰：「我心樂此。誦久，樂益深矣。」偕其弟朔受業艾軒之門。以紹興二十一年進士，累官溫州教授。永嘉人才正盛，陳止齋、葉水心方爲諸生，先生一見即奇之。召試館職，策問薦舉之敝，對曰：「此執政大臣爲惠而不知爲政致之也。陳執中、章子厚，人知其爲小人也，然能不以官私其親。今將告執政曰：『子爲執中乎？爲子厚乎？』則艴然怒矣。至其行事，則有爲二人所不爲者。」時傳誦之。除正字，移樞密院編修，兼國史院編修，乞侍養不就。陳良祐、周操合疏留之，除著作佐郎。孝宗銳意恢復，內廷設射馳毬，大雨水蝗害稼，而曾覿、龍大淵挾聲勢，陰進退，士大夫皆相顧莫收言，言輒逐。隆興二年七月，先生輪對，奏曰：「羣臣不以堯、舜事陛下，臣不識忌諱，竊深憤之。」上曰：「天下事可言者，第言勿隱。」對曰：「自去夏至今，日再食，東南三地震，比又積陰彌月，所至水潦，蝗食雨中，爲異尤大。在廷謂陛下宜避殿損膳自責矣，而至今不聞德音。左右近習盜陛下權。且長淮無一兵之戍，而陛下乃親技擊，騁銜轡，豈緩急欲爲自將地乎？閻德、陳敏近墮馬失臂，梁珂亦摧折瀕死，陛下所親見也。」上爲改容，遂下詔曰：「政事不修，災異數見，江、浙水潦，害于秋成，朕甚懼焉。其自八月朔，不御正殿，減常膳，令侍從至館職疏朕闕失及當今急務。」先生又上封事曰：「陛下引舊寮謀政事，得如張闡、王十朋可也，乃與覿、大淵輩觴詠唱酬，字而不名，罷宰相，易大將，待其言而後決。嚴法守，裁徼倖，自宮掖近侍始可也。梁珂一年三受醲賞，他內目一日遷四使，而但減卿監郎曹數十員。昔姚崇以十事要其君，曰：『能用則就，不用則去。』今陛下以五事要其臣，曰：『不能如是則去，能如是則留。』然則安用大臣？孔道輔首論曹利用、羅崇勳使罷去，呂誨、范純仁力諫濮王不可稱親。今幺麼如楊倓輩，尚熟視不敢議，然則安用臺諫？」又言：「國初僭叛雖平，人情未一，故設邏卒。今徒用之以監謗，豈可不畏！」又曰：「禹惡旨酒，湯不邇聲色。夫宴遊無度，甚則有流蕩戲狎之患。御幸無節，其終爲人獸雜亂之禍。願陛下罷行前事，應天以實，庶可消弭災變。」疏入，亟求罷。留之數日，不可，以爲湖北安撫參議，不行。乾道元年，奉祠。三年，覿、大淵出，起先生知衢州，復奏君子小人之辨，曰：「人主不示天下以所好，而常禁其所偏。」上然之。在州期年，政平訟簡，州人繪像祠之。曾覿副賀金正旦使，道衢，入謁，先生不內。移知溫州，會旱，全家淡食請命，雖奉母亦以素饌。已而以病奉祠，州人爲之出涕。其歸也，莆亦大旱，手條捄荒十餘事行之，得以不饑。孝宗之志恢復也，士無不以此說進，雖朱子亦言之。嘗遇先生于李侍郎浩座上，先生弗是也，侍郎亦如先生意。他日，朱子謂人曰：「吾乃爲賓之、德遠夾攻。」南軒張子尤重先生，曰：「王龜齡弗逮也。」先生兄弟並以名德重于朝，顧皆不得大用。乾道六年，其弟卒，年四十四。先生以次年亦卒，年四十八，四方悲之如親戚，艾軒皆爲位而哭，周益公因率諸朝士哭之于其邸。艾軒曰：「吾爲國受弔也。」又曰：「賓之愛君均于愛親，憂國過于憂身。古有遺直，今難其人。」所著有春秋解。修。

附錄

乾道五年，曾覿召歸，過衢州，守臣劉賓之諭以入城決不相見，覿乃取道城外。

真西山序春秋講義曰：昌黎公寄玉川子詩有「春秋三傳束高閣」之語，學者疑之，謂未有舍傳而可求經者。今觀著作劉公講義，一以聖筆爲據依。其論秦穆公以人從死者，晉文之召王，宋襄之用人于社，皆以經證傳之失，所謂偉然者也。昔歐陽子患僞說之亂經，著爲論辯，自謂時雖莫同，千歲之後必有予同。曾未二百年，而劉公之論春秋，蓋與之合。公而有知，當不恨後世之無子雲矣。所講纔十有二條，麟經大旨，略盡于此。其言曰：「吾聞法吏以一字輕重矣，未聞聖人以一字輕重春秋也。」旨哉言乎！足以破世儒之陋學者。其深味之！

正字劉先生朔

劉朔，字復之，雲濠案：先生名一作翔。攷閩書，翔字圖南，福州水口人，紹興十五年進易解者，別一人。著作弟也。天下稱爲「二劉」。以紹興三十年進士，爲溫州司户。少治易，其兄謂曰：「春秋爲王氏茅塞久矣！」由是更治春秋，名其家。溫州大饑，繼以大疫，先生計口受祿，以其餘散糜粥，日有常數，同僚以及富人争效之。親爲病者切脈施藥，晨往晏罷，徑入徐出。或謂之曰：「將毋爲堂上憂？」曰：「此吾老母意也。」所全活數萬人。聚道旁棄兒常百計，募乳嫗飼之，聽無子者擇取。比滿秩，災疫尚未盡消，民泣曰：「司户去，吾儕且死。」先是，著作以先生迎養于溫，故亦求其教授于溫。既召試，先生攝學事。永嘉學術之盛，兄弟皆與有力焉。召對，奏曰：「陛下何不延納憤激敢言之士，而聽訐直難堪之言，因以自考成敗得失？」因言曾覿、龍大淵罪狀。以是不得留，先生乞奉嶽祠。孝宗念之，猶得知福清縣。福之支邑，月責羨錢而無經賦，先生盡罷之，復請緩輸數月。大帥感其言，爲并旁縣俱寬之。聽訟，使兩辭自詣，無追呼者。市食挂錢于門，民當其物持錢而去。縣庭常空，不復知械索所在。王參政之望爲帥自尊，僚屬卑屈甚，先生以友誼責之，之望不悦也，于是復請祠歸。再召對，虞允文贊恢復鋭甚，希進者趨和之，先生諫曰：「臣觀今日，通和未爲失策。昔富弼累增歲幣，今減十萬矣；往時兩淮不許備守，今江北諸城增陴浚隍矣；前此江上教兵，彼輒呵問，今沿淮分屯，鼓聲達泗、潁矣。敵或示我弱，殆不可測。宜選兵將，廣儲峙，責成于端重堪事者，從容以待其變。若募彼人嚮導，挾異國濟師，合中原響赴而兵不必衆，就敵人儲聚而粟不必多。憑虛蹈空，過爲指料，將有臨危失據之憂。此所謂決天下于一擲者也。」上疎然。除正字。時朝列之以持重觀釁爲詞者，惟先生兄弟，既而允文卒無功。先生又言歸附人宜散處州縣，不當聚畿甸，從之。以疾求福建參議，行至信安，卒。自先生去溫，其兄復守溫，惠政相埒，溫人念念不置，每見莆人，輒問二劉公安否。聞其相繼卒也，哭之失聲。先生與其兄齊名。著作挺特，不肯輕以聲色假人，先生稍濟以和易。至于輕祿位而重出處，厚名分而薄勢利，盡言于朝，盡心于官，公是非，勵廉隅，則所同也。嘗謂朋友講習，爲古今至樂。又曰：「天下至大也，千歲至遠也，所不可一日無者，公論也。朋友羣居，敬畏之心所由生，而公論之所由出也。窮山永夕，篝燈共語，嘗聞鐘聲未已。」其卒也，家無留貲。所著有春秋紀年圖。著作三子，其著者曰彌正、彌邵；正字三子，其著者曰起晦。修。

附錄

林謙之、劉復之以名儒薦對，及曾、龍罪惡，皆補縣，自是無敢言者。

侍講陳先生士楚

陳士楚，字英仲，莆田人。早從林艾軒遊。乾道中登第，淳熙末召爲國子監簿。光宗立，除司封郎，兼嘉王府直講。遷軍器少監，出使江東。寧宗朝，歷起居舍人。明年，除侍講。嘗講周書無逸篇，喻小人在朝、君子在野之意，上嘉納之。未幾，卒。補。

縣丞黄先生芻

黄芻，字季野，艾軒門人。志行高古，同遊士自劉夙、劉朔、林亦之而下，皆推讓焉。一第而夭，竟止懷安縣丞。修。

林先生阿盌
陳先生叔盌合傳。

林阿盌，字載德，福清人。與同邑陳叔盌並遊艾軒之門，閩人謂之「二盌」。阿盌問六經根源，無所入，而欲投江，艾軒稱之爲漁鹽中膠鬲。叔盌少從于紅泉，出揖客，面容頽然。艾軒曰：「心不負人，面無頽容。」叔盌悟而自力，遂以行義名。參福清儒林傳。

魏先生幾

魏幾，字天隨，福清人。受學艾軒，以「克己復禮」問，答曰：「五湖明月。」因以穎悟，賦丹霞夾明月，有「半白在梨花」之句，人以「半白梨花郎」目之。同上。

西軒門人

縣尉黄定齋先生鐘

黄鐘，雲濠案：鐘一作鍾。字器之，興化人。號定齋，從陳昭度遊。乾道中登第，待次德化尉，講學授徒，里人服其教。調漳州録事參軍。先生喜著述，有周禮集解、荀楊續註、杜詩註釋、史要諸書。補。

網山門人尹、王四傳。

文遠陳樂軒先生藻

陳藻，字元潔，號樂軒，居福清之横塘。初，網山師艾軒，網山之徒又推樂軒爲高弟。開門授徒，不足自給，至浮游江湖，崎嶇嶺海。歸買田數畝，輒爲人奪去。士之窮，無過于此矣，而以樂軒自扁。此固先生所聞于師者與？著有論語解。雲濠案：先生尚有樂軒集八卷，論語解佚。

梓材謹案：福州府志言先生家貧篤學，不求人知，課妻子耕織務本。師林網山，得艾軒經學之傳，一時學者多從之遊。既卒，門人林希逸請于朝，贈迪功郎，謚文遠。

附錄

後村劉氏作三先生祠堂，有曰：「里中前一輩，及艾軒之門者衆矣。然數十年更相推讓，卒以傍邑二士接艾軒之傳。所謂公論在人心者邪！」

雲濠謹案：三先生，謂艾軒、網山、樂軒也。

林竹溪鬳齋學記曰：退之送文暢序，先師樂軒云：「退之只是説得，亦未必盡知之。」補。

又曰：虞翻以坤艮爲虎，馬融以兑爲虎，郭璞以兑艮爲虎。坤爲虎，坤交乾也；艮爲虎，寅位也；天文尾爲虎，艮也；兑爲虎，參伐之次也；龍德所銜爲虎，亦兑也。易之取象果如是乎？獨樂軒以理言象，八卦之外，不喜穿鑿，曰：「乾爲馬，坤爲牛，而『牝馬地類』，坤象辭也。」論易象者當以爲法。補。

又序樂軒詩筌曰：在昔隆、乾間，士之師道立，浙有東萊呂氏，建有晦庵朱氏，湘有南軒張氏，江西有象山陸氏，莆有艾軒林氏，皆以道師授，並世而立名者也。艾軒于時猶爲前輩，號南夫子，獨不喜著書，門人又益微。黃懷安朂最高弟，最先夭；二劉著作正字雖暫顯，亦蚤卒。世其學者，網山一人。再傳樂軒，又皆以布衣死。艾軒在，網山以艾軒名；網山在，樂軒以網山名。近二十年，鄉井聞見日陋，張、呂諸儒，以其書在，可磔裂欺世，故人能言之。言象山者，疑信已半。至若艾軒姓氏，則問之晚少年，漫不省。樂軒雖得壽，後網山死四十年，衰白窮槁，人以爲常人矣。且面背譏笑不小，其文既不適時，間出語又驚世駭俗，至于今譏笑未已也。樂軒卒十年，予請于宗伯而祠之，或詈或排，幾不就役。昨之日，猶有難予者曰：「子之師，何如人也？」笑而應之曰：「人矣乎！」「烏乎長？」曰：「奚短哉！」「烏乎學？」曰：「奚道哉！」「以文名乎？」曰：「玉質金相，春明秋潔，絕出羣言，探入微賾，先生之文若是已。名則吾不知。」「以詩名乎？」曰：「洗削穠華，完復素樸，羣誚鄙里，自謂奇崛，先生之詩若是已。名則吾不知。」「然則至道矣乎？」曰：「玩神遺形，甘約保獨，傲睨乎鬼神，兄老而弟佛，撓挑浮游，至死不厭。道邪非邪，予亦不知也。」客艴然而去。予方追歎未已，躔文甫適以詩筌來，覽之泣下，遂志諸卷首，而系之曰：師學之傳，豈直以詩。詩又不傳，學則誰知。後千年無人，已而已而！後千年有人，留以竢之。柰何乎，噫！

著作家學

侍郎劉退翁先生彌正

劉彌正，字退翁，著作夙之長子也。幼率諸弟勤苦爲學，貧不能得膏火，旁嫗夜績，有光射牖，輒攜書就之。以進士入官。方静簡質，與人不苟立同異。至臨事鯁峭，除民疾痛，剛果立發，必達其志而後已。知臨川縣，太守責畸零之税，先生以爲于法不當徵，不奉行也。太守械其胥而廷詬之，先生曰：「以喜怒罪令則可，税不可得！」入爲太常寺簿，累遷寺丞。時方啟邊禍，使先生行兩淮，議用鐵錢，返言：「無故而先發，天理不順；無豫而輕舉，人謀不從。」宰相怒，不聽，已而果敗。先生言：「今金頓兵要我復和，急之則權在人矣。緩敵莫難于財，若今任帥守監司管軍，以上貲豪其地者，皆有以佐軍需，而宫掖之奉，吏胥之蠹食，悉加裁撙，使國用未甚屈，則金可力持，而計可徐定也。」陳自强惡其不附己，時方以軍敗復議和，欲陷之死地，乃以爲賀金國生辰使。議和未定，詔使者留潤州，以俟傳言。金且復犯淮，于是通、泰提舉鹽運官皆遁，乃即京口用先生爲淮東提舉，亦自强困之也。先生曰：「鹽在北，而移司于南，即金不至，亦剽奪盡矣。」遂渡江，貸亭户積舟，相接數千里賣之，而鹽運之利得如故。乃爲淮東諸城具樓櫓，儲粟麥，而真州以北漸安集。明年，即用爲運判，議和亦定，以運司留錢護使者往來至再，又以先生爲接送伴留遣使。召入朝，累遷左司郎中、直寶謨閣。出爲兩浙運判，遷運副。自渡江後，帥漕二司爲應辦官，日不暇給，先生一清如水，無敢以私相干者。內臣往來，不與相見。又入朝，累遷起居舍人，遂爲吏部侍郎，甫一月，以病乞身，朝議方向用之，不許，然竟卒。自先生二父以盛名不竟其施，先生兄弟世其家學，稍躋通顯者惟先生，而亦未究其用，君子惜之。補。

祖望謹案：退翁定朱子謚。

劉習静先生彌邵

劉彌邵，字壽翁，夙之子。中歲棄科舉，務向上事，業行義，爲鄉先生。家貧，食于學。晚舍去，并學俸卻之。郡守楊棟即學創尊德堂以處先生，僅一至。後棟使本道，又論薦于朝，未報，卒。有易稿、漢考、讀書日記諸書。學者稱習静先生。補。

著作門人

運判孟先生涣

別見槐堂諸儒學案。

正字家學

正字劉先生起晦

劉起晦，字建翁，正字朔之子。登第，歷貴溪令，召爲祕書省正字。蔚有時望，識者謂其材行不忝其父云。補。

正字門人

運判孟先生渙別見槐堂諸儒學案。

樂軒門人尹、王五傳。

舍人林竹溪先生希逸

林希逸，字肅翁，號竹溪，福清人。端平進士，淳祐中遷祕省正字，景定中官司農少卿，終中書舍人。有鬳齋集、易義、春秋傳、考工記解。雲濠案：鬳齋前集六十卷、易義、春秋傳，俱佚。鬳齋續集三十卷，考工記解二卷，行世。

鬳齋學記補。

和靖曰：「事當爲者，豈可不爲？廢事便是廢人道。」乃引莊子「匿而不可不爲者事也」。和靖語自正，莊子意又別。

和靖嘗以易傳序「體用一原，顯微無間」如太泄露天機，問于伊川。伊川曰：「如此分明說破，人猶不解！」愚因此語，深知和靖質實之意。使和靖在今日，見字義、語録編類諸書，又不知如何太息也。雖然，天機正何曾漏泄得！

馮忠恕嘗問于和靖曰：「某父晚年不信陰陽拘忌之說，更不擇日，亦無辟忌，恐是伊川家風。」和靖曰：「不須異。『人之所畏，不得不畏。』從俗何害！」此更見和靖質實不自異處。

祖望謹案：此説雖是，然卻啟人沉溺術數之學。

和靖曰：伊川不言人短，每見人論前輩，則曰：「汝輩且取他長處！」此語甚有益于後學。亦有論伊川于滎陽者，滎陽曰：「何不談他好處！」意與此同。

和靖曰：孟子論仲子曰：「以其小者，信其大者，奚可哉！」此極本之言。以小信大，只是啟詐僞之端，今人正有此弊。

梓材謹案：謝山補録慵齋學記十二條，今移爲艾軒附録一條，樂軒附録二條，又移入震澤學案一條，移入新學略二條，移入蜀學略一條。

劉先生翼

劉翼，字躔文，福唐人。與慵齋同登樂軒之門。著有心遊摘稿。從黃氏補本録入。

退翁家學

文定劉後村先生克莊

劉克莊，字潛夫，彌正子。官至工部尚書、龍圖閣學士，謚文定。補。

梓材謹案：先生嘗受業于真西山。萬姓統譜載先生生有異質，日誦萬言，爲文援筆立就。真西山以「學貫古今，文追騷雅」進之。著有後村文集，名大全集。

知州劉先生克遜

劉克遜，字無競，彌正子。以父任入官，知潮州。初，銀買未昂，每丁賦錢五百，後以買昂，加至四倍。下令蠲之，曰：「以此得罪，無恨也。」終于知泉州。清貧有守，工詩，爲水心、南塘所稱許。補。

後村門人尹、王六傳。

文毅洪陽巖先生天錫

洪天錫，字君疇，晉江人。寶慶二年進士，授廣州司法。長吏㊀盛氣待僚屬，先生糾正爲多。丁内艱。免喪，調潮州司理。改知古田縣，行鄉飲酒禮。通判建寧府，擢諸司料院，拜監察御史，兼㊁説書。累疏言：「天下之患三：宦官也，外戚也，小人也。」劾董宋臣、謝堂、厲文翁。天雨土，先生以其異爲蒙，力言陰陽、君子小人之所以辨，又言修内司之爲民害者。蜀中地震，浙、閩大水，又言：「上下窮空，遠近怨疾，獨貴戚宦閹享富貴耳！舉天下窮且怨，陛下能獨與數十人者共天下乎？」會吳民仲大論等列愬宋臣奪其田，先生下其事有司，而御前提舉所移文謂田屬御莊，不當白臺，儀鸞司亦牒常平。先生謂：「御史所以雪寃，常平所以均役，若中貴人得以擅之，則内外臺可廢，猶爲國有紀綱乎？」乃申劾宋臣併盧允升，而枚數其惡，上猶力護之。疏上至六七，最後請還御史印，謂：「明君當爲後人除害，不當留患以遺

㊀「吏」原作「史」。據宋史本傳改。　㊁「兼」原作「至」，據宋史本傳改。

後人。今朝廷輕給舍臺諫，輕百司庶府，而北司獨重。倉卒之際，臣實懼焉。」言雖不果行，然終宋世閹人不能竊弄主威者，皆先生之力也。而先生亦自是去朝廷矣。改大理少卿，再遷太常，皆不拜。改廣東提點刑獄，五辭。起知潭州，戢盜賊，尊先賢，踰年大治。遷廣東轉運判官，召爲祕書監兼侍讀，以瑣辭。升祕閣修撰、福建轉運副使，又辭。度宗即位，以侍御史兼侍讀召，累辭不許，在道間，監察御史張材㈠劾罷之。進㈡工部侍郎，加顯文閣待制、湖南安撫使、知潭州，改漳州，皆力辭。又改福建安撫使，力辭，不許。召爲刑部尚書，不起。屢進華文閣直學士。致仕，加端明殿學士，轉一官。疾革，草遺表以規君相，上震悼，特贈正議大夫，謚文毅。先生言動有準繩，居官清介，臨事是非不可回折。所著：奏議、經筵講義、進故事、通禮㈢輯略、味言發墨、陽巖文集。參史傳。

梓材謹案：先生誌劉後村墓，自稱門人，又爲後村謚議，稱先師，則先生後村弟子也。

陽巖門人尹、王七傳。

隱君丘釣磯先生葵別見北溪學案。

㈠「張材」，宋史本傳作「張桂」。㈡「進」上原衍「少」字，據宋史本傳删。按宋史本傳此文前載洪天錫疏言「隱惰惜己者多，忘身殉國者少」，本書節去，而誤將「少」字連下文。㈢「禮」，宋史本傳作「祀」。

宋元學案卷四十八

晦翁學案上

黃宗羲原本　黃百家纂輯　全祖望次定

晦翁學案表

朱熹（韋齋子。延平、白水、籍溪、屏山門人。元城、龜山、譙氏、武夷、豫章再傳。涑水、明道、伊川三傳。安定、泰山、濂溪四傳。）
- 子塾
  - 孫鑑
- 子埜
- 子在
  - 曾孫浚
- 從孫洪範 別見介軒學案。
- 蔡元定 別爲西山蔡氏學案。
- 黃榦 別爲勉齋學案。
- 李燔
- 張洽 並爲滄洲諸儒學案。
- 輔廣 別爲潛庵學案。

輔萬別見潛庵學案。
陳埴別爲木鐘學案。
葉味道別見木鐘學案。
杜煜
杜知仁並爲南湖學案。
蔡淵
蔡沆並見西山蔡氏學案。
蔡沈別爲九峯學案。
陳淳別爲北溪學案。
陳易別見北溪學案。
廖德明
李方子並見滄洲諸儒學案。
余元一
趙師恕並見勉齋學案。
趙崇憲
趙崇度並見玉山學案。
趙蕃

宋之源
劉黼
許子春並見清江學案。
彭龜年
趙善佐
張巽
潘友端
胡大時並見嶽麓諸儒學案。
王瀚
王洽
詹儀之
李大同
周介
鄒補之
黃謙
王介並見麗澤諸儒學案。
呂喬年別見東萊學案。

高松別見止齋學案。

傅定別見說齋學案。

舒璘別爲廣平定川學案。

傅夢泉

孫應時

諸葛千能

周良

包揚

包約

包遜

石斗文

石宗昭

喻仲可

趙師葴

趙師雍並見槐堂諸儒學案。

又一百五十五人並見滄洲諸儒學案。

私淑樓鑰別見丘劉諸儒學案。

吴柔勝——子淵
　　　　——子潛並見槐堂諸儒學案。
父□

陳鎮——子□——孫□

柴中行別見丘劉諸儒學案。

魏了翁別爲鶴山學案。

詹初別見勉齋學案。

蔡和別見北溪學案。

李道傳別見劉李諸儒學案。

李大有別見東萊學案。

謝夢生別見木鐘學案。

陳均

趙汝騰——孫必㬫——陳仁伯
　　　　　　　　——陳旅別見草盧學案。

方鎔別見北山四先生學案。

趙復別見魯齋學案。

余季芳別見介軒學案。

俞浙——黄奇孫別見潛庵學案。

熊朋來——子太古

俞琰　王都中別見魯齋學案。
並朱學續傳。

張栻別爲南軒學案。
呂祖謙別爲東萊學案。
趙汝愚別見玉山學案。
趙汝靚
韓元吉別見和靖學案。
潘畤別見元城學案。
方耒別見劉胡諸儒學案。
張杰別見玉山學案。
石𡼖——杜煜
　　　　杜知仁並爲南湖學案。
何鎬
並晦翁講友。
項安世
黃樵仲
陳景思
並晦翁學侶。

趙不息
　孫汝談別見滄洲諸儒學案。
　孫汝譡別見水心學案。

劉靖之
劉清之並爲清江學案。
劉光祖別爲丘劉諸儒學案。
並晦翁同調。

晦翁學案序録

祖望謹案：楊文靖公四傳而得朱子，致廣大，盡精微，綜羅百代矣！江西之學，浙東永嘉之學，非不岸然，而終不能諱其偏。然善讀朱子之書者，正當偏求諸家，以收去短集長之益。若墨守而屏棄一切焉，則非朱子之學也。述晦翁學案。梓材案：朱子學案，本稱紫陽，謝山序録定爲晦翁學案。又案諸儒學派，自龜山而豫章爲一傳，自豫章而延平爲再傳，自延平而朱子爲三傳。序録謂文靖四傳而得朱子，蓋統四先生言之。其實朱子本師劉白水，爲龜山門人，亦秖再傳耳。

延平門人楊、胡再傳。

文公朱晦庵先生熹

朱熹，字元晦，一字仲晦，徽州婺源人。父韋齋先生松，第進士，歷官司勳、吏部郎。以不附和議忤秦檜，去國，行誼爲學者所師。嘗爲閩延平尤溪縣尉。建炎四年罷官，寓尤溪城外毓秀峯下之鄭氏草堂，生先生。先生自幼穎悟，五歲讀孝經，卽題曰：「不若是，非人也。」年十八，登紹興十八年進士第，授泉州同安主簿。選邑秀民充弟子員，日與講説聖賢修己治人之道，禁婦女之爲僧道者。士思其教，民懷其德，不忍其去，至五考而後罷。二十八年，請嶽祠。二十九年，以陳康伯薦召，以疾辭。孝宗卽位，詔求直言，先生上封事：「帝王之學，必先格物致知，以極夫事物之變，使義理所存，纖悉畢照，則自然意誠心正，而可以應天下之務。」次言：「修攘之計，所以不時定者，講和之説誤之也。夫金人于我有不共戴天之讎，則不可和也明矣。願閉關絶約，任賢使能，立紀綱，厲風俗。俟數年之後，國富兵强，徐起而圖之。」次言：「四海之利病，係斯民之休戚；斯民之休戚，係守令之賢否。監司者，守令之綱；朝廷者，監司之本。本源之地，亦在于朝廷而已。」隆興元年，復召對，其一言：「大學之道，在乎格物以致其知。陛下未嘗隨事以觀理，卽理以應事，平治之效，所以未著。」其二言：「君父之讎，不與共戴天。今日所當爲者，非戰無以復讎，非守無以制勝。」且陳古先聖王所以强本折衝、威制遠人之道。時相湯思退方倡和議，除先生武學博士，待次歸。乾道元年，趣就職。既至而洪适爲相，復主和，論不合，復請祠歸。三年，劉公珙在樞府，薦爲樞密院編修官，待次。五年，丁内艱。六年，工部侍郎胡公銓以詩人薦，與王庭珪同召，以未終喪辭。七年，免喪，復召，以禄不及養辭。九年，梁克家相，申前命，又辭。孝宗曰：「朱熹安貧守道，廉退可嘉！」特改令入官，主管台州崇道觀。淳熙二年，除祕書郎，力辭，乃主管武夷山沖佑觀。五年，史浩再相，除知南康軍。值歲不雨，講求荒政，全活甚多。訪白鹿洞書院遺址，奏復其舊，爲學規俾守之。明年夏，大旱，上疏言：「天下之務，莫大于恤民，而恤民之本，在人君正心術以立紀綱。蓋天下之紀綱不能以自立，必人主之心術公平正大，無偏黨反側之私，然後有所繫而立。必親賢臣，遠小人，講明義理之歸，閉塞私邪之路，然後乃可得而正。今宰相、臺省、師傅、賓友、諫諍之臣皆失其職，而陛下所與親密謀議，不過一二近習之臣。上以蠱惑陛下之心志，使陛下不信先王之大道，而悅于功利之卑說，不樂莊士之讜言，而安于私暬之鄙態，下則招集天下士大夫之嗜利無恥者，文武彙分，各入其門。交通貨賂，所盜者皆陛下之財，命卿置將，所竊者皆陛下之柄。使陛下之號令黜陟，不復出於朝廷，而出于一二人之門。莫大之禍，必至之憂，近在朝夕，而陛下獨未之知。」孝宗讀之大怒，宰相趙雄曰：「士之好名，陛下疾之愈甚，則人譽之愈衆，無乃適所以高之。不若因其長而用之，彼漸當事任，能否自見矣。」孝宗以爲然，乃除先生提舉江西常平茶鹽。旋録救荒之勞，除直祕閣。會浙東大饑，改提舉浙東。入對，首陳災異之由與修德任人之説，次言：「近習便嬖側媚之態既足以蠱心志，而胥吏狡猾之術又足以眩聰明。邪佞充塞，貨賂公行，人人皆得滿其所欲，惟有陛下了無所得，而顧乃獨受其弊。」孝宗爲動容。先生拜命，即日單車就道，日鉤訪民隱，按行境内，郡縣官吏憚其風采，至自引去，所部肅然。于救荒之餘，隨事處畫，必爲經久之計。復奏言：「爲今之計，獨有責躬求言，然後君臣相戒，痛自省改。其次，惟有盡出内庫之錢，以供大禮之費爲收糴之本，詔户部免徵舊負，詔漕臣依條檢放租税，詔宰臣沙汰監司守臣之無狀者，遴選賢能，責以荒政，庶幾猶足下結人心。不然，臣恐所憂者不止于饑殍，而將在于盜賊；蒙其害者不止于官吏，而上及于國家也。」知台州唐仲友與王淮同里，爲婣家，吏部尚書鄭丙、侍御史張大經交薦之，遷江西提刑，未行。先生行部至台，訟仲友者紛然，按得其實，章前後六上。淮不得已，奪仲友江西新命，以授先生，辭不拜，遂歸，且乞奉祠。時鄭丙疏詆程學，且以沮先生，淮又擢陳賈爲監察御史。賈面對，首論「道學者，大率假名以濟僞，願擯棄勿用」，蓋指先生也。十年，詔主管台州崇道觀，連奉雲臺、鴻慶之祠者五年。十四年，以楊公萬里薦，除提點江西刑獄。十五年，淮罷相，周相必大奏趣先生之任，遂入奏。首言近年刑獄失當，獄官當擇其人；次言經總制錢之病民，及江西諸州科罰之弊。而其末言：「陛下即位二十七年，因循荏苒，無尺寸之效可以仰酬聖志。無乃燕閒蠖濩之中，虛明應物之地，天理有所未純，人欲有所未盡，是以爲善不能充其量，除惡不能去其根。願陛下自今以往，一念之頃，必謹而察之，無一毫之私欲得以介乎其間，而天下之事將惟陛下所欲爲，無不如志矣。」是行也，有要之于路，以爲「正心誠意」之論，上所厭聞，戒勿以爲言，先生曰：「吾生平所學，惟此四字，豈可隱默以欺吾君乎！」及奏，孝宗曰：「久不見卿。浙東之事，朕自知之。今當處卿清要，不復以州縣爲煩也。」時曾覿已死，王抃亦逐，獨內侍甘昪尚在，先生力以爲言。孝宗曰：「昪乃德壽所薦，爲其有才爾。」先生曰：「小人無才，安能動人主。」翌日，除兵部郎官，以足疾丐㈠祠。本部侍郎林栗嘗與先生論易、西銘不合，劾先生「本無學術，徒竊張載、程頤緒餘，謂之道學，所至輒攜門生數十人，妄希孔、孟歷聘之風，邀索高價，不肯供職，其僞不可掩」。孝宗曰：「林栗言似

㈠「丐」原作「奉」，據宋史本傳改。

過！」周必大言先生上殿之日，足疾未瘳，勉強登對，孝宗曰：「朕亦見其跛曳。」左補闕薛叔似亦奏援先生。乃令依舊職江西提刑，先生辭免。太常博士葉適疏與栗辯，謂：「其言無一實者。『謂之道學』一語，無實尤甚。往日王淮表裏臺諫，陰廢正人，蓋用此術。」會胡晉臣除侍御史，首論栗喜同惡異，無事而指學者爲黨，乃黜栗知泉州，除先生直寶文閣，主管西京嵩山崇福宮。未踰月，再召，先生又辭。始，先生嘗以爲口陳之説有所未盡，乞具封事以聞，至是，投匭進封事曰：「今天下大勢，如人有重病，內自心腹，外達四支，無一毛一髮不受病者。且以天下之大本，與今日之急務，爲陛下言之。大本者，陛下之心；急務，則輔翼太子，選任大臣，振舉綱紀，變化風俗，愛養民力，修明軍政，六者是也。古先聖王，兢兢業業，持守此心，是以建師保之官，列諫諍之職。凡飲食酒漿，衣服次舍，器用財賄，與夫宦官宮妾之政，無一不領于家宰，使其左右前後，一動一靜，無不制以有司之法，而無纖芥之隙。陛下所以㈠持守其心，果有如此之功㈡乎？所以正其左右，果有如此之效乎？至于輔翼太子，則自王十朋、陳良翰之後，稱職者鮮，而又時使邪佞儇薄、闒宂庸妄之輩參其間。師傅、賓客既不復置，而詹事、庶子有名無實。其左右春坊，遂直以使臣掌之。既無以發其隆師親友、尊德樂義之心，又無以防其戲慢媟狎、奇衺雜進之言。宜討論前典，置師傅、賓客㈢之官，罷去春坊使臣，而使詹事、庶子各復其職。至于選任大臣，則以陛下之聰明，豈不知天下之事，必得剛明公正之人而後可以任哉？直以一念之間，未能徹其

㈠「以」字原無，據宋史本傳補。

㈡「功」原作「切」，據宋史本傳改。「功」與下文「效」爲互文。

㈢「客」原作「友」，據宋史本傳改。按東宮官有太子賓客。

私邪之蔽。若用公明剛正之人，則恐其有以妨吾之事、害吾之人而不得肆，是以排擯此等，而後取凡疲懦輭熟、平日不敢直言正色之人而揣摩之，又于其中得其至庸極陋、決可保其不至于有所妨者，然後舉而加之于位。是以除書未出，而物色先定；姓名未顯，而中外已逆知其決非天下之第一流矣。至于振肅紀綱，變化風俗，則今日宮㈠省之間，禁密之地，而天下不公之道、不正之人，顧乃得以窟穴盤據于其間，是以紀綱不正于上，風俗頹弊于下。大率習爲輭美依阿，甚者以金珠爲脯醢，以契券爲詩文，惟得之求，無復廉恥。一有剛毅正直、守道循理之士出乎其間，則羣譏衆排，指爲『道學』而禁錮之，必使無所容其身而後已，此豈治世之事哉！至于愛養民力，修明軍政，則自虞允文之爲相也，盡取版曹歲入羨餘之數而輸之內帑，以備它日用兵進取不時之需。二十餘年，內帑歲入不知幾何，而認爲私貯，典以私人，日銷月耗，以奉燕私之費，曷嘗聞其能易敵人之首，如太祖之言哉！徒使版曹經費闕乏日甚，督促日峻，中外承風，競爲苛急，此民力之所以重困也。諸將之求進也，必先掊尅士卒以殖私財，然後以此自結于陛下之私人，而祈以姓名達于陛下之貴將。貴將以付軍中，使自什伍以上保稱材武，陛下以爲公薦可以得人，而豈知其論價輸錢，已若晚唐之債帥哉！彼智勇材畧之人，孰肯抑心下首于宦官、宮妾之門。而陛下之所得，皆庸夫走卒，而猶望其修明軍政，激勸士卒，以强國勢，豈不誤哉！凡此六事，本在于陛下之一心。一心正，則六事無有不正矣。」疏入，夜漏下七刻，孝宗已就寢，亟起，秉燭讀之終篇。明日，除主管太乙宮，兼崇政殿說書，先生力辭。除祕閣修撰，奉外祠。光宗卽位，再辭職名，

㈠「宮」原作「官」，據宋史本傳改。

仍舊直寶文閣，降詔獎諭。居數月，除江東轉運副使，以疾辭，改知漳州。奏除無名之賦七百萬，減經總制錢四百萬。以習俗未知禮，采古喪葬嫁娶之儀，揭以示之。嘗病經界不行，會朝論欲行汀、漳、泉三州經界，先生乃訪事宜上之。宰相留正，泉人也，其里黨亦多以爲不可行，布衣吳禹圭上書訟其擾人，有旨先行漳州經界。明年，以子喪請祠。時史浩入見，請收天下人望，乃除先生祕閣修撰，主管南京鴻慶宮，再辭。詔「論撰之職，以寵名儒」，乃拜命。除荆湖南路轉運副使，辭。漳州經界竟報罷，以言不用自劾。除知静江府，辭，主管南京鴻慶宮。未幾，差知潭州，力辭。黃裳爲嘉王府翊善，自以學不及先生，乞召爲宮僚，王府直講彭龜年亦爲大臣言之。留正曰：「正非不知熹，但其性剛，恐到此不合，反爲累耳。」先生方再辭，有旨「長沙巨屏，得賢爲重」，遂拜命。會洞獠擾屬郡，先生遣人諭以禍福，皆降之。申敕令，嚴武備，戢姦吏，抑豪民。所至興學校，明教化，四方學者畢至。寧宗即位，趙忠定汝愚首薦先生及陳傅良，除煥章閣待制、侍講。入對，首言：「乃者，太皇太后躬定大策，陛下寅紹丕圖，可謂處之以權而不失其正。今三月矣，或反不能無疑于逆順名實之際。臣願陛下盡負罪引慝之誠，致温凊定省之禮，而大倫正，大本立矣。」時論者以寧宗未還大内，恐名體不正而疑議生，有旨修葺舊東宮，爲屋至數百間，欲徙居之。先生奏疏言：「此必有左右近習倡爲此説以誤陛下，而欲因以遂其姦心。臣恐上帝震怒，災異數出，不當興此大役，以咈譴告警動之意。亦恐畿甸百姓阽于死亡之際，怨望忿切，以生他變。又聞太上皇后懼忤太上皇帝聖意，不欲其聞太上之稱，又不欲其聞内禪之説，此又慮之過者。父子大倫，三綱所繫，久而不圖，亦將有借其名以造謗生事者，此又臣之所大懼也。願陛下罷修葺東宫之役，回就慈福、重華之間草創寢殿，使粗可居。下詔自責，減省輿衞，入宫之後，暫變服色，如唐肅宗之改服紫袍、執鞚馬前者，則太上皇帝雖有忿怒之情，亦且霍然消散，而歡意浹洽矣。至若朝廷之紀綱，則凡號令弛張，人才進退，一委之二三大臣，使之反覆校量，有不當者，繳駁論難，擇其善者，稱制臨決，則不惟近習不得干預朝權，大臣不得專任己私，而陛下亦得以益明習天下之事㊀，而無所疑于得失之算矣。若夫山陵之卜，則願黜臺史之説，別求草澤以營新宫，使壽皇之遺體得安，而宗社生靈皆蒙福矣。」疏入，不報，然寧宗亦未有怒先生意也。每以所講編次成帙以進，寧宗亦開懷容納。先生又奏：「自漢文短喪，歷代因之，三綱不明，千有餘年。壽皇聖帝易月之外，猶執通喪，朝衣朝冠皆用大布。間者遺詔初頒，太上皇帝偶違康豫，不能躬就喪次。陛下以世嫡承大統，則承重之服，著在禮律，所宜遵壽皇已行之法。遂用漆紗淺黄之服，臣竊痛之。然既往之失不及追改，將來啓殯發引，禮當復用初喪之服。」會孝宗祔廟，議宗廟迭毁之制。自太祖首建僖、順、翼、宣四祖之廟，治平間議者以世數寖遠，請遷僖祖于夾室。後王安石等奏，僖祖有廟，與稷、契無異，請復其舊。時相趙忠定雅不以復祀僖祖爲然，侍從多從其説，吏部尚書鄭僑欲且祧宣祖而祔孝宗。先生以爲神宗得禮之正，所謂「有舉之而莫敢廢者」乎；又擬爲㊁廟制以辯，以爲物豈有無本而生者。廟堂不以聞，即毁撤僖、宣廟室，更創別廟以奉四祖。始，寧宗之立，韓侂胄自謂有定策功，居中用事。先生憂其害政，上疏斥言左右竊柄之失，在講筵復申言之。御批云：「憫卿耆艾，恐難立講，已除卿宫觀。」趙忠定袖還御筆，

㊀「事」原作「義」，據宋史本傳改。　㊁「爲」原作「其」，據宋史本傳改。

且諫且拜，內侍王德謙徑以御筆付先生，臺諫争留，不可。樓宣獻鑰與陳傅良旋封還録黄，修注官劉光祖、鄧馹封章交上。先生行，被命除寶文閣待制，與州郡差遣，辭。尋除知江陵府，辭。詔依舊焕章閣待制、提舉南京鴻慶宮。初，忠定既相，收召四方知名之士，中外引領望治。先生獨惕然以侂胄用事爲慮，既屢爲寧宗言，又數以手書啓忠定，勿使得預朝政。忠定謂其易制，不以爲意。及是，忠定亦以誣逐，而朝廷大權悉歸侂胄矣。先生始以廟議自劾，不許，以疾再乞休致，詔依舊祕閣修撰。二年，沈繼祖爲監察御史，誣先生十罪，詔落職罷祠，門人蔡元定亦送道州編管。四年，先生以年近七十申乞致仕。五年，依所請。明年卒，年七十一。疾且革，手書屬其子在及門人范念德、黄榦，拳拳以勉學及修正遺書爲言。翌日，正坐，整衣冠，就枕而逝。先生登第五十年，仕于外者，僅歷同安簿、知南康軍、提舉浙東常平茶鹽、知漳洲、潭州，凡五任九考，及經筵纔四十日。家故貧，少依父友劉子羽寓建之崇安，後徙建陽之考亭。簞瓢屢空，晏如也。諸生之自遠而至者，豆飯藜羹，率與之共。往往稱貸于人以給用，而非其道義，則一介不取也。自先生去國，侂胄勢益張。何澹爲中司，首論專門之學，文詐沽名，乞辨真僞。劉德秀仕長沙，不爲南軒之徒所禮，及爲諫官，首論留正引僞學之罪。「僞學」之稱，自此始。太常少卿胡紘言：「比年僞學猖獗，圖爲不軌，望宣諭大臣，權住進擬。」遂召陳賈爲兵部侍郎。未幾，先生有奪職之命。劉三傑以前御史論先生、趙汝愚、劉光祖、徐誼等，前日之僞黨，至此而又變爲逆黨，即日除三傑右正言。右諫議大夫姚愈論道學權臣，結爲死黨，窺伺神器，乃命直學士院高文虎草詔諭天下，于是攻僞學日急，選人余嚞至上書乞斬先生。方是時，士之繩趨尺步，稍以儒名者，無所容其身。

從遊之士，特立不顧者，屏伏丘壑；依阿巽懦者，更名他師，過門不入，甚至變易衣冠，狎遊市肆，以自別其非黨。而先生日與諸生講學不休，或勸其謝遣生徒者，笑而不答。有籍田令陳景思者，故相康伯之孫也，與侂胄有姻連，勸侂胄勿爲已甚，侂胄意亦漸悔。先生既沒，將葬，言者謂：「四方僞徒期會，送僞師之葬。會聚之間，非妄談時人短長，則謬議時政得失，望令守臣約束。」從之。嘉泰初，學禁稍弛。二年，詔先生以致仕除華文閣待制，與致仕恩澤。後侂胄死，詔賜先生遺表恩澤，謚曰文，尋贈中大夫，特贈寶謨閣直學士。理宗寶慶三年，贈太師，追封信國公，改徽國。始先生少時，慨然有求道之志。年十四，韋齋公病亟，嘗屬先生曰：「籍溪胡原仲、白水劉致中、屏山劉彥沖三人，學有淵源，吾所敬畏。吾即死，汝往事三人。」謂胡憲、劉勉之、劉子翬也。故先生之學，既博求之經傳，復徧交當世有識之士。延平李愿中先生老矣，嘗從學于羅仲素先生，先生歸自同安，不遠數百里徒步往從之。其爲學，大抵窮理以致其知，反躬以踐其實，而以居敬爲主。全體大用，兼綜條貫；表裏精粗，交底于極。嘗謂聖賢道統之傳，散在方册，聖經之旨不明，而道統之傳始晦，于是竭其精力以研窮聖賢之經訓。其于百家之支，二氏之誕，不憚深辯而力闢之。所著書有易本義、啓蒙、蓍卦攷誤、詩集傳、大學中庸章句、或問、論語孟子集註、太極圖通書西銘解、楚辭集註、辯證、韓文考異，所編次有論孟集議、孟子指要、中庸輯畧、孝經刊誤、小學書、通鑑綱目、宋名臣言行録、家禮、近思録、河南程氏遺書、伊洛淵源録，皆行于世。平生爲文凡一百卷，生徒問答凡八十卷，別録十卷。紹定末，祕書郎李心傳乞以司馬温公、周濂溪、邵康節、張横渠、程明道、程伊川及先生七子列于從祀，不報。淳祐元年正月，理宗視學，手詔以張、周、二程及先生從祀孔廟。元至正二年,封韋齋公爲獻靖公。明洪武初,詔以先生之書立于學宮,天下學者咸宗之。嘉靖中,祀稱「先儒朱子」,韋齋公從祀啓聖祠。先生墓在崇安之九峯山下。子三:塾、埜、在,皆賢。在,紹定中爲吏部侍郎。今新安、考亭各世襲博士一員。

百家謹案:紫陽以韋齋爲父,延平、白水、屏山、籍溪爲師,南軒、東萊諸君子爲友,其傳道切磋之人,俱非夫人之所易姤也。稟穎敏之資,用辛苦之力。嘗自言曰:「某舊時用心甚苦,思量這道理,如過危木橋子,相去只在毫髮之間,才失脚便跌下去。」可見先生用功之苦矣。而又孜孜不肯一刻放懈。其爲學也,主敬以立其本,窮理以致其知,反躬以踐其實。而博極羣書,自經史著述而外,凡夫諸子、佛老、天文、地理之學,無不涉獵而講究也。其爲間世之鉅儒,復何言哉!

中和說一 自注云:此書非是,但存之以見議論本末耳。下篇同此。

與張敬夫曰:人自有生卽有知識,事至物來,應接不暇,念念遷革,以至于死,其間初無頃刻停息,舉世皆然也。然聖人之言則有所謂未發之中、寂然不動者。夫豈以日用流行者爲已發,而指夫暫而休息、不與事接之際爲未發時邪?嘗試以此求之,則泯然無覺之中,邪暗鬱塞,似非虛明應物之體,而幾微之際,一有覺焉,則又便爲已發,而非寂然之謂,蓋愈求而愈不可見。于是退而驗之日用之間,則凡感之而通,觸之而覺,蓋有渾然全體,應物而不窮者,是乃天命流行、生生不息之機,雖一日之間萬起萬滅,而其寂然之本體則未嘗不寂然也。所謂未發,如是而已矣!夫豈別有一物,限于一時,拘于一處,而可以謂之中哉。

劉蕺山曰：說得大意已是，猥不是限于一時，拘于一處。但有覺處不可便謂之已發，此覺性原自渾然，原自寂然。

中和說二

答張敬夫曰：日前所見，累書所陳者，只是儱侗見得大本達道底影像，便執認以爲是了。蓋只見得箇直截根源，傾湫倒海底氣象，日間但覺爲大化所驅，如在洪濤巨浪之中，不容少頃停泊，以故應事接物處，但覺粗厲勇果，而無寬裕雍容之氣，雖竊病之，而不知其所自來也。今而後，乃知浩浩大化之中，一家自有一箇安宅，正是自家安身立命、主宰知覺處，所以立大本、行達道之樞要。所謂體用一原，顯微無間，乃在于此。道邇求遠，亦可笑矣！

劉蕺山曰：這知覺又有箇主宰處，正是天命之性，統體大本達道者。端的，端的！

中和說三

答張敬夫曰：近復體察，見得此理須以心爲主而論之，則性情之德，中和之妙，皆有條而不紊。蓋人之一身，知覺運動莫非心之所爲。則心者，所以主于身而無動靜語默之間者也。方其靜也，事物未至，思慮未萌，而一性渾然，道義全具，其所謂「中」，乃心之所以爲體，而寂然不動者也。及其動也，事物交至，思慮萌焉，則七情迭用，各有攸主，其所謂「和」，乃心之所以爲用，感而遂通者也。然性之靜也而不能不動，情之動也而必有節焉，是則心之所以寂然感通，周流貫徹，而體用未始相離者也。然人有是心而或不仁，則無以著此心之妙；人雖欲仁而或不敬，則無以致求仁之功。蓋心主乎一身而無動靜語默之間，是以君子之于敬，亦無動靜語默而不致其力焉。未發之前，是敬也固已主乎存養之實，已發之際，是敬也又常行乎省察之間。方其存也，思慮未萌而知覺不昧，是則靜中之動，復「其見天地之心」也。及其發也，事物紛糾而品節不差，是則動中之靜，艮之所以「不獲其身」「不見其人」也。有以主乎靜中之動，是則寂而未嘗不感；有以察乎動中之靜，是則感而未嘗不寂。寂而常感，感而常寂，此心之所以周流貫徹而無一息之不仁也。

劉蕺山曰：以心爲主及主敬之說，最爲諦當。

中和說四

答湖南諸公曰：向來講論思索，直以心爲已發，而日用工夫亦止察識端倪爲最初下手處，以故缺卻平日涵養一段工夫，使人胸中擾擾，無深潛純一之味，而其發之言語事爲之間，亦常急迫浮露，無復雍容深厚之風。蓋所見一差，其害乃至于此，不可不審也。

劉蕺山曰：畢竟求之未發之中，歸之主靜一路。然較濂溪爲少落邊際。蓋朱子最不喜儱侗說道理，故已見得後，仍做鈍根工夫。〇此朱子特參中庸奥指以明道也。第一書先見得天地間一段發育流行之機，無一息之停待，乃天命之本然，而實有所謂未發者存乎其間，即已發處窺未發，絕無彼此先後之可言者也。第二書則以前日所見爲儱侗，浩浩大化之中，一家自有一箇安宅，爲立大本行達道之樞要，是則所謂性也。第三書又以前日所見爲未盡，而反求之于心，以性情爲一心之蘊，心有動静，而中和之理見焉，故中和只是一理，一處便是仁，即向所謂立大本行達道之樞要，然求仁工夫只是一敬，心無動静、敬無動静也。最後一書又以工夫多用在已發爲未是，而專求之涵養一路，歸之未發之中云。合而觀之，第一書言道體也，第二書言性體也，第三書合性于心，言工夫也，第四書言工夫之究竟處也。見解一層進一層，工夫一節换一節。孔、孟而後，幾見小心窮理如朱子者！愚按朱子之學，本之李延平，由羅豫章而楊龜山，而程子，而周子。自周子有主静立極之説，傳之二程，其後羅、李二先生專教人默坐澄心，看喜怒哀樂之未發時作何氣象。朱子初從延平遊，固嘗服膺其説；已而又參以程子主敬之説，静字爲稍偏，不復理會。迨其晚年，深悔平日用功未免疏于本領，致有「辜負此翁」之語，固已深信延平立教之無弊，而學人向上一機，必于此而取則矣。湖南答問誠不知出于何時，考之原集，皆載在敬夫次第往復之後，經輾轉折證而後有此定論。則朱子生平學力之淺深，固于此窺其一斑，而其卒傳延平心印，以得與于斯文，又當不出此書之外無疑矣。夫「主静」一語，單提直入，惟許濂溪自開門户，而後人往往從依傍而入，其流弊便不可言。幸而得，亦如短販然，本薄利奢，叩其中藏，可盡也。朱子不輕信師傳，而必遠尋伊洛以折衷之，而後有以要其至，乃所爲善學濂溪者。

百家謹案：中和舊説序，先生自敍幼從學延平，求喜怒哀樂未發之旨，未達；聞張欽夫得衡山胡氏學，往問之，亦未省。退而沈思，謂人自嬰兒至老死，莫非已發，特其未發者爲未嘗發耳。後忽自疑，復取程氏書，虛心平氣而徐讀之，未及數行，凍解冰釋，然後知性情之本然，聖賢之微旨，平正明白如此。

觀心說

或問：「佛者有觀心說，然乎？」曰：夫心者，人之所以主乎身者也，一而不二者也，爲主而不爲客者也，命物而不命于物者也。故以心觀物，則物之理得。今復有物以反觀乎心，則是此心之外復有一心，而能管乎此心也。然則所謂心者，爲一邪，爲二邪？爲主邪，爲客邪？爲命物者邪，爲命于物者邪？此亦不待教而審其言之謬矣。或者曰：「若子之言，則聖賢所謂精一，所謂操存，所謂盡心知性，存心養性，所謂見其參于前而倚于衡者，皆何謂哉？」應之曰：此言之相似而不同，正苗莠、朱紫之間，而學者之所當辨者也。夫謂人心之危者，人欲之萌也；道心之微者，天理之奥也。心則一也，以正不正而異其名耳。惟精惟一，則居其正而審其差者也，絀其異而反其同者也。能如是，則信執其中而無過不及之偏矣。非以道爲一心，人爲一心，而又有一心以精一之也。夫謂操而存者，非以彼操此而存之也；舍而亡者，非以彼舍此而亡之也；心而自操則亡者存，舍而不操則存者亡耳。然其操之也，亦曰不使旦晝之所爲，得以梏亡其仁義之良心云爾，非塊然兀坐以守其炯然不用之知覺而謂之操存也。若盡心云者，則格物窮理，廓然貫通而有以極夫心之所具之理也，存心云者，則敬以直内，義以方外，若前所謂精一操存之道也。故盡其心而可以知性知天，以其體之不蔽而有以究夫理之自然也；存心而可以養性事天，以其體之不失而有以順夫理之自然也。是豈以心盡心，以心存心，如兩物之相持而不相舍哉！若參前倚衡之云者，則爲忠信篤敬而發也。蓋曰忠信篤敬不忘乎心，則無所適而不見其在是云爾，亦非有以見夫心之謂也。且身在此而心參于前，身在輿而心倚于衡，是果何理也邪？大抵聖人之學，本心以窮理，而順理以應物，如身使臂，如臂使指，其道夷而通，其居廣而安，其理實而行自然。釋氏之學，以心求心，以心使心，如口齕口，如目視目，其機危而迫，其途險而塞，其理虛而其勢逆。蓋其言雖有若相似者，而其實之不同，蓋如此也。然非夫審思明辨之君子，其亦孰能無惑于斯邪！

仁說

天地以生物爲心者也。而人物之生，又各得夫天地之心以爲心者也。故語心之德，雖其總攝貫通，無所不備，然一言以蔽之，則曰仁而已矣。請試詳之。蓋天地之心，其德有四，曰元亨利貞，而元無不統；其運行焉，則爲春夏秋冬之序，而春生之氣無所不通。故人之爲心，其德亦有四，曰仁義禮智，而仁無不包，其發用焉，則爲愛恭宜別之情，而惻隱之心無所不貫。故論天地之心者，則曰「乾元」、「坤元」，則四德之體用不待悉數而足；論人心之妙者，則曰「仁，人心也」，則四德之體用亦不待徧舉而該。蓋仁之爲道，乃天地生物之心卽物而在。情之未發而此體已具，情之既發而其用不窮。誠能體而存之，則衆善之源，百行之本，莫不在是。此孔門之教所以必使學者汲汲于求仁也。其言有曰「克己復禮爲仁」，言能克去己私，復乎天理，則此心之體無不在，而此心之用無不行也。又曰「居處恭，執事敬，與人忠」，則亦所以存此心也。又曰「事親孝，事兄弟，及物恕」，則亦所以行此心也。又曰「求仁得仁」，則以讓國而逃，諫伐而餓，爲能不失乎此心也。又曰「殺身成仁」，則以欲甚于生，惡甚于死，而能不害乎此心也。此心何心也？在天地則坱然生物之心，在人則温然愛人利物之心，包四德而貫四端者也。或曰：「若子之言，則程子所謂愛情、仁性，不可以愛爲仁者，非歟？」曰：不然。程子之所謂，以愛之發而名仁者也；吾之所論，以愛之理而名仁者也。蓋所謂情性者，雖其分域之不同，然其脈絡之通，各有攸屬者，則曷嘗判然離絶而不相管哉！吾方病夫學者誦程子之言而不求其意，遂至于判然離愛而言仁，故特論此以發明其遺意，而子顧以爲異乎程子之説，不亦誤哉！或曰：「程氏之徒，言仁多矣。蓋有謂愛非仁而以『萬物與我爲一』爲仁之體者矣，亦有謂愛非仁而以心有知覺釋仁之名者矣。今子之言若是，然則彼皆非歟？」曰：彼謂物我爲一者，可以見仁之無不愛矣，而非仁之所以爲體之真也，彼謂心有知覺者，可以見仁之包乎智矣，而非仁之所以得名之實也。觀孔子答子貢博施濟衆之問，與程子所謂「覺不可以訓仁」者，則可見矣。子尚安得復以此而論仁哉？抑泛言同體者，使人含糊昏緩而無警切之功，其弊或至于認物爲己者有之矣，專言知覺者，使人張皇迫躁而無沈潛之味，其弊或至于認欲爲理者有之矣。一忘一助，二者蓋胥失之。而知覺之云者，于聖門所示「樂山」、「能守」之氣象，尤不相似。子尚安得以此而論仁哉！因并記其語，作仁説。

百家謹案：浙本誤以南軒先生仁説爲先生仁説，而以先生仁説爲序，今正之。

語要

問：「理在氣中，發見處如何？」曰：「如陰陽五行錯綜不失條緒，便是理。若氣不結聚時，理亦無所附著。」

或問：「理在先，氣在後？」曰：「理與氣本無先後之可言，但推上去時，卻如理在先、氣在後相似。」

姜定庵曰：畢竟理從氣而見，說不得理在先。

太極自是涵動靜之理，卻不可以動靜分體用。蓋靜卽太極之體也，動卽太極之用也。

太極之有動靜，是天命之流行也。或疑靜處如何流行，曰：「惟是一動一靜，所以流行。如秋冬之時，謂之不流行，可乎？若謂不能流行，何以謂之『靜而生陰』也？觀『生』之一字可見。」

陰陽只是一氣，陽之退便是陰㊀之生，不是陽退了又別有箇陰生。

陰陽只是一氣，陰氣流行卽爲陽，陽氣凝聚卽爲陰，非直有二物相對也。

梓材謹案：此條梨洲録自文集答楊元範書。

天地始初混沌未分時，想只有水火二者，水之滓腳便成地。今登高而望羣山，皆爲波浪之狀，便是水泛如此，只不知因甚麼事凝了。初間極輭，後來方凝得硬。問：「想得如潮水湧起沙相似？」曰：「然。水之極濁便成地，火之極清便成風霆雷電日星之屬。」

㊀「陰」原作「陽」，據龍本改。

問：「自開闢以來，至今未萬年，不知已前如何？」曰：「已前亦須如此一番明白來。」又問：「天地會壞否？」曰：「不會壞。只是相將人無道極了，便一齊打合，混沌一番，人物都盡，又重新起。」

方渾淪未判，陰陽之氣混合幽暗。及其既分，中間放得開闊光朗，而兩儀始立。邵康節以十二萬九千六百年爲一元，則是十二萬九千六百之前，又是一箇大闔闢，更以上亦復如此，直是動靜無端，陰陽無始。小者大之影，只晝夜便可見。五峯所謂「一氣太息，震蕩無垠，海宇變動，山勃川湮，人物消盡，舊迹大滅」，是謂鴻荒之世。嘗見高山有螺蚌殼，或生石中，此石卽舊日之土，螺蚌卽水中之物。下者卻變而爲高，柔者卻變而爲剛，此事思之至深，有可驗者。

天明，則日月不明。天無明，夜半黑淬淬地，天之正色。

道夫言：「向者，先生教思量天地有心無心。近思之，竊謂天地無心，仁便是天地生物之心。若使其有心，必有思慮，有營爲。天地曷嘗有思慮來！然其所以四時行，百物生者，蓋以其合當如此便如此，不待思維。此所以爲天地之道。」曰：「如此，則易所謂『復其見天地之心』，『正大而天地之情可見』，又如何？如所說，祇說得他無心處爾。若果無心，則須牛生出馬，桃樹上發李花，他又卻自定。程子曰：『以主宰謂之帝，以性情謂之乾。』他這名義自定。心便是他箇主宰處，所謂天地以生物爲心。中間欽夫以爲某不合如此說，某謂天地別無句當，只是以生物爲心。一元之氣，運轉流通，略無停間，只是生出許多萬物而已。」問：「程子謂：『天地無心而成化，聖人有心而無爲』。」曰：「這是說天地無心處。且如四時行，百物生，天地何所容心。至于聖人，則順理而已，復何爲哉。所以明道云：『天地之常，以其心普萬物而無心;聖人之常,以其情順萬事而無情。』說得最好。」問:「『普萬物』,莫是以心周徧而無私否?」曰:「天地以此心普及萬物,人得之遂爲人之心,物得之遂爲物之心,草木禽獸接著遂爲草木禽獸之心,只是一箇天地之心爾。今須要知得他有心處,又要見得他無心處,只恁定說不得。」

天地初間,只是陰陽之氣。這一箇氣運行,磨來磨去,磨得急了,便拶許多渣滓,裏面無處出,便結成箇地在中央。氣之清者,便爲天,爲日月,爲星辰,只在外常周環運轉。地便在中央不動,不是在下。

姜定庵曰:「磨得急了」,「急」字未安,易「久」字如何?

問:「鬼神便是精氣魂魄,如何?」曰:「然。且就這一身看,自會笑語,有許多聰明知識,這是如何得恁地?虛空之中,忽然有風有雨,忽然有雷有電,這是如何得恁地?這都是陰陽相感,都是鬼神。看得到這裏,見得到一身只是箇軀殼在這裏,內外無非天地陰陽之氣。所以夜來說道『天地之塞吾其體,天地之帥吾其性』,思量來只是一箇道理。」又云:「如魚之在水,外面水便是肚裏面水,鱖魚肚裏水與鯉魚肚裏水一般。」仁父問:「魂魄如何是陰陽?」曰:「魂如火,魄如水。」

先儒言口鼻之噓吸爲魂,耳目之聰明爲魄,也只說得大概,卻更有箇母子,這便是坎離水火。煖氣便是魂,冷氣便是魄。魂便是氣之神,魄便是精之神。會思量計度底便是魂,會記當去底便是魄。又曰:見于目而明、耳而聰者,是魄之用。老氏云「載營魄」,營是晶熒之義,魄是一箇晶光堅凝物事。釋氏之地水火風,其說云:「人之死也,風火先散,則不能爲祟,蓋魂先散而魄尚存,只是消磨未盡,少間自塌了。若地水先散而風火尚遲，則能爲祟，蓋魂氣尚存爾。」又曰：無魂，則魄不能以自存。今人多思慮役役，魂都與魄相離了。老氏便只要守得相合，所謂「致虛極，守靜篤」，全然守在這裏不得動。又曰「專氣致柔」，不是守字，卻是專字，便只是專在此，全不放出，氣便細；若放些子出，便粗了也。

陰陽之始交，天一生水。物生始化曰魄，既生魄，煖者爲魂。先有魄而後有魂，故魄爲主，爲幹。

人生初間是先有氣，既成形，是魄在先。形既生矣，神知發矣。既有形後，方有精神知覺。子產曰：「人生始化曰魄。既生魄，陽曰魂。」數句說得好！

動者魂也，靜者魄也。動靜二字，括盡魂魄。凡能運用作爲皆魂也，魄則不能也。今人之所以能運用，都是魂使之爾。魂若去，魄則不能也。月之黑暈便是魄，其光者，乃日加之光爾，他本無光也，所以說「哉生魄」、「旁死魄」。莊子曰：「日火外影，金水內影。」此便是魂魄之說。

或問：「口鼻呼吸者爲魂，耳目之聰明爲魄？」曰：「精氣爲物，魂乃精氣中無形迹底。淮南子云：『魂者陽之神，魄者陰之神。』釋氏『四大』之說，亦是竊見這意思。人之一身，皮肉之類皆屬地，涕唾之類皆屬水，煖氣運動爲風。地水，陰也；火風，陽也。」

或問：「氣之出入者爲魂，耳目之聰明爲魄。然則魄中復有魂，魂中復有魄邪？」曰：「精氣周流，充滿于一身之中，噓吸聰明，乃其發而易見者爾。然既周流充滿于一身之中，則鼻之知臭，口之知味，非魄乎？耳目之中皆有煖氣，非魂乎？推之徧體，莫不皆然。佛書論『四大』處，似亦祖述此意。」問：「先生嘗言體魄自是二物，然則魂氣亦爲兩物邪？」曰：「將魂氣細推之，亦有精粗，但其爲精粗也甚微，非若體魄之懸殊爾。」問：「以目言之：目之輪，體也；睛之明，魄也。耳則何如？」曰：「竅即體也，聰即魄也。」又問：「月魄之魄，豈只指其光而言之，而其輪則體邪？」曰：「月不可以體言，只有魂魄爾。月魄即其全體，而光處乃其魂之發也。」

魂屬木，魄屬金，所以說「三魂七魄」，是金木之數也。

梨洲破邪論論魂魄篇曰：或問：「醫家言心藏神，脾藏意，肝藏魂，肺藏魄，腎藏精與志，信乎？」曰：非也。此以五行相配，多爲名目，其實人止有魂魄二者而已。禮記曰：「魂者，陽之盛也；魄者，陰之盛也。」延陵季子之葬，子曰：「骨肉歸復于土，命也。若魂氣則無不之也。」不言魄者，已葬，故不及魄。易曰：「精氣爲物，游魂爲變。」所謂精氣，即魄也。神與意與志，皆魂之所爲也。魂魄如何分別？曰：昭昭靈靈者是魂，運動作爲者是魄。魄依形而立，魂無形可見。故虎死眼光入地，掘之，有物如石，謂之「虎威」。自縊之人，其下亦有如石者，猶星隕如石，皆魄也。凡戰場之燐火，陰雨之哭聲，一切爲厲者，皆魄之爲也，魂無與焉。譬之于燭，其炷是形，其焰是魄，其光明是魂。子產曰：「人生始化曰魄。既生魄，陽曰魂。」是人之生，先有魄而後有魂也。及其死也，有魂先去而魄尚存者，今巫祝家死後避衰之說是也。有魄已落而魂尚未去者，如楚穆王弑成王，謚之曰靈，不瞑，曰成，乃瞑；中行穆子「死而視，不可含」是也。然則釋氏投胎之說，有之乎？曰：有之，而不盡然也。史傳如羊叔子識環之事甚多，故不可謂之無。或者稟得氣厚，或者培養功深，或專心致志，透過生死；凶暴之徒，性與人殊，投入異類，亦或有之。此在億兆分之中，有此一分，其餘皆隨氣而散；散有遲速，總之不能留也。釋氏執其一端以概萬理，以爲無始以來，此魂常聚，輪迴六道，展轉無已。若是，則盛衰、消息、聚散、有無、成虧之理，一切可以抹卻矣。試觀天下之人，尸居餘氣，精神懵懂，即其生時，魂已欲散，焉能死後而復聚乎！且六合之內，種類不同，似人非人，地氣隔絕，禽蟲之中，牛象蟣蝨，大小懸殊，有魄無魂，何所憑以爲輪迴乎！然則儒者謂聖賢凡愚，無有不散之氣，同歸于盡者，然乎否也？曰：亦非也。吾謂有聚必散者，爲愚凡而言也。聖賢之精神長留天地，寧有散理。先儒言「何曾見堯、舜做鬼來」，決其必散。堯、舜之鬼，綱維天地，豈待其現形人世而後謂之鬼乎！「文王陟降，在帝左右」，豈無是事而詩人億度言之邪？周公之金縢，傅說之箕尾，明以告人。凡後世之志士仁人，其過化之地，必有所存之神，猶能以仁風篤烈拔下民之塌茸，固非依草附木之精魂可以誣也。死而不亡，豈不信乎！或疑普天之下，無有不祭其祖先者，而謂凡愚之魂盡散，乃虛拘乎？曰：凡愚之魂散矣，而有子孫者，便是他未盡之氣。儒者謂子孫盡其誠意，感他魂之來格，亦非也。他何曾有魂在天地間？其魂即在子孫思慕之中。此以後天追合先天，然亦甚難，故必三日齊，七日戒，陰厭陽厭，又立一尸，以生氣迎之，庶幾其一綫之氣。若非孝子孝孫，則亦同一散盡也。

鬼神只是氣。屈伸往來者，氣也。天地間無非氣。人之氣與天地之氣常相接無間斷，人自不見。人心纔動，必達于氣，便與這屈伸往來者相感通。如卜筮之類，是皆心自有此物，只說你心上事，纔動必應也。

問：「伊川言『鬼神造化之迹』，此豈亦造化之迹乎？」曰：「皆是也。若論正理，則似樹上忽生出花菓，此便是造化之迹。又如空中忽然有雷霆風雨，皆是也。但人所常見，故不之怪。忽聞鬼嘯、鬼火之屬，則便以爲怪，不知此亦造化之迹，但不是正理，故爲怪異。如家語云『山之怪曰夔、魍魎，水之怪曰龍、罔象，土之怪曰羵羊』，皆是氣之雜糅乖戾所生，亦非理之所無也。專以爲無，則不可。如冬寒夏熱，此理之正也；有時忽然夏寒冬熱，豈可謂無此理！但既非理之常，便謂之怪，孔子所以不語，學者亦未須理會也。」

死而氣散，泯然無迹者，是其常道理恁地。有託生者，是偶然聚得氣不散，又怎生去湊著那生氣，便再生，然非其常也。伊川云「左傳伯有之爲厲，又别是一理」，言非死生之常理也。

問：「伯有之事别是一理，如何？」曰：「是别是一理。人之所以病而終盡，則其氣散矣。或遭刑，或忽然而死者，氣猶聚而未散，然亦終于一散。釋、道所以自私其身者，便死時亦只是留其身不得，終是不甘心死。衡寃憤者亦然，故其氣皆不散。浦城山中有一道人，常在山中燒丹，後因一日出神，乃祝其人云：『七日不返時，可燒我。』未滿七日，其人焚之。後其道人歸，叫罵取身；亦能于壁間寫字，但墨較淡，不久又無。嘗見張天覺有一事亦然，鄧隱峯一事亦然。其人只管討身，隱峯曰：『説底是甚麽！』其人悟，謝之而去。」

用之問：「先生答廖子晦書云：『氣之已散者，既化而無有矣，而根于理而日生者，則固浩然而無窮也，故上蔡謂我之精神卽祖考之精神，蓋謂此也。』根于理而日生者浩然而無㈠窮，此是説天地氣化之

㈠「無」字原無，據文義補。

氣否？」曰：「此氣只一般。周禮所謂天神、地示、人鬼，雖有三樣，其實只一般。若說有子孫底引得他氣來，則不成無子孫底他氣便絕無了！他血氣雖不流傳，他那箇亦是浩然日生無窮。如禮書諸侯因國之祭，祭其國之無主後者，如齊太公封于齊，便用祭甚爽鳩氏、季萴、逢伯陵、蒲姑氏之屬。蓋他先主此國來，禮合祭他。然聖人制禮，惟繼其國者則合祭之，非在其國者便不當祭，便是理合如此。道理合如此，便有此氣。如衞侯夢康叔云『相奪予享』，蓋衞侯都帝丘，夏后相亦都帝丘，則都其國自合當祭，不祭，宜其如此。又如晉侯夢黄熊入寢門，以爲鯀之神，亦是此類。不成說有子孫底方有感格之理，便使其無子孫，其氣亦未嘗亡也。如今祭句芒，他更是遠，然既合當祭他，便有些氣。要之，通天地人，只是這一氣，所以說『洋洋然如在其上，如在其左右』。虛空偪塞，無非此理。自要人看得活，難以言曉也。所以明道答人鬼神之問，云：『要與賢說無，何故聖人卻說有？要與賢說有，賢又來問某討說！』只說到這裏，要人自看得。孔子曰：『未能事人，焉能事鬼！』而今且去理會緊要道理，少間看得道理通時，自然曉得。上蔡所說，已是殺分曉了！」

問：「鬼神之義，來教云只是上蔡『祖宗精神便是自家精神』一句，則可見其苗脈矣。必大嘗讀太極圖義，有云：『人物之始，以氣化而生者也。氣聚成形，則形交氣感，遂以形化，而人物生生變化無窮。』是知人物在天地間，其生生不窮者，固理也；其聚而生、散而死者，則氣也。有是理，則有是氣。氣聚于此，則其理亦命于此。今所謂氣者，既已化而無有矣，則所謂理者，抑于何而寓邪？然吾之此身，即祖考之遺體。祖考之所具以爲祖考者，蓋于我而未嘗亡也。是其魂升魄降，雖已化而無有，然理之根于彼者既無止息，氣之具于我者復無間斷，吾能致精竭誠以求之，此氣既純一而無所雜，則此理自昭著而不可揜。此其苗脈之較然可覩者也。上蔡云：『三日齋，七日戒，求諸陰陽上下，只是要集自家精神。』蓋我之精神卽祖考之精神，在我者既集，卽是祖考之來格也。然古人于祭祀必立之尸，其義精甚，蓋又是因祖考遺體以凝聚祖考之氣，氣與質合，則其散者庶幾復聚。此教之至也。故曰：『神不歆非類，民不祀非族。』」曰：「所喻鬼神之說甚精密。大抵人之氣傳于子孫，猶木之氣傳于實也。此實之傳不泯，則其生木雖枯毁無餘，而氣之在此者猶自若也。」

梓材謹案：此條録自文集答吳伯豐書。

問：「鬼神恐有兩樣。天地之間，二氣氤氳，無非鬼神，祭祀交感，是以有感有。人死爲鬼，祭祀交感，是以有感無。」曰：「是。所以道天神、人鬼。神便是氣之伸，此是常在底；鬼便是氣之屈，此是已散了底，然以精神去合他，又合得在。」問：「不交感時常在否？」曰：「若不感而常有，則是有餒鬼矣！」

論萬物之一原，則理同而氣異；觀萬物之異體，則氣猶相近而理絶不同。或問：「理同而氣異，此一句是說方才付與萬物之初。以其天命流行只是一般，故理同；以其二五之氣有清濁純駁，故氣異。下句是就萬物已得之後說。以其雖有清濁之不同，而同此二五之氣，故氣相近；以其昏明開塞之甚遠，故理絶不同。中庸是論其方付之初，集註是看其已得之後。」曰：「氣相近，如知寒煖，識饑飽，好生惡死，趨利避害，人與物都一般。理不同，如蜂蟻之君臣，只是他義上有一點子明；虎狼之父子，只是他仁上有一點子明　其他更推不去。恰似鏡子，其他處都暗了，中間只有一點子明。大凡物事，禀得一邊重，便占了其他的，如慈愛之人少斷制，斷制之人多殘忍。蓋仁多便遮了那義，義多便遮了那仁。」問：「所以婦人臨事多怕，亦是氣偏了？」曰：「婦人之仁，只流從愛上去底。」

梓材謹案：梨洲原本此下有一條，移入呂范諸儒學案藍田傳後。

問：「枯槁之物亦有性，是如何？」曰：「枯槁之物，謂之無生意則可，謂之無生理則不可。如朽木無所用，止可付之爨竈，是無生意矣。然燒甚麽木則是甚麽氣，亦各不同，這是理元如此。且如大黃、附子，亦是枯槁，然大黃不可爲附子，附子不可爲大黃。一草一木，皆天地和平之氣。」問：「動物有知，植物無知，何也？」曰：「動物有血氣，故能知；植物雖不可言知，然一般生意，亦可默見。若戕賊之，便枯悴，不復悦澤，亦似有知者。嘗觀一般花樹，朝日照曜之時，欣欣向榮，有這生意，皮包不住，自迸出來。若枯枝老葉，便覺憔悴，蓋氣行已過也。」問：「此處見得仁意否？」曰：「只看戕賊之便彫悴，亦是義底意思。」

百家謹案：泰西人分人物三等：人爲萬物之首，有靈魂；動物能食色，有覺魂；草木無知，有生魂。頗諦當。

或問：「氣稟有清濁不同？」曰：「氣稟之殊，其類不一，非但清濁二字而已。今人有聰明、事事曉者，其氣清矣，而所爲未必皆中于理，是其氣不醇也。有謹厚忠信者，其氣醇矣，而所知未必皆達于理，則是其氣不清也。推此求之，可見。」

性者心之理，情者心之動，才便是那情之會恁地者。情與才絶相近，但情是遇物而發，路陌曲折，恁地去底；才是那會如此底。要之，千頭萬緒，皆是從心上來。

又問：「如此，則才與心之用相類？」曰：「才是心之力，是有氣力去做底；心是管攝主宰者，此心之所以爲大也。心，譬水也；性，水之理也。性所以立乎水之靜，情所以行乎水之動，欲則水之流而至于濫也。才者水之氣力，所以能流者；然其流有急有緩，則是才之不同。伊川謂『性稟于天，才稟于氣』是也。」

動靜、眞僞、善惡，皆對而言之，是世之所謂動靜、眞僞、善惡，非性之所謂動靜、眞僞、善惡也。惟求靜于未始有動之先，而性之靜可見矣；求眞于未始有僞之先，而性之眞可見矣；求善于未始有惡之先，而性之善可見矣。

又曰：天下之理，無異道也；天下之人，無異性也。性惟其不可見，孟子始以「善」形之。惟能自性而觀，則其故可求；苟自善而觀，則理一而見二。

問：「心是知覺，性是理，心與理如何得貫通爲一？」曰：「不須去著貫通，本來貫通。」「如何本來貫通？」曰：「理無心，則無著處。」

所見者心之理，能覺者氣之靈。

梓材謹案：此下有「發明心字曰一言以蔽之」至「仁則生矣」三十八字，蓋黎洲案語，然與後「問覺是人之本心」一條「心」字以下複，删之。

知覺從君臣父子處，便是道心。

有道理底人心，便是道心。

饑欲食，渴欲飲者，人心也；得飲食之正者，道心也。須是一心只在道上，少間那人心自降伏得不見了。人心與道心爲一，恰似無了那人心相似，只是要得道心純一，道心都發見在那人心上。

問：「形體之動，與心相關否？」曰：「豈不相關。自是心使他動。」曰：「喜怒哀樂未發之前，形體亦有運動，耳目亦有視聽，此是心已發抑未發？」曰：「喜怒哀樂未發，又是一般。然視聽言動，亦是心向那裏。若形體之行動心都不知，便是心不在。行動都没理會了，説甚未發！未發不是漠然全不省，亦常醒在這裏，不恁地困。心無間于已發未發，徹頭徹尾都是，那處截做已發未發？如放僻邪侈，此心亦在，不可謂非心。」

問：「人心形而上下如何？」曰：「如肺肝五臟之心，卻是實有一物。若今學者所論操舍存亡之心，則自是神明不測。故五臟之心受病，則可用藥補之，這箇心則非菖蒲、茯苓所可補也。」問：「如此，則心之理乃是形而上否。」曰：「心比性則微有迹，比氣則自然又靈。」

問：「先生嘗言心不是這一塊。義剛竊謂滿體皆心也，此特其樞紐爾。」曰：「不然。此非心也，乃心神明升降之舍。人有病心者，乃其舍不寧也。凡五臟皆然。心豈無運用，須常在軀殼之內，譬如此建陽縣知縣，須常在衙裏，始管得這一縣也。」義剛曰：「然則程子言『心要在腔子裏』，謂當在舍之內，而不當在舍之外邪？」曰：「不必如此。若言心，不可在脚上，又不可在手上，只得在這些子上也。性猶太極也，心猶陰陽也。太極只在陰陽之中，非能離陰陽也。然至論太極自是太極，陰陽自是陰陽，惟性與心亦然。所謂一而二、二而一也。」

心，主宰之謂也。動靜皆主宰，非是靜時無所用，及至動時方有主宰也。言主宰，則混然體統，自在其中。心統攝性情，非儱侗與性情爲一物而不分別也。

問：「意是心之運用處，是發處？」曰：「運用是發了。」問：「情亦是發處，何以別？」曰：「情是性之發。情是發出恁地，意是主張要恁地。如愛那物是情，所以去愛那物是意。情如舟車，意如人去使那舟車一般。」

未動而能動者，理也；未動而欲動者，意也。

心之所之謂之志，日之所之謂之時。志字從之從心，時字從之從日，如日在午時，在寅時，制字之義由此。志是心之所之，一直去底；意又是志之經營往來底，是那志底脚。凡營爲、謀度、往來，皆意也，所以橫渠云「志公而意私」。

百家謹案：意如好好色，如惡惡臭，見其直遂不可揜，故曰誠。若經營往來，是好色有不好，惡臭有不惡之意矣。所患不誠者，謂其欺也。欺則謂人不己知而可己欺也，究之揜不善而著善。亦知人有不可欺，故揜之；又謂人能己欺，故著之。總是知不致，故不誠耳。不誠意，謂不著實去正心上用，故曰「欲誠其意者，先致其知」。橫渠「志公而意私」，似未安。

問：「知與思，于人身最緊要？」曰：「然。二者也只是一事。知如手相似，思是交這手去做事也。思所以用夫知也。」

性只是理，情是流去運用處。心之知覺，即所以具此理而行此情者也。具此理而覺其爲是非者，是㈠心也。此處分別，只在毫釐之間。精以察之，乃可見爾。

心、性、理，拈著一箇，則都貫串，惟觀其所指處輕重如何。「養心莫善于寡欲，雖有不存焉者寡矣」，存雖指理言，然心自在其中。「操則存」，此存雖指心言，然理自在其中。

公不可謂之仁，但公而無私便是仁；敬不可謂之中，但敬而無失便是中。

無私以閒之則公，公則仁。譬如水，若些子礙，便成兩截。須是打併了障塞，便滔滔流去。

「心之德」是統言，「愛之理」是就仁義禮智上分說，如義便是宜之理，禮便是別之理，智便是知之理。但會得愛之理，便理會得心之德。又曰：愛雖是情，愛之理是仁也。仁者愛之理，愛者仁之事；仁者愛之體，愛者仁之用。愛是箇動物事，仁是箇靜物事。理便是性，緣裏面有這愛之理，所以發出來無不愛。程子曰：「心如穀種，其生之性乃仁也。」生之性便是愛之理。

因舉天地萬物同體之意，極問其理。曰：「須是近裏著身推究，未干天地萬物事也。須知所謂心之德者，即程先生所謂穀種之說；愛之理者，則正爲仁是未發之愛，愛是已發之仁爾。只以此意推之，不須外邊添入道理。若于此處認得仁字，即不妨與天地萬物同體。若不會得，便將天地萬物同體爲仁，卻轉無交涉矣。孔門之教，説許多仁，卻未曾有定説出。蓋此理真是難言，若立下一箇定説，便該括不盡。且直于自家身分上體究，久之自然通達。程子謂四德之『元』猶五常之『仁』，偏言則一事，專言則

㈠「是」原作「非」，據龍本改。

包四者。須是統看仁如何卻包得數者，又卻分看義禮智如何亦謂之仁。大抵于仁上見得盡，須知發于剛果處亦是仁，發于辭遜、是非亦是仁。且款曲研究，識盡全體。正猶觀山，所謂『横看成嶺，直看成峯』。若自家見他不盡，初謂只是一嶺，及少時又見一峯出來，便是未曾盡見全山，到底無定據也。」

以生字說仁，生自是上一節事，當求天地生我底意，而今須要自體認得。試自看一箇物，堅硬如頑石，成甚物事，此便是不仁。「藹乎若春陽之温，盎乎若醴酒之醇」，此是形容仁底意思。

或問：「存得此心便是仁？」曰：「且要存得此心，不爲私欲所勝。遇事每每著精神照管，不可隨物流去，須要緊緊守著。若常存得此心，應事接物雖不中，不遠。思慮紛擾于中，都是不能存此心。此心不存，合視處也不知視，合聽處也不知聽。」或問：「莫在于敬否？」曰：「敬非别是一事，常喚醒此心便是。人每日只鶻鶻突突過了，心都不曾收拾得在裏面。」又曰：「仁雖是有剛直意，畢竟本是箇温和之物，但出來發用時有許多般，須得是非、辭遜、斷制三者，方成仁之事。及至事定，三者各退，仁仍舊温和，緣是他本性如此。人但見有是非、節文、斷制，卻謂是仁之本意，則非也。春本温和，故能生物，所以說仁爲春。」

仁義互爲體用動静。仁之體本静，而其用則流行不窮；義之體本動，而其體㊀則各止其所。

先生答叔重疑問曰：「仁體剛而用柔，義體柔而用剛。」廣請曰：「自太極之動言之，則仁爲剛而義爲柔；自一物中陰陽言之，則仁之用柔，義之用剛。」曰：「也是如此。仁便有箇流動發越之義，然其用則慈柔；義便有箇商量從宜之義，然其用則決裂。尋常人施恩惠底心便發得易，當刑殺時此心便疑，可見仁

㊀「體」，疑當作「用」。

屬陽屬剛，義屬陰屬柔。」直卿云：「只將收斂二字看，便見喜則舒，怒則斂。」

禮者仁之發，智者義之藏。且以人之資質言之，温厚者多謙遜，通曉者多刻剥。

義之嚴肅，即是仁底收斂。

仁禮屬陽屬健，義智屬陰屬順。問：「義則截然有定分，有收斂底意思，自是屬陰順。不知智如何解？」曰：「智更是截然，更是收斂。如知得是知得非，知得便了，更無作用，不似仁義禮三者有作用。智只是知得了，便交付惻隱、羞惡、辭遜三者，他那箇更收斂得快。」

問：「仁是天地之生氣，義、禮、智又于其中分別。然其初只是生氣，故爲全體？」曰：「然。」問：「肅殺之氣亦只是生氣？」曰：「不是二物，只是收斂。春夏秋冬亦只是一氣。」又曰：「若曉得此理，便見得克己復禮，私欲盡去，便純是温和沖粹之氣，乃天地生物之心。其餘人所以未仁者，只是中心未有此氣象。」問：「向聞先生語吾學者，五行不是相生，合下有時都有，如何？」曰：「此難說。然會得底便自然不相悖，唤做一齊有也得，唤做相生也得。便雖不是相生，他氣亦自相灌注。如人五臟，固不曾有先後，但其灌時自有次序。」久之，又曰：「仁字如人釀酒，酒方微發時便是義，到得成酒後卻只與水一般，便是智。又如一日之間，早間天氣清明便是仁，午間極熱時便是禮，晚下漸凉便是義，夜半全然收斂，無些形迹時便是智。只如此看，甚分明。」

「天理之渾然」，既謂之理，則便是箇有條理底名字，故其中所謂仁義禮智四者合下便各有一箇道理，不相混雜。以其未發，莫見端緒，不可以一理名，是以謂之渾然，非是渾然裏面都無分別，而仁義禮智卻是後來旋次生出四件有形有狀之物也。須知天理只是仁義禮智之總名，仁義禮智便是天理之件數。

性是太極渾然之體，本不可以名字言，但其中含具萬理，而綱領之大者有四，故命之曰仁義禮智。孔門未嘗備言，至孟子而始備言之者，蓋孔子時性善之理素明，雖不詳著其條而説自具；至孟子時，異端蠭起，往往以性爲不善，孟子思有以明之，于是別而言之。蓋四端之未發也，雖寂然不動，而其中自有條理，自有間架，不是儱侗都無一物，所以外邊纔感，中間便應。如赤子入井之事感，則仁之理便應，而惻隱之心于是乎形；如過朝過廟之事感，則禮之理便應，而恭敬之心于是乎形。蓋由其中衆理渾具，各各分明，故外邊所過，隨感而應，所以四端之發，各有面貌之不同。是以孟子析而爲四，以示學者，使知渾然全體之中而燦然有條若此，則性之善可知矣。然四端之未發也，所謂渾然全體，無聲臭之可言，無形象之可見，何以知其燦然有條如此？蓋是理之可驗，乃依然就他發處驗得。凡物必有本根。性之理雖無形，而端的之發最可驗，故由其惻隱所以必知其有仁，由其羞惡所以必知其有義，由其恭敬所以必知其有禮，由其是非所以必知其有智。使其本無是理于內，則何以有是端于外？由其有是端于外，所以必知其有是理于內，而不可誣也。故孟子言：「乃若其情，則可以爲善矣，乃所謂善也。」是則孟子之言性善，蓋亦溯其情而逆知之爾。

梓材謹案：此條録自文集答陳器之書，其全篇載木鐘學案。

韓子説「所以爲性者五，而今之言性者皆雜佛、老而言之，所以不能不異」，在諸子中最爲近理。蓋如吾儒之言，則性之本體便只是仁義禮智之實。如老、佛之言，則先有箇虛空底性，後方旋生此四者出來；不然，亦説性是一箇虛空底物，裏面包得四者。今人卻爲不曾曉得自家道理，只見得他説得熟，故如此不能無疑。又纔見説四者爲性之體，便疑實有此四塊之物磊塊其間，皆是錯看了也。須知性之爲體，不離此四者，而四者又非有形象方所，可撮可摩也；但于渾然一理之中，識得箇意思情狀，似㊀有界限，而實非有牆壁遮攔分別處也。然此處極難言，故孟子亦只于發處言之，如言「四端」，又言「乃若其情，則可以爲善」之類，是于㊁發處教人識取。不是本體中元來有此，如何用處發得此物出來？但本㊂體無著摸處，故只可于㊃用處看，便省力爾！

梓材謹案：此條録自文集答林德久書。

仁只是一箇理，理舉著便無欠缺，但如言著仁則都在仁上，言著誠則都在誠上，言著忠恕則都在忠恕上，言著忠信則都在忠信上。只爲只是這箇道理，自然血脈貫通。體是這箇道理，用是他用處。如耳聽目視，自然如此，理也；開眼看物，著耳聽聲，便是用。江西人説箇虛空底體，涉事物便喚做用。

書不記，熟讀可記；義不精，細思可精。惟有志不立，直是無著力處。只如而今，貪利禄而不貪道義，要作貴人而不要作好人，皆是志不立之病。直須反復思量，究見病痛起處，勇猛奮躍，不復作此等人，一躍躍出，見得聖賢所説千言萬語，都無一事不是實語，方始立得此志。就此積累工夫，迤邐向上

㊀「似」字原脱，據朱文公文集卷六十一答林德久第三書補。　㊁「于」原作「以」，據同上書改。　㊂「本」字原脱，據同上書補。　㊃「于」字原脱，據同上書補。

去，大有事在。

梓材謹案：此條録自文集滄洲精舍又諭學者。

直須抖擻精神，莫要昏鈍，如救火治病然，豈可悠悠歲月！

學者只是不爲己，故日間此心安頓在義理上時少，安頓在閒事上時多，于義理卻生，于閒事卻熟。

學者須是熟。熟時一喚便在目前，不熟時須著旋思索，到思索得來，意思已不如初了。

學問須是大進一番，方始有益。若能于一處大處攻得破，見那許多零碎只是這一箇道理，方是快活。然零碎底非是不當理會，但大處攻不破，縱零碎理會得些少，終不快活。曾點、漆雕開已見大意，只緣他大處看得分曉。今且道他那大底是甚物事？天下只有一箇道理，學只要理會得這一箇道理。這裏纔通，則天理人欲、義利、公私、善惡之辨，莫不皆通。

或問：「氣質之偏，如何救得？」曰：「纔説偏了，又著一箇物事去救他偏，越見不平正了，越討頭不見。要緊只是看教大底道理分明，偏處自見得。如暗室求物，把火來便照見；若只管去摸索，費盡心力，只是摸索不見。若見得大底道理分明，有病痛處也自會變移，不自知，不消得費力。」

爲學，必須于平日氣稟姿質上驗之，如滯固者疏通，顧慮者坦蕩，智巧者易直。苟未如此轉變，要是未得力爾。須要公平觀理而撤户牖之小，嚴敬持身而戒防範之踰，周密而非發于避就，精察而不安于小成。此病痛皆所素共點檢者爾。

理義無窮，才知有限，非全放下，終難湊泊。然放下正自非易事也。

今學者之病，所患在于未有灑然冰解凍釋處。縱有力持守，不過只是苟免顯然尤悔而已。似此，皆不足道也。

聖人與理爲一，是恰好；其他以心處這理，卻是未熟。要將此心處理，有一分心向裏得一分力，有兩分心向裏得兩分力。世間萬事，須臾變滅，皆不足置胸中，惟有窮理修身爲究竟法爾。

爲學當以存主爲先，而致知、力行亦不可以偏廢。縱使已有一長，未可遽恃以輕彼，而長其驕吝克伐之私。況其有無之實，又初未可定乎！凡日用間知此一病而欲去之，則卽此欲去之心便是能去之藥。但當堅守，常自警覺，不可妄意推求，必欲舍此拙法而別求妙解。

知得如此是病，卻便不如此，是藥。若更問何由得如此，則是騎驢覓驢，只是一場閒話矣。騎驢覓驢，傳燈録云：「參禪有二病，一是騎驢覓驢，一是騎驢不肯下。此病皆是難醫，若解下，方喚作道人。」又云：「不解卽心是佛，真是騎驢覓驢。」

爲學大要，只在求放心。此心泛濫無所收拾，將甚處做管轄處？其他用功總閒漫，須先就自心上立得定，決不雜，則自然光明四達，照用有餘。凡謂是非善惡，亦不難辨。況天理人欲，決不兩立。須得全在天理上行，方見人欲消盡。義之與利，不待分辨而明。至若所謂利者，凡有分毫求自利便處皆是，便與克去，不待顯著方謂之利。此心須令純，純只在一處，不可令有外事參雜。遇事而發，合道理處，便與果決行去，勿顧慮。若臨事見義，方便遲疑，則又非也。仍須勤勤把將做事，不可俄頃放寬，日日時時如此，便須見驗。人之精神，習久自成。大凡人心，若勤緊收拾，莫令寬縱逐物，安有不得其正者。若真箇提得緊，雖半月見驗可也。

今于日用間空閒時，收得此心在這裏截然，這便是喜怒哀樂未發之中，便是渾然天理。事物之來，隨其是非，便自見得分曉，是底便是天理，非底便是逆天理。常常恁地收拾得這心在，便如執權衡以度物。人若要洗刷舊習都淨了，卻去理會此道理。若無是理，只是收放心，把持在這裏，便須有箇真心發見，從此便去窮理。

問：「靜中常用涵養？」曰：「說得有病。一動一靜，無時不養。學者工夫，且去翦截那浮泛底思慮。學者常用提省此心，使如日之升，則羣邪自息。他本是光明廣大，自家則著些子力去提省照管他便了，不要苦著力，則反不是。」

以敬爲主，則內外肅然，不忘不助，而心自存。不知以敬爲心，而欲存心，則不免將一箇心把捉一箇心，外面未有一事時，裏面已有三頭兩緒，不勝其擾也。就使實能把捉得住，只此已是大病，況未必真能把捉得住乎！

人心纔覺時便在。孟子說求放心，「求」字已是遲了。

或謂人心紛擾時難把持。曰：「真箇是難把持，不能得久，又被事物及閒思慮引將去。孟子『牛山之木』一章，最要看。操之則存，舍之則亡。」或又謂把持不能久，勝物欲不去。曰：「這箇不干別人事。雖是難，亦是自著力把持。常惺惺，不要放倒。覺得物欲來，便著緊不要隨他去。這箇須是自家理會。若說把持不得，勝他不去，是自壞了，更說甚『爲仁由己而由人乎哉』！」又曰：「把心不定，喜怒憂懼四者皆足以動心。」問：「心不能自把捉否？」曰：「自是如此。蓋心便能把捉自家，自家卻如何把捉得他。惟有以義理涵養爾。」

問：「學者于已發處用功，此卻不枉費心？」曰：「存養于未發之前則可，求中于未發之前則不可。然則未發之前，固有平日存養之功矣，不必待已發然後用功也。」問：「涵養于未發之初，令不善之念全消，則易爲力，若發後則難制？」曰：「聖賢之論，正要就發處制。惟子思說『喜怒哀樂未發之謂中』，孔子教人，多從發處說。未發時固當涵養，不成發後便都不管？」或云：「這處最難。」因舉橫渠「戰退」之說。曰：「此亦不難，只要明得一箇善惡。每日遇事須體認，見得是善，從而保養，自然不肯走在惡上去。」

問心思擾擾。曰：「程先生曰：『嚴威整肅，則心便一，一則自無匪僻之干。』只纔整頓起處，便是天理，別無天理。但常常整頓處，思慮自一。此心此性，人皆有之，所以不識者，物欲昏之爾！欲識此本根，亦須合下且識得箇持養工夫，次第而加功焉，方始見得。見得之後，又不舍其持養之功，方始守得。蓋初不曾外來，只持養得，便自著見，但見窮理、工夫互相發爾。」

人心中大段惡念，卻易制伏。最是那不大段、計利害、乍往乍來底念慮，相續不斷，難爲驅除。

人固有終身爲善而自欺者。不特外面有，心中欲爲善，而常有箇不肯底意思，便是自欺也。須是打疊得盡。蓋意誠而后心正，過得這一關後，方可進。

有箇天理，便有箇人欲。蓋緣這箇天理有箇安頓處，才安頓得不恰好，便有人欲出來。天理、人欲，分數有多少。天理本多，人欲也便是天理裏面做出來。雖是人欲，人欲中自有天理。問：「莫不是本來全是天理否？」曰：「人生都是天理。人欲都是後來没把鼻生底。人只箇天理、人欲，此勝則彼退，彼勝則此退，無中立不進退之理。凡人不進，便退也。譬如劉、項相拒于滎陽、成皋間，彼進得一步，則此退一步；此進一步，則彼退一步。初學者只要牢劄定脚，與他捱，捱到一毫去，則逐旋捱將去，此心莫退，終須有勝時。勝時甚氣象？人只是此一心，今日是明日非，不是將不是底換了是底；今日不好明日好，不是將好底換了不好底。只此一心，便看天理、人欲之消長何如爾。以至千載之前，千載之後，與天地相爲終始，只此一心。學者須是革盡人欲，復盡天理，方始是學。」又曰：「天理、人欲，此長彼必短，此短彼必長。未知學問，此心渾爲人欲。既知學問，天理自然發見而人欲漸漸消去者，固是好矣。然克得一層，又有一層，大者固不可有，而纖微者尤要密察。」

問：「五峯所謂『天理、人欲，同行異情』，莫非這裏要分別否？」曰：「同行異情，只如渴飲饑食等事，在聖賢無非天理，在小人無非人欲。所謂同行異情者如此。此事若不曾尋著本領，只是説得他名義而已矣。説得名義儘分曉，畢竟無與我事。須就自家身上實見得私欲錮蔽時如何，天理發見時如何，其間正有好用工夫處。蓋天理在人，亙古今而不泯，隨甚如何蔽錮，而天理常自若，無時不是私意中發出，但人不自覺。正如明珠大貝，混雜砂礫中，零星逐時出來，但只于這箇道理發見處當下認取，打合零星，漸成片段，到得自家好底意思，日長月益，則天理自然純固，向之所謂私欲者自然消磨退散，久之不復萌動矣。若專務克治私欲，而不能充長善端，則吾心與所謂私欲者日相鬬敵，縱一時安伏得下，又當復作矣。初不道隔去私欲後，別尋一箇道理主執而行。才如是，又只是自家私意。只如一件事，見得如此爲是，如此爲非，便從是處行將去。誤了一事，必須知悔，只這知悔處便是天理。孟子說牛山之木，既曰『若此其濯濯也』，又曰『萌蘖生焉』；既曰旦晝梏亡，又曰夜氣所存。如說求放心，心既放了，如何又求得？只爲這些道理根于一性者渾然至善，故發于日用者多是善底。道理只要人自識得。雖至惡人，亦只患他頑然不知省悟。若心裹稍知不穩，便從這裹改過，亦豈不可做好人？孟子曰：『人之所以異于禽獸者幾希，庶民去之，君子存之。』去只是去這些子，存只是存得這些子。學者所當深察也！

問：「父母之于子，有無窮憐愛，欲其聰明，欲其成立，此之謂誠心也？」曰：「父母愛其子，正也。愛之無窮而必欲其如此，則邪矣。此天理、人欲之間，正當決審。」

要知天之與我者，只如孟子說「無惻隱之心非人也，無羞惡之心非人也，無是非之心非人也，無辭讓之心非人也」。今人非無惻隱、羞惡、是非、辭讓發見處，只是不省察。若于日用間誠省察此四端者分明，迸攢出來，就此便操存涵養將去，便是下手處。只爲從前不省察了，此端纔見，又被物欲汩了，所以秉彝不可泯滅處雖在，而終不能光明正大，如其本然。古人瞽史誦詩之類，是規戒警悔之意。有時不然，便被他恁地訬，自是使人住不著。大抵學問須是警省。今說求放心，吾輩卻要得此心主宰得定，方賴此做事業。如中庸說「天命之謂性」，即此心也；「率性之謂道」，亦此心也；「修道之謂教」，亦此心也。以至于致中和，贊化育，亦只此心也。致知卽心致也，格物卽心格也，克己卽心克也。非禮勿視聽言動，勿與不勿，只争毫髮地爾！所以明道說：「聖賢千言萬語只是欲人將已放之心收拾入身來，自能尋向上去。」今且須就心上做得主定，方驗得聖賢之言有歸著，自然有契。如中庸所謂「尊德性」、「致廣大」、「極高明」，蓋此心本自如此廣大，但爲物欲隔塞，故其廣大有虧，本是高明，但爲物欲係累，故于高明有蔽。若能常自省察警覺，則高明廣大者常自若，非有所損益之也。其「道問學」、「盡精微」、「道中庸」等工夫，皆自此做，儘有商量也。若此心上工夫，則不待商量睹當，即今見得如此，則更無間時，行時，坐時，讀書時，應事接物時，皆有著力處。大抵只要見得，收之甚易而不難也。文字講說得行而意味未深者，正要本原上加功，須是持敬，以靜爲主。此意須要于不做工夫時頻頻體察，久而自熟。但是著實自做工夫，不干別人事。「爲仁由己，而由人乎哉！」此語的當。更看有何病痛，知有此病，必去其病，此便是療之之藥。如覺言語多，便用簡默；意思疏闊，更加細密；覺得輕浮淺易，便須深沈厚重。程先生所謂「矯輕警惰」，蓋如此。人有此心，便知有此身；人昏昧不知有此心，便如人困睡，不知有此身。人雖困睡，得人喚覺，則此身自在。心亦如此，方其昏蔽，得人警覺，則此心便在這裏。學者工夫，只在喚醒上。問：「人放縱時自去收斂，便是喚醒否？」曰：「放縱只爲昏昧之故。能喚醒則自不昏昧，則自不放縱矣。心只是一箇心，非是以一箇心治一箇心。所謂存，所謂收，只是喚醒。心不專靜純一，故思慮不精明，便要養此心，令虛明專靜，使道理從裏面流出，便好。」問：「何以能如此？莫只在靜坐否？」曰：「自去點檢。且一日間試看此幾箇時在內，幾箇時在外。小說中載趙公以黑白豆記善惡念之起，此是古人做工夫處。如此點檢，則自見矣。李先生嘗云：『人之念慮，若是于顯然過惡萌動，此卻易見易除。卻怕于近似閒底事爆起來，纏繞思念，將去不能除，此尤害事。』某向來亦是如此。」

問：「凡人之心，不存則亡，而無不存不亡之時，故一息之頃不加提省之力，則淪亡而不自覺。天下之事，不是則非，而無不是不非之處，故一事之微不加精察之功，則陷于惡而不自知。近見如此，不知如何？」曰：「道理固是如此。然初學亦能便如此也？」

問：「人之手動足履，須還是都覺得，始得。看來不是處，都是心不在後錯過了？」曰：「須是見得他合當是恁地。」

問：「『立則見其參于前，在輿則見其倚于衡』，只是熟後自然見得否也？」曰：「也只是隨處見得那忠信篤敬是合當如此。」又問：「近見敬齋箴中云：『擇地而蹈，折旋蟻封。』遂如行步時，要步步覺得他移動。要之無此道理，只是常常提撕？」曰：「這病痛須一一識得，方得。且如事父母，方在那奉養時，又自著注脚，解說道這箇是孝，如事長，方在那順承時，又自著注脚，解說道這箇是弟，便是兩箇了。」問：「只是如事父母，當勞苦有倦心之際，卻須自省覺，說這箇是當然？」曰：「是如此。」或曰：「每常處事，或思慮之發，覺得發之正者，心常安，其不正者，心常不安。然義理不足以勝私欲之心，少間安者卻容忍不安者，卻依舊被私欲牽將去。及至事過，又卻悔。悔時依舊是本心發處否？」曰：「然。只那安不安處，便是本心之德。孔子曰：『志士仁人，無求生以害仁，有殺身以成仁。』求生如何便害仁？殺身如何便成仁？只是箇安與不安而已。」又曰：「不待接事時方流入于私欲，只那未接物時此心已自流了。須是未接物時也常剔抉此心，教他分明，少間接事便不至于流。上蔡解『爲人謀而不忠』云：『爲人謀而忠，非特臨事而謀。至于平居靜慮，所思以處人者，一有不盡，則非忠矣。』此雖于本文說得來太過，然卻如此。今人未到爲人謀時方不忠，只平居靜慮閒思念時，便自懷一箇利便于己，將不好處推與人之心矣。」

須自于此處常常照管得分明，方得。」

問：「覺是人之本心，不容泯没，故乘間發見之時，直是昭著，不與物雜。于此而自識，則本心之體即得其真矣。上蔡謂人須自識其真心，竊恐謂此。然此恐亦隨在而有。蓋此心或昭著燕閒靜一之時，如孟子言平旦之氣；或發見于事物感動之際，如孟子言人乍見孺子將入井，皆有怵惕惻隱之心；或求文字而怡然有得，如程伊川先生所謂有讀論語了後，其中得一兩句喜者；或索之講論而恍然有悟，如夷子聞孟子極論一本之説，遂憮然爲間而受命。凡此，恐皆是覺處。若素未有覺之前，但以爲己有是心而求以存之，恐昏隔在此，不知實爲何物，必至覺時方始識其所以爲心者。既嘗識之，則恐不肯甘心以其虛靈不昧之體迷溺于卑污苟賤之中，此所以汲汲求明，益不能已，而其心路已開，亦自有可進步處，與夫茫然未識旨趣者，大不侔矣。故某嘗竊疑覺爲大學、小學相承之機，不知是否？」曰：「所論甚精，但覺似少渾厚之意。心字，一言以蔽之，曰生而已。天地之大德曰生。人受天地之氣而生，故此心必仁。仁則生矣。」

梓材謹案：此下有與劉平甫書一條，移入劉胡諸儒學案，分作兩條。

一之問：「存養多用靜否？」曰：「不必然。孔子卻都就用處教人做工夫。今雖説主靜，然亦非棄物事以求靜。既爲人，自然用事君親，交朋友，撫妻子，御童僕。不成捐棄了，只閉門靜坐，事物之來，且曰：『候我存養！』又不可只茫茫隨他事物中走。二者須有箇思量倒斷，始得。」頃之，復曰：「動時，靜便在這裏，動時也有靜。順理而應，則雖動亦靜也。故曰『知止而后有定，定而后能靜』。事物之來，若不順理而應，則雖塊然不交于物以求静，心亦不能得静。惟動時能順理，則無事時能静；静時能存，則動時得力。須是動時也做工夫，静時也做工夫，兩莫相靠，使工夫無間斷，始得。若無間斷，静時固静，動時心亦不動，動亦静也。若無工夫，則動時固動，静時雖欲求静，亦不可得而静，静亦動也。動静如船之在水，潮至則動，潮退則止。有事則動，無事則静。一云：「事來則動，事過則静。如潮頭高，船也高；潮頭下，船也下。」雖然，動静無端，亦無截然爲動爲静之理。如人之氣，吸則静，嘘則動；又問答之際，答則動也，止則静矣。凡事皆然。且如涵養、致知，亦何所始？但學者須是截從一處做去。程子謂『學莫先于致知』，是知在先；又曰『未有致知而不在敬者』，則敬也在先。從此推去，只管恁地。」

梓材謹案：此下有「李伯誠」條，移入滄洲諸儒學案。

静中動，起念時；動中静，是物各付物。

或問：「而今看道理不出，只是心不虚静否？」曰：「也是不會去看。會看底就看，自虚静。這箇互相發。」

主敬存養，雖説必有事焉，然未有思慮作爲，亦静而已。所謂静者，固非枯木死灰之謂；而所謂「必有事」者，亦豈求中之謂哉！

梓材謹案：此條録自文集答何叔京書。

問伯羽：「如何用功？」曰：「且學静坐，痛抑思慮。」曰：「痛抑也不得，只是放退可也。若全閉眼而坐，卻有思慮矣。」又言：「也不可全無思慮，但要無邪思爾！」問：「某尋常覺得資質昏愚，但持敬則此心虚靜，覺得好。若敬心稍不存，則裹面固是昏雜，而發于事亦兀突，所以專于『敬而無失』上用功。」曰：「這裏未消說敬與不敬在。蓋敬是第二節事，而今把來夾雜說，則鶻突了，愈難理會。且只要識得那一是一，二是二。便是虛靜也要識得這物事，不虛靜也要識得這物事。如未識這物事，則所謂虛靜，亦是黑底虛靜，不是白底虛靜。而今須是要打破那黑底虛靜，換做箇白底虛靜，則八窗玲瓏，無不融通。不然，則守定那裏底虛靜，終身黑淬地，莫之通曉也。」問：「每日暇時，畧靜坐以養心，但覺意自然紛起，要靜越不靜。」曰：「程子謂心自是活底物事，如何窒定教他不思？只是不可胡亂思。才著箇要靜底意思，便添了多少思慮！且不要恁地拘迫他，須自有寧息時。」又曰：「要靜便是先獲，便是助長，便是正。」

或問：「延平先生靜坐之說如何？」曰：「這事難說。靜坐便理會道理，自不妨。只是專㊀要靜坐，則不可。理會得道理明透，自然是靜。今人都是討靜坐以省事，則不可。蓋心下熱鬧，如何看得道理出？須是靜，方看得出。所謂靜坐，只是打疊心下無事，則道理始出。道理既出，則心愈明靜矣。」

問：「人之思慮，有正有邪。若是大段邪僻之思，都容易制；惟是許多頭無端頭面不緊要底思慮，不知何以制之？」曰：「此亦無他，只是覺得不當思量底，則莫要思量。便從覺下做工夫，久久純熟，自然無此等思慮矣。譬如人坐不定者，兩脚常要行；但纔要行時，便自省覺，不要行，久久純熟，亦自然不要行而坐得定矣。前輩有欲澄治思慮者，于坐處置兩器。每起一善念，則投一粒白豆于器中；每起一惡念，則投一粒黑豆于器中。初時黑豆多，白豆少；後來白豆多，黑豆少。到後來，遂不復有黑豆。最後，則

㊀「專」原作「既」，據龍本改。

雖白豆亦無之矣。然此只是箇死法。若更加以讀書窮理底工夫，則去那般不正底思慮，何難之有。又如人喜做不要緊事，如寫字作詩之屬，初時念念要做，更遏禁不得。若能將聖賢言語來玩味，見得義理分曉，則漸漸覺得此重彼輕，久久不知不覺，自然剝落消隕去。何必横生一念，要得別尋一捷徑，盡去了意見，然後能如此！此皆是不耐煩去修治他一箇身心了，作此見解。譬如人做官，則當致誠去做職業。卻不耐煩去做，須要尋箇倖門去鑽，道鑽得這裏透時，便可以超躐將去。今欲去意見者，皆是這箇心。學者但當就意見上分真妄，存其真者，去其妄者而已。若不問真妄，盡欲除之，所以游游蕩蕩，虛度光陰，都無下工夫處。」因舉中庸曰：「『喜怒哀樂未發謂之中，發而皆中節謂之和。中也者，天下之大本；和也者，天下之達道。致中和，天地位焉，萬物育焉。』只如喜怒哀樂，也皆人之所不能無者，如何要去得？只是要發而中節爾。所謂致中，如孟子之求放心與存心養性是也；所謂致和，如孟子論平旦之氣與充廣其仁義之心是也。今卻不耐煩去做這樣工夫，只管要捷徑，去意見，只恐所謂去意見者，正未免爲意見也。聖人教人，如一條大路，平平正正，自此直去，可以到聖賢地位。只是要人做得徹。做得徹時，也不大驚小怪，只是私意剝落淨盡，純是天理融明爾。」又曰：「『興于詩，立于禮，成于樂。』聖人做出這一件物事來，使學者聞之自然歡喜，情願上這一條路去，四方八面擸掇他去這路上行。」又曰：「所謂致中者，非但自在中而已。纔有些子偏倚，便不可。須是常在那中心十字上立，方是致中。譬如射，雖射中紅心，然在紅心邊側，亦未當，須是正當紅心之中，乃爲中也。」輔廣云：「此非常存戒謹恐懼底工夫不可。」曰：「固是。只是箇戒謹恐懼，便是工夫。」又曰：「『博我以文，約我以禮』，聖門教人，只此兩事。須是互相發明：約禮工夫深，則博文底工夫愈明，博文工夫至，則約禮底工夫愈密。」

或問先生人事之煩。曰：「大凡事，只得耐煩做將去。方起厭心，便不得。」

或問理會應變處。曰：「今且當理會常，未要理會變。常底許多道理未能理會得盡，如何便要理會變？聖賢說話，許多道理，平鋪在那裏，且要闊著心胸平，去看通透後，自能應變。不是硬捉定一物，便要討常，便要討變。今也須如僧家行脚，接四方之賢士，察四方之事情，覽山川之形勢，觀古今興亡治亂得失之迹，這道理方見得周徧。士而懷居，不足以爲士矣。不是塊然守定這物事，在一室閉户獨坐便了，便可以爲聖賢。自古無不曉事情底聖賢，亦無不通變底聖賢，亦無關門獨坐底聖賢。聖賢無所不通，無所不能，那箇事理會不得！如中庸『天下國家有九經』，便要理會許多物事。如武王訪箕子，陳洪範，自身之貌言視聽思，極至于天人之際，以人事則有八政，以天時則有五紀，稽之于卜筮，驗之于庶徵，無所不備。如周禮一部書，載周公許多經國制度，便有國家當自家做。只是古聖賢許多規模大體，也要識。蓋這道理無所不該，無所不在。且如禮樂射御書數，許多周旋升降、文章品節之繁，豈有妙道精義在，只是也要理會。理會得熟時，道理便在面上。又如律曆、刑法、天文、地理、軍旅、官職之類，都要理會。雖未能洞究其精微，然也要識箇規模大概，道理方浹洽通透。若只守箇些子，捉定在這裏，把許多都做閒事，便都無事了，如此只理會得門內事，門外事便了不得。所以聖賢教人要博約。須是博學之，審問之，慎思之，明辨之，篤行之。子曰：『我非生而知之者，好古敏以求之者也。』『文、武之道，布在方策，在人。賢者識其大者，不賢者識其小者。』『夫子焉不學，而亦何常師之有』，聖人雖是生知，然也事事理會過，無一之不講。這道理不是只就一件事上理會見得，便了。學時無所不學，理會時卻是逐一件上理會去。凡事雖未理會得詳密，亦有箇大要處。縱詳密處未曉得，而大要處已被自家見了。今只就一線上窺見天理，只恁地了，便要去通那萬事，不知如何通得！萃百物，然後觀化工之神，聚衆材，然後知作室之用。于一事一義上欲窺見聖人之用心，非上智不能也。須開心胸去理會。天理大，所包得亦大。且如五常之教，自家而言，只有箇父子、兄弟、夫婦；才出外，便有朋友。朋友之中，事已殺多；及身有一官，君臣之分便定，這裏面又殺多事，多事都合講過。他人未做工夫底，亦不敢向他說，如吾友于己分上已自見得，若不說與公，又可惜了。他人于己分上不曾見得，泛而觀萬事，固是不得；而今已有箇本領，卻只捉定這些子便了，也不得。如今只道是持敬，收拾人心，日用要合道理，無差失，此固是好，然出應天下事，應這事得時，應那事又不得。學之大本，中庸、大學已說盡了。大學首說格物致知。爲甚要格物致知？便是要無所不格，無所不知。物格知至，方能意誠、心正、身修，推而至于家齊、國治、天下平，自然滔滔去，都無障礙。」

梓材謹案：此下有一條移入南軒學案。

熹舊時亦要無所不學。禪、道、文章、楚辭、詩、兵法，事事要學。一日忽思之曰：「且慢！我只一箇渾身，如何兼得許多？」自此逐時去了。

學者須是主一上做工夫。若無主一工夫，則所講底義理無安著處，都不是自家物事。工夫到時，纔主一，便覺意思好，卓然精神。不然，便散漫消索了，沒意思。做工夫只自脚下便做將去。固不免有散緩時，但纔覺，便收斂將來。漸漸做去，但得收斂時節多，散緩之時少，便是長進處。故孟子說：「學問之道無他，求其放心而已。」所謂求放心者，非是別去求箇心存著。只纔覺，放心便在此。孟子又曰：「雞犬放，則知求之；心放，則不知求。」某嘗謂：雞犬猶在外面，纔放了，須去外面捉將來。若是自家心，更不用別求，纔覺，便在這裏。雞犬放，猶有求不得時；自家心，則無求不得之理。

梓材謹案：此條末有「因言橫渠說做工夫」至「說得來大段精切」八十六字，移入橫渠學案。

聖人言語，當初未曾關聚，如說「出門如見大賓，使民如承大祭」等類，皆是敬之目。到程子始關聚，說出一箇「敬」來教人。然敬有甚物？只如「畏」字相似。不是塊然兀坐，耳無聞，目無見，全不省事之謂。只收斂身心，整齊純一，不恁地放縱，便是敬。

孔子之所謂克己復禮，中庸所謂致中和，尊德性，道問學，大學所謂明明德，書曰「人心惟危，道心惟微，惟精惟一，允執厥中」，聖人千言萬語，只是教人存天理，滅人欲。人性本明，如寶珠沉溷水中，明不可見，去了溷水，則寶珠依舊自明。自家若知得是人欲蔽了，便是明處。只是這上便緊緊著力主定，一面格物，今日格一物，明日格一物，正如游兵攻圍拔守，人欲自銷鑠去。所以程先生說敬字，只謂我自有一箇明底物事在這裏，把箇敬字抵敵，常常存箇敬在這裏，則人欲自然來不得。夫子曰：「爲仁由己，而由人乎哉？」緊要處正在這裏！

聖賢言語大約，似乎不同，然未始不貫。只如夫子言非禮勿視聽言動，「出門如見大賓，使民如承大祭」，「言忠信，行篤敬」，這是一副當說話。到孟子又卻說求放心，存心養性。太學則又有所謂格物致知，正心誠意。至程先生又專一發明一箇敬字。若只恁地看，似乎參錯不齊，千頭萬緒，其實只一理。道夫曰：「泛泛于文字間，秖覺得異；實下功，則貫通之理始見。」曰：「然。只就一處下工夫，則餘者皆兼攝在裏。聖賢之道，如一室然，雖門户不同，自一處行來便入得，但恐不下工夫爾！」

因歎敬字工夫之妙，聖賢之所以成始成終者，皆由此，故曰「修己以敬」。下面「安人」、「安百姓」，皆由于此，只緣子路問不置，故聖人復以此答之。只是箇「修己以敬」，則其事皆了。或曰：「自秦㊀、漢以來，諸儒皆不識這敬字，直至程子方説得親切，學者知所用力。」曰：「程子説得如此親切了，近世程沙隨猶非之，以爲聖賢無單獨説敬字時，只是『敬親』、『敬君』、『敬長』方著箇敬字，全不成説話！聖人説『修己以敬』，曰『敬而無失』，曰『聖敬日躋』，何嘗不單獨説來？若説有君有親有長時用敬，則無君無親無長之時，將不敬乎？」

敬之一字，學者若能實用其力，則雖程子兩言之訓，猶爲賸語。如其不然，則言愈多，心愈雜，而所以病夫敬者益深矣。當使截斷嚴整之時多，膠膠擾擾之時少，方好。

敬不是萬慮休置之謂，只是隨事專一謹畏，不放逸爾。非專是閉目靜坐，耳無聞，目無見，不接事物，然後爲敬。整齊收斂這身心，不敢放縱，便是敬。嘗謂敬字似甚字，卻似箇「畏」字。

周先生只説「一者，無欲也」，然這話頭高，卒急難湊泊。尋常人如何便得無欲？故伊川只説箇敬字，教人只就這敬字上捱去，庶幾執捉得定，有箇下手處，縱不得，亦不至失。要之，皆只要人于此心上

㊀「秦」原作「泰」，據龍本改。

見得分明，自然有得爾。然今之言敬者，乃皆裝點外事，不知直截于心上求功，遂覺累墜不快活。不若眼下于求放心處有功，則尤省力也。但此事甚易，只如此提醒，莫令昏昧，一二日便可見效，且易而省力。只在念不念之間爾，何難而不爲！

敬卽是此心自做主宰處。

問：「下學與上達，固相對，是兩事，然下學卻當大段多著工夫？」曰：「聖賢教人，多說下學事，少說上達事。說下學工夫要多，也好，但只理會下學，又局促了。須事事理會過來，也要知箇貫通處。不去理會下學，只理會上達，卽都無事可做，恐孤單枯燥。程先生云：『但是自然，更無玩索。』既是自然，便卻無可理會了。譬如耕田，須是種下種子，便去耘耡灌溉，然後到那熟處。而今只想像那熟處，卻不曾下得種子，如何會熟？」

問：「爲學道理，日用間做工夫，所以要步步縝密者，蓋緣天理流行，日用之間，千頭萬緒，無所不在，故不容有所欠缺，便于天理湊得著？」曰：「也是如此。理只在事物之中，做工夫須是密。然亦須就那疏處斂向密，又就那密處展放開。若只拘要那縝密處，又卻局促了。」問：「放開樣子如何？」曰：「亦只是見得天理是如此，人欲是如此，便做將去。」或云：「無時不戒謹恐懼，則天理無時而不流行；有時而不戒謹恐懼，則天理有時而不流行。此語如何？」曰：「不如此也不得，然也不須將戒謹恐懼說得太重。不是恁地驚恐，只是常常提撕，認得這物事，常常存得不失。今人只見他說此四箇字重，便作臨事驚恐看了。『如臨深淵，如履薄冰』，曾子也只是認這道理，常常恁地把捉去，不成便恁地驚恐。學問只是要此心常存。若不用戒謹恐懼而此理常流通者，惟天地與聖人。『不勉而中，不思而得，從容中道』，亦只是此心常存，理常明，故能如此。賢人所以異于聖人，衆人所以異于賢人，亦只爭這些子境界，存與不存而已。嘗謂人無有極則處。便是堯、舜、周、孔，不成説我是從容中道，不要去戒謹恐懼。那工夫亦自未嘗得息。」

持養之久，則氣漸和；氣和則温裕婉順，望之者意消忿解，而無招咈取怒之患矣。體察之久，則理漸明，理明則諷導詳款，聽之者心喻慮移，而無起爭見郤之患矣。更須參觀物理，深察人情，體之以身，揆之以時，則無偏蔽之失也。持養、察識之功，要當並進。更當于事事物物，試驗學力。若有窒礙齟齬，卽深求病源所在而鋤去之。

問：「『持其志，無暴其氣。』古人在車聞鸞和，行則有佩玉。凡此，皆所以無暴其氣。今人既無此，不知何如而爲無暴？」曰：「此人多動作，多笑語，做力所不及底事，皆是暴其氣。今學者須事事節約，莫教過當。此便是養氣之道也。」

問夜氣、平旦之氣。曰：「這一段，其所以主郤在心。熹嘗謂只有程先生『夜氣之所存者，良知也，良能也』，諸家解註，惟此説爲當。」

梨洲師説曰：「平旦之氣，卽是良心，不是良心發見于此氣也。」又曰：「孟子言良心，何不指其降衷之體言之，而形容平旦之氣，似落于迹象。不知此卽流行之命也。知此，卽爲知命。猶之太虛何處不是生意，然不落土則生機散漫，無所收拾。佛氏以虛無爲體，正坐不知命。」

梓材謹案：此下有「洪慶將歸」一條，移入滄洲諸儒學案。

學者須是培養。今不做培養工夫，如何窮得理。程子言：「動容貌，整思慮，則自生敬。敬只是主一也。存此，則自然天理明。」又曰：「整齊嚴肅，則心便一，一則自無匪僻之干。此意但涵養久之，則天理自然明。」今不曾做得此工夫，胸中膠擾駁雜，如何窮得理一？如他人不讀書，是不肯去窮理，又無持敬工夫。從陸子靜學如楊敬仲輩，持守得亦好，若肯去窮理，須窮得分明。然他不肯讀書，只任一己私見，有似箇稊稗。今若不做培養工夫，便是五穀不熟，又不如稊稗也。

人也有靜坐無思念底時節，也有思量道理底時節。豈可畫爲兩途，說靜坐時與讀書時工夫迥然不同。當靜坐涵養時，正要體察思繹道理，只此便是涵養。不是說喚醒提撕，將道理去卻那邪思妄念。只自家思量道理時，自然邪念不作。「言忠信，行篤敬，立則見其參于前，在輿則見其倚于衡」，只是見這忠信篤敬在眼前，自然邪念無自而入。非是要存這忠信篤敬，去除那不忠不敬底心。今人之病，正在其靜坐、讀書時，二者工夫不一，所以差。

「惺惺」乃心不昏昧之謂，只此便是敬。心若昏昧，燭理不明，雖强把捉，豈得爲敬。

日用之間，隨時隨處提撕此心，勿令放逸，而于其中隨事觀理，講求思索，沈潛反復，庶于聖賢之教漸有默相契處。則自然見得天道性命，真不外乎此身，而吾之所謂學者，舍是無有別用力處。

學固不在乎讀書，然不讀書則義理無由明。要之，無事不要理會，無書不要讀。若不讀這一件書，便缺了這一件道理；不理會這一件事，便缺了這一件道理。要他底，須著些精彩方得。然泛泛做，又不得，故程先生教人以敬爲本，然後心定理明。孔子言「出門如見大賓，使民如承大祭」，也是散説，要人敬。但敬，便是關聚底道理。

嘗愛古人説得「學有緝熙于光明」，此句最好。蓋心地本自光明，只被利欲昏了，今所以爲學者，要令其光明處轉光明，所以下「緝熙」字。心地光明，則此事有此理，此物有此理，自然見得。且如人心何嘗不光明，見他人做得是，便道是，做得不是，便知不是，何嘗不光明，然只是才明便昏了。又有一種人，自謂光明，而事事物物原不曾照見，似此光明，亦不濟得事。

大學是聖門最初用功處，格物又是大學最初用功處。然格物是夢覺關，格得來是覺，格不得只是夢。誠意是善惡關，誠得來是善，誠不得只是惡。過得此二關，上面工夫卻一節易如一節了。到得平天下處，尚有些工夫，只爲天下闊，須著如此點檢。

學者讀書，須是于無味處當致思焉。至于羣疑並興，寢食俱廢，乃能驟進。因歎「驟進」二字最下得好，須是如此。若進得些子，或進或退，若存若亡，不濟事。如用兵相殺，爭得些兒，小可一二十里地，也不濟事。須大殺一番，方是善勝。爲學之要，亦是如此。

讀書，始讀未知有疑，其次則漸漸有疑，中則節節是疑。過了這一番後，疑漸漸解，以至融會貫通，都無所疑，方始是學。

學者要看義理，須是胸次放開，磊落明快，恁地去。第一不可先責效，才責效便有憂愁底意思。只管如此，胸中便結聚一餅子不散。今且放置閒事，不要閒思量，只專心去玩味義理，便會心精，心精便會熟。

讀書須是有精力。至之曰：「亦須是聰明。」曰：「雖是聰明，亦須是靜，方運得精神。昔見延平說：『羅先生解春秋也淺，不似胡文定。後來隨人入廣，在羅浮山住三兩年，去那裏心靜，須看得較透。』某初疑春秋干心靜甚事，後來方曉。蓋靜則心虛，道理方看得出。」

看書與日用工夫，皆要放開心胸，令其平易廣闊，方可徐徐旋看道理，浸灌培養。切忌合下便立己意，把捉得太緊了，卽氣象急迫，田地狹隘，無處著工夫也。今人觀書，先自立了意，後方觀書，牽古人言語，入做自家意思中來。如此，則是推廣得自家意思，如何得見古人意思？須是虛此心，將古人言語放前面，看他意思倒殺向何處去。如此玩心，方可得古人意，有長進處。且如孟子說詩，要「以意逆志，是爲得之」。逆者，等待之謂也。如前途等待一人，未來時，且須耐心等，將來自有來時候。他未來，其心急切，又要進前尋來，卻不是「以意逆志」，卻是「以意捉志」也。如此，只是牽古人言語，入做自家意思中來，終無進益。

讀書理會道理，只是將勤苦捱將去，不解得不成。文王猶勤，而況寡德乎？今世上有一般議論，成就後生懶惰，如云「不敢輕議前輩」，「不敢妄立論」之類，皆中怠惰者之意。前輩固不敢妄議，然論其行事之是非，何害？固不可鑿空立論，然讀書有疑，有所見，自不容不立論。其不立論者，只是讀書不到疑處爾。將諸家說相比並，以求其是，便是有合辯處。

經之有解，所以通經；經既通，自無事于解。借經以通乎理爾，理得，則無俟乎經。今意思只滯在此，則何時得脱然會通也？且所貴乎簡者，非謂欲語言之少也，乃在中與不中爾。若句句親切，雖多何害，若不親切，愈少愈不達矣。某嘗説，讀書須細看得意思通融後，都不見註解，但見有正經幾箇字在，方好。

大抵思索義理，到紛亂窒塞處，須是一切埽去，放教胸中空蕩蕩地了，卻舉起一看，便是覺得有下落處。此説向見李先生曾説來，今日方真實驗得如此，非虚語也。

問：「力行何如説是淺近語？」曰：「不明道理，只是硬行。」又問：「何以爲淺近？」曰：「他只見聖賢所爲，心下愛，硬依他行，這是私意，不是當行。若見得道理時，皆是當恁地行。」

梓材謹案：此下有「廖晉卿」一條，移入滄洲諸儒學案。又「方伯謨」一條，移爲附録。

人多言「爲事所奪，有妨講學」，此謂「不能使船，嫌江曲」者也。遇富貴，就富貴上做工夫；遇貧賤，就貧賤上做工夫。兵法一言最佳：「因其勢而利導之。」人謂齊人弱，田忌乃因其弱以取勝。又如韓信特地送許多人安于死地，乃始得勝。學者若有絲毫氣在，必須盡力。除非無了此氣，這口不會説話，方可休也。

古人所以從事于學者，其果何爲而然哉？天之生斯人也，則有常性。人之立于天地之間也，則有常事。在身有一身之事，在家有一家之事，在國有一國之事。其事也，非人之所能爲也，性之所有也。弗勝其事，則爲弗有其性；弗有其性，則爲弗克若天矣。克保其性而不悖其事，所以順乎天也。然則舍講學其能之哉！凡天下之事，皆人之所當爲。君臣、父子、兄弟、夫婦、朋友之際，人事之大者也。以至于視聽言動，周旋食息，至纖至悉，何莫非事者。一事之不貫，則天性之陷溺也。然則講學其可不汲汲乎！學，所以明萬事而奉天職也。雖然，事有其理，而著于吾心。心也者，萬事之宗也。惟人放其良心，故事失其統紀。學也者，所以收其放而存其良也。夏葛而冬裘，饑食而渴飲，理之所固有而事之所當然者，凡吾于萬事，皆見其若是也，而後爲當其可。學者，求乎此而已。嘗竊怪今世之學者異乎是。鼓篋入學，抑亦思吾所謂學者，果何事乎？聖人之立教者，果何在乎？而朝廷建學，羣聚而教養者，又果何爲乎？嗟乎，此獨未之思而已矣！使其知所思，則必竦然動于中，而其朝夕所接君臣父子兄弟夫婦朋友之際，視聽言動之間，必有不得而遁者，庶乎可以知入德之門矣！

梓材謹案：此條録自文集。

講究義理，須要看得如饑食渴飲，只是平常事。若談高説妙，便是懸空揣度，去道遠矣。近日學者論仁，多只是要見得仁字意思，縱使逼真，亦終非實得。看論語中聖人所言，只欲人下工夫，升高自下，陟遐自邇，循序積習，自有所至。存養、省察，固當並進。存養是本，工夫固不越于敬，敬固主一。此事惟用力者方知其難。

講學不可以不精也。毫釐之差，則其弊有不可勝言者。故夫專于攷索，則有遺本溺心之患；而騖于高遠，則有躐等憑虛之憂：二者皆其弊也。考聖人之教，固不越乎致知力行之端，患在人不知所用力爾。莫非致知也，日用之間，事之所遇，物之所觸，思之所起，以至于讀書攷古，知所用力，則莫非吾格物之妙也。其爲力行也，豈但見于孝弟忠信之所發，形于事而後行乎？自息養瞬存，以至于三千三百之間，皆合内外之實也。行之力，則知愈進，知之深，則行愈達。

作事若顧利害，其終未有不陷于害也。古人臨事，所以要回互時，是一般國家大事，係生死存亡之際，有不可直情徑行處，便要權其輕重而行之。今則事事用此，一向回互，至于枉尺直尋，而利亦可爲與？是甚意思！

梓材謹案：此條録自文集。

問：「學者講明義理之外，亦須理會時政。凡事要一一講明，使先有一定之説，庶他日臨事，不至面牆？」曰：「學者若得胸中義理明，從此去量度事物，自然泛應曲當。人若有堯、舜許多聰明，自做得堯、舜許多事業。若要一一理會，則事變無窮，難以逆料，隨機應變，不可預定。今世才人文士，開口便説國家利害，把筆便述時政得失，終濟得甚事！只是講明義理，以淑人心。」

人最不可曉。有人奉身儉嗇之甚，充其操，上食槁壤，下飲黃泉底，卻只愛官職。有人奉身清苦，而好色。他只緣私欲不能克，臨事只見這箇重，都不見別箇了。或曰：「似此等人，分數勝已下底？」曰：「不得如此説。纔有病，便不好，更不可以分數論。他只爱官職，便弑父與君也敢。」

古人尊貴，奉之者愈備，則其養德也愈善。後之奉養備者，賊之而已矣。

爲血氣所使者，只是客氣。惟于性理説話涵泳，自然臨事有別。

處事須是慈祥和厚爲本。如勇決剛果，固不可無，然用之有處所。事至于過當，便是僞。

學常要親細務，莫令粗心。問避嫌是否，曰：「合避，豈可不避。如瓜田不納履，李下不整冠，豈可不避？如君不與同姓同車，與異姓同車不同服，皆是合避處。事有不當耐者，豈可常學耐事。學耐事，其弊至于苟賤不廉。學者須要有廉隅牆壁，便可擔負得大事去。如子路，世間病痛都没了，親于其身爲不善者不入，此大者立也。」

恥有當忍者，有不當忍者。人須有廉恥。孟子曰：「恥之于人大矣哉！」恥便是羞惡之心。人有恥，則能有所不爲。今有一樣人，不能安貧，其氣錯屈，以至立腳不住。不知廉恥，亦何所不至。因舉呂舍人詩云：「逢人卽有求，所以百事非。」如論語必須論「富與貴，是人之所欲也，不以其道得之，不處也，貧與賤，是人之所惡也，不以其道得之，不去也」，然後說「君子去仁，惡乎成名」。必先教取舍之際，限界分明，然後可做工夫。不然，則立腳不定，安能有進。又云：學者不于富貴貧賤上立定，則是入門便差了也。人之所以戚戚于貧賤，汲汲于富貴，只緣不見這箇道理。若眞見這箇道理，何富貴之足羨而貧賤之足憂邪！

學者常常以志士不忘溝壑爲念，則道理重而計較死生之心輕矣。況衣食至微末事，不得亦未必死，亦何用犯義犯分，役心役志，營營以求之邪？某觀今人，因不能咬菜根而至于違其本心者衆矣，可不戒哉！惟君子，然後知義理之所必當爲，與義理之所必可恃。利害得失既無所入于其心，而其學又足以應事物之變，是以氣勇謀明，無所懾憚。不幸蹉跌，死生以之。小人之心，一切反是。以上梨洲原本。

宗羲案：「涵養須用敬，進學在致知」，此伊川正鵠也。考亭守而勿失，其議論雖多，要不出此二言。大較明道之言，故欲揚之，恐人滯；考亭之言，故欲抑之，恐人蕩。其用心則一也。然考亭之悟，畢竟在晚年。陽明子爲朱子晚年定論，雖或有出于早年者，其大意則灼然不失也。一輩學人，胸無黑白，不能貫通朱子之意，但驚怖其河漢，執朱子未定之論，不敢信孔、孟，并不敢信朱氏，是豈朱子之所欲哉！

宋元學案卷四十九

晦翁學案下

黄宗羲原本　黄百家纂輯　全祖望修定

晦翁文集

自聖學不傳，世之爲士者不知學之有本，而惟書之讀，則其所以求于書，不越于記誦、訓詁、文辭之間，以釣聲名、干禄利而已。是以天下之書愈多而理愈昧，學者之事愈勤而心愈放；詞章愈麗，議論愈高，而其德業事功之實，愈無以逮乎古人。然非書之罪也。讀者不知學之有本，而無以爲之地也。福州州學經史閣記。

人之所以位天地之中而爲萬物之靈者，心而已矣。然心之爲體，不可以聞見得，不可以思慮求，謂之有物則不得于言，謂之無物則日用之間無適而非是也。君子于此，亦將何所用其力哉？「必有事焉而勿正，心勿忘，勿助長」，則存之之道也。如是而存，存而久，久而熟，心之爲體，必將瞭然有見乎參倚之間，而無一息之不存矣。存齋記。

若如所謂「當應事然後思是事之理，當接物然後思是物之理」，則恐思之不豫而無所及。若豫講之，則又陷于所謂「出位而思，念慮紛擾」之病。竊意用力之久，必有説以處此矣。幸明告我，得以反復之。答程次卿。

若知此心此理，端的在我，則參前倚衡，自有不容舍者，亦不待求而得，不待操而存矣。格物致知，亦是因其所已知者推之，以及其所未知。只是一本，原無兩樣工夫也。答陳才卿。

如釋氏擎拳豎拂、運水般柴之説，豈不見此心，豈不識此心！而卒不可與入堯、舜之道者，正謂不見天理，而專認此心以爲主宰，故不免流于自私爾。前輩有言「聖人本天，釋氏本心」，蓋謂此也。答張敬夫。

邵子又謂「心者，性之郛廓」，乃爲近之，但其語意未免太粗。須知心是身之主宰，而性是心之道理，乃無病爾。所謂「察識此心，乃致知之切近者」，此説是也。然亦須知所謂識心，非徒欲識此心之精靈知覺也，乃欲識此心之義理精微爾。答姜叔權。

治國、平天下，與誠意、正心、修身、齊家，只是一理。所謂格物致知，亦曰如此而已矣。此大學一書之本指也。今必以治國平天下爲君相之事，而學者無與焉，則内外之道，異本殊歸，與經之本旨正相南北矣。禹、稷、顔回同道，豈必在位乃爲爲政邪！答江德功。

文字雖不可廢，惟涵養本原而察于天理人欲之判，此是日用動静之間不可頃刻間斷底事。若于此處見得分明，自然不到得流入世俗功利權謀裏去矣。熹亦近日方實見得向日支離之病，雖與彼中證候不同，然其忘己逐物、貪外虚内之失，則一而已。程子説：「不得以天下萬物撓己，己立後自能了得天下萬物。」今自家一箇身心不知安頓去處，而談王説霸，將經世事業别做一箇伎倆商量講究，不亦誤乎！

梓材謹案：主一所纂此下一條，移入東萊學案。

須知「必有事焉」，只此一句，便合見天理流行活潑潑地。方要于此著意尋討，便窒礙了。如說「先難」，只此二字，已見得爲仁工夫。然于此處才有計較，便夾雜了。故才說上句，便說下句，以急救之。來書亦于「智力」二字畢竟看不破，放不下。殊不知此正是智力中之仁義，賓中之主，鐵中之金。若苦向這裏覓道理，便落在「五霸假之」以下規模裏，出身不得。孟子、董子所以拔本塞源，斬釘截鐵，便是正怕後人似此拖泥帶水也。熹常語此間朋友：「孟子一生忍窮受餓，費盡心力，只破得『枉尺直尋』四字。今日諸賢苦心勞力，費盡言語，只成就『枉尺直尋』四字，不知淆訛在甚麼處！」此話無告訴處，只得仰屋浩歎也。

示諭日用工夫，如此甚善。然亦且要見得一大頭腦分明，便于操舍之間有用力處。如實有一物，把住放行，在自家手裏，不是謾說求其放心，實卻茫茫無把捉處也。

來書謂伊川先生所云「內外不備」者爲不然，蓋無有能直內而不方外者，此論甚當。據此，正是熹所疑處。若使釋氏果能「敬以直內」，則便能「義以方外」，便須有父子，有君臣，三綱五常，缺一不可。今曰能直內矣，而其所以方外者果安在乎？又豈數者之外，別有所謂義乎？以此而觀，伊川之語，可謂失之恕矣。然其不然，特老兄未之察爾。所謂直內者，亦謂其有心地一段工夫爾。但其用功卻有不同處，故其發有差，他卻全不管著，此所以無方外之一節也。固是有根株則必有枝葉，然五穀之根株則生五穀之枝葉華實而可食，稊稗之根株則生稊稗之枝葉華實而不可食，此則不同爾。蕿朮以根株而愈疾，鉤吻以根株而殺人，其所以殺人者，豈在根株之外而致其毒哉 以上答吕子約。

百家謹案：此內外之辯。

涵養本原之功，誠易間斷。然纔覺得間斷，便是相續處。只要常自提撕 分寸積累將 去久之自然接續，打成一片爾。講學工夫，亦是如此。莫論事之大小，理之淺深 但到目前 卽與理會到底 久之自然浹洽貫通也。答方賓王。

前者所論，未嘗欲專求息念，但以爲不可一向專靠書册，故稍稍放教虛閒，務求親切自己。然其無事之時，猶是本根所在，不可昏惰雜擾，故又欲就此便加持養，立箇主宰。其實只是一箇提撕警策，通貫動靜。但是無事時只是一直如此持養，有事處便有是非取舍，所以有直內、方外之別，非以動靜真爲判然二物也。答余正叔。

學問臨事不得力，固是靜中欠卻工夫。然欲舍動求靜，又無此理。蓋人之身心，動靜二字，循環反覆，無時不然。但常有㊀此心，勿令忘失，則隨動隨靜，無處不是用力處矣。答吴伯豐。

所論爲學之意，善矣。然欲專務靜坐，又恐墮落那一邊去。只是虛著此心，隨動隨靜，無時無處不致其戒謹恐懼之力，則自然主宰分明，義理昭著矣。然著箇「戒謹恐懼」四字，已是壓得重了。要之，只是略綽提撕，令自省覺，便是工夫也。答潘子善。

夫性者，理而已矣。乾坤變化，萬物受命，雖所稟之在我，然其理則非有我之所得私也。所謂「反

㊀「有」，龍本作「存」。

身而誠」，蓋謂盡其所得乎己之理，則知天下萬物之理初不外此，非謂盡得我之知覺，則衆人之知覺皆是此物也。性只是理，不可以聚散言。其聚而生、散而死者，氣而已矣。所謂精神魂魄，有知有覺者，皆氣之所爲也，故聚則有，散則無。若理，則初不爲聚散而有無也。但有是理則有是氣，苟氣聚乎此，則其理亦命乎此爾，不得以水漚比也。鬼神便是精神魂魄，程子所謂「天地之功用，造化之迹」，張子所謂「二氣之良能」，皆非性之謂也。故祭祀之禮，以類而感，以類而應，若性，則又豈有類之可言邪？然氣之已散者，既化而無有矣，其根于理而日生者，則固浩然而無窮也，故上蔡謂「我之精神即祖考之精神」，蓋謂此也。然聖人之制祭祀也，設主立尸，焫蕭灌鬯，或求之陰，或求之陽，無所不用其極，而猶止曰庶或享之而已。其至誠惻怛、精微恍惚之意，蓋有聖人所不欲言者，非可以世俗粗淺知見，執一而求也。豈曰一受其成形，則此性遂爲吾有，雖死而猶不滅，截然自爲一物，藏乎寂然一體之中，以俟夫子孫之求而時出以饗之邪？必如此說，則其界限之廣狹，安頓之處所，必有可指言者。且自開闢以來，積至于今，其重併積疊，計已無地之可容矣。是又安有此理邪！且乾坤造化，如大洪鑪，人物生生，無少休息，是乃所謂實然之理，不憂其斷滅也。今乃以一片大虛寂目之，而反認人物已死之知覺，謂之實然之理，豈不誤哉？又聖賢所謂歸全安死者，亦曰無失其所受乎天之理，則可以無愧而死爾！非以爲實有一物，可奉持而歸之，然後吾之不斷不滅者，得以晏然安處乎冥漠之中也。夭壽不貳，修身以俟之，是乃無所爲而然者，與異端爲生死事大，無常迅速，然後學者，正不可同日而語。今乃混而言之，以彼之見爲此之說，所以爲說愈多而愈不可合也。

詳來諭，正謂日用之間，別有一物，光輝閃爍，動蕩流轉，是即所謂「無極之真」，所謂「谷神不死」。二語皆來書所引。所謂「無位真人」，此釋氏語，正谷神之酋長也。學者合下便要識得此物，而後將心想像照管，要得常在目前，乃爲根本工夫。至于學問踐履，零星湊合，則自是下一截事，與此粗細迥然不同。雖以顏子之初，仰高鑽堅，瞻前忽後，亦是未見此物，故不得爲實見爾。此其意則然矣。然若果是如此，則聖人設教，首先便合痛下言語，直指此物，教人著緊體察，要令實見，著緊把捉，要常在目前，以爲直截根原之計。而卻都無此說，但只教人格物致知，克己復禮，一向就枝葉上零碎處做工夫，豈不誤人枉費日力邪？論、孟之言，平易明白，固無此等玄妙之談。雖以子思、周子喫緊爲人，特著中庸、太極之書以明道體之極致，而其所說用工夫處，只說擇善固執，學問思辨而篤行之，只說「定之以中正仁義而主靜」、「君子修之吉」而已，未嘗使人日用之間，必求見此天命之性、無極之真而固守之也。蓋原此理之所自來，雖極微妙，然其實只是人心之中許多合當做底道理而已。但推其本，則見其出于人心而非人力之所能爲，故曰「天命」；雖萬事萬化皆自此中流出，而實無形象之可指，故曰「無極」爾。若論工夫，則只擇善固執、中正仁義，便是理會此事處，非是別有一段根源工夫，又在講學應事之外也。

爲政以寬爲本者，謂其大體規模意思當如此爾。古人察理精密，持身整肅，無偷惰虧豫之時，故其政不待作威而自嚴，但其意則以愛人爲本爾。及其施之于政事，便須有綱紀文章，關防禁約，截然而不可犯。然後吾之所謂寬者，得以隨事及人，而無頑弊不舉之處；人之蒙惠于我者，亦得以通達明白，實受其賜，而無間隔欺蔽之患。聖人說政以寬爲本，而今反欲其嚴，正如古樂以和爲主，而周子反欲其淡。蓋今之所謂寬者，乃縱弛，所謂和者，乃哇淫，非古之所謂寬與和者，故必以是矯之，乃得其平爾。如其不然，則雖有愛人之心，而事無統紀，緩急先後可否予奪之權皆不在己，于是奸豪得志而善良之民反不被其澤矣。此事利害只在目前，不必引書傳、攷古今然後知也。但爲政必有規矩，使姦民猾吏不得行其私，然後刑罰可省，賦斂可薄。所謂以寬爲本，體仁長人，孰有大于此乎！以上答廖子晦。

子思以來教人之法，惟以尊德性、道問學兩事爲用力之要。今子静所說，專是尊德性事，而某平日所論，卻是問學上多了。所以爲彼學者，多持守可觀，而看得義理全不子細，又別說一種杜撰道理遮蓋，不肯放下；而某自覺雖于義理上不敢亂說，卻于緊要爲己爲人上多不得力。今當反身用力，去短集長，庶幾不墮一邊爾。答項平父。

人之所以嬾惰，只緣見此道理不透，所以一向提掇不起。若見得道理分明，自住不得，豈容更有嬾惰時節邪！又謂海内善類，消磨摧落之後，所存無幾，此誠可歎。若鄙意，則謂纔見消磨得去，此等人便不濟事。若使真有所見，實有下工夫處，則便在鐵輪頂上轉旋，亦如何動得他！

天下只有一理，此是即彼非，此非即彼是，不容並立。故古之聖賢，心存目見，只有義理，都不見有利害可計較。日用之間，應事接物，直是判斷得直截分明；而推以及人，吐心吐膽，亦只如此，更無回互。若信得及，即相與俱入聖賢之域；若信不及，即在我亦無爲人謀而不盡底心。而此理是非，昭著明白，今日此人雖信不及，向後他人須有信得及底，非但一時之計也。若如此所論，則在我者未免視人顔色之可否以爲語默，只此意思，何由能使彼信得及乎！然此亦無他，只是自家看得道理自不曾端的，故不能真知是非之辨,而爲此回枉。不是說時病痛,乃是見處病痛也。以上答劉季章。

聖門所謂「聞道」,「聞」只是見聞玩索而自得之之謂,「道」只在君臣父子日用常行當然之理。非有玄妙奇特,不可測知,如釋氏所云豁然大悟、通身汗出之說也。如今更不可別求用力處,只是持敬以窮理而已。

既謂之「同體」,則上面便著「人欲」兩字不得。此是義理本原極精微處,不可少差。試更子細玩索,當見本體實然只一天理,更無人欲。故聖人只說克己復禮,教人實下工夫,去卻人欲,便是天理,未嘗教人求識天理于人欲汨没之中也。若不能實下工夫,去卻人欲,則雖就此識得未嘗離之天理,亦安所用乎?以上答吳斗南。

百家謹案:此答「天理人欲同體而異用,同行而異情」,進修君子宜別之!

二先生所論敬字,須該貫動静看。方其無事而存主不懈者,固敬也,及其酬酢不亂者,亦敬也,故曰「毋不敬,儼若思」,又曰「事思敬」,「執事敬」,豈必以攝心坐禪而謂之敬哉!禮樂固必相須,然所謂樂者,亦不過胸中無事而自和樂爾,非是著意放開一路而欲其和樂也。然欲胸中無事,非敬不能,故程子曰「敬則自然和樂」,而周子亦以爲「禮先而樂後」,此可見也。則「自得後須放開,不然,卻只是守」,此言既自得之,則自然心與理會,不爲禮法所拘而自中節;若未能如此,則是未有所得,才方是守法之人爾。亦非謂既自得之,又卻須放開也。克己復禮,固非易事,然顏子用力,乃在于視聽言動禮與非禮之間,未敢便道得其本心而了無一事也。此其所以先難而後獲與!今言之甚易而苦其行之難,亦不考諸此而已矣。答或人。

雖至于堯、舜、孔子之德，其自處常只在下學處也。上達處不可著工夫，更無依泊處。動靜語默，無非下學，聖人豈曾離此來！答許順之。

非氣無形，無形則性善無所賦，故凡言性者皆因氣質而言，但其中自有所賦之理爾。人心、道心，亦非有兩物也。答林德久。

梓材謹案：此下答嚴時亨「五行之生，各一其性」條，移入滄洲諸儒學案。

孟子指齊王愛牛之心，乃是因其所明而道之，非以爲必如此然後可以求仁也。夫必欲因苗裔而識本根，孰若培其根本而聽其枝葉之自茂邪？答呂伯恭問胡子知言疑義。

若使道可以多聞博觀而得，則世之知道者爲不少矣。熹近日因事方有省發。如鳶飛魚躍，明道以爲與「必有事焉勿正」之意同者，今乃曉然無疑。日用之間，觀此流行之體初無間斷處，有下工夫處，乃知日前自誑誑人之罪，蓋不可勝贖也。此與守書册、泥言語全無交涉，幸于日用間察知之！

百家謹案：勿忘勿助，原是活潑潑地，鳶飛魚躍，乃是自然之事，無容造作者。

或問子程子曰：「心術最難執持，如何而可？」子曰：「敬。」又嘗曰：「操約者，敬而已矣！」惟其敬足以直內，故其義足以方外。義集而氣得所養，則夫喜怒哀樂之發，其不中節者寡矣。孟子論養吾浩然之氣，以爲「集義所生」，而繼之曰「必有事焉而勿正，心勿忘，勿助長也」，蓋又以居敬爲集義之本也。夫「必有事焉」者，敬之謂也，若曰「其心儼然肅然，常若有所事」云爾。夫其心儼然肅然，常若有所事，則雖事物紛至而沓來，豈足以亂吾之知思，而宜不宜、可不可之機，已判然于胸中矣。如此，則此心晏然，有以應萬事之變，而何躁妄之有哉！以上答何叔京。

夫道之極致，物我固爲一矣。然豈獨物我之間驗之，蓋天地、鬼神、幽明、隱顯、本末、精粗，無不通貫而爲一也。正蒙之旨，誠不外是。然聖賢言之則已多矣，正蒙之作，復何爲乎？恐須反復研究其說，求其所以一者而合之，于其所謂一者，必銖銖而較之，至于鈞而必合，寸寸而度之，至于丈而不差，然後爲得也。孟子曰：「博學而詳說之，將以反說約也。」正爲是爾。今學之未博，說之未詳，而遽欲一言探其極致，則是銖兩未分而億料鈞石，分寸未辨而目計丈引，不惟精粗二致，大小殊觀，非所謂「一以貫之」者，愚恐小差積而大謬生，所謂鈞石、丈引者亦不得其真矣。此躐等妄意之蔽，世之有志于爲己之學而未知其方者，其病每如此也。明道先生行狀云：「先生教人，自致知至于知止，誠意至于平天下，灑掃應對至于窮理盡性，循循有序。病世之學者舍近而趨遠，處下而窺高，所以輕自大而卒無得也。」此言至矣！答江彥謀。

觀舜居深山之中，伊尹耕于有莘之野，豈不是樂此以終身。後來事業，亦偶然爾。若先有一毫安排等待之心，便成病痛矣。答甘吉甫。

伊川先生言「性卽理也」，此一句自古無人敢如此道。心，則知覺之在人而具此理者也。橫渠先生又言「由太虛有天之名，由氣化有道之名，合虛與氣有性之名，合性與知覺有心之名」，其名義亦甚密，皆不易之至論也。蓋天之生物，其理固無差別，但人物所稟形氣不同，故其心有明暗之殊，而性有全不全之異爾。若所謂仁，則是性中四德之首，非在性外別爲一物而與性並行也。然惟人心至靈，故能全此四德而發爲四端；物則氣偏駁而心昏蔽，固有所不能全矣。然其父子之相親，君臣之相統，間亦有僅存而不昧者。然欲其克己復禮以爲仁，善善惡惡以爲義，則有所不能矣。然不可謂無是性也。若生物之無知覺者，則又其形氣偏中之偏者，故理之在是物者，亦隨其形氣而自爲一物之理，雖若不復可論仁義禮智之彷彿，然亦不可謂無是性也。又謂「枯槁之物只有氣質之性而無本然之性」，此語尤可笑！若果如此，則是物只有一性，而人卻有兩性矣。此語非常醜差。蓋由不知氣質之性只是此性墮在氣質之中，故隨氣質而自爲一性，正周子所謂「各一其性」者。向使元無本然之性，則此氣質之性又從何處得来邪？況亦非獨周、程、張子之言爲然，如孔子言「成之者性」，又言「各正性命」，何嘗分別某物是有性底，某物是無性底？孟子言「山之性」、「水之性」，山水何嘗有知覺邪？若于此看得通透，卽知天下無無性之物。除是無物，方是無性；若有此物，卽如來諭木燒爲灰，人陰爲土，亦有此灰土之氣，既有灰土之氣，卽有灰土之性，安得爲枯槁無性也？答徐子融。

天之生物，有有血氣知覺者，人獸是也；有無血氣知覺而但有生氣者，草木是也　有生氣已絕而但有形色臭味者，枯槁是也。是雖其分之殊，而其理則未嘗不同。但以其分之殊，則有其理之在是者不能不異，故人爲最靈而備有五常之性，禽獸則昏而不能備，草木、枯槁則又并與其知覺者而亡焉。但其所以爲是物之理，則未嘗不具爾。若如所謂「絕無生氣便無生理」，則是天下乃有無性之物，而理之在天下乃有空闕不滿之處也，而可乎？答余方叔。

「人生而静」，静者固是性，然只是「生」字便帶卻氣質了。但生字已上又不容説　蓋此道理未有形見處，故今纔説性，便須帶著氣質，無能懸空説得性者。「繼之者善」，本是説造化發育之功，明道此處卻是就人心發用處説，如孟子所謂「乃若其情，則可以爲善」之類是也。伊川所言「極本窮源之性」，乃是對氣質之性而言，言其氣質雖善惡不同，然極本窮源而論之，則性未嘗不善也。

性之始終，一于善而已，不當云性之初只有善也。若如所云，則謂性之終爲有惡，可乎？性之發用，非情而何。情之初，則可謂有善而無惡爾。以上答王子合。

孟子所謂「性善」者，以其本體言之，仁義禮智之未發者是也。所謂「可以爲善」者，以其用處言之，四端之情發而中節者是也。蓋性之與情，雖有已發未發之不同，然其所謂善者則血脈貫通，初未嘗有不同也。此孟子道性善之本意，伊洛諸君子之所傳而未之有改者也。答胡伯逢。

善惡二字，便是天理人欲之實體。今謂性非人欲，可矣；由是而并謂性非天理，可乎？必曰極言乎性之善而不可名，又曷若直謂之善而可名之爲甚易而實是也？

釋氏只是恍惚之間見得些心性影子，亦卻不曾子細見得真實心性，所以都不見裏面許多道理。正使有存養之功，亦卽是存養得他所見底影子。固不可謂之無所見，亦不可謂之不能養，但所見所養非心性之真爾！以上答胡季隨。

心體固本静，然亦不能不動；其用固本善，然亦能流而入于不善。夫其動而流于不善者，固不可謂心體之本然，然亦不可不謂之心也，但其誘于物而然爾。故先聖只説「操則存，舍則亡，出入無時，莫知其鄉」，只此四句，說得心之體用、始終、真妄、邪正，無所不備，又見得此心不操卽舍，不出卽入，別無閒處可安頓之意。若如所論「出入有時者爲心之正」，然則孔子所謂「出入無時」者，乃心之病矣，不應卻以「惟心之謂與」一句直指而總結之也。答游誠之。

梓材謹案：此下有答嚴時亨問「明道言『人生而靜』以下不容說」條，移入滄洲諸儒學案。

夫讀書固收心之一助，然今只讀書時收得心，而不讀書時便爲事所奪，則是心之存也常少，而其放也常多矣。且胡爲而不移此讀書工夫向不讀書處用力，使動靜兩得，而此心無時不存乎？然所謂涵養工夫，不是閉眉合眼如土偶人，然後謂之涵養也，只要應事接物，處之不失，此心各得其理而已。答陳膚仲。

所論「才說存養，卽是動了」，此恐未然。人之一心，本是光明，不是死物。所謂存養，非有安排造作，只是不動著他，卽此知覺炯然不昧，但無喜怒哀樂之偏，思慮云爲之擾爾。當此之時，何嘗不靜。不可必待冥然都無知覺，然後謂之靜也。答孫敬甫。

纔說性字，便是以人所受而言，此理便與氣合了。但直指其性，則于氣中又須見得別是一物始得，不可混并說也。答李晦叔。

百家謹案：性卽氣之有條理者是，非別是一物也。

至于孔、孟言性之異，則其說又長，未易以片言質。然畧而論之，則夫子雜乎氣質而言之，孟子乃專言其性之理也。雜乎氣質而言之，故不曰「同」而曰「近」，蓋以爲不能無善惡之殊，但未至如其所習之遠爾。以理而言，則上帝之降衷，人心之秉彝，初豈有二理哉？但此理在人，有難以指言者，故孟子之告公都子，但以其才與情者明之。辟如欲觀水之必清，而其源不可到，則亦觀諸流之未遠者，而源之必清可知矣。答宋深之。

孟子固未嘗不畏大人，但藐其巍巍然者爾。辦得此心，即更掀卻卧房，亦且露地睡。似此，方是真正大英雄人。然此一種英雄，卻是從戰戰兢兢、臨深履薄處做將出來。若是血氣粗豪，卻一點使不著也。答陳同甫。

白鹿洞書院教條

父子有親。　君臣有義。　婦有別。　長幼有序。　朋友有信。

右五教之目。堯、舜使契爲司徒，敬敷五教，即此是也。學者，學此而已。而其所以學之之序，亦有五焉，其別如左：

博學之。　審問之。　愼思之。　明辨之。　篤行之。

右爲學之序。學、問、思、辨四者，所以窮理也。若夫篤行之事，則自修身以至處事、接物，亦各有要，其別如左：

言忠信。　行篤敬。　懲忿窒慾。　遷善改過。

右修身之要。

正其誼，不謀其利。　明其道，不計其功。

右處事之要。

己所不欲，勿施于人。　行有不得，反求諸己。

右接物之要。

熹竊觀古昔聖賢所以教人爲學之意，莫非使之講明義理，以修其身，然後推以及人，非徒欲其務記覽，爲詞章，以釣聲名、取利禄而已也。　今人之爲學者既反是矣，然聖賢所以教人之法具存于經，有志之士，固當熟讀深思而問辨之。　苟知其理之當然，而責其身以必然，　則夫規矩禁防之具，　豈待他人設之，而後有所持循哉！　近世于學有規，其待學者爲已淺矣，而其爲法又未必古人之意也，故今不復以施于此堂，而特取凡聖賢所以教人爲學之大端，條列如右，而揭之楣間。　諸君其相與講明遵守，而責之于身焉，則夫思慮云爲之際，其所以戒謹而恐懼者，必有嚴于彼者矣。　其有不然，而或出于禁防之外，　言之所棄，則彼所謂規者，必將取之，固不得而畧也。　諸君其亦念之哉！

附錄

先生之父韋齋，建炎間爲南劍州尤溪尉。　罷官待調，遷寓于隔溪鄭氏之書室，　于庚戌九月十五日生先生，後人因名所近之山曰毓秀峯。

先生幼有異稟，五歲入小學，始誦孝經，卽了其大義，書八字于其上曰：「若不如此，便不成人。」間從羣兄嬉遊，獨以沙列八卦象，詳觀側玩。又嘗指日問韋齋曰：「日何所附？」曰：「附于天。」又問：「天何所附？」韋齋異之。

韋齋疾，以家事屬劉子羽，而訣于籍溪胡憲、白水劉勉之、屏山劉子翬，且俾先生父事之。白水以女女焉。不數年，二劉俱没，獨事籍溪最久。

孝宗即位，應詔上封事，首論聖學，次論金人有不共之讎，萬無可和之理，卽參以利害，亦有百害而無一利。次年趨召命，又極言之。

乾道四年，建州饑，先生請于府，貸粟散給，民多免死。社倉之法始此。

淳熙二年，吕東萊自東陽來訪，先生留止寒泉精舍月餘，商訂近思録。餞東萊至鵝湖，陸子壽、子靜、劉子澄來會，相與講辯其所聞。

六年，知南康軍，立濂溪祠，以二程配。别立五賢堂，祀陶靖節、劉西澗父子、李公擇、陳了齋。復白鹿洞書院。

十三年，入對，上封事。次年戊申，又上封事。

紹熙元年，知漳州，刊四經、四子書成。

光宗之立也，趙忠定求能通信于長信宫者，未有其人。或言韓侂胄于太皇后爲親屬，遣人白，不許。侂胄出，遇内侍關禮于門，告之故，禮請獨入，涕泣固請，太皇許之，命呼侂胄入，使喻意廟堂，其論遂定。侂胄自謂有定策功，依託肺腑，居中用事。先生惕然爲憂，因疏寓其意，且進對面陳之。又數戒忠定，勿使預政，而忠定謂其易制，不復遠慮，先生因講畢奏疏極言之。侂胄大怒，陰使其黨謀去先生，乃于禁中爲優戲，以熒惑上聽。及先生再申前疏，而御批與祠，先生去國矣。

慶元元年，侂胄誣趙相以不軌，竄置永州，且創「僞學」之名以斥善類。先生草疏萬言，極諫奸邪蔽主之禍，白宰相之冤。諸生力諫，遂筮之，遇遯之同人，先生默然焚其稿，更號遯翁。朝廷時治黨人方急，趙相死于道。

先生自筮仕以至屬纊，五十年間，歷事四朝，仕于外者僅九考，立朝纔四十日。

初居崇安五夫，築書院于武夷之五曲，榜曰紫陽，識鄉關也。後築室建陽蘆峯之巔，曰雲谷，其草堂曰晦庵，自號雲谷老人，亦曰晦庵或晦翁。晚居考亭，作精舍曰滄洲，號滄洲病叟。最後曰遯翁。

方伯謨勸先生少著書。答曰：「在世間喫了飯後，全不做得些子事，無道理。」

張南軒與先生書曰：所與廣仲書，言語未免有少和平處。從共甫詳問日用間事，使人歎服處固多，但其間于氣質偏處，似未能盡變乎舊。蓋自他人謂爲豪氣底事，自學者論之，亦是爭氣病痛。元晦要學顏子，卻不于此等偏處下自克之功，豈不害事？顧于平時以爲細故者，作大㊀病醫療，異時相見，當觀變化氣質之功。以下補。

又曰：聞兄行社倉，一鄉之人賴焉。或者妄有散青苗之譏，兄聞之，作而曰：「王介甫獨有散青苗一事是爾！」奮然欲作社倉記以述此意，是則過矣。王介甫竊周官泉府之說，强貸而規取其利，逆天下之

㊀「大」原作「九」，據南軒文集（清咸豐四年呂華賓刻南軒全集本）卷二十答朱元晦祕書第十書改。

公理而必欲其說之行，前輩辯之甚悉。其與元晦今日社倉之意，義利㊀相異，固亦曉然。元晦初豈有取于介甫，特因或者之言有所激，故并介甫而是之，不自知其偏。譬之執權以稱物之輕重，初未至于偏也，或指而告之曰：「此爲重。」執權者主其說曰：「吾猶覺此之輕也！」于是復就所指之處增之使重，而其偏始甚。此雖爲一事，然因人之激而至于偏，則懼其有害爾！

又曰：又慮元晦學行爲人尊敬，眼前多出己下，平時只是箴規他人，見他人不是處多，己是處多；他人亦憚元晦，縱有所疑，不敢以請。諛言多而拂論少，所偏不加省察，則異日流弊，恐不可免。

又曰：所與共甫書，似乎逆億，而少含宏感悟之意，殆有怒髮衝冠之象。理之所在，平氣而出之可也。

又曰：或問所條晰，誠恐前輩說中偏處有誤後學，不可不辯。但一一辨晰，恐未能盡，又似太費力。只舉其大者與其條目，使人推尋之，如何？

又曰：或問書未須出。極力辯說，恐使輕易趨薄。

又曰：編通鑑綱目極善。以鄙見，每事更采舊史尤佳。恐通鑑亦有所闕遺。

又曰：聞刊小書版以自助，想是用度大段逼迫。今日此道孤立，信向者鮮，若刊此文字，取其贏以自助，竊恐聞者別生思維，愈無靈驗。爲貧之故，寧別作小生事不妨，此事殊于心未穩。

又曰：太極圖解後面不必辯論如此之多，只于綱領處拈出可也。不然，郤只是騁辯求勝，轉將精當處混汨。

㊀「利」原作「則」，據南軒文集卷二十答朱元晦祕書第十一書改。

又曰：得伯恭書，云兄猶有傷急不容耐處㊀。某又恐伯恭卻有太㊁容耐處。吾曹氣質之偏，乘間發見，誠難消化，想兄存養有道也。陸子壽兄弟如何？肯相聽否？

又曰：山中諸詩，其間猶時有未和平之語。此非是語病，正恐氣稟發處所偏尚微有存，幸深察之！

又與吕伯恭書曰：濂溪自得處，誠渾全。元晦持其説，句句而論，字字而解，未免流于牽强，亦非濂溪本意也。

又曰：元晦議論商確間，終是有意思過處。

又答胡季隨書曰：秦、漢以來，學道不明，士之見于事業者固多可憾，然其間豈無嘉言善行與一事之得者。要當以致遠自期，而于人則一善之不廢。元晦名臣言行録編得未精細。

吕東萊與先生書曰：汪丈所謂道不同不相知，昨因其説思之，誠未允當。但詳觀來諭，激揚振厲，頗乏廣大温潤氣象，若立敵校勝負者，頗似未宏。如注中「東坡」字改爲「蘇軾」，不知以諸公例書名而釐正之邪？或者因辯論有所激而加峻邪？出于前説固無害，出于後説則因激增怒，于治心似不可不省察也。

又曰：比聞五夫旁近料理補助，已有端緒，不知其詳如何。頗聞豪右間有旅拒者，或不免封倉送郡之類。此于時位頗似侵過，恐更須于「意、必」兩字上點檢。伊川莊上散藥，謂只做得此等事，此意可玩也。耳目所接，疾痛凍餒，惻然動心，蓋仁之端。至于時位則有所止，乃仁之義。莫若擇其可告語者，至誠勸率之，其不可告語者，容養而使之自發，足矣。就上增添，便成意必。自葉知根，所當加澄治之功也！

㊀「處」原作「慮」，據南軒文集卷二十二答朱元晦第十二書改。　㊁「太」原作「大」，據同上書改。

又曰：或者傳著述探索過苦，要須放令閒暇從容爲善。

又與陳同甫書曰：朱元晦英邁剛明，工夫就實入細，殊未可量。陸子靜亦堅實有力，但欠開闊爾。

陳龍川復先生書曰：浙間議論，自始至末，亮並不曉一句。道之在天下，至公而已矣。屈曲瑣碎，皆私意也。有公則無私，私則不復有公。王霸可以雜用，則天理人欲可以並行矣。亮所以縷縷者，不欲更添一條路，所以開拓大中，張皇幽眇，而助祕書之正學也。豈好爲異說乎！不深察其心，則今可止矣。比見陳一之國録，（梓材案：陳一之當是陳益之，止齋從弟也。）說張體仁太博爲門下士，每讀亮與門下書，則怒髮衝冠，以爲異說；每見亮來，則以爲異人，輒舍去不與共坐。由此言之，未能免罪于流俗，而得罪于門下士亦多矣。不止，則楚人又將鉗我于市。進退維谷，可以一笑！

又跋晦庵送寫照郭秀才序後曰：廣漢張敬夫、東萊呂伯恭，于天下之義理，自謂極其精微，世亦以是推之。其精深紆餘，于物情無所不致其盡，而于陰陽、卜筮、書畫、技術，及凡世間可動心娱目之事，皆斥去弗顧，若將浼我者。新安朱元晦論古聖賢之用心，平易簡直，直欲盡擺後世講師相授，流俗相傳，入于人心而未易解之說，以徑趣聖賢心地而發揮其妙。其不得見于世，則聖賢之命脈猶在，而人心終有時而開明也。抱大不滿于秦、漢以來諸君子，然而于陰陽、卜筮、書畫、技術，皆存而信之。豈悦物而不留于物者，固若此乎？予因以見秦、漢以來諸君子，猶煩新安之刮剔，而後聖賢之心事可盡白也。

祖望謹案：同甫譏朱子，多不中肯，獨此篇則朱子難以自解。

又志錢叔因曰：朱元晦齒牙所至，噓枯吹生，天下學士大夫往往繫其意之所向背，雖心誠不樂而

亦陽相應和。若予，非不願附，而第其品級，不能高也。予亦自咎其有所不講而未敢怨，

陸復齋與趙景明書曰：元晦論語集解已脱稿，此書必傳于世。若詩集傳、中庸大學章句，則殊有未安，恐終不能傳遠。

祖望謹案：論朱子學庸章句、詩傳一條，黄氏蓋亦非之，而愚以爲其説不爲無見。

沈叔晦曰：晦翁是進退用舍關時輕重者，且願此老無恙。

舒廣平答袁恭安曰：晦翁當世人傑地步，非吾儕所及。其有不合者，姑置之。向在新安，未嘗與諸友及此，後有發者，能自知之。後生未聞道，吾儕之論一出，便生輕薄心，未能成人，反以誤人。

葉水心序陰陽精義曰：朱公元晦聽蔡季通豫卜藏穴，門人裹糗行紼，六日始至。乃知好奇者，固通人大儒之常患也。以上補。

黄勉齋狀其行曰：其爲學也：窮理以致其知，反躬以踐其實。居敬者，所以成始成終也。謂致知不以敬，則昏惑紛擾，無以察義理之歸；躬行不以敬，則怠惰放肆，無以致義理之實。持敬之方，莫先主一。既爲之箴以自警，又筆之書，以爲小學、大學，皆本于此。終日儼然，端坐一室，討論典訓，未嘗少輟。自吾一心一身，以至萬事萬物，莫不有理。存此心于齋莊静一之中，窮此理于學問思辨之際，皆有以見其所當然而不容已，與其所以然而不可易。然充其知而見于行者，未嘗不反之于身也。不睹不聞之前，所以戒懼者愈嚴愈敬；隱微幽獨之際，所以省察者愈精愈密。思慮未萌而知覺不昧，事物相接而品節不差。無所容乎人欲之私，而有以全乎天理之正。不安于偏見，不急于小成，而道之正統在是矣。

其爲道也：有太極而陰陽分，有陰陽而五行具，稟陰陽五行之氣以生，則太極之理各具于其中。天所賦爲命，人所受爲性，感于物爲情，統性情爲心。根于性，則爲仁義禮智之德；發于情，則爲惻隱羞惡辭遜是非之端；形于身，則爲手足耳目口鼻之用；見于事，則爲君臣父子夫婦兄弟朋友之常。求諸人，則人之理不異于己；參諸物，則物之理不異于人。貫徹古今，充塞宇宙，無一息之間斷，無一毫之空闕。莫不析之，極其精而不亂；然後合之，盡其大而無餘。先生之于道，可謂建諸天地而不悖，質諸聖賢而無疑矣！故其得于己而爲德也，以一心而窮造化之原，盡性情之妙，達聖賢之蘊，以一身而體天地之運，備事物之理，任綱常之責。明足以察其微，剛足以任其重，弘足以致其廣，毅足以極其常。其存之也，虛而靜，其發之也，果而確，其用之也，應事接物而不窮，其守之也，歷變履險而不易。本末精粗，不見其或遺；表裏初終，不見其或異。至其養深積厚，矜持者純熟，嚴厲者和平。心不待操而存，義不待索而精，猶以爲義理無窮，歲月有限，常歉然有不足之意。蓋有日新又新，不能自已者，而非後學之所可擬議也。其可見之行，則修諸身者其色莊，其言厲，其行舒而恭，其坐端而直。其閒居也，未明而起，深衣幅巾方履，拜于家廟，以及先聖。退坐書室，几案必正，書籍器用必整。其飲食也，羹食行列有定位，匕箸舉措有定所。倦而休也，瞑目端坐；休而起也，整步徐行。中夜而寢，既寢而寤，則擁衾而坐，或至達旦。威儀容止之則，自少至老，祁寒盛暑，造次顛沛，未嘗有須臾之離也。行于家者，奉親極其孝，撫下極其慈。閨庭之間，內外斬斬；恩義之篤，怡怡如也。其祭祀也，事無纖鉅，必誠必敬。小不如儀，則終日不樂。已祭無違禮，則油然而喜。死喪之禮，哀戚備至，飲食衰絰，各稱其情。賓客往來，無不延遇，稱家有無，常盡其歡。于親故，雖疏遠必致其愛，于鄉閭，雖微賤必致其恭。吉凶慶弔，禮無所遺，賙卹問遺，恩無所闕。其自奉，則衣取蔽體，食取充腹，居止取足，以障風雨，人不能堪，而處之裕如也。若其措諸事業，則州縣之設施，立朝之言論，經綸規畫，正大宏偉，亦可概見。雖達而行道，不能施之一時；然退而明道，足以傳之萬代。謂聖賢道統之傳，散在方策，聖經之旨不明，則道統之傳斯晦，于是竭其精力以研窮聖賢之經訓。于大學、中庸，則補其闕遺，別其次第，綱領條目，燦然復明。于論語、孟子，則深原當時答問之意，使讀而味之者如親見聖賢而面命之。于易與詩，則求其本義，攻其末失，深得古人遺意于數千載之上。凡數經者，見之傳注，其關于天命之微，人心之奥，入德之門，造道之域者，既已極深研幾，探賾索隱，發其旨趣而無遺矣。至于一字未安，一辭未備，亦必沈潛反覆，或達旦不寐，或累日不倦，必求至當而後已，故章旨字義，至微至細，莫不理明辭順，易知易行。于書，則疑今文之艱澀，反不若古文之平易。于春秋，則疑聖心之正大，決不類傳注之穿鑿。于禮，則病王安石廢罷儀禮而傳記獨存。于樂，則憫後世律尺既亡，而清濁無據。是數經者，亦嘗討論本末，雖未能著爲成書，然其大旨固已獨得之矣。若歷代史記，則又考論西周以來，至于五代，取司馬温公編年之書，繩以春秋紀事之法，綱舉而不繁，目張而不紊，國家之理亂，君臣之得失，如指諸掌。周、程、張、邵之書，所以孔聖道統之傳，歷時未久，微言大義鬱而不彰，爲之裒集發明，而後得以盛行于世。太極、先天二圖，精微廣博，不可涯涘，爲之解剥條畫，而後天地本原，聖賢藴奥，不至于泯没。程、張門人，祖述其學，所得有深淺，所見有疏密，先生既爲之區別，以悉取其所長，至或識見小偏，流于異端者，亦必研窮剖析而不没其所短。南軒張公、東萊吕公,同出其時,先生以其志同道合,樂與之友,至或識見少異,亦必講磨辯難,以一其歸。至若求道而過者,病傳注誦習之煩,以爲不立文字,可以識心見性,不假修爲,可以造道入德,守虚靈之識而昧天理之真,借儒者之言以文佛、老之説,學者利其簡便,詆訾聖賢,捐棄經典,猖狂叫呶,側僻固陋,自以爲悟。立論愈下者,則又崇奬漢、唐,比附三代,以便其計功謀利之私。二説並立,高者陷于空無,下者溺于卑陋,其害豈淺淺哉!先生力排之,俾不至亂吾道以惑天下,于是學者靡然向之。先生教人,以大學、語、孟、中庸爲入道之序,而後及諸經。以爲不先乎大學,則無以提綱挈領,而盡論、孟之精微;不參之以論、孟,則無以融會貫通,而極中庸之旨趣。然不會其極于中庸,則又何以建立大本,經綸大經,而讀天下之書,論天下之事哉!其于讀書也,又必使之辯其音釋,正其章句;玩其辭,求其義;研精覃思,以究其所難知;平心易氣,以聽其所自得。然爲己務實,辨别義利,毋自欺,謹其獨之戒,未嘗不三致意焉,蓋亦欲學者窮理反身而持之以敬也。從遊之士,迭誦所習,以質其疑。意有未諭,則委曲告之,而未嘗倦;問有未切,則反覆戒之,而未嘗隱。務學篤,則喜見于言;進道難,則憂形于色。講論經典,商畧古今,率至夜半。雖疾病支離,至諸生問辨,則脱然沈疴之去體。一日不講學,則惕然常以爲憂。摳衣而來,遠自川蜀;文辭之傳,流及海外。至于荒裔,亦知慕其道,竊問其起居。窮鄉晚出,家蓄其書,私淑諸人者不可勝數。先生既没,學者傳其書、信其道者益衆,亦足以見理義之感于人者深也。繼往聖將微之緒,啓前賢未發之機,辯諸儒之得失,闢異端之訛謬,明天理,正人心,事業之大,又孰有加于此者!至若天文、地志、律曆、兵機,亦皆洞究淵微。文詞字畫,騷人才士疲精竭神，常病其難，至先生，未嘗用意，而亦皆動中規繩，可爲世法。是非姿稟之異，學行之篤，安能事事物物，各當其理，各造其極哉！學修而道立，德成而行尊，見之事業者又如此。

劉剛中問黃直卿曰：「先生學有淵源，羣弟子皆知之矣。比以古昔聖賢，未識到得何人地位？」直卿曰：「自洙泗以還，博文、約禮，兩極其至者，先生一人而已。」「然則先生之學，其踵孔、顏乎？」直卿曰：「然。」

剛中退，見李方子，問曰：「先生作綱目，愈于涑水通鑑。殆法春秋以立綱，法傳文以著目與？」方子曰：「宏綱細目，實本大學三綱領、八條目，所以規制盡善，前此未有也。」

謝山書朱子綱目後曰：黃榦嘗謂綱目僅能成編，朱子每以未及修補爲恨，李方子亦有「晚歲思加更定，以歸詳密」之語，然則綱目原未成之書。其同門賀善爭之，以爲綱目之成，朱子甫踰四十，而後修書尚九種，非未成者。又力言朱子手著。但觀朱子與趙師淵書，則是書全出訥齋，本之朱子者不過凡例一通，餘未嘗有所筆削，是左證也。著述之難，即大儒不能無餘論。雷同附和之徒，遂以爲春秋後第一書，可謂耳食。苟或能成朱子之志，重爲討論，不可謂非功臣也，但必爲蚍蜉所大駭爾！

李季札曰：先生遊鍾山書院，見書籍中有釋氏書，因而揭看。先君問其中有所得否，曰：「幸然無所得！吾儒廣大精微，本末備具，不必他求。」

陳北溪序竹林精舍録曰：先生寢疾，某每入卧内聽教，諄諄警策，無非直指病痛所在。以爲所欠者下學，惟當專致其下學之功而已。致知必一一平實，而無一物之不格；力行必一一平實，循序而進，而無一事之不周。如顏子之博約，毋遽求顏子之卓爾；如曾子之所以爲貫，毋遽求曾子之所以爲一。其所以痛切直截之意，比之向日從容和樂之論，又不同。以下補。

又答李貫之曰：先生平日教人，「尊德性」、「道問學」固不偏廢，而著力處卻多在「道問學」上。江西一派，只是厭煩就簡，偏于尊德性上去。先生力爲之挽，乃確然自立一家門户，而不肯回。

又答陳伯澡曰：晦翁論語孟子集註及大學中庸章句、或問，時時修改，至屬纊而後絶筆，最爲精密。如論語或問著之丁酉，年已高矣，然後來置之不修，未得爲成書。今細觀之，時覺有枯燥處，亦多有不穩處，亦時有失之太甚處。比之大學中庸或問大不同。若以參訂集註之所未詳，則可矣，未可全案之以爲定論。

又答蘇德甫曰：文公表出近思録及四子，以爲初學入道之門，使人識聖門蹊逕，于此融會貫通，以作權度，去讀天下羣書，究人生萬事。非謂天下道理皆叢萃該備于此，可以向此取足，便安然兀坐，持循把守，以爲聖賢事業盡在此，無復他求，便可運用施爲，無往而不通，是大不然也。程子曰：「須大其心，使開闊。」如只孤孤單單，窄窄狹狹去看道理，左動右礙，前觸後窒，更無長進之望矣。

祖望謹案：此段甚佳。然愚謂四子之書，道理自無不該備，特博觀事變，誠有不可以此自畫者。前此大儒如尹和靖，持守甚固，卻是不教人讀書。得此説，可以捄其流弊。

又答郭子從曰：尚書先師只解得三篇。蔡仲默、林子武皆有書解，聞皆各自爲一家。昨見子武中庸解，以書相參爲說，中間分章有改易文公舊處。又見蔡伯靜易解，訓詁依本義，而逐字分晰，又太細碎，反大義則與本義不同，多涉玄妙，不脱莊、列之習。直卿去年南康講乾三、坤二爻義，似舉子時文態，大義殊不出。則真見之粹然者，最爲難也。

劉漫堂回湯德遠書曰：朱氏書年來盛行，立要津者多自謂嘗登先生之門，而趣向舛錯，使人太息。魏鶴山師友雅言曰：晦翁講筵劄子貼黃引中庸「人一己百、人十己千、愚明柔强」節注，謂：「以鹵莽滅裂之學，或作或輟，果于自棄，爲不仁。」某因此言，惜陰愛日，義理愈探索而愈無窮。歲月逾邁，令人慨然以懼。

王深寧困學紀聞曰：觀朱文公答項平甫書「尊德性，道問學」之說，未嘗不取陸氏之所長。黃東發日鈔曰：六經之文皆道，秦、漢以後之文鮮復關于道，甚者害道。韓文公始復古文，而猶未必盡純于道。我朝諸儒始明古道，而又未嘗盡發于文。晦庵先生表章四書，開示後學，復作易本義，作詩傳，面授作書傳，分授作禮經疏義，且謂春秋本魯史舊文，于是明聖人正大本心，以破後世穿鑿。凡例謂周禮周公未必盡行，于是教學者非所宜先。于身事一句無預，提挈綱維，疏別緩急，無一不使復還古初，六經之道賴之而昭昭乎如揭中天之日月。其爲文也，孰大于是，宜不必復以文集爲矣。然其天才卓絶，學力閎肆，落筆成章，殆于天造。其剖析性理之精微，則日精月明；其窮詰邪説之隱遁，則神搜霆擊。其感慨忠義，發明離騷，則苦雨淒風之變態；其泛應人事，遊戲翰墨，則行雲流水之自然。究而言之，皆此道之流行，猶化工之妙造也。以上補。

熊勿軒考亭書院記曰：周東遷而夫子出，宋南渡而文公生。世運升降之會，天必擬大聖大賢以當之者，三綱五常之道所寄也。道有統。羲、軒邈矣！陶唐氏迄今六十二甲辰。孟氏歷敍道統之傳，爲帝爲王者千五百餘歲，則堯、舜、禹之于冀也，湯、伊尹之于亳也，文、武、周公之于岐、豐也。自是以下，爲霸爲强者二千餘歲，而所寄僅若此，儒者幾無以藉口于來世。嗚呼！微夫子六經，則五帝三王之道不傳；微文公四書，則夫子之道不著，人心無所于主，利欲持世，庸有極乎！七篇之終，所以近聖人之居而尚論其世者，其獨無所感乎？嗚呼！由文公以來，又百有餘歲矣。建考亭視魯闕里，初名竹林精舍，後更滄洲。宋理宗表章公學，以公從祀廟庭，始錫書院額，諸生世守其學不替。龍門毌侯逢辰灼見斯道之統有關于世運，故于此重致意焉。歲戊子，侯爲郡判官，始克修復，邑令古澶郭君瑛又從而增闢之。乙巳，侯同知南劍郡事，道謁祠下，顧謂諸生曰：「居已完矣，其盍有所養乎！」書院舊有田九十餘畝，春秋祀猶不給，侯捐田爲倡，郭君適自北來，議以克協，諸名賢之胄與邦之大夫士翕然和之，合爲田五百畝有奇，供祀之餘，則以給師弟子之廩膳，名曰義學田。初，省府以公三世孫朱沂充書院山長，既歿，諸生請以四世孫朱椿襲其職。侯白之當路，仍增弟子員，屬其事于邑簿汪君蒙，且以書來曰：「養可以粗給矣，而教之不可以無師也！」謂禾猶逮前聞，俾與前貢士魏夢牛分教大小學，蓋有甚欲然者。既又屬禾記其事，其將何以爲詞㊀？重惟文公之學，聖人全體大用之學也。本之身心則爲德行，措之國家天下則爲事業。其體則有健順仁義中正之性，其用則有治教農禮兵刑之具。其文則有小學、大學、語、

㊀「詞」原作「祠」，據龍本改。

孟、中庸、易、詩、書、春秋、三禮、孝經、圖、書、西銘傳義及通鑑綱目、近思録等書，學者學此而已。今但知誦習公之文，而體用之學曾莫之究，其得謂之善學乎？矧曰體其全而用其大者乎？公之于考亭也，門人蔡氏淵嘗言，其晚年閒居，于大本大原之地，充養敦厚，人有不得窺其際者。蓋其喜怒哀樂之未發，蚤聞師説于延平李先生者，體驗已熟。雖其語學者非止一端，而「敬貫動静」之旨，聖人復起，不易斯言矣。嗚呼！此古人授受心法也。世之溺口耳之學，何足以窺其微哉！公之修三禮，自家鄉至邦國王朝，大綱小紀，詳法畧則，悉以屬之門人黄氏榦，且曰：「如用之，固當盡天地之變，酌古今之宜，而又通乎南北風氣，損文就質，以求其中可也。」使公之志克遂，有王者作，必來取法矣。嗚呼！古人爲治之大經大法，平居既無素習，一旦臨事，惟小功近利是視，生民亦何日蒙至治之澤乎？秦人絶學之後，六經無完書，若井田，若學校，凡古人經理人道之具盡廢。漢猶近古，其大機已失之矣。當今治宇一統，京師首善之地，立胄學，興文教，文公四書方爲世大用，此又非世運方升之一幾乎？邵氏觀物所謂「善變之，則帝王之道可興」者，以時考之，可矣。誠能于此推原羲、軒以來之統，大明夫子祖述憲章之志，上自辟雍，下逮庠序，祀典、教法，一惟我文公之訓是式，古人全體大用之學復行于天下，其不自兹始乎！今公祠以文肅黄氏榦配，舊典也；從以文節蔡氏元定、文簡劉氏爚、文忠真氏德秀，建安、武夷例也。我文公體用之學，黄氏其庶幾焉！餘皆守公之道不貳，其侑公也實甚宜。公以建炎庚戌生于劍之南溪，父吏部韋齋先生仕國也。公蘊經世大業，屬權奸相繼用事，鬱鬱不得展。道學爲世大禁，公與門人益務堅苦，泊如也。慶元庚申殁于考亭。後十年庚午，彊埸事起。又六十七年丙子，宋亡，公之曾孫浚以死節著。嗚呼！大聖大賢之生，其有關于天地之化、盛衰之運者，豈可以淺言哉！夫子之六經不得行于再世，而公之四書乃得彰于當代，公之身雖詘于當時，而公之道卒信于其後者，天也。過江來，中州文獻欲盡。自左丞覃懷許公衡倡明公學，家誦其書，人尊其道，凡所以啟沃君心，栽培相業，以開治平之原者，皆公餘澤也。方侯創義學，東平袁君壁適以臬事至閩，訪求公後，表浚二子林、彬于省，長南溪、建安二書院，奉韋齋及公祠。又以考亭乃公舊宅，懇懇爲語諸生小學入門之要，尤以師道不立爲憂。既而金華陳君公舉司文吳會，爲胄學徵藏書，考尋文獻，且欲于此繼成公志，以復六經古文爲屬，誠鉅典也，而必欲有誒焉。天道循環，無往不復，欲觀周道，舍魯何適？正學一派，亟起而迓續之，則天地之心，生民之命，萬世之太平，當于此乎在，侯之功不亦遠乎！侯世以德顯，其仕閩，以化爲政。道南七書院，皆其再造也。考亭西北偏，有山曰雲谷，晦庵在焉，亦爲之起廢。汪君于山之麓爲門以識之，凡公墳宅，悉從而表樹焉，庶乎知爲政之先務矣。精舍創于紹興甲寅，前堂後室，制甚樸。寶慶乙酉，邑令莆陽劉克莊始闢公祠。今燕居廟，則淳祐辛亥漕使眉山史侯季溫舊構也。書院之更造，惟公手創，不敢改，棟宇門廡，煥然一新，邑士劉熙實終始之。義學創興，宋燮、黃樞首帥以聽，華恭孫、葉善夫、趙宗叟、盱江李廷玉與有謀焉。而厚帑庾，完墍茨，以迄于成，則虞子建、劉實也。賢勞皆可書。時提調官總管燕山張仲儀、教授三山黃文仲。助田名氏，悉書石陰。後甲辰三歲，大德十一年四月朔日記。

晦翁講友

宣公張南軒先生栻別爲南軒學案。

成公吕東萊先生祖謙別爲東萊學案。

忠定趙先生汝愚別見玉山學案。

趙先生汝靚

趙汝靚，忠定公汝愚之從弟也。苦節講學。餘干有東山書院，先生所建，以延朱子講學。餘干學者祀朱子，以先生配。補。

尚書韓南澗先生元吉別見和靖學案。

顯謨潘先生時別見元城學案。

縣令方先生耒別見劉胡諸儒學案。

縣令張先生杰別見玉山學案。

知軍石克齋先生𡼖

石𡼖，字子重，其先新昌人，大父公孺始遷臨海。先生自少警悟不羣。及長，刻意爲學。與晦庵朱子交好，嘗稱其論仁之體要甚當，願與長者各盡力于斯。又謂心說甚善，但更須收斂造約爲佳。以紹興十五年進士，歷四縣，知南康軍。卒，年五十有五。晦庵志其墓。晚名其燕居之室曰克齋，讀書其間，没身不懈，後生執業就正者多賴以知嚮方。陳耆卿修郡乘，謂里人自克齋知有洛學。車若水亦云：「克齋石公，所謂大人爲己之學，深造而自得者也。」所集周易、大學、中庸解數十卷，文集十卷，傳學者。參台學源流。

附錄

子重問：「『止于至善』，至善乃極則否？」朱子答曰：「不然。至善者，本也，萬善皆于此乎出。」

縣令何臺溪先生鎬

何鎬，字叔京，邵武人。龜津先生兑之子，以父蔭爲安溪主簿，與朱子爲友。後調善化令，未至，卒。學者稱臺溪先生。有易、論語說，朱子稱其可傳。參閩大紀。

梓材謹案：朱子爲先生墓志云：「予獲從之遊，相好也。」是先生與朱子爲友之證。而或以爲朱子門人，誤。

晦翁學侶

龍圖項平庵先生安世

項安世，字平甫，其先括蒼人，後家江陵。登淳熙進士，除祕書正字。光宗以疾不過重華宮，先生上書切諫，不報，求去，尋遷校書郎。寧宗即位，先生應詔言當省兵及宮掖之費。時朱子召至闕，未幾予祠。先生言：「朱熹本一二千里外一庶官，陛下即位未數日，召侍經幄，天下皆以爲初政之美。供職甫四十日，卽以內批逐之，舉朝不知所措。願留朱熹，使輔聖學。」不報。俄以僞黨罷。先生素善吳文定獵，坐學禁久廢。開禧用兵，文定起帥荆渚，先生起知鄂州。淮、漢師潰，以文定爲宣撫使，尋以宣諭使入蜀，朝命先生權宣撫使，陞太府卿。因私忿殺文定客王度，坐免。繩以道誼之交，先生不能無遺議也。後以直龍圖閣爲湖南運判，未上，用臺章奪職罷。嘉定元年，卒。所著易玩辭等書，行于世。參史傳。

雲濠謹案：謝山奉臨川帖子云：「項平甫來往于朱、陸之間，然未嘗偏有所師。」又案：謝山學案原底于嶽麓諸儒序錄有「項平甫」三字，後定刊本抹之。

附錄

魏鶴山師友雅言曰：最愛項平甫孚齋詩云：「乳殼中函天渾沌，浮筠破處玉嶙峋。」

録參黃敬齋先生樵仲

黃樵仲，字道夫，龍溪人，御史預之孫，號敬齋。登淳熙第。居家每旦率子弟衣冠見家廟，退則默坐終日，飲食衣服不求鮮美。居喪三年，人未嘗見其有笑容。鄉里有爲非者，恐先生知之。朱文公守漳，禮延入學，牒云：「器資渾厚，操履端方。杜門讀書，不交權利。鄉閭有識，莫不推高。若以禮請，屈居教導，必能使諸生觀感而化，有所興起。」及講小學，文公每稱善。初尉永福，再調汀州録參，咸有善績。自書于屏云：「俸薄儉亦足，官卑清自尊。」有禮記解、小學口義行于世。

侍郎陳先生景思

陳景思，字思誠，弋陽人。丞相文正公康伯之孫也。用丞相恩補承奉郎，仕至朝請大夫、直煥章閣，遷太府卿，兼夏官侍郎。先生競朗通達，而以門閥自畏。問學師友，出于嗜欲。水心客錢塘，不擇晨暮過從。爲僚于徐，夜失睡者再三。朱文公在建安，接牘續簡無曠時。時攻僞日峻，士重足不自保，浮薄者以時論相恐喝，先生每爲所親正説不忌。與文公書，具言其無他。文公答曰：「其然！其然！韓丈于我本無怨惡，我于韓丈亦何嫌猜乎！」所親見之，意大折。道學不遂廢，先生之力爲多。參葉水心集。

晦翁同調

宣簡趙先生不息

趙不息，南塘之祖也。雅敬朱子，云：「某恨見公晚。自見公，從始至末，無一語爲無益，以是敬之。今觀其行，尤合。」因上疏請用之，又乞賜南軒張子謚。累官大宗正，封崇國公，謚宣簡。補。

梓材謹案：先生名當從宋史宗室傳作不悳，其字仁仲。悳爲憂之古文，字當作悳，因悳而傳寫爲悳。蓋取「仁者不憂」之義。㵎濮王宗暉曾孫也。紹興二十七年登第。然宗室世系表已誤作不息。又載長子善臨，善臨子汝訓、汝謜、汝詁、汝淡、汝鐳。汝淡、汝鐺卽汝談、汝譜之譌也。

教授劉孝敬先生靖之

知州劉靜春先生清之並爲淸江學案。

文節劉後溪先生光祖別爲丘劉諸儒學案。

晦翁家學楊、胡三傳。

中散朱先生塾附子鑑。

朱塾，字受之，文公長子。從吕東萊學，以蔭官將仕郎。早卒，贈中散大夫。子鑑，字子明，官奉直大夫、湖廣總領。參姓譜。

朝奉朱先生埜

朱埜，字文之，文公次子。以蔭補官，歷朝奉郎。同上。

侍郞朱先生在附孫浚。

朱在，字敬之，文公季子。以恩補承務郎，歷官至工部侍郎。侍經筵，日讀父四書。玉音訪問不已，因請黜楊雄，乞以二程、張載從祀，帝嘉納之。孫浚，字深源，累官吏部侍郎，死節。同上。

梓材謹案：謝山學案劄記引葉紹翁曰：「考亭子在趨媢時好，遂階法從，視其父異矣。」

朱小翁先生洪範別見介軒學案。

晦翁門人

文節蔡西山先生元定別爲西山蔡氏學案。
文肅黃勉齋先生榦別爲勉齋學案。
文定李宏齋先生燔
文憲張主一先生洽並見滄洲諸儒學案。
朝奉輔傳貽先生廣別爲潛庵學案。
輔先生萬別見潛庵學案。
通直陳潛室先生埴別爲木鐘學案。
文修葉西山先生味道別見木鐘學案。
主簿杜南湖先生煜
杜方山先生知仁並爲南湖學案。
隱君蔡節齋先生淵
運幹蔡復齋先生沆並見西山蔡氏學案。

文正蔡九峯先生沈別爲九峯學案。
文安陳北溪先生淳別爲北溪學案。
陳後之先生易別見北溪學案。
吏部廖槎溪先生德明
通判李果齋先生方子並見滄洲諸儒學案。
州判余先生元一
漕帥趙先生師恕並見勉齋學案。
安撫趙先生崇憲
朝散趙節齋先生崇度並見玉山學案。
文節趙章泉先生蕃
郡守宋先生之源
特奏劉先生黼
許先生子春並見清江學案。
忠肅彭止堂先生龜年

知州趙先生善佐

張錦溪先生巽

學博潘先生友端

胡季隨先生大時並見嶽麓諸儒學案。

朝奉王定庵先生瀚

縣令王先生洽

侍郎詹先生儀之

尚書李先生大同

周先生介

府判鄒先生補之

黄先生謙

忠簡王渾尺先生介並見麗澤諸儒學案。

吕先生喬年别見東萊學案。

教授高先生松别見止齋學案。

傅先生定別見說齋學案。

文靖舒廣平先生璘別見廣平定川學案。

通判傅曾潭先生夢泉

判軍孫燭湖先生應時

進士諸葛先生千能

進士周先生良

包克堂先生揚

包先生約

包先生遜

知軍石先生斗文

侍從石先生宗昭

喻先生仲可㊀

㊀此下原有「別見象山學案」六字。考喻仲可見於槐堂諸儒學案而象山學案並無此人，晦翁學案表喻仲可名下亦無此六字，又考自上文之曾夢泉至下文之趙師雍諸人並見槐堂諸儒學案，今删此六字。

趙先生師葳

直閣趙先生師雍並見槐堂諸儒學案。

梓材謹案：晦翁弟子綦繁，自別見諸學案外，百餘人並入滄洲諸儒學案。

晦翁私淑

宣獻樓攻媿先生鑰別見丘劉諸儒學案。

正肅吴先生柔勝父□。

吴柔勝，字勝之，宣城人。幼聽其父講伊洛書，知持敬之學。淳熙中進士，調都昌簿，差嘉興教授。御史湯碩劾其救荒浙右，擅放田租，爲趙汝愚收人心，且主朱氏之學，不可爲師儒，自是閒居十餘年。嘉定初，歷國子正，以晦庵四書與諸生誦習，于是士知趣向。後以祕閣修撰奉祠。卒，謚正肅。參史傳。

特奏陳先生縝附子□、孫□。

陳縝，字德容，羅源人。淳質有守，毅然任道。少慕伊洛、考亭之學。屢試禮部，獨以正心誠意爲說，俱見黜。後對時務擢第，廷試復如初，始終發明伊洛、考亭之旨，孝宗擢特奏第一。時淳熙八年也。子孫世其家學。參道南源委。

獻肅柴南溪先生中行別見丘劉諸儒學案。

文靖魏鶴山先生了翁別爲鶴山學案。

學録詹流塘先生初別見勉齋學案。

堂長蔡白石先生和別見北溪學案。

文節李貫之先生道傳別見劉李諸儒學案。

常博李先生大有別見東萊學案。

祕丞謝夢頤先生夢生別見木鐘學案。

迪功陳先生均

陳均，字平甫，興化人，俊卿從孫。安貧力學，以累舉當奉大對，不就。參稽宋史及司馬稽古録、徐氏國紀、李氏續通鑑長編諸書，用朱子綱目義例，提要備言，輯成宋編年舉要、備要二書，起太祖建隆庚申，迄寧宗嘉定甲申，凡八十八卷。端平初，時宰言于朝，下福州取其書，賜迪功郎，不受。補。

雲濠謹案：宋陳均有二：一先生，爲朱子私淑；一字子公，平陽人，以祕閣修撰致仕，眞西山門人，爲朱子三傳弟子，見西山眞氏學案。

學士趙庸齋先生汝騰

趙汝騰，字茂實，宗室子，居福州。寶慶初舉進士，歷官至禮部尚書兼給事中。嘗入奏，言前後姦諫興利之臣，甚切直，拜翰林學士。後辭歸，累召至闕，復以翰林學士承旨知泉州、知南外㊀宗正事。卒，贈四官。參姓譜。

梓材謹案：先生號庸齋。亦有南塘之稱，與朱子門人文懿汝談之號同。又案：何北山有繳回太守趙庸齋詩，蓋先生知婺州時嘗薦北山與王正叙也。

克齋門人

主簿杜南湖先生煜

杜方山先生知仁並爲南湖學案。

宣簡家學

文懿趙南塘先生汝談別見滄洲諸儒學案。

知州趙嬾庵先生汝譡別見水心學案。

正肅家學

參政吳退庵先生淵

㊀「外」字原無，據宋史本傳補。按職官志四，宋代於大宗正司外，又「置南外宗正司於南京，西外宗正司於西京，……其後展徙，後西外止於福州，南外止於泉州」。趙氏既知泉州，故可兼知南外宗正事。

丞相吴履齋先生潛並見槐堂諸儒學案。

朱學續傳

奉直方先生鎔別見北山四先生學案。

隱君趙江漢先生復別見魯齋學案。

司法余桃谷先生芳別見介軒學案。

御史俞默翁先生浙

俞浙，字季淵，新昌人也。以開慶進士，歷官御史。初爲賈似道所排，其後王爚引而入臺，而論者謂王私其鄉人，先生亦以三疏時事不報求去。改官大理少卿，不就。宋亡，杜門講學，宗師朱子，學者稱爲致曲先生。雲濠案：學案底本別傳云：「先生私淑朱子之學，篤行寡言，莊重介潔，宋亡，杜門著書，學者稱爲默翁先生。」所著有六經審問、離騷審問、韓文舉隅集。宋之南也，浙東儒學極盛，而越中獨少。李莊簡公後，惟新昌石子重、石天民、石應之、黃文叔、呂聲之、呂沖之，其眉目也。姚江孫燭湖師象山，孫偉夫師水心，山陰胡達材兄弟亦師象山，而諸葛誠之往來諸儒之間。韓蘵山父子繼起，世守劉子澄之教。其後上虞劉習甫學于何氏，唐忠介學于牟氏，而先生復出于新昌，最爲有光，黃東發、陳本堂皆重之。補。

州判熊天慵先生朋來附子太古。

熊朋來，字與可，豫章人。咸淳進士。元世祖求宋遺士，而雅重進士，以狀元王龍澤爲南臺御史。先生與龍澤同榜，聲名不相下，然不肯表襮苟進，隱居州里，生徒受業者常百人。取朱子小學書提其要領，示之學者。與人談經義，日益不倦。用治書侍御史王構薦，連爲閩海、廬陵教授。所至攷古篆籀文，調律呂，協歌詩，以興雅樂，制器定辭，必則古式，遠近師宗之。晚以福清州判官致仕。延祐設科，行省爭請爲考官，先生以應試者大半皆及門，不赴。其後江浙、湖廣率卑辭致禮，先生始往應其請。及對大廷，所選士居天下三之一。初，先生以周禮首薦鄉郡，而元制周官不與設科，治戴記者尤鮮，先生屢以爲言。蓋先生之學，諸經中三禮尤深，是以當世言禮學者咸推宗之。至治中，英宗始親祀太廟，鋭意制禮作樂，學士元明善以先生薦，未及召而卒，年七十八。有經說七卷。子太古，字鄰初，舉至順二年鄉薦，官江西行省員外郎。晚隱樠山，著書以老。從黃氏補本錄入。

梓材謹案：黃氏補本，熊先生朋來列胡熊諸儒學案，俞先生琰列李俞諸儒學案，謝山序錄並無其目。以皆爲朱學，入是卷。

隱君俞石澗先生琰

俞琰，字玉吾，吳郡人。生宋寶祐間，以辭賦稱。宋亡，隱居著書，自號林屋山人。精于易。世之言圖、書者，類以馬毛之旋、龜文之坼。獨先生持論謂：尚書顧命「天球、河圖在東序」，河圖、天球並列，則河圖亦玉也，玉之有文者爾。崑崙產玉，河源出崑崙，故河亦有玉。洛水至今有白石，洛書蓋石而白、有文者。其立說頗異。嘗著經傳考證、讀易須知、六十四卦圖、古占法、卦爻象占分類、易圖合璧連珠等書，潛心三十餘年，惜其書無存。惟周易集說十三卷，而以易圖纂要、易外别傳附焉，武宗至大二年門人王都中爲之刊行。所居傍石澗，學者稱爲石澗先生。同上。

周易集說自序

周易集說者，集諸說之善而爲之說也。曷爲善？能明三聖人之本旨則善也。夫易始作于伏羲，僅有六十四卦之畫而未有辭；文王作上下經，乃始有辭；孔子作十翼，其辭乃備。當知辭本于象，象本于畫；有畫斯有象，有象斯有辭。易之理盡在于畫，詎可舍六畫之象而專論辭之理哉！舍畫而玩辭，舍象而窮理，辭雖明，理雖通，非易也。漢去古未遠，諸儒訓解，多論象數，蓋亦有所本。至魏王弼以老、莊之虛無倡于前，晉韓康伯又和于後，聖人之本旨遂晦。沿襲至唐，諸儒皆宗之。太宗詔名儒定九經正義，于易則取王、韓，而孔穎達輩以當時所尚，故雖其說未盡善，亦必爲之回護。由是二三百年間，皆以虛無爲高。至宋，濂、洛諸公彬彬輩出，一埽虛無之弊，聖人之本旨始明。奈何世之尚占而宗邵康節者，則以義理爲虛文，尚辭而宗程伊川者，則以象數爲末技，而程、邵之學分爲兩家，羲畫、周經亦爲兩途，遂使學者莫之適從。逮夫紫陽朱子本義之作，發程、邵之未發，辭必歸于畫，理不外于象，聖人之本旨于是乎大明焉。琰幼承父師面命，首讀朱子本義，次讀程傳。長與朋友講明，則又有程、朱二先生所未言者，于心蓋不能無疑，乃歷考諸家易說，摭其英華，萃爲一書，名曰大易會要，凡一百三十卷。不揣固陋，遂自至元甲申，集諸說之善而爲之說，至元貞丙申而後成，凡四十卷，因名爲周易集說云。

庸齋續傳

祕書趙大蓬先生必𣅀㈠

趙必𣅀，字伯㷂，晉江人。濮安懿王八世孫，補承務郎。悵望中原，懷古賦詩，慨然有祖逖之志。從益王至永嘉。蒲壽庚爲福建、廣東安撫使，發舟航海，次泉州港口。壽庚作亂，以田真子降元，先生逃蕘竈村。真子遣兵勒還草降表，先生誓必死，持匕首自刺。吉甫抱哭曰：「我愧死！萬萬不能復見子矣。」張世傑回兵圍城，壽庚盡殺宗室，縛先生將斬之，録曹參軍吳伯厚以計出之，遂居泉之東陵。參姓譜。

梓材謹案：吳禮部序陳監丞衆仲安雅集序云：「君之學，得于外舅趙大蓬名必曄者爲多。必曄，庸齋汝騰之孫，有學行。君早從指授，故前輩淵源，尤所習聞。」則先生之家學可見矣。宋史宗室世系，自濮安懿王歷建孝良王宗蓋、安康郡公仲郵、豫章侯士𣺌、直祕閣不敵、善綽、汝騰，凡七世。汝騰子崇堂，崇堂子必𣅀。「𣅀」蓋「曄」字之譌。又案：先生官至祕書。宋潛溪云：「南塘趙氏之孫，二陳之外王父也。」故謝山于陳衆仲謂其先世得于趙南塘云。

默翁門人

隱君黃先生奇孫别見潛菴學案。

㈠「𣅀」字原缺末筆，係避清康熙玄燁諱，今改正。上卷晦翁學案表及下文同。

石澗門人

清獻王本齋先生都中別見魯齋學案。

大蓬門人庸齋三傳。

縣尹陳先生仁伯

陳仁伯，莆田人，官同安尹。莆田之先達有二陳焉，一則先生，一則國子丞衆仲，皆以文鳴于時，實兄弟也。其學出于南塘趙氏。參宋文憲集。

監丞陳先生旅別見草廬學案。

宋元學案卷五十

南軒學案

黃宗羲原本　黃百家纂輯　全祖望修定

南軒學案表

張栻（紫巖子。五峯、劉氏、王氏門人。龜山、和靖、譙氏、武夷、得全再傳。二程、元城、子文三傳。安定、泰山、濂溪、涑水、百源四傳。）
- 從子庶——子圯
- 附師孫松壽。
- 從子忠恕——從子洽
- 胡大時
- 彭龜年
- 吴獵
- 游九言

張唐（張氏續傳。）

游九功並爲嶽麓諸儒學案。

宇文紹節

陳槩

楊知章

李修己

張仕佺

范仲黼

范子長

范子該

范蓀

宋德之並爲二江諸儒學案。

曾集別見鳶山學案。

陳孔碩

襲蓋卿

吴必大

王遇

吕勝己並見滄洲諸儒學案。

舒璘別爲廣平定川學案。

曾夢泉

詹阜民並見槐堂諸儒學案。

詹儀之別見麗澤諸儒學案。

又二十八人並見嶽麓諸儒學案。

私淑趙昱

虞剛簡別見二江諸儒學案。

程遇孫

薛紱

鄧諫從

張方並見二江諸儒學案。

魏了翁別爲鶴山學案。

李大有別見東萊學案。

木天駿

張學續傳。

方敏中

張學之餘。

朱熹別爲晦翁學案。

呂祖謙別爲東萊學案。
趙汝愚別見玉山學案。
潘時別見元城學案。
吳松年別見周許諸儒學案。
張杰別見玉山學案。
並南軒講友。
陳傅良別爲止齋學案。
胡大本別見五峯學案。
張寓附見嶽麓諸儒學案。
呂陟
並南軒學侶。
趙不息別見晦翁學案。
劉靖之
劉清之並爲清江學案。
丘崈別爲丘劉諸儒學案㊀。
並南軒同調。

㊀「別爲丘劉諸儒學案」八字原無，據本卷正文補。

南軒學案序録

祖望謹案：南軒似明道，晦翁似伊川。向使南軒得永其年，所造更不知如何也。北溪諸子必欲謂南軒從晦翁轉手，是猶謂横渠之學于程氏者。欲尊其師，而反誣之，斯之謂矣。述南軒學案。梓材案：是卷南軒文集，蓋謝山所補，其餘則梨洲原本也。

五峯門人楊、胡再傳。

宣公張南軒先生栻

張栻，字敬夫，一字樂齋，號南軒，廣漢人，遷于衡陽。父浚，故丞相魏國公，謚忠獻。先生穎悟夙成。少長，從五峯胡先生問程氏學。五峯一見，知其大器，卽以所聞孔門論仁親切之指告之。先生退而思，若有得也。五峯曰：「聖門有人，吾道幸矣！」先生益自奮勵，以古聖賢自期，作希顔録以見志。以蔭補承務郎。紹興間，忠獻出督，奏先生充機宜。以軍事入見，上異之，除直祕閣。丁父憂。服闋，長沙、郴、桂帥守劉公珙薦于朝，除知撫州，改知嚴州。奏言：「先王所以建事立功無不如志者，以胸中之誠有以感格天人之心而與之無間也。今規畫雖勞，事功不立，陛下誠深察之，亦有私意之發以害吾之誠者乎？」明年，召爲吏部郎，兼侍講。時相方謂敵勢衰弱可圖，先生奏言時猶未可，上爲歎息襃諭。其後因賜對，反覆前説，帝益嘉歎，面諭：「當以卿爲講官，冀時得晤語也。」會史正志爲發運使，名爲均輸，實盡奪州縣財賦，遠近騷然，士大夫爭言其害，先生亦以爲言，上閲其實，即詔罷之。除左司員外郎，仍兼侍講。講詩葛覃，進説：「治生于敬畏，亂起于驕淫。使爲國者每念稼穡之勞，而其后妃不忘織紝之事，則心不存者寡矣。」因上陳祖宗自家刑國之懿，下斥今日興利擾民之害。帝歎曰：「此王安石所謂『人言不足恤』者所以爲誤國也。」知閤門事張説除簽書樞密院事，先生夜草疏極諫其不可。旦詣朝堂，責宰相虞公允文曰：「宦官執政，自京、黼始。近習執政，自相公始。」先生奏再上，命遂寢。然宰相實陰附張説，明年，出先生知袁州。先生在朝未期歲，而召對至六七，所言皆修身務學，畏天恤民，抑僥倖，屏讒諛，于是宰相憚之，近習尤不説。退而家居累年，孝宗念之，詔除舊職，知靖江府，經略安撫廣南西路。治聞，詔特進秩，直寶文閣。尋除祕閣修撰、荆湖北路轉運副使。改知江陵府，安撫本路。嘗與朱子書曰：「郭杲問此間得毋爲守備乎，緩急有堡寨否。某應以此間出門即平原，走襄陽僅六百里，所恃者襄、漢立得定，折衝捍蔽耳。太尉當力任此事，要兵要糧，此當往助。若教賊入肝脾裏，人心瓦碎，何守備爲。向來劉信叔、張安國皆有緩急移保江北之論，乃大謬也。賊到此地，何以爲國守臣，但當握節而死。渠爲悚然。然某所恃者，有此二萬義勇，所可整頓，緩急有隱然之勢。今專務固結其心，愛養其力，庶幾一旦可共生死。」雲濠案：與朱子書一節，謝山稿從南軒集中摘録，標識「此節當移載傳内」，今爲補入。湖北故多盜，先生首劾大吏之縱賊者，捕斬奸民之舍賊者，令其黨得相捕告以除罪，羣盜皆遁去。會信陽守劉大辨怙勢希賞，先生劾請論罪，不報，即以不得其職求去，詔以右文殿修撰提舉武夷山沖佑觀。病革，猶手疏勸上親君子，遠小人，信任防一己之偏，好惡公天下之理。先生有公輔之望，卒年四十八，世咸惜之。先生爲人坦蕩明白，表裏洞然，詣理既精，信道又篤。其樂于聞道而勇于徙義，則又奮勵明決，無毫髮滯吝意。故其德日新，業日廣，而所以見于論說行事之間者，上下信之，至于如此。著有論語、孟子、詩、書、太極圖說，經世編年㈠等書。嘉泰㈡中，賜謚宣。景定㈢初，從祀孔子廟庭。修。

宗羲案：湖南一派，在當時爲最盛，然大端發露，無從容不迫氣象。自南軒出，而與考亭相講究，去短集長，其言語之過者裁之歸于平正。「有子，考无咎」，其南軒之謂與！

南軒答問

來書所謂思慮紛擾之患，此最是合理會處。其要，莫若主一。遺書論此處甚多，須反覆玩味。據目下底意思用功，辟如汲井，漸汲漸清。如所謂「未應事時，此事先在，既應之後，此事尚存」，正緣主一工夫未到之故。須思此事時只思此事，做此事時只做此事，莫教別底交互出來，久久自別。看時似乎淺近，做時極難。某前作主一箴，爲一相識所刊，其間亦有此意。

居敬有力，則其所窮者益精；窮理浸明，則其所居者亦有地。所謂持敬，乃是切要工夫，然要將箇敬治心，則不可。蓋主一之謂敬，敬是敬此者也。若謂敬爲一物，將一物治一物，非惟無益，而反有害，

㈠「經世編年」，宋史本傳作「經世紀年」，朱熹張栻神道碑、楊萬里張左司傳同本書。　㈡「嘉泰」，宋史本傳作「嘉定」，皆寧宗年號。
㈢「景定」，宋史本傳作「淳祐」，皆理宗年號。

乃孟子所謂必有事焉而正之，卒爲助長之病。如左右所謂「窘于應事，無舒緩意」，無怪其然也。故欲從事于敬，惟當常存主一之意。此難以言盡，實下工夫，涵泳勿舍，久久自覺深長而無窮也。

所論「收斂則失于拘迫，從容則失于悠緩」，此學者之通患。于是二者之間，必有事焉，其惟敬乎！拘迫則非敬也，悠緩則非敬也。但當常存乎此，本原深厚，則發見必多，而發見之際察之則必精矣。若謂先識所謂一者而後可以用力，則用力未篤，所謂一者，只是想像，何由意味深長乎！

論及邇來工夫，足見不輟。但所謂二病，若曰「荒忽因循則非游泳之處」，若曰「蹙迫寡味則非矯揉之方」，此正當深思，于主一上進步也。要是常切省勵，使凝斂清肅時多，則當漸有向進，不可求一切近功也。

葉六桐曰：主一從敬字用功始。敬久則誠，而一在是矣。

問：「近有人疑『但能存心，則自無不敬』，乃以動容貌、整思慮爲言，卻似從外面做起，不由中出，不若直言『存其心』之爲約也。」曰：「程子教人居敬，必以動容貌、整思慮爲先。蓋動容貌、整思慮，則其心一以敬也。今但欲存心，而以此爲外，既不如此用功，則心亦烏得而存？其所謂存者，不過强制其思慮，非敬之理矣。此其未知內外之本一故也。今有人容貌不莊，而曰吾心則存。不知其所謂不莊者，是果何所存乎？推此可見矣。」

所論「雖間有平帖安靜之時，意思清明，四體和暢，念慮不作，覺無所把摸，接物遇事則渙散矣」，此蓋未能持敬之故。所謂「平帖安靜」者，亦是暫時血氣休息耳。且既曰「覺無所把摸」，安得謂安靜乎？

敬有主宰，涵養漸熟，則遇事接物，此意豈容遽渙散乎？主一之義，且深體之！

所論居敬「雖收斂此心，乃覺昏昏不活，而懈意漸生」。夫敬則惺惺，而乃覺昏昏，是非敬也。惟深自警勵，以進主一之功，幸甚！

嗟乎！自聖學不明，語道者不覩夫大全，卑則割裂而無統，高則汗漫而不精，是以性命之說不參乎事物之際，而經世之務近出乎私意小智之爲，豈不深可歎哉！惟周子生乎千有餘年之後，超然獨得大易之傳。所謂太極圖，乃其綱領也。推明動靜之一源，以見生化之不窮，天命流行之體無乎不在，文理密察，本末該貫，非闡微極幽，莫能識其指歸也。然而學者若之何而可進于是哉？亦曰敬而已矣。誠能起居食息，主一而不舍，則其德性之知必有卓然不可掩于體察之際者，而後先生之蘊可得而窮，太極可得而識矣。

格，至也；格物者，至極其理也。此正學者下工夫處。呂舍人之說雖美，乃是物格知至以後事，學者未應躐等及此也。雖然，格物有道，其惟敬乎。是以古人之教，有小學，有大學，自灑埽應對而上，使之循循而進，而所謂格物致知者，可以由是而施焉。故格物者，乃大學之要也。

問：「孟子曰『可欲之謂善』，伊川謂與『元者善之長』同理，又曰：『乾，聖人之分也，可欲之善屬焉。』剛仲嘗謂孟子言可欲，非私欲之欲也，自性之動而有所之焉者耳，于可不可之間甚難擇。姑以近者言之。如飲食男女，人之所大欲，人孰不欲富貴，亦皆天理自然。循其可者而有所之，如飢而食，渴而飲，以禮則得妻，以其道而得富貴之類，則天理也。過是而恣行妄動，則非天理矣。故書曰『敬修其可願』，孟子又曰『無欲其所不欲』是也。『乾，聖人之分』，豈謂聖人之動皆循天理而然與？元者，天德也。孟子所謂善，豈指天理而言與？橫渠又曰『明善必明于未可欲之際』，『未可欲』，謂大本未發者否？見于可欲，則性之苗裔已發見者；未可欲，則大本全體渾然，不容一毫之僞。明之之功，何自而先？莫亦當先從于可不可之際審擇而固執之否？愚見如此，心中亦未安。恐伊川引乾元處，別有深意。」曰：「人具天地之心，所謂元者也。由是而發見，莫非可欲之善也。其不由是而發，則爲血氣所動，而非其可矣。聖人者，是心純全，渾然天理，『乾知大始』之體也，故曰『乾，聖人之分也，可欲之善屬焉』。在賢者，則由積習以復其初，『坤作成物』之用也，故曰『坤，學者之事也，有諸己之信屬焉』。今欲用功，宜莫若養其源。先于敬用功之久，人欲寖除，則所謂可者，益可得而存矣。若不養其源，徒欲于發見之際辨擇其可不可，則恐紛擾而無日新之功也。」

元晦謂畧于省察。向來某與渠書，亦嘗論此矣，後便録呈。如三省、四勿，皆持養、省察之功兼焉。大要持養是本，省察所以成其持養之功者也。

百家謹案：子劉子曰：「省察正涵養之得力喫緊處。」

垂諭忿怒之病，氣習偏私處，正當深致其力。損「懲忿窒慾」，「懲」之爲言，須思其所以然而懲艾之。先覺謂惟思爲能窒慾，某謂懲忿亦然。若謂「正當發時，最好看吾本心」，此卻有病。本心須是平日涵泳，庶幾私意漸可消磨。若當其發時，如明道先生所謂「遽忘其怒而觀理之是非」，則可；若直待此時看吾本心，則天理人欲不相參，恐無力也。更幸思之！

姜定庵曰：正當發時，亦能覺著本心，畢竟人欲居勝。此處惟用懲窒之力，方能挽回。終不若平日涵泳，不使私意相參之爲得也。

問：「『君子時中』，朱編修云：『以其有君子之德，而又能隨時以取中也。』龜年竊謂，君子精義，故能時中。謂之時中者，以其全得此理，故無時不中，非謂就時上處中也。今曰『以其有君子之德，而又能隨時以處中』，心竊疑焉。」曰：「『隨時以取中』，非元晦語，乃先覺之意也。此意甚精。蓋中字作統體看，是渾然一理也。若散在事物上看，事事物物各有正理存焉，君子處之，權其所宜，悉得其理，乃隨時以取中也。然元晦云『以其有君子之德，而又能隨時以取中』，語卻有病。不若云：『所貴于君子之中庸者，以君子能隨時以處中也。』」

問：「明道先生曰：『「維天之命，於穆不已」，不其忠乎！「天地變化，草木蕃」，不其恕乎！』伊川先生曰：『「乾道變化，各正性命」，恕也。』侯子曰：『伊川說得尤有功。天授萬物之謂命。春生之，冬藏之，歲歲如是，天未嘗一歲誤萬物也，可謂忠矣。萬物洪纖高下短長，各得其欲，可謂恕矣。』九思謂『維天之命，於穆不已』，蓋一元之氣運行無息，所謂『天行健』者也。以其行健無息，故能生生萬物而各稟此善意，故曰恕。其在人體之，則曰『乾乾』。誠意無毫髮間斷，則發見于外，斯能以己推之。以心之所本既善，則應人接物皆如其心，可謂恕矣。觀明道謂『草木蕃』，于伊川言『各正性命』，不見有差殊。其在萬物，得其所以蕃生，便是正性命。不知侯子何以分輕重？兼謂『維天之命』爲天授萬物者，恐此天命只是天理。伊川所謂『在天爲命』，不必須是授之萬物，方可言命。故又謂春生冬藏，歲歲如是，未嘗誤萬物爲忠，恐此亦只是恕，蓋已發者也。九思所言忠恕與天命，大意是否，及所疑侯先生之言，并乞詳教。」曰：「明道之言，意固完具，但伊川所舉『各正性命』之語爲更有功。忠，體也；恕，用也。體立，而用未嘗不存乎其中；用之所形，體亦無乎不具也。以此意玩味，則見伊川之言尤有功處。侯師聖所說忠字，恐未爲得二先生之意。天命且于理上推原，未可只去一元之氣上看。」

問：「明道所云『志動氣者什九，氣動志者什一』，所謂氣動志者，非獨趨蹶，藥也酒也，亦是也。若只以藥酒與趨蹶言之，謂之少可也。明道又云：『氣專在喜怒上，豈不動志。』夫人爲私欲所勝，喜怒不公，以移奪其志者，多矣。而謂『氣動志者什一』，此則未諭。」曰：「所以喜怒，亦志動氣也。但因喜怒之氣而志益不能自寧，是氣復動志也。蓋常人志動氣而氣復動志，無窮已耳。然自始動而言，只可謂志之動氣也。惟趨蹶與藥也酒也，則是氣先之也。」

問：「明道先生論『持其志』曰：『只這箇也是私，然學者不恁地不得。』九思思之，謂人之有志，不能持之，使常自覺其所在，往往遇事則爲氣所使，顛倒失次而不能制，與不自知其所以然者，皆志不定故也。使其志常定于內，昭然不亂，必不至遇事而失措矣。故志不可不持。持之久而熟，則必能自然。以心驗之，未見其爲私。明道謂『只這箇也是私』，其意如何？」曰：「纔涉人爲，便是私。有箇持守字，便是人爲。然學者從此用功，由誠之進于誠，殺有節次。」

「或問伊川先生『必有事焉』當用敬否，曰：『敬只是涵養一事，必有事焉須當集義。只知用敬，不知集義，卻是都無事也。』九思思之，若能敬，則能擇義而行。伊川謂知敬而不知集義爲『都無事』，不曉其旨。又『集義所生』，義生于心，不知如何集？」曰：「居敬、集義，工夫並進，相須而相成也。若只要能敬，不知集義，則所謂敬者，亦塊然無所能爲而已，烏得心體周流哉？集，義訓積。事事物物莫不有義，而著乎人心，正要一事一件上集。」

梨洲孟子師說曰：集義者，應事接物，無非心體之流行。心不可見，見之于事。行所無事，則即事即義也。心之集于事者，是乃集于義矣。有源之水，有本之木，其氣生生而不窮。義襲者，高下散殊，一物有一義，模倣迹象以求之，正朱子㊀所謂「欲事事皆合于義」也。襲裘之襲，羊質虎皮，不相黏合。事事合義，一事不合則伎倆全露，周章無措矣。告子外義之病如此。朱子言其「冥然無覺，悍然不顧」，此則世俗頑冥之徒，孟子亦何庸與之辯哉！

問：「心無內外。而有內外，是私心也，非天理也。故愛吾親，而人之親亦所當愛；敬吾長，而人之長亦所當敬。今吾有親則愛焉，而人之親不愛，吾有長則敬焉，而人之長不敬，是心有兩也，是二本也。且天之生物，使之一本，而二本可乎？」曰：「此緊要處，不可毫釐差。蓋愛敬之心由一本，而施有差等，此仁義之道所以未嘗相離也。易所謂『稱物平施』，稱物之輕重，而吾施無不平焉，此吾儒所謂『理一而分殊』也。若墨氏愛無差等，即是二本。伊川先生答楊龜山論西銘書，當熟玩味！」

問：「奔逸絕塵存乎思？」曰：「如此等語，皆涉于浮夸，不穩帖。夫思者，沈潛縝密，優游涵泳，以深造自得者也。今曰『奔逸絕塵』，則有臆度採取之意，無乃流入于異端『一聞便悟，一超直入』之弊乎？

㊀「朱子」二字，據孟子師說補。

非聖門思睿作聖之功也。推此類察之。」

問：「吾心純乎天理，則身在六經中。飢而食，渴而飲，天理也。晝而作，夜而息，天理也。自是而上，秋毫加焉，卽爲人欲矣。人欲萌，而六經違矣。」曰：「此意雖好，然飢食渴飲，異教中亦有拈出此意者，而其與吾儒異者何哉？此又不可不深察也。孟子卽常拈出愛親敬長之端，最爲親切。于此體認，便不差也。」

所謂一陰一陽之道，凡人所行，何嘗須臾離此。此則固然。然在學者未應如此說。要當知其所以不離也，此則正要用工夫，主敬窮理是已。如飢食渴飲，晝作夜息，固是義，然學者要識其真。孟子只去事親從兄上指示，最的當。釋氏只爲認揚眉瞬目、運水搬柴爲知義，而不分人欲、天理于毫釐之間。此不可不知也。

「克己復禮」之說，所謂禮者，天之理也，以其有序而不可過，故謂之禮。凡非天理，皆己私也。己私克則天理存，仁其在是矣。然克己有道，要當審察其私，事事克之。今但當指吾心之所愧者必其私，而其所無負者必夫禮。苟工夫未到，而但認己意爲則，且將以私爲非私，而謂非禮爲禮，不亦誤乎！又如「格物」之說，格之爲言至也。理不遺乎物，至極其理，所以致其知也。今乃云「物格則純乎我」，是欲格去乎物，而己獨立，此非異端之見而何！且物果可格乎？如其說，是反鏡而索照也。

所諭尚多駁雜，如云「知無後先」，此乃是釋氏之意，甚有病。知有淺深。致知在格物，格字殺有工夫。又云「儻下學而不加上達之功」，此尤甚謬。上達不可言加功。聖人教人以下學之事，下學工夫寖密，則所謂上達者愈深。非下學之外，又別有上達之功也。致知、力行，皆是下學。此其意味深遠而無窮，非驚怪恍惚者比也。學者且當務守。守非拘迫之謂，不走作也。守得定，則天理浸明。若强欲驟開拓，則將窮大而失其居，無地以崇德矣。惟收拾豪氣，毋忽卑近，深厚縝密，以進居敬窮理之功，則所望也。

問：「爲佛學者言：『人當常存此心，令日用之間，眼前常見光爍爍地。』此與吾學所謂『操則存』者有異同否？」曰：「某詳佛學所謂，與吾學之云存，字雖同，其所爲存者固有公私之異矣。吾學操則存者，收其放而已矣。收其放，則公理存，故于所當思而未嘗不思也，所當爲而未嘗不爲也，莫非心之所存故也。佛學之所謂存心者，則欲其無所爲而已矣。故于所當有而不知有也，于所當思而不之思也，獨憑藉其無所爲者以爲宗，日用間將做作用。其云『令日用之間，眼前常見光爍爍地』，是弄此爲作用也。目前一切，以爲幻妄，物則盡廢，自利自私，此其不知天故也。」

問：「程子云：『視、聽、思、慮、動、作，皆天也。但其中要識真與妄耳。』伯逢疑云：『既是天，安得妄。』某以爲此六者，人生皆備，故知均稟于天。但順其理則是真，違其理則是妄，即人爲之私耳。如此言之，知不謬否？」曰：「有物必有則，此天也。若非其則，則是人爲亂之，妄而已矣。只如釋氏揚眉瞬目，自以爲運用之妙，而不知其爲妄而非真也。此毫釐之間，正要辨別得。如伯逢，病正在此耳。所答語，大意已得之。」

天命之全體，流行無間，貫乎古今，通乎萬物者也。衆人自昧之，而是理也何嘗有間斷。聖人盡之，而亦非有所增益也。未應不是先，已應不是後；立則俱立，達則俱達。蓋公天下之理，非有我之得私，此仁之道所以爲大，而命之理所以爲微。若釋氏之見，則以爲萬化皆吾心所造，皆自吾心生者，是昧夫太極本然之全體，而反爲自利自私，天命不流通也。故其所謂心者，是亦人心而已，而非識道心者也。知言所謂「自滅天命，固爲己私」，蓋謂是也。

問：「不可息者，非仁之謂與？」曰：「仁固不息，只以不息說仁，未盡。程子曰：『仁道難名，惟公近之，不可便以公爲仁。』須于此深體之！」

問：「性，太極。太極不動。不動，則不見其所以爲仁。心，則與物接矣。與物接，則自心應之矣。此古人所以直指心要曰『仁，人心』也？」曰：「未與物接時，仁如之何？」

問：「『心有所覺謂之仁』，此謝先生救拔千年餘陷溺固滯之病，豈可輕議哉」云云。夫知者，知此者也；覺者，覺此者也。果能明理居敬，無時不覺，視聽言動，莫非此理之流行，而大公之理在我矣，尚何躁憤險薄之有？」曰：「元晦前日之言，固有過當，然知覺終不可以訓仁。如所謂『知者，知此者也；覺者，覺此者也』，此言是也。然所謂此者，乃仁也。知覺是知覺此，又豈可遂以知覺爲此哉！」

問：「以愛名仁者，指其施用之迹也。以覺言仁者，明其發見之端也。」曰：「愛固不可以言仁，然體夫所以愛者，則固求仁之要也。此孔子答樊遲之問以『愛人』之意。」

問：「『觀過，斯知仁矣』，舊觀所作訥齋、韋齋記，與近日所言殊異。得非因朱丈別以一心觀，又別以一心知，頃刻之間有此二用，爲急迫，不成道理，遂變其說乎？某嘗反覆紬繹，此事正如懸鏡當空，萬象森羅，一時畢照，何急迫之有！必以觀人之過爲知仁，則如觀小人之過于薄，何處得仁來？又如觀君子之過于厚，則如鬻拳之以兵諫，豈非過于忠乎？唐人之剔股，豈非過于孝乎？陽城兄弟之不娶，豈非過于友悌乎？此類不可勝數，揆之聖人之中道，無取焉耳，仁安在哉！若謂因觀他人之過而默知仁之所以爲仁，則曷若返之爲愈乎？奭于先生舊說，似未能遽舍，更望詳教。」曰：「後來玩伊川先生之說，乃見前說甚有病。來說大似釋氏。講學不可潦草蓋過，須是子細玩味，方見聖人當時立言意思也。過于厚者，謂之仁則不可，然心之不遠者可知。比夫過于薄，甚至于爲忮爲忍者，其相去不亦遠乎！請用此意體認，乃見仁之所以爲仁之義，不至渺茫恍惚矣。」

梨洲答姜定庵問「觀過知仁」曰：黨，偏也。「無偏無黨，王道蕩蕩。」人之氣質，剛柔狂狷，各有所偏，而過亦從之而生。過則不仁。識得過底是己私，便識得不過底是仁。如工夫有間斷，知間斷便是續。故觀過斯知仁。此南軒韋齋記意如此。晦翁以爲一部論語，何嘗只說知仁，便須有下手處。殊不知不知仁，亦無從有下手處。果視其所知者懸空測度，只在影響一邊，便是禪門路徑。若觀過知仁，消融氣質，正下手之法。明道之「識仁」，獨非知乎！

垂諭仁之說，若只做周流無滯礙氣象看了，卻只是想象。又云「其所以然者乃仁也」，不知其所以然者果何與？願只于日用間因其發見苗裔而深察默求之，勿舍勿棄，當的然見其樞機之所由發也。

問：「平居以利物爲心，然後此道廣？」曰：「若日常以利物爲心，是外之也。日公天下萬物而不私其己焉，則可矣。」

問：「『人者，天地之心』，經以禮論，而五峯以論仁者，自其體言之爲禮，自其用言之爲仁？」曰：「仁，其體也。以其有節而不可過，故謂之禮。禮運『人者天地之心』之言，其論禮，本仁而言之也。」

問：「子文、文子之事，聖人以清忠目之。就此事言，只可謂之清忠。此洙泗言仁之所極是也。然遺書有謂聖人爲之，亦只是清忠。玆又不能無疑。夫聖人無一事之非仁，而乃云爾，何也？又況程子于『博施濟衆』之下乃云：『今人或一事是仁，亦可謂之仁。至于盡仁道，亦謂之仁。』此通上下言之也，則又與清忠之説不同。請問之。」曰：「遺書中之意，大要以爲此事只得謂之清忠。然在二子爲之，曰忠曰清而止矣，仁則未知也。在聖人，事或有類此者，以其事言，亦只得謂之清忠。然而所以然者，則亦不妨其爲仁也。如伯夷之事，雖以清目之，亦何害其爲仁乎？看先覺話，切忌執殺。不知如何？」

「不睹」「不聞」者，指此心之所存，非耳目之所見聞也。目所不睹，可謂「隱」矣；耳所不聞，可謂「微」矣。然「莫見」「莫顯」者，以善惡之幾，一毫萌焉，卽吾心之靈有不可自欺而不可以掩者，此其所以爲見顯之至者也。以吾心之靈獨知之，而人所不與，故言「獨」。此君子之所致嚴者，蓋操之之要也。今以「不睹」「不聞」爲方寸之地，「隱」「微」爲善惡之幾，而又以「獨」爲合是二者，以吾之所見乎此言之，不支離否？

「或問伊川曰：『心出入無時，如何？』曰：『心本無出入，孟子只據操舍言之。』又問：『人有逐物，是心逐之否？』曰：『心則無出入矣。逐物是欲。』「凡思謂性之在人，可以言不動心。若性之已發已行，安有無出入？今人對境則心馳焉，是出矣。不必言邪惡之事，只大凡遇一事而此心逐之，便是出。及定而入其舍，是入矣。然孟子固已明言其出入爲心矣，而伊川謂心無出入，不知逐日之間有出入者，是果何物？又有一處謂『在人爲性，則不可言出入』，謂『主于身爲心，凡能主之，則在內，不能主之，則外馳』，是亦出入之意。不知心之于性，相去如何？思慮之于心，相去又如何？」曰：「心本無出入，言心體本如此。謂有出入者，不識心者也。孟子之言，特因操舍而言出入也。蓋操之在此，謂之入可也；舍則亡矣，謂之出可也。而心體則實無出入也。此須深自體認，固未可以語言盡之爾。程子曰『心本無出入，以操舍而言』，又曰『心則無出入矣，逐物是欲』，蓋操之便在此，舍之則不見，因操舍故有出入之云耳。若論人之逐物，蓋因其舍亡，故誘于物而欲隨之。欲雖萌于心，然其逐物而出則是欲耳，不可謂心也。至于是心之存，物來心應，理在于此，又豈得謂之出乎！」

樂記「人生而靜」一章，曰「靜」，曰「性之欲」，又曰「人欲」。「靜」者，性之本然也。然性不能不動，感于物則動矣，此亦未見其不善，故曰「性之欲」，是性之不能不動者然也。然物之感人無窮，而人之好惡無節，則流爲不善矣，此豈其性之理哉，一己之私而已，于是而有「人欲」之稱。對天理而言，則可見公私之分矣。譬諸水，泓然而澄者，其本然也；其水不能不流也，流亦其性也；至于因其流激，汩于泥沙，則其濁也，豈其性哉！

未發、已發，體用自殊，不可溟涬無別。要須精晰體用分明，方見貫通一源處。有生之後，豈無未發之時，正要深體之。若謂有生之後皆是已發，是昧夫性之所存也。伊川先生語録所論，幸精思之！

問：「自誠意至平天下，條析甚明，而獨于格物致知無説，朱編修以爲闕文，是也。然龜年嘗以爲自平天下溯而求之，其極至于物格知至；順而達之，其極至于國治天下平。其間雖節目繁夥，而其道甚要。所謂要道，蓋不過格物致知而已耳。然聖人自誠意而下，又各疏其説焉，非謂格物致知之外，又別有所謂誠意、正心、修身、齊家、治國、平天下之道，此蓋聖人深指人以格物致知者然也。故聖人于齊家之條引書曰『如保赤子，心誠求之，雖不中，不遠矣』，此格物致知之最近者也。不識是否？」曰：「自誠意、正心以至平天下，固無非格物致知事也。然疑致知格物一段解説，自須有闕文。」補。

讀書欲自博而趨約，此固前人規模，其序固當爾。但旁觀博取之時，須常存趨約之意，庶不至溺心。又博與雜，相似而不同，不可不察也。

南軒文集補。

天地，其父母乎！父母，其天地乎！不以事天之道事親者，不得爲孝子；不以事親之道事天者，不得爲仁人。全而生之，全而歸之，事親之道，所以事天。潔白堂記。

漢儒之言曰：「明于天地之性者，不可惑以神怪。知萬物之情者，不可罔以非類。」斯言必有所授，非漢儒所能言。黄鶴樓記。

時習之功有斷絶者，心過有以害之也。心過尤難防。一萌于中，雖非視聽所及，而吾時習之功已斷絶矣。察之緩，則滋長矣。惟人每以爲微而忽焉，而不知此豈可使之熟也哉！今日一念之差而不痛以自改，則明日茲念重在矣。積而熟，時習之功消矣。不兩立也。是以君子懼焉。萌于中則覺，覺則痛懲而絶之，如分桐葉然，不可復續，如此則過境自疏，時習之功始專。名軒室記。

爲人者，無適而非利；爲己者，無適而非義。曰利，雖在己之事，亦爲人也；曰義，則施諸人者，亦莫非爲己也。王者以義，伯者以利。孟子講義序。

人欲揚其先之美，未若行其身無負之爲先也。趙氏行實序。

事無大小美惡，流而不返，皆足以喪志。南嶽唱酬序。

所謂致知者，本之六經以發其蘊，泛觀千載以極其變，卽事卽物，身親格之，超然會夫大宗。送張荆州序。

梓材謹案：東萊遺集與張荆州書及言「張荆州教人」，皆謂南軒。此張荆州，則別一人也。

爲仁莫要乎克己。仁說。

學之用，極天地，而其端不遠乎視聽食息之間。識其端，則大體可求，明其體，則妙用可充。與劉共甫。

晚輩假先儒之論以濟其私，誠如所憂。胡文定蓋嘗論此，今日爲甚。使人言學之難，非是不告語之，正恐竊聞一言半句，反害事耳。

學者徇名忘實，此真可憂。但因此遂謂理學之不可講，大似懲噎廢食。是因盜儒爲害者，而遂謂儒之不可爲，可乎？以上寄周子充。

天理之微爲難存，氣習之偏爲難矯。如射者在此有秋毫之未盡，則在彼有尺尋之差。答薛士龍。

專一工夫積累多，自然體察有力。只靠言語上苦思，未是也。答潘端叔。

來者多云會聚之間，酒酣氣張，悲歌慷慨。此等恐皆平時血氣之習未能消磨，不可作小病看。人心易偏，氣習難化。君子多因好事上不覺乘快偏了。

所謂「觀書當虛心平氣，以徐觀義理之所在，如其可取，雖庸人之言有所不廢，如其可疑，雖或傳以聖賢之言，亦須更加審擇」，斯言誠是。然虛心平氣，豈獨觀書當然。某既已承命，因敢復以爲獻也。

君臣之際，須要自盡，積其誠意，庶幾感通。其間絲毫未盡，惡能有動。

二豎雖補外，若上心中非是見得近習決不可邇道理分明，則病根猶在，二豎去後，二豎復生。不然，又恐其復出爲惡。若得有見識者乘此時進沃心妙論，拔根塞源，庶有瘳乎！

近世議論，真所謂謀其身則以枉尋直尺爲可以濟事，謀人國則以忘親苟免爲合于時變。世所號爲賢者，正墮在此中。此風方熾，正道湮微，率獸食人，甚可愧也！吾曹當相與講明聖學，庶幾有正人心、承三聖事業。

近事使人憂心，不遑假寐。伏思吾君勤儉之德，天必將相之，有所開悟。恨臣下不能信以發志！正論極微，假借爲此論者，未嘗了然于義理之所在，而徒遭回于利害之末途。自顧藐然之身，其將何以障此波瀾？然苟留一日，不敢不勉。今日大患，是不悦儒學，争馳乎功利之末，而以先王嚴恭寅畏、事天保民之心爲迂闊迟鈍之説。上聰明，所恨無人朝夕講道至理，以開廣聖心。念學力未到，誠意不能動人，只合退歸，勉其在我。然竊念吾君聰明勤勞，不忍只如此舍去，當更竭盡，反覆剖判，庶幾萬一。言至此，不覺酸鼻！

仲冬以後，三得對，區區之誠，不敢不自竭。上聰明，反覆開陳，每荷領納，私心猶有庶幾乎萬一之望。講筵開在後月，自此或更得從容以盡底藴。惟是迹孤愈甚，側目如林，此則非所計也。

某日被命出守，自惟備數朝列，荷吾君知遇，迄無所補報。學力不充，無以信于上下，歸當温繹舊學，益思勉勵，他皆無足言。惟是吾君聰明，使人眷眷不忍置！

日間覺向來語言多所未安，尤不敢輕易立辭。中庸末章自「衣錦尚絅」而下，反復引詩，明慎獨始終之道。朝夕從事于此，而未之有進也。

近年讀書，頗覺平易中意味。向來多言，徒爾爲贅。欲下手痛加删正，以官守事奪，不敢草草。論語日夕玩味，覺得消磨病痛，變移氣質。須是潛心此書，久久愈見其味。議論往往墮一偏，孟浪者卽要功生事，委廢者一切放倒，爲害則均。

年來務欲收斂，于本原處下功，覺得應事接物時差帖帖地。但氣習露見處未免有之，一向鞭辟，不敢少放過。

所謂「若稍作意主張，便爲舊説所蔽」，豈獨説書爲然。理道本平鋪放著，只被人起意自礙。英州數日前得書，頗似悔前非，有欲閒中讀書之意，又恐爲釋氏乘此時引將去。古人居是邦卽葬是邦，蓋無處無可葬之地。近世風俗，深泥陰陽家之説。君子固不爾，但恐聞風失實，流弊或滋。以上與朱元晦。

存養、省察之功，固當並進，然存養是本。覺向來工夫不進，蓋存養處不深厚，故省察少力。好事上一毫才過，便是私意。如要救正此人，盡吾誠意以告之，從與不從，固不可必。若必欲救正，便有偏。推此可見。

自歸半歲，省過矯偏，但覺平日以爲細故粗迹者，乃是深失銷磨。雖庶幾兢兢焉，惟恐乘間竊發。向來每見衣冠不整，舉止或草草，此恐亦不可作小病看。古人衣冠容止之間，不是要作意矜持，只是循他天則合如是。爲尋常因循怠弛，故須著勉强自持。外之不肅，而謂能敬于內，可乎？此恐高明所自知，但不可以爲小病耳。

今世學者，慕高遠而忽卑近之病爲多。此間有肯來講論者，今殊不敢泛告。想渠輩聽某以前説話，覺有滋味，今卻鈍悶。若信得及，始可與講習也。

以不當憂責爲幸，近世士君子墮在此病爲多。此意殊不厚。惟先自隔絶，無所感通，存心既爾，一旦臨事，豈復更有力。詳味考槃之詩，與夫「志在君也」之辭，使人三嘆！

魯論教人，以詩爲先，蓋興起情性，使人篤于人倫之際。學者須是先教存忠厚之心。

平日頗恃嗜慾少，故飲食起居多不戒，此亦是自輕。觀鄉黨中聖人衞生之嚴，豈是自私，蓋理合如是。尋常忽畧，亦是豪氣中病痛。

相識間有好爲調護審細之論，退而察之，其實畏怯。名曰憂國，只是爲身。蓋直前妄發固爲不是，然于所當然而不然，又別爲之説，終不免爲姦而已矣。以上與呂伯恭。

舍實理而駕虛説，忽下學而驟言上達，掃去形而下者而自以爲在形氣之表，此病恐不細。正所謂欲闢釋氏而不知正墮其中者也。與彪德美。

理義固須玩索，然求之過當，反害于心。涵泳栽培，日以深厚，則玩索處自然有力。

平時病痛，所貴銷磨矯揉之，不可徒自悔恨于胸中，反添一病。遺書中所謂「罪己責躬不可無，卻不可留在胸中」是也。

急迫之與因循，只是一病，不失之此，則失之彼，滅于東而生于西。要須本原上用功，其道莫如敬，則弊可漸減。

侍旁，子職所當任，不可少有厭煩忽細之意。以上與呂子約。

二程遺書談性命處，讀之愈勤，探義愈晦，無怪其然。只靠言語上求解，總未是。須玩味其旨，于吾動静之中體之，久久自別。歲月易邁，人心易危。華盛之地，奪志者多。惟敬自勉，以承先業。

升高自下，陟遐自邇。善學者，志必在乎聖人，而行無忽于卑近；不爲驚怪恍惚之見，而不舍乎沈潛縝密之功。

夸勝爲害，要須深思夸勝之意何自而生，于根原上用功銷磨，乃善。若只待其發見而後自遏止，將見滅于東而生于西也。

士子實作工夫，耐久者難得。

「一日克己復禮，天下歸仁」，蓋是積累工夫到處，非謂只勇猛便能如此，如釋氏「一聞」、「一超」之説也。以上答胡季隨。

病之在身，猶將不遠秦、楚之路求以治之，病之在心，獨不思所以治之乎？凡心之病，固多端，大抵由其偏而作。自一勺而至稽天，則若人雖生，無以異于死也。聖賢之經，皆妙方也。察吾病所由起，審處其方而藥之，則病可去。去則仁，仁則生矣。答謝夢得。

長者謂事最忌激觸。然此要當平心易氣，審處其理，期于中節。若還就回互，于所當然而不然，枉尋以求直尺，而曰「吾所畏者激觸也」，無乃終墮于姦邪之域，人慾愈肆，天理愈滅與！觀伊川解「遇主于巷」一爻，意極明切。答喻郎中。

儒者之政，以護養邦本爲先。與施蘄州。

近世學者之弊，渺茫臆度，更無講學之功。其意見只類異端「一超徑詣」之説，又出異端之下，非惟自誤，亦且誤人。五峯所謂「此事是終身事，天地日月長久，斷之以勇猛精進，持之以漸漬薰陶，故能有常而日新」，誠至言哉！答周允升。

無欲者，無私也。無私則可欲之善著，故靜則虛，動則直；虛則天理之所存，直則其發見也。順理之謂直。若異端之談無欲，則是批根拔木，泯棄彝倫，淪實理于虛空之境，何翅霄壤之異！答羅孟弼。

生死鬼神之說，須是胸中見得灑落，世間所說不得放過，一一教分明方得。若有絲毫疑未斷，將來被一兩件礙著，未必不被異端搖動引去。答蕭仲秉。

箋註訓詁，學者雖不可使之溺乎此，又不可使之忽乎此。要當昭示以用功之實，而無忽乎細微之間，使之免溺心之病，而無躐等之失。答陸子壽。

力貴乎壯，工夫貴乎密。若不密，雖勝于暫，終不能持于久。答喬德瞻。

主一之功，艱難曲折甚多。要耐苦辛，長遠勿舍，則寖有味。答潘叔昌。

聖門教人，循循有序，始終條理，一毫潦草不得。答周穎叔。

周公欲代武王之死，只是渾全一箇誠意。至誠可以回造化，有是理也。若金縢冊祝之詞，則不無妄傳者，如「元孫不若旦多材多藝，不能事鬼神」之類。意者，金縢之事則有之，而冊祝之辭則不傳矣。答俞秀才。

鬼神之說，六經所稱，莫非造化之迹，其德則誠而已。後世異說熾行，譸張爲幻，莫可致詰。流俗眩于怪誕，怵于恐畏，胥靡而從之。至于其說之窮，則曰「焉知天地間無是事」，委諸茫昧。于是交于幽明者皆失其理，禮壞樂廢，浮僞日滋。所謂因其說而爲善者，亦莫非私利之流。亂德害教，孰此爲甚！題鬼神說後。

梓材謹案：謝山所録南軒文集一百單四條，今移爲附録三條，移入橫渠學案一條，上蔡學案三條，龜山學案一條，五峯學案一條。又一條分作五峯語二條。又移入劉胡諸儒二條，玉山學案一條，晦翁學案十四條，東萊學案六條，艮齋學案二條，止齋學案一條，滄洲諸儒二條，嶽麓諸儒二條，槐堂諸儒二條。

附錄

孝宗初，起忠獻謫籍，都督諸軍事，卽奏先生書寫機宜文字。先生時年甫三十，內贊密謀，外參庶務，夙夜凜凜，直以君父之責爲己憂。問以軍事入見，因進言曰：「陛下上念祖宗之讎恥，下閔中原之塗炭，惕然于中而思有以振之。臣謂此心之發，卽天理之所存也。願陛下勿怠此心，而親賢稽古以擴充之，則不惟今日之功可以必成，而千古因循之弊亦庶乎其可革矣！」帝異其言。

湯思退用事，務罷兵講和，金反乘隙縱兵入淮甸，中外大震。先生疏言：「我與金，義不同天日者。雖嘗詔以縞素出師，而玉帛之使未嘗不躡其後，是以和戰之念雜于胸中，而至誠惻怛之心無以感格乎天人之際。繼今以往，誓不言和，專務自強，雖折不撓，遲以歲月，何功之不濟哉！」

召爲吏部郎，時宰相方謂敵勢衰弱可圖。先生入見，孝宗曰：「卿知彼中事乎？」先生曰：「不知也。」曰：「彼國饑饉連年，盜賊四起。」先生曰：「彼中之事，臣雖不知，然境內之事則知之詳矣。」帝曰：「何事？」對曰：「比年諸道水旱民貧，而國家兵弱財匱，大小之臣又皆誕謾，不足倚仗。正使彼中可圖，臣懼我之未足以圖彼也。」帝默然久之。先生因言：「必勝之形，當在于早正素定之時，而不在乎兩陳決機之日。爲今之計，但當下哀痛之詔，明復仇之義，顯絶金人，不與通使。然後修德立政，用賢養民，選將帥，練甲兵，通內修外攘、進戰退守爲一事，又且必治其實，而不爲虛文，使必勝之形，隱在目前，則雖三尺童子，亦且奮躍而爭先矣！」帝爲之嘆息褒㈠諭，以爲前始未聞此論也。

一日奏事，帝問天。先生曰：「不可以蒼蒼者便爲天，當求諸視聽言動之間。一念纔是，便是上帝監觀，上帝臨汝，簡在帝心；一念纔不是，便是上帝震怒。」

先生寢疾，微吟曰：「舍瑟而作，敢忘事上之忠；鼓缶而歌，當盡順終之理。」乃自作遺表，勸帝親君子，遠小人，絕己偏，公好惡，拳拳不已云。

五峯先生與書曰：辱示希顏錄，足見稽考之勤。先賢之語，去取大是難事。文中子之言誕漫不親切，楊子雲淺陋不精通，莊子「坐忘」費力，「心齋」支離，家語如「不容然後見君子」，亦未免于陋。

又曰：某意希顏錄，如易、論語、中庸之說，不可瑕疵，亦須真實見得不可瑕疵，然後可也。其他諸說，亦須玩味，于未精當中求精當。

嘗與朱子書曰：祈請竟出疆，顛倒絆悖，極可憂。某決求去，蓋會慶在近，不忍見大使之至也。

又曰：聞建寧書坊將孟子解已刻板，極皇恐。見今刪改不定，恐誤學者，兼亦甚不便，已移文漕司毀板矣，更望力主張。

又曰：舟中覺向來偏處，取所解孟子觀之，段段不可意，正當深培其本。

呂東萊與先生書曰：吾丈世道所繫，宜深體志未平之戒，朝夕省察，所存者果常不違乎？所感者果

㈠「褒」原作「哀」，據宋史本傳改。

皆正乎？日用飲食之間果皆不踰節乎？疏密生熟，歷歷可見，于此實用力焉，工夫自無不進之理。補。

又與朱侍講書曰：張荆州從遊之士往往不得力，不知何故如此。蓋荆州不能察人情虚實，其教未必能有益。中庸論盡己之性、盡人之性，工夫無窮如此。此豈追往事，亦要高明深勉之耳。補

又與陳同甫書曰：張荆州使不死，合整頓點檢處尚多。至于不自是，不尚同，則相識中未見兩人也。補。

又麗澤講義曰：張荆州教人以聖賢語言見之行事，因行事復求之聖賢語言。補。

朱子述行狀後曰：公之教人，必使之先有以察乎義利之間，而後明理居敬以造其極。其剖析精明，傾倒切至，必竭兩端而後已。

又曰：公嘗有言曰：「學莫先于義利之辯。而義也者，本心之所當爲而不能自已，非有所爲而爲之者也。一有所爲而爲之，則皆人欲之私，而非天理之所存矣。」嗚呼，至哉言也！其亦可謂廣前聖之所未發，而同于性善養氣之功者與！

又語類曰：南軒洙泗言仁編得亦未是。聖人說仁處固是仁，然不說處，不成非仁。天下只有這箇道理，聖人說許多說話，都要理會。豈可只去理會說仁處，不說仁處便掉了不管！

陳龍川志何茂宏曰：朱元晦論張敬夫不惑于陰陽卜筮，雖奉其親以葬，苟有地焉，無適而不可也。天下之決者何以過之！補

魏鶴山跋南軒與李季允帖曰：南軒先生受學五峯，久而後得見，猶未與之言。泣涕而請，僅令思

「忠清未得爲仁」之理。蓋往返數四，而後與之。前輩所以成就後學，不肯易其言如此。故得其説者，啟發于憤悱之餘，知則真知，行則篤行，有非俗儒四寸口耳之比。今帖所謂「無急于成」，乃先生以其所以教于人者教人。補。

王深寧困學紀聞曰：丹書「敬、義」之訓，夫子于坤六二文言發之。孟子以集義爲本，程子以居敬爲先，張宣公謂工夫並進，相須而成。補。

又曰：命不可委，故孟子言立命。心不可委，故南軒以陶淵明「委心」之言爲非。補。

許魯齋曰：東萊嘗云：「南軒言：『心在焉則謂之敬。且如方對客談論，而他有所思，雖思之善，亦不敬也。才有間斷，便是不敬。』」

宗羲案：南軒之學，得之五峯。論其所造，大要比五峯更純粹，蓋由其見處高，踐履又實也。朱子生平相與切磋得力者，東萊、象山、南軒數人而已。東萊則言其雜，象山則言其禪，惟于南軒，爲所佩服，一則曰：「敬夫見識，卓然不可及。從遊之久，反復開益爲多。」一則曰：「敬夫學問愈高，所見卓然，議論出人表。近讀其語，不覺胸中灑然，誠可嘆服。」然南軒非與朱子反復辯難，亦焉取斯哉！第南軒早知持養是本，省察所以成其持養，故力省而功倍。朱子缺卻平日一段涵養工夫，至晚年而後悟也。

宗羲又案：南軒受教于五峯之日淺，然自一聞五峯之説，即默體實踐，孜孜勿釋。又其天資明敏，其所見解，初不歷階級而得之。五峯之門，得南軒而有耀。從遊南軒者甚衆，乃無一人得其傳。

故道之明晦，不在人之衆寡爾。

梓材案：梨洲未及廣輯嶽麓、二江諸儒學案，故有是語。

南軒講友

文公朱晦庵先生熹別爲晦翁學案。
成公吕東萊先生祖謙別爲東萊學案。
忠定趙先生汝愚別見玉山學案。
顯謨潘先生時別見元城學案。
知州吴先生松年別見周許諸儒學案。
縣令張先生杰別見玉山學案。

南軒學侶

文節陳止齋先生傅良別爲止齋學案。
胡季立先生大本別見五峯學案。
知軍張先生寓附見嶽麓諸儒學案。
監司吕先生陟

呂陟，字昇卿，零陵人也。累官監司，與南軒遊，而受知于誠齋。補。

梓材謹案：萬姓統譜作呂涉，云：「楊誠齋萬里爲丞時，因督租過其里，往見之。郡守問誠齋曰：『所過知有文才否？』答曰：『青桂里得一呂昇卿，飽學之士。』卽召致鄉校，領袖諸生。」卽謝山補傳所謂「受知于誠齋」者，列之誠齋之門可也。蓋誠齋爲零陵丞時，張魏公謫永，南軒實從，故先生得與南軒遊爾。儒林宗派列先生于南軒之門，誤矣。謝山學案底本標南軒弟子，亦數先生，當係未爲補傳之筆也。

南軒同調

宣簡趙先生不息別見晦翁學案。

教授劉孝敬先生靖之

知州劉靜春先生清之並爲清江學案。

忠定丘先生崈別爲丘劉諸儒學案。

南軒家學楊、胡三傳。

張先生庶附師孫松壽、子圯。

張庶，字晞顏，宣公再從子也。少爲忠獻公所愛，嘗曰：「孝弟忠信，學之本。不然，雖工于文辭，無益也。」又曰：「讀書當潛心誠意，方有得，不可曠過時日。」又曰：「親良師，求益友，善言善行，敬信而力行之。」先生再拜受教。而是時宣公已成醇儒，亦勉以黜浮崇實之說，先生遂師事之。大母孫氏，其姪曰松壽，有高行，蜀中所稱牧齋先生者也，天下士當其意者無幾。先生復問學焉，得其箋札規警之語，揭諸座右，而牧齋亦待之絶異。忠獻將官之，會薨，不果。先生護喪歸長沙，因侍宣公者九年。請學嶽麓書院，先生執筆爲司録，題曰南軒書説㊀，而先生所私記者曰誠敬心法。宣公亦以忠獻之意欲官之，而遽卒，不果。紹熙三年，宣公弟杓以兵部尚書鎮襄陽。後溪劉文節公謂先生曰：「尚書必成其父兄之志矣。然君老，尚爲吏邪？曷以予君子。」先生曰：「然。」已而尚書果推恩，先生辭之，尚書曰：「然則以而子來。」先生雖諾之，終不告其子，又課之學二年。尚書申前言益力，乃遣其子圯就之。鶴山魏文靖公嘆曰：「范宣子尚以世禄爲不朽，晞顏真知義利之分者邪！」補。

梓材謹案：魏鶴山誌先生墓云：「惟張氏遠有世緒，沂公文矩始徙綿竹，生咸，舉賢良方正科，累贈太師、秦國公。生五子。長㴬，以累舉恩得官，終從事郎、監潭州南嶽廟。其季爲忠獻公。君則南嶽之孫，承事郎、四川制置司幹辦公事、累贈朝散郎枃之子也。」先生于忠獻爲從孫，故于宣公爲再從子，而其父名枃。宣公弟端明殿學士杓，亦有傳寫作「枃」者，可知其誤矣。

直閣張拙齋先生忠恕

張忠恕，字行父，宣公弟端明杓子也，學者稱爲拙齋先生。以祖任入官，歷任至權發遣澧州、籍田令。因輪對，請廣言路，通下情。以太府丞權發遣湖州，以司農丞權發遣寧國府。忤監司，奉祠。起知鄂州。凡所至，皆有聲。入爲户部右曹郎，首陳司馬光仁武之説，申之以進賢退不肖，賞功罰有罪，寧宗是之。次年，賜對，極言時事曰：「數年以來，方內弗寧。山東之地既歸，而未稟正朔；忠義之徒雖附，

㊀「説」原作「院」，據鶴山集（四部叢刊本）卷七十九張晞顏墓誌銘改。按墓誌銘云：「宣公闢嶽麓書院，教授後學，嘗讀書，遇解釋，屬君筆之，題曰南軒書説。君亦記南軒語，題曰誠敬心法。」

而左衽自如。得之無補，祇以示弱。而況殘金易酋，外示安靜，縱還俘掠，議遣行人，安知不以怠我。韃之來也，實與我使俱至，彼能使邊人獸駭鼠伏，則于我非必有畏慕之誠意。一與之盟，而嗣有難塞之請，則或從或卻，皆足兆禍。海上之盟，厥監未遠。」次言薦舉科舉之弊，互送苞苴之弊。苛斂虐征，賄訟粥獄，剽奪民産，勢所不免。請自朝廷之上，肅紀綱以示觀聽，申憲度以警貪婾。不然，天下之禍，有不可勝言者。理宗即位，先生上書宰相，請取法孝宗，行三年之喪，曰：「孝宗始自踐祚，服勤子職，凡二十有七年。今皇帝自外邸入繼大統，未嘗躬一日定省之勞。欲報之德，視孝宗宜有加。」時宰相請太后同聽政，先生復貽書謂：「英宗以疾，仁宗、哲宗以幼，垂簾有不容已。欽聖出于勉强，故務從抑損，不避父名，不廢生日，不御前後殿，半載即辭。今吾君長矣，姑援爲請，亦中策耳。」先生蓋有深慮，而太后卒卻垂簾之請。集議廟制，先生謂：「九廟非古，今若升祔先帝，則十世之廟昉之今日，于禮無稽。」遷將作監。寶慶元年，下詔求言，先生上封事凡五千言。其一曰：「天人之應，捷于影響。今自冬徂春，雷電非時，積陰久雨，西霅東淮，狂悖洊興。邇者客星爲妖，太白晝見。正統所係，不宜諉之分野。」二曰：「人道莫先乎孝，而送死尤爲大事。自漢景並緣吏民釋服之語，忍薄其親，貽誚千載。惟我祖宗定爲宮中之禮，孝宗朝衣朝冠，皆以大布，于昔有光。寧考以嫡孫承重，光宗雖有疾，未嘗不服喪宮中也。洎光宗上賓，則權倓方張，莫有言者。去秋禮侍受成，胥吏開端，聽擇未嘗以義折衷，今已不可追咎，而尚有當講者。蓋再期而祥，百寮始純服吉，慶元末年初議爲得。今若甫經練祭，雖朝臣一帶之微，亦不復有凶吉之別，則是三年之喪，降而爲期，害理滋甚。況人主執喪于內，而羣工無異常日，是有父子而無君臣也。曩時德壽、重華異宮，慮數蹕以煩民，故有五日一朝之制。今筵几在前，自可朝朝夕夕，而無故疏簡，臣所甚惑也。」三曰：「母后之賢，本朝爲盛。太后力卻垂簾之請，天下誦之。而慶壽前期，陛下吉服稱觴，播爲詩什，凡以寓頌禱者惟恐不至。此世俗之見，而表儀天下者爲之乎？太后撫時觸物，追念所天，亦豈樂于受此。」四曰：「夫婦人倫，王化之基。陛下斬然在疚，大昏之議固未暇及，然非豫講夙定，竊恐俗説乘間而入。所望嚴取舍而正法度，廣詢謀而叶公議。」五曰：「陛下嗣服以來，濟王之恩禮，自謂彌縫曲盡矣。而不留京師，徙之外邸，不擇牧守，混之民舍。一夫奮呼，闔城風靡，旋雖弭患，莫副初心。謂當此時，亟下哀詔，痛自引咎，優崇卹典，選立嗣子，則所以自處者庶或無憾，而造訛騰謗者亦無所致力。自始至今，率誤于含糊，而猶不是之思，臣所不解。」六曰：「近世憸佞之徒，凡正言直論，率指爲好名歸過。夫果好名歸過，則其自爲者非也，而人君實賴其忠。若首萌逆億厭惡之心，則言者莫不望風，此危國之鴆毒也。」七曰：「陛下御極之初，凡在名流，首被褒顯。然而命召所及，不過數人。方其未來，不加勉趣，迨其既至，無所咨訪。而況搜羅未廣，遺才尚多。經明行修如柴中行、陳孔碩、楊簡，識高氣直如陳宓、徐僑、傅伯成，僉論所推，招來何緩。若精于史筆如李心傳，不俾與聞鉅典。他固未易偏舉，矧有不及知者乎！邇來世俗，以名節爲矯激，以忠讜爲迂疏，以介潔爲不通，以寬厚爲無用，以趣辯爲强毅，以拱默爲靖共，以迎合爲適時，以操切爲任事。正士不遇，小才日親。識者所憂，陛下安得付之悠悠，不以動心乎？」八曰：「近世士習日異，民生益艱。第宅之麗，聲伎之美，服用之侈，餽遺之珍，向來宗戚奄宦所間見者，今薦紳士夫殆過之。公家之財，視同己物。而猶未厭也，則薦舉、獄訟、軍投、吏役、僧寺、道觀、富民、巨賈，凡可以得賄者無不爲。至其避譏媒進，往往分獻厥餘。欲基本之不摇，殆卻行而求前也。」疏入，朝野傳誦争録之，交口稱魏公有後。又以輪對，述世父宣公之語，謂「當求曉事之臣，不求辯事之臣。欲求仗節死義之臣，不求犯顔敢諫之臣」。一日問天子之學，諸臣争言天子之學與人臣異，先生獨曰：「大學之道，格物、致知、誠意、正心、修身、齊家、治國、平天下。而其要，則自天子以至于庶人皆曰修身。蓋正心以上，皆修身之事，齊家以下，則舉而措之，無二道也。後世乃有謂天子之學與人臣異者，吁！其亦異乎大學之道矣。」先生素闇修，世不知所造之深，至是連入對，乃知其學。魏文靖公嘆曰：「畢竟張氏子弟有真傳也。」洪舜俞、丁文伯皆求見焉。一時名流，無不傾心，而枋臣積惡之。先生知不爲所容，請外，以直祕閣知贛州。次年，以朋比罷。先生歸，講學于嶽麓書院，益求爲己之功，志益厲，士之出湖湘者皆從之遊。紹定三年，復官，晉直寶章閣，奉祠。請老，許之。是秋卒，得年五十有七。魏文靖公嘗曰：「行父孜孜體國似魏公，撥煩剸劇似端明，而中年斂華就實，則有得于宣公之學。惜其不待年而卒也！」補。

祖望謹案：中興四大儒之後，先生最有光于世學。陸伯微、吕喬年亦足並驅，乃有叨其先世之庇，得列清班，而不免有阿附史氏之誚，令人短氣。然則張氏之世澤長矣！

附録

魏鶴山師友雅言曰：上初卽位，三從官輪日上殿，曹簡父、陳正父、喬壽朋皆説天子之學與士大夫不同，不謀而合爲此說。張忠恕行父對劄卻云：「天子之學正與士庶人同。大學云：『自天子至于庶人，壹是皆以修身爲本。』蓋自致知、格物、誠意、正心爲修身之本，齊家、治國、平天下爲修身之用，天子至于庶人一也。」畢竟有家學淵源云。

參軍張先生洽㊀

張洽，宣公孫也。父倬，早夭。宣公之亡，育于從祖端明，而學于端明之子直閣。參揚州司理軍事，有兄弟争財者，諭之曰：「訟于官，是吏胥之利也。冒法求勝，孰若全手足之愛。」訟者感悟。後爲白鹿書院山長，昌明家學。補。

南軒門人

胡季隨先生大時

忠肅彭止堂先生龜年

文定吴畏齋先生獵

㊀按：本書卷六十九又有一張洽，宋史有傳，傳云：「改袁州司理參軍……會獄有兄弟争財者，洽諭之曰：『訟于官，祇爲胥吏之地，且冒法以求勝，孰與各守分以全手足之愛乎？』辭氣懇切，訟者感悟。」又云：「時袁甫提點江東刑獄，甫以白鹿書院廢弛，招洽爲長。」事迹與此略同。疑本係一人，本書誤分爲二人。

文清游默齋先生九言
莊簡游受齋先生九功並爲嶽麓諸儒學案。
忠惠宇文顧齋先生紹節
進士陳平甫先生槩
楊雲山先生知章
知州李先生修己
通判張先生仕佺
知州范月舟先生仲黼
知州范雙流先生子長
范先生子該
知州范華陽先生蓀
知州宋彭山先生德之並爲二江諸儒學案。
知軍曾先生集別見廌山學案。

修撰陳北山先生孔碩

正言龔先生蓋卿

縣丞吳先生必大

右司王東淵先生遇

朝請呂渭川先生勝己並見滄洲諸儒學案。

文靖舒廣平先生璘別爲廣平定川學案。

通判傅曾潭先生夢泉

知州詹默信先生阜民並見槐堂諸儒學案。

侍郎詹先生儀之別見麗澤諸儒學案。

梓材謹案：南軒弟子，自別見諸學案及二江學案外，並入嶽麓諸儒學案。

南軒私淑

郡守趙中川先生昱

趙昱，字希光，衛㊀文定公雄子也。少苦學，以司馬、周、程氏爲師。嘗謂「存天性之謂良貴，充諸

㊀按宋史趙雄傳，趙雄封衛國公，謚文定。此「衛」字下疑當補「國」字。

已之謂內富」，故漠然不以利禄動其心。當是時，南軒之教盛行蜀中，黄兼山、范文叔皆導其緒。文定故嘗與南軒不咸，以是兩家子弟其初不甚往還，而先生獨與其高弟議論多合。説者以爲吕正獻公之于范、歐諸老爲親炙，而先生之于南軒爲私淑，然其善于親師取友則同也。先是，文定常爲孝宗言：「吴挺專制蜀已久，雖名三軍，其三軍僅當挺之偏裨。陛下神武，雖百挺何能爲。然爲子孫萬世計，不當如此。」孝宗是之。及挺卒，朝廷雖畧行其言，已而復以兵予吴氏。先生性沖淡，出仕二十餘年，然歷任不滿三年。及以廣安守家居，無復宦情。開禧丁卯吴曦之變作，先生每念文定之言，輒投身大慟，或至氣絶。初欲買舟順流而東，賊以兵守夔門，不克。于是製大布之衣，每有自關表避亂歸者，輒號泣弔之。貽書成都帥楊輔謂：「逆雛驕豎，干亂天紀。痛哉宗社！哀哉蒼生！此直愚騃無知，爲敵所啗。逆順昭然，其下未必皆樂從也。肘腋之間，禍將自作，事尚可爲。」因勸以舉義，輔不能用。先生遂絶粒，浸臥疾不能起，猶晝夜大號，聲達于外。置一劍枕間，每舉欲自刺，家人捍之不得間，然竟以不食而卒。俄而亂平，吴文定獵疏上其事，且乞以先生故，追予其父恩澤，以昭世臣之賞。詔衛公賜謚文定，而先生亦予贈卹如制。讀鶴山魏公集，稱滄江虞氏之向道，審由先生。而岳倦翁言其兼治養生術，或先生少年之所爲與？要其舍身取義，不愧先人，則真儒者也。宋史既不列之忠義，又不附之文定傳末，可爲太息。補。

梓材謹案：謝山跋宋史趙雄列傳述程史言先生事，與此傳畧同。

提刑虞滄江先生剛簡

漕使程先生遇孫

祕書薛符谿先生紱

通判鄧先生諫從

提刑張亨泉先生方並見二江諸儒學案。

文靖魏鶴山先生了翁別爲鶴山學案。

常博李先生大有別見東萊學案。

張學續傳

宗丞木先生天駿

木天駿，字德遠，瑞安人也。少傳止齋之學，成嘉熙進士。教授永州，道出嶽麓書院，得聞南軒之教，遂心醉焉，日與諸生講明求仁之旨。累官建昌守，有聲，除大宗正丞。卒。補。

梓材謹案：嘉熙元年丁酉，去止齋之卒嘉泰三年癸亥已三十五年，當是止齋再傳也。

張氏續傳

朝奉張先生唐

張唐，潭人，廣漢張敬夫後也。景炎二年，與趙璠、張虎、熊桂、劉斗元、吳希奭、陳子全、王夢應起兵邵、永間，復數縣，撫州何時等皆起兵應文丞相。明年十二月，丞相見執，先生與熊桂、吳希奭、陳子全兵敗被獲，死焉。參史傳。

梓材謹案：督府忠義傳載先生，云長沙人，先儒栻諸孫，官朝奉郎。謝山答諸生問思復堂集帖數宋儒講學家死節云「南軒之後有唐」是也。一統志仍湖廣舊志作張鏜，云：「衡山人，僕射浚之後也。益王即位于揚州，詔天下勤王。鏜起兵衡州，移檄安化諸猺，得民兵數千。文天祥督兵梅嶺，相與接應。既而兵敗被執，元參政崔斌欲降之，罵曰：『今日降，何以見我祖魏公于地下！』殺之。」觀其罵語與督府忠義傳所載畧同，其即先生無疑也。宋史忠義傳九有張鏜之目，而闕其傳。其作「唐」者，附見文丞相傳。蓋本一人，不復重載其傳耳。

張學之餘

隱君方明軒先生敏中

方敏中，巴陵人也。南軒先生嶽麓之教，身後不衰。宋之亡也，嶽麓精舍諸生乘城共守。及破，死者無算。惜其莫可考見。先生當元世，私淑南軒之學。自年十二輒通春秋，厲志以傳墜緒。書其室曰明軒，高尚不仕。從遊者，教以克己爲要，顧其詳不可得聞，僅見臨川江漢敍録而已。補。

宋元學案卷五十一

東萊學案　黃宗羲原本　黃百家纂輯　全祖望修定

東萊學案表

呂祖謙大器子。紫微從孫。白水、玉山、三山、芮氏門人。元城、龜山、譙氏、武夷、横浦再傳。涑水、二程、滎陽、了翁、廌山、和靖三傳。安定、泰山、濂溪、焦氏、荆公、横渠、百

- 弟祖儉
- 子喬年
- 從子康年
- 從子延年——羊哲別見麗澤諸儒學案。
- 舒衍別見絜齋學案。
- 張渭別見慈湖學案。
- 從弟祖泰
- 葉邽
- 樓昉
- 葛洪
- 喬行簡並爲麗澤諸儒學案。
- 趙焯別見玉山學案。

源、清敏四傳。
高平、廬陵、鄞
江、西湖五傳。

輔廣別爲潛庵學案。
朱塾別見晦翁學案。
劉爚
劉炳
吳必大
王遇
陳孔碩並見滄洲諸儒學案。
沈有開
潘友端
宋甡並見嶽麓諸儒學案。
章用中
倪千里並見止齋學案。
舒璘別爲廣平定川學案。
袁燮別爲絜齋學案。
石斗文
石宗昭
陳剛並見槐堂諸儒學案。
丁希亮別見水心學案。

又六十三人並見麗澤諸儒學案。

私淑　李大有

宋濂別見北山四先生學案。

王褘別見滄洲諸儒學案。

並呂學續傳。

朱熹別爲晦翁學案。

張栻別爲南軒學案。

潘時別見元城學案。

並東萊講友。

陳傅良別爲止齋學案。

陳亮別爲龍川學案。

並東萊學侶。

劉靖之

劉清之並爲清江學案。

丘密別爲丘劉諸儒學案。

郭良臣　子澄別見麗澤諸儒學案。

　子江

　從子溥

並東萊同調。

東萊學案序録

祖望謹案：小東萊之學，平心易氣，不欲逞口舌以與諸公角，大約在陶鑄同類以漸化其偏，宰相之量也。惜其早卒，晦翁遂日與人苦争，并詆及婺學。而宋史之陋，遂抑之于儒林。然後世之君子終不以爲然也。述東萊學案。梓材案：是卷謝山修補詳盡，其稿具存。

林汪門人劉、胡再傳。

成公吕東萊先生祖謙

吕祖謙，字伯恭，其先河東人，後徙壽春。六世祖申國文靖公自壽春徙開封，曾祖東萊郡侯好問始居婺州。先生少時性極褊，後因病中讀論語，至「躬自厚而薄責于人」，有省，遂終身無暴怒。長從林拙齋、汪玉山、胡籍溪三先生遊，與朱晦庵、張南軒二先生友，講索益精。以祖致仕恩補將仕郎，登隆興元年進士第，又中博學宏詞科，歷太學博士，兼史職。輪對，勉孝宗以聖學，且言恢復規模當定，方畧當審。召試館職。先是，試者前期從學士院求問目，獨先生不然，而文特典美。嘗讀陸象山文，喜之，而未識其人。考試禮部，得一卷，曰：「此必江西小陸之文也。」揭示，果象山，人服其精鑑。父喪除，奉祠。越三年，除祕書郎、國史院編修官、實録院檢討官。重修徽宗實録，書成，進秩。先生嘗面對，言曰：「願陛下虚心以求天下之士，執要以總萬事之機。勿以圖任或誤而謂人多可疑，勿以聰明獨高而謂智足徧察。勿詳于小而忘遠大之計，勿忽于近而忘壅蔽之萌。」又言：「國朝治體，有遠過前代者，有視前代爲未備者。夫以寬大忠厚建立規模，以禮遜節義成就風俗，此所謂遠過前代者也。故于俶擾艱危之後，駐蹕東南踰五十載，無纖毫之慮，則根本之深可知矣。然文治可觀而武績未振，名勝相望而幹畧未優，故雖昌熾盛大之時，此病已見。是以元昊之難，范、韓皆極一時之選，而莫能平殄，則事功之不競，從可知矣。臣謂今日治體，視前代未備者，固當激厲而振起；遠過前代者，尤當愛護而扶持。」遷著作郎。以疾請祠，歸。旋除直閣，主管武夷沖佑觀。病間，除著作郎，不就；添差浙東帥議，亦不就；主管明道宮。淳熙八年七月卒，年四十五，諡曰成。先生文學術業，本于天資，習于家庭，稽諸中原文獻之所傳，博諸四方師友之所講，融洽無所偏滯。晚雖臥疾，其任重道遠之意不衰，達于家政，纖悉委曲，皆可爲後世法。先是，書肆有書曰皇朝文海㊀，周益公必大言去取差謬，委館職銓擇，孝宗以命先生。遂斷自中興以前，崇雅黜浮，類爲百五十卷，上之，賜名皇朝文鑑。又修讀詩記、大事記，皆未成書。攷定古周易、書説、閫範、官箴、辨志録、歐陽公本末，皆行于世。雲濠案：四庫書目收録東萊春秋左氏傳説二十卷、春秋左氏傳續説十二卷、詳注東萊左氏博議二十五卷、呂氏家塾讀詩記三十二卷。

謝山同谷三先生書院記曰：宋乾、淳以後，學派分而爲三：朱學也，呂學也，陸學也。三家同時，皆不甚合。朱學以格物致知，陸學以明心，呂學則兼取其長，而復以中原文獻之統潤色之。門庭徑路雖別，要其歸宿于聖人，則一也。

㊀「皇朝文海」，宋史本傳作「聖宋文海」。

麗澤講義補。

「聖作物覩」，須詳體此意。吾胸中自有聖人境界，能反而求之，則當有應之者，「克復歸仁」是也。「履霜堅冰，蓋言順也」，此句尤可警非心。邪念不可順養將去；順養去時，直至弑父與君。飲酒順而不止，必至沈湎殺身；鬬狠順而不止，必至殺人。世俗所謂縱性，卽順之謂；「懲忿窒欲」，不順之也。

人惟中無所有，則必夸人以爲有。

今之爲學，自初至長，多隨所習熟爲之，皆不出窠臼外。惟出窠臼外，然後有功。

釋氏之湛然不動，道家之精神專一，亦近于「有孚」，只爲非「在道以明」。

隨六三「係丈夫，失小子」，而又戒之曰「利居貞」，蓋不能自守其正，而欲苟悅君子，便與諂小人無異。九五「孚于嘉，吉」，則雖無諂心，而慕用之心太過，見得君子無事不善，一切隨之，則亦非得中矣。

爲桀、紂，爲盜跖，皆以不能聽人之言。

天道有復，乃天行自然之道。人之善心發處，亦人心固有之理。天道復，便運行無間。而人心多汩没，蓋以私意障蔽。然雖有障蔽，而秉彝不可汩没，便是天行無間之理。

多識前言往行，考迹以觀其用，察言以求其心，而後德可畜。不善畜，蓋有玩物喪志者。

頤六五「不可涉大川」，上九「利涉大川」。六五，君也；上九，臣也。君當量力，臣當盡力；君當畏難，臣當徇難；君之患常在于太自任，臣之患常在于不自任。

君臣之間，君當求臣，臣不可先求君。

吾之性，本與天地同其性；吾之體，本與天地同其體。不知自貴，乃慕爵禄，所謂「舍爾靈龜，觀我朵頤」，「咸其股，執其隨」。

此理雖新新不息，然不曾離元來去處一步，所謂「立不易方」。

今世學者，病不在弱，只是小。

「遜」字是入道之門。

君子之攻小人，當攻其根本。苟不攻其根本，見小人在聚斂則攻聚斂，在諂諛則攻諂諛，在開邊則攻開邊，則終不勝。小人所以爲根本，先能以左道壞人君之心術，故人君深信之而攻之者但攻其門庭而不及其室，所以不勝。然則何以攻其根本？在正君心也。

此心之惑初解，不必汲汲驅迫，但順而治之，自然來復。然亦非任之，如枯木死灰。其不息之誠，原未嘗頃刻停滯也。

參用君子小人，並非中道。以上易說。

看詩且須諷詠，此最治心之法。

看詩欲懲穿鑿之弊，只以平易觀之。然有意要平易，便非。

窒欲之道，當寬而不迫。譬治水，若驟遏而急絶之，則横流而不可制。故人不禁欲之起，而速禮之復。漢廣之詩已知游女之不可求，而猶思秣其馬，秣其駒，是不禁欲之起。終之以不可泳，不可方，是速禮之復。心一復則欲一衰，至再至三，則欲亡而純乎理矣。「公孫碩膚」，可見周公氣象大，雖處艱難之時，亦不能移。孟郊出門有礙，只是胸中自窄狹耳！數問「夜如何其」，雖是勤，畢竟把來日做事底心被他動了。人要心使事，不要事使心。宣王未免以事使心者。

人處憂患時，退一步思量，則可以自解。此乃處憂患之大法。

靈臺之詩，俯仰萬物之動，無不在太和之中。樅、鏞之類，是樂之有聲者；濯濯、鶴鶴之類，乃樂之無聲者；皆爲天地和氣所動而不能自已。此詩氣象，非胸中廣大而無所偏累者，未易觀此。

東坡謂武王殺父封子，使武庚非人也則可，謂武庚當叛，是以世俗之心度古人。豈知禹立于舜之朝，不爲不孝。知此，則知振鷺之詩。以上詩說。

伊川先生曰：後世事君，知規過而不知養德。師氏以媺詔王者，專以從容和緩養君之德。不幸而君有過，則有保氏之官。蓋二官朝夕與王處，一則優游容與以養君之德，不使有一毫矯拂，一則秉義守正以止君之邪，不肯有一事放過。故人君既有所養，又有所畏，所謂禮樂不可斯須去身。若一于從容，則是有樂而無禮；一于矯拂，則是有禮而無樂。所以不可偏廢。

教國子以三德三行，立其根本，固是綱舉目張，然又須教以國政，使之通達治體。古之公卿，皆自幼時便教之，以爲異日之用。今日之子弟，卽他日之公卿，故國政之是者，則教之以爲法；或失，則教之以爲戒。又教之以如何整救，如何措畫，使之洞曉國家之本末源委，然後他日用之，皆良公卿也。自科舉之説興，學者視國事如秦、越人之視肥瘠，漠然不知，至有不識前輩姓名者。一旦委以天下之事，都是杜撰，豈知古人所以教國子之意。然又須知上之人所以教子弟，雖將以爲他日之用，而子弟之學，則非以希用也。蓋生天地間，豈可不知天地間事乎！

大司樂掌成均之法，自舜命夔教胄子，以此知五帝三王之政，無不由樂始。蓋陶冶之功，入人最深，動盪鼓舞，優游浹洽，使自得之。死則爲樂祖，祭于瞽宗，惟待之甚重，故責之不輕。所謂「君子教思無窮」，樂祖之祭，不特明尊師敬長之義，使之歸厚，亦當時教之入人也深，人不能忘，先王因人心祭之，與身没教盡者不同，非特一時賴之，没世亦賴之。所謂樂語，非特樂章，蓋以樂之理見于言語之間者，便有感發人處。成周之學政不傳，所謂誦讀，不過尋行數墨舉章句，意思迫促，都無生意。所謂樂舞，古人動容周旋，無非至理，屈伸綴兆，皆不徒然，所謂「四體不言而喻」。後世此事都廢，然散在末技，流于鄭、衛，鼓動波蕩，猶能使人生起淫心。因此想像先王之樂語、樂舞，安得不生起善心。以上周禮説。

長者問，不辭讓而對，非禮也。有問固當對，然須是虚心而受之。若率爾而對，自以爲能，便實了此心，雖有法言精語，亦不能受，子路所以被哂也。如曾子曰：「參不敏，何足以知之！」此辭讓而對也。學者須以此禮涵養此心，令熟。

人所以陷于小人者，多因要實前言。實前言最是入小人之徑路。

秦、漢以來，外風俗而論政事。

五帝憲老而不乞言，何也？當時風氣未開，人情惇厚，朝夕與老者親炙，觀其仁義之容，道德之光，自得于觀感不言之際，所以不待乞言。三王雖不及五帝，然其問答之際，從容款曲，忠敬誠慤，亦與後世問答，氣味不同。蓋尊老之至，不敢急迫叩問，伺間乘暇，微見其端而徐俟其言，其誠敬氣象可見。孔門惟顏子少有憲而不乞之意，子貢即有不言何述之憂。

祖望謹案：鄉黨一篇，則孔門所得，亦不僅在乞言。

五帝三王名史曰惇，尤有深意。大抵忠厚醇篤之風，本于前言往行。今之學者所以澆薄，皆緣先生長者之説不聞。若能以此意反覆思之，則古人之氣味庶猶可續也。

曲禮、少儀，皆是遜志道理。步趨進退，左右周旋，若件件要理會，必有不到。惟常存此心，則自然不違乎禮。心有不存，則禮有時失。所謂遜志，如徐行後長，如灑埽應對，如相師，皆是遜志氣象。

「宵雅」舊説爲「小雅」，大抵經書字不當改。

古人爲學，十分之中，九分是動容周旋、灑埽應對，一分在誦説。今之學者，全在誦説，入耳出口，了無涵蓄所謂「道聽塗説，德之棄也」。

未至聖人，安能無欠闕，須深思欠闕在甚處，然後從而進之。

「發育」「峻極」，而繼之以「禮儀」「威儀」，聖人之道如此。若無禮以行之，便是釋氏。以上禮記説。

「三年無改」，須知事之害理傷義，則父在固將下氣幾諫，號泣隨之，豈以存没二其心。是亦「無改于父之道」也。

「見賢思齊」，才有一分不如，便不是齊。「見不賢内自省」，如舜之聖，禹尚以丹朱戒之。此最學者日用工夫，然格其義，是聖賢地位。

總統一代謂之政，隨時維持謂之事。前漢之政，尚有三代之遺意。光武所設施，皆是事耳。前漢有政，後漢無政。

人必曾從克己上做工夫，方知自朝至暮，自頂至踵，無非過失，而改過之爲難，所以言「欲寡過而未能」。此使者非獨知蘧伯玉做工夫處，其自己亦必曾去做工夫過，有所體驗，非徒善爲辭命，不自夸張也。學者若才輕易發言語，便是不曾做工夫。

春秋之末，先王之澤將盡，高見遠識之士，多是「不事王侯，高尚其事」。以聖人論之，病痛便見。若以後世學者論之，荷蕢者之底蘊亦未易窺。既識聖人之心，且天下事皆是經意，曾去體量，知其深又做不得，淺又做不得，與其他望風口説者不同，但心不虛耳。

後世人所見不明，或反以輕捷便利爲可喜，淳厚篤實爲遲鈍，不知此是君子小人分處。一切所見所爲，淳厚者雖常居後，輕捷者雖常居先，然一乃進而爲君子之路，一乃小人之門。而淳厚之資或反自恨不如輕捷者而與之角，則非徒不能及之，秪自害耳。以上論語説。

學者非特講論之際，始是爲學。閒街談巷語，句句皆有可聽，見輿臺皁隸，人人皆有可取。如此，德豈不進！

孔、孟門人，所見迥然不同。孔門弟子或失之過，然所見卻不狹。孟氏弟子只去狹處求，所以不得不嚴其教。

屈原愛君之心固善，然自憤怨激切中來。離騷一篇，始言神仙，中言富貴，終言遊觀，已是爲此三件動，故託辭以自解，而反歸于愛君。若孟子，則始終和緩。

祖望謹案：屈原宗臣，非孟子比，東萊之言微有未審。但屈原上不及箕子，下不逮劉向，則有之。

父子之間不責善，非置之不問也，蓋在乎滋長涵養其良心。

「草芥」「寇讐」之對，似覺峻厲無溫厚氣，蓋爲齊王待臣之薄，其言不得不然。然使孔子遇齊王，必有不動鋒芒，自然啟發之理。此卻是聖人事。

三王四事，皆于平常處看。惟孟子識聖人，故敢指日用平常處言之。楊子不識聖人，乃曰「聰明淵懿，冠乎羣倫」，把大言語來包羅。

祖望謹案：此乃水心譏中庸「祖述」「憲章」一條所本。

所主非人，終身陷于其黨，谷永是也。然亦自有轉移之理，故陳瑩中說：「使王氏之門有負恩之士，則漢不至于亡。」瑩中亦嘗因蔡卞所薦入朝，卻深排之，豈有終不可改者哉！雖然，有了翁之志則可。要之，進身不可不謹。

學者志不立，一經患難，愈見消沮。所以先要立志。

今人說好事不可放過，固是。然必待好事然後做，不知「雞鳴而起，孳孳爲善」是甚事。自朝至暮，必有所用。

小人中庸，不必加「反」字。小人自認無忌憚爲中庸。

孟子不與申、韓辯而與楊、墨辯，蓋深明乎疑似之際。以上孟子說。

人不爲技能所使者難。吴起以此殺妻。

義理之上，不可增減分毫。

自古文武只一道。堯、舜、三代之時，公卿大夫在內則理政事，在外則掌征伐。孔子之時，此理尚明，冉有用矛，有若劫舍，孔子亦自當夾谷之會。西漢猶知此理，大臣韓安國之徒亦出守邊。東漢流品始分，劉巴輕張飛矣。

柳仲塗記其皇考嘗呼諸婦列堂下，言兄弟本是同生，只緣異姓婦人入門，教壞丈夫，諸婦莫不戰慄。其意固是。然孝友非男子獨有，婦人獨無。使男子之性堅定，婦人自當感化，豈有反爲轉移之理。以上史說。

國語釋詩「自古在昔，先民有作，温恭朝夕，執事有恪」，此是古聖相傳，非一人之私言。如孔子告顔淵、仲弓，亦非孔子自說，左氏云：「志有之：克己復禮，仁也。」又云：「出門如賓，承事如祭，仁之則也。」曰「志」曰「則」，皆是古人相傳。乃知三代下，此氣脈不曾斷。

王湛年三十，宗族皆以爲癡。王述年三十，人或謂之癡。蓋其質厚韜晦。爲學須質厚。

君臣之間，不是不可説話。此皆士大夫愛身太重，量主太淺。

殺數百萬生靈，亡數百年社稷，皆生于士大夫患失。

楊炎併租、庸、調爲二稅，此外不許誅求一錢，他卻不知保不得後來。大凡治財，最不可壞舊法，不可并省名目。

「不愧屋漏」，凡口然而心不然，念慮間有萌動皆是。

辭受之際，辭不必與人商量，若受卻宜商量。

人二三十年讀聖人書，一旦遇事，便與里巷人無異。或有一聽老成人之語，便能終身服膺。豈老成人之言過于六經哉？只緣讀書不作有用看故也。

梓材謹案：此下有一條移入南軒學案。

爲學須是一鼓作氣，間斷便非學，所謂「再而衰」也。

用工夫人，纔做便覺得不是。覺得不是，便是良心。

處兩不足之間，凡應和語，須對兩人皆可說。

聽人語不中節者，擇其畧可應一語，推說應之。

權職便當以正官自處，但不可妄有支用。

處家固不可不正且肅，然不可不放一分。以上雜說。

東萊遺集補。

平時徒恃資質，工夫悠悠，殊不精切，于要的處或鹵莽領畧，于凝滯處或遮護覆藏，爲學不進，咎實由此。大概以收斂操存、公平體察爲主。

觀史先自書始，然後次及左氏、通鑑，欲其體統源流相接。國朝典故，亦先考治體本末，及前輩出處大致。于大畜之所謂畜德，明道之所謂喪志，毫釐之間，不敢不致察也。但恐擇善未精，非特自誤，亦復誤人。

我方閒居，既非其同寮，又非其掾屬，義有所止。易傳隨「孚于嘉」義，最宜潛玩。蓋恐爲其樂善美意所移，易得侵過耳。又賓主資稟皆明快，則欠相濟之義，尤易得侵過也。

儉德，蓋凡事斂藏不放開之謂。

從前病痛，良以嗜欲粗薄，故卻欠克治經歷之功；思慮稍少，故卻欠操存澄定之力。積蓄未厚而發用太遽，涵泳不足而談說有餘。

始欲和合彼此，而是非卒以不明；始欲容養將護，而其害反致滋長。屑屑小補，迄無大益。

著書與講說不同，止當就本文發明，使其玩索。引申太盡，則味薄而觀者不甚得力。若與學者講說，詳爲指示可也。以上與張荆州。

所以喋喋煩瀆，正欲明辨審問，懼有一髮之差。初非世俗立彼我、校勝負者。

大凡人之爲學，最當于矯揉氣質上做工夫。如懦者當强，急者當緩，視其偏而用力。以吾丈英偉明峻之資，恐當以顏子工夫爲樣轍，回禽縱低昂之用，爲持養斂藏之功，斯文之幸也！

近時論議，非頹惰卽孟浪，名實先後具舉不偏者，殆難乎其人。此有識者所深憂。

供職已月餘，風俗安常習故之久，齟齬頗多。此皆誠意未孚之咎。惟日省所未至，不敢諉其責于人。

邪說詖行，辭而闢之，誠今日任此道者之責。竊嘗謂異端之不息，由正學之不明，此盛彼衰，互相消長。莫若盡力于此，此道光明盛大，則彼之消鑠無日。所以爲此說者，非欲含糊縱釋，黑白不辨，但恐專意外攘，而内修工夫反少。

向見論治道書，其間如欲仿井田之意，而科條州郡財賦之類，此固爲治之具，然施之當有次第。今日先務，恐當啟迪主心，使有尊德樂道之誠，衆建正人以爲輔助，待上下孚信之後，然後爲治之具可次第舉也。儻人心未孚信，驟欲更張，則衆口譁然，終見沮格。雖成功則天，本非君子所計，然于本末先後之序爲有憾焉，不可不審也。今事雖已往，亦不得不論耳。

從遊亦有可望者否？根本不實者，所宜深察。往時固有得前輩言語謦欬以藉口，而行則不掩焉，媢嫉者往往指摘此輩，以姍侮吾道，紹興之初是也。雖有教無類，然今日此道單微，排毀者舉目皆是，恐須謹嚴也。

析理當極精微，雖毫釐不可放過。至于尊讓前輩之意，亦似不可不存。

前此雖名爲嗜學，而工夫泛漫，殊未精切。推原病根，蓋在徒恃資稟，觀書粗得味，即不復精研，故看義理則汗漫而不別白，遇事接物則頽弛而少精神。今乃覺氣質粗厚，思慮粗少，原非主敬工夫，而聖賢之言，本末完具，意味無窮，尤不可望洋向若而不進也。

日用閒精明新鮮時節，常苦不續，而弛惰底滯意思未免間雜，殊以自懼。主一無適，誠要切工夫，但整頓收斂則易入于著力，從容涵泳又多墮于悠悠。「勿忘，勿助長」，信乎其難也！

艮背之用，前說誠過高而未切。竊謂學者正當操存戒懼，實從事于夫子告顏子視聽言動之目，馴致不已，然後可造安止之地。

君子動静語默，雖毫釐間有未到處，要當反求其所以然。蓋事雖有大小，爲根本之病則一也。來教所謂本不欲如此，不得已而止之，或者漸近于自恕，而浸與初心不類乎？

講論形容之語，欲指得分明，卻恐緣指出分明，學者便有容易領畧之病，而少涵泳玩索之功。其原殆不可不謹也。

學者所以徇于偏見，安于小成，皆是用功有不實。若實用功，則動静語默，日用間自有去不得處，必悚然不敢安也。

學者氣質各有利鈍，工夫各有淺深，要是不可限以一律，正須隨根性，識時節，箴之中其病，發之當其可，乃善。固有恐其無所向望而先示以蹊徑者，亦有必待其憤悱而後啟之者。

往來講論，一問一答，謂之無意嚮氣味則不可。然歇滅斷續，玩歲愒日，終難見功。須令專心致志，絕利一源，凝聚停蓄，方始收拾得上。

論義理，談治道，闢異端，不容有一毫回避屈撓。至說自己及朋友，只當一味斂縮。

往者臨安兩年，遇事接物，或躁率妄發而失于不思，或委曲求濟而失于不直。大抵誠意淺薄，將以動人悟物，而手忙脚亂，出位踰節處甚多。憂患以來，雖知稍自懲艾，而工夫緩慢，向來病痛猶十存四五。今復遽從事役，夙夜自懼，未知所措。已得地否？陰陽家説不足信，但得深密處可矣。善類衰微，元氣澆薄，稍有萌動，正當扶接導養。雖如孔、孟，交際苟善，未有不應之者。若到官後或有齟齬，則卷舒固在我也。

比看易无妄傳云：「雖無邪心，苟不合正理，則妄也，乃邪心也。」益悚然自失。因思去年給札，當時本意，欲得數月間得對，展盡底藴，故事事未欲説破。緣此回互，卻多暗昧，此正易傳所謂邪心也。

致知、力行，本交相發。學者若有實心，則講貫玩索，固爲進德之要。亦有一等後生，推求言語工夫常多，點檢日用工夫常少，雖便畧見髣髴，然終非實有諸己也。「默而成之，不言而信，存乎德行」，訓誘之際，願常存此意。非謂但使之力行而以致知爲緩，但示之者當有序。夫子亦有「可以語上」、「不可以語上」之别。

保養奸凶，以擾善良，固君子之所恥。要當無忿疾之意，乃善。詩云：「豈弟君子，民之父母。」若霜雪勝雨露，則不可也。

稟賦偏處，便使消磨得九分，觸事遇物，此一分依前張皇，要須融化得盡乃可。來諭所謂未得力，只是用力猶未至耳。自己工夫緊切，則遊從者聽講論，覩儀容，所得亦莫不深實矣。

當仁不讓，檢身若不及，兩句初不相妨。堅任道之志，而致察理之功，乃區區所望。

論學之難，高者其病墮于玄虛，平者其末流于章句。二者之失，高者便入于異端，平者浸失其傳，猶爲愽訓故，勤行義。輕重不同，然要皆是偏。以上與朱侍講。

實有裨益，則不必蹟之外見；事有次第，則不必人之遽孚。

消長安危所繫，當念茲在茲，無所不致其力。以上與周子充。

吾儕所以不進者，只緣多喜與同臭味者處，殊欠泛觀廣接，故于物情事理多所不察，而根本滲漏處往往鹵莽不見。要須力去此病，乃可。

行有不得者，當返求諸己。外有齟齬，必內有窒礙。反觀內省，皆是進步，不敢爲時異勢殊之說以自恕。

善未易明，理未易察，吾儕所當兢兢。以上與劉子澄。

前日紛紛，不必猶置胸次。回首既無甚媿怍，隨時恬養足矣。至于明辨曲直，此乃在位者之責，或遲或速，順聽之而已。

人情、法意、經旨，本是一理。豈有人情、法意皆安，反不合經旨者。勉之！以上與潘叔玠。

謹思明辨，最爲急務。自昔所見少差，流弊無窮者，往往皆高明之士。

近思爲學，必須于平日氣稟資質上驗之，如滯固者疏通，顧慮者坦蕩，智巧者易直，苟未如此轉變，要不得力。

在我者果無徇外之心，其發必有力而不可禦。至于周旋調護，宛轉入細，正是意篤見明，于本分條路畧無虧欠。若有避就回互籠絡之心，乃是私意。此毫釐之際，不可不精察也。

義理無窮，才智有限，非全放下，終難湊泊。然放下正自非易事。

私意之根，若尚有秒忽未去，遇事接物，助發滋長，便張皇不可翦截 其害非特 身。

公私之辨，尤須精察。

喜事則方寸不凝，是故擇義不精，衛生不謹。以上與陳君舉。

學者自應本末並舉。若有體而無用，則所謂體者，必參差鹵莽無疑。然特地拈出，卻似有不足則夸之病，如歐陽永叔喜談政事之比。

處大事者，必至公血誠相期，然後有濟。若不能察人之情而輕受事任，或雖知其非誠而將就借以集事，到得結局，其敝不可勝言。

辭章，古人所不廢。然德盛仁熟，居然高深，與作之使高、濬之使深者，則有間矣。願更留意于此！

登高自下，發足正在下學處。往往磊落之士，以爲鈍滯細碎而不精察。

後生可畏，就中收拾得一二人，殊非小補。要須帥之以正，開之以漸，先惇厚篤實，而後辯慧敏鋭，則歲晏刈穫，必有倍收。

意外少撓，要是自反進德之階，更願益加培養。天下之寶，當爲天下愛之。

「井渫心惻」，正指汲汲于濟世者，所以未爲井之盛。蓋汲汲欲施，與知命者殊科。孔子請討見卻，但曰「以吾從大夫之後，不敢不告」，孟子雖有自任氣象，亦云「吾何爲不豫哉」，殆可深玩也。

祖望謹案：此蓋諷同甫之累上書。

春初之舉，習常守故者自應怪駭，然反觀在我，亦未得爲盡無憾。觀論語說「知及之」上，更有所謂「守」，所謂「涖」，所謂「動」，節次階級猶多，此話甚長。

比嘗患子才小諒者，或畏避太甚而善意無人承領，遂至消歇，或隔限太嚴而豪俊無以自容，遂至飛揚。惟篤于忠厚者，視世間盎然，無非生意，故能導迎淑氣，扶養善端，蓋非概以爲近厚語言也。然于此蓋有則焉，又須精察，不可侵過也。

天資之高，得氣之清，其所以迎刃破竹者，何莫非此理。不知其所自，則隨血氣盛衰，此一段精明不能常保。論至于是，則所謂克己者，雖若陳言，要是不可易耳。

百圍之木，近在道隅，不收爲明堂清廟之用，此將作大匠之責耳。如彼木者，生意濯濯，未嘗不自若也。惟冀益加寬裕，從容自頤。

偶記荀子論儒者進退處，有一句云「不用則退編百姓而慤」，似有味。畎澮之水，涓涓安流，初何足言！唯三峽九河，抑怒濤而爲伏槽循岸，乃可貴耳。

顏子犯而不校，淮陰侯俛出跨下，路徑雖不同，都欠不得，幸深留意！諺曰：「赤梢鯉魚，就虀甕裏浸殺。」陳拾遺一代詞宗，只被射洪令斷送，事變豈有定哉！

著書大是難事，雖高明之資，亦不可不思「有餘不敢盡」之語。以上與陳同甫。

賢士大夫，蓋有學甚正，識甚明，而其道終不能孚格遠近者，只爲實地欠工夫。與陳正己。

靜多于動，踐履多于發用，涵養多于講說，讀經多于讀史，工夫如此，然後能可久可大。與葉正則。

門內若尚有可媿，外雖奮振束勵，終于無力

應物涉事，步步皆是體驗處。若知其難而悉力反求，則日益精明；若畏其難而日益偷惰，則向來意思悉冰消瓦解矣。習俗中易得汩沒，須常以格語法言，時時洗滌。然此猶是暫時排遣，要須實下存養克治體察工夫，真知所止，乃有據依，自進進不能已也。以上與郭養正。

持之以厚，守之以默。與鞏仲至。

散漫歇滅，學者同病。嘗記胡文定有語云：「但持敬十年，自別。」此言殊有味。大抵目前學者，用功甫及旬月，未見涯涘，則已逡巡退卻，不復自信，久大德業，何自而成？經曰「念終始典于學」，曰「冥升，利于不息之貞」，曰「仁者先難而後獲」，正謂學者多端顧慮者衆，一意勇往者少，故每惓惓于此也。與周允升。

日用間不須著意，要坐卽坐，要立卽立，凡事如常，便是完養。若有意，則是添一重公案矣。覺有忿戾，始須消平；覺有凝滯，始須開豁；病至則服藥，不必預安排也。涵泳義理，本所以完養思慮。正恐舊疾易作，自涵泳而入于研索，自研索而入于執著，或反爲累。靖節不求甚解，雖其淺深未可知，要是不尋枝摘葉也。

「毁不滅性」，禮經所戒。兼古今人氣禀厚薄亦自不同，如疏食水飲之類，更當量體力所宜，不可使致疾病。

仁人之事親如事天，一毫不用其極，則非事天之道。如昔人薦芰之類，皆以私事親，非以天事親。喪禮廢弛已久，若曰親族未安，習俗未喻，則向日同堂共講「滕文公問喪」一章矣。蓋在己而不在人也。

行實須削去浮華，直書事實。若有增飾，則心已不誠，非所謂事親如事天也。

喪禮，今人所謂「觸礙掣肘，不得專制」之語，最爲害事。蓋遇事望風，以此等語言自恕，則因循苟且，無一事可爲矣。要當反己盡誠，極力以感動之。是心人所均有，安有不動者。彼之未動，乃我誠未至之明證也。

憂患中最是進德處，深味自致之語，識情性之極，而以哀敬持之，則心之本體，斯常存矣。

燒丹事，適以問張守，乃其內人虛怯，附蘭溪醫者燒一兩耳。傳聞過實，乃如是。然益知居人觀瞻之地，尤須事事警省，渠甚感見愛之意也。

葬地但得深穩高燥，不必太求備也。緩葬，春秋所深譏。畧去拘忌，乃易就。

「不拯其隨」之義，固由有所制，然必可隨者始隨之，亦必盡所以拯之者，非未嘗拯而遽隨也。

天地間何物不有，要皆丕冒太和之內。胸次須常樂易寬平，乃與本體不相違背。

日來圭角突兀之病雖去，而媮惰因循之病復易生，每切自警。不問在朝在野，職分之內不可媮惰，職分之外不可侵越，自然日用省力。

講論治道，不當言主意難移，當思臣道未盡；不當言邪説難勝，當思正道未明。工夫到此，必有應也。以上與潘叔度。

爲學工夫，涵泳漸漬，玩養之久，釋然心解，平帖的確，乃爲有得。「天高地厚，鳶飛魚躍」之語，恐發得太早。

書曰：「若藥不瞑眩，厥疾不瘳。」若百事安穩，無違情咈志而可以成就，則君子當滿天下。惟其不然，所以貴于用心剛而進學勇。以上答潘叔昌。

切要工夫，莫如就實。深體力行，乃知此二字甚難而有味。

行有不得者，反求諸己，而已不敢他咎。以上與喬德瞻。

前書所論甚當，已嘗爲子静詳言之。講貫誦繹，乃百代爲學通法。學者緣此支離泛濫，自是人病，非是法病。見此而欲盡廢之，正是因噎廢食。然學者徒能言其非，而未能反己就實，悠悠汨汨，無所底止，是又適所以堅彼之自信也。誠深思之！

論致知則見不可偏，論力行則進當有序。並味此兩言，則無籠統零碎之病。以上與邢邦用。

大凡人資質各有利鈍，規模各有大小，此難以一律齊。要須常不失故家氣味，所向者正，所存者實，信所當信，恥所當恥，持身謙遜，遇事審細。如此，則雖所到或遠或近，要是君子路上人。與内弟曾德寬。

坐談常覺從容，臨事常覺迫切，乃知學問無窮，當益思所未至。

居官臨事，外有齟齬，必內有窒礙。蓋內外相應，毫髮不差，只有「反己」二字，更無別法。以上與戴在伯。

欲求繁冗中不妨課程之術，古人每言「整暇」二字。蓋整則暇矣。

微言淵奥，世故峥嵘，愈覺工夫無盡。嘗思時事所以艱難，風俗所以澆薄，推其病源，皆由講學不明之故。若使講學者多，其達也，自上而下，爲勢固易；雖不幸皆窮，然善類既多，氣焰必大，薰蒸上騰，亦有轉移之理。雖然，此特憂世之論耳。「中天下而立，定四海之民，所性不存」，此又當深致思也。

思索不可至于苦，玩養不可至于慢。

承上接下，最是親切工夫。呂與叔所謂「嚴而不離，寬而有閑」，殊有味。

持養之久，則氣漸和。氣和，則温裕婉順，望之者意消忿解而無招咈取怒之患矣。體察之久，則理漸明。理明，則諷導詳款，聽之者心喻慮移而無起争見郤之患矣。更須參觀物理，深察人情，以試驗學力。若有窒礙齟齬，卽求病源所在而鋤去之。

知猶識路，行猶進步。若謂但知便可，則釋氏「一超直入如來地」之語也。

所謂無事者，非棄事也，但視之如早起晏寢、飢食渴飮，終日爲之而未嘗爲也。大抵胸次常令安平和豫，則事至應之，自皆中節，心廣體胖，百疾俱除。蓋養生、養心同一法。

房族間事，當盡誠委曲，曉譬感切之，尤須防争氣。若有毫髮未去，則招咈激怒，所傷者多矣。若事果不可爲，當體「不可貞」之義。此必誠意已盡，自反已至，方可。

敬字固難形容，古人所謂「心莊則體舒，心肅則容敬」，兩語當深體。收斂凝聚，乃是大節目。至于察助長之病，乃是節宣之宜。以上與學者及諸弟。

梓材謹案：謝山所録東萊遺集一百二十八條，今移爲附録三條，移入景迂學案二條，周許諸儒一條，武夷學案一條，五峯學案一條，玉山學案二條，晦翁學案四條，南軒學案三條，艮齋學案五條，止齋學案二條，龍川學案一條。又二條與復齋學案複出，删之。又移入象山學案二條，清江學案一條。

附録

壽皇喜看莊、老，蓋德壽之餘風。儒臣多以此箴規，而東萊言之尤切，以爲當讀中庸、大學之書，不當流于異端。補。

嘗與汪端明書曰：劉子澄傳道尊意，是時以四方士子業已會聚，難于遽已，今歲悉謝遣歸。

祖望謹案：此即象山謂「伯恭在衰絰中，而户外之屨恆滿」者也。南軒亦嘗問朱子曰：「伯恭聚徒，世多議其非者。」觀此條，則先生因玉山之言而止，亦善改過者。

又與朱侍講書曰：某以六月八日離輦下，五日而張丈去國，羣陰崢嶸，陽氣斷續，理自應爾。然以反己之義論之，則當修省進步處甚多，未可專咎彼也。

又曰：請祠便養，未報，而有召試之命，已復申前請矣。儻得如志，閉户爲學，殊爲僥倖。或敦迫而出，亦唯以心之所安條對，然後徐度進退之宜。要之，所學未成，輕犯世，故招尤取累，不若退處之爲得也。向來一出，始知時事益難平，爲學工夫益無窮，而聖賢之言益可信。

張南軒與先生書曰：尊兄于尋常人病痛，往往皆無之，資質固美，然若只坐在此上，卻恐頹墮少精神。惟析夫義理之微，而致察于物情之細，每存正大之體，尤防己意之偏，擴而充之，則幸甚！

又曰：去年聞從學者甚衆，某殊謂未然。若是爲舉業而來，先懷利心，豈有利上誘得就義之理。但舊已嘗謝遣，後來何爲復集？今次須是執得定。亦非特此事，大抵老兄平日似于果斷有所未足，時有牽滯，流于姑息。雖是過于厚，傷于慈，爲君子之過，然在他人視我，則觀過可以知仁，在我則終是偏處。仁義常相須，義不足，則仁亦失其正矣。

又與朱元晦書曰：伯恭真不易得，向來聚徒頗衆，今歲已謝遣。然渠猶謂前日欲因而引之以善道。某謂來者既爲舉業之故，先懷利心，恐難納之于義。大抵渠凡事似于果斷有所未足。

又曰：伯恭近來于蘇氏父子亦甚知其非。向來渠亦非助蘇氏，但習熟元祐間一等長厚之論，未肯誦言排之。今頗知此爲病痛矣。

又曰：伯恭愛弊精神于閒文字中，徒自損，何益！如編文海，何補于治道，于後學？

又答陸子壽書曰：伯恭亦坐枉費心思處多。以上補。

朱子曰：文鑑編得泛，然亦見得近代之文。如沈存中律曆一篇，説渾天亦好。

又曰：文鑑編康節詩，不知怎生地那「天向一中分造化，人從心上起經綸」底詩，卻不編入。

又曰：向見説左氏之書，極爲詳博。然遺辭命意，亦頗傷巧矣。

又曰：博雜極害事。伯恭日前只向雜博處用功，卻于要約處不曾子細研究。如閫範之作，旨意極佳。

又曰：伯恭之學，大概尊史記。不然，則與陳同甫說不合。同甫之學正是如此。

又曰：其學合陳君舉、陳同甫二人之學問而一之。永嘉之學，理會制度，偏考究其小小者。惟君舉爲有所長，若正則則渙無統紀，同甫則談論古今，說王說霸，伯恭則兼君舉、同甫之所長。

又曰：伯恭講論甚好，但每事要鶻圇說作一塊，又生怕人說異端俗學之非，護蘇氏尤力，以爲争較是非，不如斂藏持養。

又曰：伯恭無恙時，愛說史學，身後爲後生輩糊塗說出。一般惡口小家議論，賤王尊霸，謀利計功，更不可聽。

又哭之曰：嗚呼伯恭！有著龜之智而處之若愚，有河漢之辯而守之若訥。胸有雲夢之富而不以自多，辭有黼黻之華而不易其出。此固今之所難，而未足以議兄之髣髴也。若乃孝友絶人而勉勵如弗及，恬淡寡欲而持守不稍懈，盡言以納忠而羞爲訐，秉義以飭躬而恥爲介，是則古之君子尚或難之，而吾伯恭猶欿然而未肯以自大也。蓋其德宇寬洪，識量閎廓，既海納而川渟，豈澄清而撓濁。矧涵濡于先訓，紹文獻于故家，又隆師而親友，極探討之幽遐。所以稟之既厚而養之深，取之既博而成之粹。宜所立之甚高，亦無求而不備。故其講道于家，則時雨之化；進位于朝，則鴻羽之儀；造辟陳謨，則宣公獨御之對，承詔奏篇，則右尹祈招之詩。上方虛心而聽納，衆亦注目其敷施。何遭時之不遂，遽縈疾而言歸。慨一卧以三年，尚左圖而右書；閒逍遥以曳杖，恍沂上之風雩。衆咸喜其有瘳，冀卒攄其素藴。否則傳道以著書，抑亦後來之程準。何此望之難必，奄一夕而長終。增有邦之殄瘁，極吾黨之哀恫。嗚呼哀哉！我實無似，兄辱與遊。講摩深切，情義綢繆。粤前日之枉書，尚粲然其手筆。始言沈痼之難除，猶幸死期之未即；中語簡編之次第，卒誇草樹之深幽。謂昔騰牋而有約，盍今命駕以來遊。欣此旨之可懷，悼訃車而偕至。考日月之幾何，不旦暮之三四。嗚呼伯恭，而遽死邪？吾道之衰，乃至此邪？

問東萊之學。朱子曰：「伯恭于史，分外子細，于經卻不甚理會。嘗有人問他，忠恕，楊氏、侯氏之說孰是。他卻說，公如何恁地不會看文字，這箇都好看來。他要說『爲人謀而不盡心爲忠，傷人害物爲恕』，恁地時方說不是。」門人曰：「他是相戲浙間一種史學，故恁地？」曰：「史學甚易，只是見得淺。」

李微之㈠曰：伯恭以進文鑑，爲陳騤所詆。其後侂胄方以道學爲禁，史臣亦據騤言詆之。然伯恭既爲辭臣醜詆，自當力遜職名，今受之，非矣。直卿亦以予言爲然。補。

葉水心習學記言曰：東萊呂氏歿，陳亮祭之曰：「孔氏之家法，儒者世守之，得其麤而遺其精，則流而爲度數刑名。聖人之妙用，英豪竊聞之，徇其流而忘其源，則變而爲權譎縱橫。蓋嘗欲整兩漢而下，庶幾復見三代之英。方夜半之劇論，歎古來之未曾。」夫孔氏亦豈于家法之外別有妙用，使英豪竊聞哉！亮嘗言程氏易傳似桓玄起居注，呂氏黽勉答之。所謂夜半劇論者，呂氏嘗笑以爲自知非豪傑，被

㈠「李微之」三字原作墨圍，據龍本補。

同甫差排做，蓋難之也。補。

陳北溪張呂合五賢祠說曰：南軒守嚴，東萊爲郡文學。是時南軒學已遠造，猶專門固滯。謂湖湘性無善惡之說。及晦翁痛與反覆辯論，始翻然爲之一變，無復異趣。東萊少年豪才，藐視斯世，何暇窺聖賢門户。謂東萊留心文辭。及聞南軒一語之折，愕然屏去故習，道紫陽，沿濂洛，以達鄒魯。雖于南軒所造有不齊，要不失爲吾名教中人。視世之竊佛學以自高，屹立一家門户，且文聖賢之言以蓋之，以爲眞有得乎千古心傳之妙，誤學者于詖淫邪遁之域，爲吾道之賊者，豈不相萬邪！補。

祖望謹案：朱、張、呂三賢，同德同業，未易軒輊。張、呂早卒，未見其止，故集大成者歸朱耳。而北溪輩必欲謂張由朱而一變，呂則更由張以達朱，而尚不逮張，何尊其師之過邪！呂與叔謂橫渠棄所學以從程子，程子以爲幾于無忌憚矣。而楊龜山必欲謂橫渠無一事不求教于程子。至田誠伯則又曰：「橫渠先生其最也，正叔其次也。」弟子各尊其師，皆非善尊其師者也。詆陸氏亦太過。

魏鶴山師友雅言曰：「『人而無禮，不亦禽獸之心乎』，聖人不曾有此等語。東萊于皋陶『朕言惠』下說：『孟子既云三自反，乃有『禽獸』之語。孟子有鋒稜，孔子口中無之。』補。

王深寧困學紀聞曰：呂成公謂爭校是非，不如斂藏收養。

又曰：乾文言曰「寬以居之」，朱子謂「心廣而道積」。程子易小畜傳曰「止則聚矣」，呂成公謂「心散則道不積，充拓、收斂，當兩進其功」。並補。

黄東發日鈔曰：東萊先生以理學辨㊀朱、張，鼎立爲世師，其精辭奥義，豈後學所能窺其萬分之一。然嘗觀之，晦翁與先生同心者，先生辯詰之不少恕；象山與晦翁異論者，先生容下之不少忤。鵝湖之會，先生謂元晦英邁剛明，而工夫就實入細，殊未易量；謂子静亦堅實有力，但欠開闊。其後象山祭先生文，亦自悔鵝湖之會集粗心浮氣。然則先生忠厚之至，一時調娱其間，有功于斯道何如邪！若其講學之要，尤有切于今日者，學者不可不亟自思也。蓋理雖歷萬世而無變，講之者每隨世變而輒易，要當常以孔子爲凖的耳。孔子教人，以孝弟忠信躬行爲本。至子思則言誠，至孟子則言性，已漸發其祕，視孔子之説爲已深。至濂溪則言太極，至横渠則言太虚，又盡發其祕，視子思、孟子之説爲益深。一議論出，一士習變。至晦庵先生出，始會萃濂、洛之説，以上達洙泗之傳，取本朝諸儒議論之切于後學者爲近思録，然猶以「無極太極」、「陰陽造化」冠之篇首，則亦以本朝之議論爲本也。東萊先生乾道四年規約，以孝弟忠信爲本。明年規約，以明理躬行爲本。至其題近思録卷首，則謂：「陰陽性命，特使之知所嚮。講學具有科級，若躐等陵節，流于空虚，豈所謂『近思』？」嗚呼，學者可以觀矣！補。

東萊講友

文公朱晦庵先生熹別爲晦翁學案。

宣公張南軒先生栻別爲南軒學案。

㊀「辨」字原脱，據黄氏日鈔卷四十補。

顯謨潘先生時別見元城學案。

東萊學侶

文節陳止齋先生傅良別爲止齋學案。

文毅陳龍川先生亮別爲龍川學案。

東萊同調

教授劉孝敬先生靖之

知州劉靜春先生清之並爲清江學案。

忠定丘宗卿先生崈別爲丘劉諸儒學案。

將仕郭先生良臣

郭良臣，字德鄰，東陽人，官將仕郎，橫浦弟子欽止從兄也。創西園書院，延師教授，一如欽止石洞之規。子澄、江，皆好學。參隆慶東陽志。

東萊家學劉、胡三傳。

忠公呂大愚先生祖儉

呂祖儉，字子約，金華人，成公之弟也。受業于成公，如諸生。監明州倉，將上，會成公卒。部法，半年不上者爲違年。先生必欲終期喪，朝廷從之，詔違年者以一年爲限，自先生始。淳熙壬寅至官，去以丁未，凡六年。時明州諸先生多里居，慈湖開講于碧沚，沈端憲講于竹洲，絜齋則講于城南之樓氏精舍，惟舒文靖以宦遊出。先生以明招山中父兄中原文獻之傳，其于諸講院，無日不會也。甬上學者遂以先生代文靖，亦稱爲四先生。而滕德粹爲鄞尉，朱文公語之曰：「彼中有楊、袁、沈、呂，可與語也。」寧宗即位，歷大府丞。時韓侂胄用事，正言李沐論右相趙忠定罷之，先生上疏論救，貶韶州安置。後移筠州，卒。朱子與書曰：「熹以官則高于子約，以上之顧遇恩禮則深于子約。乃今子約獨舒憤懣，觸羣小而蹈禍機，其愧嘆深矣！」先生報書曰：「在朝行聞時事，如在水火中，不可一朝居。使處鄉閭，理亂不知，又何以多言爲哉！」著有大愚集。謚忠。修。

謝山呂忠公祠堂碑文曰：忠公之官吾鄉，爲司庾，故不得有所設施，但傳其屏去倉中淫祠一事，深寧志之四明七觀。而是時正甬上奎婁光聚，正學大昌。忠公以明招山中父兄中原文獻之傳，左右其間，其功無所見于官守，而見之講學。忠公之集雖不傳，然猶散見于永樂大典中，予欲鈔其與諸先生論學之文而未得。顧讀忠公吾鄉之詩，弔景迂之祠，式清敏之里，求了翁寓齋之遺，想見其一往情深。乃自元訖明，以至于今，竟無有以溪毛薦及忠公者，是則甬上文獻之衰，可爲長太息者矣。禮于釋奠之制，必求之其鄉之先師，不然者，則有合也。有合者，謂其鄉無足以當先師之享，則合之他鄉之近而可溯者。今甬上之先師楊、袁、舒、沈，其人可謂盛矣。而愚謂當以忠公合之，以其同講學于鄞久，並列于先師之座無歉也。

又奉臨川帖子五曰：攷大愚東王季和詩云：「晁景迂大觀庚寅冬爲四明船場。後七十有餘年，某適以倉氏之職至此間，而王兄季和亦來作景迂官，相與訪問舊蹟，尚有可攷，偶成數語，柬季和并呈叔晦。」其詩有曰：「鄞江舊有船司空，小江晚望江之東。揭來海頭四閱月，塵埃滿袖生蘯𧿽。」是大愚初至明之作。其時慈湖方參佐浙西帥幕，廣平教授徽州，絜齋以進士尉江陰，獨叔晦以國正家居，故往還者不及三君。其遊候濤山記曰：「壬寅之冬，逐祿海東，距海六十里。友人潘端叔主定海簿，相約偕遊，未果。今年夏四月，端叔因謝子暢自臨安至，會于太白、鄮山之間。刻日，康炳道兄弟會于王季和家，李叔潤、方居敬、史丞相之幼子開叔、楊希度偕行，舒元英亦與其徒諸葛生來。」東萊卒于辛丑，大愚以壬寅冬之官，正合期喪服滿之期。元英則廣平弟也。其題慈溪龍虎軒詩云：「年來世路轉蹉跎，正大中庸論愈多。出本無心歸亦好，何須胸次自干戈。」似屬大愚將去明之作。大愚之赴銓也，本傳言平園方爲丞相，招之不往。宰輔表平園自西樞入中書，在淳熙丁未春二月，而朱子答大愚書曰：「對班在何時？今日既難説話，而疏遠尤難，且只收斂人主心念是第一義。」題注在丁未冬十一月。是大愚之赴任以壬寅，其去官以丁未，首尾六年。

附錄

子約問「主忠信」之言後于「不重則不威」，其意如何。朱子答曰：「聖賢所言爲學之序，例如此。

須先是外面分明有形象處把捉扶持起來。不如今人動便說『正心誠意』，卻打人無形影無稽考處去也。」

監嶽呂先生祖泰

呂祖泰，字泰然，文靖公夷簡五世㊀孫，寓常之宜興。性疏達，尚氣誼，學問該洽。徧遊江、淮，交當世知名士，論世事無所忌諱。慶元初，忠公以言事移置瑞州，先生徒步往省之，留月餘，語其友王深厚曰：（梓材案：「厚」當作「原」，說見麗澤諸儒學案。）「自吾兄之貶，諸人箝口。我雖無位，義必以言報國，當少須之，今未敢以累吾兄也。」及忠公歿貶所，嘉泰初，周益公降少保致仕，先生乃詣登聞鼓院，上書曰：「道學，自古所恃以爲國也。丞相汝愚，今之有大勳勞者也。立僞學之禁，逐汝愚之黨，韓侂胄自尊而卑朝廷，一至于此。願亟誅侂胄，以周必大代之。」書出，中外大駭，有旨拘管連州。右諫議程松與先生友，懼爲所連，奏請杖黥，竄遠方。乃杖之百，配欽州牢城收管。先生知必死，無懼色。既至府廷，尹爲好語誘之曰：「誰教汝共爲章？」先生笑曰：「公何問之愚也！吾固知必死，而可受教于人，且與人議之乎？」尹曰：「汝病風喪心邪？」先生曰：「今之附韓氏得美官者，乃病風喪心耳！」先生既貶，道出潭州，錢文子爲醴陵令，私贐其行。侂胄誅，朝廷詔雪其冤，特授迪功郎，監南嶽廟。喪母，無以葬，至都謀于諸

㊀「五世」，點校本宋史本傳校改爲「六世」，當從。參看該書校勘記。按祖泰爲祖謙從弟，本卷呂祖謙傳亦稱呂夷簡爲其「六世祖」。

公，得寒疾，索紙書曰：「吾與吾兄共攻權臣，今權臣誅，死不憾。獨吾生還無以報國，且未能葬吾母，爲可憾耳！」乃卒。尹王合齋栩爲具斂歸葬焉。參史傳。

東萊門人

主簿葉先生邽

軍守樓迂齋先生昉

端獻葛先生洪

文惠喬先生行簡並爲麗澤諸儒學案。

司直趙先生焯別見玉山學案。

朝奉輔傳貽先生廣別爲潛庵學案。

中散朱先生塾別見晦翁學案。

文簡劉雲莊先生爚

侍郎劉先生炳

縣丞吴先生必大

右司王東湖先生遇

修撰陳北山先生孔碩並見滄洲諸儒學案。

直閣沈先生有開

潘先生友端

鹽事宋西園先生甡並見嶽麓諸儒學案。

章先生用中

侍講倪先生千里並見止齋學案。

文靖舒廣平先生璘別爲廣平定川學案。

正獻袁絜齋先生燮別爲絜齋學案。

知軍石先生斗文

侍從石先生宗昭

教授陳先生剛並見槐堂諸儒學案。

少詹丁先生希亮別見水心學案。

梓材謹案：東萊弟子自別見諸學案外，並入麗澤諸儒學案。

東萊私淑

常博李先生大有

李大有，字謙仲，東陽人也。大同之兄。私淑三先生之學。嘗以輪對上疏，畧曰：「國朝自周敦頤、張載、程顥、程頤，本于正心修身，至于致君行道。近世張栻、朱熹、呂祖謙闡而大之，而義理益明。自慶元權臣創道學名以排之，而士始有以其說爲不足學者。其能者又求之于科舉，而幸中于剽竊。願召宿儒，推明儒先之訓，扶植治本。而師儒之官亦以此意風厲作成，毋徒爲襲取利祿計。」聞者是之。

雲濠謹案：先生慶元二年進士，官至太常博士。卒，魏鶴山誌其墓。

郭氏家學

主簿郭先生澄別見麗澤諸儒學案。

參軍郭先生江

郭江，字伯山，東陽人。良臣子。葉水心謂其「本有佐世材，用既習熟師友大旨，芒鋭銷盡，不復伸吐」云。後官管押三江袋鹽、監穿山破鹽場、盱眙軍録事參軍以卒。參葉水心集。

梓材謹案：陳同甫志何夫人杜氏墓云：「女適同邑郭江，江兄弟爲東方學者。」

郭先生溥

郭溥，字伯廣，良臣猶子。亦創南湖書院。參隆慶東陽志。

大愚家學劉、胡四傳。

呂先生喬年

呂喬年，字巽伯，金華人。忠公長子，沈端憲壻也。亦賢者，能守家學。補。

梓材謹案：先生，絜齋稱其「克肖厥父，議論勁正不阿」。

進士呂先生康年

呂康年，成公猶子。諸講學子孫，惟呂氏未墜。先生甲戌廷對，真文忠公欲置之狀頭。同列以其言中書之務多觸時政，固爭不從，遂自甲置乙。文忠太息，爲之開雕。補。

梓材謹案：嘉定七年甲戌，距成公之卒淳熙八年辛丑已三十四年，則先生蓋受學大愚者。

寺丞呂先生延年

呂延年，字伯愚，成公之子。縉雲羊哲師之。參括蒼彙紀。

梓材謹案：王氏崇炳撰成公本傳，言：「成公一子，曰延年，成公之卒也甫三歲，官至寺丞。」先生不及受學于成公，蓋亦得之大愚也。

大愚門人

舒先生衍別見絜齋學案。

張先生渭別見慈湖學案。

寺丞門人二胡五傳。

羊先生哲別見麗澤諸儒學案。

呂學續傳

文憲宋潛溪先生濂別見北山四先生學案。

忠文王華川先生禕別見滄洲諸儒學案。